徐翁宇集

黑龍江大學出版社

图书在版编目（CIP）数据

徐翁宇集：汉、俄 / 徐翁宇著．-- 哈尔滨 ：黑龙江大学出版社，2007.12（2021.8 重印）
（当代中国俄语名家学术文库 / 王铭玉主编）
ISBN 978-7-81129-008-0

Ⅰ．徐… Ⅱ．徐… Ⅲ．俄语－语言学－文集－汉、俄 Ⅳ．H35-53

中国版本图书馆 CIP 数据核字（2007）第 201830 号

徐翁宇集
XU WENGYU JI
徐翁宇 著

责任编辑 惠秀梅
出版发行 黑龙江大学出版社
地 址 哈尔滨市南岗区学府三道街 36 号
印 刷 三河市春园印刷有限公司
开 本 720 毫米 ×1000 毫米 1/16
印 张 22.25
字 数 353 千
版 次 2007 年 12 月第 1 版
印 次 2022 年 1 月第 2 次印刷
书 号 ISBN 978-7-81129-008-0
定 价 69.00 元

《当代中国俄语名家学术文库》荣获

第二届中国出版政府奖图书提名奖

第三届中华优秀出版物奖图书提名奖

СЕРИЯ «ИЗБРАННЫЕ ТРУДЫ СОВРЕМЕННЫХ КИТАЙСКИХ РУСИСТОВ»

СЮЙ ВЭНЪЮЙ

《当代中国俄语名家学术文库》

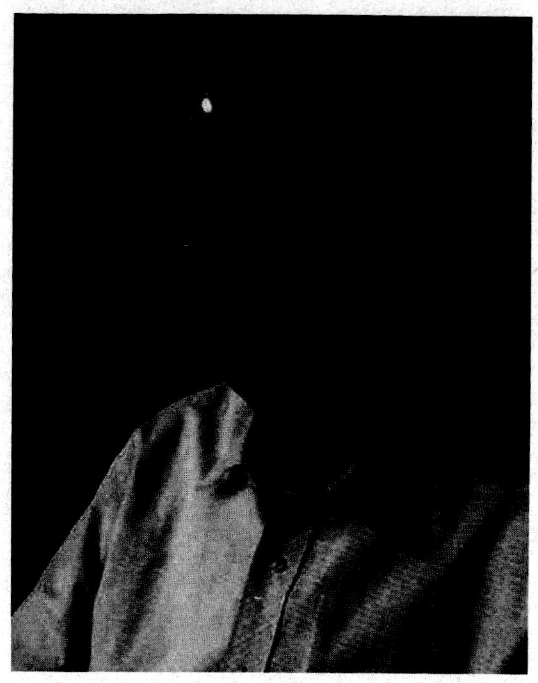

徐翁宇，男，1929年6月生，浙江绍兴人，语言学家，教授，博士生导师。曾任《外语研究》主编。现任黑龙江大学俄语语言文学研究中心专职研究员。享受政府特殊津贴。

主要著作有《俄语口语语法概论》、《现代俄语口语概论》、《俄语对话分析》，参编《大俄汉词典》、《俄汉详解大词典》，主编《语言学：21世纪展望》等，发表学术论文六十余篇。

出版前言

中国的俄语教育从初始迄今，已走过了整整300年的历史。从清朝康熙年间理藩院开设的俄罗斯文馆（1708年）算起，先后经历了京师同文馆（1862年）、京师大学堂（1901年）、译学馆（1903年）等早期俄语教育时期，以及俄语专修科（1921年）、延安大学俄语系（1941年）、中央军委俄文学校（1942年）、延安外国语学院（1944年）、哈尔滨外国语专门学校（1946年）等建国前俄语教育时期。但中国俄语教育有计划、成规模的发展，主要还应归功于中华人民共和国建国后的60年。据不完全统计，到1951年全国共有36所大学设立俄语系科，另有俄语专科学校7所；到了21世纪，全国开设专业俄语的高校就有90余所，开设大学俄语的高校300余所，以北京外国语大学、上海外国语大学、黑龙江大学为中心的中国俄语教育体系正在发挥着越来越重要的作用。在这60年的时间里，中国造就了大批俄语专家学者，他们投身于俄语教学与研究之中，取得了辉煌的成就，可谓名家如云，群星璀璨。他们的名字在中国俄语界个个耳熟能详，有的还享誉中国外语界、语言学界，乃至国外俄语界。其主攻方向和学术成就俄语界同人大都能说出一二，但因种种原因，不少学者的成果或散见各处，或无暇集成。所以，要想系统地推介他们的学术成就，迫切需要搭建一个展台。

2007年8月，黑龙江大学出版社正式成立。成立之初，出版社就高瞻远瞩地担负起了一种历史的重任：梳理成果、审视学群，为一些推动中国俄语教育发展进程的学术名流树碑立传。由出版社总编辑李小娟策划，出版社会同黑龙江大学俄语学院、教育部人文社科重点研究基地——黑龙江大学俄语语言文学研究中心以及中国俄语教学研究会拟共同出版“当代中国俄语名家学术文库”，以填补中国俄语学界的一个空白，弘扬中国俄语学界著名学者的学术成果，力争为全国俄语学术研究尽绵薄之力。

黑龙江大学之所以始终如一厚待俄语教育、全力推动中国俄语事业的发展，正是秉承了始建于1941年的中国人民抗日军政大学第三分校俄文大队“服务国家”的光荣传统。黑龙江大学的俄语教育事业历经了中央军委俄文学校、延安外国语学校、哈尔滨外国语专门学校、哈尔滨外国语专科学校、哈尔滨外国语学院、黑龙江大学等阶段，至今已有66年的历程。目前，黑龙江大学俄语学科已成为中国高校俄语语言文学学科中历史最悠久、积淀最深厚、层次最齐全、队伍最坚实的学科之一，是对当今中俄战略协作伙伴关系和东北亚地区合作发展具有重大推动和建设性作用的学科。同时，俄语学科是黑龙江大学的创校学科，也是学校目前的龙头学科。2007年恰好是黑龙江大学俄语专业创办66周年，恰逢黑龙江大学出版社创立，并且十分明确地认定俄语学科是出版社应瞄准与支持的重点学科，可谓喜上加喜。

作为后学，作为当代学人，光大前辈的学术思想，我们义不容辞，责无旁贷。对其学术思想梳理出版，不仅是当下学术思想传播的需要，也是学术精华传承的需要，从某种意义上说，更是一种抢救人类非物质文化财富的学术义举。为了做好本文库名家的遴选以及丛书的出版工作，我们特邀国内同行专家共同组成文库编委会，根据老一辈学者在全国俄语界的贡献与影响，经全国俄语同行的提名推荐，首批入选了11名专家。他们均是新中国培养出来的俄语名家，数十年献身于中国俄语教学与科学研究，见证了俄语学科的兴衰更替。他们中间有为中国俄语事业作出重要贡献的学者型领导王福祥（北京外国语大学前校长）、赵云中（华东师范大学前副校长），有成果丰硕的语言学家华劭（黑龙江大学）、信德麟（北京外国语大学）、吴贻翼（北京大学）、倪波（上海外国语大学），有令人敬佩的中国资深翻译家李锡胤（黑龙江大学）、张会森（黑龙江大学）、俞约法（黑龙江大学），有奋斗在国防教育战线上的俄语专家丁昕（解放军外国语学院）、徐翁宇（解放军国际关系学院）。他们融入了历史，也创造了灿烂的俄语人生。

该文库由黑龙江大学王铭玉教授担任主编，由黑龙江大学俄语学院孙淑芳教授、黑龙江大学俄语语言文学研究中心黄忠廉教授、黑龙江大学《外语学刊》李洪儒编审等担任副主编，黑龙江大学黄忠廉教授、靳铭吉副研究员、李洪儒编审同黑龙江大学出版社编辑惠秀梅、赵颖一并担任文库责任编辑，吴丽坤、黄东晶、杨志欣、彭玉海、张春新、刘锟、李芳、张志军、张金忠等博士参与了校对工作。他们共同托出俄语界同人期待已久的11份精神大餐，使学术经典锦上添花。

在文库的出版过程中，得到了黑龙江大学国家级教学名师张家骅教授和邓军教授、俄罗斯专家И. Б. 沙图诺夫斯基以及黑龙江大学俄语学院И. А. 科切尔金娜、Т. А. 谢瓦斯季亚诺娃等外籍教师的悉心指导，使文库内容更加精当、准确，形式更加完美、统一。

我们相信，集名家一生学术财富的文库定能穿越时空，流芳后人。

王铭玉

2007年12月

目　　录

第一编　口语学理论探索

关于俄语口语的几个问题 …… (3)
论俄语口语的对立性特征 …… (12)
口语学若干理论问题初探 …… (23)
俄汉口语对比问题 …… (36)
口语研究:意义、方向、材料来源及方法 …… (45)
口语词典的构想 …… (53)
俄语口语的系统性及其特征 …… (62)
俄语对话分析导论 …… (67)
关于多层面分析的哲学思考 …… (89)

第二编　口语语言分析

现代俄语口语的句法特征 …… (93)
现代俄语口语的词法特征 …… (104)
现代俄语口语的构词特征 …… (116)
俄语口语中对应词的省略问题 …… (127)
试论口语词序的原则及其排列模式 …… (134)
Вроде 一词的演变 …… (147)
俄语口语里简单句句位的填补 …… (150)
口语里前置词的发展趋势 …… (158)
俄语口语称名 …… (164)
俄罗斯人的称呼 …… (174)
反应词语:特征、类型及语用 …… (178)
俄语口语:词层、常用词、词义及词的使用 …… (191)

一格功能的多层面分析 …………………………………………… (203)
一格在对话中的语用功能 ………………………………………… (209)
对话语的省略性——非惯用省略语与惯用省略语 …………… (228)
语句的含意:言语的隐性范畴 …………………………………… (244)

第三编 学术综述与评论

1980 年《俄语语法》与口语 …………………………………… (265)
1990 年《俄语语法》评介 ……………………………………… (273)
俄罗斯的口语研究:历史与现状 ………………………………… (279)
外语研究:回顾与展望 …………………………………………… (295)
《语言经纬》评介 …………………………………………………… (305)

第四编 治学漫谈

培养博士生的几个环节 …………………………………………… (311)
科研贵在坚持 ……………………………………………………… (315)
我是怎样搞起口语研究的 ………………………………………… (317)
实践与理论,微观与宏观 ………………………………………… (323)
我的人生之路:学习·教学·科研 ……………………………… (325)

参考文献 …………………………………………………………… (330)
《徐翁宇集》收录论著索引 ……………………………………… (338)
作者传略 …………………………………………………………… (340)

СОДЕРЖАНИЕ

Часть Ⅰ　Теоретические поиски разговорной речи

Некоторые вопросы русской разговорной речи …………………… (3)
О противопоставленных признаках русской разговорной речи …………………………………………………………………… (12)
Некоторые теоретические проблемы русской разговорной речи …………………………………………………………………… (23)
К вопросу сопоставления русской и китайской разговорной речи …………………………………………………………………… (36)
Разговорная речь: значение, направления, источники материалов и методы изучения …………………………………………… (45)
Размышления о составлении словаря разговорной речи ………… (53)
Системность русской разговорной речи и ее признаки ………… (62)
Введение в «Анализ русского диалога» ……………………………… (67)
Философское мышление о многоуровнем анализе ……………… (89)

Часть Ⅱ　Лингвистический анализ разговорной речи

Особенности синтаксиса современной русской разговорной речи …………………………………………………………………… (93)
Особенности морфологии современной русской разговорной речи …………………………………………………………………… (104)
Особенности словообразования современной русской разговорной речи ……………………………………………………………… (116)
О пропуске соотносительных слов в русской разговорной речи …………………………………………………………………… (127)
Принципы порядка слов и его модели в разговорной речи …… (134)

Эволюция слова «вроде» ………………………………………… (147)
К вопросу замещения позиций простого предложения в разговорной речи ………………………………………… (150)
Тенденции развития предлогов в разговорной речи ………… (158)
Номинация русской разговорной речи ………………………… (164)
Обращения у русских ………………………………………… (174)
Релятивы: признаки, типы и употребление ………………… (178)
Особенности лексики русской разговорной речи …………… (191)
Многоуровневый анализ именительного падежа имен существительных ………………………………………… (203)
Прагматические функции именительного падежа имен существительных в диалоге ………………………………… (209)
Эллиптические высказывания в диалоге: узуальные и неузуальные высказывания ………………………………………… (228)
Имплицитный смысл высказывания ………………………… (244)

Часть Ⅲ Критика и обозрение

«Русская грамматика» 1980г. и разговорная речь …………… (265)
Рецензия на «Русскую грамматику» 1990г. ………………… (273)
Исследование разговорной речи в России: история и нынешнее состояние ………………………………………… (279)
Иностранные языки: ретроспективы и перспективы исследования ………………………………………… (295)
Рецензия на «Язык: меридианы и параллели» …………… (305)

Часть Ⅳ Из опыта

К вопросу о подготовке докторантов ………………………… (311)
Настойчивость, вот что нужно для научной работы ……… (315)
О том, как я стал заниматься разговорной речью ………… (317)
Практика и теория, микроподход и макроподход …………… (323)
Моя жизнь: Учеба. Преподавание. Научная работа ……… (325)

Литература ………………………………………… (330)
Биографические сведения ………………………………… (342)

第一编

口语学理论探索

关于俄语口语的几个问题

1 俄语口语学的兴起

口语是语言的源泉，是书面语的基础。鲁迅先生在《写在〈坟〉后面》一文中说得好："从文字论，就不必更在旧书里讨生活，却将活人的唇舌作为源泉，使文章更加接近语言，更加有生气。"鲁迅先生在这里明确认为，"活人的唇舌"即活的口语，是语言的源泉，写文章不必在"旧书里讨生活"，而应该从活的语言中吸取营养，使文章更有生气。遗憾的是，这一道理长期未能被语言学界所接受。传统语言学没有意识到语言主要是活的口语，而它所研究的仅仅是语言的一部分，即书面语，并非语言的全部。对此，丹麦语言学家叶斯柏森(O. Jespersen)曾一针见血地指出："在我们所谓的文明生活中，印刷品起着十分重要的作用，受过教育的人容易忘记语言原来就是说话，即主要是会话(对话)，而写的(及印刷的)文字只是一种说的和听到的话语的替代物。这种替代物在许多方面是很有价值的，但在另一些方面却是贫乏的。"[①]但也有一些语言学家早就认识到口语在语言学中的地位，认识到口语对社会的作用。早在19世纪，英国著名语言学家斯威特(H. Sweet)就从事口语研究，他于1890年写出了《英语口语初步》(*A Primer of Spoken English*)一书。作者用音标描写了英语口语的特点，并提出了英语口语是"受过教育的英国人的口语"这一概念[②]。德国、法国也较早地开展了口语研究，如1894年冯德里希(H. Wunderlich)撰写了《口语的句子结构特征》(*Unsere Umgangsprache in der Eigenart ihrer Satzfügung*)一书，1927年巴黎出版了马迪侬(Ph. Martinon)的《如何说法语》(*Comment on parle en français*)。苏联是20世纪50年代

---

① Jespersen, O. *Essentials of English Grammar*. London, 1938, p. 17.

② Sweet, H. *A Primer of Spoken English*. Oxford University Press, 1890.

才开始研究俄语口语的。科学院俄语研究所、莫斯科大学语文系、普希金俄语学院、萨拉托夫大学等单位建立了专门从事口语研究的班子和机构，研究工作进展较快。六七十年代，一批俄语口语专著相继问世，如什维多娃（Н. Ю. Шведова）著的《俄语口语句法概论》（Очерки по синтаксису русской разговорной речи，1960），泽姆斯卡娅（Е. А. Земская）主编的《俄语口语》（Русская разговорная речь，1973），西罗季妮娜（О. Б. Сиротинина）的《现代口语及其特点》（Современная разговорная речь и ее особенности，1974）以及拉普捷娃（О. А. Лаптева）的《俄语口语句法》（Русский разговорный синтаксис，1976）等。

苏联语言学界根据对口语的不同理解，从不同的角度，对俄语口语开展了多方面的研究。以泽姆斯卡娅为代表的口语学家把口语作为一种特殊的语言体系来进行研究。他们摒弃了传统语言学的框框，用录音机在莫斯科、列宁格勒两大城市，对不同职业、年龄、社会阶层操标准语的人进行了广泛的谈话录音。在大量活的口语的录音材料的基础上，对俄语口语进行了全面、深入、细致的研究，并于 1973 年写出了专著《俄语口语》（科学院出版）。该书材料丰富、观点新颖、描述详尽、自成体系，是第一部系统的俄语口语学著作。

另一些语言学家从修辞的角度研究口语，他们把口语视为修辞学中的一个功能语体，而且也取得了可观的成绩，如瓦西里耶娃（А. Н. Васильева）的《俄语修辞学讲义》（Курс лекций по стилистике русского языка，1976），科任娜（М. Н. Кожина）的《俄语修辞学》（Стилистика русского языка，1977），维诺格拉多娃（В. Н. Виноградова）的《俄语构词的修辞方面》（Стилистический аспект русского словообразования，1984）等。

此外，研究口语对书面语影响的有莱温（В. Д. Левин）、维诺库尔（Т. Г. Винокур）；研究口语对报章作用的有科斯托马罗夫（В. Г. Костомаров）、什韦茨（А. В. Швец）。对外俄语口语的研究工作也在积极地开展。

苏联科学院 1980 年出版的《俄语语法》把口语视为标准语的基本分体之一，在统一的语言体系内对口语作了详尽的描述，纠正了 1952—1954 年《俄语语法》只注重经典作家语言的偏向。

俄语口语的研究在不断深入地发展。语言学家对口语的兴趣愈来愈浓厚。继1973年出版《俄语口语》之后,80年代初,苏联科学院先后又出版了两部口语学专著:《俄语口语·一般性问题·构词·句法》(Русская разговорная речь. Общие вопросы. Словообразование. Синтаксис, 1981)和《俄语口语·语音·词法·词汇·手势》(Русская разговорная речь. Морфология. Лексика. Жест, 1983)。这两部著作是1973年《俄语口语》的继续,是近十年来口语研究的成果总结。俄语口语学作为一门新兴的学科进一步得到了完善。

近年来,汉语口语研究也有了显著的进展。除赵元任著的《汉语口语语法》外,陈建民以口语录音材料为基础,写出了国内第一部汉语口语专著《汉语口语》(北京出版社,1984)。这两部著作对开展汉俄口语对比研究创造了条件。

2 口语和书面语

俄语口语和书面语是标准语的两个基本分体。口语区别于书面语,这点人们早有察觉。早在19世纪,俄国著名诗人普希金在《致出版者的信》(1836)中写道:"书面语能和口语完全一样吗?不能。同样,口语也永远不能和书面语完全一样。不仅仅代词 сей 和 оный,而且一般形动词以及很多通常必需的词在口语里回避了。我们不说:карета, скачущая по мосту; слуга, метущий комнату, 而说:которая скачет, который метет 等,用这样松散的短语来替代简明生动的形动词"[①]。但是,给口语和书面语下一个科学的定义,用准确的语言揭示它们的本质特征,却不是一件容易的事。

英国语言学家帕默(H. Palmer)认为,"口语"和"书面语"这两个术语可以有多种解释。在《英语口语语法》这本著作中,"英语口语"这一术语是指"受过教育的人(特别在英国的南部)在日常会话或给亲密朋友的信件中所使用的那种英语"。"英语书面语"这一术语可以用来包括我们通常在书籍、评论、报纸、正式书函中所看到的那种英语,同时也包括我们在演讲者和演说家的语言里或在正式会谈中(特别在陌生人之间)所听到的那种英语[②]。赵元任给汉语口语下的定义是:"汉语口语"指的是20

---

① А. С. Пушкин, Полное собрание сочинений в десяти томах. Т. 7. М., 1958, стр. 479.

② Palmer, H. & Blandford, F. *A Grammar of Spoken English*. Cambridge, 1955.

世纪中叶的北京方言，用非正式发言的那种风格说出来的[①]。泽姆斯卡娅给俄语口语下的定义是：俄语口语是操标准语的人用口头的形式在无拘束、无准备的交际场合说的言语。具体地说，口语具有下列特点：口头形式作为基本的体现形式；交际的无拘束性；说话人关系的非正式性；言语的无准备性；说话人直接参加交际活动；紧紧依靠非语言的情景；采用手势和表情[②]。

从以上各家观点看，语言学界大都是以语言的社会、心理因素立论的。这些外部语言因素归纳起来主要有：(1)使用言语的场合，正式的还是非正式的；(2)言语准备的程度，经过加工的还是即兴的；(3)言语的心理状态，一本正经的还是无拘无束的；(4)文化程度，受过教育的还是没有受过教育的。上述各点均为区别性特征。第一至第三点用来区别口语和书面语，即口语是非正式的，即兴的，无拘束的言语；书面语则是正式的，经过加工的，一本正经的言语。第四点用来区别标准口语和非标准口语。凡受过教育的人(英国规定为大学教育)，他们一般掌握了标准语的规范，他们说的话属标准语。我们平常说的“口语”即指这样的口语。非标准口语是指俗语和方言。

至于言语的表达形式，口头的还是书面的，不完全是区别性特征。因为演说、讲演、报告、电台广播、会谈等言语活动，虽然都是用口头形式进行的，但仍以书面材料为依据，语言学界公认为书面语。日记、非正式书信虽然是用书面形式写成的，但用词造句更接近于口语，有的语言学家把它们视为口语。当然，在多数情况下，口语是用口头形式(对话或独白)进行的，而书面语是打字、印刷或手写的。

外部语言因素对口语和书面语的形成起了决定性作用。因此，以社会、心理因素立论无疑是正确的。但由于没有把语言本身的特征考虑在内，显然，定义是不够全面的。

那么，什么是口语和书面语的语言特征呢？1980 年《俄语语法》认为，口语和书面语的区别在于：一是语言手段本身有别；二是规范的性质以及对待规范的态度有别[③]。这一论断概括性大，可以纳入定义。现在

---

① 赵元任：《汉语口语语法》，商务印书馆 1979 年版，第 12 页。

② Е. А. Земская, Русская разговорная речь: лингвистический анализ и проблемы обучения. М., 1979, стр. 11.

③ АН СССР, Русская грамматика. Т. 1. М., 1980, стр. 11.

我们可以给口语、书面语试下定义如下：口语是操标准语的人主要用口头形式（对话或独白）在非正式场合使用的，即兴的，无拘束的言语；书面语是操标准语的人主要用书面形式（打字、印刷或手写）在正式场合使用的，经过加工的，一本正经的言语。两者在语言手段、规范性质上均有差别。

3 俄语口语在语言体系中的地位

谢尔巴（Л. В. Щерба，1880—1944）院士在20世纪30年代对口语和书面语的差别曾作过如下估计："标准语和口语的差别，有时可能大得像两种不同的语言。"①但两者在语言手段上究竟有多大差别？共性是主要的，还是个性是主要的？当前苏联语言学界对此意见颇不一致。

以泽姆斯卡娅为代表的口语学家，特别强调口语和书面语的对立，强调口语的特殊性和体系性。她认为，"口语和典范标准语（кодифицированный литературный язык）是作用于同一集体的不同的两个语言体系"，"在体系的一些方面互相接近，而在另一些方面则相去甚远"②，并认为口语特点的总和足以把它看成在标准语内部与典范标准语相对立的特殊语言体系③。近二十年来，泽姆斯卡娅等口语学家在揭示口语的体系性方面做了大量的工作，并取得了显著的成绩。

另一些学者却持不同的意见。他们强调口语和书面语的共性方面。比如什维多娃认为，"作为统一语言的两个功能分体，言语的两个形式，其结构特点多半是相同的，但也存在着相当大的差别。口语和书面语的纯语言差别在语调、词汇、成语及句法等领域中表现得最为明显"④。她这一思想在1980年《俄语语法》里得到了进一步的发挥。该书在绪论中强调指出："重要的是这些差别发生在具有统一完整体系的标准语的内部。因此，两个分体的共同点比不同点要多得多"⑤。1980年《俄语语

---

① Л. В. Щерба, Современный русский литературный язык. // 120 лет ЛГУ. Тезисы докладов. Л., 1939, стр. 18.

② Е. А. Земская, Русская разговорная речь: лингвистический анализ и проблемы обучения. М., 1979, стр. 21.

③ Е. А. Земская, М. В. Китайгородская, Е. Н. Ширяев, Русская разговорная речь. Общие вопросы. Словообразование. Синтаксис. М., 1981, стр. 20.

④ Н. Ю. Шведова, Очерки по синтаксису русской разговорной речи. М., 1960, стр. 5.

⑤ АН СССР, Русская грамматика, Т. 1. М., 1980, стр. 11.

法》是一部在统一的标准语体系内描写口语和书面语的规范性语法。

科任娜把口语看成功能语体，理由是：(1)口语和书面语的差别并不是在语言各个层次里都表现得那样显著（两者具有共同的称名体系——词汇和成语，同时也具有共同的词法）；(2)这些差别恰恰是在功能方面表现得比较突出，而且总的说来是非原则性的①。

我们认为，口语是书面语的基础，书面语是口语的加工形式，它们之间共性是主要的、第一位的。否则，难以想象，它们怎么能统一在标准语体系内部。但是，另一方面，我们应该充分看到口语的个性以及口语在标准语体系内所占的特殊地位。口语研究的成果表明，口语在语言外部因素的积极作用下，有着自己的发展规律，形成了一系列与书面语相对立的语言手段。例如：

(1)在构词方面有典型的口语构词方法，如省略法、省略加缀法、截短法等，从而形成了一些书面语和口语的同义词序列。试比较：Большой театр — Большой，электрический поезд — электричка，баскетбол — баскет，доктор — док.

(2)口语和书面语在词类的功能上形成了鲜明的对立。口语里使用频率高的词类是代词、动词、语气词，而书面语里是名词、形容词、形动词、副词。

(3)口语里一格占优势，而书面语里则二格占优势。

(4)口语和书面语里词的聚合体的形式不完全相等，如口语里名词聚合体有称呼形式（пап，мам），而书面语里就没有这种形式。

(5)口语和书面语在词的句法联系上形成了对立。口语里意义联系占优势，而书面语里则语法形式联系占优势。试比较：

① У нас есть коробка шпротов.

У нас есть шпроты коробка.

② На улицу Горького как пройти?

Улица Горького — как пройти?

(6)在句子的正规体现方面，口语表现出高度的省略性、松散性、表情性，并常常使用非一般的形式、词的组合、成语以及句子来填补句位。试比较：

---

① М. Н. Кожина，Стилистика русского языка. М.，1977，стр. 208.

① У тебя есть ручка?

У тебя есть чем писать?

② За вами стояла женщина в меховом пальто?

За вами стояла в меховом пальто?

③ Командиры у вас замечательные!

Командиры у вас — позавидуешь!

(7)口语拥有大量特殊的句子结构和固定的套语,并与书面语的句子结构形成鲜明的对立。例如:Всем молодцам молодец; Вот голос так голос; Чем он тебе не муж? Ему и сон не в сон; А еще друг! Нашел чем хвастать! Ему не до меня; Я тебе уеду! Чего там только не было!

(8)口语拥有和书面语截然不同的词序规律:随意排列的规律(Мне английский дайте замок посмотреть)和重要要素前移的规律(Веселый он! Вазу я купила)。

从上述各点可以看出:(1)口语和书面语的区别程度不同地反映在语言各层次上;(2)区别有的是功能上的,有的是形式上的;(3)口语现象不是一堆杂乱无章的混合物,而是一个与书面语在许多方面相对立的、有规律、有系统的体系。

4 俄语口语的规范

书面语有严格的规范。词典、语法著作均有详细的记载,学校、电台、电视台、报刊、出版社都要严格按规范行事。口语也有自己的规范,但是另一性质的规范。不少语言由于研究得不够,口语规范至今尚未明确。

那么,什么是口语规范呢?斯威特在《新英语语法》(*New English Grammar*)一书中指出:"凡是语言里通常使用的,就有理由认为,在语法上是正确的。"[1]泽姆斯卡娅更明确地认为,"这样或那样的口语现象,是否在多数操标准语的人的言语里经常出现,乃是衡量这些现象是否规范的唯一标准……凡是经常遇见的就是规范的"[2]。

俄语口语规范有哪些特点呢?泽姆斯卡娅认为,"口语规范的特点

---

① Palmer, H. & Blandford, F. *A Grammar of Spoken English*. Cambridge, 1955.

② Е. А. Земская, Русская разговорная речь: лингвистический анализ и проблемы обучения. М., 1979, стр. 19,

是高度的变异性”①;1980 年《俄语语法》却认为,“口语的规范比较简单,而且在某种意义上更固定:语法变体较少,在事先没有思考和选择的情况下,在典型的、重复的言语情景中,尤其在对话中,说话常常是用固定的套语进行”②。两家的观点显然是不同的。我们认为,口语规范有两重性:既有可变的一面,又有固定的一面。由于口语是语言里最活跃的部分,语言的变化首先在口语里反映出来。因此,口语里变体形式比较多。例如:

(1)语音方面,如 здравствуйте 的发音变体是 здрасьте; говорю 的发音变体是 гырю, грю 等。

(2)构词方面,如 парень > парняга, парнюга; картофель > картошка, картошечка; папа > папка, папочка, папуля; комиссионный магазин > комиссионный, комиссионка; магнитофон > мафон, маг 等。

(3)词的形式方面,如 большие ветры — большие ветра; пять граммов — пять грамм; в супе — в супу; у нее — у ней; самоё — саму; машу, -ешь — махаю, -аешь;поезжай — езжай 等。

(4)句法联系方面,如 домик с двумя окошками, домик в два окошка; любоваться морем / на море; спрашивать совет / совета 等。

(5)句子结构方面,如 Нет того, чтоб матери помочь; Нет чтоб матери помочь; Нет матери помочь 等。

(6) 在词序方面,如 голубой плащ — плащ голубой; комната сестры — сестры комната; слишком шумный — шумный слишком 等。

与变异性相对立,口语规范还有固定性、单一性的一面。这里主要指人们说话时常常使用现成的句式、套语,而不需要专门去组词造句。比如,城市生活里人们常使用惯用句式(стереотипы)来进行交际。例如:(在市场)Помидоры два; Апельсины полкило.(在百货商店)Покажите мне вот эти; Вот те беленькие покажите мне.(在电影院售票口)Один пятый; Один на два.(在火车站售票口)Москва три; Один обратно.③

---

① Е. А. Земская, М. В Китайгородская, Е. Н. Ширяев, Русская разговорная речь. Общие вопросы. Словообразование. Синтаксис. М., 1981, стр. 70.

② АН СССР, Русская грамматика. Т. 1. М., 1980, стр. 12.

③ Е. А. Земская и Л. А. Капанадзе (ред.), Русская разговорная речь. Тексты. М., 1978. 以下简称 PPP – 78。

5 口语学的意义

口语学具有重要的理论和实践意义。口语是语言中最活跃、最积极、最富有生气的部分。在口语里我们可以看到语言的过去、现在和将来。口语学的兴起推动了语言学科的发展。它以大量活的语言材料丰富了语音、语法、词汇、修辞等语言学科。比如,近二十年来,苏联俄语口语的研究成果充实了1980年《俄语语法》,使语法的面貌为之一新。该书的经验告诉我们,在统一的语言体系中描写口语无损于语法的体系性,更没有把语法变成"一堆杂乱无章的混合物"①,相反,大大丰富了语法,增添了语法的活力。

口语学的实践意义在于促进全民族语言素质的提高。据统计,从事一般职业的人,一天说话少则几百句,多则几千句②。如果人人都能按照标准口语的规范,简洁、准确、生动地表达自己的思想感情,那么这将大大促进社会的进步和科技的发展。口头表达能力的强弱是衡量民族文化高低的重要标志之一。

口语学在外语教学中占有重要的地位。外语教学中把书面语看成唯一的教学内容的观点已经陈旧。埃克兹利(C. E. Eckersley)说得好:"教师必须时时记住,英语是活的语言,不应把它当成死的语言来教。它的教学不应建立在老作家的'文学'精粹的基础上,而应以今天人们的日常口语为依据,口说的话是它教学的基础……"③实践证明,我们不能指望用书面语来教会学生说外语,因为口语和书面语在语言手段及规范的性质上都有显著的差别,尤其在句法领域里差别更大。要使学生学会说地道的口语,必须依靠专门的口语教材及教学手段,而教材和教学手段只有建立在口语的理论基础上,才是行之有效的。

---

① 弗雷(H. Frei)认为,一种语言的共同语法只能是一堆杂乱无章的混合物,是许多体系的语法,而不是其他。(见 Н. Ю. Шведова, Очерки по синтаксису русской разговорной речи. М., 1960, стр. 6.)

② 陈章太:《略论汉语口语的规范》,《中国语文》1983年第6期。

③ Eckersley, C. E. *Essential English*. Teachers' Book I. Longman, 1970.

论俄语口语的对立性特征

近二十年来，随着俄语口语研究的深入，苏联语言学家认识到现代俄语标准语存在于两个基本分体之中：一是书面语或典范标准语①，二是口语②。但语言学并没有赋予“分体”（разновидность）特定的含义。语言学家对两个分体的异同持不同的意见。著名语言学家什维多娃认为，作为统一语言的两个功能分体，口语和书面语在结构上多半是相同的③。她在1980年《俄语语法》绪论中更明确地阐明了自己的观点，指出，“重要的是这些差别发生在具有统一完整体系的标准语内部。因此，两个分体的共同点比不同点要多得多”④。而致力于口语研究的语言学家泽姆斯卡娅则持另一种观点。她在1973年《俄语口语》里提出了俄语口语是特殊的语言体系的假设⑤，认为，“典范标准语和口语是标准语内部两个不同的语言体系。在体系的一些方面互相接近，在另一些方面则相去甚远”⑥。在以后出版的口语专著和论文中她一再强调这一认识，并指出：口语是“语言”，而不是“言语”。

至于俄语口语是否是特殊的语言体系，尚待科学论证。以书面语为研究对象的传统语法，从1755年罗蒙诺索夫（М. В. Ломоносов）的《俄罗斯语法》到1980年科学院的《俄语语法》，走过了二百多年漫长的道路，而它的体系至今还不能说是十全十美的，它在形式、语义、交际功能的结合上仍存在着明显的不足。何况俄语口语学是七八十年代兴起的学科，想在一个早晨勾勒出它的体系是不可能的。当前重要的是揭示口语的特

---

① 在俄语口语文献中，通常用“典范标准语”（кодифицированный литературный язык）来替代惯用的术语“书面语”。“典范标准语”意为严格规范化的标准语。

② АН СССР, Русская грамматика. Т. 1. М., 1980, стр. 11.

③ Н. Ю. Шведова, Очерки по синтаксису русской разговорной речи. М., 1960, стр. 5.

④ АН СССР, Русская грамматика. Т. 1. М., 1980, стр. 11.

⑤ Е. А. Земская (ред.), Русская разговорная речь. М., 1973, стр. 18. 以下简称 РРР－73.

⑥ РРР－73, стр. 24.

征，特别是口语的基本特征，并在此基础上探索它的体系。

现在，语言学家基本上弄清了口语的语言之外的特征，如交际的无拘束性，说话人关系的非正式性，言语的无准备性，说话人直接参加交际活动，说话人的心理状态，紧密依靠语境，使用眼色、面部表情及手势等①。这些特征对口语单位、口语现象的形成起着重要的作用。而口语语言本身的特征目前尚处于发掘、探讨阶段。

泽姆斯卡娅在1973年《俄语口语》里首次提出，俄语口语体系内存在着辑合性（синкретизм）和分解性（расчлененность）的对立。她认为，二者是口语体系的基本特征，它们贯穿于口语的各个层次②。这是一个重要的发现。如口语里广泛使用无连接词的手段来表达各种意义关系，广泛使用无标记的对立成分均属辑合现象，而口语里广泛使用与单词称名同义的非单词称名则属分解现象。试比较：веревочка —〈口语〉чем завязать（绳子），ручка —〈口语〉чем писать（笔），полотенце —〈口语〉чем вытереться（毛巾），открывалка —〈口语〉чем открывать（起子）。Рядом живет（= соседка），у нее недавно сын родился.（隔壁住的那位，她不久前生了一个儿子。）

经过近十年的研究，泽姆斯卡娅又发现了另外两个基本特征：一是力求自由组织语言单位；二是力求公式化，力求使用现成的言语公式③。所谓自由组织语言单位，是指说话人能经常地，比较自由地创造新的单位。这一现象不仅涉及词组、语句、词形，而且还涉及词。例如：— Сейчас будет чаепитие? — Кофепитие.（"现在喝茶吗？""喝咖啡。"）

句中 кофепитие 一词是说话人根据 чаепитие 一词随口说出来的，辞书里并无此词。所谓力求公式化，是指说话人在无拘束、无准备的情况下，为了说话方便，常常使用公式化的句子、现成的句套、固定的惯用语等。例如：（买电影票）Один пятый（一张五排的）；На пять есть билеты（有五点的票吗）；（买火车票）Два Москва — обратно（两张去莫斯科的来回票）；Москва три. Один обратно（三张莫斯科，一张来回票）；Вот это зря（这是徒劳的）；Все нормально（一切正常）；Все в порядке（一切

---

① РРР-87, стр. 12.

② РРР-73, стр. 3.

③ Е. А. Земская, М. В. Китайгородская, Е. Н. Ширяев, Русская разговорная речь. Общие вопросы. Словообразование. Синтаксис. М., 1981, стр. 6. 以下简称 РРР-81。

井井有条)。

对立性特征对口语体系的研究有着十分重要的意义。据我们观察,口语里充满着对立。除以上泽姆斯卡娅等发现的特征外,我们认为,还有一些对立性特征可以提出来研究、讨论。这些特征也许没有贯穿于各个层次,但是它们的覆盖面也是相当大的。这些特征是:变化词类和不变化词类的对立,聚合体简化和繁化趋势的对立,有标记成分和无标记成分的对立,语法形式联系和意义联系的对立,语句的省略性和松散性的对立,结构的熟语性和非熟语性的对立,连接词结构和无连接词结构的对立等。本文试就上述对立性特征谈谈一孔之见。

1 变化词类和不变化词类的对立

俄语两个分体内都存在着变化词类和不变化词类的对立,不同的是,书面语里变化词类占优势,而口语里则不变化词类占优势,口语的使用条件促进不变化词的发展。不变化词类的优势主要表现在以下几个方面。

1.1 变化实词类在口语里的使用率下降

据统计,书面语里名词、形容词占优势,而口语里代词、语气词占优势。由于代词占优势,名词相对减少,而名词减少又导致形容词减少①。

1.2 变化实词中出现不变化的倾向

口语里以-о结尾的非外来语地名倾向于不变格,例如:Он живет в Иваново.(*他住在伊万诺沃。*)在“товарищ + 姓”、“名 + 父称”的组合里,товарищ 和名倾向于不变,例如:обратиться к товарищ Иванову.(*找伊万诺夫同志*);Я от Иван Иваныча.(*我从伊万·伊万诺维奇那里来*)。время 一词在 Сколько время? 的问句里有不变化的趋势。至于数词不变化的倾向,更为明显。这里不一一赘述。

1.3 不变化实词类增加

除了不变化的名词(如 такси,метро,какао,кило,мисс 等)外,口语里还有专门的不变化词类:分析性形容词、述谓词和反应词语②。

分析性形容词是一类正在形成的词类,在口语里很积极。像 микро-,мини-,теле-,кино- 等形容词在现代俄语里使用率极高,如 микрокафе(*小咖啡馆*),микрорайон(*小区*),микрословарь(*微型词典*),мик-

---

① 详见拙著《俄语口语语法概论》,上海外语教育出版社 1990 年版,第 48 页。

② РРР – 87, стр. 97.

ро-успех(微小的进步),мини-диспут(小型辩论会),мини-интервью(小型访问记),мини-коса(小辫子),мини-мини(超超短裙),телебалет(电视芭蕾舞),телезритель(电视观众),телекинобеседы(座谈会实况记录片)等。

述谓词是指那些在人称结构里起谓语作用的词。分两类:一类是动词感叹词,如 ах(唉呀),бац(叭的打一下),бу-бу-бу(唠叨),шу-шу-шу(叽叽咕咕)等;另一类是评价述谓词,如 ничего(不错,不坏),так себе(马马虎虎,不怎么样),очень даже(相当不错),не очень(不怎么好),никуда(没有一点用处)等。这类词是典型的口语词,使用率很高,例如:

① Он им всерьез, а они га-га-га.(他一本正经地对他们说,而他们却哈哈大笑。)

② Он мне бу-бу-бу, бу-бу-бу, сил нет слушать.(他一个劲地向我唠叨,听得累死人了。)

③ Платье у нее было очень и очень, все ахали.(她的连衣裙漂亮极了,大家赞不绝口。)

反应词语是指那些用来对说话对方或情景作出反应的词语。这些词语无形式变化,也不可能分解,如 да, нет, ладно, здравствуй, до свидания, еще чего 等。苏联一些语言学家主张把这些词语视为一类特殊的词,即反应词语[①]。这类词语在对话里使用得极为广泛。例如:

① — Устали?("累了吧?")

— Еще чего!(Б. Васильев)("累什么!")

② — Ты сказала?("你说啦?")

— А как же?(С. Баруздин)("当然咯!")

1.4 不变化虚词类作用的扩大

口语里语气词具有多功能性,使用率极高。它们可用来传递一定的意义和修辞信息(如例①、例②),建立联系(如例③),表示言语的结束(如例④),作实义切分的标志(如例⑤)以及填补语流中的空白(如 ну, вот, там, значит…)等。

① Я просто его жена.(А. Гребнев)(我只不过是他的妻子。)

① О. Б. Сиротинина, Современная разговорная речь и ее особенности. М., 1974, стр. 78.

② Да проснись же, Соня. (А. Володин)(喂,索尼娅,醒一醒。)

③ А где ты был я тебе звонила? (我给你打电话时你在哪里?)

④ Вовка был здесь. Он у нас был три дня, сегодня уехал. Вот. (沃夫卡在这里呆过。他在我们这里呆了三天,今天走了。就是这样。)

⑤ Уроки-то выучил? (В. Белошапкова)(功课学会了?)

前置词在口语里也很积极,常常重复使用,如例①;作称名单位的结构要素,如 от сердца(治心脏病的药),в очках(戴眼镜的)等;跟不定式、副词等连用或单独使用,如例②、例③和例④。

① — За чем эта очередь? ("这队排什么的?")

— За кофточками за шерстяными. ("女短衫,毛织的。")

② Вы не забыли про попить? (您没有忘了喝吗?)

③ Ты оставь себе конфету на после сна. (你把糖留到睡完后吃吧。)

④ — Вы пьете с сахаром? ("您喝茶放糖吗?")

— Я? Без. ("我? 不放。")

不变化实词类的增加,虚词类功能的扩大,说明口语里分析语因素在增长。

2 聚合体的简化趋势和繁化趋势的对立

口语里聚合体有简化的趋势。首先,名词聚合体的形式趋向简化。有些阳性名词的复数二格出现两种形式:一种是-ов,另一种是零词尾形式。前者是两个分体共同的形式,后者是口语形式,是聚合体的简化现象。试比较:один чулок — пара чулок, один грамм — пять грамм. 其次,动词聚合体的形式大为简化,它只有变位形式、不定式和过去时被动形动词短尾。形动词的其他形式和副动词不进入聚合体,它们在语句里被其他形式所代替。试比较:

① карета, скачущая по мосту. —〈口语〉карета, которая скачет по мосту. (А. Пушкин)(在桥上疾驰的马车。)

② Они сидя улыбаются. —〈口语〉Они сидят улыбаются. (他们坐着,面带笑容。)

口语里聚合体除了简化的一面外,还有繁化的一面。首先,名词聚合体内出现了新的称呼形式(此形式只涉及到人名和一些表示亲属关系的词），如 Нина — Нин，Саша — Саш，Надя — Надь，папа — пап，бабушка — ба 等。其次，口语里句子聚合体的形式比书面语要多得多。以 Он работает 为例，其形式有：陈述式现在时 Он работает；陈述式过去时 Он работал；陈述式将来时 Он будет работать；假定式 Он работал бы；条件式 Работал бы он…（Если бы он работал…）；愿望式 Работал бы он! Если бы（хоть бы，лишь бы）он работал；祈使式 Пусть он работает！除上述形式外，口语里还有一个自己固有的形式—— 应该式：Он работай（…），书面语里无此形式。此外，条件式还有口语变体 Работай он…（Работал бы он…），祈使式有变体 Чтоб он работал！等。

3 有标记成分和无标记成分的对立

俄语里名词一格、动词不定式是名词、动词聚合体中的一个形式，是聚合体的有标记成分（маркированный член парадигмы）。一格、不定式作为有标记成分仍在口语里起着重要的作用，这是一方面。另一方面，由于口语的无准备性、无拘束性以及对情景的依赖性，形式简便的一格经常用来替代名词间接格形式。试比较：Дайте，пожалуйста，один билет в Москву（请给我一张到莫斯科的车票）；В Москву один（一张到莫斯科的车票）；Один Москва（一张莫斯科）。第一句是完全句，第二句是不完全句，句中 в Москву 是带前置词的四格形式，是有标记成分。第三句是典型的口语语句，其结构很特别，它是由两个原形词的简单的线性排列构成的，词与词的关系不是通过词的语法形式，而是依靠词义及说话当时的情景来体现的。

语句里一格失去了原有的语法意义，它失去了标记性，而成了无标记成分。不定式的情况也类似，在口语里经常作为无标记成分使用。例如：Тебе нужен партнер ехать?（你需要旅行的伴侣吗？）Мне надо в кафе — поесть купить.（В. Суров）（我要到咖啡馆里去买点吃的。）这两个句子里 ехать 替代了带前置词的名词二格形式（для поездки），поесть 替代了名词二格形式（еды），都是无标记成分。

近一二十年来，口语研究的成果表明，口语里作为无标记成分的一格和不定式的功能愈来愈大。拉普捷娃称此现象为一格的扩张（экспансия им. п.)[①]。再举一些例子：

① Люда, у нее все в чистоте.（柳达，她的一切都是干干净净的。）

② Книжный, я зайду.（书店，我进去一下。）

③ Восемнадцать лет, любое платье идет.（18 岁，穿什么衣服都合适。）

④ Вы так и живете, три поколения?（你们就这样过，老少三代？）

⑤ Твое платье шелк или шерсть?（你的连衣裙是绸的，还是毛的？）

⑥ Там есть сыр остатки.（那里有一些剩余的干酪。）

⑦ — Вот восьмая глава.（"这是第八章。"）

— Восьмая я прочла.（"第八章我读过了。"）

这样，一格和不定式在口语里既是有标记成分，又是无标记成分，从而形成了两个对立性的特征。这一特征也跟变化词类和不变化词类的对立特征一样，标志着俄语在向分析语发展。

4 语法形式联系和意义联系的对立

在句法联系方面，俄语里存在着语法形式联系和意义联系的对立。由于俄语是综合型语言，语法形式联系在书面语里占主导地位，而且也是口语的重要联系手段。但由于语言中不变化词的增加以及口语里无标记成分的广泛使用，语句内词与词的联系形式发生了巨大的变化。在现代俄语里，特别在口语里，词与词的联系在不少情况下常常不是通过词的语法形式，而是通过词本身的意义和词的线性排列来实现的。例如，какао порошок（可可粉），шофер такси（出租汽车司机），чулки силон（比较：чулки из силона）（西纶长袜），кухня семь метров（比较：кухня площадью в семь метров, кухня в семь метров）（七平米的厨房），щетка ботинки чистить（比较：щетка для чистки обуви, щетка для обуви, щетка, чтобы обувь чистить）（刷鞋的刷子）。

① Чуть-чуть большой размер есть такая шапочка?（= шапочка большого размера）（稍稍大一点的这样的帽子有吗？）

② Тапочка для девочки три года покрасивей что-нибудь покажи-

① О. А. Лаптева, О некодифицированных сферах современного русского литературного языка. Вопросы языкознания, 1966, № 2.

те. (= для девочки трех лет)(给三岁小女孩穿的便鞋,漂亮一点的,请给看一看。)

③ Какая остановка Вы сходите? (= На какой остановке)(您哪站下?)

④ Где теперь найдешь женщину убираться? (Л. Юнина)(现在上哪儿去找帮你打扫、收拾的女佣?)

语法形式联系和意义联系作为两种对立的联系处于经常性的斗争之中,而口语里意义联系则往往占上风。在实际生活里,像 Улица Горького,как пройти? (高尔基大街怎么走?)这样的说法远比正规的、按语法规则的说法(На улицу Горького как пройти?)要经常得多。

5 省略性和松散性的对立

口语里语句具有省略性和松散性的对立。70 年代初期,西罗季妮娜在《现代口语及其特点》一书里就指出:"省略性是构成口语篇章的基本原则之一。凡可省略的地方均被省略。这一经济原则作用于口语体系的各个层次,而句法尤为明显。"[①]口语里省略有三种情况:一是上下文中的省略,如例①;二是情景中的省略,如例②;三是统觉基础上的省略,即说话人凭共同的经验和知识省去已知部分,如例③。

① — Литературка есть? ("《文学报》有吗?")

— Продана. ("卖完了。")

② А. На Ваших сколько? ("您的表几点?")

Б. Без пятнадцати три. ("差一刻三点。")

③ (А. 头痛了一天,第二天早晨 Б. 问 А.)

Б. Ну как? ("怎么样?")

А. Лучше немного вроде. ("好像好一点了。")

省略是口语话语的一个显著的特征,这是其一。其二,口语话语还具有松散的特征。这是因为口语是无拘束、无准备的言语,话语里常常有重复,有补充,有插话,有更正,有停顿,因此话语相当松散、冗长。下面是一位 75 岁的列宁格勒老太太讲过去在威尼斯旅行的故事。她一边回忆,一边讲述,话语断断续续。一句话没有说完,又插入另一句话,然后再把前

---

① О. Б. Сиротинина, Современная разговорная речь и ее особенности. М., 1974, стр. 101.

面的话说完。

На Капри мы поехали с моей… двоюродной сестрой, с тетей, мы поехали мм… Это было в двенадцатом году, видите, когда это, давно. Мы проехали и в Риме были и в… этом… м… в Венеции были. Венеция нам очень… Там ко… конечно очень красиво все, но жить там невозможно для… Там такая сы-ы-рость, и там все вода кругом это. Гостиница, подъезжаешь к ней на гондоле, и видно знаете это… мм где вода-то бывает, что ниже все. И потом это входишь туда, такая сы-ы-рость! Нет, нам там не понравилось. (卡普里岛我是跟我的……表姐妹,跟姑姑去的,嗯……这是1912年的事。瞧,这是什么时候,很久以前。我们过了卡普里岛,到了罗马,在那个……嗯……威尼斯呆过。威尼斯我们很……当然,那里一切很美丽,但那里住是不可能的……那里真潮湿,那里周围都是水。旅馆,要乘游艇到那里,你知道吗,下面,嗯,都是水。然后进旅馆,潮湿得一塌糊涂!不,我们不喜欢那里。)

6 结构的熟语性和非熟语性的对立

什维多娃在《俄语口语句法概论》一书中指出,口语的特点不仅仅在于语句的不完整或省略,或并列联系超过主从联系,它的特点还在于它拥有大量特殊的固定结构[①]。这些结构是不能用现行的句法规则来解释的,它们是熟语化结构句。这类句子有三个特点:(1)不能用现行的句法规则解释;(2)可以进行词汇填补,有的要素位词汇上是自由的,有的是受限制的;(3)多半具有表情性和主观情态意义,带有明显的口语色彩[②]。例如:Я тебе поцелую!这句话里的词形 тебе 是不能用现行的语法规则解释的,因为 поцеловать 是及物动词,要求第四格,而句中是第三格。词形 поцелую 也不是“我吻”的意思,全句含“禁止、威胁”的主观情态意义,意思是“你敢吻我!你吻试试!”句中词形 поцелую 可以自由替换,例如:Я тебе уеду!(你敢走!你走试试!)Я тебе поспорю!(你敢争辩!你争辩试试!)这类熟语化句子是典型的口语句型。

熟语化结构句和1980年《俄语语法》列出的自由结构模式构成了口语句子体系中的两大对立系统,而这种对立在书面语体系里是没有的。

---

① Н. Ю. Шведова, Очерки по синтаксису русской разговорной речи. М., 1960, стр. 7.

② 详见拙著:《俄语口语语法概论》,上海外语教育出版社1990年版,第210,252,289页。

7 连接词结构和无连接词结构的对立

在标准语的两个分体内部存在着连接词结构和无连接词结构的对立，但两者的发展趋势截然不同。书面语的使用条件有利于连接词结构的发展，因此书面语里连接词结构占优势，形式联系手段极为丰富；而口语的使用条件则有利于无连接词结构的发展①，因此无连接词结构占优势，各种意义关系几乎都可以用非形式联系手段来表达。例如：

(1)联合：Садись — будем заниматься.（Я. Стельмах）（坐下来，我们一起来学习。）

(2)区分：Ты собираешься обедать? Нет?（你打算吃午饭？不是吗？）

(3)对别：Прошу есть — не ест. Снова прошу — не ест.（М. Шевченко）（请吃，但不吃。又请，还是不吃。）

(4)对比：Ты ей слово — она тебе десять.（В. Розов）（你说她一句，她回你十句。）

(5)条件：А хочешь — телевизор включи.（И. Штемлер）（想看，就把电视机打开。）

(6)让步：Быстро до метро добежали, вымокли все-таки.（虽然很快跑到地铁，但还是湿透了。）

(7)说明：Напоминаю — вы вправе со мной не соглашаться.（С. Алешин）（我提醒一句，您有权不同意我的意见。）

(8)修饰：Портфель на диване лежит принеси мне.（Русский язык. Энциклопедия）（你把放在沙发上的皮包给我拿来。）

(9)等同：Сказано — сделано.（Д. Притула）（说到做到。）

(10)时间：Вырастешь, поймешь. Мне спасибо скажешь…（Н. Гамолка）（你长大后会明白的。你会感谢我的……）

(11)原因：Пойду чай подогрею — остыл.（Н. Катерли）（我去热一热茶，凉了。）

(12)度量程度：Я так волновалась, я ночь не спала.（我很激动，一夜没有睡。）

---

① Е. Н. Ширяев, Основы системного описания бессоюзных сложных предложений. Вопросы языкознания, 1984, № 1

(13)比较:Я купил ковер, вот у них на стене висит. (我买了一块壁毯,像他们墙上挂的那块一样。)

8 口语的变异性

上述相互对立的特征处于经常性的斗争之中,它们是语言发展、变化的动力,也是口语发展的内在规律。在对立性特征的作用下,口语里不断地涌现出变异现象。一个词可以有几种读音,如 говорю — гырю — грю, это — эт, прямо — прям, сейчас — щас, тысяча — тыща 等;一个词形有几个变体,如 Нина — Нин — Ни, поезжай — езжай — ехай 等;一个事物可以有几个名称,如 магнитофон — мафон — маг, больничный лист — больничный — больничка, щетка для чистки обуви — щетка для обуви — щетка, чтобы обувь чистить — щетка ботинки чистить 等;一个词组可有各种变体,如 кухня площадью в семь метров — кухня в семь метров — кухня семь метров 等;一个成分可用不同的手段表达,如 Платье у нее очень красивое. — Платье у нее очень и очень; Они сидя улыбаются. — Они сидят улыбаются; На каком этаже вы живете? — Какой этаж Вы живете?

句子结构的同义现象也比比皆是:

① Ходить в валенках тепло и удобно. — Валенки — тепло и удобно. (穿毡靴既暖和,又舒适。)

② Можно нам потанцевать? — Можно, мы потанцуем? (我们可以跳一会儿舞吗?)

③ У Люды все в чистоте. — Люда, у нее все в чистоте. (柳达,她的一切都是干干净净的。)

④ Что сказано, то и сделано. — Что сказано, сделано. — Сказано — сделано (说到做到。)

至于词序,则更具有变异性。试比较:Ты доволен, что сын приехал? Ты доволен сын что приехал? Ты доволен приехал что сын? Что приехал сын ты доволен? Сын что приехал ты доволен? Приехал что сын ты доволен? (儿子来了你满意吗?)①

---

① 文中未注明出处的例子选自 PPP－73, PPP－78, PPP－81, PPP－83, PPP－87;Е. А. Земская (ред.), Русская разговорная речь. М., 1983. 简称 PPP－83。

口语学若干理论问题初探

当代语言学对口语研究表现出了浓厚的兴趣。出现这种情况,主要有两方面的原因:一是口语的社会作用;二是语言学发展的需要。随着社会的发展,科技的进步,口语的社会作用愈来愈大。社会的发展要求语言工作者对无人问津的口语进行研究,制订规范,以提高人们说话的素质,达到良好的交际效果。这是其一。其二,传统语言学大都以书面语为研究对象,这种研究有很大的局限性,因为语言中最活跃、最有生命力的那一部分——口语被排除在外了。现代语言学家认识到研究活的语言对全面描写语言系统,揭示语言学的一般原理,促进各语言学科的发展有着极其重要的意义。正是由于上述原因,当前口语研究受到高度的重视。

20 世纪 60 年代,苏联语言学界根据自然言语的录音资料开始有计划地研究现代俄语口语。1967 年,苏联科学院俄语研究所成立了研究城市口头言语的专门小组。以泽姆斯卡娅为代表的研究组首先从城市里操标准语的人的口语入手,调查、研究受过教育的人在非正式的交际场合是怎样说话的。在不到 20 年的时间里,该集体撰写了 4 部专著:《俄语口语》(1973)、《俄语口语・篇章》(1978)、《俄语口语・一般性问题・构词・句法》(1981)及《俄语口语・语音・词法・词汇・手势》(1983)。此外,泽姆斯卡娅还撰写了《俄语口语:语言分析与教学问题》(1979)一书和一批学术论文。泽姆斯卡娅及研究组的其他成员以活的言语录音资料为依据,对口语各个层次的语言特点进行了详细的描写,并对一系列口语的理论问题提出了系统的见解和观点。现在,作为一门独立的新兴学科——俄语口语学,已经初步形成,并得到了语言学界的承认。

现就泽姆斯卡娅等提出的几个关于俄语口语的理论问题作一个简略介绍,并谈谈笔者对这些问题的粗浅认识。

1 口语是言语还是语言

俄语传统语言学把口语称为 разговорная речь，意为“谈话言语”，从而产生了一个问题：口语是言语还是语言？

现代语言学研究的成果表明，俄语标准语存在于两个基本分体之中：一是典范标准语（кодифицированный литературный язык）或书面语（книжный язык）；二是口语（разговорный язык）[①]。泽姆斯卡娅在她的论著里多次强调，口语是语言，使用 разговорный язык（谈话语言）更正确一些，因为口语的特点带有语言系统的性质[②]，而保留 разговорная речь 这个术语只是出于传统和习惯上的考虑。

众所周知，语言是音义结合的符号系统，而言语是指语言的使用以及由言语过程所产生的结果——话语。因此，俄语口语是言语还是语言，这是一个原则性问题。要解决这个问题，首先必须弄清口语各层次的特点，口语固有的单位以及这些单位是否构成系统。这个问题我们将在本文第四部分再作探讨。

2 口语与口头言语

在俄语语言学中，“口语”这个术语的概念很不统一，存在着几种不同的理解：一是指任何以口头形式表达的言语（如学术报告、讲演、电台或电视台的广播、日常生活言语、城市俗语、地域方言等）；二是城市居民的任何口头言语；三是城市和乡村居民的日常生活言语；四是操标准语的人的无拘束的言语[③]。

泽姆斯卡娅认为，这些不同性质的言语类型必须从术语上加以区分。她建议把第一种叫口头言语（устная речь），第二种叫城市口头言语（городская устная речь），第三种叫日常生活言语（бытовая речь），第四种叫标准口语（литературная разговорная речь）或简称口语[④]。本文讨论的口语就是指标准口语。

---

① Е. А. Земская, Русская разговорная речь: лингвистический анализ и проблемы обучения. М., 1987, стр. 3.

② Е. А. Земская, Перспективы изучения славянских разговорных языков. //Славянское языкознание. М.,1988, стр. 177.

③ Е. А. Земская (ред.), Русская разговорная речь. М., 1973, стр. 5.

④ Е. А. Земская (ред.), Русская разговорная речь. М., 1973, стр. 5.

这里，我们想着重谈一谈口语与口头言语的区别。口语和口头言语是两个不同的概念，但常常被混为一谈。弄清这两个术语的内涵是很有必要的。根据泽姆斯卡娅的观点，口语是标准语的一个基本分体，带有语言系统的性质。口头言语则不然，它是一种发声的言语（речь звучащая），是语言存在的形式。

俄语标准语有两个基本的存在形式：口头形式和书面形式。口头形式是口语、俗语、方言的主要形式。说是主要形式，笔者出于两方面考虑：一是口语、俗语、方言等还可以用书面的形式记载下来，如口语词典、俗语词典、方言词典等；二是在私人的信件、便条、日记等书面形式中存在着大量的口语因素，特别是私人书信里口语因素尤为突出。至于书面语，两种形式都使用：既可以用书面形式，也可以用口头形式。书籍、报刊里的文字是书面形式，而学术报告、大会发言、电台和电视台的广播等则是口头形式。由此可见，口头言语不是语言的某一分体，而是语言的口头表达形式。口语、俗语、方言、书面语都可以用口头的形式表达。

3 口语的语言之外的特征

前面我们已经提到，口语是操标准语的人的无拘束的言语。那么，哪些人才算是操标准语的人呢？无拘束的言语又是在什么环境里出现的呢？

泽姆斯卡娅在《俄语口语》（1973）里指出，操标准语的人必须具有三个特征：（1）俄语是说话人的母语；（2）说话人生长在城市里；（3）他具有大学或中学文化水平（以大学为主）。当环境具备以下三个特征时，操标准语的人就使用口语：（1）言语行为的无准备性，（2）言语行为的无拘束性，（3）说话人直接参加言语行为①。

这些条件中，第一条是不需要作解释的，因为日常生活里说话是不加准备的，边说边想是口语的特点。第三条也不需要多作解释，因为口头交际时说话人和听话人不直接参加言语行为是不可想象的。第二条要作点解释。泽姆斯卡娅在这一条里实际上包含了两个特征：交际的无拘束性和非正式性。她认为这两个特征不能单独分开，因为只有在非正式的交际基础上才会出现无拘束性②，两者是因果关系。后来，她在《俄语口语：

① PPP－73，стр. 9

② PPP－73，стр. 9

研究总结与前景》一文里把无拘束性改为非正式性，并列为第一条，并强调指出，交际的非正式性是基本的，决定性的。这里，非正式不仅仅指说话人之间实际存在着非正式的关系，而且也没有进行正式交际的打算①。

至于哪个特征是决定性的，语言学界的意见并不一致。比如，西罗季妮娜认为交际的直接性是出现口语的决定性条件，而拉普捷娃则认为言语的口头性质是决定性的②。这两种意见的理由都不那么充分。交际的直接性能促使口语采用口头的、对话的形式，使口语带有自发性，并采用表情、手势等手段来传递信息，这是一方面。另一方面，在直接交际的场合，也同样可以使用严谨的、正式的言语。比如，讨论会上的发言、会谈等都是直接交际，而使用的却是书面语。至于口头形式，它对言语的结构产生积极的影响，但不是决定性的。如上所述，口语和书面语都可以使用口头的形式。这里有一点值得注意：当探讨哪一特征起决定性作用的同时，不能忘了事情的另一面，那就是上述三个特征（非正式性、无准备性和直接性）不是孤立地起作用的，它们是相互联系、缺一不可的。只有在诸特征的共同作用下，才会出现无拘束的口语。

除了三个必要特征之外，口语还具有一些其他特征。这些特征并非必要，但也是很重要的。它们是：口头形式，紧密依靠语言之外的环境（它是交际行为的一个组成部分），使用非语词的交际手段（手势和面部表情），主要使用对话的体裁，说话人和听话人原则上可以互换等③。这些特征对口语结构的形成都产生明显的影响。目前，语言学界大都是根据语言之外的特征给口语下定义的。这就是说，口语是操标准语的人在非正式场合，在无准备的情况下使用的无拘束的言语。

4 口语是否是一个特殊的语言系统

本文开头提出了口语是言语还是语言的问题，这个问题跟口语是否是一个语言系统有着直接关系。解决了后者，前者也就迎刃而解了。此外，上述口语定义只反映了语言之外的特征，而没有把语言本身的特征考

---

① АН СССР, Русистика сегодня. М., 1988, стр. 124.

② О. Б. Сиротинина, Современная разговорная речь и ее особенности. М., 1974, стр. 20.

③ Е. А. Земская, Русская разговорная речь: лингвистический анализ и проблемы обучения. М., 1987, стр. 12.

虑在内。要解决这个问题，也需要弄清口语的特点以及口语是否自成系统。

泽姆斯卡娅在1973年的《俄语口语》里大胆地提出了口语是特殊的语言系统的假设，认为口语和书面语差别很大，把它们统一在一个系统内是没有根据的。口语不能纳入（确切地说，不能勉强地挤入）书面语的系统。她断言：口语具有语言单位独特的聚合关系及其功能体现的独特规律①。以后，在1981年的《现代俄语》绪论里，她更明确地表述了自己的观点。她说："现代俄语标准语由两个系统组成，两者极为特殊，在许多方面都不相同。每个系统是统一的、完整的、独立的，各有自己的规律。这两个系统就是典范标准语和口语。"②

泽姆斯卡娅的上述观点尚未被语言学界普遍接受。比如，什维多娃就持不同意见。她认为，作为统一语言的两个功能分体，言语的两个形式，其结构特点多半是相同的，尽管也存在着相当大的差别③。在1980年的《俄语语法》里，她进一步阐明了自己的观点，指出："重要的是这些差别发生在具有统一、完整系统的标准语内部。因此，两个分体的共同点比不同点要多得多。"④据她的观点，口语不是独立的语言系统，它只是标准语系统内的一个功能分体。

那么，泽姆斯卡娅的假设依据是什么呢？近二十年来，她及其同事一直坚持自己的观点，不断地从研究中发现理论依据。

1973年，她首次发现了口语系统的两个基本特征：辑合性（синкретизм）和分解性（расчлененность）。这两个相互对立的特征贯穿于口语的各个层次。其表现形式是多方面的：表达上的辑合性（如广泛使用无标记的对立成分）和分解性（如非单词称名：Возьми чем укрыться〈把盖的东西带着〉）；内容上的辑合性（如广泛使用一般意义的词：вещь，дело，штука等，非单词称名：чем укрыться〈泛指任何可以盖的东西〉）和分解性（如прочищалка〈烟筒、管道的通子；瓶刷子〉）；聚合关系上的辑合性（如无专门表达半述谓性的动词形式）和分解性（如有专门的称呼形式：Петь！Петь-а-Петь！）；组合关系上的辑合性（如名词一格的多功能

---

① РРР－73，стр. 25.

② В. А. Белошапкова（ред.），Современный русский язык. М.，1981，стр. 27.

③ Н. Ю. Шведова，Очерки по синтаксису русской разговорной речи. М.，1960，стр. 5.

④ АН СССР，Русская грамматика. Т. 1. М.，1980，стр. 11.

性）和分解性（如主位一格结构）等①。

1981年，她又发规了两个对立性的特征：一是力求自由地组织语言单位；二是力求公式化，力求使用现成的言语公式②。口语里，一方面，说话人可以自由地创造新词、新的说法和结构，说俏皮话、双关语等；另一方面，说话人又习惯于使用现成的套语、惯用语等。

应该指出，口语里充满着对立。据我们观察，单位与单位之间以及聚合关系和组合关系内部存在着对立性特征，如变化词类与不变化词类的对立，聚合体简化与繁化趋势的对立，有标记成分与无标记成分的对立，语法形式联系与意义联系的对立，结构的熟语性与非熟语性的对立，连接词结构与无连接词结构的对立，语句的省略与繁化的对立等③。

对立性特征表明，口语现象不是零星的、分散的、孤立的，而是聚合的、统一的、相互联系的、相互制约的，也就是说，它具有系统性。因此，泽姆斯卡娅关于口语是语言的观点是有根据的。至于口语是否构成跟书面语对立的特殊的语言系统，尚有待研究。有不少问题还不清楚。比如，像简单句这样大的句法范畴，它的基本句型或自由模式，除少数典型的以外，绝大多数是口语和书面语共同拥有的。口语在这一领域的特点只表现在成分的省略、句位的填补、词序以及一些句内特殊的结构（如主位一格结构、接续结构）等方面。因此，就简单句而言，还没有充足的理由说明口语自成系统。

5 口语规范及其特征

书面语的研究已有悠久的历史，语言学家为其制订了严格的规范，并使它具有法典的性质。口语的情况则不同，它的规范化工作是20世纪50年代末才开始的，现在正在进行。什么是衡量口语规范的准则呢？泽姆斯卡娅认为，衡量口语现象是否符合规范，重要的准则是该现象是否在操标准语的人的言语里常见。凡常见的，就是规范的④。据拙见，把常见性作为规范的标志并不那么科学，因为每个人的语言经验不同，在确定常

---

① PPP－73，стр. 31.

② Е. А. Земская, М. В. Китайгородская, Е. Н. Ширяев, Русская разговорная речь. Общие вопросы. Словообразование. Синтаксис. М., 1981, стр. 6.

③ 详见拙文《论俄语口语的对立性特征》，《外国语》1992年第1期。

④ PPP－73，стр. 26

用或不常用时，容易带有主观性。为了避免这一点，泽姆斯卡娅等依靠集体的语感和相互检查的办法来区别正确与错误，规范与不规范。

以西罗季妮娜为代表的萨拉托夫学派采用简单的确定规范的方法，即由（向调查者）提供情况的人来判断这样或那样的现象是否规范①。但被调查的人因受书面语的影响往往不能正确地作出判断。凡不符合书面语规范的现象，常常被误认为是错误的。

1988年，泽姆斯卡娅在常见性的基础上又提出了模式性（модельность）的准则。她在《俄语口语：研究总结与前景》一文中指出：口语现象规范性的一个充分而有力的标志似乎是它的模式性。如果一个语句的语义－句法结构很稳定，可以用不同的词汇来填补的话，就可以说，这是语句的模式了。在构词方面，如果派生词这样或那样的结构是由不同的人从不同的词根创造的话，那么这就是派生词的模式了②。

常见性和模式性两者并不矛盾，因为模式性内包含了常见性的因素。如果这样或那样的语言现象是不常见的，那么根本就谈不上模式化了。模式性作为衡量口语规范的标志比常见性要科学一些，可以避免主观性，使确定的规范符合客观实际。

至于口语规范的特征，语言学家持有不同意见。什维多娃在1980年《俄语语法》里指出："与书面语相比，口语规范比较简单，而且在某种意义上更固定：语法变体较少，在事先没有思考和选择的情况下，在典型重复的言语情景中，尤其在对话里，人们常常用固定的套语说话。"③然而，泽姆斯卡娅则持另一种意见。她认为，俄语口语规范具有变异性的特点。与书面语相比，口语具有更大的变异性④。

应该指出，两人的意见都是正确的。她们从不同的侧面揭示了口语规范的特征。据拙见，口语规范具有两重性：既有可变的一面，又有现成、固定的一面⑤。

叶斯柏森在《语法哲学》里指出，语言中有些东西——任何语言，概

---

① Е. А. Земская, Е. Н. Ширяев, Русская разговорная речь: итоги и перспективы исследования. // Русистика сегодня. М., 1988, стр. 135.

② Е. А. Земская, Е. Н. Ширяев, Русская разговорная речь: итоги и перспективы исследования. // Русистика сегодня. М., 1988, стр. 135.

③ АН СССР, Русская грамматика. Т. 1. М., 1980, стр. 12.

④ РРР－81, стр. 37.

⑤ 见拙著：《俄语口语语法概论》，上海外语教育出版社1990年版，第13页。

莫能外——具有惯用法的性质，即是说，任何人都不能把它们加以丝毫的改变。如 How do you do?（你好！）Good morning!（早安！）Thank you!（谢谢！）Beg your pardon?（请原谅！）等都是固定的。它们已被作为一个整体来理解和使用[①]。俄语也是如此。在日常生活里，俄罗斯人经常重复使用那些现成的句式、套语等，例如：Привет!（你好！）Ну как?（怎么样？）Ну и что?（那又怎么样呢？）Как бы не так!（才不会是这样呢！哪能呢！）Будьте добры.（劳驾。）Ну всего хорошего.（好吧，再见。）

另一方面，在各种因素作用下，口语里呈现出多种多样的变体。请看下面的例子。

语音，如 Иван Иванович（伊万·伊万诺维奇）可读作[（и）ванваныч]或[（и）ванванч]；

词形，如 тракторы / трактора〈复数一格〉（拖拉机）；помидоров / помидор〈复数二格〉（西红柿）；

词汇，如 магнитофон / мафон / маг（录音机），мама / мам / ма（妈妈）；

称名，如 поливальная машина / поливалка / чем улицы поливают/ улицы поливает / поливает（洒水机）；

结构，如 Нет чтобы подождать / Нет бы подождать / Нет подождать（也不知道应该等一等）；

词序，如 Все устали потому что было жарко / Все устали было жарко потому что / Все устали было потому что жарко / Все устали жарко потому что было / Потому что было жарко все устали.（因为天气热，大家都累了。）

当然，不能因此认为，口语里没有什么禁区，怎么说都可以。口语现象有自己内在的规律，人们是不自觉地按约定俗成的规律说话的。语言学家的任务在于揭示这些规律，并确定其规范。

6 关于口语形成的时期

长期以来，语言学家忽视口语研究，对口语特征不甚了解。当他们接触到这样或那样的口语现象时，总有一种新鲜感，似乎这些现象都是新

① 奥托·叶斯柏森：《语法哲学》，语文出版社 1988 年版，第 5 页。

的。然而，实际情况并不完全如此。比如，不久前语言学家发现了一种由"关系代词 + 不定式"组成的口语称名方式：Принеси чем писать.（拿一支笔来。）А где чем вытираться?（擦的东西在哪儿?）据考证，这种称名法在 18 世纪的语言里就已经有了[①]。

口语是语言的源泉，是语言中最活跃的部分，新的现象不断地从这个源泉里涌现出来。这是口语变化无常的一面。另一面，正如泽姆斯卡娅等所指出的那样，口语具有泛时性（вневременность）[②]。所谓泛时性，是指口语的稳定性。据研究，许多口语现象，特别是口语的句法结构，在几个世纪以前就存在了。

有一种意见认为，俄语口语是 19 世纪二三十年代开始形成的。泽姆斯卡娅不同意这种看法。她认为，巴兰尼科娃（Л. И. Баранникова）的推测仅仅以词汇为依据，这是不科学的。口语的主要特征表现在句法方面，而不是词汇方面。泽姆斯卡娅指出，现代俄语口语里许多最重要的特点在 18 世纪无拘束的交际句法里已经存在了。比如，在 18 世纪的私人信件里就有诸如用间接格构成的称名方式：От кашля есть у вас?（您有止咳药吗?）处于从属句位的名词一格在 18 世纪的语言里也能见到：Мы здесь из доброй воли едим ножи деревянные.（这里我们情愿用木制的刀吃饭。）许多现代口语典型的词序特点，如连接词或联系用语置于从句内的现象在古俄语里也得到了证实：Медаль, что тебе государыня послать изволила, им это не очень приятно было.（比较：Им это не очень приятно было, что тебе государыня изволила послать медаль.）（女皇寄给你奖章，他们不太高兴。）[③]

口语作为特殊的语言结构是什么时候形成的呢？它又是如何进化的呢？这些都是当前口语研究的重要课题。要弄清这些问题，只有从古代的文献中去找依据。泽姆斯卡娅认为，古代的私人信件、便条、回忆录、日记等是研究古代口语的重要文献，因为这些资料具备口语的语言之外的基本特征：交际的非正式性、无准备性和直接性。

---

① Славянское языкознание. М., 1988, стр. 182.

② Русистика сегодня. М., 1988, стр. 144.

③ Славянское языкознание. М., 1988, стр. 182.

7 关于普通口语学的问题

任何口语的使用环境都是共同的，它们都具有非正式性、无准备性、直接性等特征。而这些语言之外的特征对口语的结构有着极大的影响。因此，在不同语言的口语里不同程度地存在着共同的特点。这就是泽姆斯卡娅所提出的口语的普遍现象问题（проблема разговорных универсалий）①。她认为，这一课题具有普遍的理论意义，因为它能揭示交际环境是如何影响语言结构的。换句话说，这一课题能揭示哪些口语特点是由使用口语的语言之外的环境产生的，哪些结构特点构成了口语的民族特殊性②。

众所周知，俄语和汉语属于不同类型的语言：俄语为综合型语言，而汉语则为分析型语言。但在对比研究中，我们发现口语里两者却有许多共同之处。比如两者都有省略性的特点，而且经省略后一些语句变得十分近似。如 Дайте мне，пожалуйста，полкило апельсин /（请给我称半公斤橙子）这个语句都可以省略成：Апельсины полкило /（橙子半公斤）；Дайте мне，пожалуйста，два обратных билетов до Москвы /（我要两张到莫斯科的来回票）可省略成：Москва — обратно два дайте /（莫斯科来回两张）等。

又如，俄汉口语里存在着一些相似或相同的结构，如俄语的主位一格结构、接续结构、重复结构等都可以在汉语里找到等价物。试比较：

① Моя сестра, у нее уже двое детей.（我姐姐，她已经有了两个孩子。）

② Я стихи сочинил. Только что.（Ю. Клепиков）（我写了诗，刚才。）

③ Зачем вы меня обманули, зачем?（М. Рощин）（为什么你们欺骗我，为什么？）

再如，一些语句在书面语里跟汉语差别很大，但在口语里却变得相似或相同了。试比较：

①〈书面语〉Он жил в доме двадцать один. —〈口语〉Он жил дом двадцать один.（他住过 21 号。）

---

① Русистика сегодня. М., 1988, стр. 144.

② Русистика сегодня. М., 1988, стр. 144.

②〈书面语〉Комната площадью в восемь метров. —〈口语〉Комнатка — восемь метров!（房间八平米。）

从上述例子里可以看出，俄语有向分析语发展的趋势。其主要原因如下。

（1）广泛使用无标记成分，即用名词一格或不定式替代名词间接格形式，例如：Какой этаж вы живете?（您住几楼?）Как зовут такая беленькая ваша подруга?（您那位皮肤白白的女友叫什么名字?）Там молоко пакет.（那里有一袋牛奶。）Дайте мне бумагу писать.（给我一张写字的纸。）

（2）广泛使用不变化词类（述谓词、分析词、反应词语），例如：Обед так себе.（午餐不怎么样。）Постоянно он ха-ха-ха.（他经常哈哈大笑。）Это ведь не лингво, это какие-то другие вещи.（要知道，这不是语言学的，这是别的什么东西。）— Ты на два месяца едешь? — Где уж там! На две недели.（"你去两个月?""哪儿有的事！两周。"）

由于无标记成分和不变化词类的广泛使用，语句里词与词之间的句法关系在许多情况下不是由词形，而是由词序和词的语义来表达了，也就是说，采用了分析语的表达手段。这样，俄语在某些方面跟汉语近似了。

由此可见，不管什么语言，综合语还是分析语，在口语里都存在着共性。这种共性不仅仅表现在语言之外的特征上，而且也表现在语言的结构上。这给我们一个启迪：需要有一门专门的学科来研究各种口语的共性问题，这门学科就是普通口语学。

8 语用学与口语学

泽姆斯卡娅在《俄语口语：语言分析与教学问题》一书的修订本里明确地阐述了语用学对口语研究的重要性。以后，她又在《俄语口语：研究总结与前景》一文中把它作为今后的研究课题提了出来。

语用学是一门20世纪70年代兴起的独立语言学科，它研究的不是语言的语法关系，而是言语的交际系统。具体点说，语用学研究使用语言者根据环境需要使用句子的能力[①]。它的研究范围包括指示语、会话含意、前提、言语行为、会话结构等。从语用学的任务和对象来看，它跟口语

① 张涤华等：《汉语语法修辞词典》，安徽教育出版社1988年版，第531页。

有着密切的联系。口语学为语用学提供丰富的语言材料，特别是对话材料。没有这些材料，语用学就成了无源之水，无本之木。而语用学又为研究在交际中如何使用和理解口语提供理论依据。两者是相辅相成的。

当代语言研究总的趋势是力图把语法、语义和语用三者结合起来，而口语研究中三者的结合显得更为重要。比如对话里的省略，有的是由上下文决定的：А. «Литературка» есть? Б. Продана. （“《文学报》有吗？”“卖完了。”）有的是由情景决定的：А. Какой размер такие? Б. Тридцать. （“这样的〈鞋〉是几码的？”“36 码。”）还有的是由说话人和受话人的共知前提决定的：（共知前提：前一天 А. 请 Б. 把书放到公文包里）А. Положил? Б. Вчера еще. （“放了吗？”“昨天就放了。”）这些情况都是跟语用学有关的。

又如，句子的语义常常跟该句在交际中的实际含义不一致。泽姆斯卡娅举了这样一个例子：（一个有孩子的年轻女士问母亲）Ты вечером будешь дома? 这句话的直义是：你晚上在家么？但实际含义是：如果你不离开家，我把孩子留给你，可以么？[①] 俄罗斯人怕过堂风，如果他对你说：Сквозит，这不是简单地告诉你这一现象，而是希望你把门或窗关起来，免得感冒。像 Лекарство есть лекарство；Дети есть дети 这类句子，从语义的角度分析是没有什么意义的，但根据语用学的原理却可以推出说话人的真实含义：药总是苦的，不吃不行；孩子们爱淘气，可以理解等。

再如，俄罗斯人称呼人的方式跟中国人不同。如他们喜欢用 собака（狗），лошадка（小马）等来称呼自己心爱的妻子。契诃夫常常在信里这样称呼妻子：Здравствуй, милый мой собачик! Как поживаешь? （你好，我亲爱的！过得怎么样？）[②]如果把 собачик 直译成“亲爱的小狗”，这对中国人来说是不可思议的。这就是语用的民族特色。

总之，口语研究是不能脱离语用的。如果我们把语用学的理论运用到口语研究中去，把形式、语义和语用三者结合起来，那么口语研究将会深入一步。

俄语语言学中口语是一个正在开拓的领域，它的研究是具有开创性的。从活的口语资料收集到整理，从口语现象的发掘、描写到口语理论的

---

① Русистика сегодня. М., 1988, стр. 149.

② А. Чехов, Полное собрание сочинений и писем. Т. 12. М., 1983, стр. 78.

提出，从局部研究到口语系统的勾画等，是一项十分艰巨的、需要几代人潜心研究才能完成的工作。而以泽姆斯卡娅为代表的口语学家，仅仅用了二十多年的时间，就把口语学这样一门难度极大的新兴学科初步建立了起来，这是难能可贵的。在他们的学说里尽管还存在着这样或那样的问题（这是难以避免的），但他们在口语研究中所作出的贡献是应该充分肯定的。

俄汉口语对比问题

随着口语研究的发展和深入,口语的普遍现象(universals)引起了语言学界的关注,成为当前口语研究的新课题。如著名语言学家泽姆斯卡娅研究了斯拉夫语口语的异同①;斯克列布涅夫(Ю. М. Скребнев)以书面文献为材料,对英语、德语、法语、西班牙语、波兰语、俄语等语言的口语句法进行了对比,揭示了这些语言的口语中存在的普遍现象,并撰写了《口语学概论》(1985)一书。

目前,在我国口语普遍现象的研究还是一个空白。俄汉口语里是否存在普遍现象?它们表现在哪些方面?其形成的原因是什么?这些问题都有待研究。

俄语和汉语属于两种截然不同的语言:前者是综合语,后者是分析语。所谓综合语,是指句法关系是用屈折变化和词缀与词根的紧密结合来表示的语言,如拉丁语、古斯拉夫语、俄语、德语、芬兰语等;而分析语则指句法关系是由功能词,即虚词和词序来表示的语言,如汉语、英语、法语、意大利语、西班牙语等②。由于俄语和汉语分属不同的语言类型,两者的可比性不大。如果进行对比,几乎处处可以找到不同的地方。然而,如果对比两种语言的口语,则可以发现不少相同或相似的地方。据笔者观察,俄汉口语的普遍现象主要表现在句法、构词和称名三个方面。

1 句法方面

1.1 在句法联系方面俄语和汉语差别很大。如上所述,前者词与词的关系多半是通过词的语法形式来表达的,而后者则是通过虚词和词序

---

① Е. А. Земская, Общее и различие в структуре разговорной речи ряда славянских и неславянских языков. // Славянское языкознание. М., 1983.

② 《语言与语言学词典》,上海辞书出版社 1992 年版。

来表达的。然而,近二三十年来,俄语口语里词法逐渐趋向简化,不变化词不断增加,一格和不定式的功能日益扩大,不少情况下,词与词的句法联系不是借助词的形式,而是依靠词序和词的语义表达了。这样,一些语句在句法联系方面变得跟汉语相同或相似了。试比较:

① Время-то много уже? Время много? (Тексты)[①](时间已经很久了吗? 时间很久了吗?)

② Сколько она стоит эта книжка, второй ряд? (Там же)(第二排这本书多少钱?)

③ Обои приклеивать кисть такая есть у вас? (Там же)(贴墙纸的刷子,这样的,你们有吗?)

④ Улица Качалова как пройти? (РРР – 73)(卡恰洛夫大街怎么走?)

1.2 俄语口语里一格功能的扩大还促使句法结构简化,从而使一些句法结构变得跟汉语相似或相同了。试比较:

①〈书面语〉Ветер в три балла. (А. Морковкин)—〈口语〉Ветер три балла. (А. Штейн)(风三级。)

②〈书面语〉Дистанция протяженностью в тысячу метров. —〈口语〉Дистанция тысяча метров («Русская грамматика» 1980)(距离1 000米。)

③〈书面语〉У него в семье пять человек. —〈口语〉У него семья пять человек. (Ф. Таурин)(他一家五口。)

④〈书面语〉А теперь перерыв на десять минут. —〈口语〉А теперь перерыв десять минут. (С. Алешин)(现在休息十分钟。)

1.3 俄语口语拥有一系列分解性句法结构,如代词复指结构(亦称主位一格结构)、接续结构、重复结构、补充结构、带强调词(да, нет)的疑问句等。这些结构大都能在汉语口语里找到相同或相似的结构。试比较:

① А дочка ваша, она историк? (О. Лаптева)(您女儿,她是史学家吗?)

② Мне домой нужно. На миг. Куда и обратно. (Р. Беляковская)(我需要回家。去一会儿。去了就回。)

---

① Тексты 为 «Русская разговорная речь. Тексты»(1978)的简称。

③ Да кто торчит-то, кто?..（М. Рощин）（谁站在那儿，谁？……）

④ А то он, например, сидит слушает, твой собеседник.（自录）（要不他就坐着听，你跟他交谈的那个人。）

⑤ Запись, да? У вас здесь.（РРР－73）（在录音，是吗？您这儿。）

1.4 俄语口语里词的语义搭配规律有时被打破。如动词 зажечь（点燃）和 погасить（熄灭）通常跟 свет（灯），газ（煤气）等词搭配，但口语里有人却这样说：

① Зажги чайник！（把水壶点着！）

② Не забудь погасить макароны.（别忘了把通心粉闭了。）[①]

这种搭配显然是不合逻辑的，但确有人这样说的。汉语口语里也有类似不合逻辑的搭配，如管"排队买什么"叫"排什么"："排肉"、"排蛋"、"排豆腐"等。

1.5 俄语和汉语的词序有原则的区别。俄语是屈折语，其句法关系不那样依赖于词序，句内要素或分句的排列比较自由。口语尤为如此。但对汉语这样的非屈折语来说，词序则具有句法意义，因而比较固定。然而，据笔者观察，汉语口语词序也是相当自由的，跟俄语口语词序有不少相同或相似的地方。俄语口语的两条基本词序原则：联想接续原则（А я уж её давно не видела, с праздников.）（Тексты）（我很久没有见到她了，节日以来。）及信息上重要要素前置原则（Прохладно на улице, Галк?）（Тексты）（外边凉吗，加尔克？）对汉语口语基本上也是适用的[②]。

1.5.1 按联想接续原则排列的语句。例如：

① 我们都清楚，心里。（王海鸰 王朔））

② 写好了，编者按！（冯小刚 王朔））

③ 等哪天有空，去我爸家看看，咱们一块去。（王海鸰 王朔）

④ 有空儿回来看看，写个信，明信片什么的，让我们知道你的消息。（冯小刚）

1.5.2 按信息上重要要素前置原则排列的语句。例如：

① 自作自受呵你是。（苏雷）

② 家我是回不去了。（王朔）

---

① Е. А. Земская, Особенности русской разговорной речи и структура коммуникативного акта.// Славянское языкознание. М., 1978, стр. 209.

② 详见拙著：《俄语口语研究》，译林出版社 1993 年版，第 154 页。

③ 食堂在哪儿告我一声。(同上)

④ 搁哪儿了我给？(冯小刚)

1.6 俄语和汉语的对话言语有许多共同的地方，如说话人和受话人的言语在形式和意义上都是联系着的；两者的言语，尤其是受话人的言语从结构上看很不完整，省略的地方很多，而省略的方式大致相同；说话人和受话人可以互换角色等。试比较：

① А. — Два Загорск. (“两张扎戈尔斯克。”)

Б. — Куда? (“哪里？”)

А. — Два, Загорск. (Тексты) (“两张，扎戈尔斯克。”)

② Б. — Ну как? (“怎么样？”)

А. — Да ничего. (Там же) (“没事。”)

2 构词与称名方面

2.1 俄语口语构词具有凝缩的特点，如一些多音节词常紧缩成单音节或较少音节的词：баскетбол — баскет(篮球)，доктор — док(大夫)，метеослужба — метео(气象台)等。同样，汉语口语里一些常用的双音节词也常被单音节的同义词所取代：咱们—咱，寝室—寝，告诉—告，没有—没，介入—介，值得—值，特别—特，今天—今儿，明天—明儿—明等。

① 那地方咱能去么，特宰人。(冯小刚)

② 戈玲，我没说错你吧？(冯小刚)

③ 赶明儿我认您当妈得了，妈？(冯小刚 王朔)

④ 甲：到哪儿去？

乙：回寝。(自录)[1]

2.2 俄汉口语称名也都具有凝缩的特点。试比较：

俄语：докторская диссертация — докторская(博士论文)，математический факультет — математический(数学系)，общеинститутсткое собрание — общеинститутское(全院会议)等。

汉语：高跟皮鞋—高跟[2]，长焦镜头—长焦，长途电话—长途，直拨电

---

① 黑龙江大学两位女研究生的对话。

② 俄语口语里 высокие каблуки(高跟)也可用来表示“高跟皮鞋”，如 Я не в том смысле сказал, что Тамара не носит высоких каблуков, каблуки она как раз любит высокие, очень высокие! (Г. Сокова)(我的意思不是塔玛拉不穿高跟鞋，高跟她正好喜欢，很高的跟！)

话—直拨，客观理由—客观，通俗作家—通俗，个体户—个体，洋倒爷—洋倒等。

① 用长焦，拍头像。（冯小刚）

② 别找客观了，主要还是你心眼太小，唉，女人嘛！（同上）

③ 要不我也不会辞职干个体……（同上）

④ 有个日本女作家一听说她的书在中国印了四千册，当时跟咱出版社急了：你们把我当通俗了？（王朔）

2.3 汉语里广泛使用并列复合词结构来称名，如“名词 + 名词”（山水、手脚、风雨、尺寸），“形容词 + 形容词”（干净、热闹），“动词 + 动词”（吃喝、招呼、打扫、斟酌）①。俄语口语里也有类似的称名模式，用于表示概括性的事物或行为，如 морковки-петрушки（青菜），травки-муравки（青草），пить-есть（吃喝）等。

① Нам надо блюдца-тарелки покупать.（Е. Земская）（我们应该买些盘碟什么的。）

② А вас кормят-поят?（Она же）（他们供养您吗？）

2.4 俄汉口语都拥有分解性的称名，亦即语法结构称名②，跟书面语的词汇称名相对应。请看下列对照表：

书面语及口语名称		口语固有名称	
俄语	汉语	俄语	汉语
стул	椅子	на чем сидеть	坐的东西
точило	磨刀石	что-н. ножи точить	磨刀的家什
гардероб	存衣处	где пальто снять	存放大衣的地方
полотенце	毛巾	чем вытереться	擦脸（身）的东西

① У тебя нет чем туфли чистить?（Е. Земская）（你没有擦鞋的东西吗？）

② Принести чем открывать. Надо варенье открыть.（Она же）（把开瓶的东西拿来，需要把果酱打开。）

③ А разрезать ему яблоко у тебя нет?（Тексты）（给他切苹果的东

① 赵元任：《汉语口语语法》，商务印书馆 1979 年版，第 188 页。

② 详见拙著：《俄语口语研究》，译林出版社 1993 年版，第 201 页。

西你没有吗?)

④ Есть там где пальто снять? (自录)(那里有放大衣的地方吗?)

由于笔者占有的资料有限,上面列举的口语现象很不全面,但可以说明,俄汉口语里存在着普遍现象。那么,这些现象是怎样形成的呢? 又如何从理论上来解释呢?

3 普遍现象的成因

据研究,任何口语,无论综合语还是分析语,其语言之外的特征都是相同的。这些特征是:(1)言语行为的非正式性;(2)言语行为的无准备性;(3)说话人直接参加言语行为。三者是限定性要素(детерминанты),决定说话人采用口语这样一种语言分体,同时对口语结构产生影响①。

此外,对口语结构产生影响的还有其他非语词要素,如语境和共同的统觉基础,它们是交际行为的组成部分。

什么是语境? 什么是共同的统觉基础呢?

在俄语语言学文献中,"语境"叫 конситуация,是模仿 контекст(上下文)一词创造出来的。此术语有狭义和广义两种理解。狭义的语境指交际行为的具体环境②,广义的语境指上下文、环境以及共同的统觉基础③。本文采用狭义的语境,即说话人在说话当时所处的具体环境,如大街、商店、市场、电影院、公共汽车、地铁等。

共同的统觉基础(общая апперцепционная база)这一术语最早是雅库宾斯基(Л. П. Якубинский,1892—1945)提出的,它是指交际双方共知的情况和共同的生活经验,相当于语用学中的共知前提。雅库宾斯基认为,我们对他人言语的领会和理解(跟任何领会一样)是建立在已有经验基础上的:它不只是(常常,而不只是)由外部的言语刺激所决定的,而是由我们过去所有的内部和外部的经验所决定,并最终由领会人在领会当时的心理内容所决定的。这一心理内容构成了该人的"统觉量"。对领

---

① Е. А. Земская, Особенности русской разговорной речи и структура коммуникативного акта. // Славянское языкознание. М., 1978, стр. 200.

② Е. А. Земская, Особенности русской разговорной речи и структура коммуникативного акта. // Славянское языкознание. М., 1978, стр. 201.

③ Е. А. Земская, М. В. Китайгородская, Е. Н. Ширяев, Русская разговорная речь. М., 1981, стр. 193.

会人来说,统觉量和外部刺激是同等重要的[①]。

那么,语境和共同的统觉基础对口语结构会产生什么影响呢?泽姆斯卡娅认为,交际行为的非语词要素起两个作用:一是补足未明显表达的这样或那样的要素;二是提供选择语言中存在的这样或那样的要素。第一个作用在组合关系上影响口语结构;第二个作用在聚合关系上(主要在称名手段、用词及构词等领域)影响口语结构[②]。在共同的非语词要素的作用下,俄汉口语里形成了一系列的普遍现象:相同或相似的句法结构、构词及称名。

下面我们来具体分析一下,非语词要素是如何影响俄汉口语结构的,是如何在口语普遍现象的形成中起作用的。

3.1 组合关系上的影响

3.1.1 在非正式的、无准备的交际场合,语境和共同的统觉基础起着补足未用语词表达的要素的作用,成为语句的组成部分。例如:А. — Два Загорок. Б. — Куда? А. — Два, Загорок. "火车站售票处"这一语境成了对话的组成部分,补足了话语里未用语词表达的要素。在 Б. — Ну как? А. — Да ничего. 这个对话中,共同的统觉基础(Б. 知道 А. 有病)则成了它的组成部分,起了补足未用语词表达的要素的作用。语言事实表明,语境愈具体,交谈者双方共知的东西愈多,语词用得就愈少,而信息传递得就愈多。这是俄汉对话言语共同的特点。

3.1.2 口语的非正式性、无准备性以及语境能促使句法联系简化。因为在具体的环境里说话人往往只通过词的线性排列,而无须变化词的形式就可以把词与词的关系表达清楚了。Сколько она стоит эта книжка, второй ряд? 售货员完全明白语句中 второй ряд 跟哪个词发生联系,发问的人没有必要把它变成六格形式(во втором ряду)。又如街上问路,先用一格把地名说出来,然后再说"怎么走",只能突出语句重点,而决不会造成理解上的困难:Улица Качалова, как пройти? 这样,久而久之,俄语里形成了一些跟分析语(汉语)相似的句法联系形式。

3.1.3 在共同的统觉基础的作用下,俄语里一些句法结构趋向简化,变得跟汉语相似:Ветер три балла. (风三级。) А теперь перерыв десять

---

① Л. П. Якубинский, Язык и его функционирование. М., 1986, стр. 38.

② Е. А. Земская, Особенности русской разговорной речи и структура коммуникативного акта. // Славянское языкознание. М., 1978, стр. 205.

минут.（现在休息十分钟。）这是因为风力以“级”计算，休息以“时”计算，是人之常识，简化后不会引起误解。

3.1.4 俄汉口语里分解性结构的形成跟口语的无准备性直接有关。在无准备的交际中，说话人往往想到哪里就说到哪里，语句断断续续，相当松散，补充、重复的地方很多，其中有的形式逐渐固定下来，成了现在的分解性结构（代词重指结构、接续结构、重复结构等）。这里值得一提的是，不少语言的口语里存在代词重指结构。试比较：

汉语：您妹妹，她好吗？

俄语：Ваша сестра, как у неё дела?

法语：Votre soeur, comment vat-elle?

英语：Your sister, how is she?

这一事实有力地说明，语言之外的特征对口语结构影响之大。

3.1.5 俄汉口语里一些词的语义搭配规律被打破，也是跟语境和说话人的共同生活经验分不开的，像“Зажги чайник!”“排鸡蛋”这类不符合逻辑的语句之所以能被受话人理解，是因为在特定的生活环境里这是一种简便的说法，并能达到交际的目的。

3.1.6 口语的非正式性、无准备性以及思维的随意性，对词语的排列起着决定性的作用。在非正式的无拘无束的交际场合，人们说话比较随便，想到什么就说什么，因此口语词序具有随意性的特点，例如：А я уж её давно не видела, с праздников. 我们都清楚，心里。另一方面，说话人首先想到的又往往是信息上较为重要的部分，因此重要的部分先说，次要的部分后说成为口语词序的另一个特点，例如：Прохладно на улице, Галк? 家我是回不去了。

3.2 聚合关系上的影响

3.2.1 口语的非正式性、无准备性和交际的直接性为凝缩词的出现创造了条件。在非正式的交际场合，说话人为了节省精力和时间，力图简化、压缩词或名称，使多音节词变成单音节或较少音节的词，使多词名称变成单词名称，从而形成了同义词序列：метеослужба — метео，докторская диссертация — докторская，明天—明，长焦镜头—长焦等。

3.2.2 口语的非正式性和无准备性也为分解性的称名模式的出现创造了条件。在无准备的情况下，说话人常常因一时想不起事物的名称而使用描写的方式把想说的事物表达出来。这样，逐渐形成了 种称名模式，即语法结构称名：на чем сидеть（стул），что-нибудь ножи точить（точило），擦脸的东西（毛巾），存衣的地方（存衣处）等。

俄汉口语对比研究是一个很有价值、很有前途的新课题，它对揭示语言发展的一般规律，掌握语言发展的趋势，拓宽对比语言学及普通语言学的领域，改进俄语教学都有着重要的意义。

口语研究:意义、方向、材料来源及方法

1 口语研究的意义

口语是当前语言研究和语言教学中的一个热点。口语研究有着重要的理论和实践意义。对此丹麦著名语言学家叶斯柏森曾有过一段精辟的话,他说:“我们如果不时刻把说和听的过程放在首位,如果有片刻忘掉了书写只不过是说话的替代,我们就永远不能理解语言是什么以及语言是如何发展的”①。叶氏这番话含义十分深刻。笔者认为,可以从三方面去理解。

(1)从语言的起源看,初始的语言是口语,书面语是人类创造了文字之后逐渐形成的。口语是语言的基础。如果把口语放在次要的位置上,那就是本末倒置。

(2)现代标准语由两部分组成:口语和书面语。如果忘掉口语,就不可能对语言有全面的理解,更不可能全面地描写语言。苏联 1980 年《俄语语法》之所以内容丰富,原因之一是该书把口语看成跟书面语具有同等价值的形式,并吸收了大量口语材料。

(3)口语是语言的源泉,是语言中最活跃、最有生气、发展最快的部分。不研究口语就无法了解语言的变化和发展。比如,当今俄语发展的趋势是:语言的大众化、口语向书面语渗透、语言简化、分析语因素的增加等。这一发现跟口语研究有直接的联系,确切地说,是口语研究的结果。由此可见,口语研究有着重要的理论意义。

当前,我们处于信息时代。口语作为传递和获取信息的重要工具,它当今起的作用远远超过以往任何年代。今天,城市与城市,国家与国家,甚至星球与星球都可以通过现代化的通讯工具直接通话,进行政治、经

① 奥托·叶斯柏森:《语法哲学》,语文出版社 1988 年版,第 3 页。

济、文化、科学等方面的交流。在这种情况下,人们的口头表达的能力如何,话语是否符合规范,是至关重要的。口语研究的实践意义就在于此。它旨在揭示口语的规律,制定口语规范,从而提高人们的言语素质,达到良好的交际效果。

对外语教学来说,口语研究更有重要的现实意义。以往我们的外语教学侧重于书面语,所用的教材也以经典著作为主,忽视活的口语教学。结果培养出来的学生多半只能阅读书面材料,不善于口头交际。这是语言教学的通病。要解决这一问题必须从研究口语入手。通过研究,揭示口语的规律,弄清口语与书面语的共性和个性,弄清外汉口语的普遍现象等,从而为口语教学提供必要的理论依据。

2 口语研究的方向

当前,国内外语言学家开展了多方面、多层次的口语研究。其研究方向大致可归纳如下。

2.1 口语各层次的研究

口语的层次研究指语音、词汇、构词、称名、词法、句法等层次的研究。在这方面,苏联科学院俄语研究所取得了显著的成绩。该所 10 年中出版了 4 部专著《俄语口语》(1973—1983)。这些著作根据录音材料,对口语各层次的特点进行了详尽透彻的描写,就其规模而言,在世界上是独一无二的。

著名语言学家赵元任在汉语口语研究方面也颇有建树,他的专著 *A Grammar of Spoken Chinese*(1968)已由吕叔湘先生译成汉语出版。该书描写了 20 世纪中叶的北京方言,即用非正式发言的那种风格说出来的汉语口语,涉及语音、词汇、词法、句法等领域,对汉语口语研究有重要的参考价值。

2.2 对话言语的研究

口语的主要形式是对话,它在口语研究中占有重要的地位。对话言语研究旨在揭示对话言语的形式 - 语义结构,揭示其语用规律等。在这方面英美语言学家从语用学的角度进行了广泛的研究。俄罗斯最早研究对话言语的是雅库宾斯基,他撰写了《论对话言语》(1923)一文,但长期来一直未能引起语言学界的重视。只是近一二十年来俄语语言学界才逐渐开展这方面的研究。

2.3 口语的一般理论研究

口语的一般理论是指口语的概念，口语在语言系统中的地位，口语的基本特征，口语的规范及其特征，口语跟其他语言学科的关系等。拿俄语口语来说，这些理论问题与其说已经解决，还不如说正处于探索阶段，语言学家的见解和观点很不一致。比如，有的语言学家认为，俄语口语是一个特殊的语言系统；有的认为，口语和书面语作为统一语言的两个功能分体、言语的两个形式，其结构特点多半是相同的；还有的语言学家把口语视为修辞学中的一种功能语体——日常口语体①。这一问题目前还很难取得共识，需要对口语的特点作进一步研究。过早地作出这样或那样的判断都会导致片面性。

2.4 不同语域中口语的研究

口语主要的使用域是日常生活。此外，它还在文艺作品、报刊、电台和电视台等领域中使用。不同语域中的口语引起了不少语言学家的兴趣。有的研究文艺作品里的口语要素，有的研究报章里口语的功能，有的研究电台和电视台里的口语。

在电台和电视节目中，新闻广播、报告、演说、讲话等是事先准备好的言语，属书面语范畴，而记者的采访，被采访的对象往往是事先没有准备的，是即兴发言。他们说的话跟日常生活里的谈话没有什么两样，应属口语范畴。在波兰，电台和电视台的语言被视为口头交际的一种特殊形式，在语言研究中占有很重要的地位②。

2.5 口语的历时研究

语言学家不仅重视口语的共时研究，而且对口语的历时研究也表现出浓厚的兴趣。口语作为标准语的分体之一，是什么时候形成的？它是怎样发展、变化的？古代口语跟今日口语有哪些异同？这些问题都是当前口语研究的重要课题。通常认为，口语的发展、变化很快。这是问题的一方面。另一方面，口语还具有稳定的特点。不久前，俄语学家发现了像 чем писать（笔），чем вытираться（毛巾）这类口语称名结构，认为是新的语言现象。其实，据考证，这类现象在18世纪的语言里就已经有了③。

---

① 详见拙著：《俄语口语研究》，译林出版社1993年版，第39－41页。

② М. Л. Цветкова, Основные направления исследований польской разговорной речи. Вопросы языкознания, 1990, №5.

③ Славянское языкознание. М., 1988, стр. 182

现在,距离俄国诗人普希金的时代已经有一百多年了,但诗人那种朴实的语言跟当今俄罗斯人的话语几乎没有什么两样。请看他的诗:

“Ну, что соседки? Что Татьяна?
Что Ольга резвая твоя?”
“Налей ещё мне полстакана...
Довольно, милый... Вся семья
Здорова; кланяться весели.
Ах, милый, как похорошели
У Ольги плечи, что за грудь!
Что за душа!.. Когда-нибуль
Заедем к ним; ты их обяжешь;
А то, мой друг, суди ты сам:
Два раза заглянул, а там
Уж к ним и носу не покажешь.”（Из «Евгений Онегин»）

由此可见,口语既有变化无常的一面,又有稳定的一面。

古时没有录音设备,古人的口语无法保留下来。唯一可供考证的文献是古人的私人信件、日记、便条、回忆录、民间诗歌等。根据语言外部的参数,上述资料跟无拘无束的口语有许多相似的地方。比如,像 Значки я рада что купила. 这样的分句排列,语言学家已经在 18 世纪私人的书信里找到了佐证:О царевичевой дочерней свадьбе удивляюсь, что вы так любопытствуете. ①这些资料给口语的历时研究提供了可能。

2.6 口语的共性研究

口语的共性研究是指研究各语种口语里的普遍现象。口语研究的成果表明,各语种口语的语言之外的特征都是共同的:言语行为的非正式性、无准备性以及说话人直接参加言语行为等。在这些特征的影响下,口语中出现了相同或相似的现象,即口语的普遍现象。如代词重指结构、接续结构、补充结构等句法现象都带有普遍性。一些语言学家已经着手这方面的研究。例如,泽姆斯卡娅研究了斯拉夫语和非斯拉夫语口语结构的异同;戈洛瓦诺娃(К. Голованова)研究了俄语和爱沙尼亚语口语结构

---

① Е. А. Земская, Е. Н. Ширяев, Русская разговорная речь: итоги и перспективы исследования. // Русистика сегодня. М., 1988, стр. 146.

的特点;斯克列布涅夫研究了英语、德语、法语、西班牙语、波兰语、俄语等口语的特点。应该指出,口语的普遍现象这一课题对外语教学来说甚为重要,是很有发展前途的。

3 材料来源

口语研究的材料来源主要有二:一是口语录音材料,二是文艺作品里的口语。

录音材料是活的口语的真实记录,是口语研究的重要资料来源。苏联科学院俄语研究所曾用录音机记录了大量活的口语材料,出版了一本《俄语口语·篇章》(1978)。这是一部活的口语资料汇编。作者们用录音机记录了莫斯科和列宁格勒两大城市居民的自由谈话。话语体裁多样:有独白、对话和多口对话。谈话涉及面很广:工作、学习、家庭生活、文艺、旅游、购物等。可以毫不夸张地说,该书以它丰富的材料展示了现代标准俄语口语的全貌,具有很高的研究价值。

口语研究的另一个材料来源是文艺作品里的口语要素。这里主要指小说、电影和戏剧剧本里主人公的话语。主人公的话语是不是真实的口语?它与活的口语有无差别?是否有研究价值?

对这些问题应作具体分析。笔者认为,应区分两类口语现象:一是固定的口语要素,二是非固定的口语要素。所谓固定的口语要素,是指固定的语言单位:词形、词、名称、惯用语、句子结构等。这些单位在语言里已经固定,是语言系统的一部分,无论在什么情况下,操标准语的人都能感到它们是口语要素。例如,汉语的"窝火"、"磨嘴皮"、"没有的事儿"、"不见不散"、"说了就得算";俄语的 малыш, добряк, зарубежка; Да что вы; Тоже мне праздник; Есть чему поучиться;英语的 folks(亲戚), kids(孩子们), tremendous(极好的), lab, ad, we'll, can't, put out 等。这类要素无论在活的口语里还是在文艺作品里,都没有什么差别。也正是因为这些要素的固定性,语言学家才有可能编写口语词典、口语语法等工具书。

至于非固定口语要素,笔者指那些在语言系统里未固定的要素,如随机词、措词、词语的省略、词语的随意排列、词语的重复、语句的补充、修改、说半截子话、停顿、口头语等。这些现象带有自发性,是无准备言语的特点,在活的口语里比比皆是。例如:

Ну да, там же проходит автобус на Ялту, вот... автобусную станцию, и там мы переночевали. Так чего там ещё, опя... и там же мы опять мы эту шлемовидную девицу встретили. ①

然而,文艺作品里主人公的话则不然,它们是作家根据主人公的特点仿制成的。作家为了给读者造成主人公在谈话的印象,也采用重复、补充、更正、追加等手段,但这种手段是有限的,是为一定的文艺目的服务的,因此跟自发的言语不同。

会不会模仿、复制活的口语,是衡量作家才能的标志之一。一般说来,作家,特别是名作家,是语言大师,他们的模仿是有权威性的。请看下面主人公的对话:

① 戈　玲:"你说怎么办呢?"

李东宝:"怎么办?我哪知道怎么办?没办法,这件事谁摊上谁活该,倒霉的也不光他一个。"(王朔)

② — Берите билет. Номер?

— Семнадцать.

— Что там?

— "Слово о полку Игореве" — первый вопрос. Второй...

— Хороший билет. — Профессору стало немного стыдно за свою строгость. (В. Шукшин)

③ "How's it going with you, Jen?"

"Very, very well."

"And the kids!"

"They're simply fine."

"I'm coming down to see them. You gonna be home tomorrow?"

"Kevin, no." (M. N. Clark)

以上三段对话几乎跟活的口语一模一样。值得注意的是,作家在口语规范化方面起着积极的作用。比如,俄国诗人普希金从民间的口语里提炼出语言的精华,为俄语标准语的规范化作出了重大贡献,被称为现代俄语标准语规范的奠基人。可见,文艺作品里的口语是经过作家加工提

---

① Е. А. Земская и Л. А. Капанадзе (ред.), Русская разговорная речь. Тексты. М., 1978, стр. 94.

炼的言语,而自发的口语是未经加工提炼的言语,它既有精华,又有糟粕。从这个意义上说,口语复制品高于活的自然口语。前者既有研究价值,又可作为范文来学习,而后者对口语研究固然有重要的科学研究价值,但不能用来学习口语,更不能作教材使用。因此,对外语教学来说,研究文艺作品里的口语也许更实际一些。

4 口语的研究方法

当前,国内外研究口语的方法主要有三种:描写法、对比法和统计法。

4.1 描写法

描写法用来客观地说明口语现象的特点和规律。描写可以从形式到内容,也可以从内容到形式。目前采用前者的居多。

现在,语言研究总的趋向是,不仅要描写语言现象的形式和意义,而且还要研究这些现象的使用问题,因为语言的使命就在于交际。形式、语义、语用三者的结合,对口语研究来说尤为重要。口语中变体现象甚多:发音变体、词形变体、名称变体、结构变体等。如何使用变体至关重要,不可回避。更为重要的是,口语里不少语句从语义的角度分析是没有什么意义的。它们的真实含义必须从语用学的角度才能揭示出来。有一次,笔者在公共汽车上遇到这样的情况:司机几次急刹车,乘客对此很不满意,其中一位气愤地说:“会不会开车?!”这句话从形式和语义的角度来分析,是一个疑问句,乘客询问司机会不会驾驶汽车。但在当时的情况下,乘客向司机提出这样的问题是不可思议的。这时,我们只有从语用的角度来推理,才可能领会句子的真实含意。由此可见语用分析的重要性和必要性。

4.2 对比法

在使用描写法的同时,语言学家还使用对比法。对比的方面有:一是口语跟书面语对比,二是本族语跟非本族语口语对比。

口语跟书面语对比是描写口语现象时常使用的一种方法。口语和书面语有很大的差别。谢尔巴曾指出:“标准语和口语的差别,有时可能大得像两种不同的语言。”[①]埃文斯(B. Evans)也曾说过:“我只是想说,现

---

① Л. В. Щерба, Современный русский литературный язык. // 120 лет ЛГУ. Тезисы докладов. Л., 1939, стр. 94.

阶段书写的英语和口说的英语相去甚远，它们几乎成了两个不同的语言。"[①]要搞清口语和书面语的差别，只有通过对比的方法。语言各个层次都需要对比。只有这样，我们才能搞清哪些层次差别显著，哪些层次不甚显著，搞清口语和书面语的相互关系，搞清口语在标准语系统中的地位，直至搞清口语本身的系统性。

另一种对比是本族语跟非本族语口语的对比。通过对比，可以搞清哪些口语现象带有普遍性，哪些现象体现了语言的民族特色，搞清普遍现象的规律。这样的对比研究，无论对推动普通语言学的发展还是改善外语教学，都有极其重要的意义。目前，这方面的对比研究还很薄弱，有大量的工作要做。

4.3 **统计法**

一些语言学家还成功地运用统计法揭示了口语的一系列特点和规律。例如，马尔科夫（Ю. Марков）和维什尼亚科娃（Т. Вишнякова）用录音机记录了240人的234个会话，并根据对录音材料的统计，得出了1 200个俄语口语常用词的清单[②]。这份材料已成为确定基础阶段教学内容和编写教材的重要依据。以西罗季妮娜为代表的萨拉托夫大学的研究人员建立了10万词次的词卡库。该词卡库的数据表明：俄语口语词汇的基本部分是通用中态词，而不是像有些人所认为的是词典里标有"口语"字样的词。研究人员还用统计法得出了各词类常用词的数据，如俄语口语里使用率最高的名词只有7个，动词只有27个[③]等。克洛奇科娃（Э. А. Клочкова）用统计法得出了俄语词类分布的结论：书面语里名词、形容词占优势，而口语里则代词、语气词占优势[④]。总之，统计数据给口语研究提供了客观的依据，使研究工作避免了主观的色彩。当然，统计也有它的局限性。语言现象纷繁复杂，供统计用的材料难以做到全面，因此得出的结论也可能具有片面性，不完全能说明问题。

---

① Evans, B. Ifor. *The Use of English*. Staples Press, 1949, p. 78.

② Ю. Марков, Т. Вишнякова, Русская разговорная речь: 1 200 наиболее употребительных слов. Руский язык в национальной школе, 1965, № 6.

③ О. Б. Сиротинина (ред.), Разговорная речь в системе функциональных стилей современного русского литературного языка. Лексика. Саратов, 1983.

④ О. Б. Сиротинина, Русская разговорная речь. М., 1983, стр. 39.

口语词典的构想*

在世界词典编纂史上，方言词典和俚语词典不胜枚举，如《英国俚语和非规范用语词典》(1937)、《美国俚语词典》(1960)、《俄罗斯民间方言词典》(1965)、《莫斯科近郊方言词典》(1969)等。这类词典属非标准口语词典，而规范的标准语口语词典甚为罕见。这跟语言学界长期不重视口语研究有关。随着人际交往的日益频繁，作为直接交际的工具——口语，它的作用显得比以往任何年代都重要。政治、经济、科技、文化的交流都离不开口语。为了使口头交际顺利进行，口语规范化问题迫在眉睫。

口语规范包括口语语音、语法和词汇的规范。编纂口语词典是词汇规范化的一项至关重要的工作。苏联科学院俄语研究所从 20 世纪 60 年代开始有计划地开展了俄语口语的研究，并取得了丰硕的成果。以西罗季妮娜为代表的萨拉托夫大学的口语研究人员建立了 10 万词次的词卡库，对口语词汇进行了卓有成效的研究，为编纂俄语口词词典奠定了理论和实践基础。据说，泽姆斯卡娅等语言学家亦已着手口语词典的编纂工作。

我国辞书编纂家在口语词典编纂方面颇有建树。金受申编的《北京话语汇》(1968)、张继华编的《常用口语语汇》(1988)、傅民与高艾军编的《北京话词语》(1986)以及徐志诚编著的《现代汉语口语词典》(1991)都是很有学术价值的辞书。问题是这些著述还不是严格的规范口语词典。以徐书为例，它在收词上没有严格地把口语词跟方言词区分开来，像"半晌"、"倍儿"、"备不住"、"编派"等方言词作为口语词被编入了词典。当然，在实践中区分口语词和方言词往往不那么容易。

口语词典不同于方言词典和俚语词典。口语词典是规范化的语文词典，其规范程度虽次于文语词典，但毕竟是规范化的，属于标准语词典范

* 本文和赵宝云教授合作。

畴;而方言词典和俚语词典则属于非标准语词典,因为它们收入的词只是某一地区流行的口语词或带地方性的通俗口语词。

口语词典又不同于一般的语文词典。前者是专向性的,即专门收编标准口语词,而后者是综合性的,它收编通用词、书面语词、口语词、方言词和俗语。

我们认为,口语词典作为语文词典的一种,应具有自己的特色。这些特色主要应表现在对待规范的态度、收词范围和原则、释义层、特用以及例证的选择等方面。

1 词的口语规范

正如上所述,口语词典是规范化的口语词典。那么,什么是口语规范?口语词汇规范有哪些特点?对待口语词汇规范应采取什么态度?这些问题对编写口语词典是至关重要的,应取得共识。

众所周知,书面语有自己的规范,语言学家用辞典、语法著作等将其固定下来,作为人们使用语言时必须遵循的法规。跟书面语一样,口语也有自己的规范,但这种规范大都是人们在口头交际中约定俗成的。人们凭语感来判断哪些词语是标准的,哪些是不标准的。语言学发展到今天,人们认识到口语应作为一门专门的学科来研究,认识到确定口语规范的必要性。编写口语词典是口语规范化的行之有效的措施。

俄语口语规范具有两重性:既有可变的一面,又有固定的一面①。以口语词汇为例,其两重性表现为:(1)口语词汇变体比较多,如 магнитофон — мафон — маг(录音机),телевизор — телик(电视机),доктор — док(医生),специалист — спец(专家),любить — лю(爱),уехать — уе(走)等;(2)口语词汇比较贫乏,一词多义现象俯拾即是。据调查,常用动词 говорить(说)可用来替代许多表示言语行为的词,如 рассказывать(讲述),советовать(建议),утверждать(肯定),просить(请求),спрашивать(询问),отвечать(回答),предупреждать(预告)等。

对口语来说,上述各词的种种变体或 говорить 一词多用的功能都是规范的。鉴于这种情况,我们在确定哪些词或词的形式是否标准时,似应采取较宽松的标准。苏联科学院 1980 年出版的《俄语语法》在对待口语

---

① 详见徐翁宇著:《俄语口语语法概论》,上海外语教育出版社 1990 年版,第 13 页。

要素时也采取了类似宽松的办法，从而使得更多的口语现象得以进入该语法巨著。

2 收词范围

口语词典，顾名思义是口语词的词典，它收入的词理应是口语词，这是无可非议的，但问题并不那么简单。口语研究的成果表明，俄语口语词汇基本上由通用中态词、口语词和书面语词三个层面组成，三者构成了口语的词汇系统。其中通用中态词是最基本、最常用的词层，它构成了口语的词汇基础。根据这一论断，在收词上就产生了一个问题，即口语词典是否应收编口语里最基本、最常用的通用中态词？

我们认为，对这一问题不能一概而论，而应作具体分析。诚然，口语里的基本词层是通用中态词，但最最常用的词只是其中的一小部分，远非中态词全部。统计数据表明，俄语口语里最常用的词只有一两千个。这些词多半具有多义性、多功能性，而且其中诸多义项或功能又为口语所固有。我们认为，这类词应有选择地纳入口语词典，其他通用词无此必要，否则口语词典同一般语文词典就没有什么两样了。

收词中的另一个问题是，收编什么样的口语词。口语词有广义和狭义之分。广义的口语词包括三个层面：口语词、方言词和俗语；狭义的口语词指标准的口语词。根据收编词的性质，口语词典可分广义和狭义两种。本文探讨的是狭义的口语词典编纂问题。

根据构成方法，口语词主要有以下几种。

2.1 按口语构词模式构成的口语凝缩词，如由省略法构成的凝缩词：молочный（< молочный магазин）（乳制品商店），сладкое（< сладкое кушанье）（甜食）；由省略加缀法构成的词：высотка（< высокое здание）（高楼），музыкалка（< музыкальная школа）（音乐学校）；由截短法构成的词：стип（< стипендия）（奖学金），фак（< факультет）（系）等。

2.2 按口语词缀法构成的口语词，例如：

（1）无表情色彩的词，如 картошка（< картофель）（土豆），морковка（< морковь）（胡萝卜），селедка（< сельдь）（鲱鱼），сковородка（< сковорода）（平底锅）等。

（2）带表情色彩的词，如 малыш〈指小表爱〉（小孩子），сердечко〈指小表爱〉（宝贝），миляга〈亲昵，表爱〉（讨人喜欢的人），внеочередник

〈戏谑〉(受到优先照顾的人),хвастун〈藐视〉(吹牛大王),вокзалишко〈不赞〉(火车站),работка〈讽刺,不赞〉(苦差事),океанище〈称赞、亲昵〉(大洋)等。

(3)表示程度很高的词,如 лобастый(大脑门的),ушастый(大耳朵的),развеселый(非常快活的),учёный-преучёный(大学者)等。

(4)表示女性的词,如 гидша(女导游),корреспондентша(女记者),врачиха(女医生),сторожиха(女看守),интеллигентка(女知识分子),хирургичка(女外科医生),критикесса〈戏谑〉(女批评家),фотография〈戏谑〉(女摄影师)等。

2.3 按通用的词缀法构成的口语词,如 видение(<видеть)(看),думание(<думать)(想),давание(<давать)(给),хорошесть(<хороший)(美好),осанистость(<осанистый)(仪表)等。

2.4 口语特有的不变化词类,如述谓词:толк(推一下),трах(啪地一声),ни гугу(一声不吭),хи-хи-хи(嘻嘻笑),шу-шу-шу(嘀嘀咕咕),ничего(不错),никуда(毫无用处),того(那个);不变化形容词:гос(国家的),микро(微小的),проф(工会的),спец(特别的,专门的)等。

3 词的释义

释义是词典的最重要部分。读者查阅词典,其目的主要在于了解词义。释义是否准确,是否全面,乃是衡量词典好坏的标志之一。

口语词汇研究的成果表明,口语词在词义、意味和语用上有一系列特点。据此,不妨把释义划分成三个层面,即语义层、意味层和语用层。

3.1 语义层

口语里使用率高的常用词往往具有多义性,一个词除通用义项外,还有诸多口语义项。如何对待这两类义项,是释义时必须解决的问题。据拙见,通用义项一般语文词典都已收编,没有必要在口语词典里一一列举。为了让读者了解口语义项跟通用义项的关系,只需要列出其中最基本、最典型的义项就可以了。试举例如下:

шапка ①〈通用〉棉帽,皮帽;②〈口语〉帽(总称)。

телефон ①〈通用〉电话(机);②〈口语〉电话号码。

лапша ①〈通用〉面条;②〈口语〉窝囊废。

бандит ①〈通用〉匪徒;②〈口语〉小流氓。

3.2 意味层

口语词往往伴有这样或那样的主观情态意义，如指小表爱、亲昵、称赞、不赞、戏谑、讽刺、藐视等。这种伴随意味，其重要性不次于词义。试比较：

ребёнок〈中态〉（小孩）— малыш〈指小表爱〉（小孩儿）

вокзал〈中态〉（火车站）— вокзалишко〈不赞〉（火车站）

работа〈中态〉（工作）— работка〈讽刺、不赞〉（苦差事）

дорогой〈中态〉（亲爱的）— милый〈亲昵〉（心爱的）

以上同义词词义相同，但意味不同，因而使用上就有明显的差异。以 дорогой — милый 这对同义词为例，前者是中态词，可用来称谓一般关系的人，使用面较广；后者为表情词，只用来称谓关系亲密的人，如 Милый сынок мой!

3.3 语用层

一般语文词典没有语用方面的注释，就是详解词典也往往忽视这方面的工作。其实，词的语用问题对双语词典来说颇为重要，因为掌握一个词，关键往往不在于是否知道词义，而在于了解该词是如何使用的，它跟本族语中相应的词在语用上有哪些差异。我们可以举一些例子来说明这个问题。俄语的 девушка 和汉语的"姑娘"，词义完全相同，但在语用层面上却有差别。前者可用来称呼女服务员，Девушка, какие это соковыжималки?（Тексты）（小姐，这是什么榨汁机？）后者一般不用作呼语。汉语里对女服务员现在通常称"小姐"。可见，两者在语用上是有差别的。

我们在外语教学中常常强调培养"语感"的重要性。那么，什么是"语感"呢？一般认为，"语感"可以意会，不可言传。我们认为，在语言学发展的今天，"语感"不再是虚无的东西了。就词而言，当人们掌握了该词的语义、意味和语用知识后，对该词就有了语感，换句话说，语义、意味和语用知识构成了词的语感。由此可见，从三个层面上进行释义，是词典编纂中的一项十分重要的工作。

4 词的特用

特用，这里指的是词的非寻常的功能，如词功能的转化、词的特殊搭配、词的变异联系形式等。应该说，口语里词的特用现象很多，它反映了语言的变化和发展。这些现象应作为重点来描写。

4.1 词功能的转化

口语里词的功能处于经常性的变化之中，一词常常从一词类转化成另一词类或从一分类转化成另一分类。词的这种功能转化在口语里表现得特别明显。试举例如下：

томат ①(名词)西红柿；②(用作形容词)西红柿制的：томат-паста(西红柿酱)。

молоко ①(物质名词)牛奶；②〈口语〉(用作可数名词)牛奶：два молока(两瓶或两包牛奶)。

где-то ①(代副词)在某地；②〈口语〉(用作语气词)大约：где-то весной(大约在春天)。

что-то ①(代词)不知是什么；②〈口语〉(用作副词)有点儿；③〈口语〉(用作副词)不知道因为什么；④〈口语〉(用作语气词)大约：Получил что-то около ста рублей. (С. Ожегов)(得了大约一百卢布。)

4.2 词的特殊搭配

据我们观察，口语里词的搭配常常发生变化，一个词可能超越正常的搭配规范，而跟一些看来不可搭配的词搭配。开始时，这种现象被看成语病，但这些所谓的语病一旦普遍被人们所接受，就可能成为规范。谢尔巴说得好，遇到这种材料时(指语病——笔者)，长者会对儿童说“不这样讲”，在成年人中，这会成为笑料。在实际的语言中，这些材料不仅不危险，而且在形成某个集体的“语言体系”时起着巨大的作用。接着，他又说，经过仔细挑选并加上特别标志的“反面语言材料”，对规范词典来说是很有用的①。如 одеть 一词，按规范，它只能跟“人”(кого)搭配，意为“给某人穿衣”。但在当今口语里，它广泛地跟“物”(что)搭配了起来，语义也发生了变化，意为“穿什么”，例如：Костюм одень, галстук, туфли почисть. (ИК, 1987, №3)(把西服穿上，系上领带，把鞋子擦一擦。) Плащ или пальто одеваешь? (Тексты)(穿风衣还是穿大衣?)

动词 ждать 按规范应跟四格或二格名词搭配，如 ждать друзей(等朋友)，ждать поезда(等火车)，但口语里可以跟不定式或副词搭配，如 Она меня ждёт обедать. (Тексты)(她等我吃午饭。) Ждём тебя домой. (Ра-

---

① 石肆壬选编：《词典学论文选择》，商务印书馆 1981 年版，第 30 页。

диопередача)(我们等你回家。)

副词 очень 在口语里搭配的可能性更大。据研究,它可以跟各种词类和各种语义的词搭配,表示很高的程度。例如:

① 跟动词搭配,如 Он рисует очень.(他画得很多。)

② 跟名词搭配,如 Она очень женщина.(她是一个典型的女子。)

③ 跟形容词搭配,如 Это очень историческая пьеса.(这是一部真正的历史剧。)

④ 跟副词搭配,如 Всё это очень еле-еле.(这一切只差了这么一点点。)

⑤ 跟数词搭配,如 Жалко её, она очень одна.(她孤零零的一个人,很可怜。)

4.3 词的变异联系形式

苏联科学院 1980 年出版的《俄语语法》指出,现代语言中总的倾向是丰富变异性联系,而且这种倾向是强烈的。据我们观察,词的变异性联系首先反映在口语里。口语里词和词的同一关系常常可以用不同的形式来表达,如 бояться жены —〈口语〉бояться жену(怕妻子),любоваться морем —〈口语〉любоваться на море(观赏大海),кухня в семь метров —〈口语〉кухня семь метров(七平米的厨房),щётка для чистки обуви —〈口语〉щётка чистить обувь(刷鞋的刷子)等。语文词典一般很少提及变异形式,而口语词典因其特定的任务,对这类现象应作详细的注释。

5 例证的选择

例证是词典的一个重要组成部分。它的作用在于帮助读者进一步理解词的意义,体会词的修辞色彩,了解词在言语实践中的用法等。

例证的选择是一个很值得探讨的问题。苏联科学院编纂的《俄语词典》(4 卷)和《现代俄罗斯标准语词典》(17 卷)的例证十分丰富,其中绝大部分选自 19 世纪和 20 世纪的优秀文艺作品、经典的政治和科普文章。就语言而论,例证无疑是典范的,但过于陈旧、刻板,不能反映现代活的生活语言。这种选择例子的办法不仅不适合口语词典,而且对一般语文词典来说亦欠恰当。口语是活的语言,是当今人们使用的语言。口语词典应反映当今口语的现状,反映语言的时代特点。因此,口语词典不应从 19 世纪和 20 世纪的经典作品中去选择例证。

当代从事口语研究的专家大都使用录音机收录人们无拘无束的谈话，经整理成文字材料后，再进行分析研究。如以泽姆斯卡娅为代表的苏联科学院的研究人员和以西罗季妮娜为代表的萨拉托夫大学的研究人员都采用了这种办法。用此法收集的口语资料真实地反映了当代口语的现状，具有很高的学术价值。但是这种办法只有在俄罗斯的环境里才能采用，并需要动用大批人力，这对于我们编写双语词典的人来说可望而不可即。不过，我们可以借用现有的口语资料，从中选择需要的例证。这是一个途径。

另一个途径是从当代俄罗斯的文艺作品中选择例证。当代俄罗斯文艺作品的一个显著特点是语言的大众化、口语化，可以从中收集到大量典型的口语例证。不过，对这一途径，语言学界有不同的意见。有人认为，文艺作品里的口语不是真正的口语，而是口语的仿制品。

据我们观察，口语里存在着两类要素：一是固定的口语要素，二是非固定的口语要素。所谓固定的口语要素是指固定的语言单位：词形、词、名称、惯用语、句子结构等。这些单位在语言系统里已经静态化了。而非固定口语要素是指那些语言里未固定的动态要素，如随机词、词的搭配、词语的省略、词语的随意排列、词语的重复、语句的补充、修改、半截子话、停顿、口头语等。固定要素，特别是口语词、口语名称、口语句法结构，无论在自然口语里，还是在文艺作品里，都是一样的。试比较：

①〈口语〉Телефон забыла.（Тексты）（〈我〉把电话号码忘了。）

〈文艺〉Оставьте телефон, мы вам позвоним.（Огонёк, 1993, №38）（把电话号码留下，我们会给您去电话的。）

②〈口语〉Принеси чем открывать.（Е. А. Земская）（把开瓶的东西拿来。）

〈文艺〉Есть чем открыть?（А. Гребнев）（有开瓶的东西吗？）

③〈口语〉Игрушки моет, нет чтоб самой мыться!（Тексты）（洗玩具，就是自己不洗澡！）

〈文艺〉Нет чтобы с матерью родной посоветовать…（Б. Метальников）（本该跟亲生母亲商量商量……）

至于非固定要素，情况就不同了。自然口语是自发的言语，说话人边说边想，话语不连贯，有时不准确，有语病。如一位语文学家的讲述：Ну в общем значительную-то э… роль / сыграло мое детство // В формировании языка вот / произноше-е-ния / даже некоторых оши-и-бок речи которые для меня типичны / ну скажем я произношу “оне” / вместо “они” /(Тексты)(总之，我的童年起了很大的，嗯……作用。在语言的形成上，在发音，甚至我的一些典型的言语错误上，比如，我把“они”发成“оне”。)

然而，文艺作品里的口语则不然，它是作家根据主人公的特点仿制成的。作家为了给读者造成自然口语的印象，也采用重复、补充、更正、追加等手段，但这种手段是有限的，是为一定的美学目的服务的，因此跟自发的言语不同。例如：— Где она? — В город поехала, в эту... как её... комиссионку. (В. Шукшин)(“她在哪儿?”“到城里去了，到那个……那个什么……寄卖商店去了。”)这里作家使用停顿、插语，以此表示回答的人一时想不起到哪儿去了，但整个对话的言语是简炼的，没有废话，也没有语病。可见，文艺作品里的口语是经过作家加工、提炼的，而自发的口语是未经加工、提炼的，其中既有精华，又有糟粕。这里顺便指出，作家不仅在作品里仿制口语，而且对口语的规范化起着重要的作用。19 世纪俄罗斯伟大诗人普希金不仅是现代俄语标准语的奠基人，而且对俄语口语的规范化起过重要的作用。

根据上述理由，我们认为，口语词典可以从文艺作品里收集例证。某些俄罗斯语言学家也采用这种办法，如维诺格拉多娃(В. Н. Виноградова)使用文艺作品和报刊的材料撰写了《俄语构词的修辞方面》(1984)中的“口语构词手段”这一章。编纂汉语口语辞书的专家大都也从文艺作品里选择例证，如傅民和高艾军的《北京话词语》(1986)只从书面上搜集北京方言词语，书面未见的词语或义项一律不收。徐志诚的《现代汉语口语词典》(1991)的例句大部分引自小说、话剧、电影、相声等口语的书面文本和现代各类词典，极小部分为编者自撰。

谢尔巴曾指出，编写一部词典并非个人能力所能及的，它应该是集体努力的成果。至于口语词典，在没有前人经验借鉴的情况下，编写的难度可想而知了。以上谈的只是一些不成熟的设想，提出来与同行专家共同探讨。有不妥之处，恳请批评指正。

俄语口语的系统性及其特征

1 前言

口语是语言还是言语,这个高度概括、高度抽象的理论问题目前国内外俄语学界尚未取得共识。

著名语言学家什维多娃在《俄语口语句法概论》里指出,"作为统一的语言的两个功能分体,言语的两个形式(口语和书面语),其结构特点多半是相同的,但它们之间也存在着相当大的差别"①。之后,她在1980年《俄语语法》的绪论里更为明确地指出,"现代俄语存在于两个基本分体——书面语和口语之中。作为标准语的两个具有同等价值的形式,书面语和口语在一定程度上是有差别的:一是语言手段本身有别;二是规范的性质以及对待规范的态度有别。但是,重要的是这些差别发生在作为统一、完整系统的标准语内部,因此标准语的两个上述分体中共同点比不同点要多得多"②。这里什维多娃强调了两点:一是口语和书面语是标准语的两个功能分体,言语的两个形式;二是两者的共性是第一位的,个性是第二位的。

另一位语言学家泽姆斯卡娅则持完全不同的观点。她在《俄语口语》里提出了一个大胆的假设。她认为,口语是一个特殊的语言系统,它具有独特的语言单位聚合关系和独特的语言单位功能实现规律。实际上,这是"谈话语言"(разговорный язык),我们之所以保留"谈话言语"(разговорная речь)这一名称是出于习惯上的考虑③。以后,泽姆斯卡娅在《现代俄语》的绪论里进一步阐述了自己的观点。她说,"现代俄语标准语由两个系统组成,两者极为特殊,在许多方面各不相同。每个系统是

---

① Н. Ю. Шведова, Очерки по синтаксису русской разговорной речи. М., 1960, стр. 5.

② АН СССР, Русская грамматика. Т. 1. М., 1980, стр. 11.

③ Е. А. Земская (ред.), Русская разговорная речь. М., 1973, стр. 25.

统一的、完整的、自足的、各有自己的规律”①。这里泽姆斯卡娅强调的是，口语是语言，是特殊的语言系统。

2 口语的二重性

“口语”，这是一个历史形成的传统语言学术语，它实际上包括两个对立的方面：语言方面和言语方面。有的语言学家甚至在同一部著作里时而用来表示语言，时而用来表示言语。严格地说，应该把这两个对立的方面用相应的术语来加以区分。

从语言方面看，口语和书面语是标准语的两个部分，它们属于同一个语言系统。两者的共性是主要的、第一性的，个性是次要的、第二性的。这是因为口语和书面语拥有共同的音位系统，共同的基本词汇——通用中态词②，共同的词类系统以及基本相同的简单句和复合句系统③。但是口语作为标准语系统的一部分，它拥有独特的语言手段，独特的单位变体，而这些变体不是零星的、分散的、孤立的，而是聚合的、相互联系、相互对立的。这就是说，口语变体具有系统性，但它是在统一的标准语系统内的系统，即分系统（подсистема）。

从言语方面看，作为言语的两个分体，口语和书面语的个性大于共性，不同点大于共同点。这是因为口语里存在着两个对立的单位组织原则：经济原则（принцип экономии）和过剩原则（принцип избыточности）④。在非正式的、直接依靠语境的交际条件下，说话人有可能最大限度地省略、紧缩、简化语词手段，以便提高言语行为的效率，减少力量的消耗。这是口语的经济原则。同时，由于口语的无准备性，说话人又不可能自始至终贯彻经济原则，在他的言语里常常有重复、有补充、有修正，从而使得言语要素过剩。这种现象在无拘束的言语里是允许的，而且是正常的。这就是所谓的过剩原则。例如，Я к тебе по делу; Помогу чем могу 等是根据经济原则组成的语句；而 Дочка ваша，ей сколько？Я её люблю，Лену 则是根据过剩原则组成的语句。在两个对立原则的作用下，口

---

① В. А. Белошапкова（ред.），Современный русский язык. М.，1981，стр. 27.

② 徐翁宇：《俄语口语、词汇、常用词、词义及词的使用》，《外国语》1995 年第 5 期，第 67 页。

③ 徐翁宇：《俄语口语研究》，译林出版社 1993 年版，第 15，41 页。

④ О. А. Лаптева，К формально-функциональному моделированию системы устно-разговорного синтаксиса. Вопросы языкознания，1997，№ 2，стр. 117.

语里形成了众多的变体，如 поливальная машина 有变体：поливалка，чем улицы поливают，улицы поливает，поливает 等。

在众多的口语变体里属言语现象的是多数，这些言语变体大都存在于语境之中，它们在特定的语境里使用，在特定的语境里被理解，它们是语境词和语境句。谢尔巴院士曾经说过："标准语和口语的差别，有时可能大得像两种不同的语言。"[①]这里他指的也许就是口语的言语变体。

关于语言和言语的关系，什维多娃在 1980 年《俄语语法》的绪论里作了科学的阐释，她指出，"言语不是作为某种个人的、单独的现象，而是作为语言存在的实际形式，语言的活的、直接的体现，跟语言相对立。与此同时，一切新出现的现象（词、词的组合、构词的可能性、词的形式和句法结构的变化趋势），正是在言语里生成的，其生命力在此得到检验。以后，这些现象或者被语言系统所接受，或者被它摒弃"[②]。什维多娃这一论断完全可以用来解释口语言语变体的生成、发展及变化。口语里新出现的变体属言语现象，并与相应的语言现象相对立。之后，随着日月的推移，一部分言语变体可能被淘汰，而另一部分可能转变为语言现象，成为语言系统的一分子。

3 口语的对立性特征

口语的众多变体多半处于相互对立的关系之中，其中主要的有辑合性和分解性的对立、自由性和惯用性的对立、表情性和非表情性的对立。

3.1 辑合性和分解性的对立

泽姆斯卡娅在《俄语口语》一书里首次提出，俄语口语系统内存在着辑合性（синкретизм）和分解性（расчлененность）的对立。如口语里凝缩称名、无标记的对立成分和无连接词的联系手段的使用均属辑合现象；而描写性称名、分解结构、分析性从属联系手段等则属分解现象。泽姆斯卡娅认为，辑合性和分解性是口语的基本特征，它们贯穿于口语的各个层面[③]。

3.2 惯用性和自由性的对立

叶斯柏森在《语法哲学》里指出，语言里存在着惯用语和自由用语

① Л. В. Щерба, Современный русский литературный язык. // 120 лет ЛГУ. Тезис докладов. Л., 1939, стр. 18.

② АН СССР, Русская грамматика. Т. 1. М., 1980, стр. 11.

③ Е. А. Земская (ред.), Русская разговорная речь. М., 1973, стр. 3.

(formulas and free expressions)的对立现象。他认为语言中有些东西——任何一种语言概莫能外——具有惯用法的性质,即是说,任何人都不能把它们加以丝毫的改变,如 How do you do? 和 I gave the boy a lump of sugar 是完全不同的。前句的每个成分是固定的,它被作为一个整体来理解和使用;而后句则具有完全不同的性质,句中的每个成分可以用其它同类的词来替换。这是一种句型,说话人可以根据这一句型造出无数这种类型的语句①。

叶斯柏森认为,惯用语和自由用语的差异渗透到了语法的各个部分,如词法、构词等方面②。他这里指的是词形的变化规则和构词模式。那些规则变化的结构形式、能产型构词模式属自由用语,而那些不规则的结构形式、非能产型构词模式则属惯用语。

叶斯柏森这一发现具有普遍语言学意义,它反映了俄语口语的另一个基本特征。我们认为,惯用性和自由性同样贯穿于俄语口语的各个层面。属于惯用语范畴的有:述谓词(так себе, очень даже, ни гу-гу)、反应词语(еще бы, еще что)、礼貌用语(Всего хорошего; Спасибо большое)、成语以及城市惯用句式等;属自由用语范畴的有:各种能产型构词类型、凝缩名称和描写性名称的各种类型、句法结构等。

3.3 表情性和无表情性的对立

高度的表情性是口语的典型特点③。科斯托马罗夫指出,表情性是必要的,它起补充交际内容的作用。没有情感-表情或主观情态意味就没有正常的会话④。

表情性(экспрессивность)是个语义范畴,它是指说话人对说话内容或受话人的多种情感和评价意义。表情手段可能是语词的,如重音、语调、构词词缀、语气词、感叹词、评价词、词的重叠、词序、成语、成语化结构句等;也可能是非语词的,如面部表情和手势。

跟表情性相对立,口语还具有无表情性的一面。无怪乎有的学者认

---

① 奥托·叶斯柏森:《语法哲学》,语文出版社 1988 年版,第 4 页。

② 奥托·叶斯柏森:《语法哲学》,语文出版社 1988 年版,第 7 页。

③ Е. А. Земская, Русская разговорная речь: лингвистический анализ и проблемы обучения. М., 1987, стр. 125.

④ В. Г. Костомаров, Разговорная речь: определение и роль в преподавании. Русский язык в национальной школе, 1965, № 1, стр. 16.

为,口语不具有形象性、隐喻性①。属无表情色彩的语言单位有:通用中态词、城市惯用句式等。

4 口语的发展趋势

口语是语言中最活跃、最有生命力的部分。当今,它有两个显著的发展趋势:简化趋势和分析语化趋势。在语言的经济原则的作用下,口语日趋简化。词的聚合体简化(один грамм → пять грамм),多词名称的简化(сгущенное молоко → сгущенка, «Вечерняя Москва» → «Вечерка», нейлоновые чулки → нейлон, мужчина в шляпе → шляпа),词组结构的简化(кухня площадью в семь метров → кухня семь метров),实体动词被零动词替代(Он пошел за хлебом → Он за хлебом;Она говорит по-русски прилично → Она по-русски прилично),惯用语(Дайте, пожалуйста, один билет в Москву → В Москву один),对应词的省略(Узнай тех, кто в списке → Узнай кто в списке),无连接词的联系手段(Надень кофту, которая там висит → Надень кофту там висит)等,均属简化现象。

口语的分析语化趋势主要表现为一格和不定式功能的扩大。在许多情况下,本该用间接格表达的句法关系开始用一格或不定式来表达了,从而句法联系发生了质的变化——从语法形式联系转变为意义联系,例如:— С чем пирожки? — Мясо, рис (= с мясом и рисом), горячие (Е. Земская);— Вам надо пересадку делать. Библиотека Ленина(= до библиотеки) сойдете. Там переход(Она же);Галя пошла за поесть(= за едой)(Она же);Будьте великодушны, дайте чаю и закусить(= закуски). (М. Горький) 形式联系向意义联系的转化是分析化的重要标志。

① Е. А. Земская, Русская разговорная речь: лингвистический анализ и проблемы обучения. М., 1987, стр. 43.

俄语对话分析导论*

言语本质上具有对话性。
——巴赫金

1 俄语对话语研究概况

早在20世纪初叶,俄罗斯语言学界的一些有识之士开始意识到“对话语”(диалогическая речь)在语言研究中的地位和作用。1915年,著名语言学家谢尔巴院士在《从我对卢日支方言观察中得出的几点结论》一文中就指出:“语言主要在对话中‘生存’和变化。”①但是真正首先从事对话语研究的要首推著名语言学家雅库宾斯基教授,他于1923年发表了《论对话语》一文。文中作者从社会语言学和心理语言学的角度系统地观察和分析了“对话”这一特殊的言语现象。

作者首先强调了对话中“人”的因素,认为语言是人的一种行为。人的行为既是心理现象又是社会现象。因此,研究语言的功能必须首先考虑到人这两方面的因素:心理(生物)因素和社会因素②。

作者区分了言语交际的两种形式:一是对话的形式——行动(акция)和反应(реакция)的相对迅速的交替;二是独白的形式——交际时作用持久的形式。对话的形式几乎总是直接的,而独白既有直接的形式,又有间接的形式,即书面形式。他认为,表情和身势在直接的对话交际中意义很大,有时它们可以替代词语,起到话语的作用。

作者发现了交谈者说话的规律:或是轮流说话(一个说完后,另一个

---

* 本文为教育部人文社会科学重点研究基地2002—2003年度重大研究项目《俄语对话分析》(批准号:02JAZJD740012)的阶段性成果之一。

① Л. В. Щерба, Избранные работы по языкознанию и фонетике. Л., 1958, стр. 35.

② Л. Б. Якубинский, Избранные работы. Язык и его функционирование. М., 1986, стр. 17.

开始)，或是打断对方的话语。他认为打断话语是很普遍的现象，当对话带有感情色彩时尤为如此。

作者强调了统觉量(апперципирущая масса)在对话中的作用，他说："我们对他人言语的领会和理解(跟任何领会一样)是建立在统觉的基础上的：这不只是(常常，而不只是)由外部的言语刺激所决定的，而是由过去所有我们的内部和外部的经验所决定的，并最终由领会人在领会当时心理内容所决定的。这一心理内容构成了该人的'统觉量'。"①这一理论对分析对话语的形式和内容有着重要的指导意义，并广泛地被语言学界所接受。

作者在文中还分析了生活模式(бытовой шаблон)和对话的关系，分析了对话的机械性和无意识性等特点，并指出："对话是真正特殊的言语现象。"《论对话语》是俄罗斯语言学文献中的经典之作，它勾勒了对话语研究的初步框架，为对话语研究奠定了理论基础。

早期对对话语有过精辟见解的还有著名文艺学家巴赫金(М. М. Бахтин，1895—1975)，他在《言语体裁问题》相关笔记存稿中多次提到对话语问题，指出："言语本质上具有对话性"；"一切表述都具有对话性，即是说，都是对他人而发的，参与思想的交流过程，具有社会性。绝对的独白——只为表现个性——是不存在的，这是唯心主义语言哲学从个人创作中引出的一种假象。语言本质上是对话性的(交际工具)"②。

巴赫金指出了对话形式的多样性：日常生活的、私人的、不拘礼仪的、社交场合的、沙龙的、业务性的、学术性的等③。他认为人们是按照一定的言语体裁说话的，"甚至在最随便最不拘束的谈话中我们的言语也带有一定的体裁形式，有时还带有体裁的套式和模式，这些东西和语言一样都是现成的"④。

关于对话研究的价值，巴赫金指出："研究对话可以使我们更好、更深入地阐明许多语言现象；它们只有在对话中表现得最充分最鲜明，对话语能够揭示语言作为交际手段和斗争工具的本质。"⑤

---

① Л. Б. Якубинский, Избранные работы. Язык и его функционирование. М., 1986, стр. 38.

② 巴赫金：《文本、对话与人文》，白春仁等译，河北教育出版社1998年版，第195页。

③ 巴赫金：《文本、对话与人文》，白春仁等译，河北教育出版社1998年版，第275页。

④ 巴赫金：《文本、对话与人文》，白春仁等译，河北教育出版社1998年版，第259页。

⑤ 巴赫金：《文本、对话与人文》，白春仁等译，河北教育出版社1998年版，第190页。

继雅库宾斯基和巴赫金之后，在一个漫长的历史阶段中，对话语一直未能受到俄罗斯学术界的普遍重视。直到20世纪中叶，一些语言学家才开始关注对话语问题。其中著名语言学家什维多娃的研究成果最为显著，她的论文《俄语对话语研究》(1956)和专著《俄语口语句法概论》(1960)大大地推动了俄语学的发展，成了俄语学发展的一个转折点——从语言的形式转向语言功能的研究，从书面语转向活的言语的研究。

什维多娃在《俄语对话语研究》一文中把口语区分为两种形式：独白和对话。据她的理解，独白是直接面向听话人或听众的无拘束的讲述，而对话是谈话过程中的话语的相互交替。对话中话语的相互联系总是意义上的，在一定的情况下才是语言结构上的。两个话语的交替，其中后面的话语在词汇-语法形式上从属于前面的话语，是最基本的组合。这两个按一定的语法规则组合在一起的话语称为对语(реплики)。这种对语的组合实质上是一个复合的结构——对话的交际单位(коммуникативная единица диалога)，即对话统一体(диалогическое единство)[1]。

什维多娃在文中揭示了对话中的一个特殊现象——对语重复(реплики-повторы)。她认为有两种对语的从属形式：一种是第二个对语的要素是不完全的，但可以从第一个对语中得到补足；另一种是第二个对语在其词汇组成中必须重复第一个对语或它的一部分，但并非补足什么，而是表示对现实、对前言的各种表情的、评价性的反应。对语中可引入语气词、情态词或感叹词。重复第一对语中的要素是这类对语的结构基础，因而称为"对语重复"[2]。她在《俄语口语句法概论》一书中把对语重复分为七类，并对这些类型的表情性和主观情态意义进行了细腻的描写。

在这一时期，除了什维多娃外，还有一些语言学家从事对话语的研究。如阿鲁秋诺娃(Н. Д. Арутюнова)揭示了对语的刺激性和反应性特征；加尔金娜-费多鲁克(Е. М. Галкина-Федорук)和索洛维约娃(А. К. Соловьева)划分了对话的类型；巴利(Ch. Bally)、加克(В. Г. Гак)、奥扎罗夫斯基(О. В. Озаровский)等分析了对话语的情态意义[3]等。

---

① Н. Ю. Шведова, К изучению русской диалогической речи. Вопросы языкознания, 1956, № 2, стр. 69.

② Н. Ю. Шведова, К изучению русской диалогической речи. Вопросы языкознания, 1956, № 2, стр. 69.

③ З. В. Валюсинская, Вопросы изучения диалога в работах советских лингвистов. // Синтаксис текста. М., 1979, стр. 306 – 307.

20世纪七八十年代,泽姆斯卡娅、西罗季妮娜、拉普捷娃等一大批语言学家开展了大规模的口语研究,硕果累累。不过,他们的研究主要限于语言层面(语音、词汇、语法),而话语层面涉及甚少。只是泽姆斯卡娅在《俄语口语:语言分析与教学问题》一书中关于对话问题略有涉及,如对话统一体、刺激对语、反应对语、对话中常用的套语(клише)等[①]。

此后,90年代,俄罗斯科学院的学术刊物《语言学问题》陆续发表了一些对话分析的论文,如戈卢别娃-莫娜特金娜(Н. И. Голубева-Монат-кина)的《对话中问答句的分类研究》(1991)、巴拉诺夫(А. Н. Баранов)和克赖因德林(Г. Е. Крейдлин)的《对话篇章的结构:最小对话的词汇标志》(1992)以及洪茨努尔舍尔(Ф. Хундснуршер)的《对话分析的基础、发展及其前景》(1998)等。

维诺库尔的遗著《说话人和听话人·言语行为变体》(1993)从社会交际修辞学(социокоммуникативная стилистика)的角度分析了说话人和听话人的言语行为,它的修辞、交际和社会-心理变体。

泽姆斯卡娅等在《俄语及其功能的实现——语言的交际-语用方面》(1993)一书中以自然对话语为语料研究了男女言语的特点、交际失误的各种类型等问题。

拉普捷娃在其近作《电视俄语》(2001)中也涉及到问答统一体(во-просо-ответное единство)的语言特点和对话中的模棱两可现象[②]。

当前,国际语言学界的视线已经从语言的形式结构转移到语言的功能,从书面语转移到活的言语。作为语言功能研究的一个重要领域——对话分析(西方语言学界称之为"会话分析")已成为当今语言研究的热点。应该说,俄罗斯的对话研究开始得比西方的会话分析要早,但是半个多世纪以来发展缓慢,没有大的突破,而西方在这一领域的研究已经取得了可观的成绩。

20世纪70年代,美国社会学家塞克斯(H. Sacks)、舍格洛夫(E. A. Schegloff)和杰弗逊(G. Jefferson)在会话分析这一领域做了大量开拓性的工作。他们从自然会话录音材料中总结、归纳了会话构成的普遍性规律,如会话的开始和结束、话轮和话轮交替、会话的基本单位——相邻对、

① Е. А. Земская, Русская разговорная речь: лингвистический анализ и проблемы обучения. М., 1987, стр. 176–184.

② О. А. Лаптева, Живая русская речь с телеэкрана. М., 2001, стр. 338, 422.

会话中的插入序列等,为会话分析勾勒了一个带有一定普遍性的描写框架。他们的论著已成为当今会话分析的经典文献。

此外,英国哲学家奥斯汀(J. L. Austin)和塞尔(J. R. Searle)的言语行为理论、美国哲学家格赖斯(H. P. Grice)的会话合作原则、莱文逊(S. C. Levinson)的会话含意理论、利奇(G. N. Leech)的礼貌原则、斯珀伯(D. Sperber)和威尔逊(D. Wilson)的关联理论等,不仅充实、完善了语用学这门学科,而且也为对话分析提供了理论依据,拓宽了对话分析的视角。

2 对话——口语的基本形式

口语有两个形式:对话(диалог)和独白(монолог)。通常认为,独白是独自一个人的讲述,而对话是两个或更多的人之间的无拘束的谈话。那么,语言学家又是怎样来界定对话和独白的呢?雅库宾斯基认为,对话是“协同动作的人的行动(акция)和反应(реакция)的相对迅速的交替”①;什维多娃认为,对话是“谈话过程中话语的相互交替”②;泽姆斯卡娅认为,“说话人-听话人”经常互换角色是对话的典型特征③;而布雷兹古诺娃(Е. А. Брызгунова)把对话界定为“跟情景有直接联系的两个或几个说话人的话语的交替形式”④。

从以上各家的定义中,我们可以归纳出对话的三个基本特征:(1)对话必须由两个或两个以上交谈者参加,交谈者既是说话人又是听话人,两者互换角色;(2)交谈者的言语行为表现为刺激(或行动)话语和反应话语的相互交替;(3)对话跟语境有着密切的联系。根据这三个特征,我们不妨把对话界定为:对话是两个或两个以上交谈者在一定语境中发出的话语——刺激话语和反应话语相互交替的形式。

那么,什么是独白呢?根据什维多娃的理解,独白是直接面向听话人

① Л. П. Якубинский, Избранные работы. Язык и его функционирование. М., 1986, стр. 25.

② Л. П. Якубинский, Избранные работы. Язык и его функционирование. М., 1986, стр. 25.

③ Е. А. Земская, Русская разговорная речь: лингвистический анализ и проблемы обучения. М., 1987, стр. 7.

④ Ф. П. Филин, Русский язык. Энциклопедия. М., 1979, стр. 74.

或听众的无拘束的讲述形式[①]。这里有两点值得注意:(1)独白不仅仅是独自一人的言语行为,它必须面向听话人或听众,也就是说,独白具有对话性质;(2)独白是无拘束的言语,它跟新闻广播、报告、讲演不同,后者是有准备的典范标准语。

巴赫金指出:“绝对的独白是不存在的。”[②]泽姆斯卡娅也指出:“口语中独白的特点是它的对话性,也就是说,独白是面向听话人或听众的。后者可以打断讲述的人,向他提出问题,对他的话表示同意或反对。”[③]

还须指出的是,初始的语言就是对话语,它是语言存在的主要形式。正如巴赫金所说,“言语本质上具有对话性”,“一切表述都具有对话性,即是说都是对他人而发的……”[④]由此可见,对话是口语的基本形式。

3 对话三要素

俄罗斯对话语的研究有着良好的开端,从一开始就抓住了“人”这一重要因素,认为“语言是人的一种行为”,人的行为既是心理现象又是社会现象[⑤],强调了说话人和听话人的共同统觉基础和生活模式(语境)在言语交际中的作用[⑥]。这就是说,俄罗斯语言学家从一开始就抓住了对话的三大要素:说话人、听话人和语境。

对话是交谈者——说话人和听话人互相交换角色的言语交际形式,而语境是言语交际中不可缺少的媒体。说话人经语境的媒介把信息传递给听话人;听话人经语境的媒介领会接收到的信息,然后作出反应,这时听话人转变成了说话人。正是对话三要素“说话人—语境—听话人”有序的往返运动才构成了对话这一特殊的言语现象,才使对话拥有一系列结构、语义和语用方面的特点。

对话三要素中说话人和听话人是首要要素。丹麦著名语言学家叶斯

---

① Н. Ю. Шведова, К изучению русской диалогической речи. Вопросы языкознания, 1956, № 2, стр. 69.

② 巴赫金:《文本、对话与人文》,白春仁等译,河北教育出版社 1998 年版,第 195 页。

③ Е. А. Земская, Русская разговорная речь: лингвистический анализ и проблемы обучения. М., 1987, стр. 7.

④ 巴赫金:《文本、对话与人文》,白春仁等译,河北教育出版社 1998 年版,第 194 – 195 页。

⑤ Л. П. Якубинский, Избранные работы. Язык и его функционирование. М., 1986, стр. 17.

⑥ Л. П. Якубинский, Избранные работы. Язык и его функционирование. М., 1986, стр. 38,45.

柏森说得好："如果我们想要了解语言的本质，特别是语法研究的那部分本质，就不应该忽视这两个人，语言的发出者和接受者，或更简单地说，说话人和听话人以及两者间的相互关系。"①

3.1 说话人

近几十年来，社会语言学和心理语言学的研究成果表明，说话人的出生地、受教育程度、年龄、性别、职业、社会地位、说话人之间的关系等对言语的规范化程度、言语的风格以及言语变体的形成都会产生巨大的影响。

3.1.1 说话人的出生地和受教育程度

我们知道，俄语标准语和非标准语主要是根据说话人的出生地和受教育程度来界定的。泽姆斯卡娅认为，说标准口语（主要指对话语）的人必须具备三个条件：(1)俄语是说话人的母语；(2)说话人生长在城市；(3)说话人具有大学或中学文化水平（以大学为主）②。也就是说，凡生长在城市并具有大学文化的人，他们说的是标准语。俗语（просторечие）是对标准语的词汇、语法和语音规范的偏离③，是不完全掌握标准语规范的人使用的言语④；而方言则跟地区直接有关，即所谓地区方言。

3.1.2 说话人的年龄

不同年龄层次的说话人，他们在词语的选择上有明显的差异。老年人比较传统、保守，他们常常使用一些自己习惯的、但已过时的词语，例如：Покорно благодарю.（不胜感激。）Как вас величать?（请问尊姓大名?）Передайте мое почтение вашей супруге!（向贵夫人问安!）而青年人生气勃勃，追求新潮，他们喜欢使用新词、新义，如他们喜欢用 нормально 一词来替代 ничего：— Как себя чувствуйте? — Нормально!（"您感觉怎么样?""不错!"）喜欢用 старик 来称呼朋友，例如：Эй, старик, дай прикурить!⑤（喂，老兄，对个火!）Ну ты, старик, даешь!（Там же）（老弟，你真行!）

---

① 奥托·叶斯柏森：《语法哲学》，语文出版社 1988 年版，第 3 页。

② Е. А. Земская（ред.），Русская разговорная речь. М., 1973, стр. 9.

③ Д. Э. Розенталь и М. А. Теленкова, Словарь справочник лингвистических терминов. М., 1976, стр. 345.

④ Е. А. Земская и Д. Н. Шмелев（ред.），Городское простречие. Проблема изучения. М., 1984, стр. 3.

⑤ С. А. Кузнецов（ред.），Большой толковый словарь русского языка. СПб., 2000. 以下简称 БТС。

3.1.3 说话人的性别

早在20世纪20年代，叶斯柏森已经注意到了男子和女子在发音、遣词造句上的不同。如女子使用的词汇没有男子那么广阔，她们喜欢使用委婉语，使用带表情色彩的副词（awfully pretty, terribly nice, so lovely…）等①。

当今，"性别和语言"这一课题越来越多地受到语言学家的关注。拉科夫（R. Lakoff）在《语言与女子的地位》一书中指出了许多女子在词语选择上的特点。他认为女子出于礼貌更多地使用间接话语，更多地使用不确定的表达方式，更多地喜欢谈论事物的颜色，倾向于更多地使用强化词（intensifiers）（如 That sunset is so beautiful）等②。

近些年来，泽姆斯卡娅等也开始了性别和语言的研究，发现了俄罗斯男女在发音和遣词造句方面的变异现象。如男子发元音时口的张度比女子的要小，女子在发重读元音|ɔ|和|ε|时更多地带有二合元音的性质；男子说话有一定的目的或有一定的理由，而女子说话往往没有目的，对她们来说，说话是一种乐趣；男子会常常打断女子的话语，而女子会抗议：Дай сказать！（让我说！）Не перебивай！（别打断我！）Не мешай！（别打扰！）男子喜欢谈论运动、技术、政治，而女子喜欢谈论新潮、烹调、孩子；男子倾向于使用中态词，而女子倾向于使用夸张的、带有感情色彩的词：Ой / я прям не знаю！（哎哟，我简直不知道！）Чудный спектакль / да чудный //（太好了戏剧太好了！）Мне было жутко обидно//（我感到特难受）等③。

3.1.4 说话人的职业

不同职业的群体，他们的话语总带有职业的烙印。例如，教师说起话来常带有好为人师的口气：Понятно？（懂吗？）Ясно？（清楚吗？）Есть вопросы？（有问题吗？）Так что вы хотите узнать？（您想了解什么？）医生喜欢用 мы 来称呼病人，以表示对病人的关爱：[Ася Давыдовна：] Ну-с, как мы себя чувствуем？[Дронов：] Странный вы народ, доктора.

---

① Jespersen, O. *Language. Its Nature, Development and Origin*. London. George Allen & Unwin LTD, 1934, p. 237.

② Carroll, D. W. *Psychology of Language*, 2nd ed. California. Brooks/Coke Publishing Company, 1994, p. 233.

③ Е. А. Земская и Д. Н. Шмелев (ред.), Русский язык в его функционировании. М., 1993, стр. 90.

Любите с больным на «мы». (С. Алешин) (“我们感觉怎么样?”“你们大夫真怪,喜欢用‘我们’来称呼病人。”) 科学家谈的话题常常是“科学”:(一个物理学家的谈话) В глубоком вакууме / в микромире / может быть что-то есть // В макрокосмосе / может быть что-то есть // Потому что / у нас фактов нет // Ведь на чем основывается наука? Она строит какие-то общие законы и проверяет их на практике //(Тексты) (在高真空,在微观世界,也许还有什么东西。在宏观世界,也许还有什么东西。因为我们没有事实。要知道科学建立在什么基础上的吗?它寻找某些一般性规律,然后在实践中加以验证。) 而工人说话也总是三句不离本行:[Гоша:] Вы работаете на заводе. Вы мастер, так? Хотя не исключено, что в последнее время вас стали продвигать по профсоюзной линии. Есть такое? [Катя:] Да, да, что-то в этом роде. [Гоша:] Да это несложно... Я сам мастер, слесарь высшего разряда. («Москва слезам не верит») (“您在工厂工作。您是工长,是这样吧?但也不排除最近您在工会系统有所发展。有这回事吧?”“是的,是的,像是这样。”“这并不复杂……我自己也是工长,最高等级的钳工。”)

3.1.5 说话人的社会地位

不同社会地位的人,他们的话语中总有这样或那样的言语特点,即使是只言片语,也能反映出一个人的社会地位。例如:Никаких но — выполняйте задание. (没有什么“但是”,执行任务吧。) Разрешите обратиться! (报告!) 不言而喻,前一句是领导人对下属说的话,而后一句则是下级对上级军官报告时的开头语。法国语言学家巴利说得好:“正像这样或那样的习惯、服式的特点能成为人的社会地位的特征,从而引出对一定阶层的具体形象一样,一个最不起眼儿的言语事实——一个词、成语、专门术语、标准的说法,甚至独特的发音,只要该事实真正在某一社会团体内广为使用,而在其他团体内几乎不使用的话,那么它就可能被理解为该团体所固有的一定生活方式的标志。”①

顺便提一下,言语交际中应遵循礼貌原则,如违反这条原则,就会引起麻烦。《莫斯科不相信眼泪》的主人公卡佳(厂长)有一次无意中说了一句带领导口气的话,就惹怒了男友戈沙:[Катя:] Во всяком случае,

① Ш. Балли, Французская стилистика. М., 1961, стр. 238.

на будущее, я тебя очень прошу, уж будь любезен, без моего разрешения таких действий не предпринимать. [Гоша:] Слушаюсь. Но тогда и ты уж, пожалуйста, учти на будущее, что если еще когда-нибудь ты позволишь себе хотя бы заговорить со мной таким тоном, то я здесь больше не появлюсь. ("今后,不管怎么样,我恳求你,没有我的允许,请你不要采取这种行动。""是。但是也请你今后注意,如果你再用这种口气对我说话的话,那么我再也不到这里来了。")由此可见,礼貌在言语交际中的重要性。

3.2 **听话人**

对话过程中,听话人不是消极的受话对象,他作为对话中不可缺少的一方,应该配合对方说话,不时地发出一些反应信号,如 да, да-да, угу, ага, ну, ну да, нет, нет-нет 等,让对方感觉到你在倾听他说话。语言学上把听话人的这种反应叫反馈(feedback)。对话中反馈起着十分重要的作用。如果听话人对听到的话无动于衷,那么对方会用抱怨的口气说:人家在跟你说话,你听着没有?怎么不吭声呢?可以说,没有必要的反馈,对话是不可能持续下去的。

对话过程中,听话人还可以对听不清楚或不理解的话语提出质疑,说 Что? Что-что? То есть? Как же так? 一类的话。这种言语行为语言学上叫插入(insertion)。

当说话人一时想不出说什么时,为了不使谈话中断,听话人可以主动提示。例如:Г. А где… В. Валенки? Ну там //(Тексты)("在什么地方……""毡靴?在那里。")

对话是交谈者双方轮流说话的过程。听话人需要根据一些默契的规则适时地把话题接过来,取得说话的机会。不过,日常生活中打断对方说话的情况是常见的,虽然这种行为是不符合礼貌原则的。

此外,还须强调指出,听话人的年龄、性别、职业、地位等因素对话语的风格起着决定性的作用。因为说话人通常需要根据听话人的上述因素,根据自己和听话人的关系来确定该用什么称呼,该选择哪些词语(带表情色彩的、中态的还是高品位的),该用什么口气说话等。而这些都是构成话语风格的重要要素。试比较:

①(А. 和 Б. 是朋友)

Б. Слушай / ну мы тебя ждем / ты приходи / торт куплен…("听

着,我们等着你呢,你来吧!蛋糕已经买好了……")

А. Нет Катенька / я наверное не приду//Ты не сердись//(Тексты)("不,卡佳,我大概不能来了。你不要生气。")

②(С.—芭蕾舞女演员,32岁;Г.—别墅合作社主席,65岁;两人才认识不久)

С. Глеб Яковлевич здравствуйте//Это Сергеева говорит//("格列勃·雅科夫列维奇,您好。我是谢尔格叶娃。")

Г. Здравствуйте//("您好。")

С. Глеб Яковлевич я совершенно потрясена Вашим вниманием//(Там же)("格列勃·雅科夫列维奇,您的关心我非常感激。")

总之,对话能否顺利进行,不仅取决于说话人,而且也取决于听话人的配合。没有配合,就没有对话。

3.3 语境

研究对话,不仅要分析话是什么人说的,而且还要分析话是在什么情景中说的。研究表明,语言的使用是离不开语境的,任何话语的生成和理解都跟语境息息相关,这是交际的必要条件。荷兰著名语言学家戴伊克(Van Dijk)说得好:"要全面描写话语,就不能把它看成孤立的、抽象的语言变体,而应该将话语和语境联系起来分析。"[①]

"语境"(context, контекст)是由英国人类学家马林诺夫斯基(B. Malinowski)于1923年提出来的。但是语言学界至今尚未对语境取得共识。对语境存在着两种理解:广义的语境观和狭义的语境观。广义的语境包括以下要素:(1)篇章中的上下文或话语中的前言后语;(2)发生言语行为时的实际情景,如交谈者(说话人和听话人)、场合(时间和地点)、谈话的正式程度、交际媒介和语域;(3)文化、社会、政治[②]。狭义的语境指:(1)上下文;(2)直接可观察到的同时存在的情景[③]。

俄罗斯语言学界对语境也有广义和狭义两种理解。托尔苏耶娃(И. Г. Торсуева)认为,语境是一个篇章的片段(фрагмент текста),这一片段(包括所分析的单位)足以确定所分析单位的意义,并使该单位的意义跟

---

① 冯·戴伊克:《社会·心理·话语》,施旭,冯冰编译,中华书局1993年版,第11页。

② 戚雨村等:《语言学百科词典》,上海辞书出版社1992年版,第447页;戴伊克:《社会·心理·话语》,施旭,冯冰编译,中华书局1993年版,第3页。

③ 戴维·克里斯特尔:《现代语言学词典》,沈家煊译,商务印书馆2000年版,第82-83页。

篇章总的意思不相矛盾。简单地说,语境等于一个篇章片段减去所分析的单位。她把语境分为纯语言语境(собственно лингвистический контекст)和超语言语境(экстралингвистический контекст),即交际情景(ситуация коммуникации),其中包括交际条件、周围的事物、交际的时间和地点、参与交际的人及其关系等。纯语言语境,或叫语词语境(вербальный контекст),跟非语词语境(невербальный контекст)相对立,后者指面部表情、手势。非语词语境总是伴随着语词语境,但有时可替代它。她还把语境分为显性和隐性两种:显性语境(эксплицитный контекст)明显地用语词或非语词手段表达的;而隐性语境(имплицитный контекст)显然是没有表达出来的,它是前提(пресуппозиция)的一种,如 К вечеру похолодало.(到傍晚时天冷起来了。)的隐性语境是 Днем было тепло①.(白天天很暖和。)

口语学家泽姆斯卡娅持狭义的语境观,她把语境界定为"交际过程中的直接的环境"②,把这种环境称为 конситуация,是情景语境的意思。之后,希里亚耶夫(Е. Н. Ширяев)赋予 конситуация 更多的内涵。他认为,конситуация 应包括三个要素:(1)上下文,即所分析的语句的言语环境;(2)视觉-感知情景(визуально чувственная ситуация),即交际伙伴所看到和感觉到的一切;(3)个别统觉基础(частно апперцепционная база),即说话人的个别经验及其知识③。

如上所述,统觉基础是雅库宾斯基提出来的,它指的是交谈者的心理内容。泽姆斯卡娅把统觉基础的共同性解释为交谈者共同拥有的已知信息和生活经验④。但是,她并不把它看成语境的一个要素,而把它看成"跟交际伙伴联系着的交际行为要素"⑤,也就是属于对话三要素中说话人和听话人共同拥有的心理要素。但是从广义的角度把说话人和听话人的心理因素看成语境的一个方面也是可以的,语言学家一般也是这样认

---

① В. Н. Ярцева (ред.), Лингвистический энциклопедический словарь. М., 1990, стр. 238.

② Е. А. Земская, Особенности русской разговорной речи и структура коммуникативного акта. // Славянское языкознание. М., 1978, стр. 201.

③ Е. А. Земская (ред.), Русская разговорная речь. М., 1981, стр. 193.

④ Е. А. Земская и Л. А. Капанадзе (ред.), Русская разговорная речь. Тексты. М., 1978, стр. 201.

⑤ Е. А. Земская и Л. А. Капанадзе (ред.), Русская разговорная речь. Тексты. М., 1978, стр. 202.

为的。

尽管对语境的理解有广义和狭义之分，尽管语境要素繁多，但是，我们认为希里亚耶夫提出的三个要素：上下文、视觉－感知情景和个别统觉基础（确切地说，交谈者的共同统觉基础）对分析对话语来说是至关重要的。而三个要素中后两个要素则尤为重要。泽姆斯卡娅指出："情景语境属于对口语结构产生影响的最重要的交际行为要素之一。影响口语结构的要素中起重大作用的还有交际伙伴的共同统觉基础。"①雅库宾斯基指出："我们的统觉量跟我们交谈者的统觉量的共同点越多，我们理解和领会别人的言语就越容易。这时交谈者的言语可能不完整，暗示的地方很多；反之，交谈者的统觉量的差异越大，理解就越困难。"②下面，我们来具体分析对话三要素对话语的生成和理解产生的影响。

4 对话语的基本特点

对话三要素"说话人—语境—听话人"的有序运作，使对话语获得了一系列不同于其他语体的特点。

4.1 对话是由交谈者发出的话语（刺激话语和反应话语）相互交替的言语形式。交谈者每一次发出的话语为一个话轮，因此对话也就是话轮（至少两个话轮）的交替形式。话轮交替是对话语的主要结构特点。典型的话轮交替形式是：问—答—问—答……一问一答构成了对话的基本单位——相邻对。

А. Вы не скажете / который сейчас час?（问）（"请问现在几点了？"）

Б. Щас двадцать минут двенадцатого//（答）（"现在 11 点 20 分。"）

А. Точно?（问）（"准确吗？"）

Б. Да / я утром проверял//（Тексты）（答）（"是的，我是早晨对的。"）

4.2 对话中时有插入、反馈、打断、修正、提示、重叠等言语现象出现；

---

① Е. А. Земская и Л. А. Капанадзе（ред.），Русская разговорная речь. Тексты. М.，1978，стр. 201.

② Л. П. Якубинский，Избранные работы. Язык и его функционирование. М.，1986，стр. 42.

不同性质的话语的交织，是对话语的另一个结构特点。

4.2.1 话语插入

Трушкин. Ну и как?（"怎么样?"）

Ника. Что как?（插入）（"什么怎么样?"）

Трушкин. Как купались?（插入）（"澡洗得怎么样?"）

Ника. Изумительно!（Е. Попова）（"好极啦!"）

4.2.2 话语反馈

А. И мне эта перспектива показалась очень такой радужной/（"我觉得这个前景太美好了，"）

Б. Да//（反馈）（"是的。"）

А. Что я буду（"我要"）

Б. Интересно//（反馈）（"有意思。"）

А. Такую жизнь вести//（Тексты）（"过这样的生活。"）

4.2.3 话语打断

Ж. В общем эта комиссия ничего не решила//Надо（"总的说来，这个委员会什么事也没有解决。应该"）

М. Я вчера Митю встретил//（打断）（"昨天我见到米佳了。"）

Ж. Я не кончила еще//Придется новую комиссию создавать//（Е. Земская）（"我还没有说完呢。应该建立一个新的委员会。"）

4.2.4 话语修正

— Что у вас во втором（вопросе）? — спросил Козельский.（"您的第二个问题是什么?"科泽尔斯基问道。）

— Значение Гоголя в развитии мирового реализма.（"果戈里在世界现实主义发展中的意义。"）

— Как, простите?（"对不起，你说什么?"）

— Значение... то есть русского реализма（修正）（"说错了，是在俄罗斯现实主义发展中的意义。"）

— Пожалуйста.（Ю. Трифонов）（"好，说吧。"）

4.2.5 话语提示

М. А домик был маленький//Надо показать вам э-э...（"房子很小。应该给您看一看，这个，这个……"）

К. Фотографию / да?（提示）（"照片，是不是?"）

М. Фотографию//(Тексты)(“照片。”)

4.2.6 话语重叠(几个人同时说话)

А. Вот видите ли / прошлогодний лауреат / Григорий Соколов наш... парень /(“你们瞧,去年的获奖者格里戈里·索科洛夫,我们的……小伙子。”)

Б. Да//(“是啊。”)

А. Меня совсем не устраивает / ужа-а-сно//
(“我非常不满意。”)

Б. Очень тоже было странно / почему ему дали!?
(“很奇怪为什么给了他!?”)

В. Да / как-то было стыдно / что он лауреат//(Тексты)
(“是啊,他是获奖者,有点让人感到羞耻。”)

此外,由于对话的无准备性,说话人常常不是一口气把话说完,话中时有停顿、重复、补充、修正等现象出现。也就是说,话语常常被分解成若干“小块”,是一份份地说出来的,即所谓的分段现象(сегментация)。对话中此类现象比比皆是。例如:

① Он тебе что — предложение сделал? (А. Арбузов)(“他怎么啦,向你求婚啦?”)

② — Там холодно, на даче? (“那里冷吗,在别墅?”)

— Нет, я топлю печь. (Л. Васильева)(“不冷,我生炉子。”)

4.3 对话中的话题可能集中,也可能分散。微型对话(микродиалог)的话题一般比较集中;而多口对话的话题比较分散。因为参加谈话的主体多,话题一般不太集中。话题的多样性是多口对话的普遍性特征。试比较:

① 微型对话(话题:要不要乘飞机)

А. Почему мы на самолете никогда вот//В Ленинград ведь вполне на самолете можно//(“我们为什么不乘飞机呢?去列宁格勒乘飞机是完全可以的。”)

Б. Это нисколько не лучше//(“乘飞机也好不了多少。”)

А. Почему? Если вот там до аэродрома недалеко//(“为什么?如果那里离机场不远。”)

Б. До аэродрома там не меньше часа//(“那里到机场不少于一个

小时。”)

А. Ну тогда пожалуй да//(Тексты)(“那倒也是。”)

② 多口对话(А.— 有病的母亲,К.— 女儿,Л.— 女儿的女友;话题:做肉饼、购食品、扫地)

К. Люда-а / Люд! У нас же фарш есть!(“柳达,柳达!我们还有肉馅呢!”)

Л. Ага!(“嗯!”)

К. Иди к маме / она тебя научит(как готовить котлеты)//(“到妈妈那里去,她会教你〈怎样做馅饼的〉。”)

Л.(кричит из коридора в кухню)Кать! Пакеты нашла? А то у меня есть маленькие//(〈从走廊朝着厨房大声地说〉“卡佳!袋子找到了吗?要不我有小袋子。”)

К. Нашла / здесь большой//(“找到了,这里是个大袋子。”)

К.(входит в комнату к матери)Ну / я пошла//(〈走进母亲的房间〉“那我就走了。”)

А. Иди маленький//Знаешь / что покупать?(“走吧,孩子。你知道买什么吗?”)

К. Печенку / мясо / сметану / курагу / если будет//(“肝、肉、酸奶皮、杏干,要是有的话。”)

А. Не ходи очень долго//(К. уходит)(“不要去得太久。”〈К. 走了〉)

(Л. входит и подметает комнату)(Л. 进来打扫房间)

А. Знаешь какой мне всегда давала совет моя мама?(“你知道我妈总是给我出什么主意吗?”)

Л.(вопросительный взгляд)(疑问的目光)

А. Когда метешь / не на себя мети / а от себя//А то ты метешь на свои роскошные тапки//(“扫地时,不要朝着自己方向扫,要向外扫。要不都扫到自己漂亮的鞋子上了。”)

Л. Пойду помочу.(о венике; уходит и возвращается)(“我去湿一湿〈扫帚〉。”〈去了又回来〉)

Л. Как непривычно(мести новым способом)!(метет)(“太不习惯了〈用新方法扫地〉!”)

Л. Хотите еще могу мокрой тряпочкой(пол)протереть?("要不要我用湿抹布擦〈地板〉?")

А. Там(жест)перед зеркалом//("在那里,〈手势〉镜子前面。")

Л. Угу//(Тексты)("嗯。")

4.4 由于交谈者在年龄、性别、职业、地位上的差异,每人说话的风格不尽相同。因此,形成了对话语内风格的不一致性。例如:

(А. 和 Б. — 女中学生,16 岁;Г. 和 Д. — 语言学家,30 岁)

Д. Какой экзамен был / девочки?("姑娘们,你们考什么啦?")

А. и Б.(одновременно) Алгебра//Алгебра//(〈两人齐声地〉"代数! 代数!")

Д. Письменный?("是笔试吗?")

Б. Да//("是的。")

Д. Все в порядке? Пятерочки?("不错吧? 五分?")

Б. Не-е-т / у меня четыре//("不,我得了四分。")

Д. Ну значит в порядке//("那很好嘛。")

Г. А что у вас / следующий какой?("你们下一门考什么?")

А. Геометрия//("几何。")

Г. Ну какие / все-таки вам легче?("哪门课你们感到容易一些呢?")

Б. Физика//Самое страшное//("物理。最可怕。")

А. Ага//(Тексты)("可不。")

从上面的对话中我们可以看出,女孩子的话富有表情色彩,是一种风格;而语言学家说话平实,又是另一种风格。

4.5 对话语具有省略、简洁的形式特点。在语境的支撑下,说话人可以把话说得简而又简。西罗季妮娜指出:"省略性是会话篇章组成的基本原则之一。凡可省略的,均被省略。"①例如:

А. Вы с часами?("您带表了吗?")

Б.(кивает)(点头)

А. Который час?("几点钟了?")

---

① О. Б. Сиротинина, Современная разговорная речь и её особенности. М., 1974, стр. 101.

Б. Без четверти// （“差一刻。”）

А. Чего? （“几点?”）

Б. Два//（Тексты）（“两点。”）

4.6 对话语的另一个形式特点是它的模式性。雅库宾斯基认为生活模式和对话有着有机的联系，他举了一个很有意思的例子——两个好说长道短的女子（其中一个是聋子）的对话：

— Здорово, кума. （“大嫂，你好。”）

— На рынке была. （“到市场去了。”）

— Аль ты глуха? （“难道你耳背了吗?”）

— Купила петуха. （“买了只公鸡。”）

— Прощай, кума. （“再见，大嫂。”）

— Полтину дала. （“给了 50 戈比。”）

以上答非所问的对话是由于耳背的女子忘了见面时说“你好”造成的，其余的话都是按照模式化的问题来回答的：— Где была? — На рынке была. — Что покупала? — Купила петуха. — Сколько дала? — Полтину дала. [①]（“你到哪里去了?”“到市场去了。”“买了什么?”“买了只公鸡。”“给了多少钱?”“给了 50 戈比。”）

雅库宾斯基指出：“在一定生活模式中说话的结果会促使整套模式句的形成，它们好像固定在生活环境和模式化的话题上似的。”[②]

对话语中这种跟生活模式相适应的模式句有：反应词语、礼貌用语、城市惯用句式等[③]。

4.7 对话语富有表情性和主观情态意义。巴利认为，激情因素是每个语句的必要要素[④]。科斯托马罗夫也认为：“没有情感－表情或主观情态意味就没有正常的会话。”[⑤]他举例说，像 Где ты был? （你在哪儿?）这样的问题，通常认为正常的回答是：Я был дома. （我在家。）或 Дома. （在

---

① Л. П. Якубинский, Избранные работы. Язык и его функционирование. М., 1986, стр. 45.

② Л. П. Якубинский, Избранные работы. Язык и его функционирование. М., 1986, стр . 49.

③ 徐翁宇：《现代俄语口语概论》，上海外语教育出版社 2000 年版，第 221 页。

④ Г. Н. Акимова, Новое в синтаксисе современного русского языка. М., 1990, стр. 79.

⑤ В. Г. Костомаров, Разговорная речь: определение и роль в преподавании. Русский язык в национальной школе, 1965, № 1, стр. 16.

家。)，而实际生活中答语总带有表情性和主观情态意义。例如：Да дома！(就在家！)Где？— Дома.(哪儿？在家。)Да где я был？— Дома.(我在哪儿？在家。)Где ж мне быть？— Дома.(我能到哪儿去呢？在家。)Я-то？— Да дома.(我？就在家。)等。

主观意义可以用显性的手段表达，也可以用隐性的手段表达。试比较：Как же，Я обязательно пойду туда.(当然，我一定去那里。)和Пойду я туда，как же！[①] (СОШ)(那里我才不去呢！)前一句是通过词语的本义表达的显性意义，后一句是通过语调、词序等手段影射出来的隐性意义。对话中用隐性手段表达的话语是常见的。

4.8 对话中除了使用语词交际手段(вербальные средства коммуникации)外，还大量地使用非语词交际手段(невербальные средства коммуникации)。非语词手段(面部表情、手势)具有下列两个功能。

4.8.1 替代功能，即替代词语，起到话语的作用。例如：

Андрей. Дай мне ключ от шкапа，я затерял свой.(安德烈："给我柜子的钥匙，我的丢了。")

Ольга(подает ему молча ключ).(Чехов)(奥莉加：〈默默地把钥匙给了他。〉)

4.8.2 辅助功能，即增强话语的形象性和表现力。例如：

Медведенко. Поедем，Маша，домой！(麦德维坚科："玛莎，咱们回家吧！")

Маша(качает отрицательно головой). Я здесь останусь ночевать.(Чехов)(玛莎：〈摇摇头〉"我留在这里过夜。")

上述种种特点都是对话三要素(说话人、听话人和语境)共同作用的结果，是三要素的产物。如果没有三要素的参与或缺少其中某一要素，对话语就会失去作为一个特殊语体的一切特征。

5 对话分析的对象、任务和方法

口语研究和对话分析的对象不尽相同：前者研究日常生活中使用的无拘束的谈话语，其中包括对话和独白；后者仅限于研究谈话语中的对话。此外，两者又属于不同层面的研究：前者研究谈话语在语音、词汇和

---

① С.И. Ожегов и Н.Ю. Шведова，Толковый словарь русского языка. М.，1999. 以下简称СОШ。

语法层面上的语言特点;后者研究谈话语在话语层面上的语用特点。

俄罗斯的对话语研究和西方的会话分析也不尽相同:前者侧重于言语现象的分析,而后者侧重于分析会话结构及其运作的规律。但是,两者并不矛盾,而是相辅相成的。

目前,对话(会话)分析还没有一个公认的比较完善的理论框架。笔者从俄语对话语的实际出发,借鉴现有的研究成果,并结合自己在俄语教学和研究中积累的经验,试图构建一个适合中国学生学习的对话语的分析框架。90 年代,一些会话分析的书①大都也是采用这种办法写成的。

笔者拟从两个方面进行对话语的分析:一是分析对话的结构及其运作的规律,其中包括对话的整体结构和局部结构——话轮、话轮交替、相邻对以及话语插入、反馈、打断、修正、提示、重叠等现象;二是分析对话语中的交际单位(反应词语、对语重复、对语一格、分解结构、城市惯用句式、礼貌用语、身势语等)、话语的省略和话语的显性和隐性意义等。

在分析方法上笔者拟采用以语用为主线,形式、语义和语用相结合的多层面综合分析法。

我们的语料主要来自录音材料和文学作品中主人公的对话。录音材料是活的对话语的真实记录,是对话语研究的重要资料来源。笔者主要从《俄语口语 · 篇章》(1978)中选择语料。这是一本莫斯科和列宁格勒两大城市居民的谈话录音资料汇编。话语体裁多样:有讲述、对话和多口对话;话题涉及工作、学习、家庭生活、文艺、旅游、购物等。可以毫不夸张地说,该书以其丰富的材料展示了俄语对话语的全貌,具有极大的科研价值。此外,我们还从电视录像中选择材料。当代电影中演员的对话,虽然事先有所准备,但是他们不是背诵台词,而在无拘束地说话,跟自然谈话没有什么两样。

至于文学作品中的对话,它跟自然谈话有没有差别,是否有研究价值,这是语言学家关注的问题。巴赫金对此持肯定的态度,他说:"在长篇小说中我们可以看到所有丰富多样的对话类型";"对巴尔扎克小说中各种各样的对话形式进行分类,并对每一种形式的特点作出评价,这是一个很有意义的任务。"②

---

① Tsui, B. M. *English Conversation*. Oxford. Oxford University Press, 1994; Eggins, S & Slade, D. *Analysing Casual Conversat*. London. Cassel, 1997.

② 巴赫金:《文本、对话与人文》,白春仁等译,河北教育出版社 1998 年版,第 218 – 219 页。

那么，文学对话和自然对话在形式结构上有没有差异呢？什维多娃指出："材料的艺术加工不会改变结构的形式，不会偏离语言的现行规则；加工表现在对材料的选择和组合上，也就是使用材料的特点上。"[①]笔者曾提出两类不同性质的口语现象：一是固定的口语要素，二是非固定的口语要素。所谓固定要素是指固定的语言单位；词形、词、名称、惯用语、句子结构等。这些单位已经固定，是语言系统中的组成部分。而非固定要素是指那些在一定语境中出现的现象，如语境词、语境句、话语中的重复、补充、插入、打断、修正、口头语等。这些现象带有自发性，是无准备言语的特点[②]。研究表明，第一类要素在文学对话或自然对话中都是相同的，不同的是第二类要素。文学作品中作家为了仿造自然谈话，有意识地采用重复、补充、插入、修正等手段，但很有限，不会因此而偏离主题。自然对话则不然，重复、补充、插入、修正等现象是无意识的，常常显得多余，而且会导致对主题的偏离。文学对话中也有语境词和语境句，但受条件的限制，形式和数量极其有限，而自然对话中这类现象在数量和形式上大大超过前者。可以说，自然对话中既有精华又有糟粕，而文学对话是经过作家加工的言语，是言语的典范。大家知道，像果戈里、奥斯特洛夫斯基、托尔斯泰、契诃夫、高尔基、肖洛霍夫等语言大师，他们的语言来自人民大众，而又高于人民大众。因此，对中国学者来说，研究文学对话也许更实用一些。

6 对话分析的意义

对话是口语的基本形式；对话分析是口语研究的继续和延伸，是话语层面上的口语研究。对话分析的理论意义主要在于它把语言、人和社会结合起来，从交际-语用的角度来探索语言的功能。这样，通过对话分析我们不仅可以揭示语言的交际-语用规律，而且还能阐明语言和人的关系、语言和社会的关系。这无论在方法论上，还是就语言研究本身而言，都是重大的突破。

通过对话分析，我们还可以挖掘出传统语言学未曾发现的语言现象，如那些不具备句子特征但起交际功能的单位（如反应词语、对语一格、对语重复等）；可以阐明那些传统语言学未能阐明的言语现象（如话语中的

---

① Н. Ю. Шведова, Очерки по синтаксису русской разговорной речи. М., 1960, стр. 25.

② 徐翁宇：《现代俄语口语概论》，上海外语教育出版社 2000 年版，第 21 页。

分解现象)。

通过对话分析,可以弄清语言和言语的关系;弄清新的言语现象是怎样产生的,它怎样从言语现象转变成语言现象;弄清一些语言现象怎样老化,怎样从言语活动中消失,而另一些陈旧的现象又怎样恢复它们的生命力,如此等等。

俄语对话分析不仅要揭示对话的一般性规律,而且还要阐明俄语对话语所固有的种种特点。后者对俄语教学来说更具有实用价值。

俄罗斯人常常觉得中国人说俄语太正确了,言外之意是,中国人说俄语太拘泥于语法,不会使用惯用语和套语。如果我们通过对话分析把那些所谓不符合语法规律的语句挖掘出来,并加以分析归纳,找出它们的语用规律,那么,毫无疑问,这项工作对改进外语教学,提高学生外语交际的能力将会起到积极的作用。

关于多层面分析的哲学思考*

1938 年,美国哲学家莫里斯(Ch. Morris)首先把符号学分成三个组成部分:句法学,语义学和语用学。他这一科学的划分不仅为语用学的创建起到了奠基作用,而且为语言/言语的分析、研究提供了新的视角和新的思路。

俄罗斯传统语言学习惯于从一个层面、用一个尺度来分析这样或那样的语言/言语现象。这种分析看来似乎很严谨、很科学,其实,这种刻板的分析方法并非唯一可行,当遇到一些复杂的现象时,它往往显得无能为力。比如,俄语名词一格扩张现象,它是当前俄语学界关注的问题之一,对此俄罗斯学者一般采用句法分析法。殊不知,一格扩张现象是语言发展、变化中出现的现象,是由诸多语言和超语言因素造成的。因此,从一个层面、用一个尺度难以把问题分析清楚。

1996 年,笔者受莫氏思想的启迪,把含一格的语句分成三大块:第一块语句从句法层面,用现行的句法规则来解释;第二块语句是言语交际过程中出现的现象,从交际句法层面,用实义切分法来分析;而第三块语句是一定语境中的产物,从交际语用层面,用语用分析法来分析。希望这种分层面、多尺度的分析法对问题的解决有所推动(见拙文《一格功能的多层面分析》,《外语学刊》1996 年第 2 期)。

之后,笔者试图把多层面分析法扩大到对口语和会话的分析中。笔者的两本书《现代俄语口语概论》和《俄语对话分析》就是用这种方法写成的。前者采用的是以形式为主线,形式、语义、语用相结合的分析法;后者采用的是以语用为主线,形式、语义、语用相结合的分析法。

所谓形式和语义分析,是指脱离语境的纯语言形式和语义的分析;而语用分析是指结合语境的形式和语义分析,也就是说,说话人是如何在一

* 本文撰写于 2007 年 6 月,在本文集中为第一次发表。

定语境中使用词语以及听话人如何依靠语境解读词语的。前者属于语言范畴，后者属于言语范畴。

我们认为，多层面分析法，在不同条件下，应根据具体情况有所侧重。《现代俄语口语概论》之所以采用以形式为主线的综合分析法，是因为口语中形式上的特点是主要的，因此必须把形式突出出来，但这些特点又往往跟语境有关，跟说话人的目的、意图有关，因此还必须考虑到语用方面。而《俄语对话分析》之所以以语用为主线，是因为对话分析是话语层面上的研究，因此必须从语用规律和规则的角度分析，但又因俄语是综合性语言，其形式颇为复杂，因此还必须考虑到形式方面，忽略了这一点，会影响成果的使用价值。而实用性对外语工作者来说，是至关重要的。

言语本质上具有多层面性：语音 – 语调层面、形式句法层面、句法 – 语义层面、交际句法层面，等等。如果我们从多层面、多视角来审视俄语传统语言学，则不难发现，它常常把不同层面上的现象混为一谈。比如，传统句法学把省略语看成跟完全句对立的不完全句，从而混淆了句法和语用两个不同的层面。其实，省略语是话语层面上出现的语句变异，是语境作用的结果，它根本不是什么句子结构类型。又如，传统句法学把接续语看成一种特殊的句法结构。其实，它跟省略语一样，是言语交际过程中出现的现象。说话人说完一句话后，临时想起了什么，需要作些这样或那样的补充、说明或确切。因此，接续语也是话语层面上的言语现象，是一种特殊的交际单位，而不是什么句法结构类型。

多层面、多视角的分析法特别适用于活的言语的分析、研究。这是因为在活的言语中语言和言语、言语和语境、人和言语、动态和静态总是交织在一起，只有多层面、多视角的分析，才能把问题阐述清楚。

就其实质而言，多层面分析是形式和内容相结合的分析方法。形式是指语言单位的结构形式；内容是指语言单位固有的静态意义及其在语境中获得的非固有的动态意义，即语用意义。这样，从多层面、用多尺度来分析言语现象，自然要比从一个层面、用一个尺度来分析要全面、合理得多。这种音义结合、动静结合的分析方法把语言、人和社会有机地联系了起来，它不失为一种辩证而有效的方法。

第二编

口语语言分析

现代俄语口语的句法特征

传统语法一般以文字为研究对象，不重视口语的研究。随着描写语言学的兴起以及生成语言学的出现，语言学界才把口语列入研究的对象。这是语言学的一大进步。

苏联语言学界重视口语的研究还是近几十年的事。六七十年代出版了一些口语的著述，如泽姆斯卡娅主编的«Русская разговорная речь»(1973)，拉普捷娃的«Русский разговорный синтаксис»(1976)，西罗季妮娜的«Современная разговорная речь и ее особенности»(1974)等，作者们收集了丰富的第一手口语资料，对口语现象作了分析、描述，并对口语理论问题进行了阐述、探讨。但应该指出，俄语口语的研究仅仅是开始，许多问题有待深入研究。目前，仅就什么是口语，众说不一。有的语言学家把任何口语，不管它的功能倾向性如何，都当成口语；有的认为任何口语，只要是城市居民说的，都是口语，从而把口语跟方言对立起来；还有的把口语理解为城市、乡村居民的日常生活会话。但是，普遍的一种观点则认为口语是操标准语的人的无拘束的言语。

无拘束的口语是事先无准备的，在非正式场合说的。在正式场合有准备的言语，如广播、讲演、报告、谈判等，则是用口头形式表达的文语。口语(разговорная речь)和文语(кодифицированный литературный язык 或 книжная речь)是标准语的两个分体。

但是，"无拘束性"还不足以概括口语的全貌，因为方言也好，俗语也好，都具备这一特征。因此，有的语言学家把口语的概念限于操标准语的人的口语，换句话说，口语指的是标准语的口语(литературно-разговорная речь)，而非标准的指的是方言、俗语等。这样，就把口语和方言、俗语区别开来了。

苏联语言学家谢尔巴曾指出，标准语和口语的差别，有时可能大得像两种不同的语言。当然，这种说法有点夸大。但作为标准语的一种分体，口语要服从标准语的规范，但它在各语言层次中确有一系列的特点。

俄语口语的句法特征反映在句法的各个方面：从语法联系、句子成分到句子结构。本文试图从四个方面对口语的句法特征作一简介。

1 语法联系

在实词与实词的语法联系方面，口语与文语有明显的差别。首先，口语中依附联系占优势。由于口语的无准备性，说话人往往边说，边想，边组织话语，表达方式力求简单。这样，一些词常常不通过词形变化，而直接用原形（一格、不定式）依附于其他的词。例如：

① Трое суток с вас хватит?（Театр，1980，№ 5）

② В доме на Большой Полянке，на третьем этаже，квартира девять，жил доцент Соломин.（Искусство кино，1978，№ 8）

③ Потом ты был там，куда звала страна：Куйбышевская ГЭС，целина，Сибирь...（Театр，1981，№ 10）

④ Я вам не девочка шутки шутить.（Театр，1980，№ 7）

上例中 трое суток 与动词 хватит 联系，应是二格，但用了一格，依附于动词。девять 为一格，修饰 квартира，而 квартира 又以一格的形式依附于动词 жил。Куйбышевская ГЭС，целина，Сибирь 均为一格，但按规范应是带前置词的六格形式。最后一例中，不定式 шутить 修饰 девочка，用的也是依附联系。可见，依附联系在口语中占优势。

至于一致联系，口语倾向于按意义，而不是按形式一致。例如，像 доцент，профессор，филолог，врач，товарищ，бригадир 这一类表示职业、职称、专业、社会地位的阳性名词，如表示女性时，主谓语按意义一致：Профессор прочитала лекцию；Директор выступила на собрании；Секретарь пригласила；Врач осмотрела больного.

名词 большинство 作主语时，谓语用复数形式：Большинство согласны；Большинство приглашенных не явились.

在支配联系方面，口语也反映出自己的特点。试比较：хотеть чего-н. 及〈口语〉что-н.，любоваться чем-н. 及〈口语〉на что-н.，разобраться в чем-н. 及〈口语〉с чем-н.，смутиться чем-н. 及〈口语〉чего-н. 例如：

① С этим делом надо хорошенько разобраться.（С. Ожегов）

② Что ты от меня хочешь? (С. Алешин)

克柳奇科娃(М. Крючкова)指出,用不同方式表达同一思想的可能性以及无准备的言语中没有足够的时间考虑语句的组成,常常是产生支配联系中变体的原因。变体的产生,有的是受同根词的影响,如 Новое побеждает над старым 是受 победа над кем-чем-н. 的影响。有的受同义词的影响,如 Ошибки эти свойственны для письменной речи 受 характерны,типичны для кого-чего-н. 的影响。有的受近义词类的影响,如 Сижу вот и любуюсь на вас. 看来似乎受 смотреть, глядеть(Смотрю на вас и любуюсь)的影响①。

2 句子成分

在无拘束的口语中,谓语可以用两个并列的动词变位形式表示,这种形式叫动词并列组合(паратаксическое объединение глаголов)。这是语言学家公认的一种典型的口语现象。两个动词的关系是:一个动词表示另一个动词的目的或修饰、确切另一动词。有的动词失去本义,转化为语气词,如 взять 表示行为的"突然", смотри(-те)表示"提醒、警告", попробуй(-те)表示"威胁、警告",знай(себе)表示"什么也不管,若无其事,满不在乎"等。例如:

① Иди сейчас же садись за физику — чтоб завтра была пятерка! (Театр)

② Ты пошел бы посмотрел. (О. Жихарев)

③ Есть тут некоторые, которые живут ни о чем не думают. (Доброе утро)

④ Бывало, сидишь в лавке, вечера-то ждешь не дождешься, вся душа изомрет. (А. Островский)

⑤ Я ее(курицу)резал очень просто, как обыкновенно, а она возьми и вырвись из рук, возьми да побеги. (Чехов)

表示工作类别、职业、使命、状态的谓语(不带系词),除一格外,还可以用五格表达。例如:

① Паромщиком он давно, с войны. (В. Шукшин)

---

① М. Л. Крючкова, Особенности глагольного немотивированного управления в современном русском языке, глава 6, М., 1979.

② Я мастером тут. (Роман-газета, 1981, № 10)

③ Ну, сегодня совсем молодцом. (Л. Зорин)

④ Теперь Васька врачом в уезде. (Горький)

表示事物特征的谓语,可用句子来表示。例如:

① Работа — не бей лежачего. (В. Шукшин)(活很轻。)

② Воздух — хоть утюг вешай. (Нева)(空气令人窒息。)

③ А платье на ней — хуже не бывает. (Огонек)(她穿的连衣裙没有更坏的了。)

④ Пирог — пальчики оближешь. (馅饼真好吃。)

至于从属成分,按规范一般用间接格表示,但口语中常常用一格代替间接格。比如,数词一格作定语的现象在现代俄语中相当普遍:

① Да, да. Завтра утром, с поездом десять ноль-ноль… (А. Симуков)

② В Грамматик — 70 (семьдесят) понятие управления сужено. (О. Сиротинина)

除数词外,名词一格作定语,在无拘束的口语中亦可见到。例如:

① Я тебе прочту письмо отрывок (= отрывок письма).

② Возьми там сыр остаток (= остаток сыра).

此外,其他次要成分,如补语、状语,也常常用一格表示。例如:

① Время нету совсем(= времени)! (М. Рощин)

② Вот Дашенька! Училась в университете. Второй курс (= на втором курсе). (И. Соболев);

③ Любой трамвай садитесь (= на любой трамвай). (А. Васильева)

最后,句子成分还常用成语表示,例如:Он не в своей тарелке (= в плохом настроении); На этом деле он собаку съел (= опытный); Встал ни свет ни заря (= очень рано).

3 词序

俄语词序比较自由,而口语更是如此。以疑问词为例,文语中一般位于句首,而口语中既可位于句首,又可位于句中或句末,重要的是逻辑重音。试比较:

Когда он к нам приедет?

Он когда к нам приедет?

Он к нам когда приедет?

Он к нам приедет когда?

但这并不是说口语词序无规律可循。语言学家的研究成果表明，口语词序有自己的倾向性规律。

3.1 句中最重要的部分前移

口语词序的基本倾向之一，是把句中最重要的部分前移。例如：

① Силу он себе чуял большую. (В. Шукшин)

②Огорчений они приносят массу, но и удовлетворение прямо скажем, необыкновенное. (Театр)

3.2 动词的从属词(名词、不定式)倾向于前置

① Иди пока в магазин, а я ужин соберу. (В. Шукшин)

② Коль, зачем свалить-то хочешь? (Он же)

3.3 一致定语倾向于后置

一致定语后置法在古俄语中就有，现在方言和标准口语中广泛使用。口语中惯用的词序是：

(1) N + Adj(Pron)

① Что ты плачешь, как дитя малое? (Театр)

② Я слова записываю новые. (Театр)

(2) Pron + N + Adj

① Сюда, сюда. Вот к этому дому большому.

② Дайте мне вашей каши гречневой.

(3) N + Pron + Adj

① Я ведь и правда вспоминал улыбку твою милую. (Театр)

② Я пел, и мне даже деньги какие-то маленькие платили, а время голодное было. (Театр)

这种结构中，名词和修饰词的关系不甚紧密，两者(事物及其特征)处于同样重要的地位。

3.4 副句前置

按一般语法规范后置的副句，口语中为了强调常常置于句首。例如：

① В чем счастье, она и сама не знает. (ЛГ)

② Кто сказал — не помнить? (С. Алешин)

③ А зачем болтаешь — неизвестно. И вообще, зачем все это было — неизвестно. (Он же)

3.5 连接词的位置不固定

口语中主要使用无连接词复合句,分句间的关系通过语调表达,连接词或联系用语的作用削弱了,成了可有可无的词,因为它常常位于弱位——句中或句末。例如:

① Но в Новосибирске когда будете, смотрите не оплошайте. (В. Шукшин)

② Немного похудею если, так не беда. (Огонек)

③ Слышишь, Ритка, Федор Федорович звонил, уволили которого. Голос грустный такой. (Театр)

④ Ни одной души чтобы. (Огонек)

⑤ Ты знаешь, Петр Иваныч что уже приехал? (О. Крылова)

4 句子结构

口语中主要使用简单句,复合句用得极少,而简单句又以不完全句、紧缩句为主,复合句则以无连接词复合句为主。

不完整性、紧缩性是口语句子结构的一般性特征。在无拘束的口语中,依靠上下文及周围言语环境,说话人无须使用完整的句子结构。比如,在电影院售票窗口,如果你想买两张 18 点 10 排的电影票,你只要简单地说:Два на 18, ряд десятый. 售票员就明白,没有必要完整地说:Дайте, пожалуйста, два билета в десятом ряду на сеанс 18 часов. 西罗季妮娜指出,省略是组成口语篇章的基本原则之一。凡可省略的地方,口语中均省略。她又说,实际上口语中见不到完全句[①]。

由于经常性的省略,一些句子久而久之便变成了特殊的紧缩句结构。例如:Я к вам по делу; У кого хотите спросите; Если что — приходи ко мне; Вам кого?

这些句子不依靠上下文或言语环境完全可以理解,它们的结构是紧缩的,但不再是不完整的了。

---

① О. Б. Сиротинина, Современная разговорная речь и ее особенности. М., 1974, стр. 101.

与紧缩性相对立，口语的句子结构还具有松散性的特征。在无拘束的谈话中，说话人虽然力求话语简单，但因事先没有准备，一句话往往不是一口气说完，而是说说停停，边想边说，因而句子结构松散，例如：

① Я награжден орденом. Второй степени. За спасение утопающих.（Театр）

比较：Я награжден орденом второй степени за спасение утопающих.

② Это самый модный, да? курорт сейчас.（О. Лаптева）

比较：Сейчас это самый модный курорт, да?

有时因找不到适当的词语来表达自己的思想，常常使用像 значит, вот, то-есть, так, такой 等词来填补空缺，例如：Ну вот, значит ну мы шли… 有时一句话没有完，又插入另一句话，例如：

— Мы вот лучше с нею… забыл, как звать…

— С Розой Степановной!

— Мы вот лучше с Розой Степановной спляшем…（Киносценарии, 1977）

有时为了强调，用语气词 что 把句内主谓语分解开来，例如：Вы что, куда-то спешите? Он что — болен? 这样，口语中句子结构既具有不完整、紧缩的一面，又具有松散、不紧凑的一面。

除上述特征外，口语句子结构还常常带有成语性。什维多娃在 1970 年科学院《现代俄语标准语语法》中专门就成语性的简单句作了描述。

现就一些典型的口语句子结构简介如下。

4.1 零位谓语动词结构

这是口语中常见的结构。结构中动词并非省略，因为离开上下文或言语环境人们仍能感到它的存在，并能识别它的意义。语言学家称之为零位谓语动词（нулевые глаголы-предикаты）。从属于零位动词的词（名词间接格、代词、副词等）是不可缺少的结构成分，也是确定零位动词意义的依据。零位动词主要用来表示各种运动动作（如“走”、“来”、“去”等）及言语活动（如“说”、“讲”、“问”、“答”等），例如，Она за молоком; Вы куда? Мы гулять; Ей надо срочно к врачу; Дочка от матери ни на шаг; Мы не про футбол; А тогда про что же? О чем же он? Он по-французски вполне прилично; Она по-русски ничего, поймут 其次，表示“存在”、“出现”、“发现”，例如：В семье ссоры редко；У нас в клубе лекции регулярно. 表示“开始”、“持续”，例如：Доклад — в пять；Вся операция — пять минут. 表示“打”、“揍”，例如：Он эту собаку палкой，а то бы укусила；Я тебе.

4.2 **接续结构**

由于口语的无准备性，说话人常常说完一句话后，想起来什么，再补充几句。这种对前述思想的补充、确切、说明或发展的部分叫接续结构（присоединительная конструкция）。接续结构前有停顿，语调下降，但在语法、意义上与前面的句子联系着，是它的一个成分或分句。例如：

① Мам，дай рубль. На кино.（Театр）

② Еще Степан Семеныч！Безногий. Который на вокзале сапоги чистит. Видали？（Театр）

③ Я все сказал. Все до конца. Что я на почте. У автомата. Что очередь ропщет. Что я сирота.（Театр）

接续结构本身无特殊的修辞色彩，但一旦被文语使用，就能起到简洁、生动、有力的修辞效果。有的语法学家称之为“分割结构”（парцелляция），以示区别，例如：

Сентябрь на целине — месяц трудный. В любой год. Особенно в урожайный.（Известия）

4.3 **主位一格结构**

主位一格结构（конструкция с именительным темы）的组成是：先用一格提出所述的对象，即主位一格，接着用代词重指该对象，然后再加以叙述。例如：

① Телевизор，он как живой человек.（Театр）

② Подлость — она всегда подлость.（М. Рощин）

③ А этот шкаф — он давно здесь？（Театр）

泽姆斯卡娅指出，主位一格结构中的代词主要是一格，间接格用得较少①，但我们发现近来在文学作品、剧本、电影中，代词处于间接格句位的现象也是屡见不鲜的。例如：

---

① Е. А. Земская，Русская разговорная речь：лингвистический анализ и проблемы обучения. М.，1987，стр. 164.

① Но родители, их ведь не убедишь. (Юность, 1982, № 4)

② Двести рублей ковер, что ж, ногами по нем ходить?.. (М. Рощин)

4.4 带补充句子界线的疑问句结构

这是一种相当松散的结构。说话人提出问题后,又在疑问词的后面补充说明一下疑问句中没有说清的成分,例如:Ты ее положила, да? шапочку. 疑问词 да 后面的 шапочку 是补充词,用来补充说明 ее 的,从而在 шапочку 后出现了补充句子界线。这类句子拉普捷娃称它为带补充句子界线的疑问句结构(вопросительная конструкция с дополнительной фразовой границей)[①]。

此结构的特征是:(1)简短;(2)句中有两个语调中心:句中的升调和句末的降调(Ты ее положила, да? ↑шапочку↓);(3)结构由三部分组成:"内容中心 + 疑问词 + 补充词"。疑问词有 да, нет 等,补充词(通常是一个词)可能是名词、形容词、动词,也可能是代词、副词等。例如:

① Это Пионерская, да? метро.

② Сколько туда? минут 15, да? ехать.

③ Они в этом автобусе, да? приехали.

④ Ну так, я поехала. Жалоб не будет, да? ко мне.

⑤ Ма, нам кажется сходить, да? уже.

⑥ Мы продали платье, нет? черное.

⑦ Видали сегодня месяц, нет? днем.

4.5 二格数量信息句

二格数量信息句,亦即"Adv quant(N_1 quant) + N_2"结构[②]。在无拘束的口语中,数量要素可用句子(经常是成语性的)来充当。例如:

① Яблок — завались. (苹果堆积如山。)

② Рыбы — хоть руками из воды таскай. (鱼多得伸手可捞。)

③ Уроков — обалдеть можно. (课多得惊人。)

④ Водителей — ни одного. (驾驶员一个也没有。)

---

① О. А. Лаптева, Русский разговорный синтаксис. М., 1976, стр. 277.

② АН СССР, Грамматика современного русского литературного языка. М., 1970, стр. 561.

4.6 成语性结构

什维多娃在 1970 年科学院语法中归纳出了一些简单句成语性结构，当然，日常生活中远远不只这些。列举一、二如下。

(1)“N_1 + как + N_1”表示事物的一般性，例如：

① Город как город.

② Что там смотреть? Кухня как кухня.

(2)“N_1 + не + в + N_1”表示失去自身优点的事物，例如：

① Чай не в чай.

② Праздник не в праздник.

(3)“Всем + N_3 + N_1”表示胜过同类事物的事物，例如：

① “Волги” он никогда не видел, но ребята говорили, что она — всем машинам машина. (Н. Дубов)

② Знаете, вы какой нахал? Всем нахалам нахал! (С. Алешин)

(4)“N_3 + не + до + N_2”表示顾不上，没有心思干什么，例如：

① Мне было не до сна.

② Ты смеешься, а мне не до смеха.

(5)“Что (какое дело, какая забота) + N_3 + до + N_2”表示与某人(某事)无关，例如：

① А вам-то что за дело до этого? (Юность)

② А вам какое до этого дело?! (Театр)

4.7 无连接词从属结构

无连接词从属结构具有明显的口语色彩。这里只介绍一种表示限定意义的从属结构。此结构相当于带 который 的定语副句，试比较：

① Почем щас картошка-то вы на рынке брали? (= Почем щас картошка-то, которую вы на рынке брали?)

② Эти цветы надо выбросить в стакане стоят. (= Надо выбросить цветы, которые в стакане стоят.)

拉普捷娃指出，上述两种结构间还有过渡结构，即结构中的 который 位于副句中间或句末[1]。试比较：

① Надень кофту, которая там висит.

---

① О. А. Лаптева, Русский разговорный синтаксис. М., 1976, стр. 301.

② Надень кофту там которая висит.

③ Надень кофту там висит которая.

④ Надень кофту там висит.

第一句为中态结构，第四句为口语结构，第二、三句为过渡结构，亦属口语现象。

4.8 复合句的紧缩

口语中，由于经常性的省略，形成了一些特殊的紧缩结构，如由于省略对应词而形成的紧缩结构：

① Кто хотел — курил. (Искусство кино)

② Что было — было. (С. Алешин)

③ Иди откуда пришла.

④ На нашей улице к кому хочешь можно обратиться. (Комсом. правда)

紧缩的部分，有的实质上相当于成分。试比较：У кого хотите спросите — У любого спросите.

还可以举一些其他的紧缩结构，例如：

① Если что — Виктор выручит, поддержит! (Горбатов)

② Чуть что, так и зальется голосистым смехом: ха-ха-ха. (Чехов)

③ Кто куда, а я на Истру. (А. Штейн)

④ Уж кому-кому, а тебе дадим. (А. Гребнев)

4.9 主副句溶合

口语中还有一种有趣的句法现象，这就是副句的一部分提前：置于主句之中，如 Звонить не знаю сколько раз. (В. Мережко) 这种结构的特点是：从实义切分的角度把副句划分成主位和述位，再将主位提到句首，置于主句之前。这样，主副句不像原来那样对立鲜明，整个复合句的意义重心落到副句上，主句只起过渡的作用。例如：

① Хлеб я люблю чтоб всегда был в запасе.

(Я люблю, чтоб хлеб всегда был в запасе.)

② С отпуском нам нельзя сказать что повезло.

(Нельзя сказать, что с отпуском нам повезло.)

现代俄语口语的词法特征

现代俄语标准语的两个分体——书面语和口语的差别表现在语言的各个方面,其中以语调、词汇、成语、句法等最为明显。词法上的口语特征一般不易被人们察觉。这是因为口语固有的词的语法形式为数不多,与整个词形体系相比,是微不足道的。可是,如果从不同词类和词形在口语中的出现频率及其功能来看,我们可以发现一系列口语的词法特征。试比较:

① Особенности морфологического строя разговорной речи проявляются в количественном распределении слов по частям речи и их подгруппам, в наличии ряда стилистически отмеченных морфологических форм и в функциональной стилистической отмеченности общеязыковых морфологических форм (словоформ). (А. Васильева)

② Мила, Чижик, здравствуй!

Только три дня, как расстались, а я уже пишу тебе. Очень мне грустно. Как ты уехала, пошли дожди. Тоскливо, из дома выходить не хочется. Как ты добралась? Как море? Погода? Хочется, чтобы тебе повезло! Пиши мне почаще. Твоя Лека. (О. Крылова)

③ — Ты?! — Я... А ты что тут делаешь? — Как что — цветы вот пришла полить. А ты что? — И я. Вот...(Показывает на лейку.) — А как ты сюда попал? — Как-как. Через дверь. — А откуда у тебя ключи? — Какие ключи? — От этой квартиры. — Как откуда? Друг дал. Уехал отдыхать и... вот, попросил цветы поливать. (Театр, 1982, №11)

第一段选自理论著作,是书面语,文中动词稀少,但名词、形容词、二格形式却比比皆是;第二段是书信,语体接近口语,动词、代词明显增加,名词、形容词减少;第三段是无拘束的对话,动词、代词、一格形式出现频繁。这一比较是粗略的，但和语言学家的调查统计基本上是一致的。据调查，口语中出现频率高的词类是：动词、代词、语气词、感叹词；出现频率较低的词类是：名词、形容词①、数词、前置词、连接词。此外，口语中不使用主动形动词及现在时被动形动词，极少使用副动词。这和书面语形成鲜明的对照：书面语中出现率高的词类是名词、形容词、形动词、副动词，倾向于少用动词。至于词形的出现率，语言学家一致认为，口语中一格占优势，而书面语则二格占优势。

口语词法的另一个显著特征是某些词类、词形的多功能性。俄语口语中代词、语气词、名词一格、不定式、命令式等均具有多功能性，词类界线不明显，词类易于转化。例如：— Земли много? — Где там...（Н. Погодин）；Знает лучше моего（С. Ожегов）；В этом деле есть свои за и свои против.（Он же）例句中 где там 转化为语气词；物主代词在副词比较级后转化为代名词，相当于 я（лучше, чем я）；за, против 用作名词。这种现象是词类多功能性的表现。

本文从两个方面介绍口语的词法特征：（1）词的语法形式，（2）词类及词形的功能。

1 词的语法形式

现代俄语中有的词有两种形式：一种是书面语和口语的共同形式，另一种是口语形式。常见的口语词形有下列几种。

1.1 以-а结尾的名词复数一格形式：бухгалтера，ветра，джемпера，диспетчера，договора，инженера，инструктора，коллектора，свитера，шофера 等。

1.2 秃尾的阳性名词复数二格形式（生活中的计量单位及蔬菜、水果名称）：пять грамм（килограмм），кило ананас（апельсин，мандарин，помидор），много витамин 等。阿基莫娃（Г. Акимова）认为，这是词的聚合体的简化。试比较：один грамм — пять грамм，один носок — пара носок②.

---

① А. Васильева 认为，性质形容词是比较积极的词类。见 А. Н. Васильева, Курс лекций по стилистике русского языка. М., 1976, стр. 194.

② Г. Н. Акимова, Новые явления в грамматическом строе современного русского языка. Русский язык в национальной школе, 1980, №5.

1.3 以-у结尾的阳性名词单数六格形式：в отпуску，в цеху，на холоду，в чаю 等。例如：

— Может быть, он службу где-нибудь несет, как я.

— Нет, он в отпуску.（Н. Погодин）

1.4 полгода，полдень，полслова 等复合词中的 пол-在各格中形式不变：понять с полслова（= с полуслова），растворить лекарство в полстакане воды（= в полустакане воды），ограничиться полдюжиной карандашей（= полудюжиной карандашей）。

1.5 末尾数为 два，три，четыре 的合成数词与动物名词连用时，口语中末尾数的四格形式同二格。试比较：пригласить двадцать два студента —〈口语〉пригласить двадцать двух студентов，выдвинуть двести три кандидата —〈口语〉выдвинуть двести трех кандидатов.

1.6 两种动词变位形式：махать，машу，-ешь 及〈口语〉махаю，-хаешь；полоскать，полощу，-ощешь 及〈口语〉полоскаю，-каешь；тыкать，тычу，-чешь 及〈口语〉тыкаю，-каешь；хлестать，хлещу，-щешь 及〈口语〉хлестаю，-стаешь；выздороветь，-ею，-еешь 及〈口语〉выздоровлю，-ишь；мучиться，мучусь，мучишься 及〈口语〉мучаюсь，-аешься.

1.7 某些动词有两种命令式形式：выброси 及〈口语〉выбрось，вычисти 及〈口语〉вычисть，испорти 及〈口语〉испорть，почисти 及〈口语〉почисть 等。

1.8 动词 ехать 的命令式为 поезжай（-те）（源于 поезжать），但近来口语中广泛使用 езжай（-те）的形式，如 Ехай себе… то есть езжай себе спокойно…（М. Рощин）说话者先用了俗语 ехай，后又改口，用了口语形式 езжай。此形式在奥热果夫（С. Н. Ожегов）编的《俄语词典》（1975）里虽仍标为俗语，但据一些语言学家的意见，已经成为普遍使用的口语形式了。动词 пойти 的命令式为 пойди，而口语为 поди，例如：Ты поди расплатись тогда, я пока руки помою.（Театр）

1.9 口语中广泛使用语气词、连接词的截尾变体：чтоб，хоть，уж，что ж，что ль 等。

1.10 口语中一些物质名词除表示物质外，还起量词作用，即表示“份儿”，例如：два молока（= два пакета молока 或 две бутылки молока），две ряженки, два борща, две сметаны.

2 词类及词形的功能

2.1 代词

代词是口语中活跃的词类之一，具有多功能性。主要表现在以下几个方面。

2.1.1 代词在日常生活交际中使用频率很高。这是因为话题涉及的事往往历历在目，无须用名词称谓，而只要简单地用代词或加一定的手势，就足以把思想表达清楚了。例如：Я подошла к тебе. А ты… вдруг показал мне вот так.（Показывает ему три пальца.）Потом еще громче засмеялся и сделал вот так.（Сложила пальцы так, что получился кукиш.）Вот.（Театр）又如，在商店柜台前，只要说 Покажите вот эту 或 Я возьму эти，营业员就明白你指的是什么了。

2.1.2 代词往往兼两类代词的功能。比如，кто，что，какой 既是疑问关系代词，又是不定代词，后者是典型的口语：А я хочу идти в театр… Не пойдет ли кто со мной？（Горький）；Вот я и подумала：не стряслось ли с тобой что（Огонек）；Может，помощь нужна какая.（И. Соболев）疑问代词用作人称代词：Я кому（тебе）сказала，Катерина？Пошли！（О. Сосин）人称代词用作指示代词：Старайся жить，оно（это）не так легко，как кажется（Тургенев）等。

2.1.3 代词富有表情色彩。比如，代词 ваш，твой 在一定场合具有"不赞"的意味，即说话人对对方袒护或同情的事物持否定态度。例如：На что мне твой Астров？Он столько же понимает в медицине，как я в астрономии（Чехов）；Где же ваша хорошая погода？（А. Васильева）又如，代词 какой-то，такой 在一定的言语环境中具有轻视或无所谓的表情色彩，例如：Я говорю вам：обнаружена растрата！Он растратил на службе чужие деньги！Ради такой… как вы，ради вас он решился на преступление.（Чехов）

2.1.4 代词 мой，моя，мои，наши，ваши 等可用作名词，分别表示муж，жена，родные，близкие 等。例如：Они просто дружки с моим-то，вместе на войне были…（В. Шукшин）；Моя идет（指 подруга）！（Театр）；Привет，ба！А где мои（指 родители）？（Нева）；— Ваши（指 ваши родители）на даче？— Завтра приедут.（Театр）

苏联科学院《俄语词典》(4卷)把 мой,моя 看成俗语。契诃夫的剧本《三姐妹》中玛莎有这样一段话:Мой здесь? Так когда-то наша кухарка Марфа говорила про своего городового: мой. Мой здесь? 这里 мой 显然是俗语,是女厨子的话。当时受过教育的人是不这样说的,所以玛莎用这个词时解释了一下。而今天,мой 则使用得很普遍,似应看成口语。

2.1.5 代词 что(чего)常用作副词,相当于 почему:Есть что-то не хочется(С. Алешин);Чего ты волну-то поднял?(В. Шукшин)代词 это,что,какой,где,куда 常用作语气词:За что ж это ко мне-то такая немилость?(О. Сосин);— Старею, что ли? — Куда там!(Театр)

2.1.6 许多成语由代词构成,仅 что 一词组成的成语就有:к чему? не к чему,ни к чему,с чего,ни за что,в чем дело,ни при чем 等。这些成语都有浓厚的口语色彩。

2.1.7 代词是不少成语性句子结构必不可少的成分。什维多娃在 1980 年《俄语语法》中分析、归纳了成语性简单句,例如:Всем пирогам пирог! Чем(он)не жених! Кто как не он поможет! Что за характер; Есть куда пойти 等。此外,还有成语性复合句,例如:Чего-чего, а проектов у нас хватает(А. Гребнев);Уж кому-кому, а тебе дадим(Он же)等。

2.1.8 代词还是一些分解性结构的必不可少的结构成分,例如:Домашняя работа, она ведь без конца...(М. Рощин);Расстроилась она страшно, учительница(Н. Лобанова)等。

2.1.9 代词常常起填补句中空隙的作用,例如:Я сама читала! Вот от воспитания и от родителей! Еще слово есть такое, ну... имя такое, мужское...(О. Сосин)

2.2 一格形式

口语中一格的出现频率很高。据维什尼亚科娃(Т. А. Вишнякова)统计,口语中名词一格占 32.6%,二格占 22%,三格 4.1%,四格 25.3%,五格 5%,六格 11%[①]。通常认为,一格频率高的主要原因如下。

2.2.1 口语中广泛使用主位一格结构,例如:А вот современные де-

---

① О. Б. Сиротинина, Современная разговорная речь и ее особенности. М., 1974, стр. 85.

вушки, они наоборот. Не терпят этого(Зита и Гита); А мысли — они всегда интересны, если это мысли(Театр). 主位一格结构中的代词不仅仅限于一格,其他间接格形式也常用:И твои дела, возможно, я перед ними даже преклоняюсь(О. Сосин); Бедная девочка, ей надо посочувствовать...(Огонек)

2.2.2 口语中词与词之间经常使用依附联系。按规范应该用间接格的地方,口语中常常使用一格形式,直接依附于被说明的词(名词、动词等)。

依附于名词的一格:Цель перехватить на высоте семь тысяч. Как понял? (Комсом. правда); — Это шампанское не настоящее, могу вас уверить. — Восемь рублей бутылка (= бутылка в восемь рублей) (Чехов); Вот сегодня воскресенье, а у нее тренировка четыре часа (= четырехчасовая тренировка), и выходной от гимнастики только в субботу (Огонек); Словарь какой сейчас том(= том словаря) продается? (Н. Лобанова)

依附于动词的一格:— Трое суток(= троих суток) с вас хватит? — Так точно, товарищ майор(Театр); — Почему ты не идешь? — Да, вот книга(= от книги) не могу оторваться(Н. Лобанова); Какой класс(= в каком классе) ваша дочка учится? (А. Васильева)

2.2.3 西罗季妮娜认为,一格形式的增多还和句子结构简单有关。口语中使用大量短小的,主语和谓语用一格形式表达的句子,而不使用扩展句子①。

2.3 新呼格

现代俄语口语中出现一种新的称呼形式(звательная форма),例如:Зин, у меня беда; Да, ты что, мам! 句中 Зин, мам 均为称呼形式,也有人称这种形式为新呼格。

称呼形式是语音条件作用的结果。当名词处于呼语的句位时,其重读音节的强度,特别是长度,使得重读元音节后的音节显著弱化,最后导致非重读元音的完全消失,如 Зина > Зин, мама > мам。但不是任何名

---

① О. Б. Сиротинина, Современная разговорная речь и ее особенности М., 1974, стр. 85.

词都可以构成称呼形式。从现有资料看，一般限于人名及一些表示亲属关系的词（папа，мама，бабушка 等）。

称呼形式的构成方法如下。

2.3.1 去词尾-а（-я）

这类词的词干主要是单音节，双音节的较少，如 папа > пап，мама > мам，дядя > дядь，тетя > теть；Саша > Саш，Маша > Маш，Машка > Машк，Надя > Надь，Коля > Коль，Аня > Ань，Оля > Оль，Наташа > Наташ，Володя > Володь 等。

① Этого, Миш, я не понял. Я, Миш, это по радио слышил. (Театр)

② Дядь Яш, а рассказать, почему тебя Робинзоном звали? (Нева)

③ Теть Уляш, пусти переночевать! (Искусство кино)

④ Мамаш, может, вместе выпьем, а? (Роман-газета)

2.3.2 取词的第一个音节

这类词主要是表示亲属关系的词，也有人名，但使用得较少：папа > па，мама > ма，бабушка > ба；Нина > Ни，Люба > Лю，Никита > Ник 等。

① Ба, дай пожевать чего-нибудь. (Театр)

② Я не знаю, Ник, я не знаю, для меня все это так неожиданно. (Театр)

新出现的称呼形式与古俄语的呼格（дедушко，сыну，брате，сетро 等）没有任何关系。因为 11 世纪后呼格在口语中开始消失，到 13 世纪已经完全消失。残存的呼格形式在乌克兰语中常使用，例如：Нiчего，друже！（Шевченко）但俄语中只用于一定的修辞目的：Чего тебе，надобно，старче？（Пушкин）

2.4 动词的时体

口语中有一种特殊的动词不变化形式，它与完成体动词第二人称单数命令式相同（常和 возьми 连用），表示过去突然发生的行为。例如：

① Да вот что: барин твой приказал мне отнести к его Дуне записочку, а я и позабудь (= позабыл), где Дуня-то его живет. (Пушкин)

② Положил я его на стол, чтобы ему операцию делать, он возьми и умри(= умер) у меня под хлороформом.(Чехов)

还有一种特殊的完成体过去时形式,大都由带后缀-нуть 的完成体动词构成,没有性、数的变化,在句中作谓语,表示突然、瞬间的行为,例如:

① Татьяна — ах, медведь — за ней.(Пушкин)

② А ночью он меня толк в бочок: «Марусь, Марусь, вот мама передать велела».(Нева)

某些表示运动的动词(пойти, побежать, поехать, полететь 等)的过去时可用来表示即将进行的行为,例如:— Я побежала. — Провожу.(Театр)

完成体过去时可用来表示现在时。例如:

① Куда вы пошли (= идете)? Куда? Я вас спрашиваю?

② Куда это ты потащил (= тащишь) ребенка?

③ Зачем ты поплыл (= плывешь) туда?

2.5 动词命令式

口语中单数第二人称命令式具有一系列转义用法,它能表示条件、让步、应该、禁止等意义,其形式固定,适用于各人称。

2.5.1 真实与非真实的条件意义

① А коснись самого, не так бы запел.(В. Шукшин)

(Если бы это тебя касалось, не так бы говорил.)

② А еще лучше — посиди здесь. Или, если вздумаешь погулять, — вот ключи.(С. Алешин)

(А еще лучше, если посидишь здесь.)

2.5.2 泛指、让步意义

① Убеждай его, не убеждай — как об стенку горох.(В. Шукшин)

(Сколько ни убеждай его, все напрасно.)

② Сколько его ни уговаривай — не согласится.(А. Васильева)

(Сколько бы его ни уговаривали, не согласится.)

2.5.3 应该、必需、不得不等情态意义

① Они ели-пили, а я убирай?(Театр)

② Он учитель, он и учи.(Н. Шведова)

2.5.4 禁止所述行为（完成体动词）

① Поговори мне еще！（А. Чехов）

（Замолчи！）

② Застрелю！Коснись этой женщины！（А. Н. Толстой ）

（Не смей коснуться этой женщины！）

2.6 **不定式**

口语中不定式使用得很广泛。许多生动简练的口语句子结构是由不定式构成的。苏联科学院 1970 年《现代俄语标准语语法》及 1980 年《俄语语法》均有描述，这里只介绍一些不定式作句中成分的情况。

2.6.1 不定式作谓语，说明事物的用途（与 чтобы 连用，但也可以省略），例如：Эта машина —（чтобы）снег убирать；Щетка —（чтобы）чистить платье.

2.6.2 不定式作定语，修饰表示具体事物的名称，说明该事物的用途，例如：У нее нет стола заниматься（ = стола для занятия）；Где здесь касса платить（ = касса для оплаты）？Щетка пальто чистить где лежит（ = щетка для чистки пальто）？

2.6.3 不定式在无拘束的口语中常用作接续成分，表示行为的目的，例如：Хозяйка, мне бы чашечку кофе. Согреться（Театр, 1981, №10）；Это подружка на минутку забежала. Поговорить（Там же）；И вообще, отдохнуть вам как следует надо, здоровье поправить.（Там же）

2.6.4 不定式作同位等价物（позиционный эквивалент）。1970 年《现代俄语标准语语法》指出，口语中不定式经常在 попросить покурить，раздобыть поесть 等词组中名词化，填补四格名词的句位，起同位等价物的作用①。例如：Я пока тут побуду, а ты принеси ему поесть（Театр, 1982, № 8）；Искал покурить（Нева, 1980, № 12）；Пашка сбегал домой, притащил им поесть, но никто есть не смог...（Юность, 1980, № 9）；Мне надо в кафе — поесть купить.（В. Суров）

2.7 **不变化词**

口语中涌现出一批不变化词。根据语法意义及句法功能，有的属于

---

① АН СССР, Грамматика современного русского литературного языка. М., 1970, стр. 623.

形容词,有的在人称句中起谓语的作用。泽姆斯卡娅称之为述谓词(предикативы)[①]。

2.7.1 不变化形容词

这类词是外来语,无形态变化,在句中直接依附于被说明的名词,有的后置,有的前置:платье беж(淡褐色的衣服),цвет хаки(茶褐色),костюм электрик(蓝灰色西服);авиапочта,аэровокзал,мини-юбка,микрорайон,телепередача,кинотовары 等。前置的形容词虽然和名词连写,但具有形容词的语法特征,故仍应看成独立的词,这点从下列句子中看得更为清楚:Они проходили через строй фото-, теле- и кинокорреспондентов...(Огонек)

2.7.2 述谓词

述谓词来源于代词、副词、感叹词,如 ничего,никуда,того,не очень,так себе,не ах,очень-очень,очень даже 等。泽姆斯卡娅指出,述谓词的句法功能是作人称句的谓语,这点不同于状态词。例如:Старик ничего(= довольно хороший),а бабка строгая,дерется все(Чехов);Погода — никуда(= плохая)(Ожегов);Он совсем того(= пьян)(Он же);Компания тю-тю(= исчезла)! Испарилась(Юность);— Сам-то он кто? По профессии? — Конструктор. Хороший,но не ах(= не превосходный)!(Нева);— Жень,ничего виноград,да? — Очень даже(= чудесный,прекрасный)(Е. Земская);— Голос у Наташи,честно говоря,не ай-яй-яй(= не восхитительный)(Театр).

许多述谓词的词义具有概括性,只有在语境中才能具体化。试比较 того 及 ничего 的词义:

① Он совсем того.(Ожегов)(= пьян)

② Дело-то,братец,того!(Он же)(= неважно)

③ Мы с ней того.(Е. Земская)(= поссорились)

④ Суп кажется того.(Она же)(= прокис)

⑤ — Он старый?

---

① Е. А. Земская,Русская разговорная речь: лингвистический анализ и проблемы обучения. М.,1987,стр. 97.

— Нет, ничего. (Чехов) (= нестарый)

⑥ И я заплачу...

— Я ничего. (Он же) (= не плачу)

⑦ Когда он болен, его раздражает музыка. Поди спроси. Если он ничего, то сыграю. (Он же) (= не возражает)

2.8 词气词

语气词和代词一样,是口语中相当活跃的词类。泽姆斯卡娅认为,语气词出现率高的原因与口语的对话性、表情性、无拘束性、无准备性等特点有联系①。对话是口语的主要形式,对话中的一问一答经常使用语气词,例如:① Ну, поехали? ② А зачем вы это делаете? ③ Да ты что? ④ — Согласны ли вы, Сергей? — Еще как! (Косом. правда) ⑤ — А вернешься, где будешь? — Дома! Где ж еще?! (Театр) 口语的无拘束性常通过语气词 что, что ли, а, как 表达出来:① Заснул, что ли, а? ② Ну как, согласен, а? ③ Что, устал, а? 语气词 даже, уже, куда там, что за, ну и 等常赋予口语各种表情色彩:① Сиди уж! Только приехал, куда тебе ехать. (О. Астахова) ② И что это за жизнь была! (Гарин) ③ — А Марье не лучше? — Где уж там лучше. (Куприн)

在无准备的口语中,当说话人找不到适当的词语时,语气词能起弥补停顿的作用:Что ж... раз пришли... ну... будьте ну... считайте себя гостем. (Л. Барлас)

语气词常常是口语句子结构的组成部分:① Вот голос так голос! Ехать так ехать. ② Это ли не счастье? ③ До шуток ли ему? ④ Как не согласиться? ⑤ Почему бы не уехать? 等。什维多娃在«Очерки по синтаксису русской разговорной речи»一书中用了将近一半的篇幅来分析带语气词的结构,由此可见语气词功能之大。

什维多娃指出,语气词离开一定的结构类型,就失去词义。她援引什利亚科夫(Н. В. Шляков)的话说,"只有在句中语气词才有自己的意义。我们曾说过,语气词的意义在于赋予言语一定的意味,而意味常常只有在上下文中才能体会到……" Шведова 举了以下例句:① Шел мимо, ду-

---

① Е. А. Земская, Русская разговорная речь: лингвистический анализ и проблемы обучения. М., 1987, стр. 91.

маю: дай зайду. ② Дай позатемняет, я тебя провожу. ③ Не ходи, дай я схожу. 例①中的 дай 表示"暗自下的决定",例②中的表示"要求等候或给予做某事的可能",例③中的表示"要求同意"[①]。语气词 дай 这些不同的意味和一定的句子结构联系在一起,离开了具体的句子,相应的意味就会失去。

综上所述,口语的词法特征大致可以归纳如下。

(1)口语的词法特征主要表现在词类和词形的出现频率和功能上。代词、动词、语气词、名词一格、不定式、命令式等出现频率高,具有多功能性。

(2)现代俄语有口语固有的词形,但为数不多。因此,就词形而言,口语的词法特征是不明显的。这说明俄语词法的稳定性。

(3)在口语中词类容易转化,因此,词类之间的界线不像书面语那样清晰。

(4)名词一格和不定式功能的扩大、不变化词的增加说明俄语中分析语的因素增多,词法逐渐趋向简化。许多语言的历史表明,词法有简化的趋势,语法的重心从词法转移到句法。看来,俄语的发展也是符合这一规律的。

---

① Н. Ю. Шведова, Очерки по синтаксису русской разговорной речи. М., 1960, стр. 97 – 98.

现代俄语口语的构词特征

俄语构词法的研究始于20世纪20年代。50年代初,维诺格拉多夫揭示了构词法作为独立学科的特征,但构词学的最后形成是在70年代。由于近二十年来大量新词在俄语中涌现,构词作为语言学的一门学科,愈来愈引起语言学家的兴趣和重视。在现阶段,构词不仅仅是语法学研究的对象,而且也是修辞学、口语学的研究对象。

口语是语言的源泉,许多新词产生于口语。往往一词出现后先在人们的口头流传,然后在口语这个锻造车间里经过千锤百炼,优胜者进入了标准语的词库,成为语言体系的一分子。因此,研究口语词的构成,分析口语词在形式、语义及功能上的特点,有着重要的理论和实践意义。

在口语构词中起重要作用的是语言的经济规律。此规律告诉我们,语言中使用频率最高的词也就是最短的词。这一点在口语里体现得十分明显。在日常生活谈话中,说话人为了方便起见,为了在有限的时间内交流更多的信息,常常把日常生活里经常使用的大词改造成为小词,如килограмм — кило,магнитофон — мафон 或 маг,телевизор — телик,баскетбол — баскет 等,把词组(多词名称)改造成为词(单词名称),如выходной день — выходной,сборная команда — сборная,вечерняя газета — вечерка,сгущенное молоко — сгущенка 等,从而形成了大词和小词、词组和词的同义序列。这是口语构词的一大特点。

除语言的经济规律外,口语的无拘束性、表情性也对构词产生积极的影响。我们不难发现,俄语里经常在中态词的基础上,通过增加词缀来生产新词。新生产的词从经济规律看并不"经济",因为增添了词缀,试比较:болото — болотина,брат — братуха,директор — директорша,但词缀赋予词以各种表情意味,这是口语构词的另一个特点。

在语言的经济规律以及口语的无拘束性、表情性等因素的积极作用下,形成了若干口语构词方法。这里我们归纳了4种:省略法、省略加缀法、截短法和词缀法。

1 省略法

省略法是指省略多词名称（词组“Adj + N”）中的名词，并使形容词转化为名词的方法。1980 年《俄语语法》称此法为省略型名词化（эллиптическая субстантивация）或形容词名词化（субстантивация прилагательных）。例如：педагогический институт — педагогический，кандидатская работа — кандидатская，горячее кушанье — горячее.

口语里此法系高能产型。新构成的词系口语词，跟相应的词组在语义上是等值的，前者是后者的语义凝缩（семантическая конденсация），两者是同义词。

新构成的口语词在性、数上与被省略的名词一致。

1.1 阳性名词：английский（язык），биологический（факультет），выходной（день），пассажирский（поезд），первый（секретарь），сборочный（цех），сорок первый（год），Большой，Малый（театр）。

① У меня одна подружка ездила поступать к вам в МГУ, на биологический.（Г. Полонский）

② Наташа! Я хотел спросить: вы почему пошли в педагогический?（Он же）

③ В сорок первом, под Волоколамском, из боя вытащила — вот и знакомы.（А. Кравцов）

④ Что нынче идет в Большом драматическом?（И. Дворецкий）

1.2 阴性名词：курсовая（работа），докторская（диссертация），передовая（статья），трехкомнатная（квартира），сборная（команда），Отечественная（война），Спортивная（станция），Пушкинская（улица）。

① Люди хоть сражались, восстания разные поднимали, в гражданской участвовали, в Отечественной…（В. Шукшин）

② У меня, например, была курсовая по Достоевскому.（Г. Полонский）

③ Можно уже сразу за вашу кандидатскую выпить и за докторскую — они не будут вымученные, они будут какие надо, это наперед видно.（Он же）

④ А ты в первую империалистическую какая была? (А. Соколова)

1.3 中性名词：белое(вино)，первое，второе(блюдо)，горячее，холодное(кушанье)，командировочное(удостоверение)，кондитерское(отделение)。

(1)Да что ты, Нюр, тут все его пьют, когда белого нет! (Б. Метальников)

(2)Садитесь! — предложила мать, подавая на стол горячее. (М. Горький)

1.4 复数名词：городские(жители)，майские，Октябрьские(праздники)，вольные(упражнения)。

① В прошлом году ты писала мне почти каждый день. А в этом — две открытки: к Октябрьским и на Новый год. (О. Сосин)

② Могу я, наконец, узнать, кто вы такие? Что городские — вижу. И не московские, не питерские — наши, сибирские... (Б. Кривошей)

由省略法构成的词，除部分收入词典外(如 выходной，горячее，сборная)，多半在人们口头中流传，系言语词，并依赖于一定的语境。例如：— Это наша «худшая», — с горечью говорит А. Реймер. — Здание старое — отсюда все трудности. (Учит. газ.) 这句话里的 худшая 根据上下文指的是 школьная столовая，但离开上下文就难以确定它的意义。在正式的言语中一般使用相应的多词名称，例如：К майским праздникам экипаж сейнера выполнил план 1985 года (Правда). 但报刊中，为了使报道简洁，常常使用名词化的形容词，标题尤其如此，例如：Ранний сев сорок четвертого (Учит. газ.); Победа сборной СССР (ВМ).

汉语里有类似构词现象，如“长途电话”叫“长途”，“高跟鞋”叫“高跟”。英语也有类似现象，如 daily newspaper 叫 daily，roast beef 叫 roast。

2 省略加缀法

省略加缀法是指在词组(多词名称)的基础上把一定的后缀加到一个要素的词干上，并省去其余要素而构成新词的方法。新构成的词在形式上和词组中的一个要素相同，在语义上却和整个词组等值，前者是后者语义上的凝缩，是紧缩的口语词。维诺格拉多娃称此法为“作为多词名称凝缩手段的后缀法”[①]。最常见的一种省略加缀法是：在词组“Adj + N”的基础上省略名词，再在形容词词干上加后缀-к（а），例如：комиссионный магазин — комиссионка，газированная вода — газировка，девятиэтажный дом — девятиэтажка，малометражная квартира — малометражка，спасательная станция — спасалка，водосточная труба — водосточка，электрический поезд — электричка，непрерывная рабочая неделя — непрерывка.

① А продукты в комиссионку не принимают，так что я уж приготовлю，и самих близких мы позовем.（Г. Полонский）

② В электричке она уткнулась в какую-то книжку，а мне сделалось скучно.（М. Шевченко）

③ И вообще положено，чтобы был на спасалке ночной матрос…（Г. Полонский）

④ А я вот сейчас… поднимусь по водосточке и увижу，есть вы или нет.（А. Лиханов）

由词组表示的多词专有名称也可用此法构成单词专有名称，例如：

«Вечерняя Москва» — «Вечерка»，«Комсомольская правда» — «Комсомолка»，«Литературная газета» — «Литературка».

① Почтальон начал складывать газеты прямо на полу. Беру «Вечерку».（Огонек）

② Назаров. Третье：день будет начинаться с газет，если вы не против. С «Правды»，«Комсомолки» и «Учительской» — попрошу их мне на стол.

Алина. А «Литературку» по средам не надо?（Г. Полонский）

除后缀-к（а）外，还有后缀-ашк（а），-ушк（а）。后缀-ашк（а）带有表爱、藐视的意味，如 доплатное письмо — доплатяшка，черный хлеб — черняшка；后缀-ушк（а）带有指小、表爱的意味：двухкопеечная монета — двушка，легковая автомашина — легковушка，раскладная кровать —

---

① В. Н. Виноградова，Стилистический аспект русского словообразования. М.，1984.

раскладушка, копченая рыбка — копчушка.

① Раскладушка есть, а мать у меня женщина спокойная.（Г. Полонский）

② Какие копчушки?!（Он же）

不少情况下，在同一个词组的基础上，既可以用省略法，也可以用省略加缀法构成口语词，例如：комиссионный магазин — комиссионный — комиссионка, курительная комната — курительная — курилка, нейтральная полоса — нейтральная — нейтралка, литейный цех — литейный — литейка 等。维诺格拉多娃称 комиссионный, курительная, нейтральная, литейный 为中间成分（средний член）。

带后缀-к（а）的紧缩词，由于词源不同，具有多义性，例如：времянка 有 временная лестница, временная железная печка, временное жилище, всякое временное строение, оборудование 等意义；летучка 有 летучий листок, летучее собрание, летучая военная почта 等意义；массовка 有 массовая экскурсия, массовая сцена, массовая газета 的意义；пожарка 有 пожарная лестница, пожарная машина, пожарная часть 的意义。

省略加缀法亦系高能产型构词法，口语里按此构词模式不断创造出新词来，如 комиссионка, лотерейка（лотерейный билет）, шестилетки（шестилетние дети）。新出现的词作为言语词先在人们的口头流传，经过时间考验，部分词被词典吸收，成为语言词，如 времянка, газировка, летучка, массовка, малолитражка, электричка 等。

带-ка 的紧缩词在报刊及文学作品中广泛使用。例如：

① Но трудно нам как раз во время двухнедельной «непрерывки».（Учит. газ.）

② В прошлом году, когда Минька, окончив десятилетку, ни с того ни с сего заявил, что едет учиться на артиста, они поругались.（В. Шукшин）

在话语片段中一般先用多词名称，然后使用紧缩词。例如：Реформа школы предусматривает обучение *шестилетних детей*. Около миллиона малышей уже сели за школьные парты в этом учебном году. Как они учатся? Как чувствуют себя в школе? С какими проблемами столкнутся работники просвещения в связи с приходом *шестилеток* в школу — об этом рассказывает наш специальный корреспондент（ЛГ）. 但标题往往先用紧缩词，后在正文中再用多词名称，以免误解，例如：

Как лечат *Третьяковку*

На здании всемирно известной *Третьяковской галереи* образовалась трещина. На место происшествия прибыли эксперты…（Известия）

3 截短法

截短法（способ «усечения»）是指通过截短词干把大词变成小词的办法，例如：диссертация — диссер，бутерброд — бутер，мединститут — мед. 名词和形容词均可用截短法产生短小的同义名词。此法亦系高能产型。

3.1 名词截短法

3.1.1 截去词干的一部分，例如：бадминтон — бад，диссертация — диссер，доктор — док，заведующий — зав，заместитель — зам，магнитофон — маг，помощник — пом，председатель — пред，трансформатор — транс，факультет — фак，специалист — спец.

① Илья. Кто хозяин — знаешь?

Вера. Зав овощной базой Акопян.（Н. Павлова）

② На фоне магов и транзисторов это какое-то доисторическое ископаемое.（В. Константинов）

③ Как дела，док? — бодро спросил он.（Юность）

有的小词原系书面缩略词，例如：хор（= хорошо），уд（= удовлетворительно），неуд（= неудовлетворительно），рэ（= рубль），член-корр（= член-корреспондент）等。

① Я уж не говорю про деньги — сорок рэ каждый месяц，и это она с нас еще по-божески…（А. Гребнев）

② А потом — член-корром，а потом академиком.（В. Константинов）

3.1.2 截去复合词的第二部分，例如：баскетбол — баскет，бутерброд — бутер，килограмм — кило，гидроплан — гидро，метеослужба — метео. 复合缩略词亦属此列：госэкзамены — госы，мединститут — мед，пединститут — пед，рацпредложения — рацы.

① Во мне весу восемьдесят кило. (В. Константинов, Б. Рацер)

② Диплом, госы — все это сложно. (В. Виноградова)

3.1.3 截去词干一部分,再加后缀,例如:велосипед — велик(вел + -ик),педагог — педик(пед + -ик),мультфильм — мультик (мульт + -ик),телевизор — телик(тел + -ик),фотоаппарат — фотик(фот + -ик), общежитие — общага (общ + -ага), стипендия — стипуха (стип + -уха).

① Что, вместо урока будем телик смотреть? (Г. Полонский)

② Сашка. А к тебе в общагу?!

Галина. Ну, нельзя! (Р. Солнцев)

③ Сейчас займем где-нибудь... Завтра стипуха. (В. Шукшин)

3.2 形容词截短法

3.2.1 截去形容词后缀或相当于后缀的部分构成名词,例如:наивный — наив(= наивность),примитивный — примитив(= примитивщина,примитивность),серьезный — серьез(= серьезность),экстремистский — экстрем(= экстремизм).

3.2.2 截短词组"Adj + N"中的形容词词干构成名词,例如:декретный отпуск — декрет,детективный рассказ — детектив,транзисторный приемник — транзистор,синхронный перевод — синхрон.

按截短法模式构成的小词,有的随着使用范围的扩大,使用频率上升,逐渐成为语言词,在语言体系中固定下来,如 зав,зам,кило 等,个别词成为中态词,如 метро,транзистор 等。

4 词缀法

省略法、省略加缀法及截短法纯系口语构词法。此外,口语里还用词缀法生产口语词。此法赋予词以口语的性质和各种主观评价意义。这里择要介绍一些口语里常用的词缀。

4.1 后缀-к (а) / -шк (а)

"名词 + -к (а) / -шк (а)"构成生产词的口语同义词,一般不附加任何意味,例如:жакет — жакетка,жилет — жилетка,кепи — кепка,тетрадь — тетрадка,картофель — картошка,окно — окошка.

① Сними пиджак, сядь... Жилетка, галстук, пиджак... Что ты за тип? (Г. Полонский)

② А как сядем, так будут горячая картошка и пельмени. (О. Сосин)

带-к (а) 的表人名词含有亲昵的意味(有时有点粗鲁),例如:папка, папашка, мамка, женка, дядька, первоклашка, Витька, Катька.

4.2 **后缀**-ин (а)

许多带-ин (а) 的名词是生产词的口语或俗语同义词,例如:болото — болотина, холст — холстина 等。表人名词还含有亲昵的意味:старик — старичина, молодец — молодчина 等。原先带表情色彩的词,加缀后表情性得到加强,如 дурак — дурачина, чудак — чудачина 等。

4.3 **后缀**-аг (а) / -уг (а)

带后缀-аг (а) / -уг (а) 的名词亦系生产词的口语或俗语同义词,含有爱抚、亲昵的意味(有时含不赞、讽刺的意味),如 вор — воряга — ворюга, молодец — молодчага, парень — парняга — парнюга; нахал — нахалюга, река — речуга 等。

① Лика — молодчага, не сидел сложа руки. (А. Абрамов)

② — Это он так написал?! — громко возмутилась Попова. — Нахалюга! Надо же! (В. Шукшин)

4.4 **后缀**-ух (а) / -ах (а) / -ох (а)

功能同后缀-ах (а), -ух (а), 如 комната — комнатуха, река — речуха, брат — братуха, сестра — сеструха, Илья — Илюха; птица — птаха, Лиза — Лизаха; правда — правдоха, Настя — Настёха 等。

① Танк твой, братуха, так и остался стоять вздыбленным на главной улице города. (Правда)

② Эй, Илюха! Арбуз нашел для тети Дуси? (Б. Кривошей)

4.5 **后缀**-ун

"动词 + -ун"构成的表人名词含有不赞、藐视的意味,如 болтун, врун, говорун, дремун, молчун, свистун, хвастун, хохотун, трясун 等。

① Его опять трясло. Прямо трясун какой-то! (В. Шукшин)

② И тоже молчун, вроде вас. (Б. Кривошей)

4.6 **后缀**-ак

"形容词 + -ак"构成表人的口语词,如 добряк, здоровяк, наивняк, пошляк, простак, слабак, чудак 等。

① Ну вот, сам признаешь, а плачешься. Слабак.（О. Сосин）

② Цибуля молодчина, здоровяк такой, лодку на себе тащил…（С. Воронин）

4.7 **后缀**-ыш

“形容词 + -ыш”构成的表人名词多半含有表爱或藐视的感情色彩，如 малыш, глупыш, дурныш, голыш, крепыш, коротыш 等。

① Ты, малыш, не бойся…（О. Сосин）

② Вот если Борька, гаденыш, придет, что делать будем?（В. Трунин）

4.8 **后缀**-ша

由“名词 + -ша”构成的名词表示：（1）女性，如 докторша, дирижерша, завша, кондукторша, лекторша, секретарша；（2）妻子，如 генеральша, капитанша, министерша, профессорша，其中有的也可表“女性”，但一般含有不赞或讽刺的意味，如 майорша, инженерша, директорша, капитанша 等。

① Стала она у Николая Николаича работать. Кандидатшей стала, ну это еще с диплома. Диплом у ней взяли прямо на кандидатку.（О. Сосин）

② Гидша лопочет бойко.（Е. Евтушенко）

4.9 **后缀**-ущ-

带后缀-ущ-的形容词表示显著的特征，如 большущий, здоровущий, богатющий, беднющий, длиннющий, кислющий, хитрющий, худющий 等。

① У меня к вам большущая просьба.（В. Константинов, Б. Рацер）

② Он до людей жаднющий.（А. Абрамов）

4.10 **后缀**-аст

由“名词（主要是表身体各部分的名词）+ -аст”构成的形容词表示显著的外部特征，并含有亲昵的意味，如 головастый, губастый, глазастый, зубастый, лобастый, скуластый, ушастый, щекастый 等。

4.11 **后缀**-ин / -ов

由“名词（主要是专有名词以及表亲属关系的名称）+ -ин /-ов”构成物主形容词，如 Колин, Васин, Сашин, Олин, папин, мамин, дядин, дедушкин；отцов，Олегов，Николаев 等。

① Есть лодочный мотор. Папочкин. Уже не новый, но…（А. Володин）

② Можно пока продать хоть дедушкину вазу с маркой «Фаберже».（Он же）

4.12 后缀-нича（ть）

由"名词或形容词 + -нича（ть）"构成的动词系口语或俗语词，如 лентяй — лентяйничать，сапожничать，плотничать，малодушничать，двуличничать，легкомысленничать；наивный — наивничать，жадничать，важничать，вредничать，серьезничать，нарядничать 等。

① А чего Светка секретничает！（Е. Маркова）

② Филипп смолоду был очень активен. Активно включился в новую жизнь, активничал с колхозами…（В. Шукшин）

4.13 前缀 + -ся

"前缀 + -ся"构成各种意义的表情动词，如 додуматься，доиграться，наработаться，наплаваться，загуляться，заработаться 等。

① Что, брат, доигрался？（В. Шукшин）

② Ты чего у меня напросилась — учиться или что？（О. Сосин）

4.14 前缀 по- + 性质形容词 + 后缀-ому

由"前缀 по- + 性质形容词 + 后缀-ому"构成的副词多半为口语词，如 по-тихому，по-хорошему，по-честному，по-простому，по-умному，по-взрослому，по-доброму 等。由不变化形容词生产的副词亦系口语词，如 по-его，по-ее，по-их。

① Мы добрые, если с нами по-доброму…（Б. Кривошей）

② — Ну, — сказал он, — последний раз по-хорошему вас прошу.（В. Трунин）

5 几点结论

（1）现代俄语口语构词在形式上具有省略性的特征。口语里倾向于把多词名称省略成为单词名称，把多音节的所谓大词省略成为单音节或较少音节的小词。

（2）现代俄语口语构词在语义上具有凝缩性的特征。书面语里由词组分散承担的语义,经过省略,集中到一个词上,即由单一的词承担词组的全部语义。

(3)口语构词的省略性、凝缩性是语言的经济规律作用的结果。由于口语里使用的词短小、紧缩,人们有可能在有限的时间内传递更多的信息。

(4) 俄语口语构词的另一个显著特征是词的表情性。中态词经过附加一定的词缀后,能获得无拘束的口语性质以及各种丰富多采的主观评价意义。人们用这些词来抒发感情,增强言语的表现力。

(5)人们在自己的言语活动中,按照口语构词模式,不断创造新词。新产生的词,作为言语词先在一部分人中间使用,随着使用范围的扩大及使用频率的增加,有的词在语言中固定了下来,成为语言体系中的一分子,即语言词。这类词多半是口语词或俗语词,但也有个别的词进入书面语。这些词失去口语的属性,变成了中态词。

(6)俄语、英语、汉语的口语构词有不少相同或相似之处,如省略法、截短法。这说明人们力图简化语言表达手段的心理是共同的。

(7)现代俄语里口语词的使用范围不仅限于日常生活谈话,报刊和文学作品为了使话语言简意赅、生动活泼,也常使用口语词。这里,从词的角度可以看到口语对书面语的积极作用。

俄语口语中对应词的省略问题

1 引言

苏联科学院1970年《现代俄语标准语语法》(以下简称《语法》),根据结构和语义的特征重新作了复合句的分类,把由对应词(соотносительное слово)和联系用语构成的主从复合句分为一类,定名为"代词对应句"(местоименно-соотносительные предложения)。代词对应句又分三小类,其中一类叫等同句(отождествительные предложения)。

代词对应句的必要结构成分是对应词(指示代词),副句填补对应词在词义上的内涵(而不是对应词的扩展),副句和对应词处于同一的句法位置。等同句是代词对应句中(最主要)的一种,其对应词和联系用语指的是同一事物或特征,但句中的事物或特征的实质并没有揭示出来,而只说明与事物或特征有关的,并相互联系的两种现象。例如:

① Что с возу упало, то пропало.

② Кто хочет, тот добьется.

③ Там, где раньше было болото, теперь огороды.

等同句根据对应词和联系用语的意义,分为事物等同句,地点等同句及限定等同句。各类中对应词和联系用语都有相应的对应关系。

1.1 事物等同句的对应关系:тот (та)… кто (что) 指人;тот (та)… что(指动物);тот (та)… чей(指人、动物);то… что(指非动物)。

变体有:каждый (всякий, любой, все, никто, кто-н., кто-то, кое-кто)…кто;всё (ничто, что-н., что-то, кое-что)… что 等。

1.2 地点等同句的对应关系:там… где (куда, откуда);туда… где (куда, откуда);оттуда… где (куда, откуда)。

变体有:здесь (везде, нигде, где-то)…где 等。

1.3 限定等同句的对应关系：так... как；такой... какой；таков... каков；столько... сколько 等。

本文试图阐述现代俄语口语等同句中对应词的省略问题。

2 对应词的省略问题

罗森塔尔(Д. Э. Розенталь)在描述口语的句法特点时指出，主句中有省略对应词(指示代词或副词)的现象，例如：Спросите кто стоит впереди(比较：Спросите того，кто стоит впереди)；Положите книгу где она лежала.(比较：Положите книгу туда，где она лежала.)作者把省略对应词视为一种口语的句法特征，但没有进一步阐明省略的条件①。

克留奇科夫(С. Е. Крючков)和马克西莫夫(Л. Ю. Максимов)在谈到对应词的省略问题时指出：如果对应词和联系用语的形式相同，而两个分句在句法上又对称，则可以省略对应词。例如：Кто ясно мыслит — ясно излагает (М. Горький). 代词 кто 和被省略的对应词 тот 都是第一格的形式，而主副句的结构又相同。但在 Кто научился мыслить，тому трудно веровать 这一句中，作者认为对应词 тому 是不能省略的，因为 кто 和 тому 格不一致，主副句结构也不相同：主句是单部句，而副句是双部句②。

作者还指出，对应词在主句中作谓语时，不能省略。克留奇科夫等这里指的可能是文语，但在口语中，我们认为省略对应词的情况远远超出上述范围。在无拘束的口语中，即使对应词和联系用语的格不一致，对应词也常被省略。例如：

① Если у тебя две рубашки，одну отдай у кого нет ее.(Театр)

② Спросите кто стоит впереди.(Розенталь)

例①中被省略的对应词 тому 是第三格的形式，联系用语 кого 是二格形式；主句为人称句，而副句为无人称句。例②中被省略的对应词 того 为四格，而联系用语为一格。

其次，等同句中对应词作谓语时，也有被省略的情况。例如：Она оставалась，какой всегда была(= Она оставалась такой，какой всегда бы-

---

① Д. Э. Розенталь，Практическая стилистика русского языка. М.，1974，стр. 61.

② С. Е. Крючков，Л. Ю. Максимов，Современный русский язык. Синтаксис сложного предложения. М.，1977，стр，74.

ла).[①]

克留奇科夫等又指出,等同句中有一种固定结构(несвободные конструкции),它的特征是:(1)副句位于主句之前,对应词和联系用语的相隔距离大;(2)主句中有语气词;(3)主副句结构对称,如 Чем ушибся, тем и лечись。作者认为,这种结构为生动的口语所固有,但没有指出这种结构是否可以省略对应词。

我们认为,上述结构确实是一种典型的口语结构,它广泛使用于谚语、民谣、诗歌中。例如:

① Кто весел — тот смеется.

② Что посеешь, то и пожнешь!

③ Откуда дождик — оттуда и снег.

④ Как аукнется, так и откликнется.

但在无拘束的口语中,对应词仍可省略。下面是我们在剧本中读到的例子:

① Да о чем толковать? Что было — было. (= Что было, то и было.)(С. Алешин)

② Что написано пером — не вырубишь топором (= Что написано пером, то не вырубишь топором.)(Театр)

可见,口语中对应词省略的范围很广。不仅在对应词和联系用语格相同的情况下可以省略对应词,而且在格不相同,句子不对称的情况下,或对应词作谓语时,或在固定结构中,对应词都可能被省略。

这样,是不是在任何情况下,对应词都可以省略呢?《语法》的作者作了肯定的回答。作者写道:“所有等同句都允许对应词的位置空缺,从而构成具有修辞色彩的等同句紧缩变体”。[②]这就是说,任何等同句均可省略对应词。但就标准语口语而言,我们认为,情况并不完全如此。事实上,在一些情况下,对应词是不省略的,或是不经常省略的。例如,对应词与 не 连用时一般就不省略:Я не тот, за кого вы меня принимаете. 又如,Но за тех, кого мы посылаем, должны ручаться.(Театр)这里把带

---

① АН СССР, Грамматика современная русского литературного языка. М., 1970, стр. 686.

② АН СССР, Грамматика современная русского литературного языка. М., 1970, стр. 686.

前置词的对应词 за тех 省掉，显然是费解的。再如，Поэт увидел на дне морском город, дома и у одного окна ту, кого давно искал 一句中把起同等成分作用的对应词省去，也会使对方莫明其妙。至于像 Что посеешь, то и пожнешь；Каков привет, таков и ответ；Куда иголка, туда и нитка 等这类结构对称的谚语，一般是不省略对应词的。因此，口语中不是任何情况下都可以省略等同句中的对应词。我们认为，多数情况下等同句中可以省略对应词，从而形成紧缩的口语句子结构，例如：Делаем что можем；Пусть будет что будет；У кого хотите спросите. 但也有一些情况对应词不省略或不经常省略。现将省略及一般不省略的情况大致分述如下。

3 省略对应词的情况

3.1 事物等同句中，如果对应词和联系用语的格一致，可省略对应词。例如：

① Кто там не был, нас не поймет.（Огонек）

② Кто хотел — курил.（Искусство кино）

③ А кто был против — поплатились.（Там же）

④ А которые остаются — пьют без памяти…（Искусство кино）

⑤ Даем, что можем.（Театр）

⑥ Ну что же, пусть будет что будет, а я не могу лгать.（С. Алешин）

⑦ Ты теперь добился, чего хотел.（В. Дудинцев）

⑧ Буду ждать и помогать ему, чем смогу.（Театр）

⑨ Что надо, утром купим.（Театр）

⑩ Да ты не стесняйся, говори. Что могу, готов сделать.（Огонек）

这种省略也出现于文语中，例如：Раздвинув ветки, Воська увидел, кого хотел, — Лену.（Б. Метальников）

3.2 事物等同句中，对应词与联系用语的格不一致时，在无拘束的口语中，对应词仍可省略。例如：

① А чего ты волнуешься? Позвонят еще. Кому надо — позвонят.（А. Гребнев）（省略 те）

② Если кому нечего делать, пускай бы сходил в деревню, бабам сено помог косить...(Огонек)(省略 тот)

③ Поезжай, поезжай, Сашенька. Возьми с собой, кто к тебе поближе живет, и с богом, голубчик.(Огонек)(省略 того)

④ Сейчас даже у кого хорошая фигура, не смотрятся, если полные.(Огонек)(省略 те)

⑤ Что мог Петька, не мог никто.(《语法》)(省略 того)

⑥ И вообще, что я делаю кроме уроков — тебе не все равно?(Театр)(省略 то)

3.3 副句起呼语作用时,不用对应词。例如:

① Кто пальто снял, проходите в зал!(Русская разговорная речь)

② Кому выходить, не толпитесь в проходе.(Там же)

③ Кто хочет на мое место — пожалуйста, милости просим!(Театр)

④ Еще раз напоминаю: кто хочет курить — давайте за дверь.(С. Алешин)

⑤ Кто за мое предложение, прошу поднять бокалы.(Театр)

3.4 地点等同句中的对应词可省略。例如:

① Ты был, новую школу где строят?(О. Крылова)(= Ты был там, где новую школу строят?)(省略 там)

② Мы поедем с тобой куда ты хочешь, мы все увидим!(Искусство кино)(省略 туда)

③ Через пять минут, под шумок умных разговоров, фигура уже заснула, где сидела.(Мамин-Сибиряк)(省略 там)

④ Я буду ждать, где условимся.(Искусство кино)(省略 там)

⑤ Встретимся, где мне удобнее.(Искусство кино)(省略 там)

⑥ Проходите, садитесь, где удобнее.(Молодой Ленинград)(省略 туда)

3.5 限定等同句中省略对应词。例如:

① А дальше поступай, как хочешь...(С. Алешин)(省略 так)

② Она оставалась, какой всегда была.(《语法》)(省略 такой)

3.6 副句中有 хочешь, полагается, придется 等一类词形时,往往省

略对应词,而联系用语的语法形式取决于它在句中的作用。这种紧缩的句法结构具有概括泛指意义(“任何的”)或某些情态意义。例如:

① На нашей улице к кому хочешь можно обратиться. (Комсом. правда)

② Вот и люби кого полагается. (А. Вампилов)

③ Работает кем придется — грузчиком, слесарем. (А. Балихин)

4 一般不省略对应词的情况

4.1 固定结构里一般不省略对应词,尤其在诗歌、民谣、谚语中更是如此。例如:

① Кто не работает, тот не ест.

② Чего боялись, то и случилось.

③ Каким был — таким и остался...

④ Каков привет, таков и ответ.

⑤ Куда иголка, туда и нитка.

⑥ Откуда ветер, оттуда и счастье.

应该指出,就是这种对称的固定结构有时也可以省去对应词,这时言语更加活泼、简练。例如:

① Да о чем толковать? Что было — было. А теперь прошу — не мучай ни себя, ни меня и уходи. (С. Алешин)

② А другой неторопливо, никого не удивляя, поднимается. Но уж чего достиг — достиг. (Он же)

③ Что написано пером — не вырубишь топором. (Театр)

④ Чего хотела — добилась. (Искусство кино)

⑤ Где росла ровная травка, ходили на привязи телята. (《语法》)

4.2 强调时对应词不省略。这时对应词前常使用 только, лишь, даже 等语气词。例如:

① Удовлетворен будет только тот, кто прав. (В. Дудинцев)

② Я говорю только то, что думаю, я ни от кого не завишу, зачем мне придумывать что-то, врать, потом опять придумывать дальше. Говорю, что думаю. (Театр)

例②中说话人为了强调,使用了对应词和语气词 только(Я говорю

только то, что думаю)，以后又重复了一遍（Говорю, что думаю），但不那样强调了，于是省去了对应词。

4.3 对应词前有否定语气词时，对应词一般不省略。例如：

① Шалы не тот, за кого он себя выдает.（Театр）

② Я не таков, каким кажусь с первого взгляда.（《语法》）

③ Сергей. Что ты видишь?

Мама. Чем вы занимались.

Сергей. Ну и чем? Чем?

Мама. Чего ты кричишь? Не тем, чем надо.（Театр）

4.4 对应词起同等成分作用时，一般不省略。例如：

① Поэт увидел на дне морском город, дома и у одного окна ту, кого давно искал.（Искусство кино）

② Забыли все: ты, я и даже те, кому было дано общественное поручение.（Молодежная эстрада）

③ А все эти годы — терзаться в поисках объяснений, переломать судьбы — свою и того, с кем сталкиваешься.（О. Жихарев）

4.5 带前置词的对应词，一般也不省略。例如：

① К тому, на кого жалуюсь!（В. Дудинцев）

② Я еще из тех, кто уступает, а не из тех, кому уступают.（Г. Скульский）

③ Анна. Чего лампу-то не зажгли?

Ждан. Керосин экономим… для тех, кому огонь понадобится.（Театр）

④ Мамы у тех будут, кто войну переживет.（Б. Васильев）

综上所述，关于口语中对应词的省略问题大致可以归纳为：

（1）等同句中省略对应词是口语的句法特征；

（2）口语中多数情况下可以省略对应词，从而形成紧缩的口语句子结构；

（3）在一些情况下（如有加强语气，与前置词连用或在固定结构中）对应词一般不省略。

试论口语词序的原则及其排列模式

1 概况

自从苏联语言学界引进捷克学者马泰休斯(В. Матезиус)关于实义切分的理论以来,俄语词序的研究进入了一个崭新的阶段。语法学家不仅研究俄语书面语词序,而且对口语词序也产生了浓厚的兴趣。60 年代中期,拉普捷娃在一篇全面论述口语特征的文章中就指出,句法结构成分排列的随意性是口语句法最典型的特点之一。她认为,在句子 И я всегда охапки вот такие привозила оттуда цветов 中,вот такие охапки цветов 的排列是受联想接续原则制约的①。1976 年,拉普捷娃在《俄语口语句法》里详尽地论述了口语词序的功能及其规律。她提出了口语词序的三条原则:(1)力求把信息量最大的成分置于句子的首位(或把其他信息量大的成分前置);(2)在语句的末尾补述信息上不重要的成分,语句最初的交际使命本来是不包括这一成分的;(3)重读与非重读环节的有节奏的交替②。据她观察,交际中心和重读环节有吻合的趋势,而非重读环节通常和交际环节最不重要的成分相吻合,因此,在非重读环节的范围内词序失去了自身的功能——既不表达实义切分,也不固定辅助成分的位置。拉普捷娃还具体研究了原则上和主位一格结构相接近的词序模式,如“修饰语 + 单一非述谓一致定语”中一致定语的相邻后置、间隔后置、间隔前置等排列;“被修饰语 + 单一非一致定语”中非一致定语的相邻前置、间隔前置、相邻后置、间隔后置等排列。虽然拉普捷娃只列出了部分词序模式,但为深入研究词序模式作出了积极的贡献。

---

① О. А. Лаптева, О некодифицированных сферах современного русского литературного языка. Вопросы языкознания, 1966, № 2, стр. 45.

② О. А. Лаптева, Русский разговорный синтаксис. М., 1976, стр. 184 – 240.

1973 年，苏联科学院俄语研究所的第一部口语学专著《俄语口语》问世。主编泽姆斯卡娅在“句法”一章中阐述了口语词序的特点。她指出，口语里句法上处于从属关系的词群内没有排列的固定性，任何词群内句法上联系着的要素可以作间隔排列[①]。泽姆斯卡娅就句法上联系着的两个要素的间隔排列的类型作了描述。这些类型如下。

1.1 名词 + 一致定语

(1)定语间隔前置，例如：*Высокому* всегда *человеку* легче живется.

(2)定语间隔后置，例如：*Языка* я *арабского* не знал.

1.2 副词 + 形容词或副词

(1)副词间隔前置，例如：*Очень* у него характер *тяжелый*；*Страшно* была эта история *запутанная*.

(2)副词间隔后置，例如：*Холодное* она надела пальтишко *очень*.

1.3 名词 + 从属名词

(1)从属名词间隔前置，例如：*Игоря* к нам собиралась приехать *мама*.

(2)从属名词间隔后置，例如：Много раз к нам обещала *сестра* приехать *Олега*.

1.4 数量数词 + 名词

(1)数词间隔前置，例如：*Три* давайте купим *килограмма*.

(2)数词间隔后置，例如：*Машины* подъехало *две* к нашему подъезду.

1.5 变位动词 + 从属不定式

(1)不定式间隔前置，例如：*Прийти* к нам он *собирался* пешком.

(2)不定式间隔后置，例如：*Хочу* я ему очень обо всем *написать*.

1.6 动词 + 被支配的名词

(1)名词间隔前置，例如：*Стол* он *купил* из красного дерева себе.

(2)名词间隔后置，例如：Японскую *принесла* она *грамматику*.

1.7 同位语

(1)在“名 + 父名 + 姓”的组合中，任何一个成分都可前置、后置，起确切、说明的作用，如 *Анна Петровна* стала хорошо *Иванова* одеваться；*Галя* приехала *Смирнова* из Еревана.

(2)其他同位语的间隔排列，例如：В *вагон* она ходила *ресторан* обе-

---

① Е. А. Земская (ред.), Русская разговорная речь. М., 1973, стр. 391.

дать.

泽姆斯卡娅的词序类型虽然没有涉及相邻排列,但描述的范围比拉普捷娃的要宽一些。

1980 年《俄语语法》把口语提高到了十分显著的地位。在"词序"一章中,作者科夫图诺娃(И. И. Ковтунова)专门阐述了口语词序的特点。她指出,在无拘束的口语里不存在句法部及其要素的固定中态排列,句法部通常不作为统一的整体出现①。科夫图诺娃描述了口语词序的三个特点:(1)句法上联系着的要素间隔排列,如 Надо *сухих* принести *листьев*;*Иванова Васильева* он взял *чемодан*;*Часы* он в этом магазине *новые* купил;*Трудную* он выбрал себе специальность *очень*;Она *очень* была настроена *враждебно*;(2)语调上强调的要素前置,如 *Плащ* голубой здесь висел;*Полку* эту повесили высоко очень;*Дождик* пошел;*Хороший* он человек;(3)按联想接续原则排列,如 В общежитие устроились в *студенческское*;Я пальто сняла. Жарко *потому что* очень было они все промокли *валенки*.

总之,近一二十年来各家的研究是卓有成效的。但由于口语词序是一个新的课题,不少问题有待进一步研讨,比如什么是口语词序的制约因素,什么是词序的原则,有哪些词序排列模式等。泽姆斯卡娅在《俄语口语》(1973)一书中列举了制约口语词序的各种因素:按联想接续原则一份份地传递信息;首先报道信息上重要的部分;主要用平行排列语言单位的方法,而不是依靠语法形式手段来表达意义联系;把语句组织成常常具有两个语调中心的语调上可分解的单位②。这些无疑是正确的,但作者没有区别什么是口语词序的制约因素,什么是口语词序的排列原则。拉普捷娃把重读与非重读环节的有节奏交替看成词序的原则也是欠妥的,因为说话的节奏性是词序的制约因素。科夫图诺娃把词序的间隔排列和重要要素前置、联想接续原则放在一个平面上也不妥当,因为两者不是一个平面上的东西。至于口语词序的排列模式,各家还没有列出比较完善的清单,而这点对外语教学恰恰是十分重要的。下面,我们准备在各家研究成果的基础上对上述问题谈谈一孔之见。

---

① АН СССР, Русская грамматика. Т. 2. М., 1980, стр. 208.

② РРР‒73, стр. 380.

2 口语词序的排列原则

通常认为，俄语的词序是自由的，而口语的词序尤为明显。其实，口语词序的自由性并不是没有限度的。现代语言学研究成果表明，口语词序并非某种个人的，个别的现象。口语词序作为一种言语现象，有着自己内在的规律。

词序的规律是受一系列语言的外部和内部因素制约的。由于制约因素不同，口语词序和书面语词序有着原则的区别。书面语词序是受句子的语法形式结构及实义切分制约的，因此书面语的词序规律通常是：主位在前，述位在后，如 Он / веселый；一致定语在被修饰的名词之前，非一致定语在被修饰名词之后；受动词支配的名词在动词之后；限定语在句首等。这是书面语的客观词序。在带有表情色彩的言语里，"主位—述位"这一客规词序可能被颠倒过来，即"述位—主位"，如 Веселый / он！这样的词序叫主观词序[①]。

和书面语词序不同，口语词序通常不受句子的语法结构形式和实义切分的制约。例如，*Высокому* всегда *человеку* легче живется；*Игоря* к нам собралась приехать *мама* 中词组 высокий человек 和 мама Игоря 的排列违反了正常的语法结构形式。又如，对问句 Когда приехал брат？口语里有几种回答：①Вчера；②Вчера приехал；③Брат вчера приехал；④Брат приехал вчера.[②]除④外，其他各句中的述位并不受"主位—述位"这一规律的制约，而④的排列（述位在句末）对口语并不典型。

那么，什么是口语词序的制约因素呢？口语词序的基本原则又是什么呢？首先，语言的外部因素对口语词序起着决定性的作用。这里，应该强调的是口语的无准备性、无拘束性以及思维的随意性。在无准备、无拘束的言语活动中，说话人没有时间思索，不能严格按标准语的规范来组织话语。西罗季妮娜说得好，口语词序的基本功能与其说是语法的，不如说是心理的[③]。这就是说，说话时词语是按照思维过程中出现的先后进行线性排列的。契诃夫的剧本《万尼亚舅舅》中玛丽娜的一段话是很说明问题的：（Раздумываясь.）Сколько？Дай бог память… Ты приехал сю-

---

① В. А. Белошапкова（ред.），Современный русский язык. М.，1981，стр. 503.

② О. Б. Сиротинина，Русская разговорная речь. М.，1983，стр. 46.

③ О. Б. Сиротинина，Русская разговорная речь. М.，1983，стр. 46.

да, в эти края… когда?.. Еще жива была Вера Петровна, сонечкина мать. Ты при ней к нам две зимы ездил… Ну значит, лет одиннадцать прошло.（Подумав.）А, может, и больше. 科夫图诺娃把这样的词序排列原则称为联想接续原则（принцип ассоциативного присоединения）,即词的序列适应于说话人意识中产生的概念的序列[①]。

按这个原则,两个句法上联系着的要素就可能出现多种排列方式。例如:Мне сегодня принесли интересную книгу 中的词组 интересную книгу 可有下列排列方式:*Книгу* мне сегодня принесли *интересную*;Сегодня *интересную* мне принесли *книгу*;Мне сегодня *книгу* принесли *интересную*;Принесли мне *книгу* сегодня *интересную* 等[②]。

疑问代词、连接词按此原则可能出现在任何句位上。例如:А жена *где* сейчас?（В. Шукшин）;Голова у тебя *где*?（Театр, 1980, №7）;［Принцесса:］Ну, почему люди так хотят разбогатеть?［Лиза:］Бедные *потому что*…（Театр, 1982, №9）; — Кто? — Тот ученый, помирал-то *который*.（В. Шукшин）

呼语的情况也相同,可以出现在任何位置上。例如:— Что, *Кать*? Рано еще…; — *Кать*, спой, я что-то не в голосе.（Искусство кино, 1986, №7）;Этого, *Миш*, я не понял. Я, *Миш*, это по радио слышал.（Театр, 1980, № 3）

还有,补充结构也是按联想接续原则来排列的,例如:Мы ее взяли недавно,*эту собачку*;Он к ней побежал,*к тетке*;Я посмотрю,что у нее в дипломе,*у этой девочки* .[③]

制约口语词序的另一个重要因素是语调。西罗季妮娜指出,口语语调的特点是重读音节和非重读音节的交替。通常句首词的响度大大超过句末词的响度,即使述位置于句末也是如此。口语里句子末尾被吞掉,几乎听不见。因此,口语里所有重要部分移向句首,因为末尾部分对接受来说是不可靠的[④]。拉普捷娃也曾指出,交际中心和重读环节有吻合的趋

---

① О. Б. Сиротинина, Лекции по синтаксису русского языка. М., 1980, стр. 129.

② АН СССР, Русская грамматика. Т. 2. М., 1980, стр. 208.

③ 本文未注明的例子选自 Земская 等的录音材料。

④ О. Б. Сиротинина, Русская разговорная речь. М., 1983, стр. 47.

势，而非重读环节通常和交际上最不重要的成分相吻合[1]。例如：

① Шнурков↓ у вас здесь нет↑ на первом этаже?

② Там никто↑ мной не интересу↑ется?

③ Здорово мы вчера играли!

④ Ни разу еще не варили, можно сварить.

这样，口语里形成了另一条词序原则，即信息上重要要素前置的原则。根据这条原则，口语里常常把述位置于句首，因为述位是交际中心，是信息上重要的部分。例如：*Очень чистое* / было платье; *Хлипкий* / он очень. 别洛沙普科娃（В. А. Белошапкова）认为，这样的排列对口语来说是中态的，相当于书面语的客观词序[2]。

信息上重要要素前置的原则在惯用句式（стереотипы）里是经常起作用的。说话人总是把重要的部分放到句首，然后再安排其他成分。比如，问路时往往把地名放到句首：*Улица Горького*, как пройти? *Кинотеатр «Уран»*, где сойти? 买书多半把书名或作者名放到句首："*Что делать*" Чернышевского есть у вас? *Гоголь* у вас есть в переводе на английский? *Методика географии* у вас есть? 买鞋常把号码放在前面：*Тридцать восьмой* есть сапоги? *Двадцать второй* вот эти красные ботинки есть? А *тридцать шестой* для мальчика что у вас есть на зиму? 等。

词组内部要素的排列有两种可能：一种是客观的排列，另一种是按重要要素前置的原则排列。试比较：

书面语	口语
крепкий чай	крепкий чай, чай крепкий
подружка Тамары	подружка Тамары, Тамары подружка
надеть плащ	надеть плащ, плащ надеть
захотел спать	захотел спать, спать захотел
страшно любить	страшно любить, любить страшно
ужасно усталый	ужасно усталый, усталый ужасно
очень странно	очень странно, странно очень

鉴于口语的无准备性、无拘束性、思维的随意性以及说话的节奏性是经常起作用的因素，由此产生的两条词序原则——联想接续原则及重要

① О. А. Лаптева, Русский разговорный синтаксис. М., 1976, стр. 194.

② В. А. Белошапкова (ред.), Современный русский язык. М., 1981, стр. 504.

要素前置的原则就成了口语词序的基本原则。

3 口语词序排列模式

根据口语词序的基本原则，句法上联系着的要素常常不能保持统一的整体，句法部的界线常常被破坏。但这并不说明，口语里不存在客观的词序模式。首先，根据主导词和从属词是否被其他成分隔开，可以区分出间隔排列和非间隔排列[①]。其次，根据从属词置于主导词之前还是之后，可区分出前置排列和后置排列。这样，句法上联系着的要素至少可以有4种基本的排列模式：(1)间隔前置排列，(2)间隔后置排列，(3)非间隔前置排列，(4)非间隔后置排列。

下面我们来具体分析句法部中词组要素的排列模式。这些词组是："一致定语 + 名词"，"名词 + 非一致定语"，"数量数词 + 名词"，"从属副词 + 形容词／副词"，"动词 + 从属名词"，"动词 + 从属不定式"，"副词 + 动词"。分析以从属要素的句位为出发点。

3.1 一致定语 + 名词

3.1.1 定语间隔前置排列。形容词前移，置于句子的绝对首位或偏前的句位。通常重读，是信息上重要的要素。例如：

① *Одесская* есть у вас *колбаса*?

② *Сегодняшняя* есть *Правда* у вас?

③ А *детская* где *литература*?

④ Очень *крепкий* должен быть *кофе*.

⑤ Мне *английский* дайте *замок* посмотреть.

⑥ Голос. Поздравляю с наступающим. Так сказать, с *Новым* тебя *годом*.

Она. С *новым* меня *счастьем*. (Э. Радзинский)

3.1.2 定语间隔后置排列。形容词移到名词偏后的弱位上，一般不带逻辑重音。例如：

① *Баночку* ты там мне *томатную* вскроешь.

② *Программа* есть у вас *телевизионная*?

③ Девушка, а *раскраски* есть *какие*?

---

① "非间隔排列"相当于苏联语言文献中的相邻排列(контактное расположение)。

④ Это вот кто на *анкету* должен *твою* ответить?

移到句子末尾的定语有时也可能是信息上重要的，并带有逻辑重音。例如：

① Скажите, *масло* у вас все *прибалтийское*? Да?

② Скажите, пожалуйста, *масло* у вас не *эстонское*?

③ *Силу* он в себе чуял *большую*. (В. Шукшин. И разыгрались же кони в поле)

④ А у самой зимнее *пальто* есть *хорошее*. (В. Шукшин. Мой зять украл машину дров!)

3.1.3 定语非间隔前置排列。这是口语和书面语共同使用的正常词序模式。这里不一一赘述。

3.1.4 定语非间隔后置排列。名词置于句首时要重读，加以强调，其他情况下不强调。名词和定语之间无停顿，音调平稳。定语非间隔后置在口语里使用得极为广泛，文学作品里也屡见不鲜，是典型的口语排列模式。例如：

① *Ножницы большие* у вас есть?

② Я *кусочек маленький* попробовал.

③ По семь *булочки мягкие* нет?

④ Что, нет *масла сливочного*?

⑤ Федя, Я люблю *людей скромных*. (Театр, 1983, № 7)

⑥ Тетя Наташа, у тебя не будет *ниточки черненькой*! (Б. Метальников. Отчий дом)

在词组"代词 + 形容词 + 名词"里，代词和形容词有两种排列模式。

(1)"代词 + 名词 + 形容词"，例如：

① Сюда, сюда. Вот к *этому* дому *большому*.

② Я ее встретила в магазине в Столешниковом с *каким-то* парнем *молодым*.

(2)"名词 + 代词 + 形容词"，例如：

① Я ведь и правда вспоминал улыбку *твою милую*. (Театр, 1979, № 11)

② Я пел, и мне даже деньги *какие то маленькие* платили, а время голодное было. (Театр, 1980, № 11)

③ Алеша, мальчик *мой дорогой*, сын мой, ты выжил! (С. Баруздин)

在这种排列模式中,名词和修饰语的关系不甚紧密,两者(事物及其特征)处于同样重要的地位。

3.2 **名词 + 非一致定语**

这里分析的是由名词及形容词比较级表达的非一致定语。

3.2.1 定语间隔前置排列。非一致定语及名词置于重读的句位,其他词置于非重读的句位。商店惯用句式(магазинные стереотипы)通常按此模式排列。例如:

① *За семь* есть *булочки*?

② *За пятнадцать* дайте *стаканчик* (о мороженом).

③ *Для восьмого* у вас есть *английский*, девушка?

④ У вас *для шерсти* темная какая-нибудь есть *краска*?

⑤ Скажите, *для деревянной мебели* нет у вас *жидкости*?

⑥ А *поярче* там нет *расцветочки*?

现代口语里,间隔的前置非一致定语的句位可能用一格形式来填补。这种填补常常发生在商店惯用句式中。例如:

① *Тридцать пятый* (размер) у вас есть эти *тапочки*?

② *Тридцать восьмой* (размер) есть *сапоги*?

3.2.2 定语间隔后置排列。后置的定语信息上不太重要,语调减弱,在句中起补充说明作用。例如:

① Много раз к нам обещала *сестра* приехать *Олега*.

② Когда *подружки* приедут *Тамары*?

③ Куда *сын* уезжает *Ивановых*?

④ Когда *шкаф* Вы купите *для книг*?

⑤ Девушка, скажите, *история* есть *для шестого класса*?

⑥ А *лимончики* есть у вас *покрупней*?

3.2.3 定语非间隔前置排列。定语是基本信息的负荷者,重读,而名词则不重读。例如:

① Дождемся *Жирмунского отзыва*.

② Надо было сходить на *Салина дачу*.

③ У тебя нет *черного шнура кусочек*?

④ *Тридцать девятый на меху ботинки* есть?

在现代口语里，非间隔的前置非一致定语的句位也可用一格来填补。例如：

① *Шекспир* «Гамлет» есть у вас?

② А *Евтушенко* сборник прошел у вас?

③ *Двадцать второй* (размер) тапочки, цвет вот для мальчика, подберите что-нибудь.

3.2.4 定语非间隔后置排列。这是口语和书面语共同使用的正常词序模式。

3.3 数量数词 + 名词

3.3.1 数词间隔前置排列。前置的数词(数量数词,不定量数词)通常重读,是述位,报道的数量信息[①]。例如：

① *Три* давайте купим *килограмма*.

② *Два* тебе сдавать *экзамена*.

③ Ты *два* купи круглых *хлеба*.

④ *Две*, пожалуйста, *редиски*.

⑤ *Три* мне *бумаги*, вот эти рулончики.

⑥ Очень *много* у меня было *цветов*.

3.3.2 数词间隔后置排列。后置的数词通常弱化,起补充信息的作用。例如：

① *Машины* подъехало *две* к нашему подъезду.

② *Итальяночки* молоденькие приходили *три* к нам в гости.

③ *Музыкантов* я очень *много* встречал.

④ Но *радости* они конечно очень *много* приносят.

3.3.3 数词非间隔前置排列。这是口语、书面语共同使用的模式。

3.3.4 数词非间隔后置排列。非间隔后置的数量数词有区分语义的功能,表示近似数。此模式在口语、书面语里均使用。例如：

① Ну там *комнат четыре*, *пять*, с балконом обязательно.

② Поэтому я наверно выйду знаешь *минут через пять* даже.

---

① РРР-73, стр. 389.

3.4 **从属副词 + 形容词或副词**

3.4.1 副词间隔前置排列。前置的从属副词重读。例如：

① *Страшно* была эта история *запутанная.*

② *Очень* тоже было *странно*, почему ему дали!?

③ *Очень* вчера было *холодно*?

④ Ну вот, мы, значит, шли по этим склонам, *очень* подниматься было *здорово.*

3.4.2 副词间隔后置排列。例如：

① Он какой-то *усталый* был *ужасно.*

② Конечно *редкий* случай *совершенно.*

3.4.3 副词非间隔前置排列。此模式系正常词序。

3.4.4 副词非间隔后置排列。后置的从属副词不重读。例如：

① Она *спокойная очень* была.

② *Милый очень* человечек, который нам преподавал французский язык.

③ А Николай Константиныч Дмитриев, он был тоже такой, *страстный совершенно*, вот такие дела.

④ Мы *часто очень* играли ...

3.5 **动词 + 从属名词**

3.5.1 名词间隔前置排列。例如：

① *Шею* давай еще как следует *помою.*

② *Голову* сама будешь *мыть*, Свет?

③ *Меня* это очень *заинтересовало.*

④ Ну слушай, расскажи, ты знаешь, я *тебя* тыщу лет ведь не *видела.*

⑤ З*а ними же* очень трудно *ухаживать.*

⑥ Девушка, вон ту *ножовочку* за девяносто копеек можно *посмотреть*?

3.5.2 名词间隔后置排列。例如：

① И я очень *любила* вообще *собак.*

② Да *выводили* мы *разные*! Флоксы очень красивые.

3.5.3 名词非间隔前置排列。置于句首的从属名词重读。此模式口语里使用得极为普遍。例如：

① *Костюм одень*, галстук, *туфли почисть*. (Искусство кино, 1987, №3)

② Значит, так. *Бульон вылей* в термос. (Театр, 1986, №10)

③ *Плащ* или *пальто одеваешь*?

④ Давай я *душ выключу* сейчас.

⑤ Ну пошли *чай пить*.

⑥ Вам *творожку положить*?

3.5.4 名词非间隔后置排列。此模式系正常词序。

3.6 动词 + 从属不定式

3.6.1 不定式间隔前置排列。例如：

① *Вцепиться* в меня *хочешь*? (Б. Васильев)

② Ты *поступать-то* в институт *думаешь*? (Юность, 1982, №4)

③ Вы ведь *работать* у нас *собираетесь*? (Искусство кино, 1986, №12)

④ Я искренне *помочь* тебе *хотел*. (Театр, 1984, №10)

3.6.2 不定式间隔后置排列。例如：

① *Хочу* ей (врачу) *показать* вот это.

② Что, ты *собираешься* билеты *продавать*?

3.6.3 不定式非间隔前置排列。例如：

① Давай, Свет, а то *спать хочется*.

② Нужно думать, вот я сейчас что-то *сделать хочу*.

3.6.4 不定式非间隔后置排列。此模式系正常词序。

3.7 从属副词 + 动词

3.7.1 副词间隔前置排列。前置的从属副词被强调，重读。

① *Очень* они *боялись* ваших запоров. (С. Михеенков)

② Я *очень* тебя *люблю*. (М. Рощин)

③ А так в общем *редко* даже в кино как-то *удается* ходить.

④ Ой, ну вообще мне *ужасно* вся эта окраска *нравится*.

3.7.2 副词间隔后置排列。例如：

① Я очень горюю, что я теперь *отстал* от рояля *совершенно*.

② Так и *записать* наверно можно *сразу*.

3.7.3 副词非间隔前置排列。此模式系正常词序。

3.7.4 副词非间隔后置排列。例如：

① Ты *оденься тепло*!

② Механик *ругается ужасно*.

③ Вы и... *пошли мужественно*?

④（Он）*любит страшно* в трубку говорить тоже с моими друзьями.

⑤ Ничего，ночь *прошла хорошо*.

⑥ У всех были билеты，вы их *держали судорожно* в руке.

4 几点结论

（1）口语词序和书面语词序有着原则的区别。书面语词序是受语法形式结构及实义切分制约的，而口语词序是受口语的无准备性、无拘束性、思维的随意性、说话的节奏性等因素制约的。

（2）在语言内部和外部因素的作用下，形成了两条基本的口语词序原则：联想接续原则和信息上的重要要素前置原则。

（3）在无拘束的口语里，句法部往往不能保持统一的整体，句法部的界线常常被打乱。

（4）根据口语词序的基本原则，句法部中的词组要素可有 4 种基本的排列模式：间隔前置排列，间隔后置排列，非间隔前置排列，非间隔后置排列。

（5）在这 4 种排列模式中，3 种是典型的口语模式，另一种是口语和书面语共同使用的模式。由此可见，口语词序具有高度的变异性。

Вроде 一词的演变

根据词典的记载，名词前置词 вроде 用作语气词的历史并不长，但在语言实践中，它却显示了极大的活力。

вроде 一词在 1935 年乌沙阔夫（Д. Н. Ушаков）主编的《俄语详解词典》里仅仅是一个名词前置词。1951 年苏联科学院编纂的《现代俄罗斯标准语词典》里仍作为前置词列条，同时指出该词可用作副词。显然，这是误解。这说明大词典的编者尚未充分认识该词的新功能。六年后，苏联科学院编纂的《俄语词典》（1957 年版）对 вроде 的功能作出了正确的判断：一是前置词，二是语气词。在语气词后面附有“俗语”的修辞标注。这说明，当时 вроде 作为语气词还不属于标准语的范畴。

近二十年来，俄语发展迅速，其中词汇的变化尤为显著。许多俗语词进人了操标准语的人的口语之中[①]。据笔者观察，вроде 作为语气词在日常生活交际中使用得极为广泛，它的出现率不低于 словно，как будто，кажется 等同义词。在七八十年代的戏剧、电影剧本中，вроде 一词俯拾即是。例如：

① Вроде ясно，кто вы такие.（Б. Кривошей）

② Дела у нас вроде наладились.（А. Гребнев）

③ Вроде дождь собирается.（В. Белов）

④ Вроде，радоваться надо，а нечему.（С. Автономов）

⑤ А вчера заведующая сказала，что она уволилась вроде…（Э. Володарский）

⑥ Петр Евграфович. А ты все поняла?

Варя. Вроде все.（С. Алешин）

⑦ Кленов. Ты с ума сошел，Еремеич.

---

① 见 С. Н. Ожегов《俄语词典》（1972 年）第九版前言。

Матвеев. Вроде нет.（О. Сосин）

⑧ — Ну, как там?.. Дома-то?

— Ничего вроде… А что?（В. Шукшин）

因此，泽姆斯卡娅把 вроде，вроде как 看成口语语气词，而把 как будто 看成典范语（кодифицированный язык）的语气词是完全正确的[①]。遗憾的是，1972 年、1982 年版的奥热果夫词典以及 1981 年苏联科学院《俄语词典》修订本仍保留着"俗语"的标注。显然，这是不符合 вроде 一词变化了的实际使用情况。

вроде 作为语气词，常常和 бы，как 连用，即 вроде бы，вроде как，它们和 будто бы，как будто，как будто бы 同义。例如：

① Мама вроде бы дома.（В. Белов）

② Ну что ж, перемена рода занятий ему полезна. Вроде как отдых.（В. Азерников）

③ Сильва. Не помешаю?

Макарская. Вроде бы нет.（А. Вампилов）

④ Да, помогать слабому вроде бы бессмысленно.（С. Алешин）

вроде 不仅在口语里，而且在现代文学及报刊里使用得也较为广泛，成了当前"时髦"的词儿。请看下面的例子：

① Потоптался старшина: вроде все сказал, вроде дал указания, вроде уходить надо, а ноги не шли.（Б. Васильев）

② Правда, в 1917 году, когда Алеша родился, сословия вроде бы были отменены…（С. Баруздин）

③ На меня стали коситься. Оно и понятно: все работают, а я вроде слежу за кем-то.（Известия, 25 августа 1983 г.）

④ Оно вроде и верно, если не учитывать особенностей пшеничного развития и особенностей здешней погоды.（Огонек, 1983, № 32）

⑤ Вроде грохот вокруг стал тише. И всполохов — меньше.（С. Баруздин）

---

① Е. А. Земская, Русская разговорная речь: лингвистический анализ и проблемы обучения. М., 1979, стр. 92.

也许由于 вроде 使用的广泛性，苏联科学院 1980 年《俄语语法》(第一卷)把该词视为典范语①。但是我们觉得文学作品和报刊里使用的 вроде 带有明显的口语色彩，是一种修辞手段，故视其为典范语似乎为时过早。

① АН СССР, Руссая грамматика. Т. 1. М., 1980, стр. 721.

俄语口语里简单句句位的填补

苏联科学院1980年《俄语语法》列出了简单句的全部自由结构模式。据我们分析,列出的模式中绝大部分属于中态模式,即口语和书面语共同使用的模式,其中只有一小部分是典型的或比较典型的口语模式,如N_1— Adv-o(Ложь — непростительно),N_2(Народов! Цветов!),N_2/N_4(Чаю! Врача!),N_1— N_2…(Друзья рядом;Деньги кстати),$Pron_{neg}$— lnf(Некому работать;Не о чем спорить)等。因此,就简单句的自由结构模式而言,口语和书面语无显著差别。可是,一旦模式进入正规体现时,两者就明显不同。对口语来说,不完全体现及句位填补的自由性是典型的。我们不难发现,在日常使用的语句里,不是模式的要素位空缺(比较:Дайте один билет в Москву 与 В Москву один),就是用非一般的形式来填补要素位(比较:Девушка красивая 与 Девушка — глаз не отвести)。

本文探讨的不是口语里简单句正规体现的全部,而只是其中的一部分,即主语和谓语位的填补问题。笔者试图从句位填补的角度来描述口语简单句的特征,说明口语规范的变异性。

简单句句位的填补有固定的语言形式。比如,在模式N_1— Adj_1 полн. ф. 里,主语位用名词一格形式填补,谓语位用形容词长尾一格形式填补。口语里这些固定的形式常常被非一般的形式所替代。试比较:Парень очень хороший;Парень что надо;Парень хоть куда;Парень — позавидуешь! 句中形容词 хороший 是一般的填补形式,而 что надо,хоть куда,позавидуешь 则是非一般的形式。用非一般的形式来替代一般的形式是口语语句的一大特色。

口语里句位填补虽有较大的自由性,但也有一定的限度。制约句位填补的因素有二:一是语义,二是模式。首先,替代的要素和被替代的要素必需在语义上相同[①],上例中,хороший 之所以能被 что надо,хоть куда,позавидуешь 等语言单位替代是因为它们的语义都是相同的——主体的述谓特征,对主体的品质进行评价。不然,替代是不可能的。其次,据我们观察,替代还与一定的结构模式有关。比如,不定式替代名词一般发生在 N_1—Vf,Нет — N_2 或扩展模式 N_1— Vf — N_4 中,例如:① Есть у тебя выпить?(А. Вампилов)② У тебя выпить нету?(В. Шукшин)③ Я принесла тебе поесть. И твоим ребятам. Бутерброды.(С. Алешин)

口语里填补句位的非一般形式有:非一般的词形、前置词短语、词组、熟语、换喻、述谓单位等。

1 主语位的填补

口语里名词一格的主语位可有下列填补形式:形容词比较级、不定式、前置词短语、"关系代词 + 不定式"、带 verbum finitum 的结构以及整个句子。

1.1 形容词比较级

口语里形容词比较级 помоложе,постарше 等可以用来填补 N_1—Vf 里的主语位,表示行为的主体。例如:

① А помоложе — это уже тебе не годится?(С. Алешин)(年轻一点的你就用不着了吗?)

② Есть поумнее тебя.(« Русская грамматика» , 1980)(有比你更聪明的人。)

③ Нашлись половчее.(Там же)(找到了一些比较机灵的人。)

1.2 不定式

表示具体行为意义的不定式,如 закурить,поесть,выпить 等,在 N_1— V_f 里常用来代替名词一格,填补主语位[②],谓语为动词 есть,имеется,найдется 等。例如:

① У вас есть закурить?(Юность, 1980, № 11)(您有抽的吗?)

---

① АН СССР, Русская грамматика. Т. 2. М., 1980, стр. 122.

② 在 N_1—V_f—N_4, Нет N_2 等模式里,不定式还可以替代要素 N_4, N_2, 例如:Я приготовила тебе поесть. Ты, наверное, голоден?(С. Алешин)(我给你准备了吃的。你大概饿了吧?)Закурить нету?(没有抽的吗?)

② Есть у тебя выпить? (А. Вампилов)(你有喝的吗?)

③ Закурить у кого найдется? (А. Миндадзе)(谁有抽的?)

1.3 **前置词短语**

前置词短语可用来表示人或物,填补 N_1— V_f, N_1— Adj_1 полн. ф. 等模式里的主语位。例如:

① Слушай, с усиками больше не учится, что ли? (留小胡子的〈青年〉是不是不再学习了?)

② В голубом пальтишке очень милая. (穿天蓝色大衣的〈姑娘〉很可爱。)

③ У вас есть от кашля? (您有治咳嗽的〈药〉吗?)

④ За восемнадцать свежий? (18 戈比的〈长形面包〉新鲜吗?)

⑤ А в стаканчике есть у вас? ① (纸杯〈冰激凌〉有吗?)

1.4 **关系代词 + 不定式**

在"关系代词 + 不定式"结构里,代词的形式受动词支配。该结构用事物的功能来称谓事物,如 чем писать 指"笔",чем стирать 指"肥皂、洗衣粉"等,并用来替代名词,填补 N_1— V_f 里的主语位②。例如:

① У тебя есть чем писать? (你有笔吗?)

② У тебя есть в чем спать? (你有睡觉穿的衣服吗?)

③ Есть куда цветы поставить? (有插花的东西吗?)

④ Есть чем закусить? (В. Шукшин)(有下酒的东西吗?)

1.5 **带 verbum finitum 的结构**

在这种结构里行为的主体不表达出来,动词的变位形式往往带有扩展语——行为的客体。此结构以行为来称谓人,在 N_1— Vf, N_1— N_1 等模式里可填补主语位。西罗季妮娜称之为"述谓性"主语(«предикативное» подлежащее)③。例如:

① Телеграммы разносит не приходила? (送电报的来过没有?)

② Напротив живет уехала в Крым. (对面住的到克里木去了。)

③ В мячик играет — это ваш внук? (玩皮球的是您的孙子吗?)

---

① 文中未注明出处的例子选自 Е. А. Земская 等的录音材料。

② 该结构还可以用来代替模式 N_1—V_f—N_4 里的要素 N_4,如 Возьми чем вытереться. (把擦身的东西带着。)

③ О. Б. Сиротинина, Русская разговорная речь. М., 1983, стр. 51.

④ Через веревочку прыгает — это ваша дочка?（跳绳的是您的女儿吗?）

1.6 整个句子

代词疑问句常常在 N_1— V_f, Inf — N_1, N_1— Adv-o, N_1— N_2 等模式里填补主语位,要素间常使用对应成分(коррелят)это。

① А что любит Надя — это кого-нибудь интересует?（С. Алешин)(娜佳喜欢什么,有谁感兴趣吗?)

② Зачем я встал, это мое дело.(С. Алешин)(我为什么起来,这是我的事。)

③ Что он хотел — это уже известно!（Театр, 1981, №1)(他要什么,已经知道了!)

④ Ну, кто ты есть — это не мне решать.(Там же)(至于你是谁,这不是我解决的事。)

⑤ Что ты сейчас сделаешь — это мне без удовольствия.(Театр, 1982, № 5)(你现在要干什么,我并不感兴趣。)

简短的陈述句也可以在 N_1— Adv-o, Inf — N_1 等模式里填补主语位,例如:

① Вот интересно — она с мужем целуется?（Я. Стельмах)(她跟丈夫接吻,有意思吗?)

② Я люблю лес — это странно; я не ем мяса — это тоже странно.(А. Чехов)(我喜欢森林,很奇怪;我不吃肉,也很奇怪。)

③ Кран течет — вроде бы пустяк, а сколько воды уже утекло?(Огонек, 1983, № 44)(龙头流水似乎是小事,可是多少水已经流掉了?)

2 谓语位的填补

口语里谓语位可用非一般的词形、述谓词、换喻、熟语、句子等单位来填补。

2.1 五格形式

在主谓句 N_1— N_1 里谓语位可用名词五格形式填补,替代一格形式。替代的名词在词汇上是受限制的,一般使用表示人的活动类别、职业、状态的词[①]。例如：

① Ну，сегодня совсем молодцом.（Л. Зорин）（今天真是好样的。）

② Я мастером тут.（И. Ракша）（这里我是〈玩牌的〉能手。）

③ Теперь Васька врачом в уезде.（М. Горький）（现在瓦西卡是县里的医生。）

④ Паромщиком он давно，с войны.（В. Шукшин）（从战争以来他早就是摆渡手了。）

2.2 **述谓词**

泽姆斯卡娅把一些由代词、副词及感叹词构成的词归纳成一类，叫评价述谓词（предикативы-оценки）[②]，如 того，так себе，очень даже，очень и очень，ничего，никуда 等。这些词常在主谓句里填补谓语位，对主体作积极或消极的评价。例如：

① Я кажется того.（我觉得有点不舒服。）

② Обед был так себе.（午饭马马虎虎。）

③ Виноград по-моему очень даже.（我觉得葡萄相当不错。）

④ — Как сердце?（"心脏怎么样？"）

— Сердце вроде ничего.（"心脏好像还可以。"）

2.3 **换喻**

换喻广泛用来替代主谓句 N_1— N_1 中的第二个要素，表示各行各业的人，有时使言语生动，诙谐。例如：

① Я Ростовский университет.（我是罗斯托夫大学的。）

② Он Исторический музей.（他是历史博物馆的。）

③ Мы — официальное учреждение и верить на слово не можем.（Театр，1979，№ 8）（我们是正式机关，不能轻信人言。）

④ Моя двоюродная сестра — проводница，а я — пищевой комплекс!（ИК，1983，№ 3）（我表姐妹是列车员，而我是食品综合体〈指饭馆服务员〉！）

2.4 **熟语**

在 N_1— Adj_1 полн. ф.，N_1— Vf，Praed 等模式里，谓语位或主要成

① Д. Э. Розенталь，Практическая стилистика русского языка. М.，1987，стр. 229.

② Е. А. Земская，Русская разговорная речь. Фонетика. Морфология. Лексика. Жест. М.，1983，стр. 87.

分位常由熟语填补，替代原来的形式。例如：

① Девушка — глаз не отвести.（А. Васильева）（姑娘长得真漂亮。）

② Впрочем，я ни бум-бум в этом деле.（А. Эфрос）（不过，我这方面一窍不通。）

③ Этот мужик — душа нараспашку.（П. Вершигора）（这个男士为人坦白直爽。）

④ Он вообще в последние дни сам не свой.（А. Арбузов）（近几天来他总是心神不定。）

⑤ Отец-то крестный — болеет，а тебе хоть бы что.（М. Горький）（教父病着，而你却无动于衷。）

2.5 整个句子

在 N_1— Adj_1 полн. ф. 模式里，常用句子来替代形容词，填补谓语位。句子一般不扩展。例如：

① Жених — мама с ложечки кормит！（А. Васильева）（新郎给妈妈娇养惯了！）

② Пейзаж — глаз не оторвешь.（«Русская грамматика»，1980）（景色迷人。）

③ А платье на ней — хуже не бывает.（Л. Юнина）（她身上的连衣裙最次不过了。）

④ Деревня без хозяев — заходи，живи，любой дом твой.（А. Миндадзе）（没有主人的乡村，随便什么地方都可以进去住，任何一栋房子都是你的。）

⑤ Смотри，какая ты красивая！Все еще будет в порядке. А ребенок — радоваться только！（Б. Шишаев）（瞧，你多么漂亮！一切还会好的。孩子又多么讨人喜欢！）

⑥ Экскаваторщик — один в поле не воин. Если не будем дружно работать с водителями，ничего хорошего не получится.（Доброе утро）（挖土机手不能独行其是。如果我们不跟司机齐心协力地工作，是不会干出好成绩来的。）

3 同义结构序列

在主要成分位的填补中，由于替代要素与被替代要素在语义上是等值的，从而形成了同义结构序列。例如：

① Есть люди поумнее тебя.

Есть поумнее тебя.

② У вас есть папироса?

У вас есть закурить?

③ Девушка в голубом пальто очень милая.

В голубом пальто очень милая.

④ У тебя есть ручка?

У тебя есть чем писать?

⑤ Разносчица телеграмм не приходила?

Телеграммы разносит не приходила?

⑥ Я мастер тут.

Я мастером тут.

⑦ Виноград очень вкусный.

Виноград очень даже.

⑧ Он из Исторического музея.

Он Исторический музей.

⑨ Я в этом деле ничего не понимаю.

Я в этом деле ни бум-бум.

⑩ Жених избалованный.

Жених — мама с ложечки кормит.

上述同义序列中第一句是中态的，第二句是口语固有的，其中不少带有表情色彩。

4 汉语里句位的填补问题

汉语语法研究尚未涉及句子结构模式及其正规体现等理论问题，而汉语口语又是一块未开垦的处女地。但据笔者观察，汉语里也有类似的句位填补现象。比如"英语系的教师来了没有？"这个句子，口语里有下列变体："英语系的来了没有？""英语系来了没有？""英语来了没有？"这些变体里主语位采用了非一般的填补形式："英语系的"、"英语系"、"英语"。"英语系的"是"的"字短语，"英语系"、"英语"是换喻，都是相当口语化的。又如，"文具部在什么地方？"口语里一般说："卖文具在什么地方？"这里动宾结构"卖文具"替代了名词"文具部"。

汉语里还可以用动词（短语）、形容词（短语）和主谓短语来充当主语，这点和俄语也是类似的。例如：

① 虚心使人进步，骄傲使人落后。

② 姑娘有点不好意思了，走也不是，坐也不是。

③ 他说话办事是极有分寸的。

④ 我这几天不休息没有关系。（《实用现代汉语语法》）

至于整个句子（S—P）作谓语，也是汉语的一个特点。例如："他头痛"；"我腿麻了"，句中"头痛"、"腿麻"是S—P结构，填补谓语位。值得注意的是，汉语里S—P并非口语固有的现象，此结构在书面语里也相当普遍。

口语里前置词的发展趋势

现代俄语口语里前置词的发展有两个趋势：使用率下降的趋势和作用扩大的趋势。这两个相互矛盾、相互对立的趋势推动着前置词的变化和发展。

1 前置词使用率下降的趋势

苏联著名语言学家维诺格拉多夫（В. В. Виноградов）在他的名著《俄语》一书里曾指出，19 世纪初分析性的前置词结构使用得愈来愈广泛，许多不带前置词的结构被前置词的结构所取代①。

半个世纪以来，特别是近二十年以来，这种分析语化的趋势有了新的发展。这就是：分析性的前置词结构愈来愈多地被另一种分析性的要素——无标记一格（немаркированный именительный падеж）所取代。这种现象拉普捷娃称为"一格扩张"（экспансия именительного падежа）②。由于一格常用来替代"前置词 + 名词"的结构，前置词的使用率出现了下降的趋势。

口语里被无标记一格替代的前置词结构有以下几种。

1.1 某些作谓语的前置词结构

① Он Ростовский университет.

② Вы какая школа?

③ Твое платье шелк или шерсть?

④ Эта чашка керамика.

按传统规范，上述各例中的谓语均应用"前置词 + 名词"的结构表达：

---

① В. В. Виноградов, Русский язык. М., 1947, стр. 695, 703.

② О. А. Лаптева, Русский разговорный синтаксис. М., 1976, стр. 160.

① Он из Ростовского университета.

② Вы из какой школы?

③ Твое платье из шелка или из шерсти?

④ Эта чашка из керамики.

1.2 某些从属于名词的前置词结构(非一致定语)

батон за двадцать копеек → батон двадцать; эскимо за одиннадцать копеек → эскимо одиннадцать; кухня в семь метров → кухня семь метров; стадо в сто голов → стадо сто голов; дистанция в тысячу метров → дистанция тысяча метров; волнение в девять баллов → волнение девять баллов; матч между США и Польшей → матч США — Польша; диалог между Бонном и Вашингтоном → диалог Вашингтон — Бонн; партия между Ивановым и Петровым → партия Иванов — Петров; плавание из реки в море → плавание «река — море».

1.3 某些从属于动词的前置词结构

在这种结构中,从属的一格一般前置,处于句首。例如:

① Метро сойдете?

② Улица Горького, как пройти?

③ Следующая выходите?

④ Какой этаж вы живете?

按传统规范,上述各例中从属于动词的词应是带前置词的间接格形式:

① У метро сойдете?

② На улицу Горького как пройти?

③ На следующей остановке выходите?

④ На каком этаже вы живете?

汉语口语里介词也常省略。在一定条件下,诸如"在、用、对、把、给、连、因、跟……一样"等介词都可以省去。例如:

① 咱们(在)院里走走。

② 我是(在)城市长大的。

③ (对于)好人好事要及时表扬。

④ (把)信递给我。

⑤ 再说一遍(给)我听听。

⑥（连）话也不敢多说。

2 前置词作用扩大的趋势

口语里前置词作用的扩大主要表现在前置词的重复使用，前置词结构用作称名单位，前置词的搭配范围以及前置词的独立使用等方面。

2.1 前置词的重复使用

口语研究工作者较早注意到前置词在口语里重复出现的现象。前置词的重复常常发生在"形容词 + 名词"的结构里，特别是当形容词后置时，重复尤为常见，这是典型的口语现象。例如：

① Боря, я к тебе в следующий раз *с* хной *со* своей приду.

② *На* коньках *на* фигурных какие-то есть у нее коньки.

③ Ты можешь разбавить вон, там есть *в* бутылке *в* большой.

④ — За чем эта очередь? — *За* кофточками *за* шерстяными.

前置词的重复在文学作品里也屡有所见。例如：

① *Что* за город *за* такой?（Юность, 1988, № 5）

② Или еще он сделал открытие: человек, помирая — *в* конце *в* самом, — так вдруг захочет жить, так обнадеется, так возрадуется какому-нибудь лекарству…（В. Шукшин）

③ Расцветали яблони и груши, Поплыли туманы над рекой, Выходила на берег Катюша, *На* высокий берег *на* крутой.（М. Исаковский）

④ В холодные зимы, в метели *У* той *у* далекой черты Солдат согревали шинели, Что сшила заботливо ты.（М. Исаковский）

2.2 前置词结构用作称名单位

口语里"前置词 + 名词"的结构常用作称名单位。这类名称的语义特点是从事物的某一特点来称谓事物，如用人的穿戴、长相等特点来称谓人。此结构在句中起主体、客体、呼语等作用。例如：

① *В очках* не проходил?

② Не люблю я *в голубом беретике*.

③ *С чемоданом*, не стойте в проходе.

④ *С санками*, не загораживайте дверь.

上例中，в очках 指 человек в очках，是行为主体；в голубом беретике 指 мальчик 或 девочка в голубом беретике，是行为的客体；с чемоданом 指 человек с чемоданом，с санками 指 дети（ребята 等）с санками，都是句中的呼语。

在城市惯用句式（городские стереотипы）里，常常用表示价格的结构"за（по）+ 数词"来称谓食品，如 за двадцать две（指 батон за двадцать две копейки），по семь（指 булочка по семь копеек），за двадцать восемь（指 шоколадное за двадцать восемь），по пятнадцать（指 сливочное по пятнадцать）等。例如：

① За восемнадцать свежий?（指面包）

② Дайте за двадцать восемь.（指冰激淋）

用"от + 表示疾病、人体部分或器官的名词"来称谓日常生活里常用的药品，如 от кашля，от гриппа，от простуды，от головы，от желудка，от сердца 等。

2.3 前置词搭配范围的扩大

口语里前置词可以跟不定式、副词、"前置词 + 名词"等组成前置词结构。

2.3.1 前置词 + 不定式

跟不定式搭配的前置词有：насчет，про，об，в，для，за 等。例如：

① Вы не забыли *про попить*?

② — Ты бы поспала!

— *Об поспать* и речи нет!

③ Галя пошла *за поесть*.

④ — Она（оппонентка）его может просто искусать.

— *Для искусать* нужны зубы，а у нее нет.

⑤ *Насчет выпить* не беспокойся. Все есть.（Б. Шишаев）

⑥ Я договорился в хозроте полка — и насчет заготовок，и *насчет пошить*.（Ю. Белаш）

前置词跟不定式搭配的现象，佩什科夫斯基（А. М. Пешковский）在《俄语句法的科学阐释》一书里已有记载：вместо гулять пойдем сниматься；насчет жить одному я вам уже писал в прошлом письме[1]。前置

① А. М. Пешковский, Русский синтаксис в научном освещении. М., 1956, стр. 130.

词之所以能跟不定式搭配,这与不定式的性质有关,因为不定式具有两重性:既有名词的特征,又有动词的特征。在“前置词 + 不定式”结构里,不定式体现了名词的特征。

汉语里也有一些介词能跟动词或动词短语搭配,如“通过学习加深了认识”,“趁有劲儿多干点活儿”。

2.3.2 前置词 + 副词

常跟前置词组合的副词有:сегодня, завтра, сейчас, потом, здесь, там, так, когда, почему 等。例如:

① А *на потом* что останется? (Нева, 1982, № 1)

② *На когда* примерку назначим? (Там же)

③ Пусть оплачивает мастеров, свою работу я закончу *за так*. Устраивает тебя? (О. Сосин)

在“前置词 + 副词”结构里,副词实际上起着名词的作用,因为在活的口语里任何词都可能用作名词。这点在下面的句子里看得很清楚:— Но почему, почему? — Без всяких «почему». (Нева, 1984, № 11)

“前置词 + 副词”在报刊里也常使用。例如:

① Окнами *в завтра*. (Учит. газета, 13 августа 1985)

② А старые помидоры, требовавшие немедленной обработки, оставили на *потом*. (Вечерняя Москва, 1 октября 1986)

2.3.3 前置词 +(前置词 + 名词)

口语里前置词还可以跟“前置词 + 名词”组合,如 до после каникул, о в гости 等。

① Ты оставь себя конфету *на после сна*.

② Можно взять книгу *до после каникул*.

③ Я не о конгрессе, я *о в гости*.

④ А. Надо будить. (о ребенке)

Б. Ну подожди *до без пятнадцати*.

А. Угу.

2.4 前置词独立使用

汉语里介词是不能独立使用的,即使在对话里也不可能。比如“这所房子朝南吗?”回答时不说“朝”,而说“朝南”。俄语里则不然,在一定的语境里,前置词可以独立使用。例如:

①（А. ищет что-то на столе）

Б. Ищи-ищи, не *на*, а *в*.

② — Положи книгу на стол.

— Я лучше *в*.

③ — У тебя это на столе хранится?

— Нет, *под*.

④ — Вы пьете с сахаром?

— Я? *Без*.

我们认为,前置词独立使用和语义有关。1980 年《俄语语法》指出,在任何情况下,前置词都有自己的词汇意义,区别仅仅在于抽象的程度不同,语义上“真空”的前置词是不存在的。与间接格相比,前置词表达的关系要明确得多,而且区别分明。由于词汇意义明确,前置词才有可能独立使用。也正因为如此,有的前置词,如 за, против 可用作谓语或名词：Кто за? Кто против? В этом деле есть свои за и свои против. [①]

---

① 文中未注明出处的例子选自 Е. А. Земская 等的录音材料。

俄语口语称名

19 世纪末,欧洲语言学界开始积极地研究概念的称名,从而建立了一门不同于词汇学的新学科——称名学(ономасиология)。当前,苏联语言学界也正在开展这一领域的研究。

称名学是一门研究如何用语言手段表达概念的学科。具体地说,它是一门如何给事物、行为、特征、数量起名的学科。词是基本的称名单位,在称名学中占重要的地位。称名的词类有名词、形容词、动词、副词、数词等,其中名词是主要的称名单位,因为名词除了给事物起名外,还能给行为、特征、状态、数量起名,而其他词类则不具备这样广泛的称名功能。

口语是操标准语的人,主要用口头形式(对话或独白),在非正式场合使用的无准备、无拘束的言语。口语的非正式性、无准备性、无拘束性以及交际的直接性对口语称名产生了巨大的影响,使口语称名在很大程度上不同于书面语称名。

俄语口语称名具有一系列对立性特征。从结构看,口语里存在着单词与非单词的对立。如果说书面语里的基本称名单位是词,而且主要是名词,那么口语里除词外,还广泛使用各种语法结构,即非单词称名。词与语法结构在口语称名中具有同样的价值。试比较:ваза(花瓶)—〈口语〉во что цветы поставить(插花的东西);полотенце(毛巾)—〈口语〉чем вытереться(擦的东西);точило(磨刀石)—〈口语〉что-нибудь ножи точить(磨刀的东西)。口语里 ваза 与 во что цветы поставить,полотенце 与 чем вытереться,точило 与 что-нибудь ножи точить 都有同样的价值,而语法结构称名是口语特有的。

从语义看,口语称名具有凝缩性与非凝缩性的对立。单词与语法结构称名一般是非凝缩的,但口语里常常把多词称名转换成单词称名,转换后的称名在语义上是凝缩的。试比较:электронно-вычислительная машина → машина(电子计算机);ателье мод → ателье(时装店);больничный лист → больничный（病历）；батон за восемнадцать → за восемнадцать（18 戈比的长形白面包）。用凝缩词称名是口语固有的又一特征。

从词义看，口语称名还有直义与转义的对立。转义是从直义利用比喻、换喻或功能转移等方法派生出来的。对口语来说，转义称名中换喻称名十分典型。试比较：нейлоновые чулки —〈口语〉нейлон（尼龙袜）；изделия из серебра —〈口语〉серебро（银器）；мужчина в шляпе —〈口语〉шляпа（戴帽的男子）等。

凝缩词称名的形成是由两个或两个以上的词合并而成的，所以这类称名具有辑合性（синкретизм）的特点。而语法结构称名恰恰相反，是由两个或两个以上的词按一定的语法规则构成的称名，所以它具有分解性（расчлененность）的特点。辑合性与分解性是矛盾对立的统一，两者贯串于整个口语称名体系之中，是口语称名的基本特征。

对立性特征使口语称名还具有另一个显著的特征，这就是变异性（вариативность）。试比较：батон за восемнадцать копеек — за восемнадцать — восемнадцать；точило — что-нибудь ножи точить — ножи точить 等。

直义、非凝缩单词称名一般在构词学中研究，这里不一一赘述。本文只分析口语特有的称名法——语法结构称名、凝缩词称名以及换喻称名。

1 语法结构称名

1.1 平行词复合①

语义上属于同类的两个名词或动词（后者较少）组合在一起，构成平行词复合称名，表示概括性的事物或行为。例如：вилки-ложки（食具、餐具），морковки-петрушки（青菜），чайники-кофейники（茶炊），блюда-тарелки（盘碟），пить-есть（吃喝）。

① Купи всякой морковки-петрушки.（各样青菜买一点。）

---

① 赵元任的术语。见《汉语口语语法》，商务印书馆 1979 年版，第 188 页。汉语里这类称名用得比俄语要广泛得多，如“风水”、“手脚”、“干净”、“热闹”、“招呼”。

② А мне пить-есть не хочется.[①]（我不想吃喝。）

1.2 **前置词短语**

在"名词 + 前置词短语"结构里，被说明词（名词）常常脱落，从而形成前置词短语称名，其中又分两类。

1.2.1 前置词 + 名词

该短语用来表示具有某种特征的人或物。试比较：парень в очках（戴眼镜的年轻人）—〈口语〉в очках（戴眼镜的）；девушка в голубом пальтишке（穿天蓝色大衣的姑娘）—〈口语〉в голубом пальтишке（穿天蓝色大衣的）；таблетки от кашля（止咳药片）—〈口语〉от кашля（止咳药）；пятновыводитель от вина（去酒污剂）—〈口语〉от вина（去酒污的东西）。

① Лена. А девчонка она здоровая. Пусть попробует, раз хочет.（列娜："姑娘身体健康。既然愿意，就让她试试。"）

Кленов. Нет, ради бога, мне нужны со средней школой.（О. Сосин）（克列诺夫："不，那不行，我需要中学程度的。"）

② От насморка дайте, пожалуйста.（我要治伤风的药。）

③ — Девушка, вот немецкие пятновыводители от вина у вас бывают?（"姑娘，你们这里有德国的去酒污剂吗？"）

— Нет, не было от вина.（"没有，去酒污剂没有来过。"）

1.2.2 前置词 + 数词

日常生活里常常用表示价格的结构"за（по） + 数词"给食品称名。这是一种在具体语境中的称名，离开语境语义就不明确了。试比较：батон за двадцать пять — за двадцать пять（25 戈比的长形白面包）；булочка по семь копеек — по семь（七戈比的小面包）。莫斯科的各种冰激凌均以价格称名。试比较：сливочное по пятнадцать копеек — по пятнадцать（15 戈比的奶油冰激凌）；шоколадное за двадцать копеек — за двадцать（20 戈比的巧克力冰激凌）。

① — Половину круглого и четыре за семь.（"要半个圆面包，四个七戈比的面包。"）

— За семь не очень свежие.（"七戈比的不太新鲜。"）

---

① 文中未注明出处的例句引自苏联科学院的两部著作：Русская разговорная речь（1973），Русская разговорная речь. Тексты.（1978）以及 Е. А. Земская 的 Русская разговорная речь: лингвистический анализ и проблемы обучения（1987）。

— Ну ладно.（“那就算了。”）

② — Два по девятнадцать.（“两个19戈比的冰激凌。”）

— Стаканчик, пачка?（“杯装的,还是盒装的?”）

— Стаканчик, стаканчик.（“杯装的,杯装的。”）

市郊火车票也以价格称名:Два за двадцать пять(两张25戈比的);Один за двадцать(一张20戈比的)。

“за(по) + 数词”还可以进一步简化,将前置词省略。例如:

① — Восемнадцать хороший?（“18戈比的面包新鲜吗?”）

—Утренний.（“早晨的。”）

② — Двадцать восемь.（“要28戈比的冰激凌。”）

— Одну, две?（“一盒,还是两盒?”）

— Одну.（“一盒。”）

1.2.3 что-нибудь + 前置词短语

此结构表示具有某种用途的不确定的事物,是一种较笼统的称名法。例如:

① Что-нибудь от сердца есть у вас?(你们这里有治心脏病的药吗?)

② Скажите, для чистки ванны есть у вас что-нибудь?(请问你们这里有刷洗浴盆的东西吗?)

1.2.4 что-нибудь + 不定式

此结构与“что-нибудь + 前置词短语”类似,不定式用来表示事物的用途。例如:

① А мебель чистить есть что-нибудь?(有擦家具的东西吗?)

② Ножи точить есть что?(有磨刀的东西吗?)

③ Галк, а там чего-нибудь перекусить нету.(加尔卡,那儿没有吃的吗?)

此结构中的что-нибудь可以省略。例如:

① А вот мухи брызгать есть у вас?(你们有喷灭苍蝇的东西吗?)

② Ванну чистить есть у вас?(你们有刷洗浴盆的东西吗?)

1.2.5 关系代词 + 不定式

此称名由关系代词和不定式构成,关系代词的格是由不定式决定的。这种称名是以事物的一般功能来给事物起名,但究竟什么事物,说话人没

有明确指出。如 чем писать 表示"笔",至于什么笔,对说话人来说并不重要。口语里广泛使用这种称名法。例如:

① Дай чем вытереться. (给一块毛巾什么的。)

② Есть у кого чем бутылку открыть? (谁有开瓶子的东西?)

③ Ну, давайте достанем в чем спать. (好吧,我们去买睡衣去。)

④ Во что цветы поставить в той комнате. (插花的瓶子在那间房间里。)

⑤ Купи не забудь чем стирать! (别忘了买洗衣的东西〈肥皂、洗衣粉〉!)

1.2.6 关系代词 + хочешь

此称名由关系代词和动词形式 хочешь, попало 或语气词 угодно 构成。例如:

① Она для меня что хочешь сделает. (А. Хмелик)(她任何事都能给我办到。)

② Во что хочешь поверю, только бы уехать вместе. (А. Арбузов)(我什么都信,只要一道去就行。)

③ И можете жаловаться на меня кому угодно! Хоть в милицию! (Б. Метальников)(您可以向任何人去控告我! 哪怕告到民警局去!)

1.2.7 关系代词 + надо

此称名由关系代词和状态词 надо, нужно 或动词 полагается, придется 等构成,具有应该、需要、不得不一类的情态意义,关系代词的格也是由句位决定的。例如:

① Ты же как-никак, а командир разведроты! Вот и посылай кого нужно в разведку. (Огонек, 1981, №40)(不管怎么样,你毕竟是侦察连长! 该派谁就派谁去侦察。)

② Вот и люби кого полагается. (А. Вампилов)(该爱谁就爱谁吧。)

③(Шукшин) Работает кем придется — грузчиком, слесарем. (А. Балихин)(〈舒克申〉碰上什么就做什么——当过装卸工、钳工。)

1.2.8 动词变位形式

在无拘束的口语里常常用动词变位形式(通常带表示行为客体的扩展语)作事物的名称,以行为特征来称谓人或物。这种称名通常位于句首，作句子的主语。西罗季妮娜称之为“述谓性”主语[①]。例如：

① Телеграммы разносит не приходила?（送电报的来过没有?）

② Поливает сегодня выходная да? Пыльно очень.（洒水车今天休息，是吗? 灰尘很多。）

③ Булочки продает перестала к нам ходить.（卖面包的不再到我们这里来了。）

述谓性主语后可以用代词重指，形成跟带主位一格结构相似的结构。试比较：

① Рядом живет, у нее недавно сын родился.（旁边住的那位，她不久前生了一个男孩。）

② Соседка, у нее недавно сын родился.（邻居，她不久前生了一个男孩。）

泽姆斯卡娅还把 Узнай кто в списке；Пойдем где школа；Приходи когда футбол 等句中的 в списке，где школа，когда футбол 视为称名单位。她认为，这些结构像分句，但与分句有区别，因为没有对应词 тот（кто），там（где），тогда[②]。我们认为，把有无对应词视为区分称名单位与述谓单位的依据是缺乏说服力的。在无拘束的口语里代词修饰句中的对应词经常省略，从而形式上变得紧缩，但分句的述谓性并不因此而消失。鉴于上述理由，我们没有把这类述谓结构作为称名单位来描述。

2 凝缩词称名

凝缩词称名是指由两个或两个以上的词构成的称名，通过一定的方式，缩减、合并成的简化称名。

2.1 凝缩名词

一些日常生活中常用的“形容词 + 名词”的称名中，形容词常常省略，久而久之，其语义转移到名词中，与名词的语义凝集在一起，从而形成了凝缩名词称名。试比较：повышенная температура — температура（发烧）；повышенное давление — давление（高血压）；минеральная вода — вода（矿泉水）；детский сад — сад 或 садик（幼儿园）；сахарный песок —

① О. Б. Сиротинина, Русская разговорная речь. М.,1983, стр. 51.

② Е. А. Земская, Русская разговорная речь: лингвистический анализ и проблемы обучения. М.,1987, стр. 56.

песок(砂糖);иностранный язык — язык(外语)等。

① У меня нет слуха.(我没有辨音的能力。)

② У Катеньки температура, врача вызывали.(卡坚卡发烧了,已请过大夫了。)

③ Что это за специалисты без языка?(不懂外语,这算什么专家?)

须指出的是,有的凝缩名词已经在语言中固定下来,成了语言现象,如 температура,давление,слух,вода,сад 等;有的词义还不固定,要在一定的语境中才显示出来。比如在"больной + 人体器官或部分名称"的组合中,больной 经常省略。试比较:больная голова — голова(头痛);больные ноги — ноги(有病的腿);больные зубы — зубы(病齿);больное сердце — сердце(心脏病)等。这些凝缩词与语境有密切联系,系言语现象。例如:

① — Софья Александровна почему в больнице?("索菲娅·亚历山德罗夫娜干吗住院了?"

— Ноги у нее.("她腿有毛病。")

② У отца носоглотка, а у мамы желудок. И у меня, пожалуйста, и то и другое.(父亲鼻咽有病,母亲胃有病,而我,可好,又是鼻咽病,又是胃病。)

属凝缩名词称名的还有词组"名词 + 名词"的紧缩形式。试比较:номер телефона — номер(电话号码);ателье мод — ателье(时装店);анализ крови — анализ(验血)。

口语里 мой номер,домашний номер,служебный номер 中的 номер 都表示"电话号码"的意思。例如:Ты Сережин служебный номер помнишь?(谢廖沙的办公电话号码你记得吗?)

2.2 名词化的形容词

在许多"形容词 + 名词"的多词称名中,名词常常脱落,形容词转化为名词。名词化的形容词仍保留着被说明词的性、数及其语义。试比较:красное вино — красное(红葡萄酒)〈中性〉;сладкое кушанье — сладкое(甜食)〈中性〉;снотворное средство — снотворное(安眠药)〈中性〉;открытое собрание — открытое(公开会议)〈中性〉;декретный отпуск — декретный(产假)〈阳性〉;Большой театр — Большой(大剧院)〈阳性〉;выходной день — выходной(休假日)〈阳性〉;вступительные экзамены — вступительные（入学考试）〈复数〉; университетские товарищи — университетские（大学同学）〈复数〉等。

莫斯科专门的食品商店是用食品名作为商店名称的，如 Мясо（肉类商店）; Молоко（乳制品商店）; Рыба（鱼类商店）; Колбасы（灌肠商店）等。但口语里莫斯科居民称这些商店为 мясной，молочный，овощной，рыбный，колбасный，即用名词化的形容词称名。

2.3 名词化代词

在"物主代词 + 名词"的词组里，名词常常脱落，物主代词转化为名词，作人的名称。试比较：мой муж — мой（我的丈夫），моя жена — моя（我的妻子），наши родители — наши（我们的父母）等。

① Привет，ба！А где мои？（Е. Зименко）（奶奶好！爸妈呢？）

② Но ты же мою знаешь — она белое любит.（П. Олев）（但你是了解我妻子的，她喜欢白的。）

2.4 动词凝缩称名

有些动词的惯用客体在口语里常常不体现出来，其语义凝集在动词之中，这就是动词凝缩称名[①]。常见的有：поступать（в учебное заведение）（入学）; окончить（учебное заведение）（毕业）; сдать（экзамен，зачет）（考试、考核及格）; писать（письмо）（写信）; посылать，присылать，получать（деньги）（寄出、寄来、收到钱）等。

① А Таня ваша уже окончила？（您的塔妮娅已经毕业了吗？）

② Ты сдавать будешь досрочно，нет？（你将提前考试，不是吗？）

③ — Дочка вам присылает？（"儿女给您寄钱吗？"）

— Аккуратно，не жалуюсь. И сын посылает，и дочка.（"按时寄，我没有什么不满的。儿子也寄，女儿也寄。"）

④ Я ему давно не писал.（我很久没有给他写信了。）[②]

3 换喻称名

换喻（метонимия）是指在外表或内在联系的基础上用一个事物的名

---

① Е. А. Земская，Русская разговорная речь：лингвистический анализ и проблемы обучения. М.，1987. стр. 64.

② писать 作"写信"讲时，需要说出受话人（кому），否则语义不明确。

称来表示另一事物[1]。比如,口语里用 капрон(卡普纶)来表示 капроновые чулки(卡普纶丝袜);шляпа(帽子)在一定语境中可用来表示 человек в шляпе(戴帽子的人)。换喻称名有下列几种类型。

3.1 以穿戴来指称人

① Вон синий халатик идет.(瞧,穿蓝色工作服的来了。)

② Я стою за синей сумкой.(我站在提蓝包的人后面。)

③ Впереди него стоял мужчина в шляпе, а впереди шляпы — полная женщина с крашеными губами.(В. Шукшин)(他前面站着一位戴帽子的男子,戴帽子的前面是一个胖胖的涂着口红的妇女。)

3.2 以行为的客体或活动地点指称人

如用 ухо-горло-нос(耳、喉、鼻)来指称耳鼻喉科大夫(врач отоларинголог),用 касса(收款处)来指称收款员(кассир,кассирша)。

① — Где у вас касса?(“你们收款的呢?”)

— Касса! Вас ждут.(“收款的,等着您呢!”)

② Какой ты к черту мужик? Мужик — который на земле живет, а ты город, мастеровщина.(Н. Погодин)(你算什么庄稼汉?庄稼汉住在乡下,而你是城里人,搞手艺的。)

3.3 以民族来指称教(或学)该民族语言的人

如用 англичане(英国人),французы(法国人)来指称教英语、法语的教师或学英语、法语的学生。

3.4 以材料指称该材料的制品

如针织毛料西服或大衣叫 джерси(毛针织物);氨纶地毯叫 поролон(聚氨脂纤维,氨纶),锦纶丝袜叫 капрон(卡普纶),铁制品(刀、叉、勺)叫 железка(小铁块)。

3.5 以国家名称指称该国制的商品

① — Это чьи туфли?(“这是哪国产的鞋子?”)

— Югославия.(“南斯拉夫的。”)

② — А эти сапожки детские чьи?(“这双儿童靴子是哪国产的?”)

— Это Австрия.(“这是奥地利的。”)

---

① Д. Э. Розенталь, М. А. Теленков, Словарь-справочник лингвистических терминов. М., 1986.

3.6 以作家的姓指称该作家的作品

① Скажите, пожалуйста, а Гранина не было у вас? (请问,你们这里格拉宁的作品没有来过?)

② — Пушкин есть у вас? ("你们有普希金的作品吗?")

— Стихи? ("诗吗?")

3.7 以名人的姓指称以他的名字命名的单位

试比较:Театр им. М. Н. Ермоловой — Ермолова(叶尔莫洛娃剧院);Театр Вахтангова — Вахтангов(瓦赫坦戈夫剧院);Госпиталь им. Н. Н. Бурденко — Бурденко(布尔坚科医院)。

① Он живет около Бурденко. (他住在布尔坚科医院附近。)

② Он в Вахтангове играет. (他在瓦赫坦戈夫剧院演戏。)

俄罗斯人的称呼

“称呼”是礼貌用语的重要组成部分，它不仅反映说话人对听话人的态度，反映人际关系，而且还反映语言的民族特色。如何使用才得体，是个重要的语用问题。

根据不同对象，称呼可分为两大类：对亲人、朋友、熟人的称呼和对陌生人或不熟悉的人的称呼。

1 对亲人、朋友、熟人的称呼

俄罗斯人习惯于用各种指小表爱的词（如 папочка，папуля，мамочка，мамуля，мамуся，мамусенька，сынок，сыночка，дочка，доченька 等）来称呼父母或儿女：Мамусь！Тебе долго еще печь？（Тексты）（妈！你还要烤很久吗？）Ну，по-моему，чего же обижаться，сынок？（Там же）（儿，我看，这有什么好生气的呢？）

俄罗斯人的名字变体极为丰富，如 Николай 是大名，其小名是 Коля，爱称是 Коленька，Колечка。长辈对晚辈大都用小名或爱称；兄弟姐妹之间、夫妻之间、朋友之间也大都以小名或爱称相称，例如：（同事间）Сядь，*Алеша*. Сейчас будет кофе.（Тексты）（阿廖沙，坐。咖啡一会儿就好）；（女友间）*Тань*，а сколько мне на костюмчик нужно？（Там же）（塔妮，做衣服我需要多少料子？）

俄语里没有伯伯、叔叔、舅舅、姑夫、姨夫（姨、姑、舅母、婶母）之分，统称 дядя（тетя）或“дядя（тетя）+ 小名”。例如：Мы，*дядя Ваня*，будем жить.（Чехов）（万尼亚舅舅，我们要活下去。）

福尔马诺夫斯卡娅（Н. И. Формановская）指出，交际过程中，如果说话人改变称呼，这表明他对受话人的态度发生了变化。如母亲对女儿说：*Женя*，вымой посуду.（叶妮娅，把碗碟洗一洗。）但女儿不听吩咐，过了一会儿母亲生气地说（这时已从小名改为大名）：*Евгения*，тебе сколько раз повторять? (叶夫根妮娅,需要给你重复多少回才行呀?)①再举一个笔者在电影剧本《私人生活》里看到的例子。主人公谢尔盖·尼基季奇前妻的女儿马林娜带着两个孩子回家来,开始时她称父亲为 отец(略带粗鲁意味):А почему ты дома, *отец*, что с тобой? (父亲,你为什么在家,你怎么啦?)以后,父女关系有了改善,她改称 папа:Что рассказывать? Старею, *папа*. Чувствую годы.(有什么好说的呢? 我老了,爸爸。上年纪了。)

汉语的情况也相同。《编辑部的故事》里戈玲平时称同事李东宝为"东宝",如"东宝,你误解牛大姐的意思了。"但严肃的时候,戈玲称他为"李东宝",例如:

戈玲(严肃地):李东宝,咱们一直是风雨同舟的好同事,仅此而已。

"名 + 父称"是对成年人尊敬的称呼,在正式场合使用,例如:День добрый, *Владимир Борисович*! С приездом вас! (А. Гельман)(弗拉基米尔·鲍里索维奇,您好! 欢迎您的到来!)在非正式场合,很熟的人可能互称名字,但对师长、对有地位、有身份的人士,总是以"名 + 父称"来称呼:Скажите, *Борис Матвеевич*, кто будет составлять сборник и редактировать? (Ю. Трифонов)(请问,鲍里斯·马特维耶维奇,谁来编集子和审订呢?)顺便须要指出的是,учитель, преподаватель, директор等词是不能用来称呼师长的。能用作呼语的词是 профессор,例如:*Профессор*, у меня вопрос! (教授,我有个问题!)

俄罗斯家庭里,儿媳也用"名 + 父称"的形式来称呼公婆。据伊尔库茨克大学语义学家卡舍夫斯卡娅(Ю. И. Кашевская)教授的意见,这样的称呼已成为规范,如(Б. 为儿媳,А. 为婆婆):Б. *Наталья Евгеньевна*, а вы не знаете, где его кубики эти? А. Да тут, Галя, были. (Тексты)("娜塔利娅·叶夫根耶夫娜,您知道他的积木在哪里?""加利娅,刚才在这里的。")当然,也有的家庭以 папа, мама 相称。

俗语里可以用父称来称呼对方。这样的称呼带有尊敬和亲昵的意味,一般在农村居民中使用,例如:А мы с тобой, *Матвеич*, счас на техдвор. (Б. Шишаев)(马特维伊奇,咱们这就去技术站。)Здорово, *Мак-*

① Н. И. Формановская, Русский речевой этикет и культура общения. М., 1989, стр. 105.

симыч, рад видеть.（А. Пинчук）（您好，马克西梅奇，很高兴见到您。）

亲密的朋友之间还可用姓来称呼。这样的称呼带有戏谑-讽刺的意味，例如：Куда, Васильев, бежить? В кино торопишься?（Е. Земская）?（瓦西里耶夫，你去哪里？急着去电影院？）如果上级以此来称呼下级，就显得粗暴：Ермаков, запиши адрес.（В. Дозорцев）（叶尔马科夫，把地址记下来。）— Павел Иванович, помогите, пожалуйста! Никак не дотянусь — высоко очень. — Некогда мне, Голубева, ерундой всякой заниматься, — грубо ответил Гаврилов.（Б. Цыганов）（“帕维尔·伊万诺维奇，请帮一下忙！我怎么也够不着，太高了。”“戈卢别娃，我没有时间干这些琐事，”加夫里洛夫粗暴地回答。）

2 对陌生人或不熟悉的人的称呼

口语里 молодой человек 和 девушка 广泛地用来称呼青年男女，例如：*Молодой человек*, уступите место.（А. Останин）（年轻人，请让一下位置。）Садитесь, *девушка*.（Он же）（小姐，请坐。）

девушка 的使用范围很广，它可用来称呼年轻的营业员、服务员，有时甚至对不太年轻的女子也可以这样称呼，例如：*Девушка*, будьте любезны, двести грамм томату.（Тексты）（小姐，请您称 200 克西红柿酱。）

мальчик 和 девочка 的单数形式可用来称呼不认识的孩子，例如：*Мальчик*, позови, пожалуйста, Наташу.（А. Останин）（小孩，请你叫一下娜塔莎。）复数形式既可以用来称呼不认识的人，也可以称呼熟人：Говорите громче, *девочки*, не стесняйтесь.（Он же）（姑娘们，你们说大声一点，不要害羞。）但是 мальчишка 和 девчонка 的单数形式不能用作呼语，因为两词带有表卑的意味。只有其复数形式才能用作呼语。无论对不认识的孩子，还是对认识的孩子都可以这样称呼，例如：Ой, *девчонки*, давайте закроем окна.（Он же）（来，姑娘们，我们把窗户关上。）

товарищ 一词曾经是广为使用的呼语，用来称呼认识或不认识的人。随着时代的变迁，此词已逐渐变成消极词，而替代它的词，如 господин（госпожа），日常生活里人们还不习惯。因此，出现了称呼上的空白。目前，俄罗斯社会上广为流行的一个词儿是 коллега（同行、同事、同仁），它不仅在专家学者间流行，而且还普及到各行各业。但此词毕竟受其语义的制约，只适用于同行，而且一般在正式场合使用。至于非同行如何称呼，有待实践来解决。

俄罗斯人还沿用过去对作家和演员的称呼，在正式场合用“名 + 姓”来称呼国家领导人和社会活动家，如 Борис Ельцин，Виктор Черномырдин 等。

当今，人们广泛地用 женщина，мужчина 来称呼不认识的成年男女，例如：*Женщина*，вы за мной！（Л. Граудина）（大婶，您在我后面！）［Мужчина：］*Женщины*，остановитесь！Зачем лавку затворяете — я еще пол-литра не купил. ［Лариса：］Восьмой час… Время вышло，гражданин.（А. Арбузов）（“娘儿们，停！你们为什么关店——我还有半升没有买呢。”“七点了……时间过了，公民。”）两词尽管起到了弥补空白的作用，但毕竟显得粗鲁，有文化的人是不习惯使用这种称呼的。福尔马诺夫斯卡娅教授曾和笔者谈起称呼的问题。她认为，俄语里曾使用过 сударыня 一词，用此词来称呼不认识的女子倒是很合适的，可惜现在人们还没有这样使用。

在某些职业领域里形成了一些专门的呼语，如称医生为 доктор，称护士为 сестра 或 девушка，称女护理为 нянечка，例如：Как мой папа，*доктор*？（С. Алешин）（大夫，我爸怎么样？）［Медсестра：］Вам укол. ［Прозоров：］Милая *девушка*… Опять？Куда？（Он же）（“给您打针。”“亲爱的小姐……又打针？打在什么地方？”）

俗语里 папаша，мамаша 用来称呼上了年纪的男女，例如：Садитесь，*мамаша*.（大娘，请坐。）*Папаша*，дай-ка мне почитать твою газету.（老大爷，让我看看你的报纸。）

俄罗斯人还用 бабушка，дедушка 来称呼农村里上了年纪的男女，而他们则用 сынок，дочка 来称呼年轻人，例如：— Садитесь，бабушка. — Спасибо，*доченька*.（“老大娘，请坐。”“谢谢，姑娘。”）

дядя，тетя（дяденька，тетенька）是孩子们称呼不认识的成年人的用语，例如：— *Дяденька*！Сколько время？（Е. Земская）（“叔叔，几点了？”）

反应词语:特征、类型及语用

对话是真正特殊的语言现象。
——雅库宾斯基

1 对话统一体

现代语法学已经超出句子的范围,开始对大于句子的话语片断进行研究。对话统一体就是话语片断的一种,是一个正在开拓的语言领域,是当前口语研究的重要课题。

口语的基本体裁是:独白(монолог)、对话(диалог)和多口对话(полилог),其中对话是主要的,基本的。所谓对话,是指由两个交谈者进行的言语活动。交谈者既是说话人,又是听话人,两者在言语过程中互换角色。说话人向听话人发问,提出请求或报道信息,接着听话人对说话人的话语作出这样或那样的反应。语言学里称前者为刺激对语(реплика-стимул),后者为反应对语(реплика-реакция)。两者构成一个言语整体,叫对话统一体(диалогическое единство)。统一体内刺激对语跟反应对语在形式和意义上总是紧密联系着的,例如:[Валя:]Хочешь, пойду с тобой? [Старушка:] Спасибо, Валя, не надо. (С. Алешин)("你想我跟你去吗?""谢谢,瓦利娅,不用。")

对话里说话人常用问句作为刺激对语。一问一答是典型的对话形式。此外,充当刺激对语的还有陈述句和祈使句。例如:[Олег:] Сессия на носу. [Кирилл:]В том-то и дело. (А. Гребнев)("会议临近了。""问题就在这里。")[Еремеев:] Она придет, ей отдай. [Кашкина:] Ну-ну, хорошо. (А. Вампилов)("她来时,交给她。""行,好吧。")

反应对语在语境的作用下,其结构多半是不完整的,省略的地方很多,例如:— Колька-то с какого года? — С двадцатого. (В. Шукшин)("科尔卡是哪年生的?""二零年。")

说话人还经常用现成的套语对前面的话语作出反应。套话是多种多样的，本文探讨的反应词语就是其中之一，它是套语中最常用、最典型的一种。

2 反应词语的特征

反应词语（релятивы）是语言学家近期在口语研究中发现的一种新的语言单位，它在语法和语义上均具有自己的特征。这些特征足以使它成为独立的单位。但是，目前语言学界对反应词语的归属问题尚无一致的意见。

著名口语学家泽姆斯卡娅把反应词语看成一种口语特有的词类。她在《俄语口语：语言分析与教学问题》一书里区分出三类口语不变化词类：分析性形容词、述谓词和反应词语[①]。而另一位致力于口语研究的语言学家西罗季妮娜则认为，那些在言语中用来对交谈者的话语或环境作出反应的词，在形态方面是各式各样的（привет，до свидания，здравствуй，да，нет，разумеется，еще чего，ну и ну 等）。也许，不应该把所有这些词归纳成一个词法类。但考虑到它们的特殊句法功能，把这些词放在同一个类别里来研究是合理的，况且其中有的词也具有相同的词法特征和共同的表示"同意-不同意"的意义[②]。以后，她在《俄语句法讲义》里明确提出，反应词语是一种交际-句法单位（коммуникативно-синтаксическая единица）。她认为，句子是最重要的，但并不是唯一的交际-句法单位。除句子之外，还有其他交际单位。反应词语就是其中之一[③]。

反应词语是词类还是什么别的语言单位，是一个值得探讨的理论问题。但重要的是，弄清它们的性质和特点。

首先，从词源来看，反应词语中有的来自实词（Привет；Всего хорошего；Ничего；Хорошо；Здравствуй；Скажешь тоже！），有的来自虚词（Ну！Ишь ты！），有的来自熟语（Еще чего！Как бы не так！Ни пуха ни пера！）。

从句法结构看，反应词语中有的是词或词形（Привет；Здравствуй），

---

① Е. А. Земская, Русская разговорная речь: лингвистический анализ и проблемы обучения. М., 1979, стр. 97.

② О. Б. Сиротинина, Современная разговорная речь и ее особенности. М., 1974, стр. 78.

③ О. Б. Сиротинина, Лекции по синтаксису русского языка. М., 1980, стр. 93–94.

有的是词组或词的组合(Большое спасибо;Всего хорошего;Ну и ну!)。西罗季妮娜甚至把 Вот мельница 这样的指示句也看成反应词语[①]。不过,不应把反应词语跟句子等同起来。前者不具备句子模式的特点:不能进行句位填补,没有句子的形式变化,不能切分。虽然可以跟句子连用,但不是句子的结构要素。例如:Спасибо, я поел недавно (В. Шукшин).(谢谢,我刚吃过。)这个语句里,感谢词 спасибо 只起繁化句子的作用,并不进入模式。

笔者认为,反应词语具有惯用法的性质,它们的组成成分和组成方式都是相对固定的,任何人无法,也无须把它们加以改变。例如,Доброе утро;Здравствуй;Не скажи;С удовольствием;В том-то и дело;Ничего подобного;Всего хорошего;Ни пуха ни пера;Ну и ну 等都是固定的或相对固定的,而且其中不少是熟语,更无法用现行的语法规则来解释。有的反应词语,如 Всего хорошего 可以理解为 Желаю вам всего хорошего 的省略,但作为告别用语亦已固定。虽然某些反应词语可以扩展,如 Спасибо 可扩展为:Большое спасибо;Спасибо вам;Большое вам спасибо;Спасибо вам за помощь 等,但这些词为数有限,而且扩展后,спасибо 的词形仍没有改变。因此,反应词语可以看成一种惯用语。

从句法功能看,反应词语在对话统一体内充当反应对语的一个组成部分或单独作为反应对语使用。例如:

① — Дима... Можно, я буду писать тебе? (“季马……我可以给你写信吗?”)

— *Конечно*, Валя. Я тебе тоже напишу. (Ю. Трифонов)(“当然咯,瓦利娅。我也给你写。”)

② — Паша, иди завтракать! (“帕沙,来吃早饭!”)

— *Спасибо*, иду! (Б. Метальников)(“谢谢,来了!”)

③ — Не повезло мужику...(“男士不走运……”)

— *Еще как*!..(А. Молчанов)(“可不是!……”)

④ Катя. Хочешь, я тебе одну песенку спою? Только ты не смотри на меня.(卡佳:“你想不想我给你唱一首歌?只是你不要看我。”)

Сергей. *Хорошо*.(И. Соболев)(谢尔盖:“好的。”)

---

① О. Б. Сиротинина, Лекции по синтаксису русского языка. М., 1980, стр. 94.

⑤ Гончаров. Смотри не влюбись.（冈察洛夫："当心别堕入情网。"）

Зина. *Да ну*...（С. Алешин）（齐娜："得啦吧……"）

例①②中的 конечно，спасибо 是反应对语的组成部分；例③④⑤中的 еще как，хорошо，да ну 单独作为反应对语使用。应该指出，对话统一体内反应词语单独使用的情况是很多的。

"反应"有两种情况：一是说话人对前一话语的反应，例如：— Холод собачий. — *Да*, холод.（А. Гребнев）（"天冷得真够瞧的。""是的，很冷。"）二是对环境的反应，例如：— *Приятного аппетита*! — сказал Пашка. — Садись с нами, — пригласил хозяин. — Спасибо.（В. Шукшин）（"祝你们胃口好！"帕什卡说。"坐下来跟我们一起吃吧。"主人邀请道。"谢谢。"）Приятного аппетита 是帕什卡对吃饭这一情景的反应。

从语义看，反应词语用来传递说话人的主观信息。这种信息表现为：说话人对前一话语的肯定或否定，同意或不同意，对话语或环境的评价及情感的流露，说话人的追问、命令、请求、问候、祝愿、告别、感谢等。反应词语的含义跟语境直接有关，只有在一定的语境里才能明确。如 Еще чего！的概括意义是"否定"，但在不同的语境里它的含义是不同的。试比较：

① — Устали?（"您累了吗？"）

— *Еще чего*!（Б. Васильев）（"不累！"）

② — Ты с ученым спала когда-нибудь?（"你曾经跟科学家睡过觉？"）

— *Еще чего*!..（В. Шукшин）（"没有的事！……"）

总之，反应词语是惯用语的一种，其结构相对固定，不能切分。它们在对话统一体中充当反应对语，表示说话人对前一话语或环境的反应，传递说话人的主观信息。

3 反应词语的类型

根据上述语义，反应词语大致可以分为以下几种类型（例词以无拘束的口语词为主，同时也附一些中态词）。

3.1 表示肯定、同意的词语

如 Ну да；Ну да-да；Ага（俗语）；Угу（俗语）；Так；Ладно；Идет（俗语）；Ясное дело；Давай（含亲昵的意味），Так верно；Ну, конечно；Можно；Точно；Пусть；Пожалуй；Вот именно；Еще бы；Еще как；Как же；Ну как же；А то（俗语）！Само собой；Что же（含迁就的意味）；Ну что же；Вот это да；В том-то и дело 等。中态词语，如 Хорошо；Да хорошо！Решено！Значит，решено；С радостью；С удовольствием 等。

① В. Что，обедать？（"怎么，吃午饭吗？"）

А. *Ну да*.（Тексты）（"是的。"）

② А. Пошла.（"我走了。"）

В. *Угу*.（Там же）（"嗯。"）

③ А. Давай завтра на дачу двинем！（"明天我们到别墅去吧！"）

Б. *Идет*！（Е. Земская）（"行！"）

④ Нина Петровна. А вы уверены，что это ваш отец，Ира？（妮娜·彼得洛夫娜："伊拉，您确信这是您的父亲？"）

Ира. *А то*！（Г. Соколова）（伊拉："那还用说！"）

3.2 **表示否定、不同意的词语**

如 Да нет；Ну，нет-нет；Ну，что ты！Ты что（粗俗语）？Сомнительно；Не скажи；Чепуха；Вздор；Глупости（表示亲昵，略带粗俗的意味）；Скажете тоже！（粗俗语）；Ничего подобно；Еще что！Еще чего！Как бы не так！Как же не так！А ну；Да ну；Где（уж）там；Где（уж）тут；Вот еще！Ну тебя（ее，его，их，вас）等。中态词语，如 Нет；Нет-нет（富有表现力）！Нет，как можно 等。

① А. Уж — очень она некрасивая.（"她太不漂亮了。"）

Б. *Не скажи*. Когда оденется，прямо хорошенькая.（Е. Земская）（"可别这么说。她打扮起来，还真不错呢。"）

② А. Замерз ты？（"你冻坏了吗？"）

Б. *Ничуть*！（Она же）（"一点不！"）

③ — Ты этого не поймешь.（"这事你是不会明白的。"）

— *Скажете тоже*！Я да не пойму？（С. Ожегов）（"我不会明白？得啦吧！"）

④ Анна. Устала？（安娜："累了吗？"）

Валя. *Чего там*.（С. Алешин）（瓦利娅："累什么。"）

⑤ Раиса. Посмотри на себя — ты такой бледный！Я не видела тебя таким бледным！（拉伊萨："你看看自己——脸色多么苍白！我没有

见过你这样苍白!”)

Корицын. *Чепуха*, пройдет! (Е. Попова)(科利岑:“没有什么了不起的,会好的!”)

3.3 表示惊奇,惊恐、惊叹、不满的词语

如 Вон как! Вот как! Ищь ты(俗语)! Ужас! Надо же! Что вы (ты)! Привет! Здрасьте пожалуйста! Вот тебе(и)на! Вот те на! Вот тебе (те) раз! 等。

① — Я тоже не знаю. (“我也不知道。”)

— *Вот те раз!*.. (“真没有想到! ……”)

② А. Он чуть было под машину не попал! (“他差点给车子压了!”)

Б. *Ужас*! (Е. Земская)(“真吓人!”)

③ Людмила. Ну, хорошо, тогда скажу, что ты моя домработница. (柳德米拉:“那么,好吧,我就说你是我家的佣人。”)

Катя. *Здрасьте пожалуйста*! («Москва слезам не верит»)(卡佳:“亏你想得出来!”)

④ Ира. Вы — переводчица. Я угадала? (伊拉:“您是翻译。我猜对了吗?”)

Нина Петровна. А вот и нет! Нет и нет. Я — музейный работник. (妮娜·彼得洛夫娜:“就是没有猜对! 没有没有。我是博物馆的工作人员。”)

Ира. *Ой, надо же*! (Г. Соколово)(伊拉:“哎,真想不到。”)

3.4 表示评价意义的词语

如 Прелесть! Сила! Порядок! Пустое! Дело! Правда! Беда! 等。

① А. Молоко убежало! (“奶潽了!”)

Б. *Кошмар*! Всю плиту залило. (Е. Земская)(“真糟糕! 炉灶上潽得到处都是。”)

② А. Как интересно было! (“多有意思!”)

Б. *Прелесть*! (Она же)(“妙极了!”)

③ А. Яблони померзли. (“苹果树冻死了。”)

Б. *Беда*! Вырубать будете? (Она же)(“糟糕! 您打算砍掉吗?”)

3.5 表示追问或疑惑的词语

如 А？Что？Ну и что？Как？Что как？А что？То есть？Разве？Неужели？等。

① — Они свежих огурцов купили.（"他们买了些新鲜的黄瓜。"）

— *Что*？（"什么？"）

— Огурчиков свеженьких.（О. Лаптева）（"新鲜的黄瓜。"）

② Андрей. А тебе скоро тридцать.（安德列："你快三十了。"）

Соня. *Ну и что*？（Н. Шмелев）（索妮娅："那又怎么样呢？"）

③ Трушкин. Ну и как？（特鲁什金："怎么样？"）

Ника. *Что — как*？（妮卡："什么怎么样？"）

Трушкин. Как купались？（Е. Попова）（特鲁什金："澡洗得怎么样？"）

④ Кашкина. Зря ждете. Идите лучше домой.（卡什基娜："您白等。还是回家去吧。"）

Мечеткин. *То есть*？Что вы этим хотите сказать？（А. Вампилов）（梅切特金："怎么？您这话什么意思？"）

3.6 表示祈使的词语

如 Марш！Стоп！Тсс！Ну！Цыц！Ш-ш！等。

① — *Марш спать*：в пять утра выезд!..（Б. Васильев）（"睡觉去：早晨五点出发！……"）

② — Хотите，объясню，в чем моя особенность？（"想不想我来解释一下，我的特点在哪儿？"）

— *Ну-ну*...（В. Шукшин）（"说吧……"）

3.7 表示问候的词语

如 Здрасьте；Здрасьте-здрасьте！（含亲昵的意味）；Привет；Общий привет（对大家的问候）；Приветик（行话）；Здорово，Олег！（含亲昵的意味，通常为男士用语）；Доброго здоровья（俗语）等。中态词语，如 Здравствуйте，Мария Ивановна；Здравствуй，Саша；Доброе утро；С добрым утром；Добрый день；Всем добрый день（对大家的问候）；Добрый вечер 等。

① А. *Здорово*，Юрка.（"你好，尤尔卡！"）

Б. Проснулся？（"醒了吗？"）

А. Ага.（Тексты）（"嗯。"）

② А. *Добрый день*. Мариночки нет у вас? ("你好。马里诺奇卡不在你们这里吗?")

Б. *Здравствуй*. Нет Мариночки. (Там же) ("你好。马里诺奇卡不在。")

3.8 表示祝愿的词语

如 Хорошего вам отдыха! Всего тебе самого наилучшего! Всех благ! Ни пуха ни пера! С праздником вас! С защитой тебя! С хорошей погодкой вас! С обновкой тебя 等。

表示祝愿的不带前置词的二格结构在词汇上出现自由填补的趋势: Мягкой посадки! Успешной работы! Пятерок вам, ребята![1]

① *Приятных сновидений*! Спи спокойно. (Е. Попова) (祝你做好梦! 安心睡吧。)

② Катя. Я буду поступать в следующем году, но сюда я вряд ли вернусь. (卡佳:"我明年准备考大学,但这里不见得能回来了。")

Диктор. *Удачи вам*, Катя. («Москва слезам не верит») (广播员:"祝您成功,卡佳。")

3.9 表示告别的词语

如 Привет (年轻人常用)! Пока! Ну, пока; Ну, хорошего; Всего (行话)! Счастливо! До завтра! До понедельника (вторника...)! До скорого (含诙谐的意味); Чао! (行话,含诙谐的意味); Гуд бай (行话); Ну, хоп! (行话,年轻人用语) 等。中态词语,如 До свидания, Мария Ивановна; Всего доброго; Будьте здоровы; До встречи! До скорой встречи! Прощайте (离别时间较长); Спокойной ночи! Доброй ночи! (就寝前告别语) 等。

① Тоня. Я пошла. (托尼亚:"我走了。")

Катя. *Счастливо*. («Москва слезам не верит») (卡佳:"祝你走运。")

② — Я не обижен. ("我没有感到委屈。")

— Вот и хорошо. И правильно. Ты меня понял. *Будь здоров*. ("那很好。很对。你理解我了。祝你健康。")

---

① АН СССР, Русская грамматика. Т. 2. М., 1980, стр. 420.

— *Привет*.（А. Гребнев，Ю. Райзман）（“再见。”）

③ М. *Ну всего доброго*，Лен. Приходи как-нибудь к нам.（“祝你一切顺利，莲。找个时间到我们家来玩。”）

Л. Хорошо，Марья. Как вырвусь так приду.（“好的，玛丽娅。我一脱身就来。”）

М. Угу. *Ну счастливо*.（“嗯。祝你好运。”）

Л. *Ну пока*.（Тексты）（“再见。”）

3.10 表示感谢的词语

如 Ну，спасибо！Огромное спасибо！Большущее спасибо！等。中态词语，如 Спасибо；Спасибо Вам！等。

① — С добрым утром，доченька！Ну как тебе спалось?（“女儿，早晨好！睡得怎么样?”）

— *Спасибо*！Очень хорошо！（Б. Метальников）（“谢谢，很好！”）

② Гоша. В следующий раз беру тебя с тобой.（戈沙：“下次我带你去。”）

Катя. *Спасибо большое*.（«Москва слезам не верит»）（卡佳：“十分感谢。”）

3.11 对感谢的反应词语

如 Не за что！Что ты（вы），что ты（вы）！Ну что ты！（Это）пустяк（и）；Ничего；Ничего-ничего；На здоровье（不是指吃，含诙谐的意味）；Чепуха！（有点粗俗）；Ерунда（有点粗俗）等。中态词语，如 Пожалуйста；Не стоит；На здоровье（用于回答被宴请人的感谢）等。

① — У меня к тебе просьба. Купи мне，пожалуйста，батон.（“我请你带点东西。买一个长面包。”）

— Один батон и все? Больше ничего не надо?（“一个够了？别的不要什么了?”）

— Больше ничего. Спасибо.（“别的不要了。谢谢。”）

— *Не за что*.（«Игровые задания»）（“甭客气。”）

② Мария Ивановна：Да. Это самое. Спасибо，доктор.（玛利娅·伊万诺夫娜：“是的。正是这种药。谢谢大夫。”）

Владимир Николаевич：*На здоровье*.（С. Алешин）（夫拉基米尔·

尼古拉耶维奇:“甭谢。”)

③ — Спасибо вам за угощение. (“谢谢您的款待。”)

— *На здоровье.* (Р. Рогожникова)(“别客气。”)

4 反应词语的语用

如前所述,对话里刺激对语与反应对语在形式和语义上都是紧密联系着的。反应对语通常是很简炼的,凡已知部分,多半被省略。在许多情况下,说话人只要使用现成的反应词语就足以把意思表达出来了。因此,反应词语在对话里使用率很高。请看一段母子的通话录音(母亲因病告诉儿子不能参加的他生日,要他跟妻子好好过):

А. У меня ноги… да полежу немножко. (“我的腿……要躺几天。”)

Б. Ну, ладно, отдыхай. Ладно. (“好吧,你休息。好吧。”)

А. А ты не обиделся? (“你不生气?”)

Б. Да нет, ну что ты. (“不,哪儿的话。”)

А. Ну, по-моему, чего же обижаться, сынок? (“我想,有什么好生气的,对吗,儿子?”)

Б. Конечно. (“当然。”)

А. Развлекайтесь вдвоем. (“你们俩自己消遣消遣吧。”)

Б. Ага. (“嗯。”)

А. Идите в кино куда-нибудь или погуляйте. (“到什么地方去看看电影或者散散步。”)

Б. Конечно. Так…(Тексты)(“当然。是这样。”)

在这段对话里,儿子几乎全使用了反应词语(Ну ладно;Ладно;Да нет,ну что ты;Конечно;Ага;Так)。由此可见反应词语使用频率之高。

此外,反应词语的同义现象极其丰富。几乎每类词语都有众多的同义说法。因此,对非俄罗斯人来说,如何在谈话中选用恰如其分的词语,如何使自己的言语行为得体,成了一个重要的语用问题。

为了使话语得体,避免语用失误,笔者认为,说话人应注意以下情况。

4.1 谈话场合

正式的和非正式的谈话场合的用词是不一样的。这里不妨举一个表示“同意—不同意”的例子。在正式场合得体的说法是:Вы правы. Совершенно с Вами согласен 或 Простите, вы не совсем правы 等①;而在非正式场合则使用无拘束的说法:Ну да;Ага;Ну, не-ет! Ты что? Глупости! 等。在正式场合使用了无拘束的,甚至粗俗的说法,就会违反礼貌原则,对对方不尊重;反之,在非正式场合,如使用了正式的、过于礼貌的词语,也会产生不良的效果,使对方觉得不亲昵。

4.2 谈话对象

说话人应根据对方的年龄、性别、文化程度以及谈话者之间的关系来确定选用哪种反应词语。以问候语为例,Привет;Приветик;Салют 是年轻人的用语,而 Доброго здоровья 则是年长人的用语。Здорово 通常是男士的问候语,如用此词向女士问候是不得体的。至于告别语,除了 До свидания 这种中态说法对谁都适用外,Пока;Счастливо 等词语用于亲密的朋友之间是得体的,而对长者或职位高的人是不恰当的。有礼貌的说法应是:Всего вам доброго;Всего вам хорошего. 其他的告别话,如 Всего;Покеда 是文化程度不高的人使用的,Не поминайте лихом 是农村里年长的人使用的,知识分子使用这些词语是不得体的。

4.3 会话含意

在作出反应前,说话人必须正确领会对方话语的含意。如在公共场所有人对您说:Вам не трудно подвинуться?②这句话丝毫没有疑问的意思,它的含意是请您让出坐位。因此,受话人在做出相应动作的同时,应说一声:Пожалуйста 或 С удовольствием,而不能按字面意义来回答 Да 或 Нет。

4.4 修辞色彩

许多反应词语具有高度的表情性。例如:① — Вы поблагодарили? — *А как же*! (Р. Беляковская)(“您谢了吗?”“当然咯!”) ② — Что льет еще? — *Еще как*! Вымок до нитки! (О. Крылова)(“怎么,还在下吗?”“别提了! 全身都湿透了!”) ③ [Эвгени:] Знакомый? [Иван Антонов:]*Да где там*! (Театр, 1979, №8)(“是熟人吗?”“哪儿有的事!”)例句中的 А как же! Еще как! Да где там! 都是富有表现力的反应词语,如使用得当,可以增强言语的表现力,从而收到良好的

① 这些正式的套语多半为句子,不在本文探讨范围之列。

② Н. И. Формановская, Русский речевой этикет: лингвистический и методистический аспекты. М., 1987, стр. 30.

效果。

4.5 文化差异

由于民族的习俗不同,俄罗斯人和中国人在反应词语的使用上有明显的差异。比如,俄罗斯人的问候语很丰富(见本文第三部分),而中国人的问候语较为单一。除"你(您)好!"外,"早晨好!""晚上好!"用得不那么普遍,而"白天好!"(Добрый день!) 根本没有这一说。中国人习惯于用提问的方式向人们打招呼,如"吃了吗?""下班了?""有课?""下课了?"等。又如,中国人爱谦虚,听了赞誉的话总要客气一番。请看《爱你没商量》里许童童、高强跟方波的一段对话:

"这位是——"

许童童忙道:"忘了? 方波,编剧。我们剧院的笔杆子。"

"噢,写戏的,作家,才子,太荣幸了!"

"哦,过了,写字糊口吧。"

"都这么说。我懂。这叫谦虚。"

跟西方人一样,俄罗斯人则不然,他们听了赞誉的话要表示感谢。请看下例:

— Вика, ты сегодня какая-то особенная. ("维卡,你今天有点特别。")

— Да, у меня день рождения. ("是的,今天我生日。")

— Поздравляю. Сколько же тебе? ("祝贺你。你多大了?")

— 25. ("25。")

— Совсем юная. ("很年轻。")

— Ты так считаешь? ("你这样认为?")

— Конечно, юная, умная, красивая. ("当然。年轻、聪明、漂亮。")

— *Ну спасибо*. («Игровые задания») ("谢谢。")

再如,俄罗斯人喜欢祝愿,在中国人眼里不值一提的事,他们都要来一番祝贺。当你穿了新衣服,洗了澡或正在吃饭,他们会说:С обновкой тебя! С легким паром! Приятного аппетита!

Ни пуха ни пера 最初是对猎人的祝词。俄罗斯猎人原有一种迷信,以为人家祝他顺利,就一定不得手,因此习惯以反话相祝,而实际含义是,祝满载而归。以后,此词语广泛用来祝愿对方成功,取得良好的成绩。受话人听了祝词后要回答一声：К черту. 例如：Кто-то сказал ей вслед: «Ни пуха ни пера», и Галя немедленно, еле слышным шепотом отозвалась: «К черту...» (Ю. Трифонов)（有人在她后面说："祝你一帆风顺。"加利亚立即低声地回答，声音小得几乎听不见："谢谢……"）可见，俄语反应词语具有浓厚的民族特色。

福尔马诺夫斯卡娅说的好，对话统一体不是按语法规律，而是按语用学的规律组成的①。这里，我们从反应词语的使用这一侧面证实了此论断的正确性。

---

① Н. И. Формановская, Русский речевой этикет: лингвистический и методические аспекты. М., 1987, стр. 41.

俄语口语:词层、常用词、词义及词的使用

1 词层

现代俄语的词汇基础是通用中态词,这点语言学界早有定论,而口语的词汇基础是什么,目前尚未取得共识。

著名修辞学家瓦西里耶娃认为,口语词汇系统的特点是隐喻用得很多,感情评价词汇很丰富①。另一位修辞学家科任娜亦持相似意见。她认为,口语里广泛使用口语词汇,其中包括生活词汇和具体词汇,而抽象词汇、书面语词汇、术语以及冷僻的外来词用得则很有限。表情词汇,尤其是那些具有亲昵、表爱、不赞、讽刺以及其他评价色彩的词汇的广泛使用构成了口语的特色②。然而,萨拉托夫大学教授西罗季妮娜却持另一观点。她认为,口语的基本词层是通用词,其中绝大多数是中态词,而详解词典里标有"口语"字样的词,实际上口语里不用或很少使用,相反,书面语词汇却使用得很广泛③。

笔者认为,西罗季妮娜关于口语词汇的基本部分是通用中态词的观点是符合俄语口语的实际情况的。这一论断已被统计数据所证实。《2 380个俄语口语常用词》表明,在2 380 个口语常用词中绝大多数是通用中态词,而口语词(以奥热果夫词典为依据)总共只有 17 个:парень, видно, немножечко, девчонка, дочка, мальчишка, пятерка, картошка, неделька, бумажка, бабка, минутка, ей-богу, вовсе, рыбалка, ишь, ребятишки。另一统计材料《俄语口语:1 200 常用词》也表明,口语里通用中

---

① А. Н. Васильева, Программа по стилистике руского языка для иностранцев. М., 1971.

② М. Н. Кожина, Стилистика русского языка. М., 1983, стр. 210.

③ О. Б. Сиротинина, Современная разговорная речь и ее особенности. М., 1974, стр. 56 – 57.

态词占优势，而口语词只有 16 个：боже，вон，кило，мальчишка，может，нету，новенький，про，пускай，раз（副词），раз（连接词），-таки，там（语气词），-то，ужасно，чуть。

此外，我们查阅了《俄语口语 · 篇章》①。这是一部活的口语资料汇编。该书作者用录音机记录了莫斯科和列宁格勒两大城市居民的无拘束的谈话。说话人有工人、机关企业人员、科技工作者、教师、作家、艺术家等，谈话内容极其广泛：工作、学习、文艺、旅游、日常生活等；话语体裁多样：独白、对话和多口对话。在这一汇编里我们发现，谈话人使用的词汇绝大多数是通用中态词。请看下面的对话：

А. Давай помоемся, головку помоем. Игрушки моет, нет чтоб самой мыться! Холодная, нет, Свет?

Р. Не-е-т. Как у меня вырастает нога?

А. Увеличивается в воде она потому что. Вода увеличивает. Как увеличительное стекло. Давай ножку одну, ножку. Держись, держись. Ножки мне вытащи, Свет?

以上对话里母女使用的大都是通用中态词，少量的是口语词（головка，ножка）和口语词形（Свет）。这说明，即使在充满生活气息的会话里，俄罗斯人使用的也大都是通用中态词。由此可见，通用中态词不仅构成语言的词汇基础，而且也是口语的基本词层。

口语的第二个词层是口语词，也就是瓦西里耶娃和科任娜所强调的那类词。这类词为数不多。以普通名词为例，据萨拉托夫大学 10 万词次词卡库统计，口语词汇共 400 个词位（лексема），占普通名词总数的 14%。根据词的使用次数，口语词汇约占普通名词的全部词次的 8%。很说明问题的是，10 次以上的口语词只有 19 个：бабка，бабуля，девчонка，девушка，дочка，дурак，ерунда，живот，зачетка，картошка，кашка，книжка，мальчишка，мужик，собачка，штаны，черт。

据研究，口语词由三类词构成：（1）书面语里无相应单词名称的词，如 двоечник，попойка，сухомятка 等；（2）书面语里有相应的中态同义词的词，如 морда（中态词为 лицо），дурачина（中态词为 дурак），ухмылка

---

① Е. А. Земская, Л. А. Капанадзе（ред.），Русская разговорная речь. Тексты. М., 1978.

（中态词为 усмешка），ворюга（中态词为 вор）等；（3）指小表爱的词（деминутивы），如 дружок，сестренка，рученьки 等。

口语的第三个词层是书面语词和专业词。这类词口语里并不罕见。当然，也不像西罗季妮娜所认为的那么广泛。原因是多方面的。有的人由于长期从事文字工作，习惯于使用文绉绉的词语，如某老作家的话：Но надо сказать вам что он… имел гипнотическое воздействие на других. Потому что вот Николай Константиныча Дмитриева, человека чрезвычайно занятого и уже на пороге тогда… мм… звания академика, он заставил нам читать курс турецкого языка.（Тексты）有时话题涉及某一专业，而口语里又无相应的词语，这时说话人只好使用专业词汇，如某物理学家的话：И когда мы ищем какие-то новые явления, мы лезем в микромир, мы лезем в макрокосмос, мы лезем в сверхвысокие температуры, там мы изучаем новые явления.（Тексты）这样，俄语口语里形成了以通用中态词为基础，通用中态词、口语词和书面语词相结合的多词层的词汇系统。这是俄语口语词汇最基本的特点。

2 常用词汇

俄语口语词汇的另一特点是词汇的相对贫乏性。上面提及的两个词汇统计材料《俄语口语：1 200 常用词》和《2 380 个俄语口语常用词》足以说明这一点。

根据萨拉托夫大学 10 万词次词卡库的数据，实词中最常用的词类是动词，其次是代词、名词、副词，而形容词用得较少；虚词中最常用的是语气词，其次是前置词，感叹词，而连接词用得较少。萨拉托夫大学还对各词类的常用词进行了调查，其结果如下。

2.1 名词

在 3 375 个名词词位中使用率在 100 次以上的只有 7 个（按频率排列）：год，человек，раз，день，мама，дело，время；50 次以上的有 11 个：вода，папа，работа，час，ребенок，дом，Лена，Люда，вещь，рубль，рука。口语里绝大多数是具体名词，抽象名词用得甚少。据统计，平均每 100 个名词中只有 12 个抽象名词。这些名词表示人们生活中必需的概念，如生理、心理状态（здоровье，дружба，счастье，внимание，память），工作种类（работа，практика，профессия，специальность），自然现象（погода，природа，мороз，засуха）等，其中像 время，работа，жизнь 这样的抽象名词口语里倒是相当常见的。

2.2 形容词

形容词是口语里用得较少的词类。据统计，最常用的形容词是：хороший，большой，маленький；其次是表示评价或大小、颜色的性质形容词：неплохой，отличный，огромный，короткий，широкий，узкий，длинный，черный，белый 等。

2.3 数词

口语里数词没有什么特点。数词 один，два，три 在书面语和口语里都很积极。数词在口语里的特点主要表现在搭配上，也就是说，跟数词搭配的名词常常被省略。试比较：

〈书〉Дайте，пожалуйста，три билета на сеанс пять часов тридцать минут.

〈口〉Три на пять трицать.（Тексты）

2.4 代词

口语里常用代词 35 个，跟书面语基本一致。其中用得最多的 8 个是：он，я，это，мы，вы，такой，все。物主代词 его，ее，мой 用得较少，因为这些词常常被相应的 У кого 结构所取代：У меня уж голова болит（Тексты）；У него жена в Москве（Там же）。

2.5 动词

据 10 万词次词卡库统计，使用率在 100 次以上的动词只有 27 个词位：быть，говорить，знать，мочь，сказать，идти，хотеть，пойти，понимать，делать，видеть，давать，читать，думать，дать，прийти，ходить，смотреть，есть（有），взять，помнить，приходить，сделать，стать，жить，сидеть，есть（吃）。这些词中绝大多数也是书面语里最常用的词。

2.6 副词

副词是一个正在发展的开放性词类。据统计，最常用的副词 98 个。其中 100 词次以上的 16 个词位：здесь，где，много，очень，потом，почему，просто，прямо，сегодня，сейчас，так，там，теперь，тогда，тут，хорошо；50 词次以上的 17 个词位：всегда，дома，завтра，зачем，интересно，лучше，мало，никогда，опять，плохо，по-моему，правильно，совершенно，совсем，сразу，сюда，туда。

2.7 语气词

口语里主要使用口语语气词：ну，вот，пускай，вон，что ли，то-то，что за，как，-ка，ишь，неужто，прямо 等。书面语气词，诸如 вовсе не，отнюдь не，далеко не 等对口语并不典型。

2.8 前置词

据统计，口语里常用的前置词有 11 个：в，у，на，с，к，по，из，до，о，без，для。派生前置词中最常用的是 насчет，是口语固有的词。

2.9 连接词

常用的连接词有 а，и，да，или，если，раз，что，как，так，потому что，пока 等，其中 раз，пока，как 是典型的口语词。

2.10 状态词

据统计，10 万词次的词卡库中有 46 个状态词位，其中常用的是 надо，можно，нужно，нельзя，它们都是通用中态词。

从常用词的分析中不难看出，绝大多数的常用词都是通用词，其中只有一小部分是口语词。值得注意的是，常用词中没有书面语词汇。这进一步证明以上我们的结论：通用中态词是口语的词汇基础。

3 词义

俄语口语词汇的第三个特点是词的多义性，词义的空泛性以及语境对词义的制约性。

3.1 词的多义性

口语里一些常用实词除了通用的义项外，往往具有诸多口语特有的意义。据科尔米利岑娜（М. А. Кормилицына）和科切特科娃（Т. В. Кочеткова）调查，动词 быть 除词典已有的义项外，还可以表示下列意义：

① 卖：Я вчера видела халаты были.

② 价钱是：Масло тридцать пять копеек было.

③ 来：Еще нет? Скоро будет?

④ 去看，去听：Что они бесплатно были，билеты покупали?

⑤ 学习：Без троек была.

⑥ 工作：Место там освобождается，будет кто-то новый.

⑦ 等于：Это будет девяносто один.

⑧ 出现，长出：Пожелтеет，потом семечко будет.

⑨ 获得:Я учился в школе, учил английский, ну больше трех у меня никогда не было.

动词 говорить 可以替代下列动词:

① рассказывать: И никогда Гранин не говорил о том, что он хорошо читает.

② советовать: Я говорила ей поменять, а она говорит, ладно, и эта хорошая.

③ утверждать: Так я не говорю, что он не слышит, но он никак на него не реагирует, ему все равно.

④ просить: Я говорю нашим, чтоб они записывали.

⑤ спрашивать: Я говорю, какое новое значение?

⑥ отвечать: Дети тащат(грибы), че говорить?

⑦ предупреждать: Вот ты вечно как ворона каркаешь, я говорила.

据另一文献记载,口语名词 картошник 有 4 个义项:① 爱吃土豆的人;② 卖土豆的人;③ 培植土豆的人;④ 土豆地①。

名词 размазня 有 3 个义项:① 粥,稀泥;② 窝囊废;③ 模糊不清的东西。其中②、③项为口语。

名词 телефон 有两个义项:① 电话;② 电话号码:Оставьте телефон, мы вам позвоним. (Огонек, 1993, № 38)其中②为口语义项。

据奥热果夫词典记载,代词 что 有 7 个义项:

① 什么:Что случилось?

②(用作谓语)怎么样:Что больной?

③(用作副词)为什么:Я не поеду. — Что так?

④ 多少:Что толку в этом?

⑤ 那个:Дом, что стоит на углу.

⑥ 随便什么事:Чуть что — сразу сообщи.

⑦ 怎么回事:Ты что?

以上除第一个通用义项外,其余 6 个义项主要用于口语。

代副词 куда 有 4 个义项,除第一个通用义项外,其余均属口语:

① 往哪里:Куда ты идешь?

---

① Е. А. Земская (ред.), Русская разговорная речь. М., 1981, стр. 78.

② 为什么：Куда тебе столько книг?

③ 表示怀疑，否定：Куда тебе равняться с ним?

④（跟比较级连用）……得多：Куда лучше.

不定代副词 где-то 在当今口语里广泛地用来表示“大约，左右”的意义，相当于 примерно，приблизительно，例如：Где-то три ночи не спала（Н. Прокуровская）；Я начал слушать радио рано，где-то с полшестого.（Огонек，1993，№ 40 –41）

至于虚词的多义性，更是显而易见。例如，语气词 вот 具有 8 个义项：

① 指示意义：Вот тебе мячик. Смотри какой красный!

② 限定-区分意义：Жаль вот что он опять опоздал.

③ 结束意义：Вовка был здесь. Он у нас был три дня，сегодня уехал. Вот.

④ 概括意义：Уже середина августа. Вот лето и кончилось.

⑤ 突出第二个对比成分：Его я понимаю，а вот вас не всегда.

⑥ 评价意义：Опять у него двойка. Вот лентяй!

⑦ 用作插入语和连接词：У них вот завтра лекция утром.

⑧ 填补语流中的空白：Что вот тебе сказать，не могу ничего придумать.①

口语里连接词 как 可用来表示：① 时间关系：Как ты только захочешь дачу купить，никто не продает（Тексты）. ② 条件关系：Как вырвусь，так приду（Там же）. 连接词 когда 除时间意义外，还可表示条件意义：Когда так，согласен с тобой（С. Ожегов）. 而表示条件意义的连接词 если 又能表示让步意义：Один，если он и велик，все-таки мал（М. Горький）. 如此等等。

3.2 词义的空泛性

口语里有一些常用词，如 дело，вещь，штука，музыка，история 等，其语义相当空泛。它们像代词那样，能替代各种名词，因而有替代词之

① Е. А. Земская，Русская разговорная речь：лингвистический анализ и проблемы обучения. М.，1987，стр. 93.

称[1]。例如：

① Жизнь — штука сложная.（Э. Столярова）

② Как будет муж реагировать на это дело?（Она же）

③ Погода в апреле — капризное дело. Того и гляди дождь.（Е. Земская）

④ А куда девать эту музыку?（Она же）

⑤ Прекрасная вещь молодость!（С. Ожегов）

⑥ Вечная история!（Он же）

抽象名词 беда，ужас 一旦失去事物-逻辑意义，其意义在一定模式里也变得像 дело 那样空泛。试比较：Вся беда в том — весь ужас в том — все дело в том.

还有，当 человек 一词跟形容词组合时，其语义也是空泛的。试比较：Он человек добрый 和 Он добрый.

3.3 **语境对词义的制约性**

口语里词的具体含义往往是受语境和说话人的共同经验制约的。有一次，笔者应邀参加某大学研究生论文答辩。答辩委员都投了赞成票。一位俄罗斯专家见此情况说了一句：Корзинка птичек. 这句话直译过来是"一篮子的钩号"。只有同行专家在当时的情景中才明白这是"全票通过"的意思。这里，对语义起作用的是语境和教授们共同的经验。又如，口语词 времянка 表示"临时的东西"，它的具体所指只能根据语境或说话人的共同经验来判断：可能是临时安装的铁炉子、小梯子，也可能是临时住房或别的什么临时设施。再如，время 一词在具体语境里可用来表示"手表"：Время-то есть у кого-нибудь?（Э. Столярова）

众所周知，代词一般用来指代上文中所提及的事物，但口语里情况却不同：它常用来指代语境中的事物或谈话双方共知的事物，如（在鞋店）Покажите мне вот эти.（Тексты）；Галя, иди. И его надо покормить.（Там же）由此可见，口语里词的具体含义往往是受语境或共同经验制约的，或者说，语境或共同经验成了某词的语义成分。

---

① Е. А. Земская, Русская разговорная речь: лингвистический анализ и проблемы обучения. М., 1987, стр. 39.

4 词的使用

4.1 口语里很少使用同义词

据统计，口语里同义词用得极少。同一个人的话语里很少出现同义词。这跟口语的自发性和无法顾及表达的形式有直接的关系。在无准备的言语里，说话人没有时间从同义词序列中选择恰当的字眼儿来表达自己的思想。他常常采用首先在头脑里出现的词，而首先出现的词往往是最熟悉、最普通、使用频率最高的词。据 10 万词次词卡库统计，七要素同义序列 громадный — огромный — колоссальный — гигантский — исполинский — грандиозный — циклопический 中，огромный 为 10 词次，громадный 1 词次，其他同义词未出现；五要素序列 холодный — ледяной — студеный — стылый — морозный 中，холодный 为 10 词次，ледяной 1 词次。俄语里表示“说”的同义词很多：говорить — разговаривать — сообщать — ораторствовать — заявлять — поддакивать — утверждать 等，但口语里只有 говорить 一词最常用。

4.2 口语里常用单词名称替代多词名称

为了说话简便起见，说话人常常使用短小的单词名称来替代复杂的多词名称。例如：

① А Таня в музыкалке(= музыкальной школе). (Е. Земская)

② В пять утра электричка(= электрический поезд). (М. Шевченко)

③ Где ваш больничный(= больничный листок)? (А. Гребнев)

④ Петя сегодня четверку принес за контрольную(= контрольную работу). (В. Константинов)

4.3 日常生活用语里指小名词使用率很高

俄罗斯人在商店购物或在饭馆用餐时，爱用指小名词来称谓各种食品。例如：

① Килограмм картошечки. (Тексты)

② Лимончик к рыбке не пожелаете? (Там же)

③ На закусочку что возьмете? (Там же)

④ Сварить что ли первое ему? Может, супчик с морковочкой? (Там же)

4.4 **口语里常用隐喻和换喻**

隐喻和换喻具有生动形象、言简意赅的特点，因此俄罗斯人在口语里常常使用。例如，称“窝囊废”为 лапша（面条），称“多嘴多舌的女人”为 свиристелка（能发出啁啾声的笛子），称“教研室会议”为 кафедра（教研室），称“普希金作品”或“普希金纪念碑”为 Пушкин（普希金）等。

① Ира моя — лапша.（Э. Столярова）

② У нас сегодня совет.（О. Крылова）

③ Встретимся возле Пушкина.（Она же）

④ Твое письмо я в Ожегова положила.（Она же）

4.5 **男女用词有别**

在 l8 世纪，即俄语新标准语规范形成前的时期，不同性别的俄罗斯人在言语上有很大的差别。在那个时期，只有男子能受教育，他们掌握书面标准语，即教会斯拉夫语，而女子没有受教育的机会，她们说的是口语。口语不断发展，而书面语却停滞不前。快到 18 世纪时，两者出现了鸿沟，从而男女间的言语形成了差异。

现代俄语里男女说话没有明显的差别。但据研究，男子说话跟女子毕竟有所不同。比如，女子爱谈论时装、烹调和孩子，而男子则爱谈论运动、技术和政治。这样，男女使用的词汇就不同。其次，女子在表达上常采用语调、面部表情、手势等，而男子则常常使用语法和词汇的手段。试比较：

Жена. Это та-акой фильм!

Муж. Да, хорошая картина. ①

此外，据观察，男女在发音上也有区别。如重读元音 е，о，女子发得较长，听起来像二合元音：лето — лието，годы — гуоды.

4.6 **年轻人与老年人用词有别**

年轻人朝气蓬勃，对新生事物接受快，表示新生事物的新词、新义多半先在年轻人中间流传，然后逐渐被老一辈的人接受。比如，年长一点的人爱用 чудесный 一词，而年轻人则爱用 нормальный 这个词。而且它的意义远远超出了词典里现有的义项。例如：

① А. Как живешь?

---

① Е. Перехвальская 的例子。见 Так говорят женщины. Искусство кино, 1991, № 6.

Б. Нормально. (Е. Земская)

② А. Хорошее здесь дно?

Б. Нормальное. Песчаное. (Она же)

前不久,在博士学位论文答辩会上,笔者有幸跟一位俄罗斯语义学家相识。据说,当前俄罗斯青年中流行着一个时髦的词儿 крутой。该词本义是“陡峭的”,而当今的新义是“现代的,时髦的,新潮的,有钱的”。以下是她提供的例子:

① крутые ботинки (时尚皮鞋)

② крутые штаны (时尚裤)

③ крутые парни (赶新潮的小伙子)

④ Приходил один крутой. (来过一位大款。)

⑤ Он одевается круто. (他穿着合乎新潮。)

⑥ Он говорит круто. (他谈吐挺新派。)

另据说,动词 въехать 在青年的言语里也获得了新义,如 Я еще не въехал,意为 Я еще не понял;Я еще не сообразил。这些词的新义、新用法能否站住脚,能否成为语言的一分子,有待时间的考验。

4.7 地区、家庭的用词特色

地区在用词方面往往有这样或那样的特色。如萨拉托夫(Саратов)称单室住宅为 секция,而车利亚宾斯克(Челябинск)则称之为 полуторка;萨拉托夫大学称数学力学系为 мехмат,而喀山大学则称之为 матмех 等。

家庭用词也有特色。一个词在不同的家庭里可能其所指不同。如 машина 一词,有的家庭用来表示“汽车”,有的表示“洗衣机”,有的表示“缝纫机”,有的表示“电动绞肉机”;машинка 有的表示“打字机”,有的表示“缝纫机”。有的家庭称“有趣的电视节目”为 смотренье,如 На следующей неделе много смотрений;有的家庭称“游手好闲的人”为 деятель,称“笨手笨脚的女人”为 анука-девушка(来自电视节目名称“А нука, девушка!”,该节目用来报道姑娘中的巧手),如此等等。

综上所述,俄语口语词汇的特点可以大致归纳为以下几点。

(1)俄语口语词汇基本上由通用中态词、口语词及书面语词等三个层次组成,三者构成了口语的词汇系统。其中通用中态词是最基本的,最常用的词层,它构成口语的词汇基础。

(2)口语里词汇相对贫乏,常用词为数不多。常用词中绝大多数是通用词,一小部分是口语词,而书面语词则未能进入常用词系列。

(3)口语里一些常用实词和虚词具有多义性。除了词典里已有的义项外,这些词在口语里还往往具有其他意义。目前,这方面还没有系统的研究。

(4)口语里有少量的词(如 дело, вещь, штука 等)意义相当空泛。这些词使用频率高,并具有广泛的搭配能力。

(5)如果说书面语里词的实际含义受上下文制约的话,那么,口语里词的含义常常受语境和说话人的共同经验所制约。

(6)口语里词的使用具有一系列的特点:很少使用同义词,单词名称常用来替代多词名称,指小名词使用频率很高,隐喻和换喻用得较多,男女、老少、地区、家庭等在用词上常有这样或那样的差异。

一格功能的多层面分析

拉普捷娃是最早研究口语一格功能的语言学家之一。她通过对口语和书面语的对比,认为口语里一格具有填补受动词或名词支配的句位功能,并称此现象为"一格的扩张"。[①] 之后,泽姆斯卡娅在《俄语口语》(1973)一书中指出,拉普捷娃的对比分析未能揭示口语系统的特殊性[②]。泽姆斯卡娅根据口语里一格的组合关系,对一格的功能作了全面的分析,区分出三种不同的功能类型:(1)属于整个语句的一格,如 Наш сосед, он каждый год в Крым ездит(我们的邻居,他每年去一趟克里木);(2)语句中填补主要或从属成分位的一格,如 Ты второй этаж(你是二层);Он жил дом двадцать один(他在 21 号住过);(3)对话统一体中作单个话轮用的一格,例如:— Чьи это духи? — Франция.("这是哪国的香水?""法国的。")

笔者认为,不能完全否定拉普捷娃的对比法,因为不少情况下一格确实替代了间接格的形式,起到填补从属句位的作用,例如:

① Тебе чашка хватит?(你一大碗够吗?)

② Там конфеты есть еще коробка(= коробка конфет).(那里还有一盒糖果。)

③ Вторая остановка сойдете(= на второй остановке).(你在第二站下。)

④ Клав, зеленая полоска есть у нас поплин(= в зеленую полоску)?(克拉夫,我们有绿格子的府绸吗?)

但是,有的现象是无法用对比法来解释的,例如:— Чьи это духи? — Франция. 这里词形 Франция 替代了哪个间接格形式,填补了哪

---

① О. А. Лаптева, Русский разговорный синтаксис. М.,1976, стр. 161.

② Е. А. Земская, Русская разговорная речь. М., 1973, стр. 241.

个从属句位，是不好作出明确回答的。

泽姆斯卡娅从组合关系的角度描写了一格的功能，试图揭示口语自身的系统性。但她的分析也有一定缺陷，表现在：(1)把第一类中的一格看成跟整个语句发生关系有点牵强，因为这里一格实际上是主位；(2)把第二类中的一格看成主要或从属成分，实质上跟拉普捷娃的对比分析没有本质的区别；(3)从组合关系来解释用作单独话轮的一格缺少说服力，因为对话中话轮的组成跟语用规律有关。

我们认为，一格功能的扩大是语言发展、变化中出现的现象，是诸多因素促成的，情况十分复杂。语言的经济原则、口语的超语言特征等对一格的扩张起着重要的作用。因此，从一个层面，使用一个标准，往往难以揭示现象的本质。笔者主张多层面分析法，即一格的诸多功能，有的须从句法-语义层面来分析，有的须从交际层面来分析，而有的则须从语用层面来分析。本文试图从三个层面来分析一格的功能。

1 句法-语义层面分析

句法-语义层面分析可适用于语句内一格的功能分析。我们可以根据语句内的组合关系来确定一格的功能：用作主要成分还是从属成分，替代了哪些间接格的形式。

1.1 一格用作主要成分(谓语)

① Он *Исторический музей*. (= из Исторического музея)[①](他是历史博物馆的。)

② *Какой материал* твой костюм? (= из какого материала)(你的西服是什么料子的?)

③ Мороз 40 *градусов*. (= в 40 градусов)(Театр, 1980, №5)(气温零下40度。)

④ Кухня *девять метров*, большая. (= в девять метров)(А. Гребнев)(厨房九平米，很大。)

⑤ Катя — маленькая, а он — *метр восемьдесят три*. (= в метр восемьдесят три) (С. Баруздин)(卡佳个儿小，而他一米八三。)

---

① 文中未注明出处的例子选自 Лаптева 和 Земская 的著作。

1.2 一格用作从属成分

1.2.1 从属于名词的一格替代二格形式，例如：

① Там есть *крабы* баночка одна.（= баночка крабов）（那里有一个蟹肉罐头。）

② А *мужики* большинство все-таки очень плохо одеваются.（= большинство мужиков）（大多数乡下人仍然穿得很差。）

③ Кто мой *хлеб* здесь кусок взял?（= кусок хлеба）（谁拿了我一块面包？）

④ Подайте, пожалуйста, *уксус* бутылочку.（= бутылочку уксуса）（请递给一瓶醋。）

1.2.2 从属于动词的一格替代间接格形式，例如：

① Как зовут такая беленькая ваша *подруга*?（= подругу）（您那位皮肤白白的女友叫什么名字？）

② У тебя нет пергамента *кусочек*?（= кусочка）（你有一小块牛皮纸吗？）

③ Он жил *дом* двадцать один.（= в доме 21）（他在21号住过。）

④ *Какой этаж* вы живете?（= на каком этаже）（您住几楼？）

1.2.3 一格用作说明成分。一格位于句末，起说明作用，含补充、确切、原因等意义，例如：

① Скажите, пожалуйста, у вас не была книга для учителя математики? *Шестой класс.*（Тексты）（请问，你们这儿卖过数学教师用参考书吗？六年级用的。）

② Можно на метро, можно на троллейбусе. Лучше, конечно, на метро — одна *пересадка*, и все.（В. Шукшин）（可以乘地铁，可以乘无轨电车。当然，最好乘地铁：换一次车，就行了。）

③ Отец, ты меня прости, что я долго не был, *работа*.（Театр, 1982, №10）（父亲，原谅我很久没有来了，工作离不开。）

④ Не смогу приехать завтра в институт. *Командировка*!（明天我不能到学院来。出差！）

2 交际层面分析

口语里语句纷繁复杂，有的可以用现行句法规则来解释，有的则不然，不好进行句法切分。像 Следующая выходите?（下站下吗?）这样的语句就属这种情况。拉普捷娃把 Следующая 看成处于受动词支配的句位一格，而泽姆斯卡娅则把它看成动词的从属成分。这种句法层面上的分析都有些牵强，未能反映口语语句的特点。我们认为，口语里有相当数量的语句不是按现行句法规则组成的，而是根据交际规律形成的。因此，对它们只能进行交际切分。

交际切分，亦称实义切分，是指根据交际任务对句子语义内容进行的切分。交际切分把语句分为主位(Theme)和述位(Rheme)。主位是语句的第一个成分，是谈话的题目，述位是对题目的说明。通常主位在前，述位在后。大家知道，口语是无拘束、无准备的言语，边说边想是口语的特点。说话人往往来不及考虑处于主位的词该使用什么语法形式。一格是名词聚合体中最方便的形式，因此说话人常常使用一格来替代其他间接格形式。Следующая выходите? 就是这种情况。Следующая 是主位，它首先在说话人的头脑里出现，说话人用简便的一格形式说了出来。下面再举几个例子:

① Пушкин // купила.[①](普希金的书买了。)

② А. Это что? Ахматова?（"这是什么? 阿赫玛托娃的作品吗?"）

Б. Ахматова // я прочла.（"阿赫玛托娃的作品我读完了。"）

③ Среда // у него выходной.（星期三他休息。）

④ Эта неделя //он занят.（这周他很忙。）

按现行句法规则，例①Пушкин 应是 Пушкина，例②回答中的 Ахматова 应是 Ахматову，例③Среда 应是 В среду，例④Эта неделя 应是 На этой неделе，但由于上述各词处于主位的位置上，说话人都使用了一格形式。

由于口语里主位经常用一格表达，从而形成了一种特殊结构，即主位一格结构。该结构的特点是:把已知部分，即主位，置于句子的首位，并用一格的形式表达，接着用代词重指该成分，然后对此加以叙述。泽姆斯卡

---

① 双斜线左边是主位，右边是述位。

娅所说的跟整句发生关系的一格，实际上就是主位一格结构。在 Наш сосед, он каждый год в Крым ездит 中，наш сосед 是主位，然后用代词 он 重指一下，下面接着是述位。再举一些例子：

① Счастье — оно только сильному по плечу. (А. Арбузов)(幸福，它只有强者才能获得。)

② Женщины, они с блажью. Сами иногда не знают, чего им надо. (С. Алешин)(女人，她们的念头很古怪。有时自己不知道要什么。)

③ Бедная девочка, ей надо почувствовать... (Огонек, 1982, №46)(可怜的小姑娘，应该同情她……)

④ Надюша Дакашина — ее куда ни поставь, она всегда свое дело четко сделала... (С. Злотников)(娜久莎·达卡希娜，不管把她放到哪里，她总是把事情干得很利索……)

3 语用层面分析

除上述情况外，口语里还存在着大量的语句，对它们进行句法－语义分析或交际切分，是不能说明问题的。作为单独的语句，它们的意思是要依靠语境来揭示的。对话 А. Чьи это духи? Б. Франция. 中，话轮 Франция 就是这种情况。对这类现象应从另一层面进行分析。这个层面就是语用层面。

研究成果表明，对话中话轮往往不是按现行的句法规则组成的①。语用规律在话轮的组成中起着重要的作用。说话人在使用语词手段的同时，要充分依靠语境。我们这里说的语境，主要指上下文、情景及说话人与听话人的共同生活经验。这些语境要素对口语话语的组成起着重要的作用，它们是话语中不可缺少的组成部分。Франция 之所以能单独用作话轮，主要是语境的作用。具体地说，是前一话轮(Чьи это духи?)和陈列的实物(香水)以及说话人与听话人的生活经验(法国香水世界著名)共同作用的结果。这些因素的总和使得说话人有可能使用简便的表达形式(名词一格)，同时也使听话人有可能理解对方这种简便的表达形式。

在言语交际中，语境诸要素的作用往往不同。有时上下文起主要作

---

① 参见拙文《反应词语·特征、类型及语用》，《外国语》1993 年第 4 期。

用,有时情景起主要作用,而有时则说话人和听话人的共同经验起主要作用。试比较:

① Сергей. Где у вас? (谢尔盖:"你们什么地方?")

Люся. Колодезная улица, дом десять. (А. Симуков) (柳霞:"水井街10号。")

② Д. Какой экзамен был, девочка? ("小姑娘,考什么啦?")

А. и Б. (одновременно) Алгебра. Алгебра. (Тексты) ("代数,代数。")

③ — Два За-а-горск. ("两张扎戈尔斯克。")

П. Куда? ("哪里?")

— Два За-а-горск. (Там же) ("两张扎戈尔斯克。")

④ Полуэктов. Сын у вас большой? (波鲁埃科托夫:"您儿子大了吗?")

Тешков. Первый класс. (И. Дворецкий) (捷什科夫:"一年级。")

例①②中一格之所以单独作话轮,靠的主要是上文,离开这一条件就得使用间接格形式(На Колодезной улице, По алгебре);例③中的一格的使用条件主要是情景(火车站售票口),离开这一条件也得用间接格形式(Дайте, пожалуйста, два билета в Загорск),否则听话人是无法理解的;例④中说话人和听话人的共同生活经验是话轮一格 Первый класс 的制约条件,因为凭经验可以推导出上小学一年级的孩子有多大。由此可见,语境是口语话语不可缺少的要素,充分依靠语境是对话话语组成的语用规律。

多层面分析不仅适用于一格的功能分析,而且也适用于其他口语现象的分析。这是口语的特殊性所决定的。

一格在对话中的语用功能

1 各家关于名词一格功能的论述

名词一格功能的扩大是当代俄语口语的主要特征，也是当代俄语发展、变化的显著标志。早在20世纪60年代，一批著名语言学家，如拉普捷娃、泽姆斯卡娅、西罗季妮娜、克拉西利尼科娃（Е. В. Красильникова）等开始了对名词一格功能的研究，并取得了丰硕的成果。

1.1 拉普捷娃的论述

“一格扩张”（экспансия именительного падежа）这一现象首先是著名口语学家拉普捷娃提出来的。她在《论现代俄语标准语的非典范领域》（1966）一文中，从实义切分的角度分析了主位一格的功能。她指出，“实际上，在这种结构（指代词重指结构）中，主位一格能替代任何格的形式。”在答语中，主位一格能单独使用，在对话统一体中起到句子的作用。例如：— Она в информационном отделе работала. — В каком? — *Информационный*, есть такой отдел.（“她在新闻部门工作过。”“什么部门？”“新闻，有这样的部门。”）

主位一格广泛地在由单个疑问句组成的话语中使用，例如：Скажите, *Красная площадь* пройти, где мне можно?（请问到红场怎么走？）Вы выходите *дом* обуви?（您在鞋店下车吗？）

不仅如此，一格在句法上融合紧密的结构中还可能替代间接格的形式，例如：А вчера вы видели тут *сестра-хозяйка*?（昨天您见到这里的女管理员吗？）Они уже *неделя* стоят.（它们摆了已经有一周了。）

此外，拉普捷娃还分析了从属名词一格的现象，例如：У нас есть *соломка* коробка.（我们家里有一盒棒糖。）А *чай* у меня где пачка?（我的一包茶在哪里？）

最后，她指出，简单句内一格的扩张说明，“在句法关系表达上形态性削弱、依附联系加强”这一原理贯穿于现代口语句法的各个领域。在它的影响下，在词组、单句和复句范畴内不断地出现新的结构模式，新的句法关系类型；不断地变化、丰富词和词的依附方式①。

在《俄语口语句法》(1976)一书中，拉普捷娃更加全面、系统地分析了一格的功能。首先，她分析了主位一格结构的模式，揭示了模式的以下特征：(1)语句分解为两个语法上独立的部分；(2)其中一部分是一格组合(группа именительного падежа)，另一部分报道该组合的所指(денотат)。句中主位一格组合可占主体位，也可占客体位。处于主体位的主位一格结构的特点是：(1)主位一格占主体位；(2)主位一格在语句中处于首位；(3)主位一格的组成通常是扩展的；(4)语句的第二部分有代词对应成分(коррелят)②，例如：А сын ваш, сколько ему？(您儿子几岁了？)Лида и я, мы с ней ели рыбку.(莉达和我，我们吃了鱼。)

处于强支配客体位的主位一格的特点是：(1)主位一格占强支配客体位；(2)语句的另一部分的动词对主位一格实现强支配的配价(валентность сильного управления)；(3)没有主位一格的代词对应词；(4)大都具有语调的不间断性，例如：Вот ещё *колбаса* возьми！(还要带上香肠！)Вы не видели *белая собака*？(您没有看见白狗吗？)③

之后，她分析了一格的扩张现象，即一格替代其他间接格的现象。她认为一格具有占据受动词或名词支配的句位的能力，例如：*Следующая* выходите？(下一站下吗？)Там есть *крабы* баночка одна.(那里有一罐螃蟹。)

不难看出，拉普捷娃采取了“替代”的分析法，也就是说，她以书面语语法为出发点，把一格的功能跟书面语中间接格的功能进行对比，说明一格能替代哪些间接格的形式，以此来解释一格的功能。

1.2 泽姆斯卡娅的论述

著名语言学家泽姆斯卡娅在1973年的《俄语口语》一书中对拉普捷娃的分析方法提出了异议，她指出：“通过跟典范标准语中间接格功能的对比来描写口语中一格的功能，不可能揭示口语系统的特殊性。把口语

---

① О. А. Лаптева, О некодифицированных сферах современного русского литературного языка. Вопросы языкознания, 1966, №2, стр. 54.

② О. А. Лаптева, Русский разговорный синтаксис. М., 1976, стр. 141.

③ О. А. Лаптева, Русский разговорный синтаксис. М., 1976, стр. 148.

中一格的功能看成'对支配联系的背离'，无助于对所研究对象的了解。"“我们觉得，不是从表面——通过把一格功能翻译成典范标准语的办法，而是从内部——通过口语中功能的组合关系来描写名词一格在口语中的功能，似乎更合理一些。"①她认为，名词一格在口语中具有三种功能。

1.2.1 属于整个语句的一格。例如：А *Лена* / она скоро придёт //（列娜，她快来了。）*Люда* / у неё все в чистоте //（柳达，她那里什么都是干干净净的。）

1.2.2 语句中占据一定句法位的一格。一格在句中起主要成分和从属成分的作用。例如：*Лес* / приятно//（主语）（呆在树林里很舒服。）Он / *Ростовский университет* //（主要成分）（他是罗斯托夫大学的。）Там есть сыр *остатки* //（从属成分）（那里有剩的奶酪。）*Улица* Горького / как пройти?（从属成分）（高尔基大街怎么走？）

1.2.3 单独用在对话统一体中的一格。泽姆斯卡娅认为，一格广泛地出现在简短的话语中，它具有各种不同的性质。她从语法和语义的角度分析了一格在问句和答句中的使用情况。例如：① — *Детская поликлиника*? — Напротив метро //（“儿童诊所在哪里？”“地铁对面。”）② — С чем пирожки? — *Мясо* / *рис* / горячие //（“饼是什么馅的？”“肉、大米，热的。”）③ — Скажите / чья это рубашка? — *Чехословакия* //（“请问这是哪国产的衬衫？”“捷克斯洛伐克的。”）

最后，她指出：“口语中名词一格的使用情况说明，这一形式在口语中的所指比书面语中的所指要多得多。与此相关，口语中原则上是另一种名词聚合体的结构：一格是无标记成分，而书面语中各格都是有标记的。”②

诚然，泽姆斯卡娅不同意拉普捷娃的“替代”法，但她从组合关系的角度来分析不同层面上的语言现象也未必恰当。因为属于整个语句的一格是交际句法层面上的现象，而单独用作对语的一格是话语层面上的现象，只有占据一定句法位的一格才是句法层面上的现象。用同一种方法来分析不同层面上的现象是不可能把问题阐述清楚的。

1.3 西罗季妮娜的论述

西罗季妮娜在代词重指结构（主位一格结构）方面持有独到的见解。

---

① Е. А. Земская (ред.), Русская разговорная речь. М., 1973, стр. 241.

② Е. А. Земская (ред.), Русская разговорная речь. М., 1973, стр. 264.

她从这类结构中区分出一种“性质”结构（«Качественные» конструкции），例如：Чай — он полезный（茶是有益的）；Дети — они всегда шумят（孩子们总是吵吵闹闹的）[①]。她指出：“当然，这里代词并非必要，但它能产生特殊的、为主语所固有的、经常性的性质意义。”[②]她把两类句子作了对比：

① Чай — он полезный.（性质）

Чай холодный.（事实）（茶已经凉了。）

② Дети — они всегда шумят.（本性）

Дети шумят под окнами.（行为）（孩子们在窗户下吵闹。）

她认为，所有的俄罗斯人（其中包括说方言的人或文化素养很高的人）都使用这种“性质”结构。它们不仅用于口语，而且还在正式的口头言语或书面语中使用。

1.4 克拉西利尼科娃的论述

克拉西利尼科娃在《俄语口语中的名词·功能方面》（1990）一书中较全面地分析了口语中一格的功能。她分析的一格功能有以下几个方面。

1.4.1 充当（带有非现在时系词和半系词的）谓语一格

克拉西利尼科娃指出：“一格表示事物固定的特征或属于一定说话时刻的特征，但不指出这一特征跟另一说话时刻的关系；五格在表示（过去的）固定特征时，指出在另一时刻特征的变化。”[③]例如：Ну тот уж очень был *егоза* //（那是个非常坐立不安的人）；Я была *девчонка* / мне было лет двенадцать — тринадцать //（我是个小姑娘，我那时才十二三岁）；В Ленинграде когда-то был *любимым дирижером* Рахлин //（拉赫林曾经是列宁格勒一位深受爱戴的乐队指挥）；Он был *деканом* этого филологического факультета — При мне не был，при мне не был//（他曾经是这个语文系的主任。我在时他不是，我在时他不是。）

---

① О. Б. Сиротинина，Современная разговорная речь и её особенности. М.，1974，стр. 115.

② О. Б. Сиротинина，Русская разговорная речь. М.，1983，стр. 52.

③ Е. В. Красильникова，Имя существительное в русской разговорной речи. Функциональный аспект. М.，1990，стр. 38.

1.4.2 代词重指结构中的一格

克拉西利尼科娃认为,西罗季妮娜对于代词重指结构具有性质、特征意义的论断是正确的,如 Брат/он хорошо поёт 的意思是 Брат вообще хороший певец。口语中这种结构是常见的。不过,对话中这种结构的用法要稍宽一些,尽管如此,仍明显地限于一定的范围。在回答 А Петя где? Как? Что? 这类问句时,可以说:Петя/он на даче //(佩佳,他在别墅);Петя/он выздоравливает//(佩佳,他正在恢复健康);Петя/он не против //(佩佳,他不反对)。但不能说:Петя/он в обмороке //(佩佳,他昏晕不醒。)也就是说,带有现实状态意义的谓语不能构成分段结构①。

克拉西利尼科娃把代词重指结构分为两类:一类是名词和代词在形式上相同的结构,如 Пирожные/они что-то редко у нас стали бывать//(甜点心不知为什么我们这里不常见了);另一类是名词为一格,而代词为间接格的结构,如 Песок/нету его совсем? (砂糖一点也没有了吗?)

1.4.3 名词并列组合中的一格

克拉西利尼科娃分析了一格在名词并列组合中的各种语义关系。例如:

(1)整体—部分:Ой как *эта сторона* у меня *голова* сегодня(болит)//(哎哟,我这边的脑袋今天痛。)

(2)总体—分体:*Обои* голубые *что-нибудь* есть? (有没有什么天蓝色的印花壁纸?)

(3)事物—数量、程度:А *рассольник половина* нельзя взять? (腌黄瓜汤买一半行吗?)

(4)事物—特征:Это *чулки полушерсть* //(这是半毛的长统袜。)

最后,她分析了一格在篇章中的语用问题。她认为,篇章中一格在不同的条件下起着不同的作用,如对话中一格能单独起到确切语的作用:

— Вы не позвоните / Марье Петровне? (“您不给玛丽娅·佩特罗夫娜打电话吗?”)

— Время? — Угу // — Позвоню // (“到时间了吗?”“嗯。”“我就打。”)

---

① Е. В. Красильникова, Имя существительное в русской разговорной речи. Функциональный аспект. М., 1990, стр. 39.

在“问—答”对话中，一格能体现话语内在的连贯性，例如：— А из чего она сделана? — Искусственный мех // （“它是什么料子的？”“人造毛。”）

这类例子是否可以作为一格的无标记性证据呢？一格是否起着间接格的功能呢？克拉西利尼科娃认为这里存在着回答对语在表达上的变异性，但重要的是，应该注意回答对语的条件并不要求对疑问对语必须作出直接的句法上的反应①。当一格用来表示因果关系时，可以解释为述谓结构。例如：— Она не работает вообще сейчас // — А чего? Нет места? — *Ребёнок* // — А понятно // （“她现在根本不工作了。”“什么？没有职位了？”“孩子。”“啊，明白了。”）

她指出，对话中词的重复会起到连贯篇章的作用。这时重复的词从述位转变为主位，并以一格的形式出现，例如：— А Киры Алексанны нет? — *Кира Алексанна* я видела щас наверху где библиотека у нас посмотрите. （“基拉·阿列克桑娜不在吗？”“基拉·阿列克桑娜我见到过，现在您到楼上我们图书馆那里看看。”）

口语学家都提到了一格表示时间和空间的例子，但据克拉西利尼科娃掌握的材料，表时间的一格最常见，例如：Она что-то *этот год* чаще стала болеть // С сердцем что-то // （她不知为什么今年常常生病。心脏有点问题。）Погода пока *это лето* неплохая // （今年夏天天气目前还不错。）

应该说，克拉西利尼科娃的分析是深刻的，有的见解是独到的，如“促使格的对立消失的条件属于交际句法范畴”，“口语中构成一格句法的特殊性的所有特点都有交际的倾向性”②。遗憾的是，她的分析局限于现象，她未能提出一个完整的描写一格的理论框架。

2 一格功能的多层面分析

笔者曾在《外语学刊》1996 年第 2 期上发表《一格功能的多层面分析》一文，文中指出，“一格功能的扩大是语言发展、变化中出现的现象，

---

① Е. В. Красильникова, Имя существительное в русской разговорной речи. Функциональный аспект. М., 1990, стр. 46.

② Е. В. Красильникова, Имя существительное в русской разговорной речи. Функциональный аспект. М., 1990, стр. 53.

是诸多因素促成的，情况十分复杂。语言的经济原则和口语的语言外特征对一格的扩张起着重要的作用。因此，从一个层面，使用一个标准，难以揭示现象的本质。”

但如果我们换一个视角，从不同的层面来观察一格的诸多现象，我们可以发现，口语中存在着三块不同质的带一格功能扩张的语句。

第一块语句是可以用现行句法规则来解释的。例如：① *Лес*（主语）/приятно// ② Он/Ростовский *университет* //（谓语）③ Там есть сыр *остатки* //（确切语）④ Погода пока *это лето*（时间状语）неплохая //

第二块语句是不能用句法规则来解释的，它们是言语交际过程中的产物，属于交际句法范畴。如果我们用实义切分的方法来分析，可以得到比较满意的回答。例如：① А сын ваш（主位）/сколько ему（述位）？② Улица Горького（主位）/как пройти（述位）？

根据实义切分的理论，这两个语句可切分成两部分：主位和述位，而主位在语言的经济原则作用下常常用一格表达，从而形成了所谓的主位一格。

第三块语句大都是对话语中的反应对话，它们是受刺激对语以及说话当时的情景和说话人的共同生活经验制约的，离开上述语境条件，语句就变得不可理解。对这类语句应采用语用分析法。例如：① — С чем пирожки? — *Мясо* / *рис* / горячие // ② — Скажите / чья эта рубашка? — *Чехословакия* //

其中反应对语 Мясо/ рис/ горячие // 和 Чехословакия // 就是这样的语句，它们跟前言没有任何句法上的联系；对语间的语义连贯性全靠语境（前言后语、情景、交谈者的共同生活经验）来实现的。换句话说，语境是生成和解读这类语句的基础。因此，它们属于话语层面上的语境 - 交际单位，对它们的分析只能采用语用分析法。

鉴于上述理由，我们主张从不同的层面，采用不同的分析法来分析一格的多功能性。第一块语句是句法层面上的句法单位，采用句法 - 语义分析法；第二块语句是交际句法层面上的交际单位，采用实义切分法；第三块语句是话语（对话语）层面上的语境 - 交际单位，采用语用分析法。

2.1 句法-语义分析法

在句法层面上，我们采用句法 - 语义分析法来分析语句中一格的功能，也就是说，根据组合关系来确定一格在语句中的作用——用作主要成分还是从属成分,或替代了哪些间接格的形式。据泽姆斯卡娅、瓦西里耶娃等口语学家的研究成果,口语中一格既能用作主要成分,又能用作从属成分。

2.1.1 用作主语

口语中流行着一种特殊的主谓结构,其中主语用名词一格表达,谓语用以-о结尾的表示评价意义的副词表达,句中可引入系词 это。例如:① Русская жена — хорошо!(А. Червинский)② Песня — это хорошо.(Б. Васильев)

这里名词一格表达的已经不是事物意义,而是跟事物有关的行为或状态意义。因此,第一句可以理解为:娶个俄国老婆多好!第二句可理解为:唱歌是很好的娱乐。这种典型的口语结构已经在规范语法中固定了下来[①]。例如:

① Пианино — не модно. Сейчас все на гитарах. (М. Рощин)(弹钢琴不时髦了。现在大家都弹吉他。)

② Три дочери — это, конечно, прекрасно. (М. Гараева)(有三个女儿,当然,好极啦!)

③ Валюта — это хорошо. (О. тарутин)(拥有外币,这很好。)

④ Нет, не думай, машина и квартира — хорошо. (С. Алешин)(不,你不要以为有小车和住宅就好。)

正如克拉西利尼科娃所说,这一结构的形成也许跟话轮交替时词的重复有关。例如:

① — Ну, как Москва?(“莫斯科怎么样?”)

— Москва-то хорошо!(В. Залотуха)(“莫斯科不错!”)

② — Зайдите через неделю.(“一周后你们来一趟。”)

— Неделя долго, — возразил Рамазан. — Завтра придём. (Ф. Таурин)(“一周太久,”拉马赞提出异议。“明天我们就来。”)

③ Моложатов. Тебя приглашают на симпозиум.(莫洛扎托夫:“邀请你参加研讨会。”)

Клецкин. Симпозиум — это как раз хорошо. (Театр, 1981, №1)(克列茨金:“研讨会开得真及时。”)

---

① АН СССР, Русская грамматика. М., 1980, стр. 308.

④ Вера. Да, онабудущий психиатр. Серьёзный, мыслящий человек.（维拉:“是啊,她是未来的精神病学家,是个严肃、有思想的人。”）

Нина. Серьёзность — это, конечно, прекрасно.（Л. Зорин）（尼娜:“当然,严肃性很好。”）

2.1.2 用作谓语

口语和书面语中名词一格都可用作谓语,但口语中一格用作谓语的可能性比较大——不少书面语中只能用间接格表达的谓语,口语中可以用一格表达。据我们掌握的资料,表示面积、气温、风力、身高、人数的谓语,口语中都可以用一格表达。例如:

① Комната, в которой мы жили, была 24 *метра*.（Правда, 16 – 04 – 1997）（我们住过的房间是24平米。）

② Холодно у нас! Мороз 40 *градусов*（= в 40 градусов）.（Театр, 1980, №5）（我们这里很冷! 零下40度。）

③ Ветер три *балла*（= в три балла）.（А. Штейн）（风三级。）

④ Представляешь — шторм *десять баллов*, а он в шлюпке туда обратно, туда обратно...（В. Константинов и Б. Рацер）（你瞧,十级暴风,而他乘着小艇去了又回,去了又回……）

⑤ Вот сегодня воскресенье, а у неё тренировка *четыре часа*, и выходной от гимнастики только в субботу.（Огонёк, 1983, №1）（今天是星期天,但她还要锻炼四个小时,只有周六才休息。）

⑥ Катя маленькая, а он — *метр восемьдесят три*.（С. Баруздин）（卡佳个子小,而他一米八三。）

⑦ Их команда — *восемь человек*.（Он же）（他们的队共八人。）

⑧ Во-первых, у него семья *пять человек*, у меня трое.（Ф. Таурин）（首先,他家五口,我家三口。）

⑨ Дача двухэтажная, квартира *пять комнат*, машина, прислуга.（Ф. Абрамов）（别墅是两层的,住宅五间,小轿车、女仆。）

2.1.3 用作定语

克拉西利尼科娃指出:“口语中名词一格具有语用上的无标记性,也就是说,一格在使用中‘事物—特征’的对立消失了。”①因此,口语中名词一格有可能用作定语,从性质、质量、数量、次序、领属等方面来确切、说明另一名词。这种现象在报刊和口语中最常见。例如:

① А днём состоялся матч *США* — *Польша*. (ВМ, 26 - 64 - 1986)(白天举行了美国和波兰的比赛。)

② Скорый поезд *Ташкент* — *Москва* прибывает на первый путь. (Э. Брагинский)(塔什干—莫斯科快车进一道。)

③ — Тут — далеко от дома, — сказал отец. (“这里离家远,”父亲说。)

— *Три копейки* билет, а собака зайцем, — говорит Лена. (Г. Щербакова)(“三个戈比的票,而狗不用买票,”列娜说。)

④ Яша. Это шампанское не настоящее, могу вас уверить. (亚沙:“这香槟酒不是真的,我敢保证。”)

Лопахин. *Восемь рублей* бутылка. (Чехов)(洛帕欣:“八个卢布一瓶的。”)

⑤ Квартиру недавно получили. Три комнаты, кухня *двенадцать метров*... (А. Хмелик)(不久前领到了一套住宅。三室,12 平米的厨房。)

⑥ А теперь перерыв *десять минут*, чтобы вы могли сделать снимки. (С. Алешин)(现在休息十分钟,你们可以拍照。)

⑦ Я достану молоко *бидон*. (О. Лаптева)(我能搞到一桶牛奶。)

⑧ Возьми там сыр *остаток* //(Е. Земская)(那里有一点剩的奶酪你拿去吧。)

⑨ Я тебе прочту письмо *отрывок* //(Она же)(我给你读一段信。)

⑩ *Четвёртый класс* пение покажите пожалуйста //(Тексты)(四年级的歌本请给看一看。)

---

① Е. В. Красильникова, К фунциональной характеристике именительного падежа существительных в системе русской разговорной речи. // Теория и практика лингвистического описания разговорной речи. Горький, 1976, стр. 278.

2.1.4 用作时间和地点状语

口语中名词一格还常常用作时间和地点状语，替代书面语中相应的间接格的形式。例如：

① Погода пока *это лето* неплохая //(Е. Красильникова)(今年夏天天气目前还不错。)

② Она что-то *этот год* чаще стала болеть // С сердцем что-то //(Она же)(她不知为什么今年常常生病。心脏有点问题。)

③ Но я даже к ней совсем не попадаю. Так и не заходила *эти дни* //(Она же)(我根本不到她那里去。这些日子我也没有去过。)

④ Он жил дом *двадцать один* //(Е. Земская)(他在21号住过。)

⑤ Гена. Пройтите в седьмой отдел. К вашему куратору. Смирнов Борис Владимирович — *комната* сто сорок семь.(格娜："您到第七科去。到您的监督人那里去。斯米尔诺夫·鲍里斯·弗拉季米罗维奇在147房间。")

Ольга. Была я у него！(А. Хмелик)(奥尔加："我到他那里去过了！")

2.1.5 用作接续成分

语言学家从名词一格的功能中区分出一种表示补充报道和追加说明意义的一格，即接续一格(именительный присоединения)[①]。接续一格置于任何句子结构的后面，并用语调跟前面的部分分开，表示补充、说明、确切、评价、总结、结论、理由等意义；它不是述谓结构，但具有一定的述谓性。例如：

① Я живу в Москве. Я лётчик. Бывший. Списан по здоровью. *Давление*.(А. Гребнев)(我住在莫斯科。我是飞行员。以前的。因身体的原因被解职了。高血压。)

② Знаешь, Оля, я мечусь последнее время. До этого некогда было — *институт*, *аспирантура*, *диссертация*.(Огонёк, 1982, №50)(奥莉娅，你知道，最近我四处奔波。在这以前没有时间——上大学、读研、写学位论文。)

③ Компот они там совсем без яблок дают, *одна вода*！(И. Лоба-

① Р. С. Акопян, Именительный присоединения. Русский язык в школе, 1975, № 5.

новская)(他们那里上的水果羹根本没有苹果,尽是水!)

④ Отец, ты меня прости, что я долго не был, *работа*. (А. Бурак)(父亲,请原谅,我很久没有来了。工作忙。)

⑤ Мы теперь соседи, я посмотрела по карте Москвы. *Две остановки*. (Г. Демыкина)(现在我们是邻居了,我看了莫斯科地图。两站路。)

⑥ — Скажите пожалуйста / у вас не была книга / для учителя математики // *Шестой класс* // ("请问你们这里数学教师手册来过没有?六年级的。")

— Нет / не было //(Тексты)("没有,没有来过。")

2.2 实义切分法

口语中许多语句是在交际过程中形成的,用现行的句法规则是无法对它们进行分析的。像 Следующая сойдёте? Улица Горького / как мне пройти? 这类语句就属于这种情况。泽姆斯卡娅[①]和拉普捷娃[②]把 следующая(остановка)和 улица Горького 看成受动词支配的从属成分。这种句法分析法有些牵强附会。笔者认为,那些在交际过程中形成的特殊语句属于交际句法层面上的交际单位。如果从实义切分(亦即交际切分)的角度来分析,似乎更具有说服力。

根据实义切分的理论,语句一般切分成两个部分:主位(тема)和述位(рема)。主位是语句的出发点,是信递动力作用最小的部分,通常是已经知道的或根据语境可以确定的,是跟前面的话语连接的成分;述位是对主位的报道,是信递动力作用最强的部分,是语句的基本内容和交际中心,新信息的持有部分。一般情况下,主位在前,述位在后[③]。口语研究的成果表明,对话语中许多语句正是按照"主位 + 述位"的交际结构模式构成的,而主位又常常用名词聚合体中最简单的形式来表达。Следующая сойдёте? 和 Улица Горького / как мне пройти? 这两个语句就是按这个模式构成的,其中 Следующая 和 Улица Горького 是主位,сойдёте 和 как мне пройти 是述位。

---

① Е. А. Земская (ред.), Русская разговорная речь. М., 1973, стр. 257.

② О. А. Лаптева, Русский разговорный синтаксис. М., 1976, стр. 163.

③ В. А. Белошапкова (ред.), Современный русский язык. М., 1997, стр. 797;戴维·克里斯特尔:《现代语言学词典》,沈家煊译,商务印书馆 2000 年版,第 309 页。

对话语中不仅主位可用一格表达，而且述位也常使用这种形式，例如：Вы какая школа？（您是哪个学校的？）Какой материал твой костюм？（你的西服是什么料子的？）

更值得注意的是，在具体情景中，同一个语句的主位和述位都可能同时用一格表达，如 Апельсины полкило//（橙子 500 克）；Помидоры два//（西红柿两个）。

2.2.1 主位一格

单个的带主位一格的语句可以用作刺激对语或反应对语。

(1)带主位一格的刺激对语。例如：

① *Проспект* Мира сейчас выходить？（О. Лаптева）（和平大街现在下吗？）

② А. Не скажете / *Игральная улица* / как пройти？（"请问伊格拉尔大街怎么走？"）

Б.（Задумчиво повторяет）Игральная // Идите прямо по бульвару / по центру бульвара //（Е. Земская）（"伊格拉尔大街。沿着街心花园，沿街心花园中间一直走。"）

③ — Вам *три яйца* хватит？（"您三个鸡蛋够吗？"）

— Хватит.（С. Михалков）（"够了。"）

④ — По семь *булочки мягкие* / нет？（"七戈比的白面包，软的，没有了吗？"）

П. Ничего //（Тексты）（"没有了。"）

⑤ — Эта *мастика* светлая / нет？（"这种透明的胶粘剂没有吗？"）

П. Оранжевая / разводится на воде //（Там же）（"橙黄色的，水里能溶解的。"）

⑥ А что мне ещё надо？ *Ботаника* надо //（РРР－73）（我还需要什么呢？需要植物学。）

⑦ *Няня* Вам нужно？（Там же）（您需要保姆吗？）

⑧ *Яблочный сок* налейте стаканчик.（О. Лаптева）（苹果汁倒一杯。）

(2)带主位一格的反应对语。这里主位一格的出现一般跟答话人机械地重复对方的词语有关。例如：

① — Тройчатка есть у Вас？（"三合止痛片你们有吗？"）

— *Тройчатка* / нет //(PPP – 73)（“三合止痛片，没有。”）

② — Редиска есть?（“小洋萝卜有吗?”）

— *Редиска* / не привозили //(Там же)（“小洋萝卜，没有运来。”）

③ — А как алгебра у тебя?（“代数你怎么样?”）

— *Алгебра* я сделал //（Е. Земская）（“代数，我做好了。”）

④ — Килограмм песку.（“1 000 克砂糖。”）

— А?（“啊?”）

— *Песок* килограмм.（О. Лаптева）（“砂糖 1 000 克。”）

除带主位一格的语句外，口语中还有一种分段结构（сегментированная конструкция）也叫主位一格结构（亦称代词重指结构）。该结构的特点是：(1)把语句中的某一成分（谈话的题目）突出出来，移置句首，并用一格表达，然后再用代词重指该成分——代词根据所处的句位可能是一格或间接格形式；(2)语句的述位常常具有性质、特征的意义。例如：

① Олег. А этот шкаф — *он* давно здесь?（奥列格：“这个柜子，它在这里放了很久了吗?”）

Тоня. По-моему, он всегда тут стоял.（А. Симуков）（托尼亚：“我觉得它一直在这里放着的。”）

② Ольга. Мои родители, *они* с вами посоветовались?（奥莉加：“我父母跟您商量了没有?”）

Ольг. Безусловно!（Э. Брагинский）（奥列格：“当然啦!”）

③ Юрий. Главное — ни о чём не думай!（尤里：“主要的是，什么也不要想!”）

Женя. Мысли, *они* сами лезут!（Театр, 1980, №8）（热尼亚：“思想，它们是自己冒出来的!”）

④ — Скажите / а эта мастика / *она* имеет цвет или без цвета?（“请问这胶合剂，它是有色的还是无色的?”）

П. Жёлтенькая такая //(Тексты)（“那种黄色的。”）

⑤ А Клавдия Александровна сказала: хирурги, *им* бы только резать.（С. Алешин）（克拉夫季娅·阿列克桑德罗夫娜说：外科大夫，他们只想开刀。）

2.2.2 述位一格

对话中不仅仅主位，而且述位也可以用一格表达。这里主要指一些城市惯用语，它们可用作刺激对语或反应对语。例如：

① — *Какой каблук* эти туфли красные? (“那双红鞋是什么跟儿的?”)

— Средний. (PPP – 73) (“半高跟儿。”)

② — *Какой цвет* у вас сапоги новые? (“您的新靴子是什么颜色的?”)

— Чёрные. (Там же) (“黑色的。”)

③ — *Какая длина* эти чулки? (“这双长袜多长?”)

— Девяносто. (Там же) (“90。”)

④ — *Какой размер* у Вас ботинки? (“您的皮鞋是几码的?”)

— Сорок три. (Там же) (“43。”)

⑤ — Обувь на этом этаже? (“鞋子在这一层吗?”)

— *Четвертый этаж* обувь. (О. Лаптева) (“鞋子在四层。”)

⑥ — Где нам сойти? (“我们什么地方下车?”)

— *Вторая остановка* сойдёте. (Она же) (“第二站下。”)

2.2.3 主述位一格

在具体情况中，一些城市惯用语句的主位和述位同时可以用名词一格表达。例如：

购买食品用语

① Семь пачек / печенье //(7包，饼干。)

② Сыр / полкило //(乳酪，500克。)

③ Печенье / пять //(饼干，5包。)

④ Апельсины полкило //(橙子500克。)

⑤ Шпроты маленькая баночка //(熏鲱鱼一小罐。)

⑥ Котлеты десять //(Тексты)(肉饼10个。)

购买车票用语

① Москва три // Один обратно //(莫斯科三张。一张往返。)

② Москва два и один детский//(莫斯科两张，一张儿童。)

③ — Два Загорск // (“两张扎戈尔斯克。”)

П. Куда? (“什么地方?”)

— Два / За-а-горск //(Тексты)（"两张扎戈尔斯克。"）

2.3 **语用分析法**

在对话中,名词一格可以单独用作对语。这类语句跟前言只有意义上的联系,而无任何形式上的联系;它不能放到句法或交际句法层面上进行句法或实义切分分析,而只能放到话语层面上进行语用分析。因为这类语句的生成跟语境(前言后语、情景和交谈者的共同生活经验)息息相关,它们的意义需要依靠语境来推导,离开语境它们就变得不可理解,它们属于话语层面上的语境单位。因此,对这类语句只能采用语用分析法。

由名词一格构成的对语具有多义性,它能用来表示事物的性质和特征、事物的处所、行为的客体、行为的原因、方式和方法等。

2.3.1 性质意义

名词一格能起性质修饰语的作用,从面料、材料、产地、楼层等方面来修饰事物。例如:

① — Брюки из какого материала?（"裤子是什么料子的?"）

— *Синтетика* //(= из синтетики)(Е. Земская)（"合成纤维制的。"）

② — Это шерстяные носки?（"这是毛袜吗?"）

— *Вигонь* //(РРР – 73)（"棉毛袜。"）

③ — Какие у Вас шторы ?（"您的窗帘是什么料子的?"）

— *Немецкий перлон* //(Там же)（"德国贝纶。"）

④ — Чулки капроновые есть?（"有卡普纶长袜吗?"）

— *Эластик* //(= эластичные)(Там же)（"有弹力丝袜。"）

⑤ — А пол-то какой?（"地板是什么料的?"）

— *Паркет* //(= паркетный)(Е. Земская)（"镶木地板。"）

⑥ — Скажите / чья это рубашка?（"请问这是哪国产的衬衫?"）

— *Чехословакия* // (= чехословацкая)(РРР – 73)（"捷克斯洛伐克。"）

⑦ — Это чьи туфли?（"这是什么牌子的鞋?"）

— *«Заря»* //(Там же)（"曙光。"）

⑧ — С чём пирожки?（"馅饼是什么馅的?"）

— *Мясо* / *рис* / горячие //(Там же)（"肉、大米,热的。"）

⑨ — У вас дом девятиэтажный?（"你们的楼是19层吗?"）

— *Двенадцать*. (Там же) ("12 层。")

⑩ Д. Какой экзамен был / девочки? ("姑娘们,你们考什么啦?")

А. и Б. (одновременно) *Алгебра* // *Алгебра* //(= экзамен по алгебре) (Тексты) ("代数,代数。")

2.3.2 所处意义

名词一格能起地点状语的作用,表示事物所处的位置。例如:

① — Не скажете /(стихи) на иностранных языках где у вас? ("请问外语诗在哪里?")

— *Второй этаж* //(Тексты) ("二楼。")

② Таня. И где же «нас» ждут? (塔尼娅:"在哪里等"我们"?")

Колесов. *Чапаева*, *восемнадцать*, *комната* сорок два. Ну?.. Соглашайтесь! (А. Вампилов) (科列索夫:"恰巴耶夫大街,18 号,42 室。怎么样? 同意吧!")

③ Люся. Сегодня же ровно в восемь часов вы должны быть у нас. (柳霞:"今天 8 时整您应该到我们那里。")

Сергей. Где у вас? (谢尔盖:"你们哪里?")

Люся. *Колодезная улица*, *дом десять*. Только не опаздывайте. (А. Сумуков) (柳霞:"科洛杰兹大街,10 号。当心不要迟到。")

④ — Двадцать восьмой размер туфельки? ("28 码的鞋有吗?")

— *Соседняя секция* //(РРР – 73) ("在隔壁的部门。")

2.3.3 原因意义

名词一格能用来表示行为、状态、现象发生的原因。例如:

① Соколик. Бываете нездоровы? (索科利克:"您常常不舒服吗?")

Мария Васильевна. *Сердце*. (А. Арбузов) (玛丽亚·瓦西里耶夫娜:"心脏不好。")

② Соколик. С утра музыка играет. (索科利克:"一早就演奏音乐了。")

Христолюбов. *Пятница*. Молодёжь субботы ожидает. (Он же) (赫里斯托柳鲍夫:"周五。年轻人等待着周六的到来呢。")

③ — Она не работает вообще сейчас // ("她现在根本不工作了。")

— А чего? Нет места? （“怎么啦？没有职位了？”）

— *Ребёнок* // （“有孩子了。”）

— А / понятно //（Е. Красильникова）（“啊，明白了。”）

④ — Вы из-за погоды вернулись? （“您因为天气的缘故才回来的吧？”）

— *Ветер* //（Она же）（“因为风的缘故。”）

2.3.4 行为方式方法意义

名词一格还表示行为的方式方法。例如：

① — Чем ты бреешься? （“你用什么刮脸？”）

— «*Харьков*» //（РРР－73）（“用‘哈尔科夫’剃须刀。”）

② — Скажите, пожалуйста, где находится Институт русского языка? （“请问俄语研究所在哪里？”）

— *Улица Валхонка*, *дом* 12.（“沃尔杭卡大街，12号。”）

— А как туда добраться? （“到那里怎么走？”）

— *Метро Кропоткинская*.（«Игровые задания»）（“乘地铁到克鲁波特金斯卡亚站下。”）

2.3.5 主体或客体意义

① — Лель / очень красивое платье //（“廖丽，很漂亮的连衣裙。”）

— Да / очень хорошо сшито //（“是的，做得很好。”）

— *Портниха* / да? （“女裁缝做的，是吗？”）

— Нет //（“不是。”）

— Готовое! （Е. Красильникова）（“现成的！”）

② А. Скажите / а можжевельником кого можно кормить? （“请问刺柏可以喂什么鸟？”）

Б. *Лесная птица* / *синицы* / *дрозды* //（Е. Земская）（“森林里的飞禽、山雀、鸫。”）

最后，需要指出的是，一格功能的扩张主要发生在对话中。交谈者的共同生活经验、心理因素以及会话时的情景促使说话人有可能使用简便的方式进行交际。这是一格功能扩张的重要原因。一格功能的扩张有力地说明，俄语对话语正在急剧地向着分析语的方向发展。书面语中许多需要用词的形式来表示的句法关系，对话语中开始用词的简单排列来表达了。正因为如此，对话语中不少俄语语句（Москва три // Один обратно // Вторая остановка сойдёте? Вы какая школа?)变得跟汉语相同或相似了。但两者究竟在多大程度上相同或相似,则需要进行科学的统计,这项工作是很复杂的。不过,有一点可以肯定,那就是,俄语和汉语对话中的相同或相似点明显地多于书面语。

对话语的省略性
——非惯用省略语与惯用省略语

1 关于语句省略的研究概况

传统语法学把省略这样或那样成分的语句叫不完全句，被省略的成分是不言而喻的，而且容易被恢复。不完全句的理论是在所谓的不完全句和完全句的对比的基础上发展起来的。

1954—1960 年，苏联科学院《俄语语法》关于语句省略的观点依然是传统的，但对省略现象的认识进了一步。作者认为，在多数情况下，不完全句中缺少一个或几个句子成分是一种句法规则。有两种省略的情况：一是不完全句是较复杂的句法结构中的一部分，而缺少的成分在结构的另一部分中存在着；二是缺少的成分是该句的结构特点。增补这样或那样被省略的成分通常不仅不需要，而且是不可能的；增补会导致该句整个结构和修辞色彩的改变。该语法列出了不完全句的 4 种类型：对话语句中的不完全句、无谓语的独立使用的不完全句、属于固定的成语性组合的不完全句（С приездом! Что хорошенького?）和复合句中的不完全句①。

1980 年，什维多娃在科学院新著《俄语语法》中提出了一整套简单句的模式理论：句子的结构模式、句子的聚合体、句子的语义结构和句子的正规体现等。所谓简单句的正规体现，是指句子的变体形式，其中有受语境制约和不受语境制约的不完全体现、引进系词的体现、引进半实体动词的体现以及用词组或整个句子来替代某一句子要素的体现等。作者认为，受语境制约的不完全体现可以称为不完全句。由此可见，语法部分的作者开始从一个崭新的视角来阐释语句的省略问题。至今，俄罗斯语法

---

① АН СССР, Грамматика русского литературного языка. Т. 2, Ч. 2. М., 1960, стр. 87.

学家大都仍沿用什维多娃的正规体现的学说来分析传统语法学中所谓的不完全句①。

俄罗斯口语学家十分重视省略的研究。西罗季妮娜认为，省略性（эллиптичность）是会话篇章（разговорный текст）组成的基本原则之一。凡可省略的均被省略。这一经济原则作用于口语的各个层面，而句法层面上表现得尤为明显。口语中几乎见不到完全句和词的配价的完全体现②。

泽姆斯卡娅指出，现代语言学中省略（эллипсис）这一术语常用来指三种现象：(1)带零动词的结构，如 Я в институт（我去学院）。这一结构不依赖语境而存在，因此可以将其视为语言，而不是言语现象；(2)上下文中的省略，如 Мальчику купили самокат，а девочке — куклу（给男孩买了滑行板，给女孩买了娃娃）；(3)语境中的省略，如 Покажите мне красные（给我看一看红色的）③。她认为，在研究未体现的配价时应考虑两方面的现象：一种现象是，直接或逆向配价的未体现，如 Намажь мне //（给我抹上）是动词 намазать 的直接配价未体现（缺少名词四格），而 Передай пожалуйста вон ту толстую //（请递给那本厚的）是形容词的逆向配价未体现（缺少主要成分）。这些未体现的词在语境中是不言而喻的：前者省略了 бутерброд，后者省略了 книга。另一种现象是，应区分固定和非固定省略（стационарный и нестационарный эллипсис），如 Два до Пскова（两张普斯科夫）是固定省略结构，离开语境只有一种理解，即 Дайте два билета до Пскова（给两张到普斯科夫的票）；而 Покажите синие //（给看一下蓝色的）则是非固定省略结构，即离开语境可能有多种理解④。

希里亚耶夫（Е. Н. Ширяев）从语境出发来分析对话语的省略问题。他认为，在对话交际行为中，语句和语境处于紧密的相互关系之中。只有了解了这种相互关系的规律之后，口语的句法系统的描写才能跟实际情

---

① Л. А. Новиков（ред.），Современный русский язык. СПб.，2001，стр. 644.

② О. Б. Сиротинина，Современная разговорная речь и её особенности. М.，1974，стр. 101.

③ Е. А. Земская，Русская разговорная речь：лингвистический анализ и проблемы обучения. М.，1987，стр. 137.

④ Е. А. Земская，Русская разговорная речь：лингвистический анализ и проблемы обучения. М.，1987，стр. 138 – 139.

况完全符合。离开相应的语境，许多语句的形式和语义结构是不可思议的[①]。他区分出了三种对语句结构产生影响的语境要素：上下文、视觉-感知情景和个别统觉基础，并在此基础上分出两类语境句（конситуативные высказывания）：视觉－感知句和个别统觉句。

2 关于省略的概念

"省略"（эллипсис，源自希腊语 élleipsis）是指在语言的经济原则的作用下，省去语句中这样或那样的语言要素，而省去的要素在一定的语境中是不言而喻的，需要时可以得到恢复，虽然在一般情况下恢复是没有必要的。西罗季妮娜说得好，"省略是会话篇章组织的基本原则之一，凡可省略的，均被省略"。[②]例如：— Замуж пора， — брякнул Костя. — Была， — просто сказала Нина. — Была? Где， здесь? — Здесь.（В. Шукшин）（"该出嫁了。"科斯佳贸然地说。"嫁过人了。"尼娜简单地回答。"嫁过人了？哪里，这里吗？""在这里。"）

省略表现在语言/言语的各个层面上，我们探讨的省略是话语（discourse，дискурс）层面上的省略，它和语境紧密相连。正如泽姆斯卡娅所说，"情景是交际行为的组成部分，它融入言语之中。交际的许多要素不是用语词表达的，它们存在于情景之中"[③]。例如：（在食品商店买面包）① — Белый / что мягкое? П. Белый / все ничего //（"白的，哪种软？""白的，都不错。"）② — Черный свежий? П. Сейчас привезли //（Тексты）（"黑的新鲜吗？""刚刚运来的。"）在顾客和售货员的话语中都没出现 хлеб（面包）这个词，因为存在于情景中的"面包"，它已经融入言语之中了。

还有一种省略现象，例如：Он в институт（他去学院了）；Она за хлебом（她去买面包了）；Вы бы покороче（希望您说得简短一些）；О чем он? О новой книге?（他在谈什么？谈新书吗？）

这些语句中显然省略了动词谓语，但这里的省略不同于前面的省略，它们对语境没有依赖性，离开它完全可以理解。有的语言学家认为，这些

---

① Е. А. Земская（ред.），Русская разговорная речь. М.，1981，стр. 191.

② О. Б. Сиротинина，Современная разговорная речь и её особенности. М.，1974，стр. 104.

③ Е. А. Земская（ред.），Русская разговорная речь. М.，1973，стр. 19.

语句中的谓语位并非空缺,而是一种叫零动词谓词的填补了句位[1],因此不是省略语。需要指出的是,所谓的零动词谓词只存在于一定的句法结构之中,此结构有两个特点:(1)必须具备动词的从属成分(如 в институт, за хлебом, о чем, покороче),正是从属成分限定了动词的意义;(2)通常为双部句,名词或代词充当行为的主体。我们这里分析的是那些在话语层面上受语境制约的省略,即语境省略(конситуативный эллипсис),带零动词谓词的结构属于另一性质的省略,不属于我们研究的范围。

省略还有一个特点,就是常常跟简化联系在一起。也就是说,语句经省略后,剩余的部分还常常简化,如 Три Болшево //(Тексты)(三张博尔谢沃)是 Дайте мне три билета до Болшева(给我三张到博尔谢沃的票)的省略语,其剩余部分 Три до Болшева 又简化为 Три Болшево。又如:— Скажите пожалуйста / а по немецкому языку пособий никаких нет? П. Немецкий отдел //(Тексты)("请问什么德语教材都没有吗?""在德语部。")售货员的回答 Немецкий отдел 就是由 В немецком отделе 简化而成的。

3 语境及其基本要素

作为话语层面上的言语现象,省略跟语境息息相关。那么,什么叫语境呢? 它具有哪些功能?

语言学界对语境有多种理解,可以大致概括为广义和狭义两种语境观。广义的语境观包括:(1)上下文;(2)发生言语行为时的实际情况,如交谈者、场合(时间和地点)、交谈的正式程度、交际媒介和语域,有人还把交谈者的主观因素(性别、年龄、职业、教育程度、性格等)包括在内;(3)文化、社会、政治[2]。狭义的语境观指直接可观察到的同时存在的情景[3]或交际过程中的直接环境[4]。尽管各家对语境有不同的理解,但是我

---

① Е. А. Земская, Русская разговорная речь: лингвистический анализ и проблемы обучения. М., 1987, стр. 142.

② 戚雨村等:《语言学百科词典》,上海辞书出版社 1992 年版,第 447 页;冯·戴伊克:《社会·心理·话语》,施旭,冯冰编译,中华书局 1993 年版,第 3 页。

③ 戴维·克里斯特尔:《现代语言学词典》,沈家煊译,商务印书馆 2000 年版,第 83 页。

④ Е. А. Земская и Л. А. Капанадзе (ред.), Русская разговорная речь. Тексты. М., 1978, стр. 201.

们认为希里亚耶夫归纳的三个语境要素：上下文、视觉－感知情景和个别统觉基础，对话语省略的影响最大、最直接，因为它们直接参与省略。具体地说，说话人可利用语境要素使话语省略、简化，而听话人则可依靠语境要素来解读话语。与此不同，其他要素，如交谈者的主观因素会影响话语的规范化程度和话语的风格，但对话语的省略不直接产生影响。

3.1 上下文

上下文（context，контекст）是个传统的术语，它指话语中除了所关注的单位以外的其余部分。“上下文”有横向和纵向之分。横向上下文指同一个说话人的前言后语，例如，在下面这个句子中，如果关注的单位是Дают，那么上下文就是除此以外的其余部分。

Из всех своих прав они используют только одно — право на труд. *Дают* — спасибо. *Не дают* — тоже спасибо.（В. Констатинов и Б. Рацер）（从所有的权利中他们只能行使一个权利——劳动权。给，谢谢；不给，也谢谢。）

纵向上下文指不同说话人前后说出的话语，常常指对话统一体中的刺激对语，例如：① — Как с работой? — Прекрасно. — С деньгами? — Нормально. — С детьми? — В порядке.（Е. Габрилович）（“工作怎么样?”“好极啦。”“钱呢?”“不错。”“孩子呢?”“很好。”）② А. А как нашу дежурную зовут? Б. Вера // А. Симпатичная // Б. Угу //（РМ[①]）（“我们的值日叫什么名字?”“维拉。”“很讨人喜欢。”“嗯。”）原则上，上文中已出现的词语，下文中可以省略。

3.2 情景

情景（situation，ситуация）是指一切能看到或觉察到的周围的事物或现象。情景要素是对话语独有的，它直接参与话语的构成，也就是说，凡情景中存在的要素原则上都可以不用词语表达，例如：①（在电梯里）А. Вам *какой*? Б. Седьмой //（РМ）（“您要几层?”“七层。”）②（在鞋店）— А какой размер *эти*? П. Тридцать восемь-сорок //（Тексты）（“这双是几码的?”“38—40。”）在话语中，этаж（层）、туфли（鞋子）都没有用语词表达出来。

---

① М. В. Китайгородская и Н. Н. Розанова，Речь москвичей. Коммуникативно-культурологический аспект. М.，1999. 简称 РМ，下同。

3.3 共同统觉基础

20 世纪 20 年代,著名语言学家雅库宾斯基在他的《论对话语》一文中提出了言语领会中的统觉因素(апперцепционный момент)问题,他指出:“我们领会、理解他人的言语(跟一切领会一样)是建立在统觉的基础上的:领会不仅仅是由外部的言语刺激所决定的,而且也是由我们过去所有的内外经验所决定的,并且最终由领会人在领会当时的心理内容所决定的;这一心理内容构成了该人的‘统觉量’(апперципирующая масса)。”[①]“我们的统觉量跟我们交谈者的统觉量的共同点越多,我们理解和领会他人的言语就越容易。这时交谈者的言语可能不完整,暗示的地方很多;反之,交谈者的统觉量的差异越大,理解就越困难。”[②]雅库宾斯基关于统觉因素的理论对语用学和对话分析至今仍有着重要的指导意义。

之后,口语学家泽姆斯卡娅、希里亚耶夫等用雅库宾斯基的理论来阐释口语话语的生成和解读。泽姆斯卡娅把统觉基础(апперцепционная база)的共同性界定为交谈者共同拥有的已知信息和生活经验。共同的统觉基础使得说话人有可能不用语词来表达许多东西,它对话语的结构产生极大的影响[③]。例如:

①(А. 和 Б. 约定见面,但没有敲定时间,第二天 А. 去电话确定时间)

А. Так что / давай в пять?(“这样吧,五点行吗?”)

Б. Ну в четыре лучше //(“最好四点。”)

А. Я не могу / в пять или позже / Кира(до пяти должен сидеть с ребенком — Кирой)// (Тексты)(“我不行,五点或者晚一点,基拉。”)

А. 和 Б. 五点钟去干什么? 为什么 А. 四点不行,要等到五点或晚一点? 基拉是谁? 他跟此事有什么关系等,对 А. 和 Б. 来说都是已知的信息,因此语词上都没有表达出来。

---

① Л. П. Якубинский, Избранные работы. Язык и его функционирование. М., 1986, стр. 38.

② Л. П. Якубинский, Избранные работы. Язык и его функционирование. М., 1986, стр. 42.

③ Е. А. Земская и Л. А. Капанадзе (ред.), Русская разговорная речь. Тексты. М., 1978, стр. 201.

② （A. 忙着去上班）

A. Вы не позвоните / Марья Петровна? （“玛丽娅·佩特罗夫娜，您不能打一下电话吗？”）

М. П. Время（проверить по терефону время）? （“时间〈打电话对时间〉?”）

A. Угу // （“嗯。”）

М. П. Позвоню //（Тексты）（“我这就打。”）

用电话对时间，这是A. 和М. П. 的共同生活经验，因此只要A. 提起打电话，对方就知道她的意图了。正是交谈者的已知信息和共同生活经验（共同统觉基础）简化了他们的话语，使得话语中被省略的地方很多。

由于上下文、情景和交谈者的共同统觉基础等三要素对话语的生成和解读起着决定性的作用，因此我们把它们视为语境的基本要素。

4 省略语及其类型

凡在基本语境要素的作用下，省略了这样或那样的语言要素的语句，我们管它们叫语境省略语（конситуативные эллиптические высказывания），简称省略语。省略语中语境要素和语言要素融合在一起，构成了语义完整的言语单位。语境要素和语言要素处于相互依存的关系之中，两者缺一不可。

省略语原则上都可以恢复成结构要素完整的语句，但在多数情况下，恢复是没有必要的。试比较：（表见下页）

通过省略语和非省略语的对比，可以清楚地看到：省略语简洁、生动，而非省略语冗长、呆板。日常言语交际中，使用省略语是正常现象，而使用非省略语倒是不正常的。格沃兹节夫（А. Н. Гвоздев）在《俄语修辞学概论》中指出：“在许多情况下，在日常生活言语中使用完全句会使人们感到不得当、冗长、可笑、不自然。”①

根据语句和语境的关系，省略语可分为两大性质不同的类型：一类是在固定的语境中形成的、经常反复使用的、模式化的省略语，如 Один до Москвы //（一张到莫斯科的票），它是 Дайте мне, пожалуйста, один билет до Москвы 的省略语，形式比较固定，而且可以依此类推：Два до

① А. Н. Гвоздев, Очерки по стилистике русского языка. М., 1952, стр. 204.

Москвы, Три до Большева // 等。我们管这类省略语叫惯用省略语。另一类是在一定的语境中出现的、一次性的、短暂的、非模式化的省略语，如（在鞋店）Покажите вот эти // 这种语句跟语境的关系十分密切，离开语境是不可能认知的。我们管这类省略语叫非惯用省略语。

省略语	非省略语
— Халы мягкие? П. Очень //（Тексты） “麻花面包很松软吗？” “很松软。”	— Халы мягкие? П. Да, они очень мягкие. “麻花面包很松软吗？” “是的，它们很松软。”
— Сорок первый покажите! П. Какие? — На коже //（Тексты） “41 码给我看一看！” “哪一种？” “皮底的。”	— Покажите мне, пожалуйста, туфли сорок первого размера. П. Какие туфли вам надо? — Мне надо туфли на коже. “请给我看一看 41 码的鞋子。” “您需要哪一种鞋子？” “我要皮底的鞋。”

我们还可以根据不同的语境要素，把省略语分为三种：(1) 上下文省略语，如 Б. Много народу в магазине? А. Много //（Тексты）（“商店里顾客很多吗？”“很多。”）(2) 情景省略语，如（在商店里顾客摆弄着鞋子）— А немного побольше таких нет? П. Тридцать восемь побольше //（Тексты）（“这样的稍大一点的有吗？”“大一点的 38 码。”）(3) 统觉省略语，如（А. 量过了体温）Б. Жень / ну как? А. Нормальная //（Тексты）（“热尼亚，怎么样？”“正常。”）

无论非惯用省略语还是惯用省略语，都有上下文、情景和统觉省略语之分。

5 非惯用省略语

“非惯用省略语”是和“惯用省略语”相对而言，它并不意味着“不常用”，而恰恰相反，日常生活交际中它是经常使用的。它的基本特点是：一次性、短暂性和非模式性。

5.1 非惯用上下文省略语

正如以上所述,上下文省略有横向和纵向之分。纵向上下文中省略的空间极大,它有两个主要特点:(1)后语(反应对语)受前言(刺激对语)的制约,其形式取决于前言;(2)后语中通常可省略前言中所有的已知部分(主位),它能以最简洁的方式提供信息(述位)。例如:

① — Батоны свежие?(“长面包新鲜吗?”)

П. Хорошие //(Тексты)(“好的。”)

② Б. Ну как спалось?(“睡得怎么样?”)

А. Нормально //(РМ)(“不错。”)

③ А. А щас ты что читаешь?(“你在读什么?”)

Б. Текст //(“课文。”)

А. Какой текст?(“什么课文?”)

Б. По-французскому //(РМ)(“法语。”)

④ А. Ты завтракать щас будешь?(“你现在吃早饭吗?”)

Б. Нет / я попозже //(РМ)(“不,我晚一点吃。”)

⑤ — Поехали!(“走啦!”)

— Куда, зачем, почему?(Э. Брагинский)(“去哪里,干吗,为什么?”)

⑥ Мать. Я хочу, чтобы вы обучили моего сына иностранному языку.(母亲:“我希望您能教会我儿子外语。”)

Учитель. Конечно, мадам. Французскому, немецкому, русскому или испанскому?(教师:“当然可以,太太。教法语、德语、俄语还是西班牙语?”)

Мать. А какой из них самый иностранный?(Учительская газета, 31 – 3 – 1984)(母亲:“哪一种是外语之最呢?”)

5.2 非惯用情景省略语

该省略语的主要特点是:(1)把情景中的事物或现象作为非语词手段融入语句,替代这样或那样的语言要素;(2)该语句只有在说话当时的情景中才能认知。例如:

①(电车上坐着两个中年女子,其中一个手中拿着花)

А. Это на рынке(кивок на цветы)?(“这是市场上的吗〈用头指花〉?”)

Б. Нет / вчера на ВэДэНХа // Там всегда хорошие //(Тексты)(“不，昨天在展览馆买的。那里经常有好花。”)

②（Б. 正在喝咖啡）

А. А ты что / две(пьешь чашки кофе)？（“你怎么，两杯〈喝两杯咖啡〉”）

Б. Я не напиваюсь(одной)//(Тексты)(“〈一杯〉我不够喝。”)

③（А. 指着地板上的污点）

А. Что это тут такое？（“这是什么呀？”）

Б. Что-то да / я тоже посмотрел //(Тексты)(“不知是什么东西，我也看了。”)

④（房间里开着电视）

А. Это что(о телевизионной передаче)？（“这是什么？〈指电视节目〉”）

Б. Это четвертая(программа)//(“这是第四套〈节目〉。”)

А. А-а / шпионский этот(фильм)//(Тексты)(“啊，这是间谍〈片〉。”)

⑤ А. Ну ладно // А в чем ты поедешь / Тань？（“好吧。你穿什么衣服走，塔妮娅？”）

В. Я оделась уже //（“我已经穿好了。”）

А. Вот в этом / да？（“穿这件，是吗？”）

В. Угу //(РМ)(“嗯。”)

⑥（在书店）

— А стихи где у вас？（“你们这里诗作在什么地方？”）

П. Туда дальше(жест).(Тексты)(“往那边走〈做了个手势〉。”)

5.3 非惯用统觉省略语

该省略语中的统觉基础(已知信息)是临时的、短暂的、不经常起作用的。这些因素融入语句后能替代这样或那样的语言要素。这就是所谓的非惯用统觉省略语。例如：

①（已知信息：Б. 的女儿考学）

А. Ну как дочь？（“女儿怎么样？”）

Б. Слава богу поступила.(РМ)(“谢天谢地考取了。”)

②(已知信息:咖啡磨坏过)

А. Жень / иди / опять //(“热尼亚,来,又坏了。”)

Б. Ну ты туда воткни поглубже просто //(Тексты)(“你插得深一点就行了。”)

③(已知信息:儿子 A. 给母亲到医院去挂号)

А. Мам / Я на два тебя(записал к врачу на два часа)//(“妈,我给你〈挂号〉挂到两点。”)

Б. Ладно // Может еще и уложу(успею уложить спать ребенка)//(Тексты)(“好吧。也许还来得及〈让孩子躺下睡觉〉。”)

④(已知信息:烧水煮咖啡)

А. Женя / кипит(вода для кофе)// (“热尼娅,〈煮咖啡的水〉开了。”)

Б. Хорошо(слышу, иду варить кофе)(Тексты)(“好〈听见了,我就来煮咖啡〉。”)

⑤(已知信息:房间里睡着孩子)

А. Я там (где спит ребенок) открыла(окно)/ ничего? (“我那里〈孩子睡的地方〉〈把窗户〉打开了,没有事吧?”)

Б. Где? У Кирилла? (“哪里? 在基里尔那里?”)

А. Угу //(“嗯。”)

Б. Хорошо / хорошо //(Тексты)(“好的,好的。”)

6 惯用省略语

跟非惯用省略语相对立,惯用省略语的基本特点是:经常性、固定性和模式性。

6.1 惯用上下文省略语

该省略语指在上下文中经常反复使用的模式化的省略语,它主要体现在“问—答”对话统一体的反应对语中。如在回答 Как тебя(вас)зовут? 一类问句时,反应对语常常省略成“名词一格”(名字):① — Тебя как зовут? — Ольга, Оля. — Меня Володя. (И. Кувшинов)(“你叫什么名字?”“奥尔加,奥利娅。”“我叫沃洛佳。”) ② — Ну,и как зовут Ромео? — Иван Иванов! (Д. Донцова)(“罗密欧叫什么名字?”“伊万·伊万诺夫!”)③ — Тебя как зовут-то? — спросил Васька. — Елена

Ивановна, — не поворачивая головы, ответила она.（Б. Метальников）（"你叫什么？"瓦西里问。"叶莲娜·伊万诺夫娜。"她头也不回地回答。）

在回答 Вам кого? 一类问句时，反应对语常省略成"名词四格"（人名）：①［Петр Евграфович:］Вам кого, молодой человек?［Владимир:］Вас!（С. Алешин）（"年轻人，您找谁?""找您!"）② — Вам кого? — Мне Дроновых.（Е. Григорьев）（"您找谁?""我找德罗诺夫家的人。"）③ — Вам кого? — Римму Ивановну.（Д. Донцова）（"您找谁?""找丽玛·伊万诺夫娜。"）

在回答 Где живешь? 一类问句时，反应对语常省略、简化成"名词一格"（街名、门牌号、宅号）：①［Таня:］И где же «нас» ждут?［Колесов:］Чапаева, восемьнадцать, комната сорок два.（А. Вампилов）（"在什么地方等我们?""夏伯阳大街，18 号，42 室。"）②［Дворник:］И главное, мы-то знаем, где ты живешь. Сосновая, восемнадцать. И между прочим об вас дома волнуются.［Катя:］Ну и неправда, никто не волнуется.（М. Рощин）（"主要的是，我们倒知道你住在哪里。松树街 18 号。而且家里人正在为你们着急呢。""不对，谁也不着急。"）Чапаева 是 улица Чапаева 的省略形式，Сосновая 是 Сосновая улица 的省略形式。

在回答 Чьи это туфли? 一类问句时，反应对语可省略、简化成"名词一格"（产地）：① — Это чьи туфли? П. Югославия //（Тексты）（"这是哪国产的鞋子?""南斯拉夫的。"）② — А эти сапожки детские чьи? П. Это Австрия //（Тексты）（"这双儿童靴是哪国产的?""这是奥地利的。"）Югославия 和 Австрия 是 туфли югославского производства 和 сапожки австрийского производства 的省略、简化形式。[1]

在回答 Поздравляю Вас с праздником! 一类祝贺语时，反应对语是 И Вас также，它也已经模式化了，如此等等。

6.2 惯用情景省略语

该省略语是指在固定的情景中形成的、经常重复使用的、模式化的省略语。日常生活中常见的情景有：问时间、问路、电话、电梯、购物等。在

① 徐翁宁：《现代俄语口语概论》，上海外语教育出版社 2000 年版，第 85 页。

这些情景中形成了一系列惯用语，亦即所谓的城市惯用句式（городские стереотипы）[①]，其中不少就是惯用情景省略语。

6.2.1 问时间用语

在询问时间的对话中经常省略 время，часы 等词。例如：

① А. Сколько у Вас（жест）？（“您的〈表〉几点了〈手势〉?”）

Б. Второго пять минут //（Тексты）（“一点五分。”）

② А. На ваших сколько（жест）？（“您的〈表〉几点〈手势〉?”）

Б. Без пятнадцати три //（Тексты）（“差一刻三点。”）

6.2.2 电话用语

在表示“请求”的对话中经常省略动词 позвать，попросить，例如：Пожалуйста，Нину（请叫一下尼娜）；Будьте добры Андрея（劳驾，叫一下安德烈）；Галю будьте добры（劳驾，叫一下加里娅）；Будьте любезны Люсю（劳驾，请叫一下柳霞）；Можно Катю？（可以叫一下卡佳吗?）Виктора можно?（叫一下维克托尔可以吗?）

在反应对话中经常省略 позову，посмотрю，узнаю，подождите 等动词形式，例如：Пожалуйста（请稍等）；Сейчас（我马上就叫）；Минуточку（请稍等）；Одну минуту（请稍等）等。

① Я позвонила к Юрке на работу и услышала женский голос：（我打电话到尤尔卡上班的地方，听到女子的声音：）

— Калинина.（“我是卡利尼娜，请讲。”）

— Можно Петрова？（“可以叫一下佩特罗夫吗?”）

— Позвоните через неделю.（Д. Донцова）（“您过一周再来电话。”）

Калинина 是 Слушает Калинина 的省略语；Можно Петрова？是 Можно позвать Петрова？的省略语。

② Вера Степановна. Аллё… Одну минуту…（Кричит.）Павел Дмитриевич，вас.（Ф. Горенштейн）（维拉·斯捷帕诺夫娜：“喂……请稍等……（呼叫）帕维尔·德米特里耶维奇，有您的电话。”）

Одну минуту 是 Подождите одну минуту 的省略语；Вас 是 Вас про-

---

① Е. А. Земская и Л. А. Капанадзе（ред.），Русская разговорная речь. Тексты. М.，1978，стр. 269.

сят к телефону的省略语。

6.2.3 电梯用语

在电梯用语中经常省略 этаж，лифт，подняться，спуститься 等词。例如：

①（А.和Б.不相识）

А. Мне шестой //（"我上六层。"）

Б. Мне выше //（"我还要往上。"）

А.（нажимает кнопку）（РМ）（按按钮）

②（А.和Б.不相识）

А. Вам какой？（"您几层？"）

Б. Пятый пожалста //（"请按五层。"）

А.（нажимает кнопку）（РМ）（按按钮）

③ А. Вы на первый？（"您到一层吗？"）

Б. Нажимайте（т. е. "да，на первый"）//（"按吧。"）

А.（нажимает кнопку）（РМ）（按按钮）

④ Б. Вниз？（"下去吗？"）

А.（кивает головой в знак согласия）（点头以示同意）

Б. Угу / хорошо //（"嗯，好的。"）

А.（нажимает кнопку）（РМ）（按按钮）

6.2.4 问路用语

在问路用语中经常省略"Как пройти（проехать，доехать）..."，例如：Горный институт не скажете？（请问矿业学院怎么走？）«Дом обуви» не скажете？（请问鞋城怎么走？）Парикмахерская не скажете？（请问理发店怎么走？）Не скажете / тридцать вторая больница？（请问32医院怎么走？）Скажите пожалуйста / стеклянный магазин？（请问玻璃商店在什么地方？）①

6.2.5 购买火车票用语

在购买火车票的情景中，语句 Дайте мне，пожалуйста，два билета до Москвы（请给我两张到莫斯科的票）一类语句经常被省略成：Мне пожалуйста до Москвы // Два билета //；Пожалуйста Москва два билета //；

---

① 例句选自《俄语口语》，1973年。

Москва мне пожалуйста //；Два до Москвы //；Два Москва // 等。这些省略语已经模式化，在购票的情景中不会引起误解。再举一些选自《俄语口语·篇章》（1978）的例子：Москва — обратно два дайте //（给两张莫斯科返程票）；Болшево дайте пожалуйста //（请给一张博尔谢沃）；До Мытищ один пожалуйста //（请给一张到梅季希）；Дайте мне три Пушкино / и два Мытищи //（给我三张普希金诺，两张梅季希）；До Пушкина туда — обратно // Один //（到普希金诺来回，一张）；Один билет до Болшева //（一张到博尔谢沃）；Два Москва — обратно //（两张莫斯科，返程票）；Туда и обратно Болшево два билета //（博尔谢沃两张来回）；Москва три // Один обратно//（莫斯科三张，一张返程票）；Детский / до Москвы / туда и обратно //（儿童票，到莫斯科，来回）。

① — Один до Александрова //（"一张到亚历山德罗夫。"）

П. Один до?（"一张到〈什么地方〉?"）

— До Александрова //（Тексты）（"到亚历山德罗夫。"）

② — До Михайловской два // Туда и обратно // И обратно один //（"到米哈伊洛夫斯卡亚两张，来回。返程一张。"）

П. Два и один пожалуйста //（Тексты）（"两张、一张，请拿好。"）

6.3 惯用统觉省略语

惯用统觉基础指交谈者双方共同拥有的长久的、稳定的、经常起作用的已知信息和生活经验，它可作为非语词手段融入语句，替代这样或那样的语言要素。这就是所谓的惯用统觉省略语。例如：

①（共同生活经验：八点看新闻）

А.（муж）Тань / иди // «Вести»//（〈丈夫〉"塔尼娅，来，新闻。"）

Б. Что / уже восемь /（часов）?（"怎么，已经八点了?"）

А. Угу //（РМ）（"嗯。"）

②（共同生活经验：八点前叫醒孩子）

В.（просыпаясь）Сколько уже?（〈醒来〉"几点了?"）

Б. Полвосьмого //（"七点半。"）

В. Угу // Надо будить //（ребенка）（"嗯。该叫醒〈孩子〉了。"）

Б. Ну подожди до без пятнадцати //(“到差一刻再叫。”)

В. Угу //(Тексты)(“嗯。”)

③(共同生活经验:病人需在查病房前整理好内务)

А. Сейчас сколько время?(“现在几点了?”)

В. Без двадцати десять //(“差20分10点。”)

А. Ну еще есть время(убраться до обхода)//(молча наводит порядок на своей постели и тумбочке)(РМ)(“还有时间〈查房前还有时间整理内务〉。”〈默默地整理自己的床铺和床头柜。〉)

③(已知信息:丈夫有高血压病)

А.(муж жене)У меня седня сто сорок(давление)//(〈丈夫对妻子说〉“今天我140〈血压〉。”)

В. Уже померял?(“已经量过了吗?”)

А. Угу //(РМ)(“嗯。”)

语句的含意:言语的隐性范畴

1 言语的隐性范畴

言语中存在着两大对立的范畴——显性和隐性。显性范畴是指直接用语词手段(вербальные средства)表达的范畴;隐性范畴是指间接用语词手段表达的范畴。现代语言学在显性范畴的研究上已经取得了巨大的成就,而隐性范畴则是一个正在开发的领域,它愈来愈多地受到语言学界的关注,如近三十年来,一些语言学家在会话含意和隐喻的研究方面开展了卓有成效的研究。但作为言语的一个范畴,它的覆盖面十分广阔,涉及到言语的各个层面。因此,作为一个独立的范畴,对它的研究仍处于初始阶段,有大量开拓性的工作要做。这里我们探讨的仅仅是该范畴中的一个方面,即对话语句的含意。

2 含意的研究概况

20 世纪 70 年代,美国哲学家格赖斯提出了会话含意理论。他试图通过合作原则(co-operative principle)来阐释会话含意形成的原因。他把该原则具体化为 4 个准则:(1)数量准则(使自己所说的话达到所要求的详尽程度;不能使自己所说的话比所要求的更详尽);(2)质量准则(不要说自己认为是不真实的话;不要说自己认为缺乏足够证据的话);(3)关联准则(说话要贴切);(4)方式准则(避免晦涩的词语;避免歧义;说话要简要;说话要有条理)①。格赖斯认为,如果说话人故意违反准则,那就意味着话语中含有这样或那样的意思,听话人可以通过语境来推导说话人的真实意图,这就是所谓的会话含意(convesational inplicature)。

含意分为一般(generalized)含意和特殊(particularized)含意两类:前

---

① 何兆熊:《新编语用学概要》,上海外语教育出版社 2000 年版,第 154 页。

者不受特定语境的限制；后者需要依靠特殊的语境来推导[①]。莱文逊认为，格赖斯的含意理论有局限性，他的会话合作原则只能解释特殊会话含意，而不能解释像 I walked into a house 这类语句的含意[②]。

20 世纪 80 年代，法国学者斯珀伯和英国学者威尔逊提出了关联理论。“关联”是合作原则中最有解释力的一个准则，但它却显得空泛，实践中难以操作。关联理论从认知的角度对话语的关联原则作了较详细的阐述，克服了合作原则中的不足。根据该理论，“交际是一个认知过程，交际双方之所以能够配合默契，明白对方话语的暗含内容，主要由于有一个最佳的认知模式——寻找关联。这就是说，要找到对方话语同语境假说（contextual assumptions）的最佳关联，通过推理，推断出语境暗含（contextual implication），最终取得语境效果（contextual effects），达到交际成功”[③]。

英国哲学家奥斯汀和美国哲学家塞尔的言语行为理论从另一个视角来研究话语的隐性意思。塞尔认为，对句子意义的研究和对言语行为的研究原则上是没有区别的。如果恰当地加以解释的话，它们是相同的研究[④]。他的间接言语行为理论跟话语的含意有着直接联系。大家熟知的例子就是用问句的形式间接地用来表示请求：Can you pass the salt？或 Who cares？（= No one cares.）[⑤]。对一些隐性言语现象来说，他的理论不失为一个具有解释力的理论。

近几年来，俄罗斯语言学界在语言和言语中的隐性现象的研究方面取得了不少成果。1995 年，普希金俄语学院举行了“语言和言语中的隐性信息”研讨会，发表了不少论文，其中有代表性的是鲍里索娃（Е. Г. Борисова）和马尔捷米亚诺夫（Ю. С. Мартемьянов）主编的《语言和言语中的隐含性》（1999）。该书作者对含意有自己独到的见解。他们从听话人的角度来解释含意，认为隐性信息（имплицитная информация）是那种需要通过听话人的努力才能获得的信息，而他们的领会具有任选性。

---

① 戴维·克里斯特尔：《现代语言学词典》，沈家煊译，商务印书馆 2000 年版，第 178 页。

② Levinson, S. C. *Pragmatics*. Cambridge: Cambridge University Press, 1983, p. 126.

③ 何自然 吴亚欣：《语用学概略》，《外语研究》2001 年第 4 期，第 15 页。

④ Searle, J. R. *Speech Acts: An Essay* in the *Philosoph of Language* (CUP). 外语教学与研究出版社 2001 年版，第 18 页。

⑤ Collinge, N. E. (ed.) *An Encyclopaedia of Language*. London & New York: Routledge, 1990, p. 191.

因此，对隐性信息的领会不是百分之百的可靠，而显性信息则不同，任何一个语言的持有者对它只能有一种理解[①]。该书研究了词法、词汇、成语、句子、超句统一体以及篇章等层面上的隐性信息。在分析词汇和成语时，作者注意到了联想和外延方面的隐性信息，隐喻、词和成语的内部形式以及构成虚词内容的隐性信息。在分析词法现象时，提到了易位、零词素使用时的隐性信息。在句法层面上作者把省略、无连接词复合句中的意义关系看成隐性信息。作者还研究了篇章层面上隐性信息显性化的方法，隐性信息的文化方面以及应用语言学中的隐性信息问题（隐性信息和非本族语教学、广告和宣传中的隐性信息、隐性句法和显性句法的互译等）。

这里，我们拟从实际的语料分析出发，根据语言的使用规律，而不是从会话合作原则的角度，来阐释话语层面上语句的隐性内容，即对话语句所含有的意思，简称语句的含意（имплицитный смысл высказывания）。

3 句子的意义

在探讨语句的含意之前，有必要弄清什么是句子的意义。当前，语言学家对这一问题已经取得了共识，认为每个句子中有两种原则上不相同的意义结合在一起：一种是客观的，反映现实的；另一种是主观的，反映主体-思考者对现实的态度的。法国语言学家巴利把两者分别称为 диктум（陈说）和 модус（态式）。“陈说”是句子的客观意义；“态式”是句子的主观意义[②]。

句子的客观意义是对客观世界情况的报道，其中不包含任何说话人的主观成分，如 Он занимается историей（他研究历史）；而主观意义是说话人对报道的态度，如 Я хочу，чтобы он занимался историей（我希望他研究历史），其中 Я хочу 是句子的主观意义[③]。

通常，客观意义是用词汇手段表达的，实词是客观意义的持有者；主观意义则倾向于用语法手段表达，如用词的形式、虚词、含语法意义的词

---

① Е. Г. Борисова и Ю. С. Мартемьянов (ред.), Имплицитность в языке и речи. М., 1999, стр. 10, 13.

② В. А. Белошапкова (ред.), Современный русский язык. М., 1997, стр. 768.

③ Л. А. Новиков (ред.), Современный русский язык. СПб., 2001, стр. 693.

（半实词性动词、情态动词、代词、情态词）、语调等手段[1]。试比较：

① Он занимается историей.

② Я хочу, чтобы он занимался историей.

4 语句的含意

我们这里探讨的单位并不是抽象的语法句，而是对话中具体使用的、有实际内容的语用句，即对话语句。实际使用中的语句，它的意思（词语在语境中所获得的意义）可能是显性的，也可能是隐性的。所谓显性意思（эксплицитный смысл）是指用语词手段直接表达的，体现在字面上的意思；隐性意思（имплицитный смысл）是指说话人通过语词手段间接表达的，跟字面意思不同的语用意思。试比较：

① Все его любят.（大家都喜欢他。）

② Кто же его не любит?（谁不喜欢他呢？）（隐性意思：大家都喜欢他。）

语句的客观意思通常是显性的，隐性的情况较少。比如在省略的情况下，语句的客观意思可能是隐性的：Петя уехал? — Вероятно.（"佩佳走了吗？""大概是的。"）答语中隐含着"他走了"这一客观意思。而主观意思既可能是显性的，也可能是隐性的。试比较：

① Закрой, пожалуйста, окно!（请把窗关上！）

② Дует!（有风！）（隐性意思：请把窗关上。）

我们探讨的语句含意就是语句所含的隐性的主观意思，它具有以下特征。

（1）主观性，它反映了说话人的意图、态度、评价、感情等主观意思，如 Дует!（说话人希望听话人把窗户关上。）

（2）深层性，它是隐藏在语句深层的意思，不同于语句的表层意思，即本意或字面意思，如 Дует! 的表层意思是"刮着风"，而深层意思是"请把窗关上"。

（3）语境性，它是在具体语境中获得的意思。语境是识别和推导含意的必要手段。

（4）有的含意是有规律可循的，如 Он, конечно, упрям, но и ты хо-

---

① В. А. Белошапкова（ред.），Современный русский язык. М., 1997, стр. 774.

рош（他倔，可你也不赖），听话人可根据上下文和说话人的口气解读话语的真实意思；有的含意是无规律可循的，它需要通过语境的推导才能领会，如 Дует!

（5）含意和本意有着内在的联系，前者是从后者引申出来的。Кто же его не любит? Он, конечно, упрям, но и ты хорош 以及 Дует! 等语句的含意都是跟本意有着有机的联系，是从本意引申出来的。

马尔捷米亚诺夫在《语言和言语中的隐性信息》一书中指出："语言信息的隐含性的概念常常跟语言系统中句法层面上的现象联系在一起。正是在这一层面上可以见到像省略（эллипсис）这种用隐性手段传递信息的现象。句子间的隐性联系，其中包括无连接词复合句内的联系，显然是隐性的。"①

我们认为，无连接词复合句内分句间的意义关系不是用语词手段表达的，因此是隐性的。但这种隐性的意义不属于我们探讨的范围，因为我们探讨的隐性意义是指那些跟字面意义不同的意义，而无连接词复合句内的关系不存在这种不同。

同样，成语、谚语和俗语也不属于我们探讨的范围。虽然它们中的一部分也有这样或那样的含意，但是这种含意已经固定，是该单位的唯一的意义，而它的字面意义已不再使用，如 Время — деньги（时间就是金钱）；Не учи рыбу плавать（班门弄斧）；Один в поле не воин（独木不成林）；Тише едешь, дальше будешь（宁静致远）等。因此，成语、谚语和俗语是隐性范畴中另一种性质的现象。

5 对话语句的规律性含意

对话中语句的含意可以根据有无规律可循分为规律性和非规律性两种。语句的规律性含意，顾名思义，是指有语言规律可以遵循的隐性意思。根据我们的观察，一部分疑问句、非疑问句和反应词语，在特定的语境中，通过一定的语词手段，其显性意义（字面意义）可能有规律地转化为隐性的主观意义。比如，疑问句可能有规律地转化为以下隐性的主观意义：请求、断言（肯定或否定）以及其他主观情态意义。例如：

① Не скажете, сколько времени? (= Скажите, сколько време-

---

① Е. Г. Борисова и Ю. С. Мартемьянов (ред.), Имплицитность в языке и речи. М., 1999, стр. 58.

ни.)(请问几点了?)

② Кто его не любит? (= Все его любят.)(谁不喜欢他?)

③ Какой же он хитрый? (= Он вовсе не хитрый.)(他狡猾什么呢?)

④ Почему вы не ответили на наше письмо?(您为什么不回我们的信?)

例①的含意"请求"是通过句式(не скажете…?)影射的;例②的含意"肯定"是通过代词(кто)和语气词(не)影射的;例③的含意"否定"是通过代词(какой)和语调(调型-5)影射的;例④的含意"不满"是通过代词(почему)和语调(调型-4)影射的。句式、代词、语气词和语调等语词手段成了隐性意思存在的标志。但是这些标志必须在特定的语境中才起作用。语境是解读语句含意不可或缺的条件。布雷兹古诺娃指出:"主观情态意义的区别经常是在句子的意义的相互影响的基础上确定的。如 Поймет он тебя! 这个句子,根据上下文中意义上的相互影响,既能表示带表情色彩的肯定,也能表示带表情色彩的否定。试比较:

① Поймет он тебя! Обязательно поймет! Иди и не сомневайся!(他会理解你的! 一定会理解的! 去吧,别犹豫了!)

② Поймет он тебя! И не надейся, и не вздумай унижаться!(他会理解你? 别抱希望了,不要低三下四!)

在这两种情况下,语调可能体现为情态的调型-2,或中态和情态的调型-5,调型-7。在调型变异相同的条件下,跟上下文的意义联系是决定性的因素。"①

5.1 疑问句的含意

5.1.1 委婉的请求

① Вы не подвинетесь немножко? (= Подвиньтесь, пожалуйста, немножко.)(您不能稍微挪动一下吗?)

② Вы не скажете, где здесь телефон-автомат? (= Скажите, пожалуйста, где здесь телефон-автомат.)(请问这里哪里有公用电话?)

③ Вы не могли бы передать соль? (= Передайте, пожалуйста, соль.)(您能不能把盐递给我?)

---

① Н. Ю. Шведова, Русская грамматика. Т. 2. М., 1980, стр. 231.

④ А. Не скажете / сколько времени? （“请问几点钟了?”）

Б. Полвторого //（Тексты）（“一点半钟。”）

5.1.2 委婉的建议

① — Ну что, девушки，станцуем? （“姑娘们，咱们跳舞怎么样?”）

— Станцуем! （Б. Метальников）（“咱们跳吧!”）

② — Не желаете ли послушать музыку? （“想不想听音乐?”）

— С удовольствием.（Он же）（“好的。”）

③ — Может，чаю заварить? （“也许，泡点茶?”）

— Ну завари.（И. Руднева）（“泡吧。”）

④ — А не поужинать ли нам сегодня в ресторане? （“我们去饭馆吃晚饭怎么样?”）

— Прекрасная идея.（ЛГ, 28 – 11 – 1979）（“主意好极啦!”）

5.1.3 断言

带语气词 не 的问句含肯定的意思，而不带语气词 не 的问句则含否定的意思。例如：

① — Он очень устал.（“他很累了。”）

— А мы не устали? （«Русская грамматика» 1980）（“我们不累吗?”）

② Таня. Я очень люблю подарки. （塔尼娅：“我很喜欢礼物。”）

Клава. Ну, а кто их не любит? （А. Галин）（克拉娃：“谁不喜欢礼物呢?”）

③ — Там, наверное, грязно? （“那里大概脏吧?”）

— Какая же это грязь? Просто земля!..（Б. Метальников）（“脏什么？那是土……”）

④ — Вы на дачу часто ездите? （“您常去别墅吗?”）

— Какая у нас дача? Откуда вы взяли.（И. Муханов）（“我们哪里有别墅啊？您从什么地方知道的?”）

⑤ Марта. Чему ты так радуешься? Не понимаю.（马尔塔：“什么使你这样高兴啊？我不理解。”）

Ганс. А почему мне не радоваться? Прекрасный день! （М. Рощин）（甘斯：“为什么我不高兴呢？多好的天气啊!”）

5.1.4 揣测

语气词 или，что ли，не правда ли，не так ли 等，插入语 пожалуй，кажется，может быть，наверное 等都能赋予语句揣测的含意。例如：

① Чего она, обиделась, что ли？（В. Шукшин）（她怎么啦，受委屈了，是不是？）

② Вы что же, музыкант, я так понимаю？（А. Мандадже）（您是音乐家，我没有理解错吧？）

③ Может, ты тоже выступала на совете？ Или ты сидела под кафедрой？（Ю. Трифонов）（也许你在学术委员会上也发言了？也许您坐在台下？）

④ Вы работаете на заводе. Вы мастер, так？（«Москва слезам не верит»）（您在工厂工作。您是工长，是这样吧？）

5.1.5 惊讶、怀疑、犹豫

① — Сколько тебе лет？（"您多大了？"）

— Сорок три.（"43。"）

— Что-о？！（Б. Метальников）（"什么？！"）

② — Это не море даже, а океан. Тихий.（"这甚至不是海，而是洋。太平洋。"）

—Да？！ Постой… Тихий, говоришь？！（М. Пак）（"是吗？！等一等……你说，太平洋？！"）

③ — Я вышлю тебе денег на дорогу.（"我给你寄路费去。"）

— В самом деле？！（Он же）（"真的吗？！"）

④ — Что вы на это скажете, доктор！（"大夫，您的意见呢？"）

— Что я скажу？.. Могу только пожалеть, что я не инженер и не физик. Мне этого не понять！（М. Метальников）（"我的意见？……我只能表示遗憾，我既不是工程师，又不是物理学家。这个我不懂。"）

5.1.6 不满、责备、指责、抱怨、气愤

由 почему，зачем 构成的问句带有这种含意。例如：

① Его вторая жена, красавица, умница — вы ее только что видели — вышла за него, когда уже он был стар, отдала ему молодость, красоту, свободу, свой блеск. За что？ Почему？（Чехов）（他的第一任

妻子，漂亮、聪明——您刚见过她——当他已经年老时，她嫁给了他，给了他青春、美貌、自由和光辉。为的是什么？为什么会这样？）

② — А что я，хуже его работаю？— Павел кричал и размахивал руками，— Что я，хуже его?!（В. Шукшин）（"我怎么啦，比他工作得差吗？"帕维尔边叫喊边挥动着双手。"我怎么啦，比他差?!"）

5.1.7 警告、威胁

在一定条件下，问句可转化为警告问句（вопрос-предупреждение）和威胁问句（вопрос-угроза）[①]。

① А чего ты тут сидишь？Замерзнуть захотел？（М. Рощин）（你为什么坐在这里？想冻坏吗？）

② И чтобы по этому телефону больше не звонила，слышишь?!（С. Алешин）（你不要再把电话打到这里来了，听见没有?!）

5.1.8 说服、劝说

А. Поехали с нами завтра на дачу!（"明天跟我们一起去别墅吧！"）

Б. Некогда //（"没有时间。"）

А. Ну что ты будешь дома сидеть？В такую погоду!（Е. Земская）（"你干吗呆在家里呢？这么好的天气！"）

5.1.9 担心

① Ну услышит кто-нибудь？（«Русская грамматика» 1980）（要是有人听见呢？）

② Ну как заблудимся？（Там же）（咱们迷路怎么办？）

③ — А если вы останете от своих？（"要是你们掉队呢？"）

— Не беспокойтесь. Мы знаем，куда они идут，догоним.（Н. Гамолка）（"不用担心。我们知道他们往哪边走，我们会赶上的。"）

④ — Да нет там никого! Пустая квартира. Оля в отпуск уехала.（"那里什么人也没有！空房子。奥莉娅去度假了。"）

— А когда приедет и узнает？（Л. Жуховицкий）（"要是回来知道了呢？"）

---

① АН СССР，Грамматика современного русского литературного языка. М.，1970，стр. 574.

5.1.10 引出话题

① Что такое талант? Талант — это вечная молодость. Ничто так не молодит! Талант! (М. Рощин)(什么是才干? 才干是青春永驻。没有东西能使人这么年轻! 只有才干!)

② А знаете, я вам что скажу? Мне почему-то дома все стало безразлично. (С. Алешин)(您知道,我想告诉您什么吗? 在家里我不知为什么一切都觉得无所谓。)

5.2 非疑问句的含意

5.2.1 在特定的语境中,说话人可以通过改变中态词序的办法使一些非疑问句的意义从显性转化为隐性的语用意义(否定、不信任、讽刺等)。改变后的词序为:述谓性成分移至句首,并用调型-2 读出;谓语动词常常是过去时或将来时,动词前通常带有语气词 так и [①]。

① Поймет(понял)он тебя! (= Конечно, он не поймет.)(他才不会理解你呢!)

② Дадут тебе премию, дожидайся! (会给你发奖金的,等着吧!)

③ Так и дадут тебе премию! (给你发奖金,休想!)

④ Друг он тебе, прямо уж! (他才不是你的朋友呢!)

⑤ Разве можно давать детям деньги? И разве можно позволять им играть в азартные игры? Хороша педагогия, нечего сказать! (Чехов)(难道可以给孩子们钱吗? 难道可以允许他们赌博吗? 多好的教育啊,没说的!)

1980 年《俄语语法》指出:"对 надо, нужно, нужен, много, мало, станет, будет 等词来说,上述倒置词序是很平常的现象。"[②]例如:

① Нужно мне его участие! (= Мне не нужно его участие.)(我才不需要他的同情呢!)

② Мало я с ним мучилась! (= Очень много мучилась.)(我为他脑筋伤得还少吗?)

③ Много он мне помогал! (他没有帮过我什么忙!)

④ — Ага! Станут они тебе докладывать, куда отправились, как

---

① Н. Ю. Шведова, Русская грамматика. Т. 2. М., 1980, стр. 223.

② Н. Ю. Шведова, Русская грамматика. Т. 2. М., 1980, стр. 223.

же! Им сейчас не до тебя! И не защищать их, бессовестных. (М. Бондарюк)(啊！你休想他们会向你报告去哪儿了！他们现在顾不上你啦！不要为他们这些没有良心的人辩护了。)

⑤ — А ты не врешь! ("你没撒谎吧?")

— Вот еще! Стану я врать! (Н. Носов)("哪有的事！我才不撒谎呢!")

5.2.2 除词序外,语气词在含意的形成中也起着极其重要的作用。

(1)语气词 тоже 能赋予语句不信任或否定、讽刺的含意。例如:

① Тоже умник нашелся! (СОШ)(好一个聪明人!)

② — Он поэт. ("他是诗人。")

— Поэт тоже мне! (Там же)("也算诗人!")

(2)语气词 а еще, вот еще 能赋予语句否定、不同意、讽刺的含意。例如:

① А еще друг! («Русская грамматика» 1980)(还是朋友呢!)

② Вот воин еще! Глупости-то оставь: учиться надо. (Л. Толстой)(还想当军人呢！别干蠢事啦,应该学习。)

(3)语气词 какое(какое там, где там, куда там)赋予语句否定的含意。例如:

① — Он старательный студент? ("他是个用功的学生吗?")

— Какое там старательный! (Н. Лобанова)("用功什么!")

② — Он старается? ("他努力吗?")

— Какое там старается! (Она же)("努什么力呀!")

③ — В Сибири сейчас морозы? ("现在西伯利亚冷吗?")

— Где там морозы! Всю неделю идет дождь. (Она же)("冷什么呀！整周都下雨。")

④ — Так ведь готовиться надо. ("要知道该准备了。")

— А где готовиться-то? У меня жена, ребенок маленький, а что раньше учил — позабыл. (Л. Юнина)("哪有时间准备呢？我有妻子,孩子还小,而以前学的已经忘了。")

(4)语气词 куда как 能赋予语句讽刺的含意。例如:

① — Вы хорошо выглядите. ("您的气色很好。")

— Куда как хорошо! (БТС)[①]("好什么呀!")

② Куда как мил! (Грибоедов)(他真够可爱的!)

5.3 反应词语的含意

对话中反应词语(релятивы)用作对交谈者话语或情景的反应,是言语的交际单位。其中一些词语具有语义转化的功能:在特定的语境中,它们的显性意义可能转化为与其对立的隐性意义。这些词语有:как же,ну да,а то,почему же,очень надо 等。

5.3.1 Как же

显性意义:当然,那还用说;隐性意义:不同意,拒绝。试比较:

① Сократ. Это очень важно — беречь свое здоровье. (索克拉特:"爱护自己的身体,这很重要。")

Ксантиппа. А как же. (С. Алешин)(克桑季帕:"当然咯。")

② Соня. А теперь иду слушать, как Макс будет говорить мне о вечной любви…(索尼娅:"现在我要去听马克斯给我们讲永恒的爱情了……")

Зими. Как же… Дожидайтесь! (М. Горький)(齐明:"永恒的爱情,那还用说,等着吧!")

5.3.2 Да, ну да

显性意义:肯定,同意;隐性意义:否定,不相信,不同意,怀疑。试比较:

① Приезжая. Девочка, тут бывают такси? (过路人:"小姑娘,这里有出租车吗?")

Катя. Да, бывают. (М. Рощин)(卡佳:"有。")

② — Ты сделал то, что тебя просили? ("求你的事你做了没有?")

— Ну да, давно. (БТС)("做了,早做了。")

③ — Найду я тебе врача. ("我能给你找到医生。")

— Да, найдешь ты. (БТС)("得了吧,你能找到。")

④ — Мы никогда тебя не оставим. ("我们绝不会把你丢下不

---

① С. А. Кузнецов (ред.), Большой толковый словарь русского языка. СПб., 2000. 以下简称 БТС。

管的。”)

— Да, не оставите, знаю вас. (Там же)(“得了吧,你们不会,我可了解你们呢。”)

⑤ — Сходи за хлебом. (“你去买一下面包吧。”)

— Ну да, так я и пошел. (Там же)(“得了吧,我不去。”)

⑥ — Он без тебя скучает. (“他没有你会感到寂寞的。”)

— Ну да, жди! (СОШ)(“是吗? 等着吧!”)

5.3.3 А то

显性意义:十分肯定,同意;隐性意义:否定,不同意(含讽刺的意味)。试比较:

① — Замерз? (“冻坏了吧?”)

—А то! Мороз на дворе. (СОШ)(“可不,外边很冷。”)

② — Он пойдет? (“他会去吗?”)

— А то! Дожидайся! (Там же)(“他会去? 等着吧!”)

5.3.4 Почему(почему же, отчего же)

显性意义:询问原因(为什么);隐性意义:肯定的回答或反对。试比较:

① Варя. Так и быть — не переночую. (瓦丽娅:“就这样吧,我不在这里过夜了。”)

Владимир. Ну почему? Я же от чистого сердца. (С. Алешин)(弗拉季米尔:“为什么呢? 我是诚心诚意的。”)

② Нина. Тебе не нравится, что он летчик? (尼娜:“你不喜欢他是飞行员吗?”)

Бусыгин. Почему же? Мне нравится. (А. Вампилов)(布瑟金:“为什么呢? 我喜欢。”)

③ — Ты устал? (“你累了吗?”)

— Нет, отчего же. (СОШ)(“不,不累。”)

④ — Он просто глуп. (“他简直愚蠢。”)

— Нет, почему же. (БТС)(“不,为什么愚蠢?!”)

5.3.5 Очень надо(нужно)

显性意义:很需要;隐性意义:不愿意,不同意,反对。试比较:

① — Телефон есть? (“有电话号码吗?”)

— Чей? （“谁的?”）

— Ну этого Костылева. （“那个叫科斯蒂列夫的。”）

— Нет. （“没有。”）

— Можешь достать? （“你能搞到吗?”）

— Зачем? （“干吗?”）

— Очень нужно. （Д. Донцова）（“很需要。”）

② — Ты должен извиниться. （“你应该道歉。”）

— Очень надо! （СОШ）（“有必要吗?!”）

③ — Будем ждать дочь? （“我们要等女儿吗?”）

— Очень нужно! （БТС）（“用不着!”）

④ — А ты сама подумай. （“你自己想一想吧。”）

— Очень мне нужно! — Обозлилась было Стешка. （Б. Метальников）（“完全没有必要!”斯捷什卡怒气冲冲地说。）

6 对话语句的非规律性含意

对话语句的非规律性含意,顾名思义,是指无语言规律可循的隐性意思,它既无语词标志,又无语义转化规律,只有依靠语境才能推导出它的所指。语境在非规律性含意的解读过程中起着唯一的、不可取代的作用。

在含意的解读过程中,语境的诸多要素的功能不尽相同。上下文或前言后语的功能主要用来识别规律性含意,如 Получишь ты от меня эту книгу, жди! （БТС）这句话是否另有所指,起识别作用的主要是上下文（жди!）;而情景、说话人的共同统觉基础（共知信息或共同生活经验）以及常识等语境要素主要用来推导语句的非规律性含意。

在非规律性含意的推导过程中,听话人首先须寻找跟话语（语句）有直接联系的语境要素,然后在话语和语境要素之间建立联想,从而悟出话语的含意。如 Дует! 说这句话时的情景是:室内开着窗户。听话人只须在这一情景和语句之间建立起联想,即可悟出说话人的意图（含意）:Закрой, пожалуйста, окно! （请把窗户关上!）又如 Время! 跟这句话有直接联系的语境要素是交谈者的共知信息（8 点开会）,听话人如果在共知信息和语句之间建立起联想,即可悟出说话人的意图:Пора идти на собрание（该去开会了）。

非规律性含意是相对的,它随着语境的变化而变化。如 Время! 这句话，随着语境的变化可推导出不同的含意。如果交谈者的共知信息是8点钟有足球赛直播，那么语句的含意是：Включите，пожалуйста，телевизор，скоро будет передача（请把电视机打开，快要演了）；如果共知信息是10点钟是课间休息，那么语句的含意是：Сделаем перерыв（我们休息一会儿吧），如此等等。

下面我们来具体分析语境诸要素对语句含意的推导作用。

6.1 由情景推导的含意

① Дождь！（下雨了！）

（情景：晾台上晾着衣服；含意：请把衣服收进来。）

② Сквозняк！（有穿堂风！）

（情景：室内的门窗敞开着；含意：请把门窗关上。）

6.2 由共知信息推导的含意

① Опять дождь идет！（又下雨了！）

（共知信息：连续几天下雨；含意：真讨厌！天气真坏！）

② А. Вася / автобус идет //（“瓦夏，公共汽车来了。”）

Б. Сейчас //（В. Барнет）（“马上就来。”）

（共知信息：А. 和 Б. 都在等公共汽车；А. 的含意：快来，不要耽搁了。）

③ — Ты на кухне была？（“你去过厨房吗？”）

— Он еще не готов.（Г. Полищук）（“饭还没有准备好。”）

（共知信息：厨房里在准备饭；问句的含意：饭准备得怎么样了？）

④ — Который там час？（“几点了？”）

— Я сейчас заканчиваю.（И. Муханов）（“我这就结束了。”）

（共知信息：7点钟有事；问句的含意：该结束工作了，我等着呢。）

6.3 由共同生活经验推导的含意

① Ребенок спит.（孩子在睡觉。）

（共同生活经验：孩子睡觉时须保持安静；含意：说话小声点。）

② На столе пыль.（桌上有灰尘。）

（共同生活经验：桌子须保持干净；含意：把桌上的灰尘擦一擦。）

③ — Пойдем в кино？（“咱们看电影去？”）

— У меня лекция завтра.（“我明天有课。”）

（共同生活经验：课前需要准备；含意：我不能去。）

④ Максим. Папиросы есть? (马克辛:"有卷烟吗?")

Бармин. Не курю. (С. Алешин) (巴尔明:"我不抽烟。")

(共同生活经验:不抽烟的人是不会带烟的;含意:我没有卷烟。)

⑤ — И не скучно тебе? ("你不感到寂寞吗?")

— Я книги читаю. (Д. Донцова) ("我在看书。")

(共同生活经验:读书是一种享受;回答的含意:我不寂寞;我很快乐。)

6.4 由常识推导的含意

① У меня своя голова на плечах. Теперь я, слава богу, сам могу думать. (С. Алешин) (我肩膀上长着自己的脑袋。我现在幸亏能自己思考问题了。)

(常识:脑袋具有思维、记忆等功能;含意:我能自己思考问题。)

② Нина Петровна. Останьтесь. Ведь метро еще не работает. (尼娜・彼得罗夫娜:"您留下吧。现在地铁还没有开呢。")

Ира. А ноги на что? (Г. Соколова) (伊拉:"腿是干什么的?")

(常识:腿的功能是走路;回答的含意:我能步行。)

③ — У вас семья есть? ("您有家吗?")

— Жена. (Тихий океан, 12 – 11 – 1995) ("有妻子。")

(常识:妻子是家庭的主要成员;回答的含意:已经结婚,有家了。)

④(В троллейбусе) Не видишь, женщина стоит! (А. Макаров) (〈在无轨电车里〉你没有看见,女子站着呢!)

(礼节常识:车上男子应该给女子让座;含意:你为什么不给女子让座?)

7 对话语句含意的功能

对话语句含意是言语隐性范畴中重要的组成部分,对话中它广泛地被用来传递信息、交流思想、抒发感情,它具有一般言语显性范畴所不具备的交际-语用功能。

首先,语句含意富有表情性和主观情态意义,如前面所举的例子:Хорошая педагогия, ничего сказать! Друг он тебе, прямо уж! А почему мне не радоваться? Что я, хуже его?! 等。事实上,俄语中的主观情态义和感情色彩多半是通过含意影射出来的。

语句含意是礼貌范畴[①]中不可或缺的部分。日常生活中,请求、建议、劝说、拒绝等言语行为通常是采用委婉的、有礼貌的言语形式表达的,如前面所举的例子:① Вы не подвинетесь немножко? ② А не поужинать ли нам сегодня в ресторане? ③ Ну что ты будешь дома сидеть? — Пойдем в кино? — У меня лекция завтра.

人际交往中,人们说话常常不是直截了当,而是委婉曲折,意思含而不露,耐人寻味,例如:① — И не скучно тебе? — Я книги читаю. ② — Вы счастливы? — Если счастье не в деньгах — то да!(Ком. правда, 13 – 09 – 2002)("您幸福吗?""如果幸福不在于钱的话,那么是的!")③ [Наконечников:] Что такое драматургия? [Эдуардов:] Привет! Ты бывал хоть раз в театре?(А. Вампилов)("什么叫做戏剧创作艺术?""哎呀!你一次都没有到过剧院?")

有时含意能起到含沙射影的作用,例如:[Влас:]Я не курю и о вреде табака ничего не знаю, но метафизиков читал, это вызывает тошноту и головокружение…[Калерия:]Слабые головы кружатся и от запаха цветов.(М. Горький)("不吸烟,对烟草的危害一无所知,但读过形而上学哲学家的书,它使我恶心,眩晕……""脆弱的脑袋连闻到花香都会头晕的。")

由于含意的主观性,又由于交谈者的统觉基础不尽相同,日常生活中时有不理解或误解对方话语的情况。例如:

① Астров. А то, может быть, в профессоршу влюблен?(阿斯特罗夫:"要不,也许爱上教授夫人了?")

Войницкий. Она мой друг.(沃伊尼茨基:"她是我的朋友?")

Астров. Уже?(阿斯特罗夫:"已经是?")

Войницкий. Что значит это «уже»?(沃伊尼茨基:"'已经是'是什么意思?")

Астров. Женщина может быть другом мужчины лишь в такой последовательности: сначала приятель, потом любовница, а затем уж друг.(Чехов)(阿斯特罗夫:"只有按这样的顺序发展,女子才成为男子

① Е. А. Земская, Категория вежливости в контексте речевых действий. // Логический анализ языка. Язык речевых действий. М., 1994, стр. 131.

的朋友,即首先是好友,然后是情人,最后才是朋友。")

② — Машина есть? — спросил вдруг Андрей Захарович. ("有车子吗?"安德列·扎哈罗维奇突然问道。)

— Доехать, что ли? Я теперь пешком. Пешеход. ("有车接回家,是不是? 我现在步行。徒步者。")

— Да я не про это. Машина собственная, "жигули". ("我不是指这个。自己的小车,'日古利',有吗?")

— Да нет, не обзавелся. (А. Гребнев, Ю. Райман) ("没有,还没有买呢。")

例①沃伊尼茨基因没有共同的统觉基础不理解阿斯特罗夫的问话("已经是?")的含义;例②听话人误解了安德列,以为他在问退休后是否仍使用公家的车子。

作为重要的修辞手段,语句的隐性形式常常跟显性形式同时并用。一种情况是,首先出现隐性形式,然后再用显性形式加以澄清,以免误解,例如:① — Там, наверное, грязно? — Какая же это грязь? Просто земля!.. (Б. Метальников) ("那里很脏吧?""脏什么? 就是土呗!") ② [Нина:] Тебе не нравится, что он летчик? [Бусыгин:] Почему же? Мне нравится. (А. Вампилов) ("你不喜欢他是飞行员吗?""为什么呢? 我喜欢。")

另一种情况相反,先使用显性形式,然后再用隐性形式,从而起到加强语气的作用,例如:Я думаю, моя жена — счастливая. У нее хорошая семья: воспитанные дети, надежный муж. Разве это не счастье? (Огонек, 1997, №19) (我认为,我妻子很幸福。她有一个很好的家庭:受过良好教育的孩子、忠实可靠的丈夫。难道这不是幸福吗?)

第三编

学术综述与评论

1980年《俄语语法》与口语

1 引言

苏联科学院俄语研究所的1980年《俄语语法》(以下简称《80年语法》)是继1952—1954年《俄语语法》之后,又一部科学院语法巨著,是25年来苏联俄语语言学研究的丰硕成果的总结。全书观点新颖、材料丰富、描述详尽,是一部语法百科全书。

《80年语法》把标准语的基本分体之一——口语,提高到了十分显著的地位,口语的分析和描写贯穿了全书。这是区别于1952—1954年《俄语语法》的标志之一。

世界上研究口语较多的国家是德国和法国。1894年,柏林出版了冯德里希撰著的《口语的句子结构特征》一书。1927年,巴黎出版了马迪依的《如何说法语》。其次是英语口语的研究,如语音学家琼斯的《口语和书面语的区别》(1948),帕默的《英语口语语法》(1955)。汉语学家、日语学家也相继写出了口语专著,如汤泽幸吉郎的《日语口语详论》(1953),赵元任的《汉语口语语法》(1968),以及最近问世的国内第一部汉语口语专著《汉语口语》(陈建民1984)。

苏联是20世纪50年代才开始研究口语的。起步虽晚,但步伐快,成绩显著。六七十年代一批口语专著相继问世,如什维多娃撰著的《俄语口语句法概论》(1960),泽姆斯卡娅主编的《俄语口语》(1973),拉普捷娃的《俄语口语句法》(1976)以及西罗季妮娜的《现代口语及其特点》(1974)。80年代又涌现出了一批专著,其中有泽姆斯卡娅等人合著的《俄语口语·一般性问题·构词·句法》(1981)和《俄语口语·语音·词法·词汇·手势》(1983)。上述诸书的问世象征着俄语口语学作为一门新的学科进入了语言学的行列。

《80年语法》就是在这样的历史背景下产生的。重视口语是语言科学发展的必然结果。特别应该指出，该书主编什维多娃本人在口语研究上造诣很深，她的口语专著《俄语口语句法概论》一书为撰写《80 年语法》中有关口语部分打下了理论和实践的基础。

2 关于口语的论述

《80 年语法》在绪论中阐述了一系列口语的一般性理论问题，如口语的概念，口语在语言体系中的地位，口语的规范等。

《80 年语法》认为，现代俄语标准语存在于两个基本分体之中：书面语和口语。两者作为具有同等价值的形式，在一定程度上是有区别的：一是语言手段本身有别，二是规范的性质以及对待规范的态度有别。《80 年语法》强调指出，"重要的是这些差别发生在具有统一完整体系的标准语的内部。因此，两个分体的共同点比不同点要多得多"。①这里作者说明了几点：(1)口语是标准语的一个分体，它和书面语一样具有同等的价值；(2)口语和书面语属于同一个统一的语言体系；(3)口语和书面语有差别，但共性是第一位的，个性是第二位的；(4)差别表现在语言手段、规范的性质以及对待规范的态度等方面。

《80 年语法》这一观点基本上和什维多娃在《俄语口语句法概论》中所阐述的观点是一致的。她认为，作为统一语言的两个功能分体，口语和书面语在结构上多半是相同的。她不同意某些语言学家把口语看成独立的语言体系"②。

《80 年语法》对口语概念的阐述是比较完整的。作者写道，"标准语的口语分体是操标准语的人，在相互无拘束、无准备的直接交际中使用的言语。这种无准备的，未经专门加工的对话或独白，有自己独特的句法结构、语调，自己的选词及词的形式的倾向"③。这段话包含了几层意思：(1)说话人的文化程度；(2)语言的外部因素，即无拘束性、无准备性、交际的直接性；(3)言语的形式是对话或独白；(4)口语本身的特点。当然，

---

① АН СССР, Русская грамматика. Т. 1. М., 1980, стр. 11.

② 弗雷(H. Frei)认为，一种语言的共同语法只能是一堆杂乱无章的混合物，是许多体系的语法，而不是其他。见 Н. Ю. Шведова, Очерки по синтаксису русской разговорной речи. М., 1960, стр. 5－6. Земская 也认为，"口语和典范标准语(кодифицированный литературный язык)是作用于同一集体的两个不同的语言体系"。见 Е. А. Земская, Русская разговорная речь: лингвистический анализ и проблемы обучения. М., 1979, стр. 21.

③ АН СССР, Русская грамматика. Т. 1. М., 1980, стр. 12.

这些思想不是作者的独创。关于什么是口语，各国语言学家早有论述。比如，帕默给英语口语下过如下定义："口头英语"这个术语是指受过教育的英国人（特别是英国南部）"在通常的会话或写信给亲密的朋友时，一般所用的那类英语"[①]。这里包含的要素有：（1）文化程度，（2）地理条件，（3）使用言语的场合。赵元任给汉语口语下的定义是："汉语口语"指的是20世纪中叶的北京方言，用非正式发言的那种风格说出来的[②]。这里包含了年代、地理条件及非正式的使用场合等要素。泽姆斯卡娅的定义是：俄语口语是说标准语的人用口头的形式在无拘束、无准备的交际场合说的言语[③]。总之，各家观点大同小异，而《80年语法》则吸取各家所长，下了较完善的定义，它既概括了口语的语言外部因素，也涉及了口语本身的特点。

关于规范化问题，《80年语法》断言，书面语和口语均有规范。由于口语的语法规范记载得不系统，口语常常被视为非典范性的言语，但这不意味着标准口语没有自己的语法规则。所有说俄语标准语的人在互相直接的、无拘束的交际中，凭借直觉运用那些哪里也未曾记载的规则。

那么，什么是口语的规范呢？《80年语法》认为，"口语的规范比较简单，而且在某种意义上更固定：语法变体较少，在事先没有思考和选择的情况下，在典型的重复的言语情景中，尤其在对话中，人们常常用固定的套语说话"[④]。

3 口语的特点

《80年语法》是如何对待口语规范的呢？它纳入了哪些口语现象呢？这里我们择要地作一些分析。

3.1 构词

先从构词法谈起。《80年语法》重视口语构词的描述，纳入了较多的口语构词现象。例如：

（1）用词缀法构成的口语同义名词：помидор —〈口语〉помидори-

---

① H.E. 帕默，F.G. 布兰德弗：《英语口语语法》，商务印书馆1964年版。

② 赵元任：《汉语口语语法》，商务印书馆1979年版，第12页。

③ Е. А. Земская, Русская разговорная речь: лингвистический анализ и проблемы обучения. М., 1979, стр. 11.

④ АН СССР, Русская грамматика. Т. 1. М., 1980, стр. 12.

на, папа —〈口语〉папка, молодец —〈口语〉молодчага, черт —〈口语〉чертяка, комната —〈口语〉комнатуха 等。

(2)省略型名词化：скорый, почтовый (поезд), русский, английский (язык), выходной (день), Большой, Малый (театр); сборная (команда), Отечественная (война), Пушкинская (улица); хирургическое (отделение), белое (вино); майские (праздники)等。

(3)语义凝缩：неотложная помощь —〈口语〉неотложка, маршрутное такси —〈口语〉маршрутка, легковая машина —〈口语〉легковушка, «Комсомольская правда» —〈口语〉«Комсомолка»等。

(4)缩略词：баскетбол —〈口语〉баскет, бутерброд —〈口语〉бутер, заведующий —〈口语〉зав, председатель —〈口语〉пред, специалист —〈口语〉спец, трансформатор —〈口语〉транс, факультет —〈口语〉фак 等。

(5)由-despite-构成的动词：лентяйничать, наивничать, сапожничать, малодушничать, двуличничать, секретничать 等。

(6)由"по + 不变化形容词"构成的副词：по-его, по-ее, по-их。

3.2 **词法**

《80年语法》里口语词法现象记载、阐述得较少，也较分散。这是由于口语在词法上的特征不显著的缘故。但个别章节，如"语气词"一章，描述得还是很充分的。此外，记载了常见词的口语变体形式。例如：

(1) 名词复数变体形式：брустверы —〈口语〉бруствера, инструкторы —〈口语〉инструктора;

(2) 名词复数二格变体形式：помидоров —〈口语〉помидор, витаминов —〈口语〉витамин;

(3)名词六格变体形式：в супе —〈口语〉в супу, в цехе —〈口语〉в цеху;

(4)动词变位变体形式：выздоровею —〈口语〉выздоровлю, опротивеет —〈口语〉опротивит;

(5)命令式变体形式：выкини —〈口语〉выкинь, прочисти —〈口语〉прочисть;

(6)数词 восемь, восемьдесят 的五格变体：восемью —〈口语〉восьмью, восемьюдесятью —〈口语〉восмьюдесятью;

(7)以-десять 结尾的数词五格变体：пятьюдесятью —〈口语〉пятидесятью，шестьюдесятью —〈口语〉шестидесятью 等。

3.3 句法

《80 年语法》的句法部分突出地反映了苏联语言学界近二三十年来研究的成果。其中以什维多娃撰写的"简单句"最为突出。她不仅对简单句的多层次的分析、描写作出了重大的贡献，而且提供了在统一的句法体系中描写口语的范例。她出色地将各种口语句法现象纳入了统一的句法体系，并在"词的主从联系"、"句子结构模式"、"简单句的扩展"、"词序"、"主观情态意义的形成和表达手段"、"成语性结构句"等章节中一一作了极为细致的描写。这样不但无损于语言体系的完整性，而且充实了句法学的内容。现将《80 年语法》里的口语句法规则列举如下。

3.3.1《80 年语法》在"词的主从联系"中专门论述了词的可变性联系，并指出现代语言中总的倾向是丰富可变性联系，而且这种倾向是强烈的[①]。语法提供了大量可变性联系的实例，这对研究口语的句法联系特征无疑是一份宝贵的资料。例如：спрашивать совета / позволения —〈口语〉совет / позволение，слушаться команды —〈口语〉команду，открыть душу другу —〈口语〉навстречу другу；разговоры о выставке —〈口语〉про выставку — насчет выставки — вокруг выставки；кухня площадью в семь метров —〈口语〉кухня семь метров，волнение силой в девять баллов —〈口语〉волнение девять баллов，нитки для вязки шарфа —〈口语〉нитки связать шарф，щетка для чистки обуви —〈口语〉щетка чистить обувь 等。

3.3.2《80 年语法》归纳了 31 个简单句结构模式，其中绝大多数是书面语和口语共同使用的模式。这一事实有力地说明了书面语和口语的共性多于个性。《80 年语法》还将一些典型的口语模式，诸如 N — Adv-o；Никого/ничего N_2；N_2；N_2/N_4 等，纳入了统一的模式体系，并描述了正规体现中口语的种种特点，如用整个句子填补谓语位的问题：Одежда у него — можно сейчас же переселяться на полюс（В. Песков）；Ноги у меня были все равно хоть выбрось их.（М. Булгаков）

3.3.3《80 年语法》对富有口语色彩的修饰语、限定语一一作了描

① АН СССР，Русская грамматика. Т. 2. М.，1980，стр. 61.

述,例如:наш с тобой дом, папин с Колей фотоаппарат; Вы кто-нибудь сходите(= кто-нибудь из вас); Они кто-то берутся сделать(= кто-то из них); У него с отцом плохо; У всех у них было одно убеждение.

无拘束口语中的呼语也有记载:① Эй, наверху(指"楼上的人"),спускайтесь сюда! ② Вы там, на катере(指"艇上的人"),давайте к причалу! ③ Вернись-ка, ты в шляпе!(指"戴帽子的人")④ Во втором ряду(指"坐在第二排的人"),прекратите разговоры!

3.3.4"主观情态意义的形成和表达手段"这一章在某种意义上可以说是什维多娃的《俄语口语句法概论》一书的缩影。它详尽地描写了各种各样的口语句法结构及其主观情态意义。所描述的结构有:句法成语,词形联结体,重叠结构,带情态语气词的结构,带起情态语气词功能的动词词形、副词及一致性词(согласуемые слова)的结构,带感叹词的结构等。例如:

(1)句法成语,如 Дом как дом(表示寻常的意义);Вот голос так голос!(表示特征程度很高);Ехать так ехать(表示同意、接受);Всем пирогам пирог(表示优于同类事物)等。像 Надо же такой беде случиться! Заблудились около дома — надо же! 亦属此类,这里 надо же 失去了本来的词义,仅仅表示"不赞、不满、遗憾"等主观情态意义。

(2)词形联结体,如 читать (не) читаю(强调); спал не спал, а вставай(表示所述的事对接着发生的事是无关紧要的);негодяй из негодяев(特征程度很高); лето-лето, а холодно(着重强调对比意义); Есть друзья и друзья(表示各种各样的朋友)等。

(3)重叠结构,如 Бежит-бежит и остановится; Темно-темно — и вдруг свет(持久的或强化的,可被中断的特征)。

(4)带情态语气词的结构,如 Уж и соседи! А еще друг!(消极的评价意义);— Помогли? — Какое помогли!(强调否定意义);Поговорите мне еще!(威胁);Ну как заблудимся?(担心)等。

(5)其他结构,如 Вот это да! Учительница называется(表示讽刺、否定的评价);Я его не знаю как уважаю(表示特征程度很高);характер не сказать чтобы ангельский(表示无把握、怀疑或不完善);Хорошо я тогда дома оказался(表示满意);Ах, дети, дети!(表示遗憾、不赞)等。

3.3.5《80 年语法》归纳、总结了口语词序的三条基本规律：间隔排列，强调要素前置以及联想接续原则（принцип ассоциативного присоединения）。

“间隔排列”指词组内联系着的各要素打破词组界线，间隔开来，拉开距离进行排列。这种排列不受实义切分的制约，并很少作为修辞手段使用。比如，Мне сегодня принесли интересную книгу 中的词组 интересную книгу 可有下列间隔排列：Книгу мне сегодня принесли интересную；Сегодня интересную мне принесли книгу；Мне сегодня книгу принесли интересную；Принесли мне книгу сегодня интересную. 对口语来说，名词词组的各成分的间隔排列很典型。例如：“形容词 + 名词”：Черный есть свежий хлеб в буфете；Эта не поехала электричка；“名词 + 从属格形式”：Ивана Васильевича он взял чемодан；Всегда врагом он был беспорядка.

“强调要素前置”指词组内或交际上不可切分的句子中语调上强调的要素置于前面。例如：*Плащ* голубой здесь висел；Собирался работать и вдруг *спать* захотел；*Дождик* пошел；*Дымом* пахнет. 这里，也包括语句中最重要的要素前置：Не *любит* она этих животных；*Пришел* Коля；*Хороший* он человек. 这种前置排列反映了口语的情感性。

在无准备的口语中，词还可以按联想接续原则来排列。例如：В общежитие устроились в студенческое；Он всегда сидел у телефона долго у маминого. 补充结构的次序亦属此列：Они все промокли валенки. 联想按续原则几乎不用作修辞于段。

3.3.6《80 年语法》在“无连接词句子联结体”（无连接词复合句）中指出，“联结句子的无连接词方法主要限于口语”。[1]这里值得重视的是，具有修饰意义的组合体首次进入了权威性的规范语法，例如：По соседству живут две сестрицы, шитьем занимаются（Н. Помяловский）；Дедушка！А девчонку, ты сказывал, ведь не убили же.（Л. Толстой）这些无连接词组合体在古俄语文献及民间创作中广为使用，在一些语法著作中也早有记载，如佩什科夫斯基在《俄语句法的科学阐释》一书中涉及

① АН СССР, Русская грамматика. Т, 2, М., 1980, стр. 635.

了这类句子[①]，当代语言学家拉普捷娃对此专门作了深入、细致地分析[②]。遗憾的是，一直没有被规范语法所承认。《80 年语法》首次引进这类结构，说明它在对待口语规范化问题上采取了不同的态度。

4 几点结论

综上所述，我们认为可以得出以下几点结论。

(1)《80 年语法》是一部第一次将口语纳入统一标准语体系的规范性语法，书面语和口语在该书中占有同等的地位。

(2)《80 年语法》的经验告诉我们，在统一的语言体系中描写口语和书面语，不但没有损坏语法的系统性，更没有把语法变成“一堆杂乱无章的混合物”，相反，大大地丰富了语法，增添了语法的活力。那种仅仅局限于书面语的描述只能导致语法的贫乏化。

(3)《80 年语法》用大量的语言事实证明了口语和书面语是标准语的两个分体，而不是两种不同的语言体系。两者的共性是第一位的，个性是第二位的。

(4)《80 年语法》对书面语和口语规范采取了两个不同的标准，这样使得许多口语现象进入了规范语法。当然也有不足之处，比如，《80 年语法》没有专门阐述“一格的多功能性”，也没有涉及“对话统一体”的问题，而这些重要的口语课题似应在这样大型的语法著作中得到反映。

(5)《80 年语法》以丰富的语言资料表明，口语在语法上的特点主要表现在独特的句法结构、语调、选词和词形的倾向上。

(6) 俄语口语学的勃兴，口语被纳入权威性的《80 年语法》，这一事实给我国俄语教学提出了一系列新问题，比如，如何编写现代新语法；如何将口语学的理论适当地纳入学校语法；如何在课堂上有系统地传授口语知识；是否需要在高年级开设专门的“口语学”课程来配合“视听说课”等。这些都是俄语教学界的当务之急。

---

① А. М. Пешковский, Русский синтаксис в научном освещении. М., 1956, стр. 475.

② О. А. Лаптева, Русский разговорный синтаксис. М., 1976, стр. 291.

1990年《俄语语法》评介

1989年,苏联科学院俄语所出版了由什维多娃和洛帕京(В. В. Лопатин)主编的《简明俄语语法》(«Краткая русская грамматика»)。该书于1990年修订后再版,易名为《俄语语法》(«Русская грамматика»)(以下简称《90年语法》)。

《90年语法》是在《80年语法》的基础上写成的,它基本上吸收了该书作为描写语法体系各方面的基础的材料(第3页)[①],但描写不像《80年语法》那样完整,包罗万象,而是简明扼要地描写了现代俄语的语法体系。该语法删去了语音、音位、重音和语调部分,着重描写了语法中那些充满活力的、能产的现象,也就是那些积极起作用的、具有模式特征的现象,根据这些模式不断地创造出新的语言单位。非能产的模式,旧的或逐渐陈旧的形式和结构,如果对正确理解语法体系必不可少时,也有相应的描写。但不能因此得出结论:《90年语法》是《80年语法》的缩略本。如果这样认为,是不符合实际情况的。

笔者认为,《90年语法》是继《80年语法》之后又一部有价值的学术著作,它具有一系列特点,如建立了独特的框架,引进了新的研究成果,确切、完善了对一些语言现象的描述,恢复了传统语法中某些合理的部分等。下面我们来粗略地剖析一下该书的特点。

1 改变了传统的语法框架

《90年语法》摒弃了传统的语法框架,建立了以词和句子为核心的崭新框架。在"词"这个范畴里有词的结构、构词、词法以及词的主从联系和词组;在"句子"范畴里有简单句、复合句、无连接词句组以及复合句法整体(后者因为研究得不够,未作描写)。

---

① 括号内的数字指《90年语法》书面,下同。

语法框架的变化不是一个简单的形式问题，而是反映了语言学家对语法总体的认识。语法作者在前言里指出，语言的语法体系包括五个方面：(1)词的构成规律和规则，(2)词的变化规律和规则，(3)词的组合规律和规则以及在此基础上构成的基本句法单位——词组的构成规律和规则，(4)句子构成的规律和规则，(5)句子结合成较复杂的语法组织的规律和规则(第7页)。前三点属于词的语法规律和规则，后两点则是句子的语法规律和规则。因此，把语法分为词和句子两大部分是符合语法体系的实际的，是科学的。可以说，《90 年语法》对语法体系的认识以及对词在语法体系中地位的认识比《80 年语法》进了一步。

《90 年语法》关于词组的归属问题持独到的见解。无论是传统语法，还是《80 年语法》，都把词组放在句法中研究，认为它是“由词构成的，并用于造句的连贯言语的单位”①，而《90 年语法》却把词组纳入了词的范畴。什维多娃认为，这是因为词组是词潜力的体现②。笔者同意这一见解。顺便补充一点，从功能、语义的角度看，词和词组都是称名单位，而句子(包括简单句、复合句、无连词句组)则属述谓单位。根据这一点，把词组纳入“词”范畴也是合理的。

2 力求语言材料的现代化

《90 年语法》重视语言材料的现代化、规范化。据什维多娃说，作者在这方面作了一定的努力。

首先，该语法的作者着重研究 20 世纪后半期的语言材料，重视活的口语，认为口语是标准语存在的基本形式之一(第5页)。作者从活的口语里吸收了大量充满活力的能产材料，例如：Ребята ложки в руки и за еду(小伙子们拿起勺儿，吃了起来)；Валенки — тепло и удобно(毡靴穿起来暖和、舒适)；Он нет чтобы уйти(他不知道应该走)；Ему-то что！(对他来说，这算什么！)

《90 年语法》使用了大量短小、典型、实用的例证，减少了经典作品的材料。例如，在描写 Лес шумит 型的句子时，为了说明动词谓语的各种表达方法，都使用了简短而典型的例子：Он пришел последним; Я соби-

① Современный русский язык. Синтаксис. Под ред. Е. М. Галкиной-Федорук. М., 1957, стр. 6.

② 1989 年，Н. Ю. Шведова 跟访问学者赵宝云教授谈到该书时，说了这一见解。

раюсь работать; Он начал учиться рисовать; Он впал в отчаяние; Он стоит не шелохнется; Сидит-посиживает; Старик ходит ворчит; Лег и лежит; Сел и сидит; Отец тебя кормит-поит; Он вышел в отставку 等(第418页)。

应该说,对俄语语法学界来说,这是一个不小的转变,因为以往的理论语法,特别是1952—1954年《俄语语法》,偏重经典作家的语言,而忽视现代语言的现状。发现并纠正这一偏向是一件可喜的事。

《90年语法》是一部理论语法,同时又是一部规范语法。在对待规范的态度上,它比《80年语法》似乎更为严格。比如,名词 кофе,《90年语法》认为,按严格的标准语规范是阳性(черный, растворимый кофе),口语里却广泛地用作中性(черное, растворимое кофе)(第154页),而《80年语法》没有严格区分两种语体,只是笼统地指出 кофе 是阳性,也可用作中性,如 сгущенное кофе с молоком[①]。又如《90年语法》指出,以 два, три, четыре 结尾的组合数词与动物名词连用时,动物名词为单数二格,使用复数二格是错误的:Самолет доставил 72 пассажиров(应是 пассажира);Советские китобои добыли 2 654 китов(应是 кита)(第251页),而《80年语法》则认为使用复数是不标准的[②]。

3 引进了新的研究成果

自从《80年语法》出版以来,已经过去10年了。在这段时间内俄语语言学又有了新的发展,取得了不少成果。这些成果在《90年语法》里有一定的反映。

首先,我们发现,作者加强了对语言单位的语义分析,特别是在词的主从联系中,主导词和从属词的语义分析加强了。如动词支配联系中,从带前置词四格的从属词中区分了十多种意义:运动的方向意义(пойти на голос),障碍物意义(споткнуться о камень),触及或握住的事物意义(взяться за руку, держаться за веревку),替代物的意义(работать за учителя),邻接物的意义(идти об руку),接触面的意义(биться о берег)等(第359页至第360页)。

其次,在疑问句的分类上,作者从《80年语法》的纯形式分类转到了

---

① АН СССР, Русская грамматика. Т. 1. М., 1980, стр. 469.

② АН СССР, Русская грамматика. Т. 1. М., 1980, стр. 576

以语义为主,语义和形式相结合的分类原则上来。大家知道,《80 年语法》从形式出发把疑问句分成两大类:在非疑问句基础上构成的疑问句和按自身的句法模式构成的疑问句。这种脱离语义的纯形式分类未能揭示疑问句的本质,许多语义相同的疑问句被分散到不同的形式类别中去了。为了克服这一缺点,《90 年语法》先进行语义分类,即根据提问人想获得信息的规模和性质,把疑问句分为:(1)一般疑问句(общевопросительное предложение),(2)特指疑问句(частновопросительное предложение),(3)区分疑问句(раздельновопросительное предложение)。然后,各类再作进一步的结构、语义分析。第一类详细分析了带各种疑问语气词的疑问句的语义,如带语气词 неужели 的句子表示不相信所问的事是否真实:Неужели в ваших краях такие холодные зимы? 第二类中分出了 15 种语义类型,并分析了各种表达手段,如询问什么样的人、事物、情景的问句用带 что за 的组合的句子表达:Что он за человек? Что за шум?(第 461 页至第 467 页)不难看出,在第二层的分类上存在着结构和语义先后不一致的问题:第一类从结构到语义进行描写,而第二类则相反,从语义到结构。这种描写上的不一致性有待克服。

此外,《90 年语法》还引进了一些口语的研究成果,如口语里物质名词可以和数词连用,用以表示东西的份儿、包数,如 два кефира(两瓶或两包酸奶);民诗和口语里前置词的重复使用,如 Раз у тесовых у ворот С подружками своими Сидела девица(Пушкин);个别带-ся 的动词逐渐获得及物动词的特征(бояться собаку, слушаться бабушку);增加了熟语化的结构句,如 Ребята молодец к молодцу(小伙子个个都很棒);Яблочко к яблочку(苹果个个经过挑选的)等。

4 确切、完善了某些论述

《90 年语法》确切、完善了一些《80 年语法》里不那么确切、完善的地方,比如完善了数词的定义。试比较:《80 年语法》的定义是:数词是表示事物的数量,并以格和性的形态范畴表达该意义的词类;《90 年语法》的定义是:数词是表示事物的数或数量,并以格和性的形态范畴表达该意义的词类。"数"和"数量"是两个不同的概念,显然,《90 年语法》的定义更为确切、完善。

关于定量数词的功能,《90 年语法》描写得也更为清楚。作者是这样阐述的：编号时，定量数词具有计算顺序意义，即可用作顺序数词。这时被修饰的词一般为 номер，дом，квартира，комната，палата，вагон，поезд 等，如 номер два（второй），дом пять（пятый），квартира десять，вагон двенадцать。在这一句位上定量数词不变格：в доме пять，из квартиры десять（第 247 页）。

《90 年语法》加强了对主观情态意义的阐述，把它概括成 4 类（第 499 页）。

（1）可靠性或非可靠性，真实性或非真实性的评定；对特征显示程度的评定和与此有关的各种相应或不相应的评价；合理性、规律性的评价；根据特征与其他事物的联系和关系对特征的评定；这一组意义紧密地与各种确信和怀疑的变体互相作用：深信、不怀疑、推测、不确信、不信任、沉思、疑惑、担心、犹豫、不清楚、不确定、想要弄清楚某种事情的愿望。

（2）肯定或否定的评价：赞同、称赞、鼓励、满意、愉快、高兴、偏重、反对、不赞同、指摘、谴责、责备、惊奇、激怒、气恼、不满、愤怒、挑衅、嘲笑、讽刺、蔑视。

（3）意愿和相应的回答话语的各种类型：暗自下的决心、愿意、号召、祈使、警告、威胁；同意或不同意，接受或不接受（有把握的、断然的、无条件的），有条件的或由于必要而作的应允，被迫的，勉强的或出于和解愿望的同意；气冲冲的，带有挑衅性的接受。

（4）特殊的兴趣或漠不关心；由于企图强调信息的某一部分，把交谈对方的注意力集中到某点上而作出的评定和评价。

5 恢复了个别传统语法的观点

最后，《90 年语法》还恢复了个别传统语法的观点，对句法联系的解释就是一例。大家知道，《80 年语法》把依附联系分为纯依附联系和格依附联系，后者传统语法看成弱支配联系。《90 年语法》重新把格依附联系纳入支配联系的范畴，从而依附联系只限于从属要素为不变化词：副词、比较级、副动词、不变化形容词、不定式，而主要要素为动词、形容词、副词、名词、数词的主从联系（第 395 页）。这样，诸如 читать ночами，не видеться годами 等格的依附联系又看成了支配联系。这种以变化词和不变化词为界线来区分支配联系和依附联系的方法在实践上倒是简便易行的。

综上所述，《90 年语法》不是《80 年语法》的缩略本，而是一部有自己特色的语法著作。正因为如此，该书作者再版时删去了“简明”二字。它的特点可以概括为以下几点：

（1）该书框架新颖、科学，突出了语法体系中作为语法单位的词和句子的对立；

（2）与《80 年语法》相比，该书简明扼要地描写了现代俄语的语法体系，但实际上仍不愧为一部内容充实的著作；

（3）该书以 20 世纪后半期的语言材料为重点，科学地描写了俄语的现状，是一部现代化、规范化的书；

（4）该书引进了近一二十年来俄语研究的新成果，加强了语义的分析和描写；

（5）该书纠正了偏重经典作家语言材料的倾向，全书例证短小、典型、实用。

笔者认为，从书的理论深度和广度看，这是一部适合我国俄语专业硕士研究生使用的参考书。

俄罗斯的口语研究:历史与现状

1 19 世纪达里和俄罗斯民间口语

俄罗斯的口语研究有着自己独特的发展道路。它的历史可以追溯到19世纪达里(В. И. Даль,1801—1872)时期。达里是杰出的词典学家、作家、民族学家。他一生对俄罗斯的民间口语、民间言语创作和生活表现出极大的兴趣。他到过俄罗斯的许多地区,跟人民群众,特别是农民,有过广泛的接触,从他们的口里采集了大量活的词语。他的代表作《大俄罗斯口语详解词典》(1863,1866)共4卷,收词二十余万,其中有口语词、文语词、俗语词、方言、俚语,无所不收,无所不包。在他去世前一周,还嘱咐女儿把他从佣人那里听到的4个词儿编入词典手稿。词典中的例证大都来自民间口语,仅谚语、迷语等就有3万条;词典中几乎没有选自文学作品的例子。该词典是达里53年辛勤劳动的结晶,是一部名副其实的俄罗斯民间口语大典。达里词典对研究俄语口语、俗语、方言以及俄罗斯民间创作至今仍有着极为重要的参考价值。

2 20 世纪初期雅库宾斯基的对话言语研究

但是,真正意义上的口语研究始于20世纪20年代,其代表作是著名语言学家雅库宾斯基的《论对话言语》。该论著发表于1923年,是俄罗斯语言学文献中第一篇会话分析的经典论著,它比美国社会学家塞克斯、舍格洛夫和杰弗逊在会话分析方面所取得的成果要早50年。

雅库宾斯基对日常生活会话进行了细微的观察和分析,发现了一系列对话言语的特点,诸如言语的功能、口语的形式、对话的直接性和自然性、话论交替、统觉基础、对话模式以及言语活动的机械性等。论著中,他提出了极其重要的观点,即语言是人的一种行为。人的行为既是心理现象,又是社会现象。因此,研究言语功能时必须考虑到人的这两方面的因素:心理(生物)因素和社会因素[①]。这一观点为口语研究指出了重要途径。

雅库宾斯基认为,口语的两个形式——对话和独白,都是直接交际的形式。对话的形式几乎总是直接的,而独白既有直接的形式,又有间接的形式,即书面的形式。对话中面部表情和身势有时能替代词语,起到话语的作用。面部表情常常比词语的表达要快得多——谈话的一方刚想反驳,另一方察觉到对方的表情就领会了,会说:"等一等,我知道您想说什么"[②]。

雅库宾斯基认为对话具有自然性(естественность),而独白具有人为性(искусственность)。他援引谢尔巴院士的话说:"独白在很大程度上是人为的语言形式,语言只有在对话中才显示出自己真正的存在。"[③]雅库宾斯基指出,把对话和独白说成"自然的"和"人为的",是相对的。对话的自然性主要可以从以下意义上得到证实:对话作为行为和反应的交替现象,跟相互作用的社会现象相适应;在这些现象中社会因素更接近于生物(心理生理)因素。对话无疑是文化现象,同时,跟独白相比,在更大程度上接近自然现象[④]。

雅库宾斯基发现了话轮交替的规律:或是轮流说话(一个说完后,另一个开始),或打断对方的话语(一个还没有说完,另一个就开始),而后者对对话来说是典型的。

他认为说话人的统觉因素(апперцепционный момент)在对话中起着重要的作用。他指出,"我们对他人言语的领会和理解(跟任何领会一样)是建立在经验的基础上的:它不只是(常常,而不只是)由外部的言语刺激所决定的,而是由我们所有的内部和外部的经验所决定的,并最终由领会人在领会当时的心理内容所决定的"。这一心理内容构成了该人的"统觉量"(апперципирующая масса)。接着,他指出,"我们的统觉量跟

---

① Л. П. Якубинский, Избранные работы. Язык и его функционирование. М., 1986, стр. 17.

② Л. П. Якубинский, Избранные работы. Язык и его функционирование. М., 1986, стр. 25 – 27.

③ Л. П. Якубинский, Избранные работы. Язык и его функционирование. М., 1986, стр. 31.

④ Л. П. Якубинский, Избранные работы. Язык и его функционирование. М., 1986, стр. 34.

我们交谈的人的统觉量的共同点越多，我们理解和领会别人的言语就越容易。这时交谈的人的言语可能不完整，暗示的地方很多；反之，交谈的人的统觉量的差异越大，理解就越困难”①。

雅库宾斯基发现，日常生活中会话总是按照一定的模式进行的。他举了一个典型的例子——两个好说长道短的女子（其中一个是聋子）的对话：— Здорово, кума. — На рынке была. — Аль ты глуха? — Купила петуха. — Прощай, кума. — Полтину дала.（“大嫂，你好。”“到市场去了。”“难道你聋了吗？”“买了只公鸡。”“再见，大嫂。”“给了50戈比。”）

以上答非所问的对话是由于耳聋的女子忘了见面时说“你好”造成的，其余的话都是按照模式化的问题来回答的：— Где была? — На рынке была. — Что покупала? — Купила петуха. — Сколько дала? — Полтину дала.（“你到哪里去了？”“到市场去了。”“买了什么？”“买了只公鸡。”“给了多少钱？”“给了50戈比。”）

雅库宾斯基认为，人们有一定的生活模式（бытовой шаблон），与之相适应，有一定的言语模式（речевой шаблон），即围绕一定生活题材的模式化的句子②。

他发觉对话具有机械性、无意识性，也就是说，对话时说话人没太意识到或根本意识不到他所使用的言语事实（речевые факты），不注意词的选择。对话的形式促使言语活动机械地进行③。

最后，他认为研究言语功能的多样性必须收集大量来自现实，而不是来自文学作品的对话记录材料。他认为自己的文章并不是研究对话的一个尝试，他只想表明，“对话是真正特殊的言语现象”④。

综观全文，我们认为雅库宾斯基实际上已经涉及到会话分析的方方面面，而且其中有的观点，诸如语言是一种行为、统觉因素、对话的模式性

---

① Л. П. Якубинский, Избранные работы. Язык и его функционирование. М., 1986, стр. 38, 42.

② Л. П. Якубинский, Избранные работы. Язык и его функционирование. М., 1986, стр. 45.

③ Л. П. Якубинский, Избранные работы. Язык и его функционирование. М., 1986, стр. 52–53.

④ Л. П. Якубинский, Избранные работы. Язык и его функционирование. М., 1986, стр. 57.

等,对当今口语话语研究有着重要的理论意义。

3 20 世纪前叶俄罗斯方言研究

俄罗斯语言学界特别重视方言的研究。20 世纪前期,方言研究已经取得了丰硕的成果。方言是标准口语的地区或社会分体,从广义上说,它是口语研究的一个方面。需要特别指出的是,50 年代沙皮罗(А. Б. Шапиро)和索宾尼科娃(В. И. Собинникова)的方言研究成果对俄语口语研究有着重要的参考价值。沙皮罗在《俄罗斯民间方言句法概论》(«Очерки по синтаксису русских народных говоров» 1953)一书中指出了口语和书面语的基本区别,认为书面语"在逻辑上非常清晰,而口头交际时语句却无须在逻辑上或句法、词汇上仔细地加工"[①]。他在该书中研究的方言句法现象多半为俄语口语的普遍句法现象,这是因为在句法领域里语言的地区变异性表现得最不明显。

4 20 世纪中叶什维多娃的对话言语研究

雅库宾斯基的《论对话言语》发表以后,在漫长的岁月里,口语话语研究一直未能引起俄罗斯语言学界的重视。直至 20 世纪 50 年代中期口语话语研究才开始走出低谷。这一时期的代表作是著名语言学家什维多娃的《俄语对话言语研究》(1956)及其专著《俄语口语句法概论》(1960)。在这两部论著中,她系统地阐述了自己的口语观,并对口语话语中的典型的固定结构进行了详尽的描写。如果说雅库宾斯基的口语观仅仅是凭个人直觉得出的话,那么什维多娃的口语观是建立在大量口语语料的基础上的,是有充分科学根据的。

什维多娃指出:"现代俄罗斯全民标准语存在于两个经常相互作用的功能分体或形式——书面形式和口头形式之中。"她把两个分体界定为:书面语总是经过加工和深思熟虑的语言的记载形式,其目的在于再现所写的东西;口语是口说的有声的语言,它直接面向听话人或听众,它没有事先加工,也不打算记载下来[②]。

关于口语的语言外特征,她指出:"口语里,也同书面语里一样,说话

---

① О. Б. Сиротинина, Современная разговорная речь и её особенности. М., 1974, стр. 6 – 7.

② Н. Ю. Шведова, Очерки по синтаксису русской разговорной речи. М., 1960, стр. 3.

人使用现成的、固定在语言系统里的形式；所不同的是，口语里选择这些形式不是经过思考的，而是自然地、直接地在说话过程中使用的。如果说书面语里有'选择'的因素，那么口语里这种因素是没有的"①。

关于口语的语言特征，她指出："作为统一的语言的两个功能分体，言语的两个形式（口语和书面语），其结构特点多半是相同的，但它们之间也存在着相当大的差别。两者的纯语言差别，首先在语音、词汇、成语和句法等领域里最最明显地显露出来"②。她认为，口语的特点不仅仅在于语句的所谓"不完整性"或"省略性"，或并列联系超越从属联系；它的特点在于拥有大量特殊的结构：一种是凝固了的、"公式化"的句子，即成语化结构句，如 Что правда то правда；另一种是词汇上受限制的结构句，如 Ай да Ваня！③对这些模式化的句子应从三个方面来分析：(1)语法结构模式，(2)词汇的填补，(3)主观情态意义（这些句子在情态意义上从来不是中态的）。她指出："情态－表情意义（主观情态意义）不是任何语句所具有的，但对口语结构来说，它的存在是典型的，它附加在客观情态意义的上面。"④

在《俄语口语句法概论》一书中什维多娃归纳了 4 类特殊的结构：(1)由各种实词组合的结构（如 думал-думал；дом как дом 等）；(2)由实词和语气词组合的结构（如 Смотри не упади！Вот они работники！等）；(3)由实词和感叹词组合的结构（如 Ах ты мошенник！Ох и красота！等）；(4)成语化结构（如 Чем не жених？Хорош друг！Что так то так. 等）。

她区分了口语的两种形式：独白和对话。"独白是直接面对听话人或听众的，无拘束的口述形式"（форма непринужденного рассказа）；"对话是谈话过程中话语（высказывания）的交替。对话里话语的相互联系总是意义上的，只是在一定的情况下才是语言结构上的。"⑤她揭示了一个重要的对话言语结构的特点——重叠现象，指出："重叠是俄语对话言

---

① Н. Ю. Шведова, Очерки по синтаксису русской разговорной речи. М., 1960, стр. 3.

② Н. Ю. Шведова, Очерки по синтаксису русской разговорной речи. М., 1960, стр. 5.

③ Н. Ю. Шведова, Очерки по синтаксису русской разговорной речи. М., 1960, стр. 7－9.

④ Н. Ю. Шведова, Очерки по синтаксису русской разговорной речи. М., 1960, стр. 16.

⑤ Н. Ю. Шведова, К изучению русской диалогической речи. Вопросы языкознания, 1956, №2, стр. 68.

语的全民性现象；在无拘束的会话里总会有重叠现象，它是对话的结构要素”①。她归纳了12类重叠话语；之后，经调整，在《俄语口语句法概论》一书中归纳为7类，并对这些类型进行了详尽的描写：

（1）单纯的重叠，例如：① — За чем пришла? — За чем, за ложкой. ② — Ты куда идешь? — Я? Домой.

（2）由语气词构成的重叠，例如：① — Ведь любила его? —Куда любила! ② — Она в меня влюблена. — Уж и влюблена!

（3）由情态词构成的重叠，例如：① — Весел. — Мало ли что весел! ② — Умный он. — И точно умный.

（4）由感叹词构成的重叠，例如：— Доктор пришел. — Ах да, доктор.

（5）由处于一致关系的词构成的重叠，例如：① — Ну и лентяй! — Никакой не лентяй. ② — Вы еще дети. — Хороши дети!

（6）带有代词一格（具有主体意义）的重叠，例如：① — Пошутил ведь я. — Я тебе пошучу! ② — За это в суд можно. — Я тебе дам в суд!

（7）双重叠，例如：① — Хорош. — Хорош-то хорош, да...② — Приходите в среду. — В среду так в среду.

对话里的重叠并非简单的重叠，它具有鲜明的表情性，表示种种主观情态意义：肯定或否定、惊讶、困惑不解、恐吓、不满、气愤、讽刺、烦恼等。

什维多娃使用的语料主要来自文艺作品。她的根据是：“材料的艺术加工不会改变结构的形式，不会偏离语言的现行规则；加工表现在对材料的选择和组合上，也就是使用材料的特点上。现实主义作家使用口语时，总是挑选相应结构中典型的、‘纯正的’的形式，摒弃那些偶然的、个别的现象，那些记录下来的、偏离一般规范的现象。”“因此，来自文艺作品的材料，特别是俄罗斯现实主义文学大师，如果戈里、冈察洛夫、奥斯特洛夫斯基、陀思妥耶夫斯基、列斯科夫、萨尔蒂科夫-谢德林、屠格涅夫、托尔斯泰、马明-西比利亚克、契诃夫、巴若夫等的作品，能够作为研究俄语

① Н. Ю. Шведова, К изучению русской диалогической речи. Вопросы языкознания, 1956, №2, стр. 70.

口语各种结构的基本词汇-语法形式的可靠文献。”①

如果说雅库宾斯基的《论对话言语》侧重于说话人和听话人的社会和心理因素的分析，那么什维多娃的对话言语研究则纯粹是结构-语义方面的分析。应该指出，社会-心理方面和结构-语义方面，两者对口语话语研究来说都是同样重要的。

5 20世纪中叶口语研究的兴旺时期

20世纪六七十年代，俄罗斯语言学界出现了“口语热”。一大批语言学家投身于口语研究，一大批口语论著相继问世。

这一时期的口语研究在方法上有重大的突破。语言学家一改故辙，使用录音机从说话人的口里采集语料，建立口语语料库，把口语研究建立在活的言语材料的基础上。同时，口语学家不再孤立地来研究语言，而是在话语这一层面上来分析、描写口语单位，换句话说，采用从言语到语言的研究途径。在研究言语单位的同时，考虑到制约该单位的超语言因素——言语活动的参与者（说话人和听话人）、使用口语的条件、语境以及非语词手段等因素。他们开始摆脱传统语言学框架的束缚，根据口语自身的规律来研究口语。

这一时期学术思想极为活跃。语言学家就口语的一般性问题，诸如口语的界定、口语在语言系统中的定位、口语规范、口语的语言内和语言外特征以及标准语分体的划分问题等，展开了热烈的讨论。口语学家各持己见，从而形成了不同的学术流派。主要的流派有：科学院学派、萨拉托夫学派和普希金俄语学院学派。他们的口语观和研究方法既有共同之处，又有自己的特色。

5.1 以泽姆斯卡娅为代表的科学院学派

俄罗斯科学院学派的代表人物是泽姆斯卡娅，其成员有卡帕纳泽（Л. А. Капанадзе）、基泰戈罗茨卡娅（М. В. Китайгородская）、克拉西利尼科娃、希里亚耶夫等。该学派20年内共出版了4部口语专著。

（1）1973年的《俄语口语》

该书把口语作为独立的系统来研究，分析了口语在语音、词法、句法等层面上的特点。

---

① Н. Ю. Шведова, Очерки по синтаксису русской разговорной речи. М., 1960, стр. 25－26.

(2)1978 年的《俄语口语 · 篇章》

这是一本说标准语的人的无拘束的谈话录音资料汇编。录音是在 20 世纪六七十年代在莫斯科和列宁格勒两大城市进行的。所录的篇章题材多样，有讲述故事、日常生活谈话、通电话、购物、礼貌用语等。

(3)1981 年的《俄语口语 · 一般性问题 · 构词 · 句法》

该书是第一部专著的拓宽和深化。它阐述了口语的一般性问题，同时还分析了构词和句法的特点。

(4)1983 年的《俄语口语 · 语音 · 词法 · 词汇 · 身势》

这也是第一部专著的拓宽和深化，它包括：超切分语音学（сверхсегментная фонетика）、词法、词汇语义学、身势语等部分。该书还分析了语言游戏的手段。

该学派的基本观点是："口语是一个特殊的语言系统，它具有特殊的一组语言单位，以及实现这些单位功能的特殊规律"；"实际上，这是'谈话语言'（разговорный язык）。我们之所以保留'谈话言语'（разговорная речь）这一名称是出于习惯上的考虑"；"典范标准语和口语是标准语内的不同的语言系统，在系统的一些领域里两者非常接近，而在另一些领域里则相去甚远"。[1]泽姆斯卡娅在《现代俄语》绪论里进一步阐明了上述观点，她说："现代俄语标准语由两个系统组成，两者极为特殊，在许多方面各不相同。每个系统是统一的、完整的、自足的，各有自己的规律。"[2]

该学派认为，决定口语特点的因素是：言语的非正式性、无准备性和言语活动参与者直接参与交际活动，其中交际的非正式性这一特征是基本的、决定性的[3]。口头形式（устная форма）影响言语的构成，但决定语言类型的不是口头形式，而是三个特征——非正式性、无准备性和交际的直接性的总和[4]。作为语言的特殊系统，口语具有两个相互对立的趋势：辑合性和分解性趋势，自由组成单位和使用现成公式、套语的趋势。意义

---

① Е. А. Земская (ред.), Русская разговорная речь. М., 1973, стр. 24 – 25.

② В. А. Белошапкова (ред.), Современный русский язык. М., 1997, стр. 93.

③ Е. А. Земская и Е. Н. Ширяев, Русская разговорная речь: итоги и перспективы исследования. // Русистика сегодня. М., 1988, стр. 124.

④ Е. А. Земская и Е. Н. Ширяев, Русская разговорная речь: итоги и перспективы исследования. // Русистика сегодня. М., 1988, стр. 124 – 125.

联系比形式－语法联系占优势，是口语最为重要的特征[①]。

该学派认为，衡量口语现象是否规范的标志是，该现象是否在说标准语的人的言语里常见。凡常见的，就是规范的[②]。之后，泽姆斯卡娅提出了模式性（модельность）的准则，她说："口语现象规范性的一个充分而有力的标志似乎是它的模式性。如果一个语句的语义－句法结构很稳定，可以用不同的词汇来填补的话，就可以说，这是语句的模式了。在构词方面，如果派生词这样或那样的结构是由不同的人从不同的词根创造的话，那么这就是派生词的模式了。"[③]

上述4部专著完全打破了传统语言学的理论框架，根据口语自身的规律，建立了独特的理论框架。尽管框架还不那么完美、那么理想，但它充分显示了口语在多层面上的主要特点。4部专著的内容，无论从研究的广度还是深度来看，都是世界上独一无二的。

5.2 以西罗季妮娜为代表的萨拉托夫学派

萨拉托夫学派的代表人物是西罗季妮娜，其成员有波格丹诺娃（В. А. Богданова）、格洛托娃（И. П. Глотова）、扎哈洛娃（Е. П. Захарова）、伊利明斯卡娅（Н. И. Ильминская）、科切特托科娃（Т. В. Кочеткова）、诺日金娜（Э. М. Ножкина）、波利修克（Г. Г. Полищук）、斯托利亚罗娃（Э. А. Столярова）等。

代表作有西罗季妮娜的《现代口语及其特点》（1974）和由她主编的丛书《现代俄语标准语功能语体系统中的口语》：《词汇》（1983）和《语法》（1992）。

《现代口语及其特点》一书回顾了俄语口语研究的历史，阐明口语在俄语功能语体系统中的地位，描述了口语在各层面上的特点。

西罗季妮娜主编的第一本书《词汇》，根据萨拉托夫大学的10万词次词汇库的统计数据，得出了一系列结论：口语里使用的词汇不构成特殊的系统；"口语词汇组成的基本部分是一般的、中态的、标准语通用的，而并非口语特有的词汇"；同义词在科普文献里使用得最多，而口语里用得

① Е. А. Земская и Е. Н. Ширяев, Русская разговорная речь: итоги и перспективы исследования. // Русистика сегодня. М., 1988, стр. 133.

② Е. А. Земская (ред.), Русская разговорная речь. М., 1973, стр. 26.

③ Е. А. Земская и Е. Н. Ширяев, Русская разговорная речь: итоги и перспективы исследования. // Русистика сегодня. М., 1988, стр. 135.

最少等。《词汇》作者根据统计数据还确定了口语里常用的词类，列出了各词类中的常用词，分析了常用词的功能。书中附有大量各语体对比的统计表格，叙述翔实可信。

第二本书《语法》也跟第一本书一样，根据统计数据来描写口语语法现象。该书由词类的语法范畴、词组、述谓单位的形式－语法结构、语句形式结构的繁化、句子的结构-语义类型、语句语义结构的繁化以及篇章的组成等部分组成。书中同样附有大量各语体对比的统计数据表。

该学派把口语看成标准语的一个分体。该分体在直接的、个人的，主要是非正式的交际条件下使用[①]。西罗季妮娜认为，交际的直接性是出现口语的决定性的条件；正是交际的直接性决定了言语的口头形式、言语的对话性和无准备性，并创造了不仅使用语词，而且还可能用面部表情和手势来传递信息的可能性[②]。

据她的观点，口语不能跟功能语体等同，虽然口语的中心可视为口语体（разговорный стиль）的口头形式[③]。口语和口语体的区别表现在：（1）口语在题材上不受限制，而口语体在题材上是受限制的；（2）口语的形式只能是口头的，而口语体的形式既可以是口头的，也可以是书面的；（3）口语除了口语体外，还包括标准语的中态层面（нейтральные слои）以及部分其他语体，而口语体只能是标准口语体[④]。

西罗季妮娜认为，以超语言特征为依据的口语定义不仅适用于口语，而且也适用于方言、俗语和行话。因此，她把口语分为标准口语和非标准口语，并指出："标准口语作为标准语的一个分体，它跟方言、俗语和行话的区别不仅仅是它的规范里不含地区性词汇、行话和俗语，也就是规范的性质不同，而且它具有句法和语调结构的模式以及自己的词的语法类别的分布规律。""因此，标准口语是标准规范化的口语，正如标准语是标准规范化的俄语一样。由此可见，标准口语的中心是标准语口语体的口头

---

① О. Б. Сиротинина, Современная разговорная речь и её особенности. М., 1974, стр. 39.

② О. Б. Сиротинина, Современная разговорная речь и её особенности. М., 1974, стр. 30.

③ О. Б. Сиротинина, Современная разговорная речь и её особенности. М., 1974, стр. 39.

④ О. Б. Сиротинина, Современная разговорная речь и её особенности. М., 1974, стр. 26.

形式，其边缘是在直接交际中使用的标准语的中态层面。”①

口语研究有两种方法：一种研究作为自足系统的口语的中心；另一种从口语跟其边缘、标准语和非标准口语的其他分体的相互作用中来研究口语的中心。萨拉托夫学派选择的是第二种分析方法。

萨拉托夫学派十分重视语言调查和语言统计。该学派的代表作《词汇》和《语法》就是在统计数据的基础上完成的。例如，根据 10 万词次词卡库的统计数据，《词汇》的作者们得出结论：实词中最常用的词类是动词，其次是代词、名词、副词，而形容词用得较少；虚词中最常用的是语气词，其次是前置词、感叹词，而连接词用得较少。作者们还调查了各词类中的常用词，例如，使用率在 100 次以上的动词只有 27 个词位，在 3 375 个名词词位中使用率在 100 次以上的只有 7 个。这些数据为作为外语的俄语教材和工具书的编写提供了可靠的理论依据。

5.3 以拉普捷娃为代表的普院学派

普希金俄语学院教授拉普捷娃是该学派的代表人物。她的代表作有专著《俄语口语句法》(1976)以及论文《论现代俄语标准语非典范范围》(1966)和《论口语语句的语法》(1980)。

《俄语口语句法》一书分两部分：(1)现代俄语标准语口语分体句法的功能状态，(2)现代俄语标准语口语分体句法的结构状态。在第二部分中，作者以口语录音材料为语料，详尽地分析了典型的口语句法结构：主位一格结构、口语里词的排列顺序、补充结构、带补充句子界线的疑问结构、无连词从属结构、重合结构以及带 кто 的双述谓性结构等。

在《论现代俄语标准语非典范范围》一文中，拉普捷娃首次提出了现代俄语口语里存在着“一格的扩张”(экспансия именительного падежа)的现象。在《论口语语句的语法》一文中，她详尽地分析了口语语句中的分解现象，揭示了口语句法总的特点。

拉普捷娃的口语观是，“日常口语是标准口语的一个分体，它为日常生活交际服务，起交际和影响(воздействие)的作用”②。她认为，语言的类型是由口头形式决定的。她说：“如果说谈话性(разговорность)首先是功能性的范畴的话，那么口头性(устность)属于言语的实现形式”；口

---

① О. Б. Сиротинина, Современная разговорная речь и её особенности. М., 1974, стр. 33.

② В. Н. Ярцева (ред.), Лингвистический энциклопедический словарь. М., 1990, стр. 407.

语语法的特点是“在语流的口头实现时产生的”①。

这一时期的口语研究推动了俄语各学科的发展，特别是语法学和修辞学的发展。如苏联科学院 1980 年《俄语语法》把口语提高到显著的地位，口语的分析和描写贯穿于全书，从而大大丰富了语法、增添了语法的活力。瓦西里耶娃的《俄语修辞学讲义》和科任娜的《俄语修辞学》把口语作为修辞学的一个重要语体进行了全面、系统的分析。

这一时期，口语理论的研讨还受到了作为外语的俄语教学界的密切关注。1965—1966 年，《民族学校俄语教学》杂志展开了为期两年的口语与口语教学的讨论。以科斯托马罗夫为代表的一批学者和教育学家在该杂志发表的文章大大地推动了作为外语的俄语教学。

6 20 世纪后半叶城市口头言语的研究

20 世纪八九十年代，以泽姆斯卡娅和拉普捷娃为代表的语言学家在已有成绩的基础上，开始拓宽研究领域，向口语的边缘方向发展。这一时期的研究对象是城市口头言语的分体（разновидности городской устной речи）——俗语、讲演语、电视言语等。主要代表作有：《城市俗语 · 研究的问题》（1984）、《城市口头言语分体》（1988）、《现代俄语口头科技言语》（4 卷，1985，1994，1995，1999）及《俄语电视口语》（1999）等。

根据以泽姆斯卡娅为代表的科学院学派的观点，作为语言存在的特殊形式的口头言语的基本特征是它的无准备性。泽姆斯卡娅认为，“无准备性”这一特征不是绝对的，它有等级之分：从完全无准备的言语（事先不知道话题，即兴发言）到有一定程度准备的言语（言语经过考虑，可能部分写了下来，但不是念，而是讲的）②。

该学派研究了决定城市口头言语不同类型的因素：说话人、受话人、交际的性质和类型、交际的非语词作用等，并对城市口头言语的基本分体进行了分类。根据说话人的特征（主要指受教育的程度），城市言语分为：标准语口语、口头形式的典范标准语和俗语。根据交际的性质和类型，城市口头言语又分为：个人言语（личная речь）和当众言语（публич-

---

① О. А. Лаптева, О грамматике устного высказывания. Вопросы языкознания, 1980, №2, стр. 45.

② Е. А. Земская и Е. Н. Ширяев, Русская разговорная речь: итоги и перспективы исследования. // Русистика сегодня. М., 1988, стр. 7–8.

ная речь，讲演语）。口语是个人的，而讲演语是当众的。

该学派认为，口语和讲演语都具有交际的无准备性和直接性的特征，所不同的是交际参与者的关系不同：前者是非正式的，后者是正式的①。讲演语的基础是典范标准语的系统，而不是口语，因此讲演语是口头形式的典范标准语。莫罗佐娃（Т. С. Морозова）在《标准口语讲演语的特点》一文中揭示了讲演语的一系列特点，如语言组成的非同类性，用于一定交际意向的言语手段、受口头形式制约的句法现象等②。

该学派认为，口语和典范标准语是两个对立的特殊语言系统；而俗语不构成特殊的系统，但它在句法领域以及其他语言层次上具有一系列明显不同于口语和典范标准语的区别。它具有标准语所不具备的句法结构，有的结构虽然在标准语和俗语里都存在，但功能不一样③。根据《城市俗语 · 研究的问题》一书的理解，"城市俗语"（городское просторечие）是不完全掌握标准语规范的人使用的、不具有系统性的言语特点的总和④。

俗语不仅跟标准语相对立，而且也跟口语对立。口语是说标准语的人无准备、无拘束的言语，而俗语是没有掌握标准语的人的无准备、无拘束的言语。两者的区别仅在于说话人是否掌握标准语⑤。该书主要研究城市俗语在现代俄语中的地位，研究城市俗语在语音、词法、句法、词汇、词汇语义等层面上的特点。该书语料都是用录音机从莫斯科、列宁格勒以及其他一些城市居民的言语中采集的。这是一项前人没有做过的工作，资料相当珍贵。

在标准语分体的划分上，拉普捷娃持有独特的见解。正如前所述，她特别强调口头形式在语言分体形成中的作用，认为，任何口头形式的言语，只要它不是朗读书面材料，都是自发的，都具有典范标准语范围以外

---

① Е. А. Земская и Е. Н. Ширяев, Русская разговорная речь: итоги и перспективы исследования. // Русистика сегодня. М., 1988, стр. 10.

② Е. А. Земская и Е. Н. Ширяев, Русская разговорная речь: итоги и перспективы исследования. // Русистика сегодня. М., 1988, стр. 183.

③ Е. А. Земская и Е. Н. Ширяев, Русская разговорная речь: итоги и перспективы исследования. // Русистика сегодня. М., 1988, стр. 182 – 183.

④ Е. А. Земская и Е. Н. Ширяев, Русская разговорная речь: итоги и перспективы исследования. // Русистика сегодня. М., 1988, стр. 3.

⑤ Е. А. Земская и Е. Н. Ширяев (ред.), Городское простречие. Проблема изучения. М., 1984, стр. 3.

的特点。她说:“有一点很清楚:用典范标准语说话是不可能的。”①以上述理由为依据,拉普捷娃把标准语划分成以下类型。

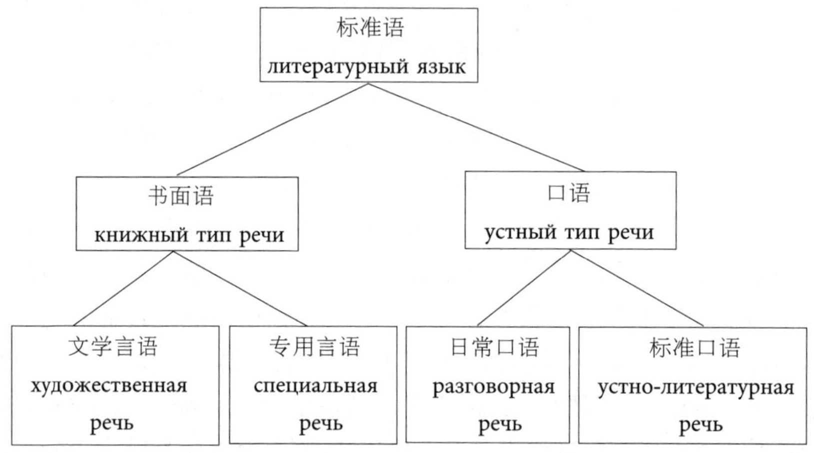

近期,拉普捷娃转向另一种言语——电视言语(телевизионная речь)的研究。她在《俄语电视口语》一书中指出:“电视言语中呈现出标准语(包括纯标准口语和日常口语)的所有特点”;“这是说标准语的人的活的言语”;“口语层次相当突出”;“言语在很大程度上偏离典范标准语的规范”②。她认为,口语、讲演语和电视言语的根本区别在于受话人的不同:第一种情况受话人是个别的,第二种情况是集体的,第三种情况是大众的。另一方面的区别是话题不同:第一种情况话题不受限制,第二种情况话题具有科学意义,第三种情况具有社会意义③。

该书翔实地分析了那些不稳定和偏离标准语规范的现象以及惯用的标准口语规范的形成及其功能。

7 简短的评价

综观俄罗斯口语研究的历史和现状,我们从中可以获得许多有益的启迪和值得借鉴的思想。

(1)著名词典学家达里亲自深入民间,直接从民间收集口语词、方言、俗语、谚语以及民间口头创作,这为口语话语研究指出了一条正确的

① О. А. Лаптева, Живая русская речь с телеэкрана. М., 1999, стр. 22.

② О. А. Лаптева, Живая русская речь с телеэкрана. М., 1999, стр. 6-20.

③ О. А. Лаптева, Живая русская речь с телеэкрана. М., 1999, стр. 20.

途径。活的言语研究必须走这条路。

(2)但以活的言语为研究对象,并不意味着文学作品里的口语语料没有学术价值。什维多娃在这方面的见解是值得重视的。重要的是,应该区分两类不同性质的口语要素:固定要素和非固定要素。前者在活的口语和文学作品里的口语都是相同的,而后者在这两个语域里则有很大的差别①。

(3)雅库宾斯基是最早研究对话言语的俄罗斯语言学家,他的一系列观点和见解至今仍有重要的指导意义,如人的行为既是心理现象,又是社会现象。因此,研究言语功能时必须考虑到人的两方面因素:心理(生物)和社会因素。

(4)俄语是综合性语言,形式结构极为复杂。因此,俄语对话研究,特别是作为外语的俄语对话言语研究应不同于英语会话分析;对话言语在形式-语义层面上的特点,应成为研究的重点。什维多娃抓住了俄语对话言语的典型特征——话语的重复,并进行了翔实的分析和描写。她为俄语对话言语分析作出了贡献。

(5)20世纪六七十年代泽姆斯卡娅、西罗季妮娜和拉普捷娃等口语学家的研究成果举世瞩目。经过这一时期的研究,弄清了俄语口语的语言外特征,揭示了俄语口语在各层面上的语言特点,明确了口语在标准语中的地位。泽姆斯卡娅关于口语是一个独特的语言系统的假设对促进口语规律的研究无疑是有益的,尽管至今语言学界对此尚未取得共识。但有一点是明确的,即口语具有系统性,它是标准语系统中的一个系统,即分系统。

(6)西罗季妮娜把口语和口语体加以区分,这是非常必要的。因为口语中除了纯口语要素外,还有俗语要素,书面语和口语通用的要素等。口语体是口语的中心。

(7)城市口头言语分体的研究为标准语分体的划分提供了理论依据。在分体的分类上存在着分歧,主要是讲演语的归属问题:是口头形式的典范标准语(устный кодифицированный литературный язык)还是标准口语(устно-литературная речь)。泽姆斯卡娅等人着眼于语言系统,认为讲演语应属于典范标准语范围;而拉普捷娃则着眼于口头形式,认为

① 徐翁宇:《现代俄语口语概论》,上海外语教育出版社2000年版,第21页。

讲演语属于标准口语。显然,讲演人只要不是一字一板地念稿子,而是用说话的形式讲演,那么在他的言语里肯定会夹杂不少口语要素。但是,他在讲演前肯定作了准备,而且有讲稿或提纲,他使用的词语大都属于典范标准语范畴。因此,从总体上来说,把讲演语看成口头形式的典范标准语较为合理。

最后,就在中国的语言环境里如何开展俄语口语研究谈点认识。我们是把俄语口语作为外语来研究的。我们的优势是,汉语是我们的母语,我们熟知中国文化,了解中国学生学习外语的特点。如果在我们的研究中能有意识地把汉语、汉文化和中国人学外语的特点结合起来,用新的视角,新的方法来研究俄语口语,我们一定能在自己的研究中有所突破,有所创新。

外语研究:回顾与展望

自从《外语研究》杂志开辟《语言学:21 世纪展望》(以下简称《展望》)这个栏目以来,已有三十多位外语界同仁发表了文章。他们都是某一领域的知名专家、学者。他们介绍了自己的研究成果,指出了存在的问题,并对今后语言学的发展发表了许多宝贵的意见。他们的成果反映了我国外语研究的成果;他们的研究方向反映了我国外语研究的走向;他们的真知灼见显示了我国 21 世纪外语研究的前景。读一读他们短小精悍的文章,或许会受到这样或那样的启迪,从中得到教益。

1 近 20 年成果喜人

建国以来,特别是近 20 年来,我国外语研究发展迅速,成绩卓著。外语界呈现出了一派繁荣的景象。这一时期,我国外语研究的主要成果如下。

1.1 国外语言理论在我国开花结果

八九十年代,当代西方和俄罗斯语言学理论纷纷被引入我国。西方语言学家乔姆斯基(N. Chomsky)的转换生成语法,韩礼德(M. A. K. Halliday)的系统功能语法,利奇,莱昂斯(J. Lyons)等的语义学理论,利奇、莱文逊等的语用学理论,奥斯汀的言语行为理论,格赖斯的会话合作原则,塞克斯、舍格洛夫和杰弗逊的会话分析理论以及俄罗斯语言学家什维多娃的句子结构模式理论,阿普列相(Ю. Д. Апресян)、阿鲁秋诺娃(Н. Д. Арутюнова)等的语义学理论,泽姆斯卡娅等的口语学理论等,先后为我国外语界所接受,并在国内得到了广泛的传播。短短的 20 年间,我国外语界的研究成果十分喜人。

根据《外国语言研究论文索引》(1949—1989,1990—1994)的统计,1949 年至 1989 年,我国外语界发表外语研究的各类论文约两万篇,而 1990 年至 1994 年,仅 5 年就发表论文 1.2 万篇。论文不仅数量可观,而且其研究深度和题材范围均有新的突破。同时,各语言学学科相继涌现出了一批有价值的著作,如许国璋的《许国璋论语言》(1991)、王德春的《现代语言学研究》(1983)、戚雨村的《现代语言学的特点和发展趋势》(1997)、伍铁平的《模糊语言学》(1990)、徐烈炯的《语义学》(1990)、桂诗春的《心理语言学》(1985)、胡壮麟的《语篇的衔接与连贯》(1994)、何自然的《语用学概论》(1988)、何兆熊的《语用学概要》(1989)、黄国文的《语篇分析概要》(1988)、王福祥的《话语语言学概论》(1994)、倪波与顾柏林的《俄语语义学》(1995)、祝肇安和何荣昌的《现代俄语口语句法》(1987)、孙夏南的《俄语口语语法》(1989)、徐翁宇的《俄语口语语法概论》(1990)和《现代俄语口语概论》(2000)、崔卫的《口语共性》(1998)、吴贻翼的《现代俄语功能语法概要》(1991)、张会森的《俄语功能语法》(1992)、胡文仲的《文化与交际》(1994)、邓炎昌和刘润清的《语文与文化》(1989)、吴国华的《语言与文化》(1991)、钱冠连的《美学语言学》(1993)等。

上述著作仅仅是成果中的一小部分,但足以说明,我国外语研究已经从形式结构研究转向语言使用的研究,从语言内部研究转向语言外部因素的研究,从静态研究转向动态研究。这些成果还说明,我国外语界已步入了国际语言学界的行列,说明我国语言学家已站到了现代语言学研究的前沿。

1.2 传统语言学走向现代化

传统语言学是我国外语界最熟悉的语言理论,也是影响最大的语言理论,它至今在外语教学中仍占有主导的、举足轻重的地位。我国外语界在学习、研究现代语言学理论的同时,一直关注着传统语言学的更新和发展。专家学者力图从新的视角,用新的观点和方法来重新审视传统理论,用新的研究成果来充实传统理论,从而加速了传统语言学现代化的进程。这里值得一提的是,张会森、华劭主编的《现代俄语语法新编》(1979),章振邦主编的《新编英语语法》(1981),王超尘、王德孝等编的《现代俄语理论教程》(1988),刘耀武、徐昌华的《日语语法研究》(1990),汪榕培的《英语词汇教程》(1997),黄任的《英语修辞与写作》(1996)和《英语修辞学概论》(1999),白春仁、汪嘉斐、周圣、郭聿楷的《俄语语体研究》(1999)等。这些著作都是当前我国外语教学的主要教材或参考书,它们对外语教学起着积极的作用。

1.3 词典编纂和词典学的蓬勃发展

在外语研究的成果中，成绩最为突出的当首推词典编纂工作。在短短20年中，我国涌现出了一大批各种类型的双语词典，其数量在整个外语研究成果中处于遥遥领先的地位。这里特别值得一提的是，黑龙江大学辞书研究所组织编纂的两部大型词典《大俄汉词典》（商务印书馆，1985）和《俄汉详解大词典》（黑龙江人民出版社，1998）以及陆谷孙主编的《英汉大词典》（译文出版社，1993）。

《大俄汉词典》收词条15.7万个，它的问世引起了国内外语言学界的广泛关注。同行专家认为，词典"以其收词丰富、释义精确、例证典型、编排醒目，赢得了广大读者的珍爱，不愧为我国俄汉词典编纂史上的又一个里程碑"（《现代外语》1987年第1期）。该词典于1986年荣获黑龙江省社会科学优秀成果一等奖，1995年荣获首届中国辞书奖一等奖。

《俄汉详解大词典》为4卷本，收词条24.6万个，是国家哲学社会科学"七·五"规划重点项目，国家"九·五"出版计划重点图书。俄罗斯科学院通讯院士宋采夫教授给予该词典高度的评价，他在序言中指出："《俄汉详解大词典》是中国俄语研究历史上最大的一部——这是中华人民共和国科学界的大事，是中国俄语学家的巨大成就。"该词典于1999年荣获第三届中国辞书奖一等奖。

《英汉大词典》收词条二十余万，它自建了第一手语料库，博采了英美各家词典之所长，体现了国内英语语料库建设和学术研究的成果和水平。该词典先后荣获第一届国家图书奖一等奖、上海市第二届哲学社会科学优秀成果特等奖。

此外，有影响的词典还有：宋文军主编的《现代日汉大词典》（1996）、戴鸣钟、戴炜栋主编的《汉英综合大词典》（1992）、危东亚主编的《汉英词典》（1995）、戚雨村等编的《语言学百科词典》（1993）等。

与词典编纂同步，我国的词典学研究也得到了迅速的发展，出版了一批有影响的著述，如石肆壬的《词典学论文选译》（1981）、黄建华主编的《英俄德法西日语文词典研究》（1992）、黄建华、陈楚祥的《双语词典学导论》（1997）、张后尘主编的《双语词典学研究》（1994）等。

2 走自己的路

在回顾成绩的同时，我们不能不看到，我国外语界研究成果的水平有待进一步提高。在众多的成果中，编著性的著作占多数，而真正意义上的专著却为数甚少。当今外语界面临着严峻的挑战——我们能否在新世纪闯出自己的路子，能否提出自己有分量的理论，能否创建自己的学说、学派。我想，回答是肯定的。因为我们已经积累了相当丰富的经验，形成了一支老中青相结合的学术队伍，一批优秀的中青年专家学者已脱颖而出。他们勇于探索、勇于开拓，而且已经取得了一些开创性的成果，如钱冠连的《美学语言学》、徐盛桓的广义含意理论、胡庚申的国际交流语用研究、崔卫的《口语共性》等。提出自己的学说，创建自己的学派，这首先取决于我们能否走出一条自己的路子。总是跟在人家后面当学生，是不可能有所作为的。在《展望》里，不少学者涉及到了如何走自己的路的问题。这里不妨把他们的真知灼见归纳成以下几个方面。

2.1 继承发扬与引进吸收

我们说，走自己的路，并不意味着排斥继承和引进。恰恰相反，今后我们仍须加强这方面的工作。

叶圣陶先生指出："我国古代对语言学的研究有它的特点，有它的独到之处。现在讲语言学，往往只讲外国这一家那一派的体系和理论，很少讲咱们中国的语言研究和咱们中国的语言学。"他认为，应该把自己的特点，跟别国的长处有机地结合起来，形成中国的语言学。不要妄自菲薄，也不要固步自封①。

戚雨村教授在《展望》中指出："中国的传统语言学是个宝库，许多有价值的东西有待发掘。古代学者没有写下系统的语言学理论作品，但在他们著作中有关语言的片段论述常常包含着真知灼见……如果能把资料中零珠碎玉似的闪光的见解和思想，从现代语言学理论的视角加以贯串阐发，那就不仅是继承，而且是发扬光大了。"黄任教授也认为，应当正确对待传统，首先是学习和研究传统，在继承的基础上推陈出新。

至于引进，近 20 年来我国学术界已经做了许多工作，如赵世开的《国外语言学概述——流派和代表人物》(1990)、刘润清的《西方语言学

① 北京语言学会编：《语言论文集》，商务印书馆 1985 年版。

流派》(1995),以及商务印书馆的汉译世界学术名著丛书中的布龙菲尔德的《语言论》、索绪尔的《普通语言学教程》及萨丕尔的《语言论》等。但这方面做的工作还很不够,不少西方语言学经典著作,如叶尔姆斯列夫(L. Hjelmslev)的《语言理论基础》(1943)、莱昂斯的《理论语言学导论》(1968)、莱文逊的《语用学》(1983)等尚未翻译成汉语,一些著名学者的理论,外语界知者甚少。

外语研究要有所突破,首先要引进吸收,但我们需要的"引进"是在理解、消化基础上的引进。那种一知半解、生吞活剥的引进,既有害于读者,又有害于自己,是不可取的;而我们需要的"吸收"是在鉴别、评判前提下的吸收,也就是取其精华、去其糟粕。那种对国外语言理论盲目崇拜的态度也是不可取的。华劭教授说得好:"只有有选择、有批判、有针对性地吸取各种新鲜学术思想,才能使外语研究和外语教学向前拓进。"①

《外语研究》1991 年第 1 期发表了华劭教授的《对几种功能主义的简介和浅评》一文,受到了读者的好评。其原因是作者在吃透几种功能主义实质的基础上,对功能主义进行了实事求是的评价:肯定其积极的一面,同时又指出存在的问题。他认为,"功能主义在具有一系列优点的同时,又有主观、零散、不系统因而是不成熟的特点……至于那些想与形式主义分庭抗礼或取而代之的功能研究,能否成功,暂时还难下断语"。华劭教授这种严肃认真地对待国外语言学理论的态度是值得学习的。

当今,我国引进国外语言学理论,以西方语言学派居多,这是无可非议的。另一方面,我们也不能忽视俄罗斯语言学家所作的贡献。比如,以梅利丘克(И. А. Мельчук)、阿普列相为代表的莫斯科语义学派的成就,以阿鲁秋诺娃为首的语言逻辑分析小组的成就以及以泽姆斯卡娅为代表的口语研究集体的成就等,都是值得我国外语界认真学习和借鉴的。

为了做好继承发扬和引进吸收这两方面的工作,戚雨村教授指出:"要有一支既精通汉语、外语,又充分掌握语言学理论的队伍。我国中文系毕业生外语不过关,外文系毕业生汉语基础弱,而且不够熟悉汉语研究情况。"汉语界和外语界应形成合力,才能逐步建立有中国特色的语言学理论和体系②。

---

① 徐翁宇等:《语言学:21 世纪展望》,陕西师范大学出版社 2000 年版,第 30 页。

② 徐翁宇等:《语言学:21 世纪展望》,陕西师范大学出版社 2000 年版,第 22 页。

2.2 外语研究与中国实际相结合

外语研究要走出自己的路子,必须跟中国的实际相结合。这一点已经成了外语界的共识。笔者认为,结合中国实际,主要指结合汉文化实际,汉语实际以及中国人学外语的实际。吴国华教授在《展望》中指出:"民族文化语义是相对的,孤立地在一种语言中寻找民族文化要素是不可能的……对汉语和中国俄语专业来说,俄语词语的民族文化特征是以汉文化为背景的。"何自然教授认为,"为了迎接新世纪的到来,我国的语用学研究不妨结合我们自己的语言使用现状……赶上并超过国外同类的研究"。黄任教授强调英语修辞研究应与汉语修辞研究相结合的必要性。他认为,"把英语修辞同汉语修辞加以对比研究,既推动中外文化交流,又利用汉语优势促进英语修辞研究","我们要继续努力,结合实际研究修辞学,在实践中应用修辞学"。

外语研究与中国实际相结合,这是我们的优势,是我们的强项,是外国学者莫能及的,我们可以在这方面大有作为。近20年来,我国学者已经取得了显著的成绩。例如,在语言与文化方面有胡文仲的《文化与交际》(1997)、顾嘉祖等的《语言与文化》(1990)、吴国华的《语言文化问题探索》(1997)等;在对比语言学方面有许余龙的《对比语言学概论》(1992)、刘重德主编的《英汉语比较与翻译》(1998)、乐眉云的《汉英语音对比系列研究》(1993,1994)等;在应用语言学方面有桂诗春的《标准化考试——理论、原则和方法》(1986)、何自然的《语用学与英语学习》(1997)、束定芳的《现代外语教学——理论、实践与方法》(1996)等。

2.3 多角度、多层次地研究语言

当今,语言学界愈来愈清楚地意识到多角度、多层次地研究语言的必要性。王德春教授在《展望》中指出:"从不同侧面探究语言的奥秘,使语言日益繁荣,异彩纷呈";"多角度、多层次、全方位地研究语言,成为现代语言学发展的必然趋势。"华劭教授也指出:"从不同角度、不同层次、以不同方法去剖析语言各个层面、各单位、各种功能,从而接近,或者说,逼近所研究语言的本质,也许不失为一种合理的立场。""不宜过分拘泥于一家一派的学说。"束定芳博士在谈到语义学研究时说:"现代语义学正呈现出一种多层次、多角度和多学科研究的态势。"王加兴博士在谈到文学语言研究时强调:"我们只有将语言学视角和文艺学视角进行有效的结合,才能获得突破性的成果。"这里有两个值得我们注意的问题:一是

口语和书面语的关系问题;二是语言和言语的研究问题。

现代语言学研究成果表明,现代语言由两部分组成:口语和书面语。口语是语言的源泉,是语言的基础,而书面语是口语的加工形式。因此,理所当然应把口语摆在语言研究的首位。可是,以往的语言研究恰恰忽视了这点,片面地把书面语作为唯一的研究对象。七八十年代,苏联语言学界开展了大规模的口语研究。仅科学院俄语研究所就出版了 4 部《俄语口语》专著,其研究的广度和深度都是世界上独一无二的。研究成果大大地推动了现代俄语理论的发展,很大程度上丰富了语音、语法、词汇、修辞等传统学科的内容,使这些学科的面貌为之一新。事实有力地说明了口语研究的重要性和必要性。我们希望,21 世纪我国外语界有更多的同仁来从事这方面的研究。

另一个问题是语言和言语的问题。跟口语和书面语研究的情况一样,以往语言学重视语言本身的研究,而忽视了语言使用的研究。近期以来,语言学界开始把视角从语言转向言语,这是一大进步。语用学、话语语言学、会话分析等成了当前的热门课题。与此同时,一些学者在《展望》中指出,语言研究和言语研究,两者不可偏废。华劭教授认为:“应是先识其器,后学其用,不宜过度朝另一方面倾斜,还是要把研究重点放在语言工具自身上,特别是具体语言的特点上。”李勤教授援引一俄罗斯学者的话说:“俄语语法学对语言材料的涵盖能力仍需要进一步的扩展,许多语言现象还需要去发现和研究。”①

2.4 外语研究应为教学服务

在谈到外语研究的目的时,《展望》的不少作者认为,外语研究应为外语教学服务。李勤教授指出:“我们在进行高深和尖端理论研究的同时,要考虑到俄语教学,尤其是中国学生学习俄语的特点,这样,我们研究就会有的放矢,就能提高我国俄语教学的整体水平。”

一些学者还指出,我国目前还没有适合中国学生用的语义学和语用学的教材。束定芳博士认为,几本中文版的专著作为教材不太合适。我国外语界语义学研究的当务之急是编写一本能够反映语义学发展过程、研究内容和方法、目前进展情况和发展趋势的综合性教材。

---

① 徐翁宇等:《语言学:21 世纪展望》,陕西师范大学出版社 2000 年版,第 127 页。

3 务实与创新

科研的目的是创新,创新必须务实。在这方面,吕叔湘先生给语言学界树立了榜样。50 年代初,吕先生和朱德熙先生的《语法修辞讲话》就是一个"务实"的产物。它对当时汉语规范化起到了积极的推动作用,许多知识青年从《讲话》中获益匪浅。80 年代,吕先生主编了《现代汉语八百词》,从结构、语义和语用方面对 800 个常用汉语词进行了详细的描写。该书对现代汉语的语法、语义和语用研究有着重要的参考价值。这本书既是务实之作,又是一种创新,它填补了现代汉语理论中词的句法学的空白。

吕叔湘先生在《语文杂谈》(1984)的序言中指出:"语言学的大厦不但需要有高明的工程师搞设计,也需要有很多辛勤的工人添砖加瓦。只以几张蓝图为满足是无异于画饼充饥的"。吕先生的话涵义极为深刻,他一语道破了"创新"和"务实"的关系。新的语言学说、新的语言学派不是凭空编造出来的,它们建立在语言实际的基础上,是学者长期观察、分析、研究语言现象的结果,是务实的结果。胡庚申教授曾长期在中科院外事部门工作,他是个有心人,他把丰富的外事翻译工作跟外语研究结合了起来,开拓了国际交流语用研究的新领域。这是"务实、创新"的一个很好的例子。那种"空对空"、"从概念到概念"的研究是不可能产生什么"高深"的学说的。

"务实"首先要求搞外语研究的人具有坚实的语言基本功。王宗炎先生希望外语教师加强自己的基本功,他说:"老一辈的人看重说和写,新一辈的人往往偏爱理论。我看最好以前者为根基,后者为矗立其上的楼阁。根基稳了,楼阁方无动摇之虞。"①

戴炜栋教授也十分强调语言实践的重要性,他说:"搞外语语言学研究,一定要把认真钻研理论原著同积极开展语言实践密切结合起来,像前辈许国璋先生提倡的那样,多读、多记、多听、多说、多写,在潜心钻研和丰富的实践中不断提高自己观察语言、理解语言、欣赏语言、说明语言和使用语言的能力。"②

记得笔者刚从教时,一边进修语言学理论,一边仍继续提高实践能

---

① 徐翁宇等:《语言学:21 世纪展望》,陕西师范大学出版社 2000 年版,第 15 页。

② 徐翁宇等:《语言学:21 世纪展望》,陕西师范大学出版社 2000 年版,第 17 页。

力，而且在实践上花的精力多于理论。我常常把电影录音听抄下来，整理成文字，收获很大。我还跟一位俄罗斯演员学过一阵表情朗读。这一切为我以后的口语研究打下了良好的基础。很难想象，一个语感不强的人能够在修辞学、语用学、会话分析等领域的研究中作出惊人的成就。

至于语文词典，特别是详解词典的编纂，则更需要全面、宽广的语言知识和修养。陈楚祥教授指出："对词典编者来说，语言学理论造诣和实践驾驭语言的能力，应当是他们最根本、最重要的素养。"①

此外，当今语言学的发展趋势要求语言工作者还要懂得自然科学，会一点数学、物理学、生物学、心理学、计算机学等。王力先生指出："搞语言学的人有了科学头脑，语言学就可以搞得好得多。"②况且，当代语言学边缘学科，如心理语言学、神经语言学、认知语言学、计算机语言学、机器翻译、人工智能等，都需要自然科学的介入。语言学与自然科学的结合是21 世纪语言学的发展趋势。

其次，"务实"还要求语言工作者充分占有材料。王力先生在介绍治学经验时指出，古今中外有成就的科学家都是具备两个条件：一是充分占有材料，二是要有科学头脑③。

在占有材料方面，俄罗斯语言学界有着优良的传统。如苏联科学院俄语研究所的《俄语语法》、《俄语词典》(4 卷本)及《现代俄语标准语词典》(17 卷本)都以规模宏大的语料库为基础的，书中例证之翔实为西方语言学界所莫及。又如该研究所的口语研究集体在六七十年代用录音机在莫斯科和列宁格勒采集了大量活的口语资料，在此基础上撰写了 4 部《俄语口语》专著。萨拉托夫大学的口语研究集体拥有一个 10 万词次词汇库，它为该集体的两部口语专著《词汇》和《语法》提供了可靠的语料来源。

在这方面，我国外语界还有相当大的差距。我们的著述里往往第一手语料较少，而借用的较多。对学术著作来说，这不能不说是一个很大的缺陷。主要原因是，我们的研究大都属于分散、个体的行为。如果我们能组织起来，形成这样或那样的研究集体，这种局面是可以改变的。

还有，我国词典编纂家以往也大都借用国外词典的现成语料，自己没

---

① 徐翁宇等：《语言学：21 世纪展望》，陕西师范大学出版社 2000 年版，第 97 页。

② 王力：《我的治学经验》，《语言论文集》，北京语言学会编，商务印书馆 1985 年版。

③ 王力：《我的治学经验》，《语言论文集》，北京语言学会编，商务印书馆 1985 年版。

有语料库之类的东西。正如黄建华教授所说,真正的原创性的词典只能在巨大的语料库的基础上发展起来[1]。因此,建立语料库是我国辞书学家21世纪面临的任务。

回顾过去,展望未来,我们对语言学发展的前景充满希望和信心。我们相信,在总结半个世纪经验的基础上,我国外语界一定能在21世纪提出自己的完整学说,创建自己的学派。

由于笔者掌握的资料有限,文中挂一漏万,在所难免,敬请外语界同仁谅解。文中不当之处,亦请批评指正。

---

① 徐翁宇等:《语言学:21世纪展望》,陕西师范大学出版社2000年版,第95页。

《语言经纬》评介

华劭教授的新著《语言经纬》已于2003年由商务印书馆出版。这是新世纪我国学者撰写的第一部语言学专著，值得庆贺。

华劭教授长期从事语言学的教学和研究，自1984年起开始为研究生开设语言学课程，至今已有20年历史了。《语言经纬》是华劭教授在讲稿的基础上，几经修改、充实，撰写而成的。该书以语言和言语为经纬，把语言学中的重要问题编织在一起，以从语言研究到言语研究为主线，围绕语言学中的重要课题展开研讨。全书共12章，包括语言学研究的对象——语言与言语、语言的符号性质——能指与所指、语言符号系统是层级装置——单位与层次、线性单位与集合单位、语言单位间的关系——组合关系与聚合关系、语言的系统性质——单位与结构、共时与历时、语义与句法、说话人与受话人、篇章的关联性与整体性、逻辑性指称与语用性指称、语言的社会属性。

华劭教授对众多的语言学说、方法进行了梳理，抓住了当代语言学中的主要课题，并根据从语言到言语，从结构、语义到语用的顺序将这些课题作了合理的排列，构建出现在的《语言经纬》的理论框架。华劭教授主张从不同角度、不同层次、以不同方法去剖析语言各个层面、各类单位，从而接近或者说逼近所研究语言的本质[①]。《语言经纬》正是在这一思想的指导下构建而成的，书的各个章节也是本着这一思想撰写而成的。全书比较全面、客观地反映了近半个世纪，特别是近20年来国外语言学界所取得的主要成果，同时也集中地反映了作者本人近一二十年来的研究成果，著作具有前沿性。

作者不拘泥于一家一派的学说，对待各派理论采取“取其精华，去其

① 华劭：《我对语言研究的管见与琐为》，《语言学：21世纪展望》，陕西师范大学出版社2000年版，第30页。

糟粕”的态度。在吃透各家学说的基础上，他善于把各家的理论综合起来，加上自己的看法编写成书。他认为“只有有选择、有批判、有针对性地吸取各种新鲜学术思想，才能使外语研究和外语教学向前拓进”。[①]无论对索绪尔学说的述评，还是引进、借鉴当代语言学理论，华劭教授都采取了这种态度。他这种严肃对待国外语言学理论的态度以及所为增添了著作的学术分量。可以毫不夸张地说，《语言经纬》是一部有个性的书、一部有思想的书。之所以这样说，不仅是因为作者构建了具有自己特色的理论框架（它不同于一般的语言学教程），而且在全书的论述上有个性、有思想。华劭教授根据自己的体会阐明了当代语言学中许多重要的概念（如语言与言语、能指与所指、单位与层次、组合与聚合、单位与结构、共时与历时等），在阐述过程中不乏自己的观点、见解以及自己的研究成果。如在论述组合关系和聚合关系时，作者认为两者为阐释语句的隐含要素以及为研究转喻等修辞课题提供了新的视角，所举的例子具有说服力（第114页至第118页）；又如，在“句子的语义与转换”一节中，作者列出了不少转换类型，反映了作者本人的成果（第206页至第212页）；再如，在“从语用角度研究话语”这一章中，作者从说话人和受话人的角度阐明了不少传统修辞学未能阐明的问题，并提出了“语用研究应把注意力集中在语句增生的意思上”等见解（第216页至第261页）。

什么叫创新？就语言科学而言，一部有个性、有思想的作品就是一种创新。语言学科上的创新并非易事。搞外语研究的人深有体会，要在所研究的领域内提出自己的观点、见解是何等的困难！一些在旁人看来并不起眼的观点和见解，其中不知蕴含着作者的多少心血！华劭教授在语言学领域辛勤耕耘半个世纪，《语言经纬》是作者长期教学和科研实践的总结，全书在概念的剖析与厘定、观点的阐发与动用材料的筛选与安排上均有一定的新意。这部专著不仅对教学和科研有重要的参考价值，而且将对我国的语言学科起到积极的推动作用。

华劭教授治学严谨，他从来不把没有把握的东西写进自己的著作，《语言经纬》就是佐证。据作者自序，书中删掉了两章：《话语的实际切分——主位与述位》及《言语的心理活动过程——话语的产生与理解》。

---

① 华劭：《我对语言研究的管见与琐为》，《语言学：21世纪展望》，陕西师范大学出版社2000年版，第30页。

其原因是，关于前一问题，作者已发表数篇论文，对其新的发展来不及概括、反映；对后一问题，则坦言认识不够深人，有待继续研究。作者的自白充分说明了作者对待科学的严谨态度，这和当前一些青年学者中存在的浮躁现象形成了鲜明的对照。

最后，想谈一谈语言工作者的学习问题。戚雨村教授指出：“中国的传统语言学是个宝库，许多有价值的东西有待发掘。古代学者没有写下系统的语言学理论作品，但在他们著作中有关语言的片断论述常常包含着真知灼见。”①这里戚教授强调的是外语工作者应该继承发扬我国传统语言学的遗产问题，这点确实很重要。如果我国外语工作者既通晓国外语言学理论，又熟知汉语语言学理论，那我国的语言学科一定会有新的突破。另一方面，我还想强调一下各语种的专家相互学习的问题。具体地说，搞俄语的人不妨读一些西方语言学家的书；搞西语的人也不妨读一些俄罗斯语言学家的书。这对开阔我们的视野，活跃我们的思想大有裨益。据我所知，我国俄语界熟悉西方言语行为理论、会话合作原则、关联理论以及当前盛行的认知语言学的并不多，而西语界了解俄罗斯语言学的恐怕更是寥寥无几。《语言经纬》一书中所提及的卡拉乌拉夫（Ю. Н. Караулов）关于语言存在形式的看法、斯捷潘诺夫（Ю. С. Степанов）的符号层次与不均衡发展的观点、阿鲁秋诺娃的语言逻辑分析，阿普列相与梅利丘克等人的语义理论均有可参考、可借鉴之处。

俄罗斯语言学有自己的特色。当前，俄罗斯语言学界也在展开西方语言学理论的研究，但他们的研究总是创造性地、以自己特有的方式进行。以语用学研究为例，俄罗斯语言学家十分重视活的语料的分析研究，从中得出这样或那样的语用规律。泽姆斯卡娅等的《男女言语的特点》、格洛文斯卡娅（М. Я. Гловинская）的《从言语行为理论看言语动词的语义》、维诺库尔的《说话人和听话人——言语行为变体》等都是这样一批语用学的研究成果。如果我国研究西语的学者能借鉴一下俄罗斯语言学家的研究方法，而研究俄语的学者能从西方语言学说中吸取一些有益的思想，那么我国的外语研究将能走出一条新的路子来。华劭教授就是这样做的，他不仅通晓俄罗斯语言学，而且不断从西方语言学说中吸取营养。他的专著之所以成功，这也是主要原因之一。

---

① 徐翁宇等：《语言学：21 世纪展望》，陕西师范大学出版社 2000 年版，第 21 页。

第四编

治学漫谈

第四篇

劳动争议

培养博士生的几个环节

我国外语专业培养自己的博士生已有十多年的历史了。我常常应一些高校的邀请参加俄语博士生学位论文答辩。因此，对我国自己培养的俄语博士生的水平略知一二。已培养出的博士，高水平的固然有，他们跟“洋”博士比毫无逊色；但水平一般或勉强获得学位的也不乏其人。现在面临的问题是，怎样培养适应新世纪需要的高素质创新人才。下面就这一问题谈谈一己之见。

为了提高博士生的素质，我认为需要抓好几个环节。首先是“人才的选拔”。博士是国家最高层次的研究人才、创新人才；显然，不可能人人都成为这样的人才。因此，招生时严格把关，严格筛选，至关重要。如果硕士生主要按分数线录取的话，那么博士生仅仅根据考分是不够的。[illegible]创新意识和潜[illegible]讲的是“成才”[illegible]有的人留学多[illegible]这是什么原因[illegible]急于求成，想学[illegible]和“一步到位”

对博士生来说，不管他研究哪种语言，诸如索绪尔的《普通语言学教程》、布龙菲尔德的《语言论》、叶斯柏森的《语法哲学》等都是必读的经典。读经典不用多，但必须读懂、读通。读书的目的是打好理论基础，拓宽知识面，提高思维能力。在读书过程中要善于思考，善于发现问题，提出问题，为博士学位论文作好理论准备。

当前，博士生的课程偏多：四五门专业课，还有哲学、二外、三外等，压得学生喘不过气来。他们哪里还有时间去读经典呢?！适当精简课程是必要的，而且有的课程确实是可设可不设的。

2 研讨

“研讨”是一种有效的教学方式。当前，博士生的培养方式，一定程度上受了传统讲演式授课方式的影响，好像导师少讲了什么，学生就缺了什么似的。这种情况下，怎么能提高学生的创新思维能力呢?

“讲演”这种授课方式，如果对硕士生来说是必要的话，那么对博士生来说，它的必要性是值得商榷的。因为这种授课方式会产生负面的影响，妨碍学生独立思维能力的发展；而“研讨”式授课能促使学生积极思考问题，对创新思维能力的培养较为有利。导师可根据学科的内容，制定研讨提纲，指定参考文献；学生按要求阅读文献，做读书笔记，写发言提纲；然后在导师主持下开展讨论。需要强调指出的是，教学中必须创造民主的氛围，要鼓励学生发表自己的意见，特别是跟导师不同的意见，要大力支持学生创新的见解。另一方面，导师是学科带头人，他应在研讨会上发表一些有分量的见解，使学生在导师身上学到一些书本上学不到的东西，尤其是分析问题和解决问题的方法；导师的作用就在于此。这就要求导师不断学习，不断研究，不断出成果。当今，科学的进步日新月异，导师几年不研究新课题，不出成果，就会落后，就会失去做导师的资格。导师的学术水平是提高博士生水平的关键。

3 收集资料

博士生一旦研究课题确定后，就应着手收集资料。“占有资料”是科研的必要条件。王力先生在《我的治学经验》一文中指出，古今中外有成就的科学家都具有两个条件：“第一是要有时间，第二是要有科学的头脑。有时间才能充分占有材料，有科学头脑才能对所占有的材料进行科学的分析"；"进行科学研究必须搜集丰富的材料。"[1]由此可见，"占有材料"在科学研究中具有重要的地位。

就语言研究而言，占有资料主要指占有文献资料和语言材料。根据俄语专业的惯例，一篇博士论文需要达到10至20万字，相当于一部学术专著。要完成这样的任务，根据以往学生的经验，至少需要参阅近百种中外文献，否则论文达不到应有的广度和深度。

语料是语言研究之本，没有充足的语料，论文的结论是不可靠的。黎锦熙先生有句名言："例不十，法不立"，意思是说，某一语言规律或规则的确立需要足够的例证，否则规律或规则是不成立的。我曾在《实践与理论，微观与宏观》一文中说过，写一部二十余万字的专著一般需要几千张卡片。当然，例证经筛选后能用上的只是其中的一部分。

[illegible]的书面材料；二是来自活[illegible]语典范、标准，但往往跟[illegible]处于动态的语言，从中[illegible]言的发展和变化趋势。[illegible]又有糟粕。口语和书面[illegible]关系之中[2]。对语言研[illegible]

写小论文，是指围绕自己的研究课题写若干篇幅不大的论文。论文要有材料，有观点，有分析；要求达到发表的水平。我一般要求学生在读研究生期间发表三四篇这样的文章，而实际上学生发表的文章往往超过这个数字。小论文是为学位论文打基础的，将成为学位论文的组成部分，因此导师应具体指导，仔细批改。

写学位论文是一项艰巨的科研工程，它要求对研究的课题进行全面、系统、科学的论述，提出自己的见解和观点，得出科学的结论。论文要求立论正确、论据充分、层次分明、叙述简明。在论文撰写过程中，导师应进行具体指导。首先，对课题的可行性及其价值事先应充分地论证。最好导师在这一领域已有一定的探索或研究。这样把握性较大，不至于半途而废。然后，导师对论文的框架、主要论点及分析的方法应一一加以指导。论文初稿完成后，导师应仔细审阅，提出存在的问题及修改意见。指导过程中，导师应尊重学生的意见，支持学生的创见，切勿把自己的意见强加于人。要知道，学位论文是在导师指导下学生独立完成的科研项目。

科研的目的是创新，博士学位论文必须是创新之作。就外语研究而言，有不同层次的创新：创建新的学说、新的学派；就某一课题进行全面、系统的论述，建立自己的理论框架；就某一领域的理论提出新的见解和观点；分析新的语言现象，揭示其形式、语义及语用的特点；从新的视角，用新的方法，重新分析某种语言现象；进行各个层面上的外语和汉语对比研究等。就目前我国外语研究的现状来说，要求博士生创建新的学说是不切合实际的，这是最高层次的创新，是长期潜心研究的结果。除此以外，其他各项的创新要求，对博士生来说并不过分，经过努力是可以达到的。总之，论文必须有所创新，没有新意的论文等于一堆废纸，毫无学术价值。

论文的写作过程也是培养人品、文品的过程。对学者来说，品质比什么都重要。培养品质需要从点滴做起，因此我常常提醒学生：(1)要尊重他人的科研成果，切勿把它窃为已有；(2)要准确引用他人的观点，切勿断章取义；(3)要用自己积累的语料，借用他人的语料需要注明出处；(4)要用简明的文字阐述自己的观点，删去多余的话；(5)要反复推敲自己的观点，做到言之有理；(6)文章写好后需要搁置一段时间，然后再修改几遍，不要急于发表。

以上第一至第三点说的是“诚实”，第四至第六点说的是“严谨”。搞科学研究必须“诚实”和“严谨”，没有这两条就不是一个真正的学者。

科研贵在坚持

随着新世纪的到来，为了让更多的读者了解国外语言学的各个流派，《外语研究》编辑部专门开辟了《国外语言学：历史与现状》这一栏目。我们邀请了部分专家学者撰稿，重点介绍了著名语言学家乔姆斯基的转换变化,因而愈来愈多地受到语言学家的关注。但是,现代语言学更重视从活的言语(对话语)中收集语料。巴赫金曾指出:"研究对话可以使我们更好、更深入地阐明很多语言现象;它们只有在对话语中表现得最充分最鲜明……"①

这里顺便需要指出的是,收集、分析语料的过程也是提高我们自身语言修养的过程。对语言工作者来说,提高自身的语言修养至关重要。难以想像,一个语感不强的人,他能感知隐含在言语深层的种种附加意义和表情色彩。

理论联系实际是科研的基本原则。就外语研究而言,需要联系我国的实际,具体地说,就是应该联系我国的文化、汉语以及中国人学习外语的实际。这方面的工作做好了,我们一定能在外语研究中有所作为,有所创新。

"创新"是长期辛勤劳动的结果。搞科研要持之以恒。5 年、10 年、20 年,坚持下去必有成效。科研,贵在坚持。有的人单纯地为了什么称号去搞科研、写文章。一旦"称号"到手,就告别了科研,从此他们的名字在学术刊物上就消失了。记得母校原哈尔滨外国语学院副院长、著名词典学家、语文学副博士赵洵女士常常告诫我们:"要追求知识,不要追求称号。"半个世纪过去了,她的话一直记在我心中,成为我的生活准则之一。我也希望青年学者从她的话中得到有益的启示。

严谨治学是我国老一辈语言学家的优良传统。搞科研、写文章必须严谨。文章写好后,不要急于发表,放它个一年半载,等印象淡薄后,拿出来,再看、再修改,要力求立论正确、论据充分、层次分明、叙述简明、文字流畅。

《外语研究》编辑部欢迎青年学者为本刊撰稿,我们将努力做好服务工作。为了提高编审工作的质量,编辑部自今年起增设了审读这一环节,聘请了资深汉语专家担任这项工作。由于我们采取了一些有效的措施,杂志的体例和文字的规范化程度有了一定的提高。今后我们将继续努力改进工作,并希望得到读者和作者的支持和配合,共同来办好我们的学术园地。

---

① 巴赫金:《言语体裁问题》相关笔记存稿,白春仁等译,河北教育出版社 1998 年版。

我是怎样搞起口语研究的

广州外语学院语言学与应用语言学研究所和《现代外语》编辑部的同行邀请我参加研讨会，与同行专家、学者一起探讨外语研究的方法，交流治学经验。我觉得这是一项很有意义的活动。

则认识更为模糊。教学中常常无意识地把书面语的材料用来发展学生的口语。当然,这种情况不仅我国俄语界存在,而且在苏联的非俄罗斯的俄语教学中,情况也大同小异。苏联教科院院士科斯托马罗夫在《口语的定义和口语在教学中的作用》一文中曾谈到俄罗斯教师中有许多人,当想到是否应该把 Что верно, то верно(千真万确);Я тебе уеду!(你敢走!你走试试看!)这类口语化的语句教给非俄罗斯族学生时,总是皱起眉头,觉得应该教给他们另一种,比较规范化的形式,如 Это совершено справедливо(这是完全正确的);Я вам решительно запрещаю уезжать(我坚决不准你走)等。这样,教的是一套,而实际上说的又是另一套,造成了教学与实际使用语言的脱节。对口语的这种偏见,经过持续两年的学术大讨论后,才得到克服[①]。我也只是在读了《俄语口语》后才认识到俄语标准语是由口语和书面语两部分组成的,它们在标准语的体系里占有同等重要的地位,认识到口语学是口语教学的理论基础,口语的教学内容应该来自口语,而不是书面语。

这里我想说明的是,我选择口语这个方向,一是出于兴趣,二是考虑到自己的实践经历,三是教学的需要。当然,选择方向的依据不仅仅这一些。学科的性质也是考虑的依据之一。老学科还是新学科?传统学科还是边缘学科?

传统的老学科研究得已经相当深人,建立的体系也较为完善,要有新的突破,难度较大,而新学科、边缘学科,可研究的领域很多,比较容易出成果。俄语口语学是七八十年代兴起的学科。口语是传统俄语语言学中一块未开垦的处女地,许多口语现象尚未挖掘,口语的体系尚未建立,大量的开拓工作有待语言工作者去完成。选择这样的学科是比较容易出成果的。

但是,新兴学科也有困难的一面。俄语口语就是这样。由于研究者没有生活在俄罗斯的环境里,要理解俄罗斯人在日常生活里怎样使用语言,领会言语的细微差别,了解语用的特点,并不是一件轻而易举的事。而挖掘新的口语现象,进行科学的描写、论证,难度就更大了。但中国有句俗话,世上无难事,只怕有心人。

---

① 1965—1966 年,苏联《民族学校俄语教学》编辑部开展了关于俄语口语及其在教学中的作用的大讨论。

[illegible]文献的主要目[illegible]是了解[illegible]语学的现状，了解哪些课题已经研究过了，哪些还没有研究，[illegible]些口语[illegible]源需要挖掘等。收集资料，主要指收[illegible]，这是一[illegible]艰苦的[illegible]动，需要花很多时间。往往一部小说

生活中无拘无束、无准备的言语是有一定差别的,这是一方面。另一方面,俄罗斯作家精通标准语的两个分体——口语和书面语,他们模仿的话语是有权威性的。正因为这样,著名语言学家什维多娃曾以经典作家的语言为材料撰写了一部口语专著《俄语口语句法概论》(1960)。在她主编的1980年《俄语语法》这部巨著中,有关口语的例证也多半选自文学作品。当然,用录音机收集操标准语的人的谈话,是一个重要的途径。

3 重视具体语言现象的分析和研究

研究从什么入手?从一般性理论入手,还是从对具体的语言现象分析、研究入手?我的做法是,先从具体的语言现象入手,从微观研究人手。根据积累的资料,从一些词的语法和句子结构着手研究。因为研究的对象具体,可以从语法、语义和语用三个角度进行深入的分析和描写。这样写出的论文有新意,也比较实用。然后,逐渐拓宽范围。研究的问题从小到大,从具体到一般。我的两篇论文《关于俄语口语的几个问题》(《外语学刊》1987年第4期)和《论俄语口语的对立性特征》(《外国语》1992年第1期)就是在研究了口语的大部分领域后才写的。那时,对口语的语言事实已有了较多的认识,逐渐形成了一些一般性的见解,因此才写了这些文章。我认为,只有在微观研究的基础上,才能进行宏观的研究。

我非常赞同吕叔湘先生倡导的"务实、创新"的思想。吕先生主编的《现代汉语八百词》(商务印书馆,1984)就是个很好的范例。该书对一个个词的具体意义和用法作了详细的描写。这对汉语词典的编写和汉语语法的研究都有重要的意义。这种务实的学风是值得学习和推广的。

关于专著的撰写,我主张先写论文,后写专著。当某一方向的论文写得差不多了,再着手写专著。拙著《俄语口语语法概论》是在近20篇论文的基础上写成的。有论文作基础,写专著就比较顺利了。实际材料有了,语言现象的描写有了,对一些问题的见解和观点亦已形成,剩下的工作是:建立书的框架、书的系统,明确贯穿全书的指导思想,并对论文中的内容作进一步的修改、充实就可以了。在论文的基础上写专著是个稳妥的办法。国内外的一些学者也大都是这样做的。

5 勤奋工作，严谨治学

科研要求科学工作者投入自己的全部身心。要随时随地思考自己的研究课题。思考问题，不要只限于案头。与同行交谈、散步、外出时，都可以思考问题。许多好的思想往往在这个时候涌现出来。我的一些论文的构思就在散步时形成的。我有一个小本，用来记录头脑里闪现的思想。好的思想一闪即逝，要马上记录下来。

论著完成后，不要急于发表。我通常要搁置一段时间，少则几个月，多则半年、一年。待论著的印象淡薄后，再拿出来看。这时看问题比较客观，容易发现文中的疏漏或错误。然后再修改，直到满意为止。我觉得论文必须经过反复推敲、反复修改，方可出手。即使这样，也难免有不妥的地方。

小到大,从词、句到话语,逐一研究。待我对口语各层面的特点有了较全面、系统的了解之后,才开始研究口语的宏观问题,如口语与语言系统的关系、口语规范、俄汉口语的共性等问题。我体会到,只有当我们对语言现象有了宏观上的把握时,我们的微观分析才会更合理,更符合语言的客观规律。

近期我从结构研究转向对口语的语用研究,试图把口语的结构、语义和语用结合起来。最近脱稿的《现代俄语口语概论》就是这方面的尝试。当然,这是一项十分艰巨的系统工程,我做的一切还是远远不够的。

科研的另一个重要问题,是语言材料的积累。语料无论对微观还是对宏观研究都十分重要。可以说,语料是语言研究之本:(1)它是课题的来源。我的不少文章的题目来自实践,是实践中发现的。(2)它又是解决课题的关键。没有充足的语料为依据,揭示语言现象的本质是不可能的。(3)它还是验证理论的依据。这样或那样的结论是否正确,都要通过大量的语料来验证。

收集语料需要时间和耐性,看完一部电影或小说,往往只能收集到几个有用的例子。语料是须要长期积累的。我花了十多年的时间建立了4箱口语语料库。有了丰富的语料作基础,科研就容易多了。一般说来,写一部20万字的专著,需要几千张卡片。在一定意义上讲,语料的多少体现了著述的分量,体现了作者治学的严谨性。

现在有些青年学者不太重视语料的积累,他们喜欢在抽象的概念上做文章。殊不知,抽象的概念是从大量实际材料中提炼出来的。还有的青年人走捷径,使用他人用过的语料。当然,借用他人的语料是允许的,但应以本人掌握的第一手材料为主。嚼别人的馍是不香的。

最后,我想强调一下,实践和理论,微观和宏观是辩证的统一,两者相辅相成。我的科研体会可以归纳为一句话:从大处着眼,小处入手;明确方向,持之以恒。

学方法,使课上的言语活动接近或比较接近自然言语。这种方法能引起学生的兴趣,使他们的注意力集中,同时避免说话时对课本的依赖。我认为,只有在不依赖课本的情况下,学生才能有效地提高说话的能力。

50年代中期,一批苏联专家来校工作。第一位专家乌哈诺夫副博士给青年教师开设了现代俄语理论(含语音学、词法学、句法学及词汇学)和俄语历史语法,这些都是苏联大学语文系学生的课程。起初,困难很大,许多术语从没有听说过。什么语法意义啊,什么范畴啊,弄得我们稀里糊涂。经过一番努力,终于克服了困难,学会了听课。参加进修的教师分成了几个组,我是小组助教,任务是带练习课。上课前专家先领助教做一遍练习。乌哈诺夫是个严肃的人,从不苟言笑,不能随便向他提问。提问前事先得查一下资料,弄清是否值得提问,否则他会批评说,为什么这么懒,自己不先查一查资料。记得有几位同学常常因此而挨训。专家的治学态度是很严谨的,遇到没有把握的问题时,不会轻易回答。他总是记下来,等下一次解答。严师出高徒,在专家的严格要求下,我们青年教师在理论上迅速地成长了起来。

补完大学课程后,我和几位同事接着进修语文专业的副博士课程。带我们的导师是切尔诺娃副博士,是一位和蔼可亲的人。学习班按专题学习,每个专题都有思考题和必读书目。在讨论课上,导师总是先听我们讲述,然后做小结,指出哪些问题已经解决了,哪些问题尚未解决,并就没有解决的问题谈自己的观点和见解。这种做法对培养我们的思维能力很有帮助。

系统的理论学习不仅提高了实践课的教学质量,而且也为我今后开设语言学课程和从事理论研究打下了坚实的基础。

作为高校教师,只会教学是不够的。著名学者季羡林先生说过:“有些教外语的教员,外语水平是极能令人满意的。但是,除此以外,都不知道他们是什么家。这样的人,在德国只能终身是外语教员,与副教授和教授无缘。”

六七十年代,教师想搞科研是不太可能的。当“科学的春天”降临之时,我已是四五十岁的中年人了,从事科研的最佳时期已经过去。况且当时语言学资料奇缺,搞研究困难重重。但我并不因此而气馁。1975年,黑龙江大学词典组成立,我有幸成了该组成员。先后参加了《大俄汉词典》和《俄汉详解大词典》(4卷本)的编写工作。可是,我的学术兴趣不

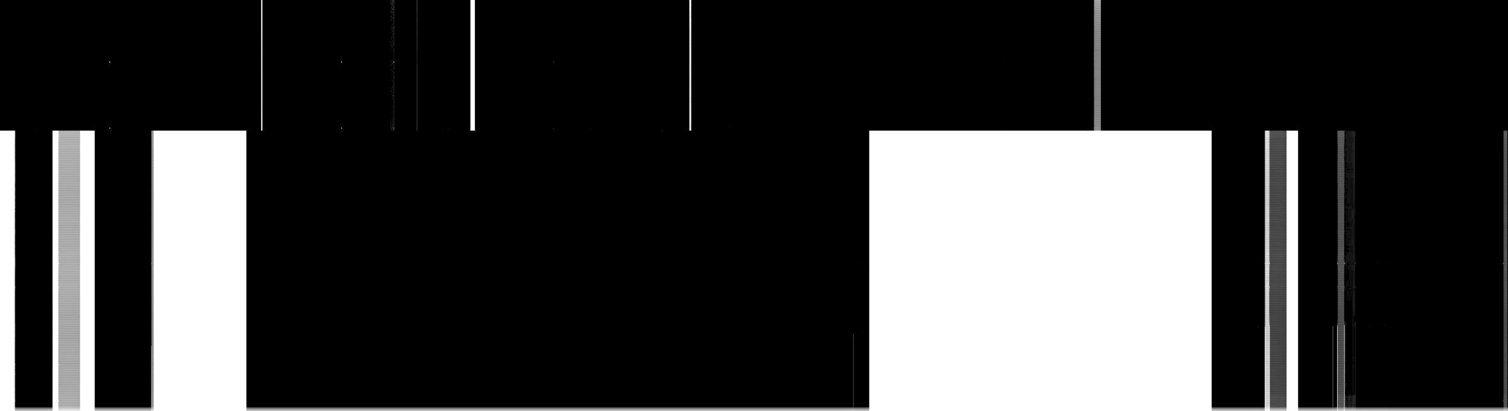

年写几篇，少则一二篇，多则三四篇，最多到六篇。有了二三十篇论文之后，开始写书。这时资料积累得比较多，问题考虑得比较深入，全书的框架亦已形成。1990 年写成了第一本书《俄语口语语法概论》。之后，我又写了几十篇论文。这时涉及面逐渐拓宽，视角也有所变化。10 年之后，写成了第二本书《现代俄语口语概论》。这是一本从词、句、话语三个层面，采用结构、语义、语用相结合的方法来描写口语的书。书中反映了作者长期以来形成的一些思想和见解。

自 1990 年起，经国务院学位委员会批准，我开始担任博士生导师的工作。读了一些新的语言学的书，有了一些研究成果，我心里比较踏实了。但是带博士生我还是采取谨慎的态度，不敢多带，一般一届一名。因为博士生是研究型人才，是创新人才，他们的学位论文相当于一部专著(约二十万字左右)，导师需要精心指导，需要很大的投入。加之，语言科学日新月异，导师本身还得不断地学习、研究，否则是难以胜任博士生导师这项工作的。

带博士生，要重在“带”字，也就是说，导师的责任在于把学生带进科学的殿堂，去探索还没有探索过的问题。因此，我主张“带”，而不主张“教”；主张师生共同研讨问题，而不主张授课；主张发扬学术民主，而不主张导师说了算。

现在来谈一点科研的体会。

(1)作为外语教师，我想，首先应具备扎实的外语基本功，特别是听说的基本功。这不仅是教学本身的要求，也是科研的先决条件。当前，语言研究的重点已经从形式转移到功能的研究，这更需要外语教师首先要掌握好外语，要有良好的语言修养。我之所以能进行口语研究，主要应归功于哈外专 4 年的强化教学、二十多年的实践课教学以及跟俄罗斯人多年的工作和生活上的交流。很难想象，一个外语修养差的人会在功能研究上有所作为。

(2)外语研究也跟其他领域的研究一样，必须理论联系实际。在《语言学:21 世纪展望》一书中我曾说过，有三方面的实际可以联系:汉语的实际、中国文化的实际以及中国人学外语的实际。联系工作做好了，研究一定会有所突破，有所创新。大家都知道，创新的层次有所不同:创建新的学派，提出新的理论，发表新的观点和见解是创新；从新的视角，用新的方法来阐释语言现象是创新；而联系中国实际的研究成果无疑也是一种

参考文献

[1] 奥托·叶斯柏森:《语法哲学》,何勇译,语文出版社 1988 年版。
[2] 巴赫金:《文本、对话与人文》,白春仁等译,河北教育出版社 1998 年版。
[3] 北京市语言学会编:《语言论文集》,商务印书馆 1985 年版。
[4] 陈建民:《汉语口语》,北京出版社 1984 年版。
[5] 崔　卫:《口语共性》,军事谊文出版社 1998 年版。
[6] 戴维·克里斯特尔:《现代语言学词典》,沈家煊译,商务印书馆 2000 年版。
[7] 费尔迪南·德·索绪尔:《普通语言学教程》,高名凯译,商务印书馆 1996 年版。
[8] 冯·戴伊克:《社会·心理·话语》,施旭,冯冰编译,中华书局 1993 年版。
[9] 傅　民 高艾军:《北京话词语》,北京大学出版社 1986 年版。
[10] 哈特曼等:《语言与语言学词典》,上海辞书出版社 1981 年版。
[11] 何兆熊:《新编语用学概要》,上海外语教育出版社 2000 年版。
[12] 何自然 吴亚欣:《语用学概略》,《外语研究》2001 年第 4 期。
[13] 何自然 陈新仁:《当代语用学》,外语教学与研究出版社 2004 年版。
[14] 胡壮麟:《语篇的衔接与连贯》,上海外语教育出版社 1994 年版。
[15] 华　劭:《语言经纬》,商务印书馆 2003 年版。
[16] 刘月华等:《实用现代汉语语法》,商务印书馆 2004 年版。
[17] 吕冀平 吴哲夫:《语法修辞》,黑龙江人民出版社 1960 年版。
[18] 吕叔湘:《现代汉语八百词》,商务印书馆 1999 年版。
[19] 戚雨村等:《语言学百科词典》,上海辞书出版社 1992 年版。
[20] 戚雨村:《现代语言学的特点和发展趋势》,上海外语教育出版社 1997 年版。

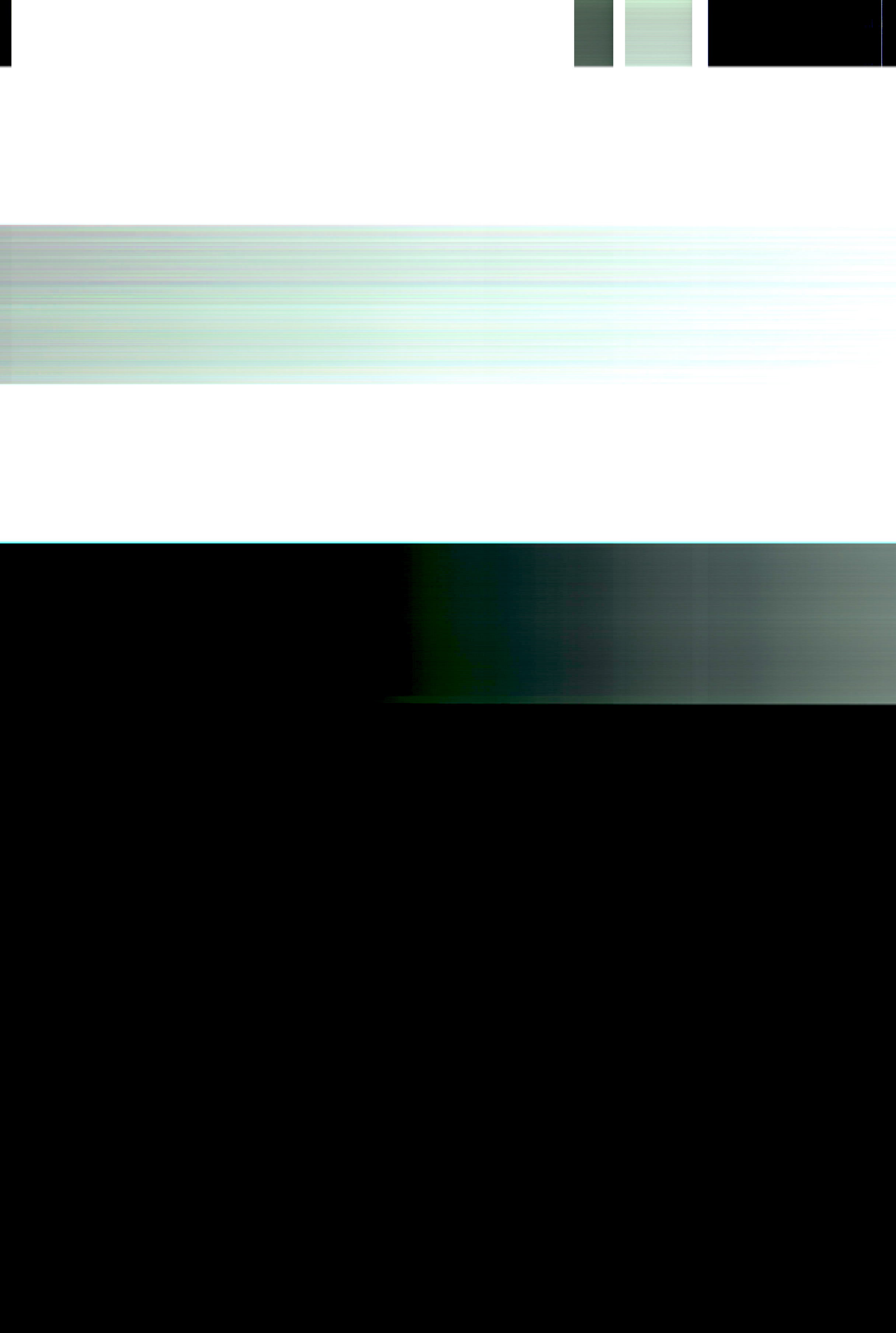

[44] Балли Ш. Французская стилистика. М., 1961.

[45] Баранов А. Н. и Крейдлин Г. Е. Структура диалогического текста: лексические показатели минимальных диалогов. Вопросы языкознания, 1992, №3.

[46] Бахтин М. М. Эстетика словесного творчества. М., 1986.

[47] Белошапкова В. А. (ред.) Современный русский язык. М., 1997.

[48] Борисова Е. Г. и Мартемьянов Ю. С. (ред.) Имплицитность в языке и речи. М., 1999.

[49] Валюсинская З. В. Вопросы изучения диалога в работах советских лингвистов. // Синтаксис текста. М., 1979.

[50] Васильева А. Н. Курс лекций по стилистике русского языка. М., 1976.

[51] Верещагин Е. М. и Костомаров В. Г. Язык и культура. М., 1976.

[52] Виноградов В. В. Русский язык. Грамматическое учение о слове. М. -Л., 1947.

[53] Виноградова В. Н. Стилистический аспект словообразования. М., 1984.

[54] Винокур Т. Г. Говорящий и слушающий. Варианты речевого поведения. М., 1993.

[55] Гвоздев А. Н. Современный русский литературный язык. М., 1958.

[56] Гвоздев А. Н. Очерки по стилистике русского языка. М., 1952.

[57] Голубева-Монаткина Н. И. Классификационное исследование вопросов и ответов диалогической речи. Вопросы языкознания, 1991, №1.

[58] Даль В. Толковый словарь живого великорусского языка. М., 1955.

[59] Дементьев В. В. Изучение речевых жанров: обзор работ в современной русистике. Вопросы языкознания, 1997, №1.

[60] Земская Е. А. (ред.) Русская разговорная речь. М., 1973.

[61] Земская Е. А. и Капанадзе Л. А. (ред.) Русская разговорная

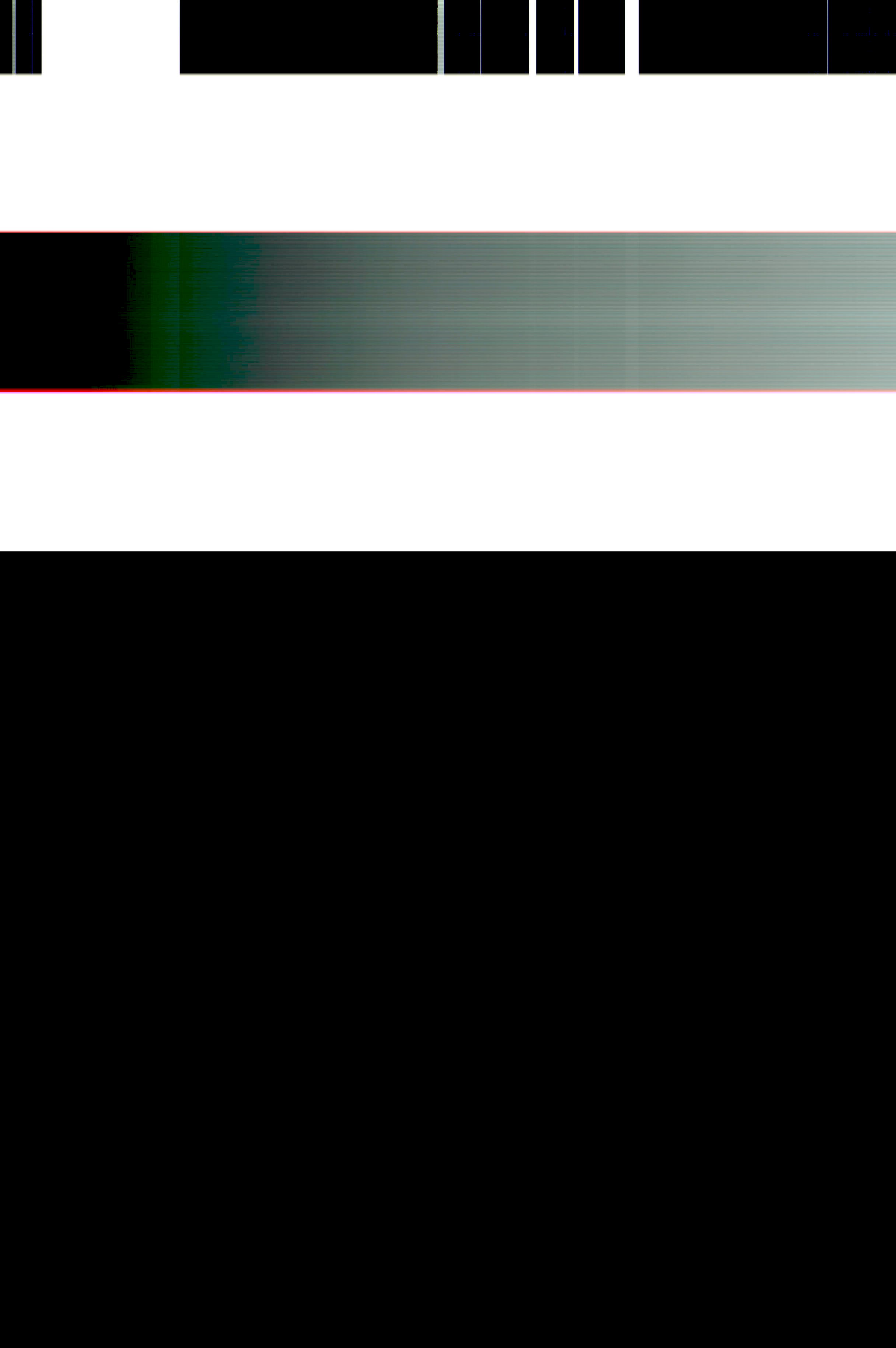

давании. Русский язык в национальной школе, 1965, №1.
[78] Красильникова Е. В. Имя существительное в русской разговорной речи. Функциональный аспект. М., 1990.
[79] Крылова О. А. Основы функциональной стилистики русского языка. М., 1979.
[80] Кузнецов С. А. (ред.) Большой толковый словарь русского языка. СПб., 2000.
[81] Ладыженская Т. А. Устная речь как средство и предмет обучения. М., 1998.
[82] Лаптева О. А. О некодифицированных сферах современного русского литературного языка. Вопросы языкознания, 1966, №2.
[83] Лаптева О. А. Русский разговорный синтаксис. М., 1976.
[84] Лаптева О. А. К формально-функциональному моделированию системы устно-разговорного синтаксиса. Вопросы языкознания, 1997, №2.
[85] Лаптева О. А. Живая русская речь с телеэкрана. М., 2000.
[86] Лаптева О. А. Теория современного русского литературного языка. М., 2003.
[87] Лаптева О. А. Речевые возможности текстовой омонимии. М., 2003.
[88] Марков Ю. и Вишнякова Т. Русская разговорная речь: 1 200 наиболее употребительных слов. Русский язык в национальной школе, 1965, №6.
[89] Новиков Л. А. (ред.) Современный русский язык. СПб., 2001.
[90] Ожегов С. И. и Шведова Н. Ю. Толковый словарь русского языка. М., 1999.
[91] Перехвальская Е. Так говорят женщины. Искусство кино, 1991, №6.
[92] Пешковский А. М. Русский синтаксис в научном освещении. М., 1956.
[93] Полищук Г. Г. Спонтанная речь и художественный диалог. // Вопросы стилистики. Саратов, 1981.

[111] Шведова Н. Ю. и Лапатин В. В. (ред.) Русская грамматика. М.,1990.

[112] Щерба Л. В. Избранные работы по языкознанию и фонетике. Л., 1958.

[113] Щерба Л. В. Современный русский литературный язык. // 120 лет ЛГУ. Тезисы докладов. Л., 1939.

[114] Якубинский Л. П. Избранные работы. Язык и его функционирование. М., 1986.

[115] Ярцева В. Н. (ред.) Лингвистический энциклопедический словарь. М., 1990.

[116] Brazil, D. *A Grammar of Speech*. Oxford: Oxford University Press, 1995.

[117] Brown, G. & Yule, G. *Discourse Analysis*. Cambridge: Cambridge University Press, 1983.

[118] Carroll, D. W. *Psychology of Language*, 2nd ed. California: Brooks/Coke Publishing Company, 1994.

[119] Collinge, N. E. (ed.) *An Encyclopaedia of Language*. London & New York: Routledge, 1990.

[120] Coulthard, M. *Advances in Spoken Discourse Analysis*. London & New York: Routledge, 1992.

[121] Edmonson, W. J. *Spoken Discourse*. London & New York: Longman, 1981.

[122] Eggins, S & Slade, D. *Analysing Casual Conversat.*, London: Cassel, 1997.

[123] Jespersen, O. *Essentials of English Grammar*. London: Allen & Unwin, 1938.

[124] Jespersen, O. *Language. Its Nature, Development and Origin*. London: George Allen & Unwin LTD, 1934.

[125] Levinson, S. C. *Pragmatics*. Cambridge: Cambridge University Press, 1983.

[126] Palmer, H. & Blandford F. *A Grammar of Spoken English*. Cambridge: W. Heffer and Sons LTD, 1955.

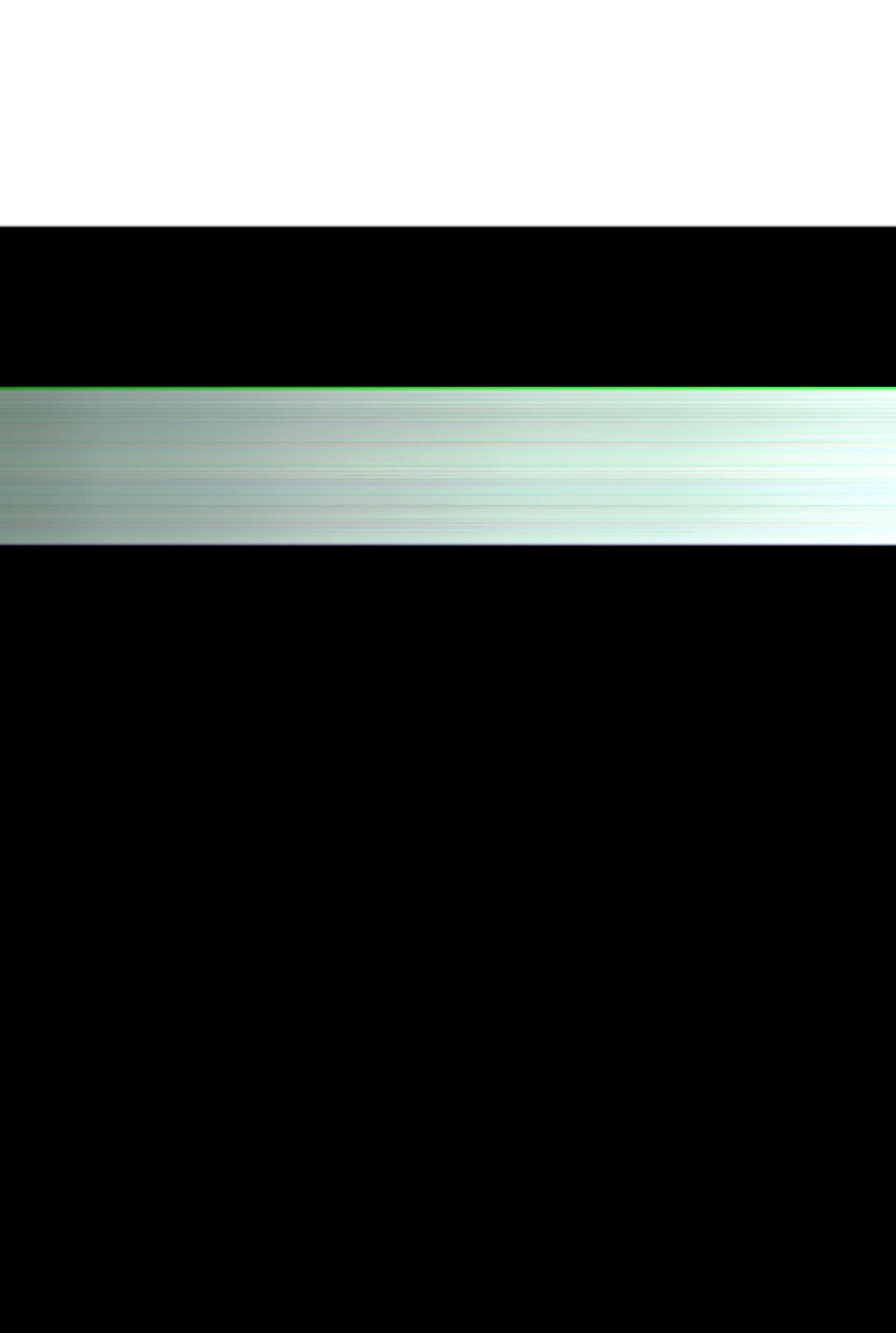

《徐翁宇集》收录论著索引

关于俄语口语的几个问题………………… 原载《外语学刊》1987 年第 4 期
论俄语口语的对立性特征…………………… 原载《外国语》1992 第 1 期
口语学若干理论问题初探——评 E. A. Земская 的口语学说
…………………………………… 原载《中国俄语教学》1993 年第 1 期
俄汉口语对比问题——一个待开拓的对比领域
…………………………………… 原载《外语与外语教学》1994 年第 4 期
口语研究：意义、方向、材料来源及方法
…………………………………………… 原载《外国语》1994 年第 5 期
口语词典的构想……………………………… 原载《现代外语》1995 年第 4 期
俄语口语的系统性及其特征………………… 原载《外国语》1999 年第 1 期
俄语对话分析导论——语言的交际-语用方面
…………………………………………… 原载《外语研究》2003 年第 3 期
现代俄语口语的句法特征………………… 原载《现代外语》1982 年第 4 期
现代俄语口语的词法特征………………… 原载《外语学刊》1983 年第 4 期
现代俄语口语的构词特征………………… 原载《现代外语》1986 年第 3 期
俄语口语中对应词的省略问题………… 原载《外语学刊》1981 年第 4 期
试论口语词序的原则及其排列模式…… 原载《外语研究》1987 年第 3 期
Вроде 一词的演变 ………………………… 原载《外语研究》1988 年第 3 期
俄语口语里简单句句位的填补………… 原载《外语学刊》1989 年第 6 期
口语里前置词的发展趋势………………… 原载《外语教学》1990 年第 3 期
俄语口语称名………………………… 原载《中国俄语教学》1990 年第 4 期
俄罗斯人的称呼………………………… 原载《外语研究》1999 年第 1 期
反应词语：特征、类型及语用………………… 原载《外国语》1993 年第 4 期
俄语口语：词层、常用词、词义及词的使用
…………………………………………… 原载《外国语》1995 年第 5 期

作 者 传 略

徐翁宇,1929 年 6 月生,浙江绍兴人,语言学家,教授,博士生导师。1950 年进入哈尔滨外国语专门学校(现黑龙江大学)学习,1953 年选入研究生班,1954 年毕业后留校。1954—1979 年于黑龙江大学外语系任教;1979—2001 年于南京外国语学院俄语系任教。1961 年晋升为讲师,1980 年晋升为副教授,1986 年晋升为教授。1984—2004 年任《外语研究》杂志主编。1990 年起,经国务院学位委员会批准,任俄语语言文学专业博士生导师。2002 年至今,任黑龙江大学俄语语言文学研究中心专职研究员。

曾先后兼任上海外国语大学博士生导师(1990—2001)、黑龙江大学辞书研究所研究员(1991—1998)、中国俄语教学研究会常务理事、全国高校外语学刊研究会副会长、黑龙江大学俄语语言文学研究中心首届学术委员会委员(2000—2003)和《外语学刊》编委会委员(2001—2006)等职务。

徐翁宇出生在一个艺术之家。父亲徐生翁是近代著名书画家。他自学成才,经多年顽强、刻苦的努力达到了艺术顶峰。母亲黄弦玉是父亲的得力助手,她酷爱中国古典文学,常常给孩子们讲述有趣的故事,这对他们的智力发展产生了很大的影响。

在父亲的影响下,少年徐翁宇喜欢美术——素描、山水画、板画。中学时代,他对英语产生了极大的兴趣。课余时间他总是全神贯注地阅读一些英语语法和修辞方面的书籍。

在大学时代,徐翁宇受到了良好的教育。他所在的哈尔滨外国语专门学校培养的学生以实践能力强而闻名全国。经过四年紧张的学习,毕业后他成为了一名业务水平较高的俄语教师。

从 1954 年起,徐翁宇开始了教师职业生涯。近四分之一世纪的时间他教的是实践课。工作中他注重研究教学法,以提高学生口语、笔语的技

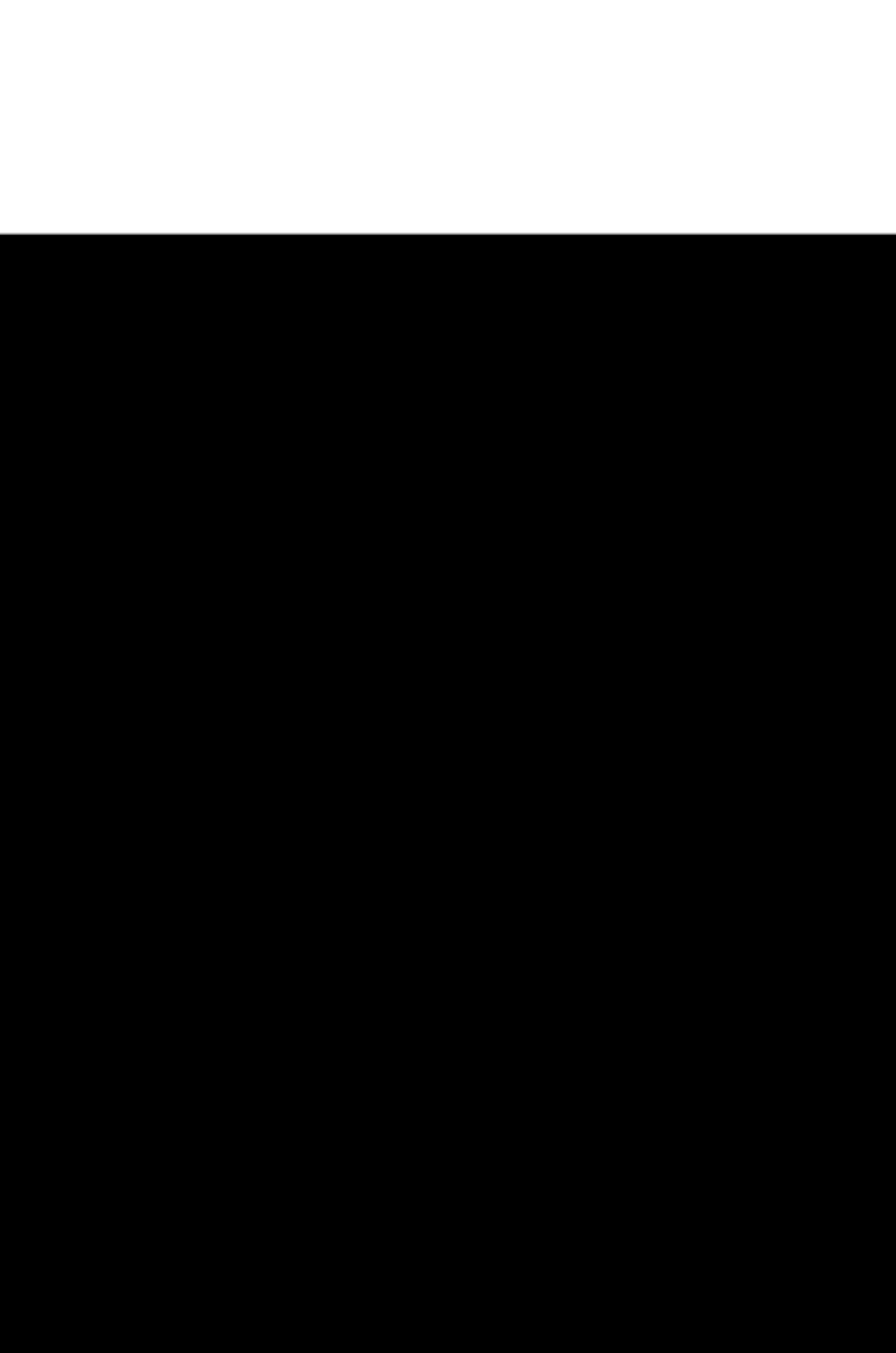

БИОГРАФИЧЕСКИЕ СВЕДЕНИЯ

Сюй Вэнъюй — языковед, профессор, научный руководитель докторантов.

В 1950 г. поступил в Харбинский институт иностранных языков. В 1953 г. был переведен в аспирантуру. После её окончания в 1954 г. стал работать преподавателем русского языка. С 1954 г. по 1979 г. преподавал русский язык на факультете иностранных языков Хэйлунцзянского университета. С 1979 г. по 2001 г. преподавал на факультете русского языка Нанкинского института иностранных языков. Доцент (с 1961 г.), профессор (с 1986 г.), главный редактор журнала «Исследования по иностранным языкам» (1984—2004 гг.). В 1990 г. он был утвержден на должность научного руководителя докторантов. С 2002 г. по настоящее время работает сотрудником в Центре по исследованиям русского языка и литературы Хэйлунцзянского университета.

Совместительские должности: научный руководитель докторантов Шанхайского университета иностранных языков (1990—2001гг.), сотрудник Института лексикографии Хэйлунцзянского университета (1991—1998 гг.), член постоянного совета КАПРЯЛ, вице-председатель Ассоциации журналов исследования иностранных языков высшей школы, член Ученого совета Центра по исследованиям русского языка и литературы Хэйлунцзянского университета (2000—2003 гг.) и член редколлегии «Вестника исследования иностранных языков» (2001—2006 гг.)

Сюй Вэнъюй родился 29 июня 1929 года в городе Шаохине в семье художника. Отец Сюй Шэнвэн — выдающийся современный китайский каллиграфист и живописец. Он самоучкой встал на путь художни-

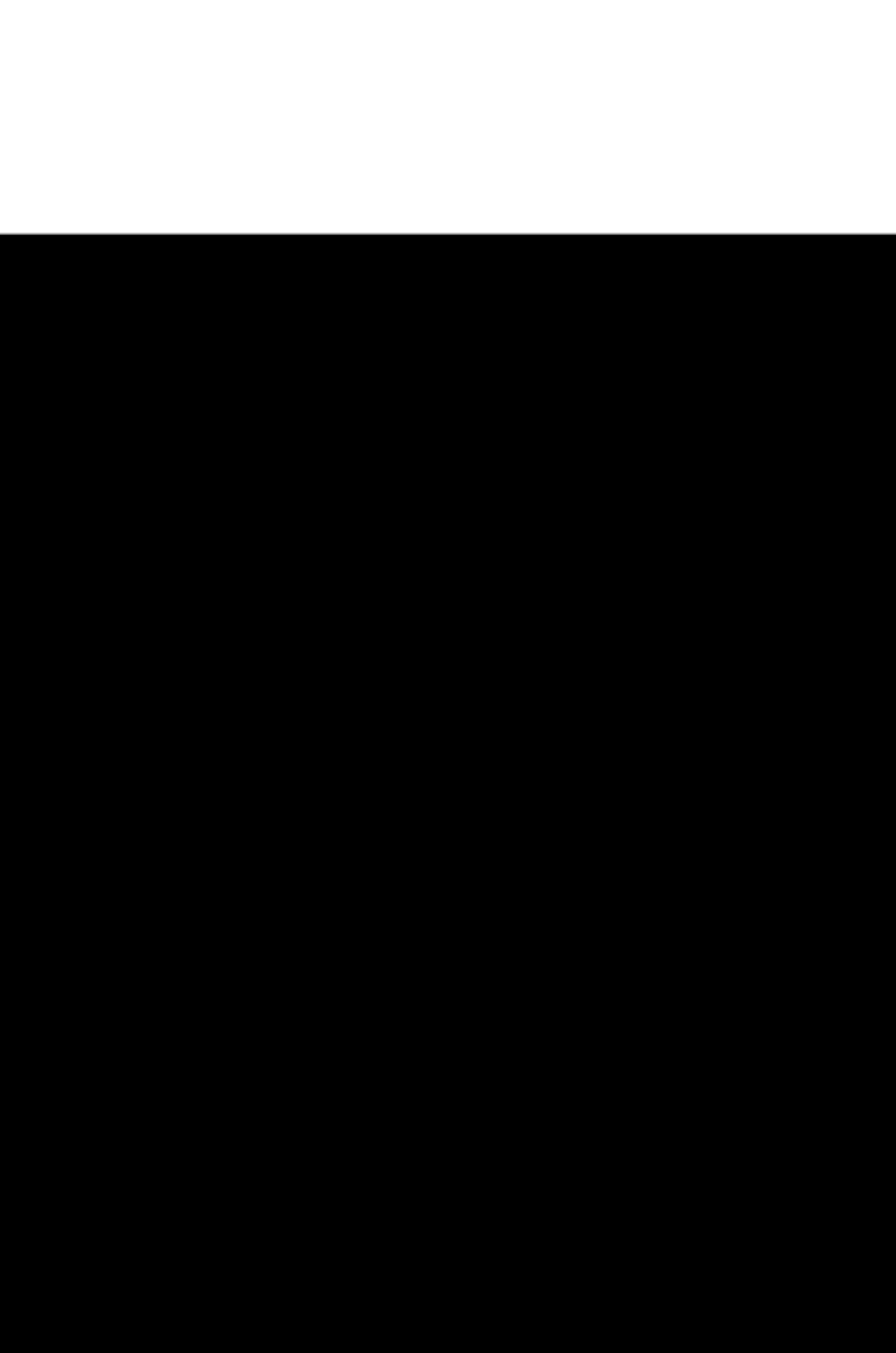

слова “можно”, пропуск соотносительного слова в высказывании и т. д. После того, как он выяснил основные особенности разговорной речи, он перешёл к поиску общих теоретических вопросов, таких, как сущность разговорной речи, её нормы, её системность и признаки, характерные черты диалога, имплицитность в речи, речевые жанры и т. д.

Сюй Вэнъюй придает большое значение собиранию материалов, без запаса которых не может идти речь о научной работе. Все его научные соображения или какие-нибудь сделанные им выводы основываются на анализе большого количества материалов.

В работе Сюй Вэнъюй прибегает к многоуровневому синтетическому методу анализа, т. е. к такому методу, который учитывает разные уровни языка: синтаксический, семантический и прагматический. И это определяется особенностями разговорной речи. Ведь разговорная речь — это живая речь, в которой действует не только фактор языка, но и фактор человека и фактор ситуации. Всё это оказывает существенное влияние на формирование речи.

Прошло уже 28 лет с тех пор, как Сюй Вэнъюй начал изучать разговорную речь. Из-под его пера вышло свыше 60 статей и две монографии: «Очерки по грамматике русской разговорной речи» (1990) и «Очерки по современной русской разговорной речи» (2000). Скоро выйдет в свет его третья монография «Анализ русского диалога».

Другое направление работы Сюй Вэнъюя — это составление двуязычного словаря. Он является одним из авторов двух больших словарей: «Большого русско-китайского словаря» (1985) и «Большого русско-китайского толкового словаря» (1998). Кроме того, Сюй Вэнъюй участвовал в работе по исправлению и дополнению «Большого русско-китайского словаря», который вышел в свет в 2001 году.

Сюй Вэнъюй — один из основоположников журнала «Исследования по иностранным языкам». 20 лет был главным редактором этого журнала. Благодаря общим усилиям редколлегии журнал завоевал признание широкого круга читателей. На пороге нового века в журнале была введена новая рубрика: «Языкознание: перспективы на 21 век»,

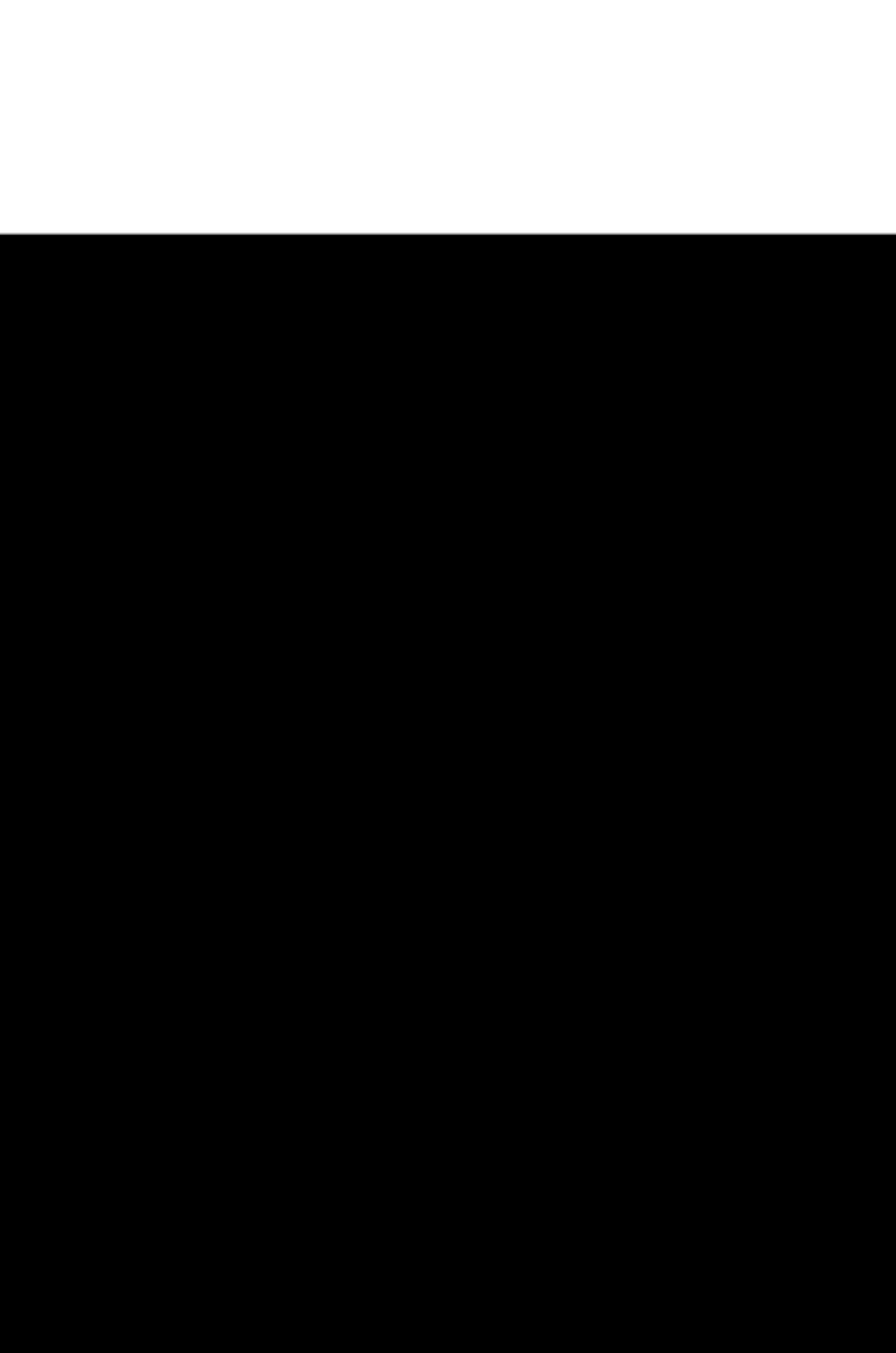

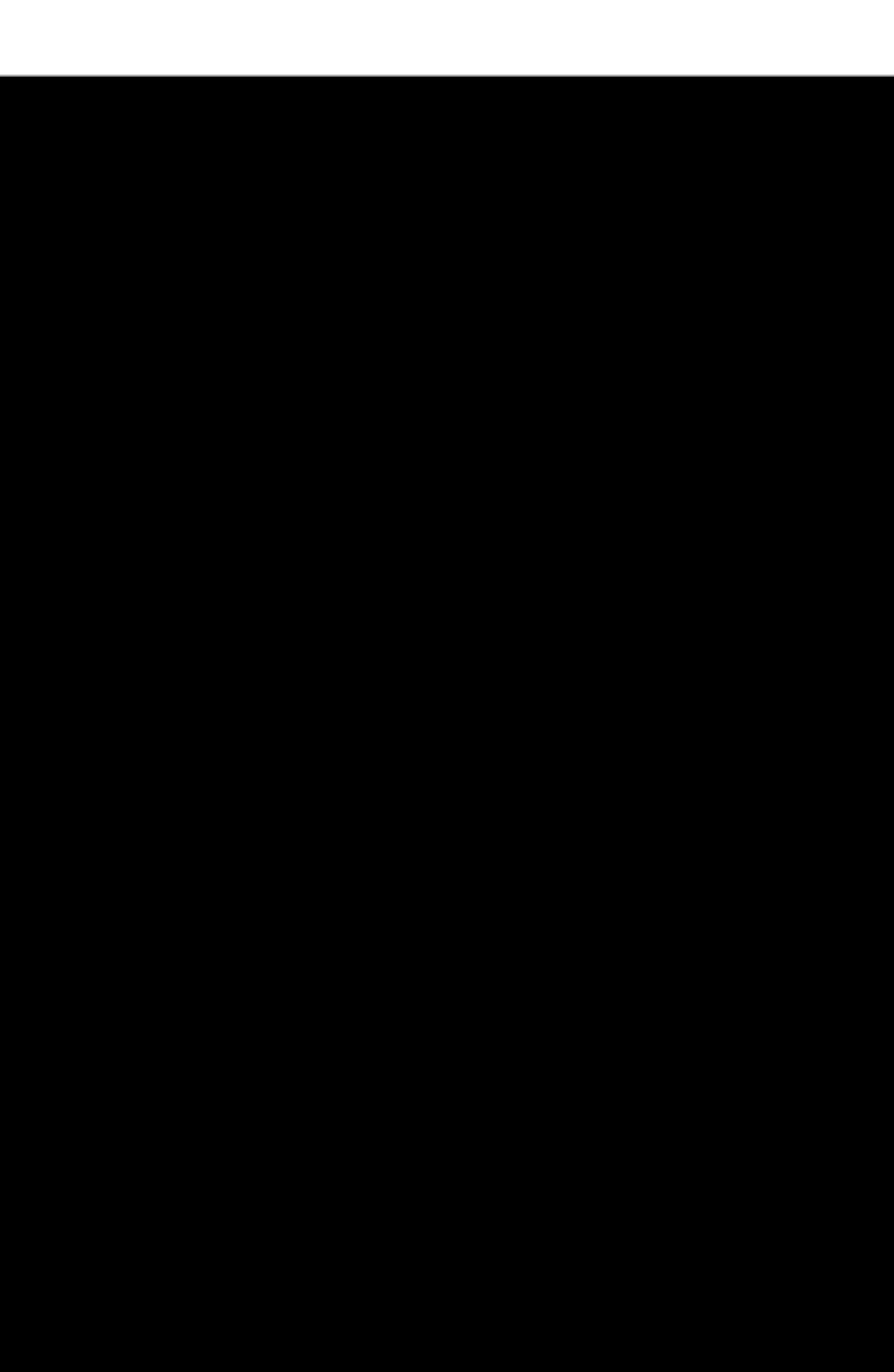

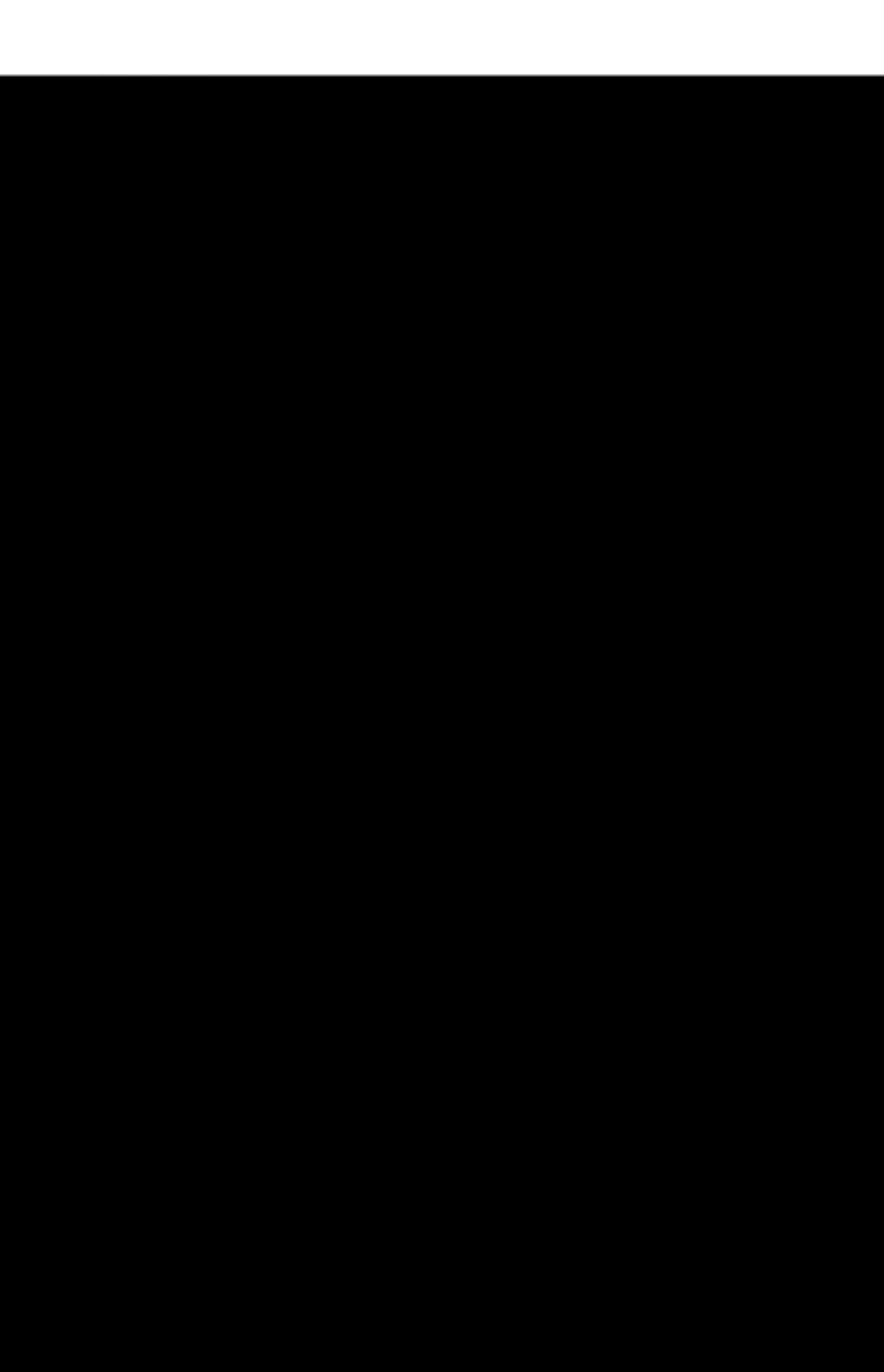

图书在版编目（CIP）数据

用流程解放管理者/张国祥著．—北京：中华工商联合出版社，2012.4

ISBN 978-7-5158-0184-1

Ⅰ.①用…　Ⅱ.①张…　Ⅲ.①企业管理　Ⅳ.①F270

中国版本图书馆 CIP 数据核字（2012）第 067205 号

用流程解放管理者

作　　者：张国祥
特约策划：汤　梅
责任编辑：于建廷　关山美
责任审读：李　征
封面设计：大象设计
责任印制：迈致红
出版发行：中华工商联合出版社有限责任公司
印　　刷：三河市文阁印刷厂
版　　次：2012 年 6 月第 1 版
印　　次：2012 年 6 月第 1 次印刷
开　　本：787mm×1092mm　1/16
字　　数：200 千字
印　　张：15
书　　号：ISBN 978-7-5158-0184-1
定　　价：49.80 元

服务热线：010－58301130
团购热线：010－58302813
地址邮编：北京市西城区西环广场 A 座 19－20 层，100044
http：//www.chgslcbs.cn
E-mail：cicap1202@sina.com（营销中心）
E-mail：gslzbs@sina.com（总编室）

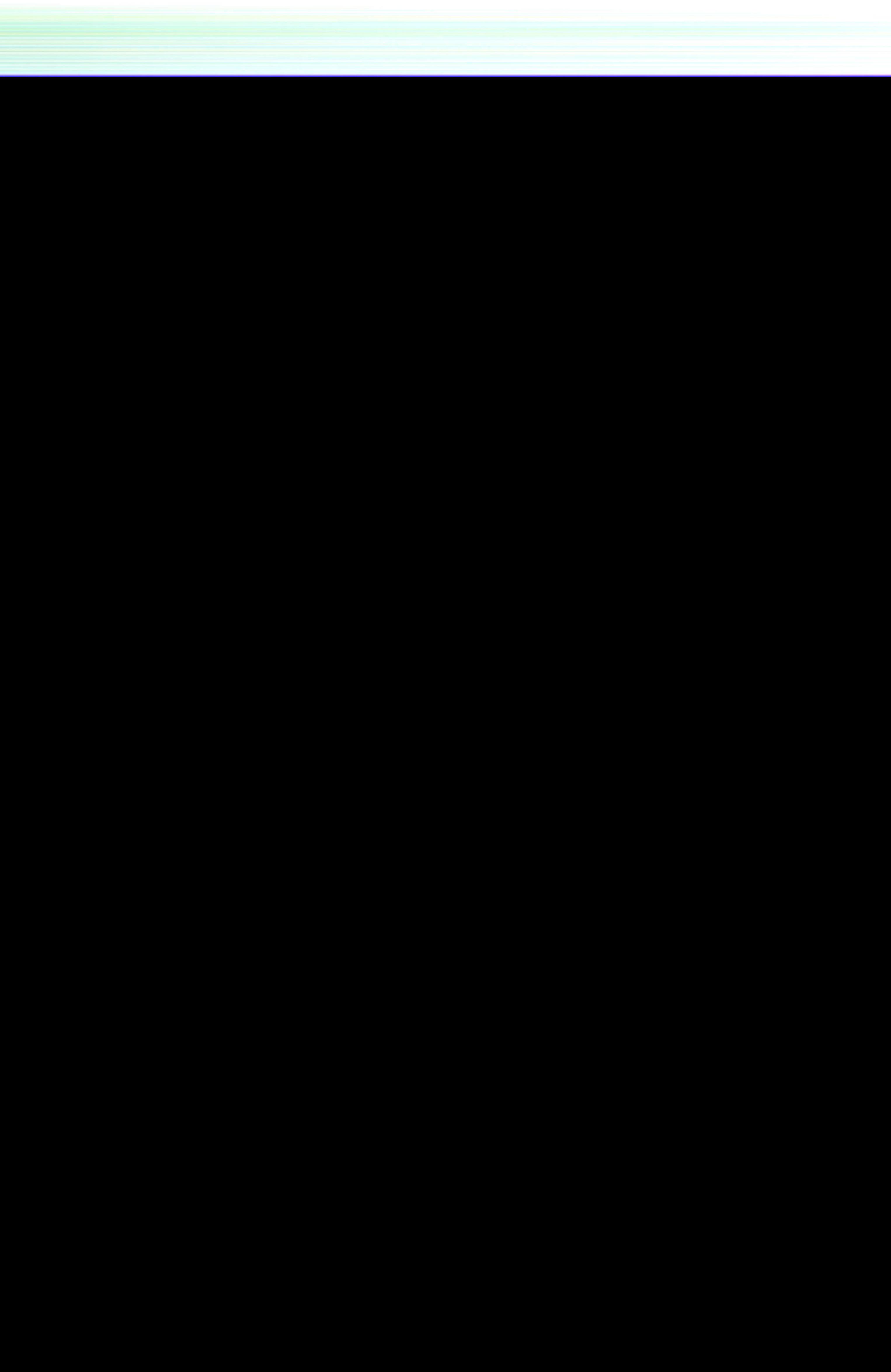

• 专业概念用得少、通俗语言用得多；

• 泛泛而谈的少、深入实务的多；

• 批判性抱怨的少、有建设性方案的多。

在一定阶段内，通过学习别人的成熟经验、结合自身情况，设计出简单、实用、有效的管理方案才是最重要的。

3. 辨定价：优质优价符合读者长期利益

对很多作者而言写作是个出力不讨好的工作，他们大多每日忙于咨询项目或在各地授课，能够用于写作的时间很有限（我们很多作者都是利用机场候机或乘机的零散时间写作的），如果不是读者的不断追问、图书编辑的软磨硬泡，一本好书不知要等多久才能与读者见面。而作者们得到的版税，有时连自己一天的授课费、咨询费都比不上。

目前原创的管理类图书一般价格在 35 ~ 60 元，优质优价是趋势，符合读者的长期利益。而一些低质低价图书，它花费的不仅是钱，更是您的宝贵时间，甚至会误导您的决策。

中华工商联合出版社有限责任公司与博瑞森图书的目标是成为**“中小企业的阅读伙伴”**。

“博瑞森中小企业管理丛书”就是我们专为帮助中小企业读者提升经营、管理能力而策划的。博瑞森图书愿与广大中小企业经营管理者及专家学者一起，用阅读助力明日冠军，为中小企业的发展做出一份贡献！

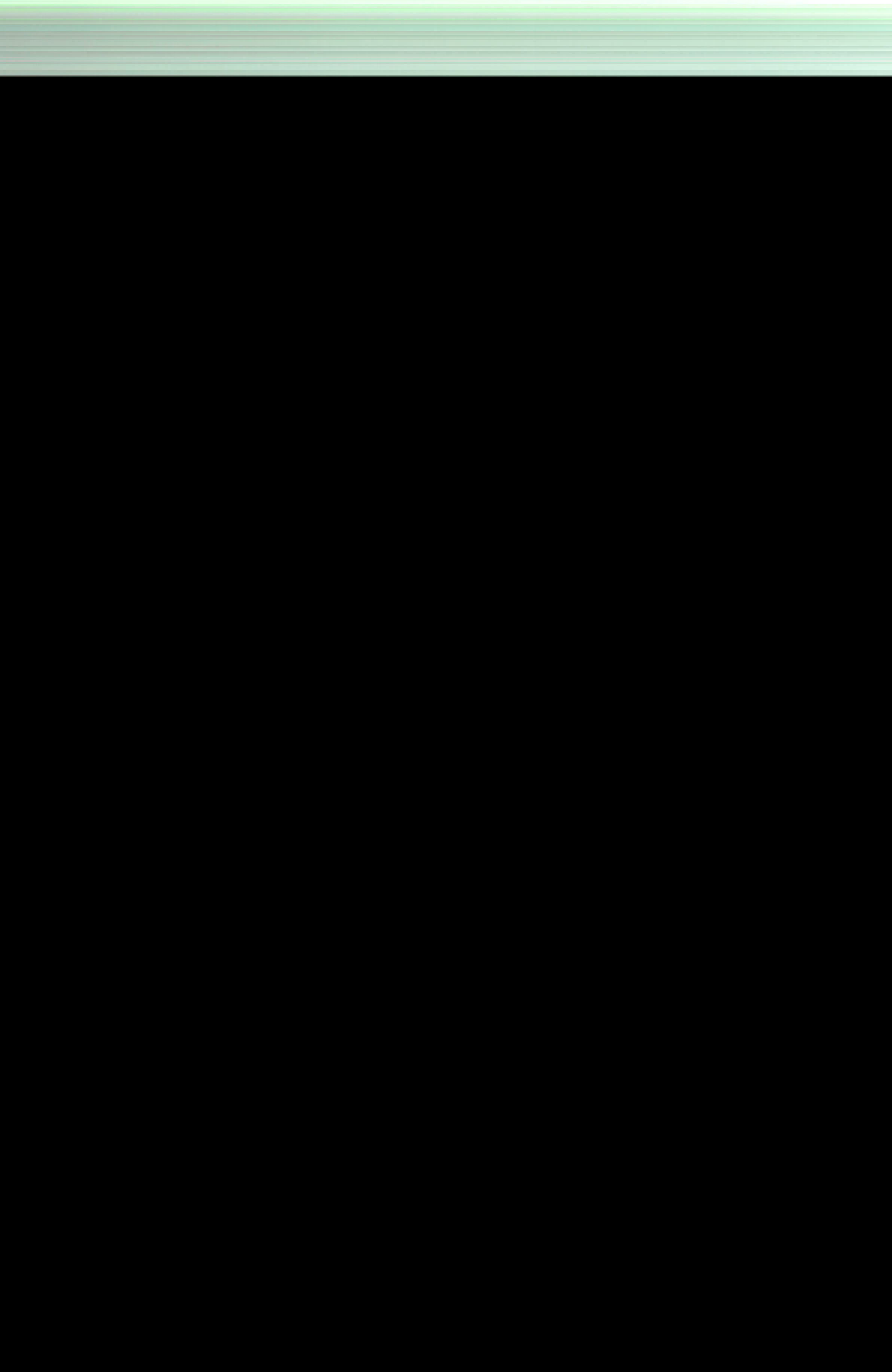

其实，作为上市公司实战派的高管，我一直致力于企业流程再造。我深深感受到，优秀的流程对于21世纪的中国企业来说，显得至关重要。正确的流程意味着指挥的层级，意味着信息的走向，意味着高效的执行，意味着效率、效果与效益。每当遇到管理混乱的难题，我就会不自觉地去悟国祥的文章，常读常新常有收获。他的理论能立即运用于管理之中，而且能产生立竿见影的效果。并且我发现，企业管理的问题大部分都能从流程与授权环节中找到答案。不仅如此，我辅导的全国总裁班的学员，绝大部分都受我的影响去大量阅读国祥的文章。再次辅导他们的时候，他们各个的感激之情溢于言表。看来，国祥的流程思想体系与操作手法深入人心。

去过北京的人无不对北京之大赞叹不已，去过香港与东京的人无不有寸土寸金的感叹。但是，北京的交通拥堵却是举世闻名的，而香港与东京形似弹丸、道如蚯蚓，但却极少有堵车的现象发生。比密度，后两者都远远超过了北京，这是为何？一是制度严格，二是流向合理，更重要的是香港与东京的街头无随意停车、无任意摆放、无破坏交通规则的拥挤加塞，各个都遵守规则与秩序。这规矩就是流程。北京有那么宽阔的马路、那么多座立交桥，但因为很多人都不按规矩行驶，任意加塞，就出现了拥挤、刮蹭而阻塞交通。所以，没有规矩，再少的车辆也一样会出现拥挤的场面，效率就会低下。

企业的运行也是同样的道理。企业需要制度，更需要流程。制度是一种规定和原则，相当于路基与挡板，不让行为出轨，而轨道就是流程，引领事务前行。用国祥的话说，企业的业务流程相当于一个价值链，竞争不是发生在企业与企业之间，而是发生在企业各自的价值链之

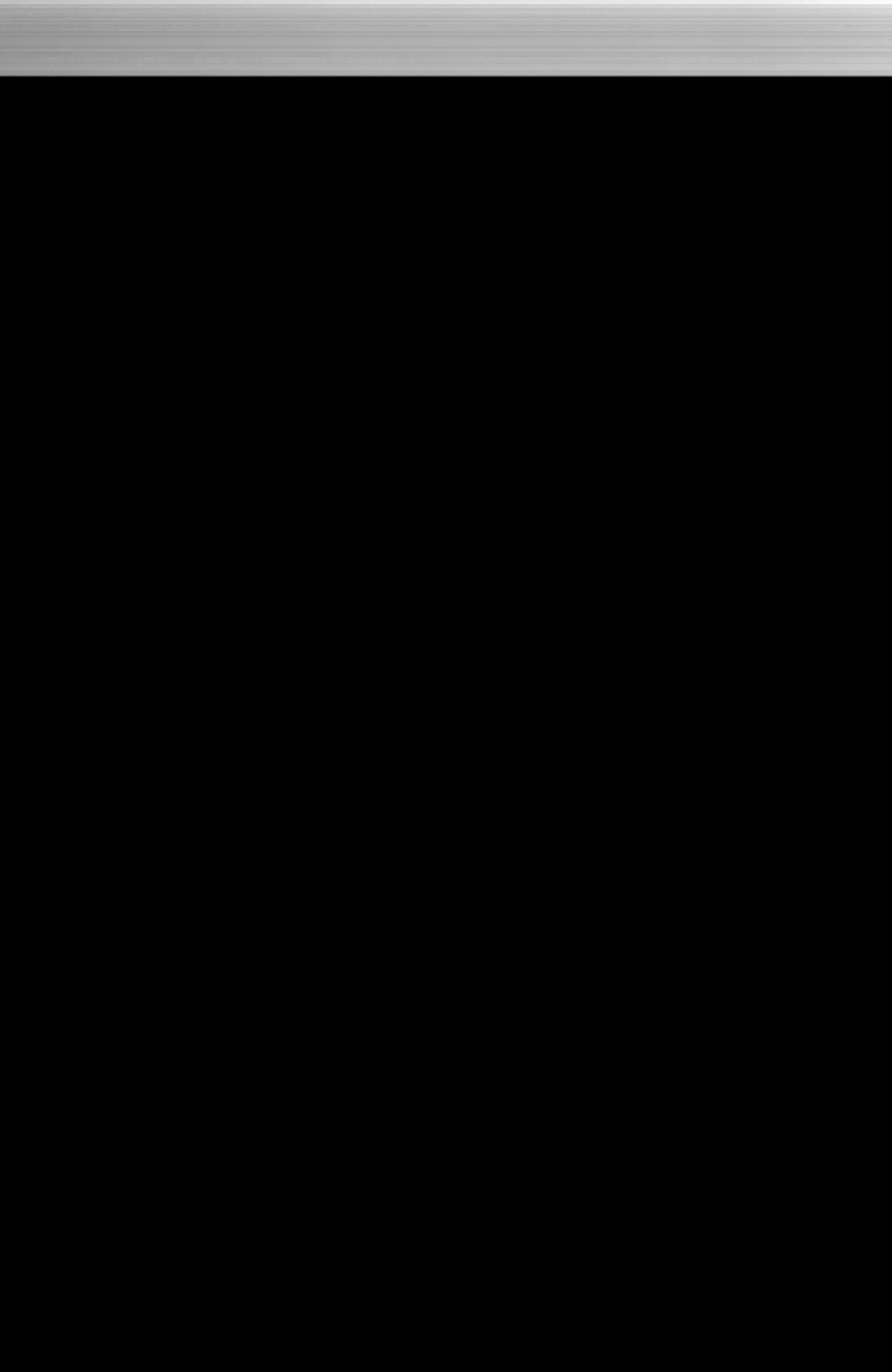

者阅读此书，能悟到一些帮助企业建立流程的体会，与我同感。读者如能从书中找到构建企业流程管理体系的方法，自主优化企业流程、提高企业竞争力，那就不只是国祥之幸，也是企业之幸，更是国家之幸！

2011 年 11 月 29 日凌晨

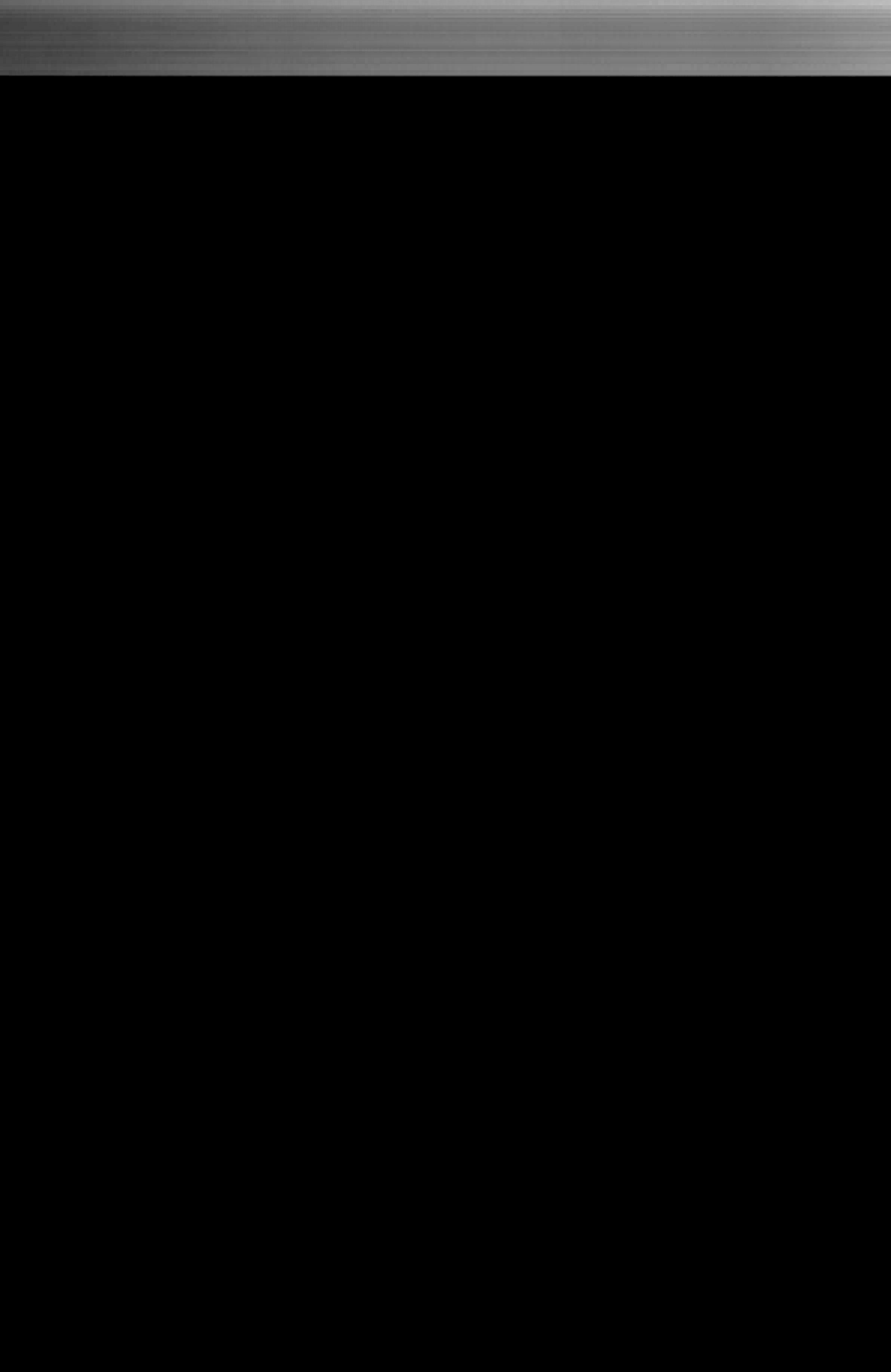

张公职场虽一直事于此一大企，然此企由小到大，世事变化，云卷云舒，也历经坎坷。后离职休闲年载，可为参禅修为。其时吾正从事咨询顾问业，些许不解事，于广州登门叩问且访旧友，见其抱厚卷细阅，书书点点，令吾叹为观止。后张公又于京城助国内管理名家辅导企业，长进非凡。偶于大运河边一起放风筝，教吾放飞于天时，一句妙喻寓放飞风筝与婚姻与管理之类同，让吾顿觉张公悟性深邃。身边小事、日常生活皆与管理相连。当此之时，已觉张公得道矣。

咨询如艺界，招式套路为形体，功夫内力为根本。张公得道，形体寄有形于无形，解放管理者，真为吾辈学习之典范，惠及无数人，欣之！慰之！

2011 年 11 月 26 日于上海出差途中

源。他焦急！

还有那么多老板、管理者，在混乱的管理环境中挣扎、苦苦摸索。他痛心！

这些企业的困局就在于管理者，不知道通过流程优化来解决难题；不知道用流程优化来解放自己、提升效率。他忧心！

最煎熬的职业莫过管理咨询了。然而，国祥老师与众同行一样，一旦置身于企业的咨询工作就能驾轻就熟、运筹帷幄、决战千里，带领企业人攻坚克难、理事从容。国祥老师能运用各种机会影响和感染企业员工，如利用企业员工休息日打乒乓球，他会诚恳地告诉企业的管理者一定要放松，企业管理就像一张网、千丝万缕，但只要抓住了流程这个“纲”，问题就迎刃而解；打球有技巧，对流程优化的技巧理解得越透彻，就越能尽快地解放自己；打球要攻防兼备、目标只有一个——获胜。企业要想在竞争中获胜，就必须进攻，进攻是最好的防守，这就要企业发展竞争战略。

企业管理的“忙、乱、差、假、大、空”，根源在于流程得不到优化，管理者得不到回报、看不到希望，提不起员工的士气，于是形成一轮甚于一轮的恶性循环。国祥老师的流程优化方法论，其鲜明特点是建立了三个假设：其一，制度是健全的；其二，岗位人员是称职的；其三，流程是一定要执行的。这三个假设的建立，为流程优化的展开奠定了基础。如果没有这三个假设做基础，必然会导致企业陷入因人设岗的泥潭，必然会导致流程无法顺畅进行。在这三个假设的基础上，任何人都可以看到目前企业存在的问题，看出岗位工作中存在的弊端，能知耻而后进！更重要的是，任何人都能获知如何改进和怎样执行。张国祥老

自序

让流程管理走进万千企业

一、为什么要出书

了解我的读者可能知道，我一向反对炒作或包装，更加反对自费将自己无病呻吟或东拼西凑甚至抄袭的文字出书。一是浪费读者时间，二是浪费人类宝贵的森林资源，为此，我曾经拒绝过几家“包装”公司。我给自己定下的规矩是不参与任何炒作、不做任何有偿宣传、不编造虚假头衔。“别人自费找机构出书，你却一而再，再而三地拒绝出书”，助理小陈对此很不理解。我答复说：“如果有机构认定我的文章能给读者或企业管理者带来有价值的思想或方法，并且承认我的价值（向我支付稿酬），我不一定反对。”因为，散乱发布在网上的文章，让工作繁忙的管理者无暇系统阅读，不少热心网友向我提出过购书的要求。

机缘巧合，2011 年 7 月末，北京博瑞森公司派人参加了易中管理学院主办、我主讲的企业规范化管理实务公开课（三天），当场向我发出了合作意向。三天后我就收到了博瑞森公司的合作函。博瑞森公司致力于为中小企业服务的经营理念与我的职业理念完全吻合。接下来，就是博瑞森公司的编辑们高效率地工作，让读者能够见到本书的出版。

方面带着企业的泥土气息，朴实无华；另一方面则可能缺乏缜密的理论逻辑。

这次结集出版，编辑做了系统编排，但文章本身的结构和“土气”是无法改变的。我仍然在为企业服务，也无暇再做更多的修改，保持本色是我做人的原则，这次也用到出书上来了，请高雅之士见谅。

三、如何阅读和运用

有企业自主开展流程优化设计工作，培训负责人下载了我在总裁网上的流程管理讲座视频，让管理人员晚上学习。这对我是莫大的鼓舞！但学习之后的考试却让我感到不悦：考试答题必须用我的原话，错一个字都得扣分，不及格罚款。教条主义、形式主义都是我极力反对的。我又不是圣人，我的话更不是金口玉言。圣人也做不到句句话是真理，更不用说我这个凡夫俗子。欣赏我的观点和方法，有选择地借鉴、运用就可以了。

我的文章不是为了理论研究而作，而是为了指导实践运用而写，并且以中小企业管理者为对象。“能让大众管理者理解”是我写作的最高准则。故而，我在解读流程管理理论和方法时比喻用得比较多。比喻总是蹩脚的，理论总是灰色的，只有生命之树常青。对照别人想自己，对照文章想自己，对照企业现实读文章。活学活用最好，生搬硬套不必。

本书可作为企业自主开展流程管理工作的借鉴和参考，书中的案例，包括图例都是别人的，运用到各自的企业必须转换，必须创新。

如果本书成为部分读者一段时间床边案头的“摆设”，我就感到无上荣幸了；如果成为小品中讥讽的入厕应急之物，那就是我的罪过了。

本书出版需要感谢的人太多，我就不一一点名了，因为我无法穷尽

流程高效运行的基本前提 /030
流程管理与规范化管理 /032
企业战略与流程 /034
流程管理与岗位职责 /037
制度和流程的关系 /039

第三章　为实施流程管理做好准备
一般企业实施流程管理的步骤 /043
流程管理实施过程中的障碍 /046
企业流程管理实施过程中的注意事项 /048
打造简洁高效的企业运行流程 /051
企业负责人在流程管理中的作用 /053
咨询师在流程管理中的作用 /055
流程对个人的影响 /058
流程分析方法与流程分级 /060

第四章　轻松学会流程图的设计与制作
流程设计的三个基本假设与创新流程设计原则 /065
流程设计方法 /068
流程设计中的流程增值 /074
流程图制作工具介绍 /078
掌握流程图语言 /081
三级流程图与四级流程图的界定 /085
流程图的异常情况处理 /089
流程图形式与内容的平衡 /091

流程不明，责任不清

——高管们终于认识到流程管理的重要性了 /158

多作贡献，少争权限

——流程管理要求工作方式转变 /160

流程不规范，联络单会越用越乱 /162

打造带不走的专家团队

——系统设计师的作用 /164

我的价值靠流程优化体现

——回答部分员工的质疑 /166

真诚和专业的力量

——流程管理技术讲座感悟 /168

警惕流程设计走形式 /171

流程不为个人而设

——不要把自己置于特殊位置 /173

分类提高效率，归纳提高能力 /175

REP 与 BPR 有联系但不能互相代替 /177

指导企业员工画流程图的心得 /179

修改流程图的感悟 /181

画流程图原来如此简单

——与企业员工交流的感悟 /183

流程管理不能一蹴而就 /185

第八章　中小企业流程设计图实例

新员工岗前培训流程图 /189

是以布置工作、推动工作、解决问题为目的的。如果布置的工作没有讲清楚、推动的事项没有说明白、应该解决的问题没有解决，那么这不仅浪费了与会者的时间，而且严重挫伤了与会者的信心。久而久之，开会就成了员工的负担。

要知道，企业是经济组织，是以赢利为目的的。时间都是有成本的，工作都是每一位员工分分秒秒做出来的。你在上班时间开会占用时间长了，员工工作的时间自然就少了。不能推动工作开展或提高工作效率的会议，对员工而言，就是灾难。

如何把控会议时间呢？就我个人的经验来看，凡是全体员工参与的工作推动会议，如新制度宣传、新方案试行、新流程说明、严重违纪事情的处理通报等，通常不宜超过半小时。当然，带有娱乐性质的全年总结大会则另当别论。各小组或办公室例会（如晨会、晚会），通常不宜超过 5 分钟。跨部门的晨会也以 15 分钟为宜。部门周会也以半小时最多不超过一小时为宜。题目所言“大会半小时，例会五分钟”是从最短时间上讲的，仅供参考，具体到各自的企业，还得因企业而异。总的原则就是会议要言之有物，能够帮助或推动工作更好进行。

为什么这样呢？凡事都有例外。会议效果好不好，与会议的组织、会议的准备，当然也包括会议参与人员的素质、参与人员利益相关程度等诸多因素有关。即使再简短的会议，如果主持者讲话不着边际、言之无物，那么一样不会有效果。主持者、发言者都做了精心准备，讲话内容又与参会者利益高度相关，那么即使会议时间长，也能收到理想的效果。

把例会梳理成流程图，开会就按流程走，是节省开会时间的有效方法。实施流程管理的企业不妨一试。

“下次注意吧。”夫人说完就离开了。

这家超市刚刚开业不久，与其他超市相比，服务态度和管理水平都有差距。我本人也多次到这家超市购物，对服务员不耐心不热情的情形时有所见、时有所感。如果新员工多而培训跟不上或管理跟不上，那么带给顾客的可能是无心的伤害，带给企业的可能就是信誉的损失。

唱收唱付是收银工作的关键流程，千万不能省。

讲话啊！说啊！是谁接待的？接待客户连人家姓什么都不问吗？

客户到厂经过那么多关口，见过那么多人，就没有一个人问一声客户是谁？

客户是哪个单位的？你们是怎么接待的嘛？

你倒是说话啊！你们营销部平时是怎样管员工的？

……

老板越说声音越大，越说越生气。以至于用心听讲的我轮到自己安检时居然让安检员叫了几声（我一直回头面向讲话者），才“依依不舍”地告别“讲故事”的老板，走进安检处。

生意多好的企业！老板出差途中都有客户找上门来下单。多么敬业的老板！排队等候安检的时候都要抓紧时间“教育下属”。多么可怜的老板！来一个不知道姓什么的客户都要报告自己亲自处理。多么不省心的员工！老板出个差怎么走得放心啊？

十年前，在工厂时，我经常听到类似的“老板相声”。十年过去了，想不到同样的表演仍在继续。我真有点替这类老板不值：浪费时间、浪费电话费是小事，劳神生气扼杀脑细胞可是大事。现在的养生课程这么火，谁不想多活几年？干吗要找气受？辛辛苦苦办企业不就是想改变自己的生活状况，让自己也让别人生活得更好吗？如果心情总是被员工左右，那活得多累啊！

不累不行吗？我想没有哪一个老板愿意这么累。

在我看来，老板想不累太简单了。简单得简直是易如反掌。

比如说这个事件，既已发生，已属过去，无论你怎样发火，都无法

老板，请为你的员工竖好路标

结束了宁波象山两天的课程，清晨我离开了美丽的象山北黄金海岸度假村。送我去机场的是年龄与我差不多的刘师傅。当小车沿海亦沿山脚蜿蜒的公路往外行驶时，两人自然说到了初次驶进此路段时的感觉。刘师傅说，他昨天进来时没有看清路标，多跑了十几公里。我说，这不怪你，只能怪路标放错了地方。司机开车必须眼观前方，将路标放在司机视线不及的地方，很容易会错过。

不过，我三天前来到这里时，只是错过了十来米。接我的陈小姐也是第一次到象山北黄金海岸度假村，她过来时曾向别人问路，我也自然提高了警觉。自从汽车进入临近区域后，我便左顾右盼，不放过任何一个岔口，寻找路标。当我看到位于主干道左边岔道进去五六米的地方竖立了一块“北黄金海岸度假村”的招牌时，立即提醒陈小姐“到了，向左转”。陈小姐反应过来时，车子仅仅超过路口十来米远。

司机开车时，两眼正视前方是职业规范，无可厚非。当路标不在司机视线范围内时，路标自然而然对行进中的司机就没有了指示意义。联想到我刚刚讲过的精细化管理以及流程管理，我感到公路管理部门的精细化工作没有做到位。当然，路标也许不是公路管理部门竖的，有可能是度假村自己竖的。度假村的员工不专业，把路标放错了地方更有可能。是谁放的路标无从查考，我等也不必考证。不过路标放错地方，误导司机的路标在国内各地还少吗？在我的印象中，北京、上海、广州这样的国际化大都市均出现过路标竖立错误或地名翻译错误的现象。而这

这样的企业是否需要流程管理?

我有一个做咨询的朋友给我介绍了他的一段要车经历。事情是这样的：三天前他自己买好了离开的车票（这本应该是企业经办的事情），并与共同工作过的同事一一道别，其中包括企业总经理、常务副总经理、人力资源总监等若干高层人物。其中这三位又有两位主动提出派车送他到火车站。因为火车是晚上十点半的，而本地最后一班去火车站的班车是下午五点二十分。去早了浪费时间，加上手头还有点收尾工作要做，朋友就没有拒绝派车安排。并且提前一天他就落实了要车、派车事宜，车队长都答应好了。为稳妥起见，临走的当天中午，他又与车队长落实了一遍。答复得很好，叫我朋友放心。

到了约定发车时间：下午六点钟，却不见车的影子。我朋友想，去火车站需要一个半小时，可能司机没有吃完饭，再等等，不急。又过了15 分钟，仍不见车来，我朋友坐不住了，就离开宾馆往车队走。走到半路，他接到了人力资源总监的电话，告诉他车队长休假了，车都出去了，让我朋友自己到车站坐一辆中转车，到中途再换车去火车站。我朋友接完电话已经到了车队门口，就走了进去。值班小姐知道我朋友要车的事，就说："您坐下等等，我再帮您联系一下队长。"我朋友真的坐了下来，不过半小时过去了，仍然没有答复。值班小姐说："抱歉，队长电话打不通。"朋友一看，时间快到晚上七点了，再不走，火车票就要作废了。

朋友赶到了人力资源总监说的车站，一打听，根本没有车了，连中

改变陋习，请从排队开始

——改变流程提高效率

在给某航空公司北京分公司干部讲课时，我们谈到了航空企业或行业协会有责任或有义务帮助乘客养成良好的登机习惯，文明排队、文明登机、文明离机，至少让航空业率先重现礼仪之邦的风采、重展文明大国的形象。虽然大家感到企业力不从心，甚至有一筹莫展之感。但我始终是一个乐观主义者，只要有人带头、有企业带头，景象一定会好转起来。

不知道是天遂人愿，还是偶然巧合，当天下午六点半前后，我从首都机场登机前往杭州时，就让我有眼前一亮的感觉！首先进入耳膜的是机场服务员甜美的广播：搭乘海航 HU××××航班由北京前往杭州的乘客请注意了，现在开始登机，请头等舱和老、幼、病旅客优先排队登机，其他旅客持 15 至 28 排登机牌的乘客右边排队，1 至 14 排的乘客左边排队，后舱的乘客先走，前舱的乘客稍候五分钟登机。

当我起身排队时，发现登机口已经用红布带区隔为三列走道，并有登机牌号码序列提示，旅客们持登机牌分别排队等候、鱼贯而入、秩序井然，没有以往的抢道、拥挤现象出现！

看来，改变抢道陋习，只需要一条红布带。可是我们许多机场却没有坚持这一规则，很多时候，机场服务人员提前到位了，他们不是排列通道线，而是在那儿聊天，等候机上放行的命令。当乘客蜂拥而上时，他们也只能无奈地提醒几句：“大家别着急，不要挤，不会落

消除“等待”就是提高效率

——观海底捞顾客接待流程有感

前几天在西安讲课，晚饭后，我独自散步，走到了一家海底捞火锅店楼下。出于对海底捞管理创新的仰慕，我决定现场观摩一下。之前，我从未到过任何一家海底捞的店面。

我乘坐电梯来到三楼，在门口迎接顾客的小伙子热情招呼：“请问您几位?”我回答说：“就我一人。”小伙子稍有迟疑，但很快就说：“好，目前尚无空位，请您持号牌等候。”说完就写了一张卡片给我，并立即叫了一位服务员把我引到就餐区域中间的一张候位桌旁。服务员招呼我坐下，倒上开水，打开点心盒，让我品尝，告诉我一旦有位就会通知我，说完就离开了。

我坐下后，仔细看了卡片上的内容，除了统一的印刷文字之外，就是手写的“20”号和我到达的时间：6:45（晚上），反面写着六项免费服务项目。不到五分钟，又有人给我送来了一盘炸薯片，同时还有一壶茶水，并请我再等一会。估计是看到我没有喝水，也没有吃桌上的点心吧。

我道谢之后，告诉服务员：“你们不用招呼我。”服务员离去后，我开始观察店里四周忙碌的员工。我发现所有的员工都在移动之中，完全没有其他饭店常见的员工倚靠、顾客喊叫情形。不仅如此，传菜员们一律都是小跑步行进。我真担心他们会撞到同事身上，因为拖地的员工也在不停地工作，地面上几乎可以用一尘不染来形容。也许是训练有素

是最好的榜样。其他各行各业，你如果消除了员工工作中的等待，那你的管理就成功了。海底捞的员工没有一个人会在工作中出现等待，正因为员工的不等待，才换来了顾客的耐心等待。

一个人要想成功，就要尽量减少个人的被动等待。当你在等待时，不会利用零碎的等待时间，不能见缝插针看看书、上上网，和客户电话交流，或者是随手写下你的感悟、梳理你的日程安排，而是一味在等待时报怨，甚至因等待和他人发生口角，那么你的生活注定是灰暗而苦涩的。

正确处理“等待”，对企业，对个人都至关重要。消除了“等待”的企业就是高效率的企业；充分利用了“等待”时间的个人，一定会有幸福的人生。

当今风靡全球的业务流程重组（BPR）。

流程重组就是对企业的流程、组织结构、企业文化进行彻底地、急剧地重塑，实现企业形态由以职能为中心的职能导向型向以流程为中心的流程导向型的根本转变，以达到工作流程和生产率的最优化，实现绩效的飞跃。理论创立者哈默博士形象地将之阐释为"打破鸡蛋才能做蛋卷"，并将其定义为"重新开始"。

哈默与钱皮为"显著的进展"制定了一个目标，即"周转期缩短70%，成本降低40%，顾客满意度和企业收益增加40%，市场份额增长25%"。企业的流程再造绝非是缓和的、渐进的改善，而是要实现一跃千里的大步跨越。

企业面临着不断加剧的市场竞争，日益多样化的客户需求及更加复杂的技术服务市场迫切要求企业转变运营方式，以适应新的环境与竞争需要。但是，由于急剧变化的流程重组忽略了人的因素或超越了企业实际，导致流程重组失败率居高不下。经过无数先贤的努力，目前流程优化、流程管理正以其稳健的特点获得越来越多的企业青睐。

- 对中层干部而言：不用事事请示、不再受夹板气；
- 对基层员工而言：掌握了正确做事的方法，不用再背黑锅。

用一句话来说，那就是流程管理让一切工作变得更简单。

有了前面的分析，再谈流程管理的目的就非常简单了。这就是企业通过实施流程管理，让所有的员工懂得：企业的所有事务工作分别由谁做、怎么做以及如何做好的标准清楚明了、一目了然。由于职责清楚、责任分明，将大大提高企业的市场反应能力和竞争能力。流程管理消除了部门壁垒、消除了职务空白地带，并且由于全体员工潜能的释放和积极性的发挥，将大大提高企业的整体运行效率和效益，也将大大增强企业的核心竞争力。一言以蔽之，流程管理就是消除人浮于事、扯皮推诿、职责不清、执行不力的顽疾，从而达到企业运行有序、效率提高的目的。

除了迈克尔·哈默提出的流程管理八原则，我想补充强调以下四原则：顾客价值导向原则、员工关系平等原则、责任共担原则、工具规范原则。

1. 顾客价值导向原则

以顾客价值为导向是流程管理最根本的原则。当今社会已由卖方市场彻底转变为买方市场，市场经济是顾客决定企业生死。“脸对老板、屁股对顾客”是“流程再造”兴起之前的普遍现象，这一现象在国内还没有得到根本扭转。这是因为不少员工还停留在“只对老板或上司负责”的状态。他们只看到眼前是老板或上司决定他的命运，没有看到实质——企业的产品或服务最终是否得到顾客的认可才是问题的关键。现在必须认清一个残酷的现实——忽视顾客的企业只有死路一条。

企业如果要转变服务观念，真正以顾客为中心，那么在流程上，就不能让退换货的顾客长期等待，企业内部层层报告。非常遗憾的是，很多企业的做法却正是与顾客的要求相反。

2. 员工关系平等原则

实施流程管理必须淡化权力意识，打破等级观念。管理者必须懂得：员工不负责，是你没有把责任交给员工。职务只是分工的不同，并非能力的不同。员工也必须增强自信和责任感，要勇于担当。进行流程设计时有一个假设：每一个岗位承担者都是称职的。当然其中最重要的是，管理者必须转变对员工的观念和态度：要相信每一个员工都是可依赖的。信任员工，员工就能为企业创造业绩。

瞬息万变的市场也要求企业给予一线员工快速决断的权力。如果企业要在市场上取得快速反应能力，却不肯给市场一线人员现场处置权，几个报告来回请示，那么市场机会可能早已被对手获得。

流程的要素

目前，对流程要素的划分或表述众说纷纭，本书介绍其中最有代表性的两种：一种是从流程管理软件角度来定义“流程要素”，比较典型的说法就是“流程六要素”，包括“输入、活动、活动关系、输出、价值、顾客”；另一种是人工描述流程的表述，比较典型的说法是“流程四要素”，包括“活动、活动的实现方式、活动的逻辑关系和活动的承担者”。很显然，对于非流程管理软件的提供者而言，我们注重的是后者，即流程四要素。进行流程优化都可以从这四要素入手。比如，我们常常会分析：

- 活动：是否过于复杂，可不可以再精简？
- 活动的实现形式：是否能用更有效率的工具来代替活动？
- 活动的逻辑关系：各环节的先后关系可否做调整以达到改进目标的目的？
- 活动的承担者：是否可以通过改变活动的承担者来使流程更有效率？

当然进行这些工作，都必须结合企业的实际，征求企业员工的意见，假如对企业流程要素优化把握得当，往往会产生更有价值的结果。此外，在指导企业进行流程优化时，往往强调“流程三要素”，即“谁做”（流程活动的承担者）、“做什么”（活动）、“怎么做”或“做好的标准”（包含了“活动的逻辑关系”和“活动的实现形式”两方面）。

“六要素”也好，“四要素”也罢，还是本书提到的“三要素”，都

流程高效运行的基本前提

流程管理技术自诞生之日起，中外企业运用失败的案例就很多。这固然与流程技术本身的缺陷有关，但不可忽视的另一重要原因就是管理人员过分依赖这一技术，把流程管理技术当成了提高管理水平的灵丹妙药。任何先进技术都只能是管理的工具或手段，而绝对不能成为管理本身，更不能代替也永远代替不了人的主观能动作用。想找到一个好的管理技术企业就能一劳永逸地高效运转——这是永远实现不了的梦想。

流程高效运行必须具备三个基本前提：一是企业决策体系健全，二是企业组织架构设置合理，三是所有岗位职责明确。没有这三个前提，流程就犹如沙漠上的楼房没有地基，水上的船只没有舵手和桨，飞上天的风筝没有线。

如果企业决策体系不健全，下属事无巨细都要请示汇报，那是无法实施流程管理的。实施流程管理必须从充分相信员工开始。在流程的每一个环节上，员工只按照对企业价值增值有利的原则去做事，而不是以上司的意志为转移。企业运行的分分秒秒都要做决策，如果决策权只是集中在少数人身上，那么势必会大大降低流程运行的效率。

企业领导人应该只负责企业重大决策，更多具体事务决策权必须分解到各个不同岗位的员工身上。“千斤重担人人挑，人人身上有指标。”其实在任何一个运行良好的企业都是“人人都有决策权，范围大小各不同”，否则，“人人身上有指标”就落不到实处。

如果企业组织架构因人而设，不是因事而置，那就必然会导致企业

流程管理与规范化管理

流程管理是与规范化管理连在一起的，并且被一切先进管理技术所采用。流程管理从它作为一个管理技术和方法被使用开始，就和充分调动和发挥人的积极性和创造性紧密相连。这个“人”还不是少数人，而是企业的全体成员，绝对不是少数领导干部。流程管理有一个很重要的原则，就是信息现场处置原则，现在被不少专业人士解读为让“听到炮声的人做决策”。流程管理强调快速反应，强调以顾客价值为导向，强调以企业价值增值为工作出发点，而不是唯领导之命是从、唯领导马首是瞻。实施流程管理，就要用流程思考，而不是围着领导转；工作沟通协调，也要让流程“说话”，而不是靠领导批条。领导的作用就是让全体员工的脑袋都用起来。团队智力一定超越个人智力。这是知识经济时代的不二选择。

规范化管理是充分运用了流程管理技术、信息化技术以及其他一切先进管理技术的综合管理系统。

规范化管理强调企业成员通过系统思考，建立健全优化完善一套以人为本、上下认同、行之有效的管理体系来主导管理，规范化管理的实质是打造卓有成效的管理体系。规范化管理是通过挖掘企业全体成员的潜力和发挥每一个员工的优势来实现企业四大价值目标。规范化管理以所有员工都是人才、所有员工都能尽职尽责为前提，而绝不是没有主观能动性的工具，不是领导的胳膊，也不是领导的腿！

规范化管理也强调制度的作用，但规范化管理主导的制度是上下认

企业战略与流程

企业战略与流程密不可分，企业战略靠流程落地，流程靠企业战略指引。

企业战略是企业目标与愿景的定位，是企业的方向性选择，用一句话来说就是“有所为有所不为”。也有人说企业战略就是“扬长避短”。对此，我认为这是战略选择的方法或原则而不是战略本身。

战略和决策是联系在一起的。任何一家企业，不管是自觉还是不自觉，一定都是从战略决策开始的。决定做一个什么样的企业，这就是一个战略选择；打算做什么、做多大、做多久，市场规模、人员规模、资金投入或来源如何解决……这都是战略选择。变换成规范语言，这就是企业的战略定位，具体一点就是市场战略、人才战略、资金战略。当然，发展中的企业还会产生品牌战略。

那么，流程又是什么呢？流程就是做事的先后次序。流程管理就是对做事先后次序的界定。企业流程管理就是对某一工作所涉及的多个部门或多个岗位做事先后与责任的准确界定。流程广泛存在于组织之中，家庭、个人做事也有流程，只不过这完全依个人喜好而决定，不存在规范的必要。但企业就不同了，任何一个企业，凡是涉及多个部门或岗位的工作就都有规范的必要。否则，扯皮推诿、真空地带、无人负责的问题就会频频出现，企业组织的整体效率就会大大降低。

那么，流程是怎样体现战略、贯彻战略的呢？企业一旦决策之后，就要分配工作或任务。将工作分解到各个职能部门以及职能岗位的过程

用流程

解放管理者

一家有二千多名员工的企业在实施流程管理之后，董事长和总经理两人几乎无事可干了。因为每个岗位的员工都知道事情应该怎样做，遇到特殊情况，各分公司总经理或部门负责人基本都能创造性地解决。那么，他们应该干什么呢？我们首席专家给出的建议是每周巡视两次，看看企业的现场管理，总结推广创新经验，发现纠正低效率的做法。还有时间就提高自己的生活品位，学学高尔夫，认识更多成功人士，开阔眼界、寻找商机，或了解、学习竞争对手，制订企业更长远的发展战略。可以说，这家企业已经走上了良性发展的轨道。

战略对于企业来说，是实在而具体的，不是镜中花更不是水中月。没有战略目标的企业只能成为无头苍蝇，不是死于别人的掌下，就是自己在粪坑里自尽。流程和战略，是作用力与反作用力的关系。好的战略会引导好的流程，好的流程会促进战略的顺利实现。流程离不开战略，战略决定流程。

人职责，而没有部门职责。不能落实到岗位的职责，就是虚伪的职责，扯皮推诿、职责不清的根源就在此处。

实施流程管理的企业责任必须落实到岗位。为什么说没有“部门职责”呢？我们首先从职责说起。什么是职责？我个人认为职责就是某一职务需要或应该承担的责任。相信对这句话大家不会有太大的分歧。而职务一定是由一定的个体担任的，虽然获得或授予职务的方式多种多样，但可以肯定的一点就是职务是由“人”担任的，而不是机构或部门担任。部门如何承担职责呢？

如果我们不将“部门职责”从管理词典中删除，我们就会永远受制于错误观念的束缚。如果工作职责不能落实到每一个具体的岗位，而让其悬在半空，那么职责清晰、职责明确就永远是一句空话。

如果你想提高企业的管理效率，那么请将工作职责直接落实到岗位。如果你的企业员工都能转变管理观念，改变思维方式，那么无论何种工作摆在面前，大家首先想到的是负责的岗位，而不是负责的部门，相信你的企业很少会出现扯皮推诿的现象，沟通时间也会大大缩短。

把职责落实到岗位，是流程管理的基本前提。实施流程管理，才能保证职责不会悬空。

流程是制度的补充和延续，流程管理就是保证制度贯彻落实的一系列活动。我们管人是为了帮助他把事做好，我们做事都是人在操作。我们说这件事没有做好，就是说承担这件事的人没有尽职尽责。我们时常听到这样的话："对事不对人。"仔细想想：谁能做到对事不对人？当我们说这件事没有做好，就是在批评做事的人；当我们说某某工作不尽责时，一定是某某把事情搞砸了。没有事实依据，管理者却乱说话，谁会服你？

既然我们做不到"对事不对人"，又如何做到让"制度管人、流程管事"？我也知道一些朋友会这样说，这是为了强调流程管理的作用，让人们重视流程管理。出发点一点没错！但是，对于真正懂得流程管理的人来说，这样讲未免有"哗众取宠"之嫌。

现行流程，确定企业下一步重点设计的流程名称，汇总编制流程设计目录。

- 完善管理基础（设计、通过一级、二级流程）

时间 5 天，可与梳理现行流程同步。梳理企业目标体系、决策体系，通过企业组织架构调整方案（即企业运行的一级流程），调整完善企业岗位设置（即企业运行二级流程）。并得到企业董事会批准。项目组长参与全部设计讨论工作。

- 设计三级流程

时间 15 天。系统设计师在专家副组长指导下进行企业工作结构流程设计。并在小范围内设计、讨论、修改、补充。基本明确企业各项必有工作的相互关系、各岗位的主要工作分配和对接设置。

- 设计四级流程

时间 15 天。系统设计师在专家副组长指导下进行企业业务活动流程设计。并与专家副组长进行设计、讨论、修改、补充。对企业最主要的业务活动进行流程优化设计，基本原则源于实际，但一定要高于实际。为企业发展预留宽度和深度。

- 征求意见、撰写四级流程说明文件

时间 15 天。系统设计师分头组织四级流程活动所涉及的岗位人员代表进行讲解，同时征求意见，采纳可用意见后开始撰写四级流程说明文件。专家副组长同时分别修改说明文件。

- 讨论审批

时间 30 天，可与设计四级流程交叉进行。项目组长和专家

流程管理实施过程中的障碍

虽然流程管理正被越来越多的企业认可或采用，实施的阻力却异常巨大。其中最大的阻力就是“封建思想”：老板的“土皇帝思想”、中层管理人员的忠臣意识、普通员工的百姓思维。这三种习惯势力极大地阻碍着流程管理的有效施行。

企业老板的思想和观点对实施新的管理方法的确十分重要，但企业其他组成人员的观念和意识也同样重要。特别是流程管理，涉及面广、影响面大，任何个人都不能单独推动或实施，企业全体成员必须上下一致、共同努力才有能进行。因此，只有企业全体成员转变观念、提高思想才有改变的可能。而固化思想正是流程管理最大的障碍。不彻底打倒它，流程管理就永远只能是愿望。

保持原状，不作任何改变最好，因为任何改变都意味着要付出努力。同传统作斗争是一件痛苦的事，改变已有的做法、改变现有的格局，总会有人受到冲击，过去的权威会削弱，无节制的权力会被限制，自由自在会被取消。过去特殊越多，现在就会感到受到的限制越多。而流程管理正是这样一件让人痛苦的事情！

从我辅导过的企业来看，几乎无一不受到痛苦的折磨。挺过来就是坦途，就是自由，就是进步；挺不过来就是原地踏步，少数人会依然舒服，多数人会更加痛苦。因为没有实施流程管理的企业总是少数人特殊，没有明确的责任要负，有事可以推诿，有过可以诿人，多数人总是处于受欺压的地位，有你干的没有你辩的，出了问题总是干活的人

企业流程管理实施过程中的注意事项

一、从观念更新开始，上下同欲

实施流程管理对企业员工而言是一种全新的工作方式，然而企业习惯势力也绝非会议号召或一纸文件就能改变的。必须开展广泛的宣传教育和反复讨论，让企业全体员工普遍接受流程管理的创新观念和思想原则，企业才有可能进行流程设计和优化。只有领导人的一厢情愿，没有员工的理解和认同，往往不能深入，失败也就在所难免。

实施流程管理一定要打破人们的思维定势，也就是要打破人们的"定位效应"。社会心理学家曾做过一个试验：在召集会议时先让人们自由选择座位之后到室外休息片刻再进入室内入座，如此五六次，发现大多数人都选择他们第一次坐过的位子。凡是自己认定的，人们大都不想轻易改变它。这就是"定位效应"。人们的不良习惯一旦定位，要想改变它，就必须付出艰苦努力。

流程优化可以是渐进的，但改变观念却必须是彻底的。

流程管理的基本原则同时也体现了流程管理的创新观念，前面已有专文探讨，此处不再重复。

二、全员参与，职责明确

流程管理是涉及企业管理全员全局全方位的系统工程，没有全员参与就无法有效实施。因此，企业一旦确定实施流程管理，就要成立领导小组，设立兼职设计师及项目小组成员，明确各级各类人员的职责。各

程、表面文章在我国政治、经济各个领域无不占据着庞大的市场。在企业，特别是国有企业也莫不如此。形式主义是妨碍企业实施流程管理的第三股势力。

最后补充强调一点，企业流程管理一旦开始实施就要坚定不移、持续运行，除了个别微调、完善之外，绝不可以因少数人的反对半途而废。否则，重回老路的后果将会非常严重，它将极大地打击和挫伤大多数员工的变革信心。因此，打算实施流程管理的企业，要么不做，要做就要有持之以恒的决心和勇气。

数个四级流程，各个子流程的多少因企业而异、因行业而异。企业运行也遵循着一定的规律，犹如天空星辰各有运行轨迹，如果偏离轨道，不是化作陨石，就是被黑洞吞噬。如果企业机构重叠，流程一定不畅；如果部门职责交叉，势必扯皮推诿；如果机构不全，岗位职责不明，流程运行就会中断。提高企业组织整体运行效率，才能打造有竞争力的团队。

研究发现企业是一个有机构成，是一个活的有机体，包括目标体系、组织架构、岗位角色、运行流程和企业文化五个部分。目标体系是企业的大脑中枢，组织架构是企业的肢体骨骼，岗位角色是企业的血液细胞，运行流程是企业的神经网络，企业文化是企业的基因密码，这五大部分的有机构成让企业鲜活地展现在世人面前。

强调寻找企业组织简洁高效的运行流程必须从系统分析企业组织的五大有机构成入手，任何一项都不可偏废。从目标体系开始至企业文化结束，按先后顺序逐步梳理五大部分各自在企业整体运行中所处的地位和作用、已形成的优势和不足、与其他部分衔接是否顺畅、找出薄弱环节，结合当前市场环境的变化，从战略高度和可持续发展的角度，重新设计企业整体运行的流程结构。在完成这一工作的前提下，补充、优化、完善企业整体运行机制，重新设计企业流程活动。在企业整体运行的流程结构和流程活动全部设计完毕之后，再一步一步落实流程责任设计。

这样，简洁高效的企业运行流程就初步打造完成。

授权，以项目计划书的形式给予项目小组成员优化设计的权力，并事先规定优化的标准或项目要达到的目标，否则任何个人的努力都将不合法或因为没有得到授权许可而无人配合。

因此，凡是打算实施流程管理的企业，企业负责人即使不能参加具体的设计工作，也至少要主持或参与以下工作：领导项目小组、主持动员、审批流程、颁布实施。并在流程优化完成之后，授权专人负责流程执行的监督、检查和指导、协调，确保流程优化成果得以贯彻落实。

- 辅助企业成立流程管理项目实施领导小组并出任专家副组长，进行企业管理现状诊断，起草流程管理项目实施方案草案，协助确定项目推进计划，提供企业实施流程管理的工具并指导使用；
- 帮助企业培训流程管理的骨干力量，带领项目小组成员进行流程梳理、分析、优化和设计，指导他们将流程管理的理论技术与企业的实际结合，创造性地设计本企业的流程管理体系；
- 客观公正地指出企业现行管理的弊病，介绍或引进最新的管理理念和管理方法，提供落地生根的指导与服务；
- 与企业负责人一起对企业员工设计制作的流程图与流程说明文件进行审核把关，回答企业各级人员的质询和疑问；
- 协助企业全面推行流程管理体系的试行与运行，并对流程的整体结构与相互衔接负责。

一个合格的咨询师及其负责的咨询是企业流程管理能否顺利进行的重要因素，但绝不是决定因素，起决定作用的还是企业全体成员。因此，在企业流程管理实施过程中双方都要摆正位置。企业人员不能过分依赖咨询师，而应该在掌握了流程管理的理论、技术与方法后自主思考、自主分析和设计，最起码要在拿出初稿之后再和咨询师讨论、交流。咨询师也要以对企业高度负责的态度，耐心细致地给予指导，但绝不能越俎代庖，更不可提供模板让企业人员照抄。

咨询师与企业员工的关系可以比作教练和球员的关系，教练只能提供技术方法，但教练是不能代替球员打球的，赢得比赛的关键还是球员团队的努力。

流程对个人的影响

我们讲流程管理的作用和意义，都是从企业立场出发，加上流程技术的运用有一定难度，造成企业实施流程管理的过程中遇到不少人为障碍。特别是职务越高的人，抵触情绪越大。因为流程管理把责任划分到了每一个岗位，平时陷于琐碎事务工作的管理者会感到大权旁落。假如职务高的员工一开始就抵制，那么流程管理工作根本就不能开展，那他们就继续自己的权威与繁忙；假如企业流程设计工作已经全面展开，企业负责人决心已下，并且发出了不达目的不罢休的誓言，那我劝这样的人还是不要成为障碍或绊脚石，免得新的流程运行起来却不知所措，这样他们离被淘汰也就不远了。

任何人在考虑工作时都不免首先想到自己的利益，考虑自己的地位、权力。考虑个人利益无可厚非，只要个人的利益实现不妨碍企业发展，你尽管考虑好了。假如想让企业利益让位于个人利益，那我劝你趁早别想。抵制流程管理的人，是对流程管理给个人带来的好处认识不足，而对流程管理对个人权力的削弱恐惧过度。

流程管理对企业的好处勿需重复，对个人的作用和意义如下：

- 工作指南、责任明晰；
- 交接有序、究责有据；
- 建立岗位工作标准的依据；
- 绩效考核的依据；
- 设计薪点的基础；

流程分析方法与流程分级

现实的企业流程是客观存在的，流程分析是基于企业现实展开的；流程分析是流程优化和流程管理的基础和前提。任何企业的流程都是企业战略和企业目标持续作用的结果，也就是说企业战略与目标决定企业的组织架构，组织架构引导企业岗位的设置，每个岗位之间工作衔接的方式就产生了企业的现有流程。这种流程必然受到当时企业内外环境和岗位员工素质的影响，是否适应今天变化了的现实则是需要通过流程梳理和分析来判断和改进的。因此，可以说流程分析就是对企业做事方式的全景式扫描，也可以说是慢镜头式的检阅。

要进行有效的扫描或检阅，就必须对流程的构成十分清楚，否则就看不出门道，只能看看热闹。这里就要说到企业流程的分级。

目前，流程分级的谬误颇多，搞得企业实际工作者莫衷一是。迄今为止，最典型也被广泛应用的流程分级法是以下两种。

（1）一、二级分类法。这种分类法把公司总部的运行流程统一称为一级流程，把下属单位或部门的运行流程称作二级流程。

此分法简洁明了，但带有强烈的等级色彩，与流程管理必须打破等级观念的原则相悖。

（2）三、四级分类法。此分法略去一、二级流程不表，直接从企业运行的三级流程开始，进而细分企业运行的具体活动，制订出基层岗位人员规范操作的四级流程。

此分法也是二分法。只不过把上面的一级流程称为三级流程，把上

百甚至几千个，规模庞大多元经营的企业四级流程过万也属正常。

流程分析如果离开了组织架构的梳理和岗位设置的检讨，如果机构有重叠，岗位有空白，那么流程的运行一定是不畅的。流程管理从根本上来讲是从战略开始的。流程管理就是将企业战略转化为可操作的一系列步骤和动作。因此，从这个意义上讲，流程管理离开了企业负责人的指导和参与，其效果是要大打折扣的。

因此，我主张流程分析从战略开始，从企业目标开始，到企业组织架构梳理，到岗位优化，到流程结构分析，再到流程活动分析，最后进行流程优化和管理。

二、创新流程设计原则

- 小组讨论；
- 确定流程目标；
- 确定工作原则；
- 确定参与岗位；
- 设计对应表单；
- 确定传递途径；
- 未来工作岗位的员工代表确认可行；
- 立即责成其中一名参与者画出流程图、写出说明文件。

下面有几点需要说明。

1. 创新流程的含义

任何一个企业在设计流程时，一定有一部分现在无人做，而将来又必须有人做的工作，那就得进行创造性设计。这样的流程就是创新流程。

设计创新流程不是一个人可以完成的，必须由主管领导和富有经验的员工以及将来可能承担其中某些具体工作的岗位代表共同参与、集思广益，即大家熟知的群策群力工作法。

2. 创新流程的工作原则

每一个流程都得从要达到的目标开始。而工作原则是从属于流程目标的，做任何事情，目标和原则清晰了，具体步骤就容易理清。这个工作原则可以是一人提出，大家补充；也可以是现场讨论，达成共识。工作原则定了，才可以考虑由谁来做、如何做的问题。相对于现行流程的优化设计而言，创新流程的最大不同就在于工作原则的确定。省了这一

流程设计方法

流程设计是一个可大可小的概念。流程梳理、流程分析、流程优化、流程改善、流程再造都离不开流程设计。这是从大的方面讲。从小的方面说，一个流程图几个岗位参与，几个步骤完成，也属于流程设计范畴。举个例子来说，如果有人说我是搞航天飞机设计的，相信多数人一听到就会对眼前这个人肃然起敬；如果他又说我是专门设计航天飞机用的铆钉的，相信大多数人又会“哦”的一声，心想原来如此。其实任何高端的产品，它的设计都有一个庞大的团队，这个团队中有总设计师，也有小设计员。流程设计也不例外。那么，本文就从小设计员的角度来说一说流程设计方法。

一、确定流程图名称和责任承担岗位

当然，设计流程图要从确定流程图的名称开始。如何确定流程图的名称呢？首先，要找准设计员所负责的流程在企业流程中的位置。这个位置通常是总设计师已经设计好的，设计员只要了解它的上下游流程，即知道它的来龙去脉就行，这将有利于设计员在具体设计时，能够把握好它的转承启合、上下衔接。从这一点上来看，大家也可以明白流程设计是一项系统工程。

确定了流程图名称，接着要确定流程的授权岗位。流程授权岗位，就是流程责任的主要承担者。通常企业三级流程的授权岗位就是董事长和总经理两个岗位，四级流程除了前面两位之外，多数是企业各系统工作的第一责任人，如人力资源总监、财务总监、安全主管等。

在流程图中，流程目标就是授权岗位提出的流程活动要求，也是一个流程图的起点。

三、确定流程先后进程

这是流程设计的主体工作，比起确定目标却是相对简单的工作。当然是不是真简单，取决于企业现行的做事流程是否简洁。现行流程简洁，进程设计就简单；现行流程复杂甚至多变，设计就麻烦。而一个企业实施流程管理的目的，就是要打通这些不顺不畅的环节，就是要追求简洁、高效。所以，越是工作中令人头疼的环节越是要优化，就越是流程设计改善的重点。如何改善，必须集思广益。流程设计的目的也是为了这些岗位员工能够更好地协调、更好地配合。让他们参与讨论、发表意见，他们是流程设计者取得成功的强大后盾。靠个人闭门造车是不行的。

进程设计要注意以下几个关键点：

- 确定流程活动的相互承接关系；
- 尽量安排并行活动，减少等待时间；
- 尽量减少审批环节，尽责，一个人就够，不负责，十个人审批也无济于事；
- 每一个进程的完成时间能够具体到天、到小时就尽量具体，不要用“及时完成”之类的模糊语言。

四、确定流程运行达到的目的

流程运行达到的目的必须与流程目标相呼应。流程目标确定好了，流程运行要达到的目的就十分容易了。确定流程运行目的有一个技巧，即把流程目标中的语句改成完成时态。比如说，现场招聘流程的目标是

（6）确定流程活动的先后进程；

（7）确定流程活动的互相承接关系；

（8）尽量安排并行活动；

（9）尽量减少审批环节；

（10）确定流程活动的具体完成时间；

（11）确定达成目的；

（12）将流程各环节连线。

为方便初学者掌握，本文附流程图一例（如图4－1所示）。

流程设计中的流程增值

企业价值增值原则也是流程管理的重要原则之一。任何流程都是一系列活动的集成，如果孤立地看待每一个活动是否增值或增值多少的确很难判断。我们在指导企业流程设计或优化时，当不能确定某个活动是否增值时，通常采用反向排除法：这个活动可不可以砍掉、这个活动可不可以合并、去掉这个活动有无负面影响……通过一系列的排除法，寻求更简洁、更优化的流程。这是从实践上保证流程活动增值的一种操作方法。

那么从理论上，我们讲流程管理是过程控制、结果导向。过程控制就是增值过程，但是在流程运行途中，要判断这个活动增值多少、那个活动增值多少是很困难的事情。所以我们要强调结果导向，让结果检验过程。我们的流程设计或优化运行的结果是不是节省了企业的成本（包括材料成本、资金成本、人工成本）并同时给企业带来了更大的价值回报，就成了我们判断流程是否增值的标准。很显然，这个比较是针对企业原有的标准。流程管理也是在企业原有的基础上不断改善、不断提高。流程管理就是不断地追求流程优化、简化，效率不断提高的过程。也就是说，流程管理过程就是不断追求企业价值增值的过程。

举一个实例来说明什么叫流程“增值”。

现在零售业都有一个顾客退换货流程。而在早些年，商店都有一

物品经工人加工变成商品，增加了商品的使用价值，这与流程增值还真有异曲同工之妙。在企业管理活动中，研发与生产环节是流程增值最直接的环节，但是如果没有仓储、物流和销售到消费者手中的其他环节，前面的增值活动就根本不可能实现。由此可见，仓储流程、送货流程、销售流程都不是增值流程，但它们或担当保值责任、或实现价值交换，都是流程增值最终实现中必不可少的环节。还有诸如企业的监察、审计、安保环节，没有这些保值、防贬值流程，企业的生产成果或流程增值可能要大打折扣甚至化为乌有。

我们没有必要确认所有的流程或活动是否都是增值的。如果我们变换一下思路，从流程增值、保值或防贬值的角度去理解这些“必要的流程或活动”，是不是可以说就“迎刃而解”了呢?

流程增值判断的准则可以将哈默博士的“客户愿意付费的活动”是增值的活动，与迈克尔·波特提出的“企业内部每一个活动是否创造价值在于其是否能为后续活动提供所需、是否有助于后续活动的成本降低和质量改善”二者结合。这完全可以作为流程或活动是否增值的判断准则。由此可知，对流程增值的判断则有即时判断或延时判断之分。“客户愿意付费的活动”如果是显见的，就可以即时判断；“是否有助于后续活动的成本降低和质量改善”的活动则只能延后判断。

即时判断是指在流程或活动结束时就做出判断。判断地点可以是流程或活动的交接点，如加工工序中上工序向下工序的转移，或产品从销售者手中向消费者手中转移。这种判断时间是即时性的，判断地点就在交接点。

延时判断不仅时间滞后，而且地点也会发生变化。如“退换货流

流程图制作工具介绍

关于流程图的制作工具问题，就像我们从甲地到乙地，可以选择不同的交通工具，甚至也可以行走不同的路线，最后都能到达目的地一样，并非唯一选择。比如有人用 Word 绘制流程图也一样可以达成目的。但从绘制简单、优化方便的角度来说，我还是推荐微软的 Visio 软件。

Visio 系列软件是微软公司开发的高级绘图软件，属于 Office 系列，可以绘制流程图、网络拓扑图、组织结构图、机械工程图等。它的功能强大易于使用，就像 Word 一样。它可以帮助网络工程师创建商业和技术方面的图形，对于复杂的概念、过程及系统进行组织和文档备案。Visio 2003 还可以通过直接与数据资源同步自动化数据图形，提供更新的图形，还可以自定义来满足特定需求。升级的 Visio 2007 提供了各种模板：业务流程的流程图、网络图、工作流程图、数据库模型图和软件图，这些模板可用于可视化和简化业务流程、跟踪项目和资源、绘制组织结构图、映射网络、绘制建筑地图以及优化系统。

Visio 是一套功能强大的系统软件。我们今天只简单地介绍一下其中流程图制作的方法和要领。

首先，每个流程图设计人员的电脑都必须安装这一软件，才能使用。

其次，当我们打开 Visio 软件，点击其中的“流程图”，并找到“垂直流程图”就可进行流程图绘制了。

打开流程图表框之后，首先确定流程图名称，将图表最上方的

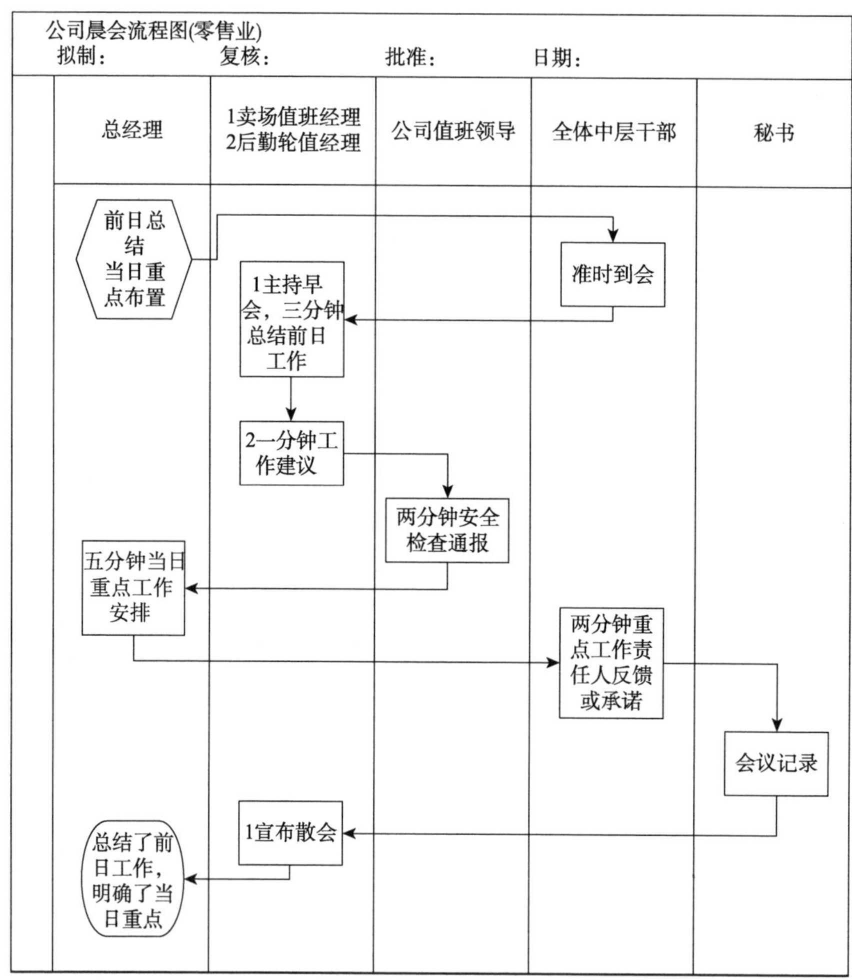

图 4－2　某公司晨会流程图

定？还是造成返修的不良品质原因追踪？这个流程图名称至少可以分解为三个流程图：返修产品不良责任确定流程图、返修产品维修责任人确定流程图、返修产品维修跟踪流程图。

流程图的起点，我们规定用“准备”符号，即六边形框图，通常用四字、六字、八字，最多不超过十六字为宜，高度概括本流程图要达到的目标或要求。它往往由授权岗位提出。如返修产品维修流程活动要达到的目标就是“快速返修、挽回影响、满足顾客要求”或只要前面八个字亦可。

流程图的“进程”是活动的主体，是指导工作的路线图，一个流程活动如何起承转接要在其中得到体现。“进程”使用的是长方形框图，设计时不能改变框图的大小，以保持图形的整齐划一，更主要的是用语规范，不能在其中写“议论文”，只能填写工作活动，不能附加工作要求（必要时在流程图说明文件中体现）。“进程”框内最好使用四字、六字、八字为宜，除非是填写的图表名，否则不宜在进程框中超过十个字。同样，以动词或动作为主。如“安排维修”、“更换部件”、“填写回单”、“修复交货”、“返品检验”等等。不要在进程中重复使用流程图名称中的主题，如“年度目标计划拟订流程图”，其“进程”只需要填写“主持拟订”、“起草方案”、“组织讨论”即可，而不必把“年度目标计划”几个字都加上，更不必把主持岗位都加上，如“发展规划科科长主持年度目标计划的草拟工作”，就属于画蛇添足、叠床架屋了，因为流程图名称或主题已经标明了责任岗位、指出或限定了活动的内容（工作对象）。

我们规定流程图的“结束符号”使用椭圆框图。其语言往往与起

连线也可视为一种流程语言，或表示指导、或表示传递、或表示通知、或表示组织，需要根据进程的上下语境确定，在做流程说明文件描述时，必须对每条线表示的含意做出准确解释。如果连线混乱，就无法自圆其说。因此，画流程图连线很重要，如果标错一个箭头，意思就会完全不同。

如何使流程图语言简单明了，需要具备对该项工作的娴熟了解，同时还要掌握流程图制作技术和制作要求，当然还需要对祖国语言文字有一定的选择判断能力。熟能生巧、多多练习、动动脑筋，你画的流程图就会越来越美观、用词越来越简洁。

（4）三级流程图的管理岗位与主持岗位可以合二为一，多为总经理下辖的各单位第一负责人岗位及董事长下辖的监察审计、财务管理的第一负责人岗位。四级流程图的管理岗位与主持岗位往往分开甚至有的授权岗位同时也是管理岗位，而主持岗位则多为基层主管或具体办事员（基层管理者），如秘书、品管员、计划员、跟单员、采购员、物控员、班组长等。

（5）三级流程图跨度大，必定涉及多个部门，时间跨度也大，往往一月甚至一年才完成一个循环；而四级流程图跨度小，不一定涉及多个部门（当然两者都会涉及多个岗位），时间跨度小，有时一次循环只用一天或一周，甚至也有一次就完成一个循环的四级流程图，如《门卫放行流程图》，时间短到只有几分钟。

（6）从内容上区分。三级流程图往往牵涉到制度规范的制订与审批，而四级流程图则只有按制度规范操作的具体活动。每个三级流程至少包含一个制度，而四级流程图所遵循的制度往往在它所属的三级流程图里说明。从内容上细分。三级流程图中的进程多数都可以细化为一个四级流程图，或者说四级流程图名称都可以从三级流程的进程中找到影子。

（7）三级流程图的特点是概括性强，往往从制度规范的制订开始到工作总结改善结束，原则性规范多；四级流程图的特点是动作分解细，如体育比赛的规定动作，标准而具体。

（8）拿设计完成的三级流程图与四级流程图比较，二者还有一个明显的不同：三级流程图丰满，四级流程图瘦弱（相对而言）。三级流程图必定画满五个职能带，其中的授权岗位、管理岗位、主持岗位、参

如：信息决策系统类三级流程图代号为1；

人力资源管理系统类三级流程图代号为2；

行政管理系统类三级流程图代号为3；

……

生产管理系统类三级流程图代号为7；

营销管理类三级流程图代号为8；

财务管理类三级流程图代号为9；

……

举例：2－3为人力资源管理系统的第3号三级流程图，

7－1－12为生产管理系统下分的第一个三级流程图的第12号四级流程图。

4. 流程图名称代号举例

7－1 生产计划管理流程图（三级流程图名称）

7－1－4 班组每日作业计划下达流程图（四级流程图名称）

要多长时间?”或“万一堵车要多长时间?”那我是回答不了的。所以，设计流程图是按企业称职员工在正常情况下工作的进展与步骤来描述的。没有这两个假设，流程图根本画不出来！因为例外情况总是有，而且不同经历或经验的人遇到的例外情况各不相同，如果你想一一描述出来是不可能的，也毫无必要！

流程图不可能包罗万象，也不必包罗万象。如果我们进行流程管理就一定要将所有工作都用流程图描述，凡没有流程图描述的工作就不会有人做了。如果一定要这样要求，那就犯了教条主义错误，就会滑向繁琐哲学的陷阱，就会给人“流程管理会把人管死”的感觉。甚至有人说流程管理是除了把复杂的事情简单化之外，也要把简单的事情复杂化。这可就大错特错了。准确的表达是：流程管理是把复杂的事情简单化，把简单的事情规范化。

因此，从这一点上来说，对工作中存在的异常情况要努力消除，如果确实消除不了，那就要靠管理者的智慧解决。流程图只不过是强调了责任的落实，并不排除管理者的作用。恰好相反，由于流程管理加强了责任落实，对管理者的要求更高了。我们随后就要开展的岗位工作标准确定与绩效考核设计，就会让大家更清楚地了解管理者的责任加重和要求提高。

企业进行流程优化的目的，就是为了提高工作效率、提高员工工作能力和工作处理速度。如果拿一个流程图过来，半天看不明白，那要流程图干什么？能够对工作进行指导、能够给员工工作带来指导意义的流程图一定是简洁美观的。但是，如果我们只是追求流程图的美观，而损害了流程活动之间的逻辑联系、破坏了流程进程的自然顺序，那一定是不容许存在的。

所以，我们要确立一个流程图设计的原则，那就是形不掩义，内容第一。内容准确、流程衔接自然、工作有条不紊，才是我们追求的目的。这也是流程设计的原则。内容永远比形式重要。没有内容再漂亮的图表会有什么用呢？古人不是说了“徒有其表”吗？图只有其表而无实质内涵有什么用呢？

当然设计流程图，进程排列和连线技巧对美化流程图还是有较大影响的。首先，你在设计流程图时，流程授权岗位、主持岗位、支持岗位、协助岗位的排列次序还是有讲究的。谁居前、谁居中、谁居后也是有规律可循的。把握了流程岗位的责任分类和流程活动的先后顺序，你怎么画流程图都好看。如果你心中无数，那么不仅连线会发生错误，而且进程也会错乱。这样的流程图不难看，还有什么会难看呢？

内容决定形式，形式影响内容。流程内容清楚、活动简洁流畅，图形一定美观；但如果为了美观而调整内容，就会适得其反，因形害义。所以，流程图难看，一定是思维混乱。思维不乱，掌握好流程图设计技术和方法，流程图准保各个都好看。

个企业都在运行的活动组合。只不过对流程进行管理的企业，能够自觉调整、优化，让流程趋于简洁。没有对流程管理的企业，其办事秩序就会像脱缰之马，左冲右突，毫无章法。这样的企业办事效率低下也就在所难免了。

每个企业都有办事流程。每个企业的流程因有无管理而不同，也因企业文化、人员素质有差别而不同，还因企业历史不同而不同。天下没有两片完全相同的树叶，也没有两个完全相同的人，更没有两个完全相同的企业。每个企业的做事流程也是各具特点的，不可能相同也不应该相同。对这些流程最清楚的就是企业从事这份工作的相关岗位员工。因此，与该流程图相关的岗位员工来画这个流程图是最恰当的。

而每一个流程都会涉及两个或两个以上岗位，因此，流程图让一个人制作也是有不足的，有人说了制作流程图应该群策群力、集思广益，即流程参与者共同绘制是最佳选择。

当然掌握流程图技术的人毕竟是少数，懂电脑的人也不是全部。如此说来，画流程图还真的只能是企业的少数人。不过这并不重要。企业订制度也是集思广益的结果，执笔的人只不过是记录了大家的意见、汇总了大家的思想而已。画流程图的人也应该是这样，由企业内部了解相关流程运行情况的员工主笔（应该是主持电脑操作）就可以了。

流程图毕竟是指导企业员工工作和规范操作行为的，让外部人士代劳，所谓越俎代庖是要不得的。

（2）第二阶段，将第一阶段通过的流程图在内部局域网公布，企业管理人员都可评头论足，反馈意见统一由流程图拟制者收集整理，同时由设计师（员）上司组织小范围优化讨论，设计师（员）记录讨论修改意见，凡修改意见超过两处或有一处原则性修改，就报专家组成员确认，取得一致意见即视为审核通过，流程图授权岗位签字确认就可上报审批。这也是审核阶段。

（3）第三阶段，毫无疑问就是审批阶段了。凡经过审核签字的流程图再次发布到局域网上，同时撤换未审核的同名流程图，仍然提供给全体管理人员观摩学习或批评指正。反馈意见仍然由流程图设计拟制者收集整理，报项目专家组成员组织修改或决定是否改动。审批权与三级流程图的授权岗位对等，即只能由董事长或总经理审批。董事长和总经理可以分头审批，也可以两人共同审批。两人有异议可以随时找项目专家沟通，也可找下级或流程图的主持岗位沟通。对于做事方式有重大变动的流程图则集中开会讨论审批。提出者为项目组专家、董事长和总经理。董事长、总经理两人对已审核流程图异议较大的也可开会审批。

这一审核审批方式的前提是企业局域网完善，流程图设计人员与涉及的岗位员工可以在线交流，并且所有管理者都具备电脑阅读能力。也可以说这一方式就是网络审批方式。

我想只要真正重视，并且决心彻底改变企业管理的落后状况，参与者特别是企业负责人不走形式，网络审批方式应该是最好最便捷的方式之一，至少可以比会议审批方式节省大量时间。

- 流程图与本企业实际紧密结合；
- 流程图在时间、成本、岗位安排上是最优组合；
- 流程图有指导性和操作性。

具体到不同的企业也许还有其他标准，但我一贯主张的流程图必须“务实、独特、简洁、高效”的八字检验标准似乎都可通用。流程图有非常强的企业特色，以上标准仅供参考。

如何纠正呢？我也提供几点建议：

- 审题仔细，搞清工作所属单位；
- 改正前面列举的常见错误；
- 站在公司立场设计，超越部门、现状束缚；
- 线条流畅，不交叉、不断头、不出现孤立进程；
- 紧盯公司架构及岗位设置图，不能自定岗位，自立部门或单位；
- 第一次画图必须与专家共同修改两三次；
- 不要孤军作战、闭门造车、东施效颦，一定要找流程图涉及岗位员工征求意见；
- 对流程负责的是图中的管理岗位而不是设计者；
- 流程图审批后还要撰写说明文件：图是归纳总结，文是细化展开，不要把图画复杂；
- 不要把现行的落后做法沉淀到图中，不要在图中规避责任，流程图不是为个人量身定做的。

俗话说熟能生巧。多多练习、多多交流，与身边同事探讨、征求流程图涉及岗位员工意见，也能帮助流程设计者提高不少。

的体系。因此，凡讲精细化管理则必讲流程优化技术。

精细化管理作为一项系统工程，已经远远超出了一般号召的范畴，不再仅仅是一个概念和一种思潮。因此，我给精细化管理下的定义是：精细化管理是人类先进管理的理念与技术方法的综合运用，是一套完整的管理体系。

具体到某一个企业要实施精细化管理，那就是运用中外管理的最新技术和方法，立足本单位实际，把工作做细，把产品和服务做精，把成本降低，把效益提升的管理工程。要导入这一管理工程，企业必须成立项目领导小组，必须选聘项目设计师，必须制订项目进度表（俗称甘特图），然后按计划分步推进。

精细化管理必须从企业战略精准定位，从企业目标精细梳理开始。进而到企业的决策种类细分，让听到炮声的人做决策。然后还需要调整组织架构，合理设置岗位，这样才能进行企业运行流程优化、规范岗位工作标准以及进行绩效考核体系的重新建立与薪酬调整。当精细化管理的创新理念和方式方法被企业大多数成员所接受之后，才有可能对企业的规章制度进行彻底的改造与完善，进而丰富企业文化。

流程优化方法

流程优化是企业管理的战略选择，是与流程重组相对应的。因为流程重组强调剧烈的变革和急速的重塑，除了那些准备充分的企业或是濒临绝境的企业做此选择之外，多数企业都寻求渐进的改善，即流程优化。因此，流程优化是基于企业实际的改善，但绝不囿于现实。为此，我们必须首先确定流程优化原则，然后再来探讨流程优化的方法。

一、流程优化的原则

- 源于现实、高于现实原则；
- 借鉴行业标杆原则；
- 鼓励创新原则；
- 全员参与原则；
- 始终贯彻流程管理的基本原则。

二、流程优化的注意事项

（1）流程优化首先要观念优化。要对全体员工进行流程优化创新观念的动员教育。没有观念变化，大家都习惯于服从上级安排，流程就会变得有名无实。流程管理的表现应该是流程说话，到了哪个岗位，就应该哪个岗位做决定，而不是事事都等领导发话。打破传统，不等于摒弃一切，优良传统必须继承。

（2）了解学习本行业的最新做法。行业经验可以借鉴，但不能照搬。

借鉴“氨基酸组合效应”。

流程优化的最高境界就是“缺一不可”。凡是可有可无的环节、活动都应该砍掉。

四、流程优化步骤

流程优化是牵涉全局的管理工作，必须全员重视、全员参与。绝不可少数人闭门造车。为确保流程优化切实可行，我们建议企业按以下步骤进行：

（1）第一步设计师负责，按前面说的具体做法，完成初步设计；

（2）第二步征求流程涉及的各岗位员工意见，使之具有可操作性；

（3）第三步设计小组优化讨论，使各流程之间相互衔接；

（4）第四步企业高层补充完善，确保不留运行空白；

（5）第五步企业负责人审批，使之具有本企业的“法规”效力；

（6）第六步广泛开展宣传教育，使新的流程管理思想、方法深入人心；

（7）第七步全面试行，用实践经验流程优化的效果；

（8）第八步总结完善，持续改进。

流程优化最根本的目的是整体效率最优。流程优化要达到“米格—25 效应”，而不是古人的“三个和尚挑水吃效应”。

米格—25 效应是指：原苏联研制的米格—25 喷气式战斗机的许多零部件与美国的相比都落后，但因设计者考虑了整体性能，故能在升降、速度、应急反应等方面成为当时世界一流战机。所谓最佳整体，乃是个体的最佳组合，即 $1+1>2$。

流程优化是一个持续改善的过程，不可能一蹴而就、一劳永逸。

分到了不同的岗位。供应商再想行贿其中的某一个员工没有意义，行贿全体采购流程上的所有岗位员工相当复杂、相当困难！任何一个稍具商业头脑的人都不会再去琢磨歪门邪道的事儿了，降低成本、保质保量，按合同供货就成了唯一的选择。

2. 严格挑选采购人员

公司将采购权限下放给各生产单位，但采购人员的任用权控制在公司手上。用人单位可以提报人选，但最终是否选用，还得公司总裁说了算（审批），防止采、用人员串通一气。在企业内部又增加了一道防火墙。

3. 严格控制采购过程

当我们将采购活动按流程细分之后，控制采购过程就变得相对简单。所有市场调查、货比三家、讨价还价的信息资料都必须按规定上报存档。合同管理、供应商管理更是只能加强，不能放松。除了货物验收、品质检验、生产反馈在时时监督采购活动成果之外，公司还要另设监察审计部门进行重点监控。所有采购人员的所有采购活动都在双向监督之下。采购人员的任何不法举动都可能被及时发现。

4. 所有采购都可追踪

由于整个采购流程上的每一个活动都有档案记录，任何一项采购结果没有达成目的，都可以迅速查明问题出在哪一个环节，责任人基本上难逃“法眼”。

5. 采购品质决定绩效

以往采购员一人大包大揽的采购方式，由于采购员是亲信，即使采购物品出了问题，往往也都是不了了之。可谓买多买少一个样，买好买

成功流程优化的标准

一个成功的流程优化要从两个方面来判断。

1. 流程优化与否，要用企业的经营指标说话

具体到单个流程，可以用来评价的指标有：时间是否缩短了、岗位是否减少了、步骤是否减少了、创造的价值是否增加了等。但也不排除有的流程岗位增加了、步骤变多了，但它创造的价值更高了或是令顾客更满意了——这些都是能用来测评的指标。

流程优化是着眼于顾客满意和企业价值增值，如果原有的流程过于简单，优化后增加了新的增值程序也应允许。比如说原材料采购，以前很多单位没有专门的市场调查流程，任由采购员个人说了算。流程优化后，市场调查、商家选择、采购合同草签、采购合同审批可能要分别安排不同的岗位员工进行，流程无疑比以前增加了许多步骤，可是却大大降低了采购价格，甚至还可以防范腐败，对客户、对企业最终价值的实现都是必要的和有益的。

2. 流程优化一定要与竞争对手比较

流程优化的目的就是为了获得企业竞争力，如果不能做到优于竞争对手至少也要向竞争对手看齐。至于如何获取竞争对手的资料，这是企业信息收集流程要解决的问题。

任何一个企业在信息化时代，都必须建立信息收集渠道进行专项管理。竞争对手的资料属于外部经营信息（相对于企业内部经营信息而言）。在这里要特别注意合法取得信息，千万不能出现违规违法行为。

流程优化不能部门各自为政

一次在宁波讲课，有学员课间和我交流，告诉我他们企业进行流程管理项目导入已经四个月了，到目前为止，咨询师给他们的指导都是各部门自行设计、自行优化各部门流程，离项目结束还有两个月，他很担心，这样各自为政搞出来的流程没有考虑互相衔接，怎么实行得了？

流程不是从部门出发，而是以顾客价值为导向、以企业价值增值为目标，以打通部门墙提高办事效率为手段、为各岗位充分尽责及时应对市场变化为基点，从而全面提高企业整体竞争力的管理技术。流程管理就是为了解决大企业病而诞生的管理技术，就是要把企业从科层管理的低效率转换到流程主导的高效率轨道上来。部门各自为政，不仅不能打通原有的部门墙，相反却有可能增加部门墙的厚度，原本部门间只隔着一堵墙，现在各自为政的结果就类似做了一个个房间再拼成大楼一样，墙无疑变成双层了。

流程管理鼻祖迈克尔·哈默教授说："产生价值的是流程而不是部门。"这也印证了过去把人当成本的观念。而实施流程管理的企业，人的主动性和积极性得以充分发挥，人不再是成本而是资本，即人力资本，并且是最能带来回报的资本。因此现在人们普遍认为：企业是得人才者得天下（市场）。人才犹如珍珠，散布的珍珠如果想要价值增值，就得串在一起，成为项链。串起珍珠的那条线就是企业的流程。简洁高效的流程就能让这些珍珠（人才）价值倍增。为什么同样一个人，在管理无序的企业作用不能发挥或者发挥不多，而换了一个管理有序的企

流程优化与合理化建议之间的关系

有人说，国企推行员工合理化建议活动是迫于上面的压力，搞流程管理为什么也要强调员工参与，也要收集员工合理化建议呢？要回答这个问题，只要搞清楚流程优化与员工合理化建议之间的共同点，答案就能清楚呈现出来了。

搜集采纳员工合理化建议，改善企业管理，中外皆然，只不过表达的词汇不同。至于是否重视员工合理化建议，则取决于管理者的经营理念或管理方式。独裁者、专权者肯定对此不屑一顾，民主型领导人、开放式管理者往往对此情有独钟。丰田模式的创立者，通用组织扁平化的推动者无不对此运用娴熟，一个全面质量管理（TQC）小组活动，一个群策群力几乎将合理化建议活动演绎得淋漓尽致。而在中国，管理者往往对合理化建议嗤之以鼻，他们认为向员工请教意味着管理者的无能。我国曾经举国推行过合理化建议活动，结果形式主义泛滥成灾，这也让部分国人心有余悸。今天的中国推选员工合理化建议活动，在面子至上的中国，仍然阻力重重、障碍多多。

管理者的首要任务是什么？虽然答案多种多样。但我认为，不让同样的问题重复发生就是管理者日常工作中的首要任务。问题发生在什么地方？往往在现场。谁最清楚问题解决的突破口？是现场员工。如何解决更有效？听取现场员工的意见。管理者不过是集中大家的意见，最后做一个判断或下一个结论而已。

我们知道，管理就是不断解决问题的过程。而成长中的企业永远会

管理强调员工关系平等原则。让员工参与管理，也就提供了员工成长的舞台。员工的激情被点燃，就会关注企业发展、关注管理改善，建议就会有的放矢。流程管理的信息现场处理原则让每一个员工有职有权，让员工做主就是对他最大的尊重。没有什么比尊重更能带来激情和活力。快乐提高生产力，快速反应也能提高生产力。流程越简洁，工作越有效率。改善流程就是提高效率，就是为企业做贡献。

将员工合理化建议程序化，本身就是流程优化。流程优化与合理化建议相互促进、相互推动，相得益彰。如果我们将合理化建议纳入流程管理系统，那么在这个系统流程（三级流程）下面就会有若干四级流程，如：（1）合理化建议收集流程；（2）合理化建议评审流程；（3）合理化建议采纳实施流程；（4）合理化建议实效奖励流程；（5）合理化建议成果申报流程等。

流程优化成功的企业都有以下共同点：（1）领导人重视；（2）员工广泛参与减少空隙；（3）咬住目标不放松；（4）大局为重，全局利益优先……这其中的第二条“员工广泛参与”就是合理化建议活动。

摒弃形式主义，合理化建议就不是负担，就不是应付上级，就是实实在在的生产力。

行重新划分，让员工的权责对等、付出与回报对等，同时也是让所有的工作责任落实到每一个岗位。严格按新的流程规范员工行为，减少等待和浪费，从而大大提高企业整体组织的运行效率和效益，让薪酬的增加成为新流程运行的推动力，实现企业与员工的双赢。这样做的最大好处就是利益驱动。流程再造本身是为了管理升级，与员工利益挂钩的管理改革也能争取大多数员工的参与和支持，管理升级的同时也一定可以促进流程再造的成功。

以上是理想状态。退而求其次，只要企业做好了思想准备（接受流程再造的先进理念）和人员准备（掌握了流程再造的技术方法），随时都可以进行流程再造。

说到底，是再造还是优化，起决定作用的是企业战略。

一个想要在短期内突破现有格局、超越同行的企业，只能选择流程再造，渐进的优化没有办法帮你突破。一个在红海垂死挣扎的企业，想要起死回生，只能选择流程再造，否则只有被红海吞噬的命运。而一个成长中的企业，基础还不是很牢固、人才、资金也不够雄厚，选择流程优化、持续改善无疑是最佳选择。

有人把流程再造比喻成“推倒重来”，那么流程优化就是“加固装修”。当一栋大楼摇摇欲坠时，谁都会选择推倒重来。当一栋大楼本身没有什么问题，可就是与周围的环境格格不入，这时候要不要推倒重来，恐怕坐在大楼内部是做不出正确选择的，只有当你置身楼外，居高临下，鸟瞰全局，才能断然决然：为了跟上时代步伐，必须推倒重来！

我们再来看看城中村改选，看看能够从中获得什么样的启示。当旧城改造全面展开，你是抱残守缺，当一个钉子户鸡立鹤群，还是顺应潮流推倒重来？相信任何一位识实务者都会做出再造的选择。

因此，我得出两个结论，一个不想被淘汰的企业，必须实行流程再造；一个想要脱颖而出的企业必须选择流程再造。这既是明智的选择，也是竞争的必然。

后危机时代，无数的中国企业都在思考转型升级，国家也在大力号召和支持企业转变增长方式。如何转变增长方式？如何转型升级？我想除了流程再造还是流程再造！

企业的活力来自创新，创新是企业发展永恒的主题。用流程思考，让流程说话，激发全体员工的积极性和创造性，最好选择流程再造。僵化的管理方式不打破、层层传递的等级制度不打破，企业不会有活力，

流程再造失败的原因

众所周知，全球流程再造技术运用失败率高达70%。还有一个并不周知的统计，中国咨询工作满意率仅有3%，较为满意为27%，加起来是30%。从另一个角度来说，中国咨询项目70%不被认可。为什么比例惊人的一致？这其中原因何在？咨询公司的原因占多少？企业的原因又占多少？不搞清楚这个问题，不总结失败的真正原因，中国的咨询业不能进步，中国的企业管理不能提高。

关于企业流程再造失败的原因，我们可以从两个角度进行分析总结。

一、从企业角度分析企业实施流程再造失败的原因

1. 习惯思维作祟，权力意识作梗

流程管理失败的最大元凶就是权力大棒。流程再造以服务企业发展四大价值增值为目标，以充分调动全员积极性为前提，以责任明确为标准，以责任考核到人为手段，以全新的管理理念作支撑。流程再造是对个人权力的最大挑战。贪婪权力者，实施之前一定拥护，改革谁不支持？实施之后，一定反对。员工自觉性起来了，玩权力者受到了冷落——岂有此理，这事没有经过我签字画押，他们就办了？先不管办得好与坏，首先不尊重我就不行！权威权威，没有权，哪来的威？

流程再造失败的50%断送在这些人手上。

2. 懒汉思维呼应，浑水摸鱼心理

管理学有句名言：人在可以懒时，不会不懒。这虽然不具普遍意

化，我不赞同。如果一个企业的文化已经形成并且其文化主张随遇而安，拒绝变革甚至害怕变革，这样的企业只能随风飘荡，变革是无法进行的。

流程再造失败的10%断送在这些人手上。

5. 得利阶层顽固，广大员工受苦

企业内部成员从利益角度划分大致分为五种人，其中有一种人是食利者，专门在企业钻空子、捞一把的人，这种人不多，一多企业就死定了。但得利阶层却不一定是五种人中的哪一种人，但是他是现行制度的得利者，打破现有做法，能不能给他带来好处，这是他首先考虑的要素。如果不能给他带来更大的利益满足，他是绝对不会支持的。如果给所有人都带来好处而不能给他个人带来超过众人的好处，他也不会赞成。他还会变着法儿反对。个人利益最大化是他追求的目标。而流程管理追求的是企业利益最大化。

流程再造失败的10%断送在这些人手上。

流程再造失败的另外10%断送在其他原因上。恕不一一列举。

二、从咨询公司角度分析企业流程再造失败的原因

1. 一切唯老板之命是从

企业老板都希望自己的企业基业常青，都希望自己的企业管理顺畅。可是为什么还是有那么多企业倒闭呢？难道说老板不是企业的亲老板？我知道现在好多企业为了逃避法律责任，请了很多假老板应付场面。真老板就真的放手不管，让人自主管理了？显然不会！那为什么有无数的老板亲手葬送了自己亲自创办的企业呢？都是“成功”惹的祸。企业从小到大、从无到有，老板处处正确，员工各个佩服，老板成了正

合、不投入人力，则又当别论。

流程再造失败的10%断送在这些人手上。

4. 流程再造脱离实际

即使一切条件具备，也不能保证流程再造就一定能成功。也可能企业选错了医生、开错了药，本来流程再造是业务流程重组、企业流程再造（BPR），可是企业请来的专家却是搞企业资源计划（ERP）的。一个解决人脑问题，一个解决“电脑”问题。这不闹出笑话才怪！这必然会导致项目失败。即使找的是BPR专家，也不能保证一定成功。如果咨询师只有丰富的理论，却没有结合实际的能力，那么流程设计就会走偏方向，实施不了就在所难免。

流程再造失败的10%断送在这些人手上。

5. 专家也不懂流程为何物

更可怕的是专家也不懂流程为何物。流程再造失败的10%断送在这些人手上。

流程再造失败还有10%是其他原因，也不一一列举。

（14）安全事故降低比率；

（15）顾客投诉减少比率；

（16）成本降低率；

（17）其他本企业认为重要的指标。

二、评估方法

毫无疑问，这是基于流程管理实践的评估，而不是针对流程设计的理论评估。我们对实施流程管理的企业有一个基本要求，那就是必须建立与流程挂钩的绩效考核制度，并有专人负责流程运行的跟进与检查。否则，没有相关数据的统计与积累，评估就无从谈起。

评估指标的1～7项，是流程管理企业所独有的，而8～17项则是所有企业正常经营必须统计的，实施流程管理的企业更需如此。所有指标数据必须逐月统计，最后换算成年度指标与上一年度进行比较。

1～7项评估指标的采集与运用说明如下所述。

（1）流程意识普及程度：权重10分。

针对全员考查。接受流程管理理论与技术培训、知晓并理解自己工作岗位的流程图的员工百分比，达到70%为合格，达到80%为良好，超过90%为优秀。

优秀计10分，良好计8分，合格计6分，否则计零分。

（2）流程图覆盖范围：权重15分。

企业的日常工作，或者叫例行事务有多少用流程图来表述，其占全部例行事务的百分比达到60%为合格，达到70%为良好，达到80%为优秀。

流程图不可能包罗万象，不可能也不必要覆盖所有工作。

指标也就只能从第一次统计开始。为便于统计，我们一律使用全年平均数除以第一个月的工作一次完成准确数即得出准确率提高比率。

提高 1% 为合格，提高 3% 为良好，提高 5% 为优秀。

优秀计 5 分，良好计 4 分，合格计 3 分，否则计零分。

8～17 项，各项权重分别为 5 分，即每项提高或降低一个百分点为 1 分，最高得 5 分。10 项合计 50 分。1～7 项的权重合计也是 50 分。总计 100 分。

三、评估组织

现阶段，对企业流程管理的整体评估应该在专家指导下进行。一是中小企业不具备流程管理的专业人才，二是企业内部评价很难做到客观准确。因此，建议企业成立内外结合的评估小组，评估小组组长由企业负责人担任以方便调动资源，副组长由外聘专家担任以保证评估的规范与客观。另确认企业各系统负责人为评估小组成员，企业流程管理主管当然是评估小组成员并兼任评估小组秘书，负责数据的最后归类与整理。评估小组成员至少在 11 人或以上，以保证评价成员的代表性和全面性。

评估小组要制订详细的评估计划，将各项数据统计任务分配到个人或各个数据统计小组，统一数据采集时间和计算方法，并在规定时间上报评估小组秘书。各数据小组的原始表格必须统一上交存档，以备查验。

专家负责对统计结果进行分析和解读，以指导企业下一步改善和提高。

中小企业对流程的评估

流程评估渗透在流程管理的各个环节，流程设计、流程优化或者流程重组都离不开流程评估。本文仅从单一流程如何评估进行阐述。

一、流程评估的原则

企业进行流程管理的目的是为了提高顾客需求的响应速度、提高工作效率，减少等待或消除浪费以节省成本。因此，一个流程是否合适、是否有效、是否给企业带来了效率的提高或成本的减少，就是我们评估流程的关键所在。之前，我曾给出了判断一个流程好坏的八字标准：务实、独特、简洁、高效。只有当该流程是务实的、独特的，才有必要对其进行评估，如果离开了企业实际，简洁、高效都没有实质意义。这八字标准也可以当作流程评估的原则。

二、流程评估的判断指标

（1）是否有清晰的流程目标；

（2）责任是否明确到岗位；

（3）是否存在可有可无的环节；

（4）是否有清晰的时间节点；

（5）能否实现流程运行目的。

三、流程评估的量化指标

（1）减少参与岗位数量；

（2）减少流程运行时间；

六、流程评估的运用

所有流程评估结束，在将评估资料归档的同时，也要将单一流程的评估结论发放给流程主持岗位，责令其根据流程评估小组的意见牵头组织优化设计，将评估小组的要求落到实处。

助力或阻力大小。谈话主题由专家把控，既与企业高层主管的工作挂钩，也适时让其表达对企业全面管理的看法。

中层主管视企业规模大小决定小组座谈或单独访谈。中层主管访谈的重点在于各横向联系单位的顺畅与否，或沟通困难的症结所在。座谈过程中发现有全局视野的中层主管可安排单独访谈，以获取更多信息。

基层员工多采取小组座谈方式，专家提出一个个话题，听取大家发言，着重了解他们工作中被动等待或无故浪费的事件和时间节点，同时听取他们对改善产品质量或提高工作效率的看法。

三、案卷法

案卷法其实就是专家阅读企业成文制度或管理档案，从中了解企业管理特点或不足，特别要关注企业重复出现的问题或经常发生的错误有哪些，从中很容易找到流程管理改善的突破口。

四、直观法

直观法就是现场走访，到现场去观察企业管理的好坏，获取第一手材料。通过观察企业员工的工作状态、精神面貌，观察现场的繁忙程度，观察现场物品摆放、厂房布置、墙面张贴，并在方便时和现场员工交谈。将现场观察与座谈和问卷调查内容相对照，就可以对企业管理的现状有一个立体印象。对重点部门可选择不同的时间点去观察，以识破应付检查的表面现象。

五、表单法

表单法就是追踪企业现有表格单据的流转路径，真实把握企业现有工作流程的效率高低或瓶颈所在。重点了解现有表单的必要性、便捷性

项目进行中的流程设计评估方法

为了保证流程设计符合企业实际和达成流程管理目标，进行流程设计之前，企业需要明确合格流程的标准，设计标准就是评估标准。

评估标准因企业而异，在《中小企业对流程的评估》一文中提到的判断指标和量化指标可供参考。同时，企业流程管理战略也影响评估标准的设立。流程再造和流程优化的评估标准显然是不同的。流程再造可能会更多参考行业标杆的指标，流程优化则应该注重内部标兵的指标，适当兼顾行业标兵的做法即可。流程评估既是对流程设计的检验，也是流程实施的准备，是流程管理的重要一环。

流程设计是流程管理的基础，流程是否符合企业实际，是否简洁高效，不能设计者说了算，必须经过三道评估关，三道评估各有侧重，不能互相替代。这三道评估分别是岗位代表评估、主管评估和企业负责人评估。

流程参与者岗位代表评估是流程设计评估的第一关。主要评估该流程是否符合企业实际、是否可操作、是否简洁。流程设计者一方面要听取岗位代表意见，另一方面还要引导他们大胆反思现行做法的不足，鼓励参与者提出进一步简化的建议，彻底扫除操作上的障碍、去掉冗余环节。流程设计者要对比新旧流程的不同之处，并描述由此可能带来的积极变化，如有不利影响也要一并阐述清楚，确保新流程在总体上优于旧流程。否则，该流程就必须进行重新设计。

流程参与者必须从两个方面对流程进行评估，一是从低端回答流程

企业负责人还要特别关注流程与客户和供应商的衔接与配合，只有提高顾客响应速度，增加供应商合作便捷的流程才能真正提高企业的效率和效益。

一个流程如果通过了三道评估关，其被知晓的范围就大大增加了，同时也是给公司的流程管理者和执行者进行了一次次深入的培训，对流程的执行也就有了坚强的后盾和广泛的基础。评估不仅仅是形式上的审核，也是思想上的碰撞和提高。因此，任何一个评估环节都不能省掉，而且还要认真对待，慎之又慎。

果流程图不与被执行者直接联系，那么再多再好的流程图也只能束之高阁，形同虚设。

二、细分流程团队责任

流程管理的目的是保证所有流程活动都能给企业带来增值，单一流程活动能否增值取决于整个流程目标是否实现，因此，每一个岗位员工的工作都必须对整个流程结果负责。整个流程的增值目标实现了，参与者的工作就有价值；整个流程失败或无效，参与者都要承担责任。承担责任的大小与其所起的作用大小相关。那么，在进行流程责任考核时，我们就必须区分每个员工在流程团队中的责任，事先规定承担责任的大小。有功，与责任大小相等；有过，也与责任大小相当。比如，如果某一流程的失误，做主管的承担 50% ~80% 的责任，那么，参与者就可能承担 50% ~20% 的责任。责任大小由流程参与岗位及其上司主管共同确认。

三、设立流程考核权重

事实上，即使实施流程管理的企业，也不能完全靠流程细分全部工作，不能从流程角度进行责任考核的事项又不能不考核，这里就出现流程责任占考核多大权重的问题。而且，同一企业内部，不同的岗位流程责任的权重也是不同的。对此，岗位工作标准就是区分流程责任大小的主要工具。如果该岗位的工作都与流程联系紧密，那么其流程责任考核的权重就大；反之，权重就小。但任何岗位流程责任的权重最高不宜超过 90% ，最低倒是可以不设限，如单独作业的清洁工，就不必设立流程考核权重。

五、计算流程考核得分

考核后统计得分，简单易行，无须多言。但我这里还要补充强调流程主管的统计责任：哪些流程执行得好，哪些流程执行得差。这是流程主管（也许有的企业叫流程经理，或者叫 CPO）的主要工作之一。考核是针对岗位员工的，但流程执行得好坏却关系到企业管理的好坏、关系到企业效益的高低。流程主管必须从企业流程整体执行情况的角度进行统计分析。从个体的角度进行分析则是各个直线主管的责任。

六、分析流程执行情况

流程主管必须对流程执行的整体情况进行分类，至少按好、中、差进行三级分类。特别是执行差的流程原因何在，必须与相关岗位人员进行深入分析，找出差的根源所在，从而制订改善措施。

流程执行差的原因通常可以从两个方面查找，一方面是流程本身有问题，脱离实际，难以执行；另一方面是执行者的原因。执行者的原因也有两点，一是意识问题，不愿意或不敢按流程执行，如习惯于请示报告的员工，胆小怕事，不愿意承担责任；二是水平问题或者能力问题，不具备按流程执行的独立操作能力。当然，还可能存在更深层次的问题，比如说，企业文化中的消极因素，官僚干部的独断专行等等，都会影响流程运行。

找到问题根源，才有改善的可能。流程主管任重道远。

七、考核结果检讨与运用

毫无疑问，考核之后就要奖惩兑现。奖励流程执行好的员工，惩罚不按流程执行的员工，帮助意识差、水平低的员工，企业的管理水平才能提升、效益才能增加。

呢？基础管理差的企业，就如同身体差的普通人一样更需要进行健身——实施流程管理！否则，基础管理差的企业比那些健康的企业死得更快。

企业流程管理就是对跨部门多岗位的工作衔接分清先后次序和明确界定责任。请问，有哪家企业不需要这种界定？有专家指导也需要企业员工参与，没有专家指导企业员工只要有人组织一样可以自主进行。

是人就需要健身，是企业就要进行流程管理。肠梗阻不及时疏通可能致人死亡，企业流程不畅不进行清理也会导致企业灭亡。

上下下成员眼中，防损员几乎是公正与安全的化身。取消防损员的参与，没人想得通。

为此我就费了不少口舌，先从防损员的工作职责说起（验货根本不是防损部门该做的事情），再讲验货的目的（数量准确、品质达标——这也不是防损员做得了的事情），又讲在企业内部的制衡体系中防损部门的主要功能，还讲了在其他企业防损出现漏洞的主要环节……聪明的董事长最先响应我的观点，有董事长的加盟，支持的声音逐渐占了上风。

第一关过了，验货程序减少了两步，还有五步，我仍然感到效率太低。我当时想的是：重复查验不仅仅是时间成本的浪费，更大的弊端还是货物搬来搬去会对商品的磨损增加。讨论中理货员代表反映了一种情况，让讨论开始朝着我指引的方向前行。她说：反复查验耽误销售。有的急缺商品，顾客等着要，明知货已到了门店，但由于没有办理完查验手续，谁也不敢违规取出来卖给顾客。我趁机提出一个问题：我们企业的经营理念是顾客至上，在这个环节能不能体现？要不要体现？答案几乎是肯定的。随后，场面陷入了短暂的沉寂，最后还是董事长打破了沉寂。他说：只保留两次查验，并且这两次查验就在同一地点进行。没等董事长说完，现场就炸开了锅："这怎么可能？""这要出了问题找谁负责？"质疑声、反对声此伏彼起。顺便说一声，这家企业有着良好的学习氛围和工作氛围——讨论问题畅所欲言；一旦决定下来，谁都会不折不扣地执行。在大家一番激烈的争论后，我又发表了自己的意见。我说减少查验人次，出了问题才能找到责任人。多人负责其实就是为了逃避责任。多人负责往往成为不负责的遁词。我还列举了一些以前本人服务

流程不明，责任不清

——高管们终于认识到流程管理的重要性了

现在不仅基层管理人员动起来了，企业高管们也着急了。他们经常趁我在下班时间后晚上加班前的空档接连与我交谈，叮嘱我加快流程设计步伐、提醒重点流程不要遗漏。公司上下高度一致起来，这的确是意想不到的变化。

重视归重视，能否理清流程先后、区分责任大小、明确相互配合接点却并不完全一致。这不，某分厂发生了员工斗殴事件，一名员工把另一名员工踢成重伤，伤者入院治疗，踢人者被派出所带走，就伤者医疗费的借支问题，分厂负责人与行政部负责人产生分歧，互不相让，官司打到了总经理那里。

分厂负责人认为，行政工作由行政部统一管理，员工斗殴属于违纪行为，应该由行政部管辖，故借支应该由行政部办理。行政部负责人认为，员工违纪是行政部处理但并不等于行政部要包揽一切，公司几千人，分厂好几个，如果每个分厂员工违纪产生的费用都由行政部借支，那行政部就不要干别的事情了。

总经理认为，管理员工是各单位负责人义不容辞的责任，单位发生员工违纪行为，其上级主管以及上级的上级都负有不可推卸的责任。行政部处理违纪员工也是在各单位协助下进行的。没有各单位负责人对违纪事实的确认，行政部凭什么处理员工？行政部对违纪员工的处理并不意味着各单位负责人对员工管理责任的放弃或转移。员工工作业绩、工

多作贡献，少争权限

——流程管理要求工作方式转变

凡我服务的企业，大都少不了流程优化这一环节。而进行流程优化，自然而然就要进行分类授权、分级授权，就会减少许多不必要的审批活动，以通过流程简化来提高企业组织的运行效率。这样一来，过去习惯于签字的官僚型主管就很不适应了。他们会感到大权旁落更会感到无所事事——过去我可威风了，办公室整天人来人往，等候汇报签字的下属络绎不绝。

项目还未结束，试行刚刚开始，这不，找我的人就来了："张老师，过去许多工作都要我拍板签字，现在都不找我了。我应该干嘛呢?"这算是客气的。不客气的人就说了："张老师，这事得我签字吧，给谁谁签字怕不合适吧?"

是啊，没有文件签字打发时间，没有下属请示汇报，我们经理、主任应该干什么呢?

我告诉你吧，要做的事情多了，就怕没你签字那么自在。

首先，你得明白一个主管的工作职责是帮助部门各下属做好工作，通过各下属工作目标的达成实现部门工作目标。因此，月初你得做好全月计划，月中你得跟踪计划执行情况，月末你得总结计划完成情况。在跟踪计划完成的过程中，你要不断发现问题、解决问题、总结经验、吸取教训，按照"事不过三"的原则，对下属重复出现的错误寻找根本性的解决办法，并努力使之形成制度规范，防范类似错误再次出现。而

流程不规范，联络单会越用越乱

在探讨流程优化方法时，企业人员提出搞一个联络单传递流程图，我立即表示反对。但企业人员极力说服认为很有必要，我始终不以为然。我说我们立此存照，看看流程管理走上正轨之后到底需不需要联络单。

应该说联络单也是管理阶段进步的产物。在没有进行流程管理之前，或者说制度缺失、责任不明，使用联络单沟通工作、明确责任不失为一个好的选择。我也曾多次使用联络单，而且有几家单位还是我首先提出使用。但自从我掌握了流程图设计与流程管理方法之后，就不再主张使用包罗万象的联络单了，取而代之的当然就是流程图了。

联络单说到底就是对流程的破坏，就是不走正常程序，往往是提出者为了方便本单位本部门工作而向企业负责人提出的特殊请求，是在习惯做法之外，另辟蹊径。尊重联络对方的人可能会先行与人协商：我部有什么工作需要你部配合，请给予支持为盼；不尊重对方或强势部门的员工可能直接提出要求，经双方共同上司同意后硬行交给对方，让对方围绕自己部门转或干脆等待对方不能按时完成时自己抢先告状，把不能完成整个任务的责任全部推给对方。联络单在许多单位不是在真正起联络作用，而是一纸推卸责任的证据！在这样的单位，联络单用得越多管理越混乱。

为什么实施流程管理的企业不需要联络单呢？因为各种必须的工具表单已经体现在流程图上面。任何工作的起点与接点，焦点与交点，节

打造带不走的专家团队

——系统设计师的作用

拖延一个月之久的系统设计师小组终于获准成立，为项目的顺利推进扫除了障碍也奠定了基础。

系统设计师小组迟迟不能获准成立的原因有二，一是部分管理人员等级观念根深蒂固，对我从基层管理人员中选拔系统设计师表示反对；二是管理者自身水平低下不能胜任系统设计师工作，不了解系统设计师在项目中的地位和作用，又不虚心请教不主动沟通，硬是阻拦着不让系统设计师小组产生。这也印证了我们前面说过的话，项目阻力大多来自上层，来自权势人物。

这次系统设计师小组终于获准成立，还得亏了我们公司总裁陈先生。如果不是他出面斡旋，不是他用自身的影响力进行沟通，这事还真不知要拖延到何时！

没有系统设计师小组也就是说没有系统设计师，我这个首席专家就总在企业搞地下工作——沟通也好、布置工作也罢，只能进行单线联系，工作效率大大降低，项目效果也会大打折扣。

当然，这并不是说我在这个项目进行过程中没有起作用。关于系统设计师成立的文件和人选建议，我可以说三易其稿。最初，我按照选人“三原则”（会电脑、有能力、敢说话），自主选拔了三十余人的系统设计师，不获通过。第二次，我不提出具体人选，只提人选选拔的建议，让高管们自定，他们不知道系统设计师是干什么的也搁置了。第三次，

我的价值靠流程优化体现

——回答部分员工的质疑

大凡改革都有阻力，大到国家，小到企业。改革势必涉及个人利益，特别是薪酬改革更是如此。当我提出“并岗增效，增效增收”的改革理念之后，有些人开始担心了：我的地位、我的收入会不会动摇、会不会减少？不少人都打着维护公司稳定的旗号，实质是从关心个人利益的角度提出了项目能否如期实施或能否收到实效的质疑。管理人员则担心我是否有方法和手段为企业增效、让个人增收。

项目尚在调研阶段就收到这么多反馈信息，着实令我高兴。我怕的不是质疑，而是冷漠和不予关心。我改革或改善的是管理体系，我借助的是流程优化的武器，我针对的是全体员工的活力，我不靠一人支持而成功，也不会因为一人反对而失败。我的出发点是让大多数人的作用得以发挥，我增效的诀窍是流程简化。

我刚刚回答过个别人的质疑：你靠什么改变现状？我说我靠管理体系，我靠现有人员潜力的挖掘，靠无用环节的减少增效，靠机制的引导规避人浮于事。接着，就有采购部经理拿着一份《采购结算流程图》请我指导。我接过他送上的流程图，拿起桌上的笔就划掉了其中 4/5 的活动，并写了一句：采购结算与采购部门无关，然后签名“张”并写上日期。我把其中涉及采购员、采购内勤、采购经理、采购中心主任的活动统统划去，只保留了物控验收、品管检验和财务（统计）对单三个环节，再加上供应商提供发票与前两个部门的收货单与检验单就可以

真诚和专业的力量

——流程管理技术讲座感悟

期盼已久的流程管理技术方法讲座终于举办了。课前总经理的开场动员、董事长的意义阐述，为课程的推出做好了浓墨重彩的铺垫，加上我本人驾轻就熟的讲课艺术、密切联系企业实际的生动剖析、现场制作的指导方法，让企业中高层管理人员和系统设计师成员如饮甘露。董事长的雄心壮志、总经理的缜密安排和讲课内容一起互相配合，相得益彰，赢得了与会人员一次又一次热烈的掌声。

深入联系企业实际，密切关注企业人员聚集热点，通俗易懂的语言、简洁实用的方法，终于打消了之前众人对我们咨询团队能力的怀疑、对流程管理技术本身的怀疑。大家终于见到了与企业实际紧密相联的流程图，大家终于对管理的力量或流程的魅力有了初步的认识。大家仿佛看到了打通企业多年不畅的沟通瓶颈之后的曙光，仿佛找到了治疗企业管理顽症的良方。大家似乎看到了企业未来发展的康庄大道，纷纷摩拳擦掌，欲在将来企业流程优化设计的进程中一显身手。

当董事长发出打造本行业一流管理水平的号召时，在场的所有人员都有热血沸腾的感觉；当董事长在讲课结束时，再次表示谁如果成为项目的绊脚石，他将义无反顾地将那个人搬开，而不考虑他资格多老、功劳多大、水平多高。为了企业的发展，为了全体员工，我们必须改革落后的管理，我们必须接受全新的管理理念，打造公开、公正、透明、高效的管理体系！我感到了前所未有的鼓舞！我情不自禁地表达了要把本

可能，但为了完成计划而开展工作，出发点本身就是错的。

我始终认为，改变观念比引进方法困难，而一个人如果他的观念进步了，他的方法也一定会不断进步。

今天的讲课成功举办是缘于我们咨询专家团队的真诚，讲课内容的成功是缘于我的专业精通与方法实用。真诚是因为我们以帮助企业长远发展为目标，而不是为了短期利益迎合企业高管。

课后，企业元老级的高管双双走进我们专家组办公室表示祝贺；随后总经理打电话邀请我们专家组共商下一步更广泛的宣传动员工作的布置。在我们与总经理交谈中间，董事长也从开车途中打来电话，提醒总经理安排更进一步的大范围培训——企业高层的相互支持是我们项目成功的前提之一。

所有的不满都在这一刻化为喜悦，所有的努力都在这一刻变成下一步工作的动力！

当别人不了解你的时候，就有理由怀疑；当你没有让别人认识你的时候，即使是金子也不会闪光！

专业、坚守、真诚、耐心永远是事业成功的必备素质。

过，有的企业干部甚至要求我提供其他企业的流程图让他们一抄了事。大多数人都深切地感受到了流程管理的作用和好处，都相当主动和积极，也许把流程设计当任务完成的人只是少数，但在我看来，哪怕这种少数人只是个别人也是不容许的。企业管理者就是要见微知著、举一反三、由点到面、防患未然。墨菲定律告诉我们：任何事情只要有向坏的方面转化的可能，它就一定会出现。当然，这里揭示的规律是放任不管的情形。坏的苗头一出现，就要将其扑灭；不好的思想一表现，就要将其转变或提高，管理者就能游刃有余了。

如果把流程设计当任务完成，一旦这一任务完成之后，流程图也就被束之高阁、无人问津了。与其劳民伤财制作一堆好看而不用的流程图文件，还不如现在就不做，至少参与者以后不会感到被愚弄或浪费时间。要做，就一定要做出可操作、有实效、能帮助大家提高工作效率的流程图。没必要认认真真走形式！

流程图设计任务；借口我的部门特殊，不明确界定流程的具体活动以模糊工作界限，为自己以后推卸责任留下方便；借口我的工作特殊，不与人配合，拒绝别人的检查，当工作中需要其提供配合时，往往要让对方通过公司领导单独指示才极不情愿地应付一下。有的人甚至把工作细分当成了对自己的监督而拒绝。结果让项目的推进变得异常复杂，每一步都得企业老板推动或要专家沟通。

让每一个人积极参与，让每一个人明白参与是我们的理想，但是如果有人不自觉，我们不能总是等待。时间不等人，我们必须采取行动。否则，项目被无限期推迟下去，不仅企业负责人不答应，我们专家组也不能长期容忍。为此，我们项目组决定每天在企业局域网上公布项目进度，对各系统负责人跟踪、配合的任务进度与完成数量排序公告。以期引起全体管理人员的真正重视。

对阻碍项目进程的人，我们必须要求企业负责人采取行政手段，给予批评、处罚、降职甚至开除处理。否则，我们无以向全体企业员工交待，也无以对自己的良心负责。

我们推行企业规范化管理，就是要扫除特殊岗位、清理特殊安排，让企业全员的活力迸发，让大众的激情迸发。不论你原来的职务有多高、不论你原来的资历有多老，如果你成为企业改革的障碍，成为企业发展的绊脚石，那么我想除了你被踢开，别无选择。因为董事长的决心已下，而我们专家组的决心更大。

原则，他就分好了，发下去，没有任何人改动。这次，是我犯了经验主义错误。一是原有的企业没有这次参与的人员多，只有八个或十个设计师主笔设计，而且都是经过多次讲课培训之后才着手流程图设计工作的。但这家企业没有给予我足够的培训和学习时间，他们也是犯了经验主义错误，受忽悠型培训毒害太深，担心我的培训也走老路。大多数人只听了我两个小时的流程技术讲座，就开始了设计工作，不能全面掌握我的流程图制作要求也属情有可原。但另一方面，在董事长进行第二次动员之后，参与者人数大增、参与热情高涨，他们不仅按要求完成预定数量的流程图设计，还自主增加了许多与工作中急需解决的配合流程，使得流程图数量比预定计划翻倍。准备了一桌菜来了两桌客，也难怪小李应接不暇。

不过，小李的难处，也让我想到企业员工在流程图设计中出现的最大问题是分类不清，归纳不准。分类不清导致流程不清晰，归纳不准导致别人看不明。我得出的结论是：经常对自己手上的工作分分类，会提高工作效率；时时对自己做过的事归纳总结，会很快提高工作能力。

案，可是我不想这样做，虽然这样做更简单，但是它没有效果！我在企业，你们都不重视、不参与，想想，我走了，会有谁去执行？那不是一句话就把你打发了：这是张老师搞的，我不清楚！碰到员工这样回答，或者你们自身这样讲话，谁去推动？谁去执行？

要治疗，不给我时间把脉，不按我的要求吃药，不按我的要求调整，整天瞎忙，是起不到作用的。而且 ERP 软件与流程优化是一致的，不矛盾，是孪生兄弟，而不是可以互相代替的。没有人的工作流程确定，ERP 是无法运行的！

举个简单的例子，薪酬计算如果没有工资奖金计算标准，ERP 怎么帮你算工资？没有人的工作流程，ERP 怎样帮你计算进销存？人的工作是基础，ERP 是辅助工具，是对人的工作结果的归类统计，不能代替人脑。没有 BPR 的完善，ERP 是做不到位的。ERP 是流程的信息化集成。

任何东西再好，没有去实施是无法判定好坏的！自己无力改变，又不相信别人，你的管理如何改善？

做管理项目，管理人员特别是高管人员不加班是不行的！

流程图刚画出来，还有很多配套工作要做，你不支持、不配合，就想看到效果，这不是同老婆刚怀孕你就想知道孩子长相一样荒唐可笑吗？

此，每个企业的流程图是不一样的，哪怕是同样名称的流程图，不同的企业其流程的活动承接方式都是不一样的。如果不是企业员工自己画，专家越俎代庖往往不切实际，不是超越企业员工能力，就是不被企业员工理解。

还有一句话说的是“要想知道梨子的味道就得亲口尝一尝”。流程图是指导企业员工规范操作的工具，没有企业员工对流程图的深入理解和全面掌握，想得到贯彻执行是不可能的。自己画，哪怕是在专家指导下画，你也会有深刻印象，也才能遵照执行。

自己动手，不仅印象深刻，而且还能准确把握流程的先后衔接与逻辑关系，将来企业内部培训也多了若干个兼职培训师。这就是我为什么坚持要让企业员工画流程图的原因所在，也是目的所在。

还有一个原因是有的同行在做咨询时，为了项目进度，或者是答应了企业人员的要求，自己动手制作了一整套流程图交给企业，结果专家一走，这些流程图就被束之高阁了。一是专家制作的流程图不切实际，二是企业人员根本没有消化吸收，装帧美观的流程图集就只能躺在文件柜里睡大觉。

而你们自己画流程图，虽然最初交叉重叠，不知所综，但经过专家的指点，最终会曲径通幽，纵横相连，工作的条理尽在眼前，衔接的方式一清二楚，你们又是何等的喜悦？

“不愤不启，不悱不发。”这不正是孔夫子的启发式教学吗？

今天指导了四位企业员工优化流程图，收获颇丰，有感而发。并希望有更多的企业员工能够加入进来。

为什么他们这类职务高、水平高的员工不容易接受我的方法呢？我和他进行了面对面的分析，根源就是一个——放不下架子或者说好强心理作怪。他们认为自己懂得流程图制作技术，又和一般员工一起听了流程图制作技术讲座，应该做出像样的流程图，能够得到专家的首肯。而且他们对自己也要求很高，要求最好不被挑出毛病。再加上专家之前和一般员工修改流程图时，对他们表现出来的聪明能干给予了充分肯定，让周围同事好生羡慕。他们对此就更加不敢马虎，为了表现他们的认真和才干，他们一口气做了十几个、二十几个甚至有的做了三十几个流程图，其数量之多超过之前修改讨论过流程图的所有。由于他们放不下架子，没有及时与我沟通讨论，浪费了好多宝贵时间，我深感可惜。他们也后悔不已。

其实与高手过招，才是我最需要的。像这位资深高管，我与他探讨流程图的制作技术与理论基础时，我向他介绍了我对彼得·德鲁克目标管理与戴明 PDCA 循环的综合运用，比如说我的流程图起点一律都以该流程要达到的目标作为开始，以流程运行达到目的作为结束，所有的流程图有始有终，都能形成闭环，同时又能循环。整个流程管理就是价值链管理，我的流程管理既吸取了迈克尔·哈默的教训，又综合了迈克尔·波特价值链管理的优点，因此在企业运用效果良好。他听了频频点头，连说受益匪浅。

水平高低不重要，空杯心态最紧要，海阔天空，有容乃大。

且仿佛一切都出自我们口中。对照张老师指导我们画出的流程图，突然感到画流程图原来如此简单！

这就叫“不识庐山真面目，只缘身在此山中”。流程图就是把你们工作顺序的先后衔接、责任岗位的相互交接描述出来，而不是其他。只要你对工作过程是清楚的，你就可以画好流程图。只不过你们自我设限，把流程想得过于复杂、过于高深而已。只要你们消除心中的恐惧、克服畏难情绪，着眼于工作本身，你就会觉得事情本来就这么简单。

这就是豁然开朗的感觉，这就是苦苦思索未得，经人点拨突然灵光闪现，仿佛多年寻找未得，突然柳暗花明的感觉。这就是智慧的升华，这就是启发引导的结果。好的管理、好的指导，都不是越俎代庖，而是“不愤不启，不悱不发”，是激发员工热情，点燃员工存储在脑中的智慧火花，集中员工已有的经验，唤醒员工的创造力。

不仅画流程图不复杂，而且若找到了正确的方法，管理也不复杂。

产品，倒个模具快速复制。

对于自己不清楚的事情，最好的做法就是按明白人的做法去做；对于自己不懂的事情，就是边做边学，而不能怀疑一切，更不能因为不懂就阻止别人去做。在管理改革中，最可怕的就是拿自己的失败来怀疑别人的成功。你做不到的事情，并不意味着别人做不成！你不敢做的事，并不代表别人也不敢做！

管理需要智慧，更需要勇气，要勇于对保守落后说不！

总是有这样一批人，害怕改变、害怕承担责任，害怕自己地位不保，害怕自己适应不了新的管理方式，害怕新人取代自己。我在企业咨询中，时常遇到这类人以各种各样的借口、各种各样的方式阻碍项目进行。我从不向这类人低头！因为我的不少同行遇到这类人或这类事就退让了，所以项目效果大打折扣。

帮助企业改变、帮助企业员工进步永远是我咨询的目标。那种偷工减料的做法，我不会接受，那种只卖方案不问能否执行的做法，我照样不接受！

流程管理是管理改善的基础，是一个重要的开端，但并不是全部。要想见到流程管理的效果至少还要等到运行一段时间之后才能初见分晓。画几个流程图，就想解决管理中存在的全部问题，无异于天方夜谭。

流程图设计优化工作马上就要进入尾声，我们很快就要看到胜利的曙光。坚持就是胜利！

岗位个人愿景设计流程图

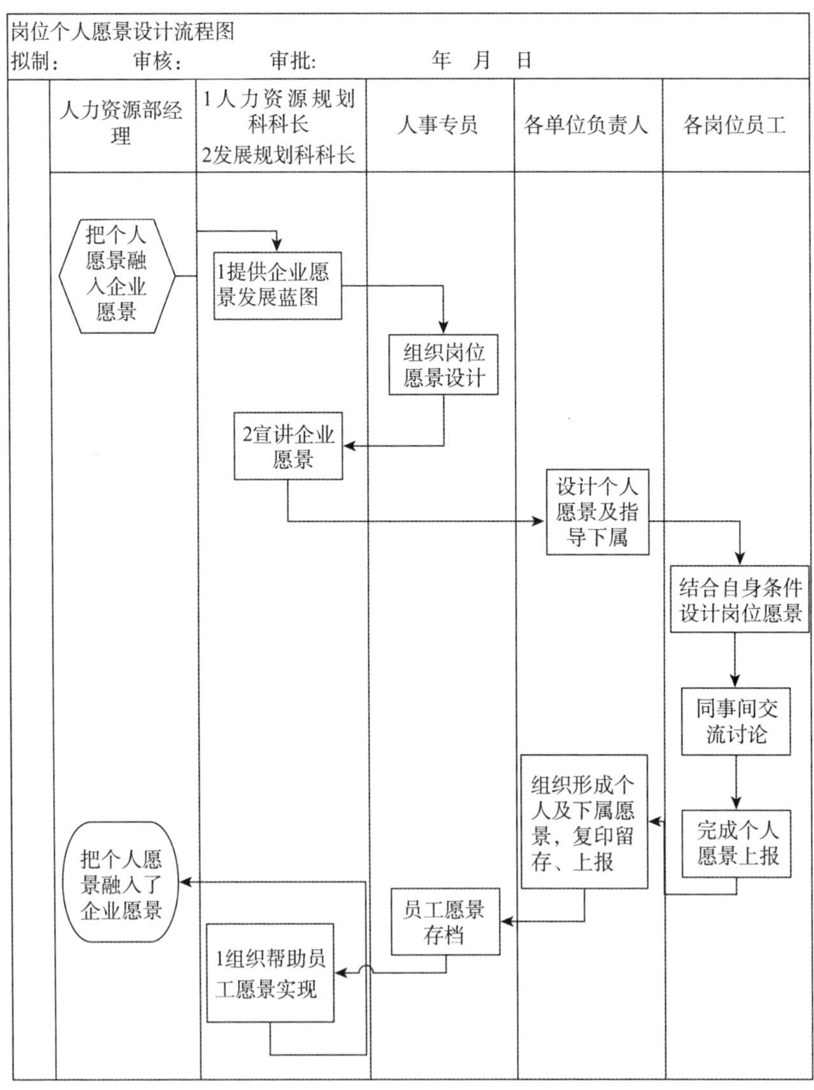

客户投诉管理流程图

客户投诉管理流程图(三级流程图)
拟制: 审核: 审批: 年 月 日
总经理
营销总监
1售后服务部经理
2售后服务科科长
销售经理
1品质管理部经理
2制造厂厂长
消除投诉影响，维护品牌形象
组织标准的制订报批后执行
1负责客户投诉管理
提供客户投诉信息
2接收客户投诉信息
2分类处理
2自行处理一般投诉，报告重大投诉
处理重大投诉
1处理较为重大投诉，报告重大投诉
2汇总处理结果和处理批示
1分析原因，明确责任
2跟踪后续改善
销售服务改善措施
2制订制造改善措施
2反馈处理结果
1跟踪改善情况
1定期组织改善分析会，制订改善措施
听取客户意见
参与讨论并执行
参与讨论并执行
参与讨论并执行
消除了投诉影响，维护了品牌形象
1汇总并存档

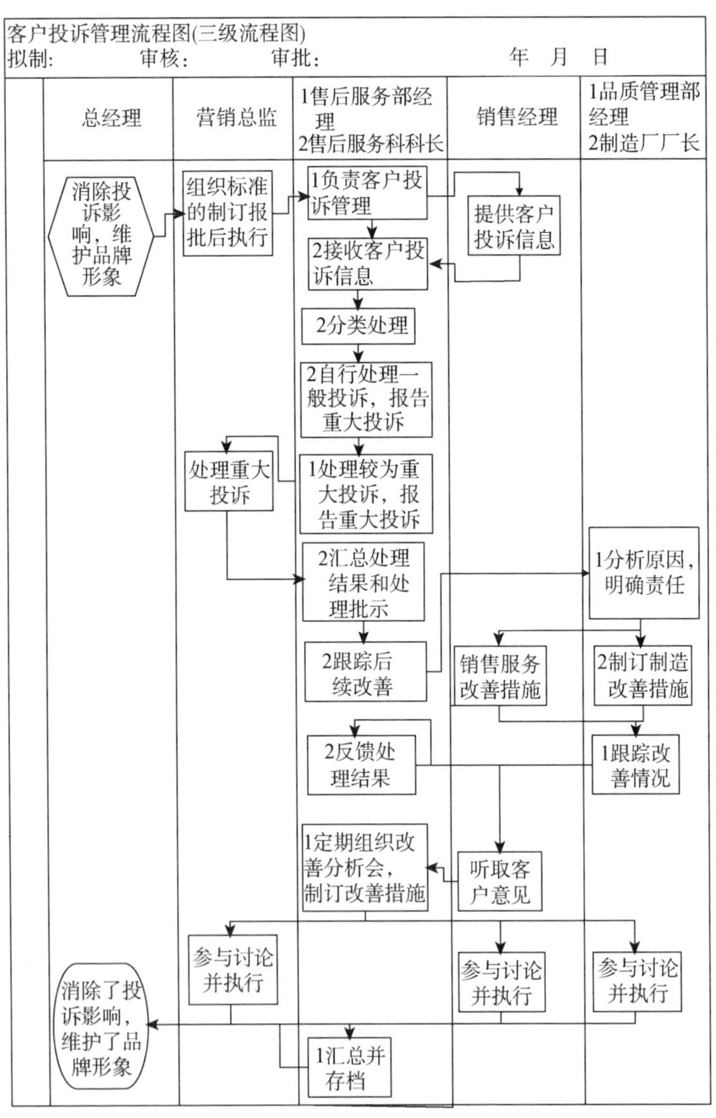

营销生产订单确认流程图

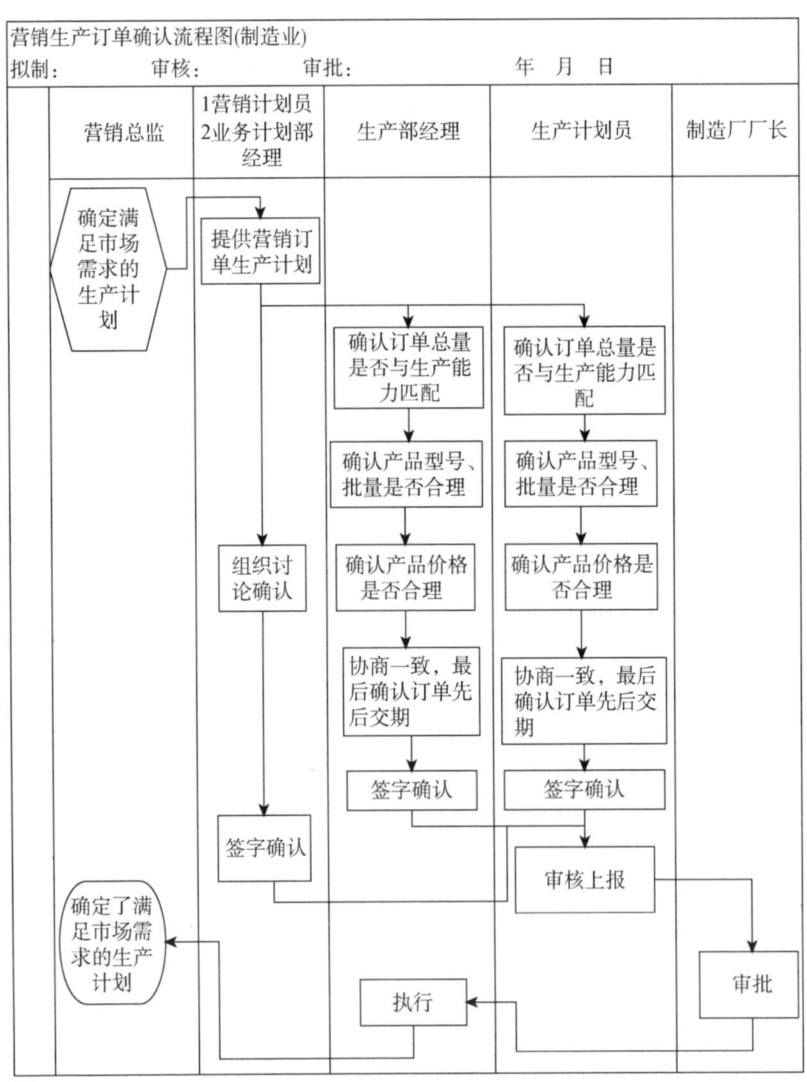

危机隐患排查流程图

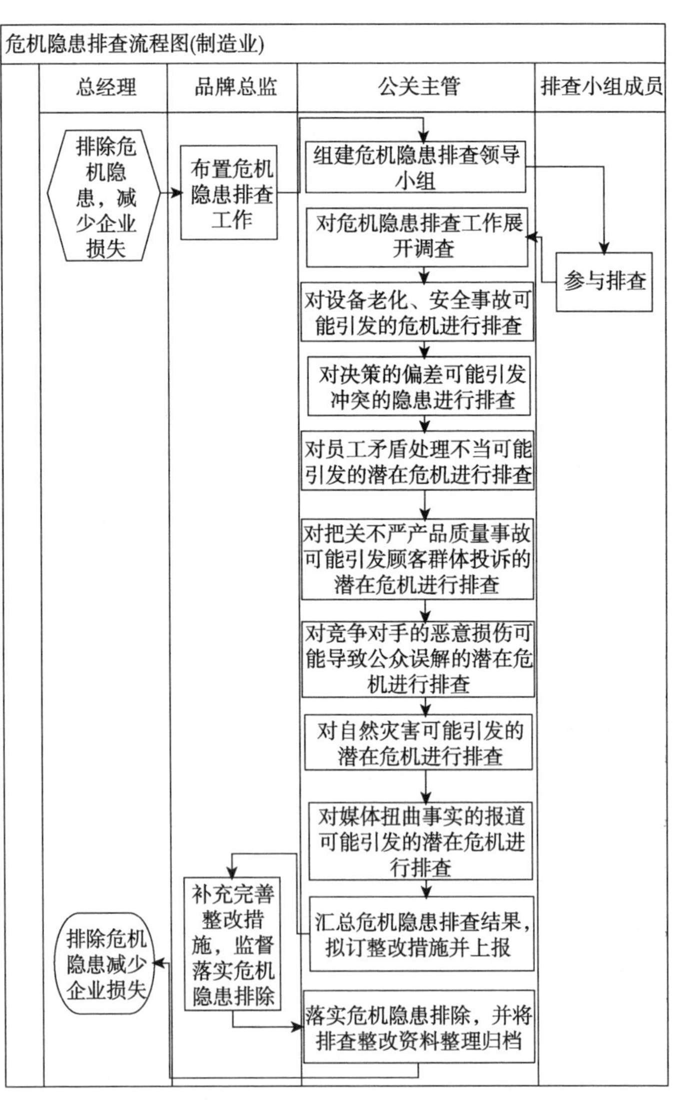
危机隐患排查流程图(制造业)
总经理
品牌总监
公关主管
排查小组成员
排除危机隐患，减少企业损失
布置危机隐患排查工作
组建危机隐患排查领导小组
对危机隐患排查工作展开调查
参与排查
对设备老化、安全事故可能引发的危机进行排查
对决策的偏差可能引发冲突的隐患进行排查
对员工矛盾处理不当可能引发的潜在危机进行排查
对把关不严产品质量事故可能引发顾客群体投诉的潜在危机进行排查
对竞争对手的恶意损伤可能导致公众误解的潜在危机进行排查
对自然灾害可能引发的潜在危机进行排查
对媒体扭曲事实的报道可能引发的潜在危机进行排查
补充完善整改措施，监督落实危机隐患排除
汇总危机隐患排查结果，拟订整改措施并上报
排除危机隐患减少企业损失
落实危机隐患排除，并将排查整改资料整理归档

调试零件调拨流程图

调试零件调拨流程图(汽车生产企业)
拟制： 校对： 审核： 批准： 年 月 日
技术部部长
技术员
技术科科长
生产部预算员
1冲压件库库管员
2焊装库库管员
3总装库库管员
确保获得调试所需的零件
填写《申请单》
确认签字
预算核准
凭单领取
凭单发放
反馈暂缺零件，告知取件时间
在约定时间补领其他零件
获得了调试所需的零件

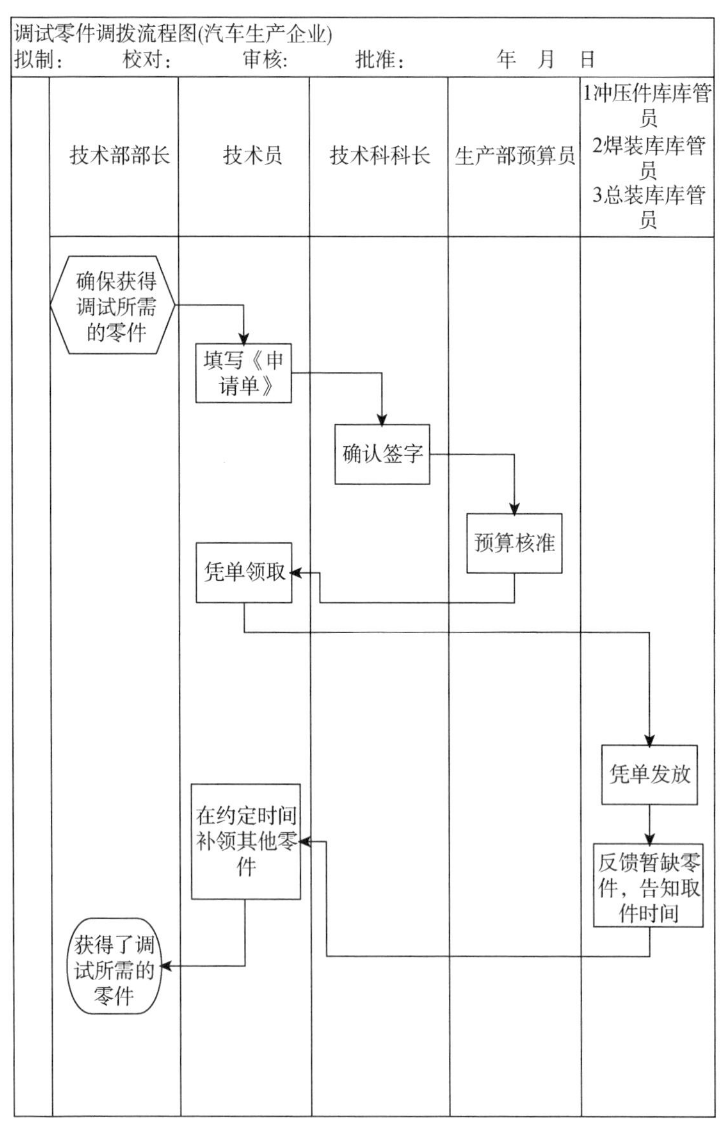

供货合同审批流程图

供货合同审批流程图(零售业)
拟制： 复核： 批准： 日期：
商品公司总经理
采购经理
采购员
法务经理
明确双方权益，依法合作，互利共赢
将草签合同及相关证件收集完整，递交审核
否
审核
是否通过
是
送法务经理审核
审核
是否通过
否
是
传递
否
审批
是否批准
是
登记盖章
合同生效

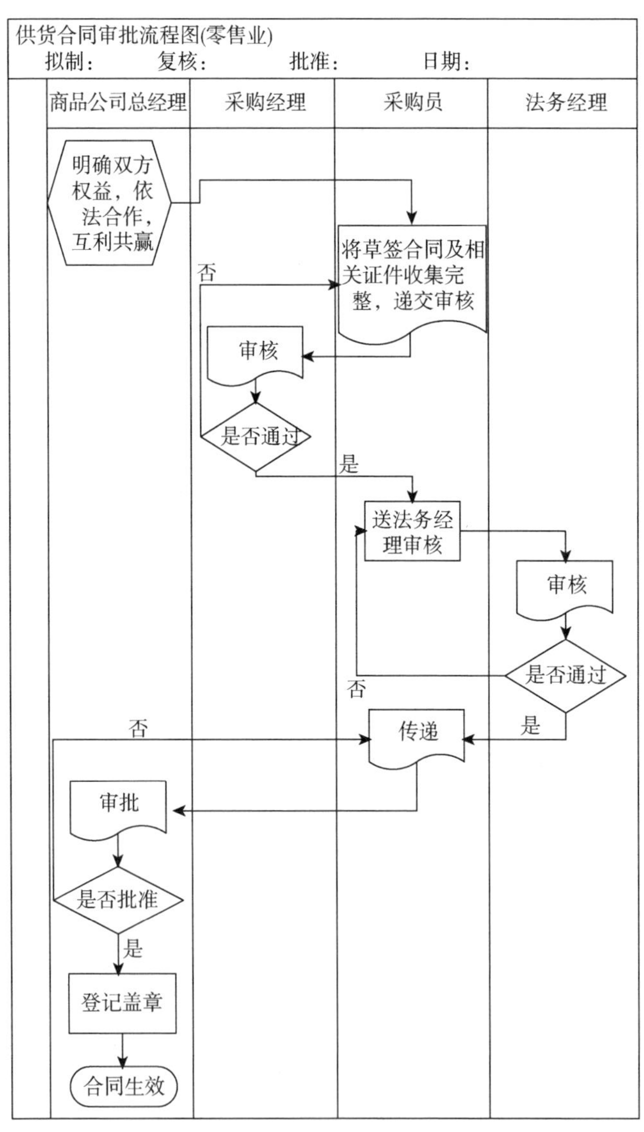

附录　什么在帮助企业节约成本

——张国祥老师应邀接受中国总裁培训网记者专访

2009年7月17日至19日北京越努凌云管理咨询有限公司董事长张国祥老师应中国总裁培训网网络商学院的邀请，前往中国总裁培训网所在地深圳进行了为期三天的网络在线讲座，就“企业规范化管理”和“流程规范化管理”两个主题进行了系统全面的介绍。期间，中国总裁培训网记者伍小姐对企业规范化管理实战专家张国祥老师进行了专访。

下面是专访及演讲期间的一个精彩片段，供大家欣赏。

中国总裁培训网记者伍小姐（右）主持张国祥老师专访节目

主持人：各位网友大家好，欢迎做客中国总裁培训网名师专访节目，今天我们邀请的嘉宾是中国企业规范化管理实战专家张国祥老师。

谁的错，每一个岗位在流程过程中都承担一定责任的，管理人员如果失职了责任就很清楚，没有往下推的借口。所以流程管理是挑战官本位思想的，而官本位思想是我们实施流程管理一个最大障碍。要实施流程管理，必须打破官本位思想。

主持人：其实这也是说企业管理者的观念问题，是很重要的。张老师做企业咨询培训也很多年了，您在这，可不可以跟我们分享一下？过程当中，有没有哪些企业是做得比较成功的。

张国祥老师：我举一个例子，2007 年年底开始，我们在黑龙江比优特商贸有限公司成功地实施了流程管理，其实我们这个项目是一个整体规范化管理，但是流程管理的比重在时间上占到了 2/3。我们和企业管理人员一起梳理优化了三百多个流程，差不多涉及企业管理的方方面面。企业的董事长身体力行，他非常重视整个规范化管理工作，也很重视流程管理工作。重视到什么程度，我们前前后后做过很多企业，还没有一个人超过这位董事长的。他在流程优化设计的过程当中，自始至终和我们咨询师，和企业的系统设计师一块全程优化审核了这三百多个流程，甚至某一个流程要花到半天时间去激烈地交锋、去辩论，我们要把那些无价值的活动砍去。那么在观念上，刚开始有些人是不能接受的，最后通过不断的分析辩论，大家达成共识，当然这里面企业董事长起了很关键的作用。他首先认识到了我们给他带来新方法的好处，然后他又反过来帮助我们做工作，让那些系统设计师同意了。这是一个很典型的案例，我在《实施流程管理，你的企业准备好了吗?》这篇文章里有介绍，这位董事长第二天又花了一个多小时，跟他的一百多位干部去宣讲这个流程，直到得到大家认可都举手赞成就马上宣布执行了。这个流程

法，同时也总结、吸纳企业好的做法，再丰富和完善我们的理论，所以我感觉一个咨询师，要是离开了企业、离开了这个土壤，可以说就会一事无成。

主持人：非常感谢张老师。我想企业能把流程管理和规范化管理做好的话，最大的受益者就是企业本身。我们今天就到这里，同时感谢观众朋友们，咱们下期再见，谢谢张老师！

续表

互联网 +			
	书名．作者	内容/特色	读者价值
互联网+	**企业微信营销全指导** 孙　巍　著	专门给企业看到的微信营销书，手把手教企业从小白到微信营销专家	企业想学微信营销现在还不晚，两眼一抹黑也不怕，有这本书就够
	企业网络营销这样做才对：B2B　大宗 B2C 张　进　著	简单直白拿来就用，各种窍门信手拈来，企业网络营销不麻烦也不用再头疼，一般人不告诉他	B2B、大宗 B2C 企业有福了，看了就能学会网络营销
	互联网时代的银行转型 韩友诚　著	以大量案例形式为读者全面展示和分析了银行的互联网金融转型应对之道	结合本土银行转型发展案例的书籍
	正在发生的转型升级·实践 本土管理实践与创新论坛　著	企业在快速变革期所展现出的管理变革新成果、新方法、新案例	重点突出对于未来企业管理相关领域的趋势研判
	触发需求：互联网新营销样本·水产 何足奇　著	传统产业都在苦闷中挣扎前行，本书通过鲜活的案例告诉你如何以需求链整合供应链，从而把大家熟知的传统行业打碎了重构、重做一遍	全是干货，值得细读学习，并且作者的理论已经经过了他亲自操刀的实践检验，效果惊人，就在书中全景展示
	移动互联新玩法：未来商业的格局和趋势 史贤龙　著	传统商业、电商、移动互联，三个世界并存，这种新格局的玩法一定要懂	看清热点的本质，把握行业先机，一本书搞定移动互联网
	微商生意经：真实再现 33 个成功案例操作全程 伏泓霖　罗晓慧　著	本书为 33 个真实案例，分享案例主人公在做微商过程中的经验教训	案例真实，有借鉴意义
	阿里巴巴实战运营——14 招玩转诚信通 聂志新　著	本书主要介绍阿里巴巴诚信通的十四个基本推广操作，从而帮助使用诚信通的用户及企业更好地提升业绩	基本操作，很多可以边学边用，简单易学
	今后这样做品牌：移动互联时代的品牌营销策略 蒋　军　著	与移动互联紧密结合，告诉你老方法还能不能用，新方法怎么用	今后这样做品牌就对了
	互联网 +“变”与“不变”：本土管理实践与创新论坛集萃·2016 本土管理实践与创新论坛　著	本土管理领域正在产生自己独特的理论和模式，尤其在移动互联时代，有很多新课题需要本土专家们一起研究	帮助读者拓宽眼界、突破思维
	创造增量市场：传统企业互联网转型之道 刘红明　著	传统企业需要用互联网思维去创造增量，而不是用电子商务去转移传统业务的存量	教你怎么在“互联网 +”的海洋中创造实实在在的增量
	重生战略：移动互联网和大数据时代的转型法则 沈　拓　著	在移动互联网和大数据时代，传统企业转型如同生命体打算与再造，称之为“重生战略”	帮助企业认清移动互联网环境下的变化和应对之道
	画出公司的互联网进化路线图：用互联网思维重塑产品、客户和价值 李　蓓　著	18 个问题帮助企业一步步梳理出互联网转型思路	思路清晰、案例丰富，非常有启发性

续表

零售·超市·餐饮·服装	**电影院的下一个黄金十年:开发·差异化·案例** 李保煜 著	对目前电影院市场存大的问题及如何解决进行了探讨与解读	多角度了解电影院运营方式及代表性案例
	赚不赚钱靠店长:从懂管理到会经营 孙彩军 著	通过生动的案例来进行剖析,注重门店管理细节方面的能力提升	帮助终端门店店长在管理门店的过程中实现经营思路的拓展与突破
耐消品	**商业车经销商实战** 深远汽车 著	聚焦于商用车行业的经销商与4S店的运营	对商用车行业及其经销商运营有很大的指导意义
	汽车配件这样卖:汽车后市场销售秘诀100条 俞士耀 著	汽配销售业务员必读,手把手教授最实用的方法,轻松得来好业绩	快速上岗,专业实效,业绩无忧
	跟行业老手学经销商开发与管理:家电、耐消品、建材家居 黄润霖 著	全部来源于经销商管理的一线问题,作者用丰富的经验将每一个问题落实到最便捷快速的操作方法上去	书中每一个问题都是普通营销人亲口提出的,这些问题你也会遇到,作者进行的解答则精彩实用
白酒	**白酒到底如何卖** 赵海永 著	以市场实战为主,多层次、全方位、多角度地阐释了白酒一线市场操作的最新模式和方法,接地气	实操性强,37个方法、6大案例帮你成功卖酒
	变局下的白酒企业重构 杨永华 著	帮助白酒企业从产业视角看清趋势,找准位置,实现弯道超车的书	行业内企业要减少90%,自己在什么位置,怎么做,都清楚了
	1. 白酒营销的第一本书(升级版) **2. 白酒经销商的第一本书** 唐江华 著	华泽集团湖南开口笑公司品牌部长,擅长酒类新品推广、新市场拓展	扎根一线,实战
	区域型白酒企业营销必胜法则 朱志明 著	为区域型白酒企业提供35条必胜法则,在竞争中赢销的葵花宝典	丰富的一线经验和深厚积累,实操实用
	10步成功运作白酒区域市场 朱志明 著	白酒区域操盘者必备,掌握区域市场运作的战略、战术、兵法	在区域市场的攻伐防守中运筹帷幄,立于不败之地
	酒业转型大时代:微酒精选2014-2015 微酒 主编	本书分为五个部分:当年大事件、那些酒业营销工具、微酒独立策划、业内大调查和十大经典案例	了解行业新动态、新观点,学习营销方法
快消品·食品	**5小时读懂快消品营销:中国快消品案例观察** 陈海超 著	多年营销经验的一线老手把案例掰开了、揉碎了,从中得出的各种手段和方法给读者以帮助和启发	营销那些事儿的个中秘辛,求人还不一定告诉你,这本书里就有
	快消品招商的第一本书:从入门到精通 刘 雷 著	深入浅出,不说废话,有工具方法,通俗易懂	让零基础的招商新人快速学习书中最实用的招商技能,成长为骨干人才
	乳业营销第一书 侯军伟 著	对区域乳品企业生存发展关键性问题的梳理	唯一的区域乳业营销书,区域乳品企业一定要看
	食用油营销第一书 余 盛 著	10多年油脂企业工作经验,从行业到具体实操	食用油行业第一书,当之无愧

续表

医药	**在中国，医药营销这样做：时代方略精选文集** 段继东　主编	专注于医药营销咨询15年，将医药营销方法的精华文章合编，深入全面	可谓医药营销领域的顶尖著作，医药界读者的必读书
	医药新营销：制药企业、医药商业企业营销模式转型 史立臣　著	医药生产企业和商业企业在新环境下如何做营销？老方法还有没有用？如何寻找新方法？新方法怎么用？本书给你答案	内容非常现实接地气，踏实谈问题说方法
	医药企业转型升级战略 史立臣　著	药企转型升级有5大途径，并给出落地步骤及风险控制方法	实操性强，有作者个人经验总结及分析
	新医改下的医药营销与团队管理 史立臣　著	探讨新医改对医药行业的系列影响和医药团队管理	帮助理清思路，有一个框架
	医药营销与处方药学术推广 马宝琳　著	如何用医学策划把"平民产品"变成"明星产品"	有真货、讲真话的作者，堪称处方药营销的经典！
	新医改了，药店就要这样开 尚　锋　著	药店经营、管理、营销全攻略	有很强的实战性和可操作性
	电商来了，实体药店如何突围 尚　锋　著	电商崛起，药店该如何突围？本书从促销、会员服务、专业性、客单价等多重角度给出了指导方向	实战攻略，拿来就能用
	OTC医药代表药店销售36计 鄢圣安　著	以《三十六计》为线，写OTC医药代表向药店销售的一些技巧与策略	案例丰富，生动真实，实操性强
	OTC医药代表药店开发与维护 鄢圣安　著	要做到一名专业的医药代表，需要做什么、准备什么、知识储备、操作技巧等	医药代表药店拜访的指导手册，手把手教你快速上手
	引爆药店成交率1：店员导购实战 范月明　著	一本书解决药店导购所有难题	情景化、真实化、实战化
	引爆药店成交率2：经营落地实战 范月明　著	最接地气的经营方法全指导	揭示了药店经营的几类关键问题
	引爆药店成交率：专业化销售解决方案 范月明　著	药品搭配分析与关联销售	为药店人专业化助力
建材家居	**家具行业操盘手** 王献永　著	家具行业问题的终结者	解决了干家具还有没有前途？为什么同城多店的家具经销商很难做大做强等问题
	建材家居营销：除了促销还能做什么 孙嘉晖　著	一线老手的深度思考，告诉你在建材家居营销模式基本停滞的今天，除了促销，营销还能怎么做	给你的想法一场革命
	建材家居营销实务 程绍珊　杨鸿贵　主编	价值营销运用到建材家居，每一步都让客户增值	有自己的系统、实战
	建材家居门店销量提升 贾同领　著	店面选址、广告投放、推广助销、空间布局、生动展示、店面运营等	门店销量提升是一个系统工程，非常系统、实战

续表

房地产	**产业园区/产业地产规划、招商、运营实战** 阎立忠 著	目前中国第一本系统解读产业园区和产业地产建设运营的实战宝典	从认知、策划、招商到运营全面了解地产策划
	人文商业地产策划 戴欣明 著	城市与商业地产战略定位的关键是不可复制性,要发现独一无二的"味道"	突破千城一面的策划困局
	电影院的下一个黄金十年:开发·差异化·案例 李保煜 著	对目前电影院市场存大的问题及如何解决进行了探讨与解读	多角度了解电影院运营方式及代表性案例
经营类:企业如何赚钱,如何抓机会,如何突破,如何"开源"			
	书名.作者	**内容/特色**	**读者价值**
抓方向	**让经营回归简单.升级版** 宋新宇 著	化繁为简抓住经营本质:战略、客户、产品、员工、成长	经典,做企业就这几个关键点!
	混沌与秩序Ⅰ:变革时代企业领先之道 **混沌与秩序Ⅱ:变革时代管理新思维** 彭剑锋 尚艳玲 主编	汇集华夏基石专家团队10年来研究成果,集中选择了其中的精华文章编纂成册	作者都是既有深厚理论积淀又有实践经验的重磅专家,为中国企业和企业家的未来提出了高屋建瓴的观点
	活系统:跟任正非学当老板 孙行健 尹 贤 著	以任正非的独到视角,教企业老板如何经营公司	看透公司经营本质,激活企业活力
	重构:中国企业重生战略 杨永华 著	从7个角度,帮助企业实现系统性的改造	提供转型思想与方法,值得参考
	公司由小到大要过哪些坎 卢 强 著	老板手里的一张"企业成长路线图"	现在我在哪儿,未来还要走哪些路,都清楚了
	企业二次创业成功路线图 夏惊鸣 著	企业曾经抓住机会成功了,但下一步该怎么办?	企业怎样获得第二次成功,心里有个大框架了
	老板经理人双赢之道 陈 明 著	经理人怎养选平台、怎么开局,老板怎样选/育/用/留	老板生闷气,经理人牢骚大,这次知道该怎么办了
	简单思考:AMT咨询创始人自述 孔祥云 著	著名咨询公司(AMT)的CEO创业历程中点点滴滴的经验与思考	每一位咨询人,每一位创业者和管理经营者,都值得一读
	企业文化的逻辑 王祥伍 黄健江 著	为什么企业绩效如此不同,解开绩效背后的文化密码	少有的深刻,有品质,读起来很流畅
	使命驱动企业成长 高可为 著	钱能让一个人今天努力,使命能让一群人长期努力	对于想做事业的人,'使命'是绕不过去的
思维突破	**盈利原本就这么简单** 高可为 著	从财务的角度揭示企业盈利的秘密	多方面解读商业模式与盈利的关系,通俗易懂,受益匪浅
	移动互联新玩法:未来商业的格局和趋势 史贤龙 著	传统商业、电商、移动互联,三个世界并存,这种新格局的玩法一定要懂	看清热点的本质,把握行业先机,一本书搞定移动互联网
	画出公司的互联网进化路线图:用互联网思维重塑产品、客户和价值 李 蓓 著	18个问题帮助企业一步步梳理出互联网转型思路	思路清晰、案例丰富,非常有启发性
	重生战略:移动互联网和大数据时代的转型法则 沈 拓 著	在移动互联网和大数据时代,传统企业转型如同生命体打算与再造,称之为"重生战略"	帮助企业认清移动互联网环境下的变化和应对之道

续表

通用管理	**边干边学做老板** 黄中强　著	创业20多年的老板,有经验、能写、又愿意分享,这样的书很少	处处共鸣,帮助中小企业老板少走弯路
	中国式阿米巴落地实践之从交付到交易 胡八一　著	本书主要讲述阿米巴经营会计,“从交付到交易”,这是成功实施了阿米巴的标志	阿米巴经营会计的工作是有逻辑关联的,一本书就能搞定
	中国式阿米巴落地实践之激活组织 胡八一　著	重点讲解如何科学划分阿米巴单元,阐述划分的实操要领、思路、方法、技术与工具	最大限度减少“推行风险”和“摸索成本”,利于公司成功搭建适合自身的个性化阿米巴经营体系
	集团化企业阿米巴实战案例 初勇钢　著	一家集团化企业阿米巴实施案例	指导集团化企业系统实施阿米巴
	阿米巴经营的中国模式 李志华　著	让员工从“要我干”到“我要干”,价值量化出来	阿米巴在企业如何落地,明白思路了
	欧博心法:好管理靠修行 曾　伟　著	用佛家的智慧,深刻剖析管理问题,见解独到	如果真的有‘中国式管理’,曾老师是其中标志性人物
流程管理	**1. 用流程解放管理者** **2. 用流程解放管理者2** 张国祥　著	中小企业阅读的流程管理、企业规范化的书	通俗易懂,理论和实践的结合恰到好处
	跟我们学建流程体系 陈立云　著	畅销书《跟我们学做流程管理》系列,更实操,更细致,更深入	更多地分享实践,分享感悟,从实践总结出来的方法论
质量管理	**IATF16949质量管理体系详解与案例文件汇编:TS16949转版IATF16949:2016** 谭洪华　著	针对IATF的新标准做了详细的解说,同时指出了一些推行中容易犯的错误,提供了大量的表单、案例	案例、表单丰富,拿来就用
	五大质量工具详解及运用案例:APQP/FMEA/PPAP/MSA/SPC 谭洪华　著	对制造业必备的五大质量工具中每个文件的制作要求、注意事项、制作流程、成功案例等进行了解读	通俗易懂、简便易行,能真正实现学以致用
	ISO9001:2015新版质量管理体系详解与案例文件汇编 谭洪华　著	紧密围绕2015年新版质量管理体系文件逐条详细解读,并提供可以直接套用的案例工具,易学易上手	企业质量管理认证、内审必备
	ISO14001:2015新版环境管理体系详解与案例文件汇编 谭洪华　著	紧密围绕2015年新版环境管理体系文件逐条详细解读,并提供可以直接套用的案例工具,易学易上手	企业环境管理认证、内审必备
	SA8000:2014社会责任管理体系认证实战 吕　林　著	作者根据自己的操作经验,按认证的流程,以相关案例进行说明SA8000认证体系	简单,实操性强,拿来就能用
战略落地	**重生——中国企业的战略转型** 施　炜　著	从前瞻和适用的角度,对中国企业战略转型的方向、路径及策略性举措提出了一些概要性的建议和意见	对企业有战略指导意义
	公司大了怎么管:从靠英雄到靠组织 AMT金国华　著	第一次详尽阐释中国快速成长型企业的特点、问题及解决之道	帮助快速成长型企业领导及管理团队理清思路,突破瓶颈

内容提要

本书从功能医学和中医学两方面阐述心血管疾病的诊治思维与方法，共9章。本书首先介绍了功能医学的基础知识，包括临床7个失衡及相关检测等；接着论述了功能医学的干预思维，与临床联系紧密；然后阐述了中医治疗心血管疾病的基础知识；最后讲解了常见的心血管疾病的病因、病机、诊断、治疗等。本书内容丰富、结构与层次清晰、集专业性与实用性于一体，适合中医师、心血管科医师及相关从业者阅读参考。

图书在版编目（CIP）数据

心血管疾病的功能医学及中医辨证治疗 / 姚晓东编著.--上海:上海交通大学出版社，2024.7 -- ISBN 978-7-313-31444-4

Ⅰ. R259.4

中国国家版本馆CIP数据核字第2024ZU0878号

心血管疾病的功能医学及中医辨证治疗

XINXUEGUAN JIBING DE GONGNENG YIXUE JI ZHONGYI BIANZHENG ZHILIAO

编　　著：姚晓东

出版发行：上海交通大学出版社

邮政编码：200030

印　　制：广东虎彩云印刷有限公司

开　　本：710mm × 1000mm 1/16

字　　数：334千字

版　　次：2024年7月第1版

书　　号：ISBN 978-7-313-31444-4

定　　价：198.00元

地　　址：上海市番禺路951号

电　　话：021-64071208

经　　销：全国新华书店

印　　张：19

插　　页：1

印　　次：2024年7月第1次印刷

的基础知识，包括功能医学的7个临床失衡及相关检测等；接着论述了功能医学的干预思维；然后阐述了中医治疗心血管疾病的基础知识；最后讲解常见心血管疾病的病因、病机、发病机制、诊断、治疗。本书内容丰富、结构与层次清晰，集专业性与实用性于一体，适合中医师、心血管科医师及相关从业者阅读参考。

由于编者水平和时间有限，疏漏之处在所难免，恳切希望广大读者在阅读过程中不吝赐教，以期再版修订时进一步完善。

姚晓东

山东中医药大学附属医院

2023年11月

第五节　辨证论治 …………………………………………………………… (175)
第六节　预防保健 …………………………………………………………… (178)
第五章　心律失常 ………………………………………………………… (184)
第一节　概述 ………………………………………………………………… (184)
第二节　病因、病机 ………………………………………………………… (185)
第三节　发病机制 …………………………………………………………… (187)
第四节　诊断与鉴别诊断 …………………………………………………… (197)
第五节　辨证论治 …………………………………………………………… (202)
第六节　预防保健 …………………………………………………………… (205)
第六章　病毒性心肌炎 …………………………………………………… (214)
第一节　概述 ………………………………………………………………… (214)
第二节　病因、病机 ………………………………………………………… (216)
第三节　发病机制 …………………………………………………………… (217)
第四节　诊断与鉴别诊断 …………………………………………………… (219)
第五节　辨证论治 …………………………………………………………… (223)
第六节　预防保健 …………………………………………………………… (226)
第七章　冠状动脉粥样硬化性心脏病 …………………………………… (228)
第一节　概述 ………………………………………………………………… (228)
第二节　病因、病机 ………………………………………………………… (230)
第三节　发病机制 …………………………………………………………… (232)
第四节　诊断与鉴别诊断 …………………………………………………… (236)
第五节　辨证论治 …………………………………………………………… (248)
第六节　预防保健 …………………………………………………………… (253)
第八章　心力衰竭 ………………………………………………………… (260)
第一节　概述 ………………………………………………………………… (260)
第二节　病因、病机 ………………………………………………………… (263)
第三节　发病机制 …………………………………………………………… (265)

养素组成;④微量营养素密度;⑤酸碱平衡;⑥钠-钾比例;⑦纤维含量。

在众多造成肠道紊乱的不利因素之中,以下这些因素的改变将会最大程度的影响肠道的微环境。胃酸不足、消化酶功能差、营养素吸收不足、健康细菌的损伤、不正常细菌和酵母菌的过度生长、淀粉发酵,以及肠神经系统的干扰信号等因素都会导致肠道的不正常问题。压力、毒素及抗原也都会对肠道造成相应的影响。最近的研究成果揭示了肠道的疾病及症状,其实是与肠道外的种种原因有关。患者患过敏、哮喘、湿疹、关节炎、头痛、自闭症、纤维肌痛、慢性疲劳,以及处于其他的状态都会导致肠道功能出现紊乱。

肠道是"智能"的器官。它除了能够消化、吸收、同化摄入的营养素外,肠道还可以通过菌群、肠道黏膜屏障和局部免疫系统来帮助机体抵御外界危险因素的影响。就像热带雨林,肠道内部有着一套复杂的生态系统,如果它的平衡被打破,那么整个机体的各个系统就会出现一系列连锁反应。扰乱平衡的因素有很多,包括不良饮食习惯、变应原、食物有毒成分、病毒、细菌、寄生虫、酵母菌过度生长、药物的使用(尤其是抗生素、酸阻断剂)、各种疾病,以及精神压力。

(一)调查肠道功能紊乱

在探究肠道出现功能紊乱时,必须要思索这些问题来为临床医师寻求潜在功能紊乱出现的原因。

(1)机体产生足够的消化酶和胃酸来将食物分解成足够小的微粒来帮助机体吸收了吗?

(2)肠道黏膜有没有在正常地工作,有没有有选择性地吸收有益的东西(氨基酸、糖、脂肪、维生素和矿物质),有没有抵御有害的东西(会损伤机体食物微粒、微生物或毒素)?

(3)菌群有没有达到足够的数量并且位于消化道中正确的位置上?

(4)菌群的组成部分有没有保持平衡,有没有与其他有害菌、酵母菌和寄生虫产生竞争?

(5)膳食纤维的种类和数量有没有达到正常以确保健康?

(6)机体有没有出现肠漏综合征或者肠屏障紊乱使得肝脏和免疫系统出现吸收毒素或变应原的情况?

在解决这些问题的时候,医师必须要确定出发点,以帮助患者解决那些由肠道或者远在肠道之外的原因引起的肠道症状与疾病。

(二)消化功能失衡的治疗方案

如今"功能食品"一词已经成为营养领域的流行词语。这个词语表明了食物

助机体有效地改善由过敏和肠道失衡引起的不正常状态(两者经常协同出现)。患者需要多种干预措施来恢复肠道的功能平衡,包括消除食物变应原和重金属物质,使用草药、药物、酶制剂、微生物制剂、必需脂肪酸、氨基酸、其他营养素,以及增进锻炼、管理压力、改善患者饮食等途径来改善机体的平衡。遵循上述健康的饮食方式可以有效地改善与食物相关的疾病症状。

(三)肠道功能平衡的途径

很多种途径都可以用来改善肠道功能。虽然还需要进行大量的临床研究,但是这些干预措施是基于功能医学最基础的原则之上的:排除病痛,治愈身心。

1.消除饮食

确定肠道修复工作中的问题的最有力工具便是消除饮食。消除饮食是低聚糖抗体饮食的一个典型例子(消除一些常见的食品致敏原,减少那些最不可能调节的正在进行炎症反应的因子)。一个结构良好、没有炎症触发因子和免疫刺激因素的消除饮食可以为患者提供一个通过吃来改善机体的机会。消除饮食主要是一种以植物为主的饮食,它包括有机和未加工食品,高维生素、矿物质、抗氧化剂、抗炎的植物内的化学物质、纤维素、必需脂肪酸。同时,消除饮食应该不含有不饱和脂肪酸、反式脂肪酸、糖、空热量食物、食品添加剂、激素、抗生素,以及异型生物质(外界有毒化学物质),而以上这些成分都是日常饮食中的常见成分。许多常见的疾病都可以通过短期的(2～6 周)的消除饮食来得到治愈,即使患者没有出现特别的症状或者明显的过敏,消除饮食都可以让免疫系统得到休息,并使机体进行更深入的愈合和修复。

其他改善消化功能的方法包括在有需要时使用消化酶;增加纤维素的摄入;增加益生元和益生菌的摄入;治疗感染、改善肠道生态平衡;多摄入营养素以修复肠道;改变生活方式和饮食习惯。当人处在高压环境压力时,或者吃太快、吃太多时,人的"肠脑"就会变得迷惑。这个"第二大脑"(通常指肠道)会传出让人增重的信号,并且帮助机体修复消化功能,促进营养物质吸收,放松肠道肌肉,防止胃食管反流(主要指食管下括约肌的作用),使本该在食物通过时放松的肌肉(幽门)收缩。遵循医师的简单指导,患者就可以一定程度上改善消化功能,甚至减轻体重。

2.改变饮食和生活习惯

(1)增加纤维素摄入量,每天服用 2 汤匙磨碎的亚麻籽。使用研磨机进行研磨,每次制作半杯亚麻籽粉,并用玻璃瓶装好后放在冰箱中冷藏保存。可以将其洒在沙拉和蔬菜中,或者混合在不加糖的苹果酱里。多吃豆类,因为豆类(一切

菌来保障治疗效果,有些产品不含有鲜活的益生菌群,在产品运输过程中会有储存不当的损害。因为它们很容易受到来自温度、加工方式,以及运输方式不当的威胁。有些菌株可能不会很好地在肠道中繁殖。

有研究表明,除了补充健康细菌(益生菌),动物及植物食品也能改善机体功能。益生菌的主要食物便是益生元,它包括各种不能消化的植物成分,来为益生菌提供养分,滋养其生长。为满足益生菌正常活动,患者需要进食低聚糖食物,它们包括洋葱、芦笋、牛蒡根、菊芋、菊苣、香蕉等。患者可以考虑补充如菊粉或菊苣根在内的多种含果糖低聚糖物质。

4.诊断并治疗胃肠系统的酵母菌感染

(1)酵母菌感染的症状:①一般症状是对富含糖类或酵母菌的食物产生欲望、慢性疲劳、能量损耗、全身不适、性欲减退。②消化道症状:鹅口疮、腹胀和胀气、肠痉挛、肛门瘙痒、排便功能改变。③泌尿生殖系统症状:白色念珠菌感染,频繁的膀胱感染、间质性膀胱炎。④激素症状:月经不调、痛经、月经量大等,经前期综合征,甲状腺功能障碍。⑤神经系统症状:抑郁症、易怒、无法集中注意力。⑥免疫症状:过敏、化学物质过敏、免疫功能被抑制。

(2)治疗策略:处理诱发因素(如长期使用抗生素、类固醇、激素等情况,除非绝对必要,停止以上情况)。尝试用酵母菌来控制饮食,尽量不摄入精制糖类和发酵食品。对酵母菌的过度生长进行试验。非处方抗菌药物包括牛至、大蒜、柑橘籽提取物、小檗碱、单宁酸,以及辛酸。抗菌处方药包括制霉菌素、氟康唑、伊曲康唑和特比萘芬。免疫疗法。确定潜在含有有毒真菌的环境(葡萄穗霉、黑曲霉、球毛壳菌菌株和青霉)。采用4R计划来减轻压力,管理压力。

5.诊断并治疗胃肠道细菌感染

(1)小肠细菌过度生长。肠道的上半部分一般是无菌的。在此部分的细菌或其他生物的增生将会导致肠易激综合征、食物过敏、炎症性疾病和自主神经功能紊乱,此种病症的症状类似于胃酸过少或消化酶作用减弱(消化不良、腹胀、进食后饱胀),但是此种病症还有包括酵母菌过度生长、恶心、腹泻、关节炎、自身免疫性疾病等不同于其他病症的症状出现。①检测:检查小肠细菌过度生长的氢呼气测试。②治疗:修复消化系统。按照一般准则,改善肠道功能。避免进食容易发酵的食物,包括糖、淀粉和可溶性纤维,直到问题得到纠正。不摄入小麦或蔗糖、无乳糖牛奶。额外的饮食限制取决于症状和反应,并可能包括不摄入无麸质的谷物、土豆、水果、果汁和蜂蜜,以及煮的蔬菜。③服用非处方药:牛至、柑橘籽提取物、板蓝根,或含小檗碱的化合物,一些特别的香料包括大蒜、洋葱、姜黄、

500 mg，每天与其他生物类黄酮同服。

这些有利的消炎药和解毒药能够修复在氧化反应中受损伤的肠道内壁，促进肠道内的排毒，以恢复肠道生态功能平衡。

不遵循上述所有步骤和(或)不按照顺序进行营养补充，即使患者感觉良好，也将会导致短期内消化功能的进一步紊乱，并且致使肠道无法完全愈合。这些步骤是被用来通过修复肠道并预防疾病，从而改善肠道机制的。

二、免疫与炎症失衡

大量的研究证明，后天的生活方式与免疫系统的功能密切相关，如运动、精神状态，以及饮食营养都会起作用。功能医学是通过避免诱发因素暴露、改变生活方式、给予抗炎饮食和营养素来调节炎性介导因素，从而下调炎症水平，阻止疾病的发生和发展。

(一)避免诱发因素

人体避免包括紫外线和电离辐射，外缘微生物产品(即吸入真菌毒素和生物气溶胶)，重金属及生物异源物质如除草剂、杀虫剂，以及众多军事、石油化工中毒物等的暴露。这些都是炎症的诱发因素，会引起机体的炎症反应。

(二)改变生活方式

(1)运动炎症反应与久坐的生活方式是密切相关的，增加运动是降低炎症反应的手段之一。平缓而非紧张的运动形式，对提高免疫力最有效。有研究证实，我国的太极拳可以使 T 细胞的数量增加 40%之多，但过于疲劳或激烈的运动会抑制免疫系统的活性。

(2)菌菇：属于真菌类，有与病原体相关分子模式相似的结构，可以适当激活免疫系统，诱发免疫反应，因此具有增强免疫、抗炎的作用。

(3)压力因素：紧张、精神压力、沮丧及悲观的情绪都会抑制免疫系统功能，从而引发炎症。突然的精神压力、睡眠不足、体力消耗等可以使传染性疾病易感性大大增加，特别是蜂窝织炎、肺炎、结核病等疾病。常见的心理情绪压力会导致睡眠障碍和失眠，这两者会加剧人体炎症的固有倾向。相反，轻松、愉快的体验显示可以减少炎症反应，促使神经内分泌状态的正常化，并允许体液免疫和细胞免疫的功能充分发挥作用。减轻压力的手段：放松疗法；集体放声大笑；催眠；冥想(可以增加 T 细胞的数量，改善辅助 T 淋巴细胞和抑制 T 淋巴细胞间的比例)；心理治疗；团体支持；瑜伽。

4.天然植物化合物

水杨苷(柳树干提取物):240～960 mg/d。槲皮素:1 500～3 000 mg/d。乳香:400～1 200 mg/d。姜黄素:500～1 500 mg/d。甘草根:500～2 000 mg/d。葡萄籽提取物:150～300 mg/d。免疫活性乳清蛋白与免疫球蛋白和天然抗体复合物。

5.滋补药材

黄芪;甘草;刺五加。

6.抗氧化剂

在炎症反应中白细胞会产生氧自由基,使用抗氧化剂能够保护机体组织器官,减少自由基的伤害。

三、解毒和生物转化失衡

(一)机体的毒素总负荷及其影响因素

1.机体的毒素总负荷的概念

体内毒素如果超过某一临界点,即超过机体解毒能力,身体将出现不良症状甚至产生疾病,这个临界点就是对毒素的最大负载能力,也叫机体的毒素总负荷。机体的毒素总负荷=总毒素暴露－机体最大负载能力,机体毒素的负荷有协同作用,即毒素在体内常常会有所谓的"加乘作用",毒素作用 1+1>2。研究结果表明,低毒性物质共同暴露和单独暴露,其作用结果之间有着本质的区别。机体的解毒基因易感性会使机体对某些毒素敏感,非常低水平的毒素就可能致病。但在相同的毒素暴露下,有的人会得病,有的人却不会得病,这取决于他们的基因、他们的饮食、他们的生活方式等因素的共同作用。改变一个人的生活方式、饮食习惯,以及对化学物的暴露方式都能够改变基因表达,影响机体的总毒素负荷,能够使解毒功能趋于平衡,从而能够防止疾病的产生,恢复机体健康状态。

2.影响毒素总负荷的因素

(1)外源性物质,生物异源性物质如杀虫剂、除草剂、药品、有毒溶剂、重金属等。

(2)各种感染,如链球菌、铜绿假单胞菌、寄生虫等。

(3)真菌毒素暴露,如黄曲霉毒素、镰刀菌毒素、展青霉素、麦角毒素等。

(4)生物性吸入,如藻类、花粉、食物等。

(5)辐射,如电磁场、电离辐射等。

(1)减少暴露在化工原料环境中,如吸烟、吸二手烟、干洗、汽车尾气、花园化学品(如除草剂、化肥、农药等)、严重的空气污染等;减少暴露在重金属环境下,如捕食类动物、淡水鱼、饮用水污染、含铅油漆等物质都含有重金属成分。对一些患者来说,牙科汞合金填充物应该被移除;减少有毒的家用和个人护理产品,如含铝的腋下除臭剂、抗酸剂,以及有毒的锅碗瓢盆等;尽量减少电磁辐射和电离辐射;移除饮食和环境中的变应原。

(2)确保摄入充足干净的水分,以促进解毒活动中细胞的活动,并促进有毒物质排出。建议饮用过滤水(反渗透或活性碳过滤器),每天保证饮用6～8杯;呼吸洁净的空气,使用高效空气过滤器、负离子空气净化器,以减少灰尘、真菌、挥发性有机化合物,以及其他室内空气污染的吸入。

(3)改变不健康的生活方式,如化学药物依赖,酗酒,服用不必要的处方药,摄入标准的含糖饮食、垃圾食品、加工过的肉类、快餐、油炸食品都应该予以避免。不要用对乙酰氨基酚来治疗宿醉。

(4)多吃有机食品和有机的动物产品,以避免石油化工农药、除草剂、熏蒸剂、激素和抗生素的摄入。

(5)膳食营养补充:为了高效解毒,营养必须达到最佳状态,饮食必须包括多种食品(大量的蔬菜、水果、纤维),多摄入碱性食物应该被强调,每天食用适量的未被加工的蛋白质、适量的橄榄油,多吃十字花科蔬菜、洋葱、大蒜等。

(6)运动可以加快淋巴液流动、加快排汗、增加代谢和解毒效率。

(7)休息包括适当的睡眠、放松、压力应对,这是用生活方式解毒的必需因素。许多功能医师总结了关于生活方式-营养-促进解毒的成功的处方,包括以下方法:①控制卡路里摄入量为中度,可以促进脂肪消耗。②拒绝便当、方便食品、垃圾食品及油炸食物。③多吃新鲜蔬菜和多喝新鲜蔬菜汁。④食用低加工的谷物,如小麦、糙米等植物蛋白,患者出现变态反应的可能性低。⑤每天轻度运动。⑥每周3～5次桑拿浴,通过螯合作用可以直接清除重金属,脂溶性化合物却不能被除去,桑拿浴是促使这些物质排出的很好的方法。桑拿疗法能够使储存在皮肤表层的生物异源物质通过皮肤排出,而那些储存在脂肪深层的生物异源物质会再次进入血循环。皮下脂肪组织中的化合物包括从皮肤和循环系统中吸收的物质,也包括药物。很多化合物包括机体的必需矿物质,如锌、铜、铁和锰,重金属如铅、镉、水银,还有很多药物都被证明是可以通过皮肤排出体外的。

通过桑拿浴疗法释放到循环系统中的脂溶性化合物是不易被排出体外的,在不能成功转运和排泄这些物质时,这些物质会再次经过相同的解毒Ⅰ相反应

值的蛋白质。

(2)葡萄糖醛酸结合反应需要镁,由于这是一种膜结合的酶系统,高效的葡萄糖醛酸脂双层的完整性是非常重要的,ω-3 脂肪酸对其有益。该反应可以被吸烟、禁食、高果糖摄入所抑制。

(3)促甲基化的营养素:叶酸 1 000~5 000 μg、甲基钴胺 500~5 000 μg、甜菜碱(三甲基甘氨酸)500~3 000 μg、二甲基甘氨酸 100~300 mg、磷脂酰胆碱2 000~9 000 mg、S-腺苷甲硫氨酸 200~800 mg。

(4)支持甘氨酸结合反应的营养物质:甘氨酸、谷氨酰胺、鸟氨酸、精氨酸、镁等。

(5)作为Ⅰ相和Ⅱ相反应酶类辅因子的营养素。例如谷胱甘肽的反应对于一些外来物质的失活是关键的,谷胱甘肽辅助因子的合成需要足够的维生素 B_6 和维生素 B_{12}、镁、叶酸。谷胱甘肽转移酶可以被乙醇和某些植物酚类物质所抑制,也可以被甘蓝家族化合物所诱导。

四、内分泌与激素失衡

(一)下丘脑-垂体-肾上腺轴失衡的干预原则

肾上腺是一对呈三角形能产生激素的腺体,位于肾脏的上方。它们通过分泌特殊的激素调节人体几种基本功能,包括肾上腺糖皮质激素(皮质醇)、盐皮质激素(醛固酮)、儿茶氨酚(肾上腺素)和脱氢表雄酮。肾上腺糖皮质激素能调节血糖、血压、脂质和蛋白质代谢,以及免疫力。盐皮质激素能调剂肾脏和心血管功能(通过维持体内盐水平衡)。儿茶氨酚能调节应激反应。肾上腺、下丘脑和脑垂体分泌的激素精准调节生理功能。这 3 种结构互相影响,共同组成下丘脑-垂体-肾上腺轴。下丘脑-垂体-肾上腺轴对调节生理功能至关重要,如应激等。例如,下丘脑能释放促肾上腺皮质激素直接作用于垂体,用于调节肾上腺皮质产生和分泌激素。

在正常情况下,下丘脑、垂体和肾上腺皮质分泌的激素可以由其他腺体调节。例如,垂体释放皮质醇增多以调控促肾上腺皮质激素的分泌,促肾上腺皮质激素分泌增多反过来又会减少皮质醇的释放。在长期应激或存在疾病时,反馈系统可能会出现失衡。

肾上腺功能下降被称作肾上腺疲劳,应该与另一种叫作原发性慢性肾上腺皮质功能减退症的情况区别开来,原发性慢性肾上腺皮质功能减退症是肾上腺不能正常工作。肾上腺疲劳在很大程度上是由于压力和其他许多因素一起造成

水平。研究者通过对皮质醇昼夜循环模式进行仔细的数据分析，发现由于功能失调，早晨皮质醇水平非常低，而此时是需要皮质醇最多的时候。通常夜间皮质醇水平仍然是正常的，身体偶有轻度疲劳，通常午睡或下班休息一段时间能够大大有助于恢复。

3.肾上腺衰竭阶段

尽管促肾上腺皮质激素在上升，但是肾上腺不能再满足身体对皮质醇需要的增加。这也许会持续好几年。因此，总皮质醇输出量在降低，脱氢表雄酮的量下降到远低于平均的水平。随着下丘脑-垂体-肾上腺轴的崩溃，夜间皮质醇水平常常也会下降，身体再也不能维持体内平衡。随着情况的继续恶化，开始出现多发性内分泌轴失衡。这常常体现在女性的卵巢-肾上腺-甲状腺轴失衡和男性的肾上腺-甲状腺轴失衡。身体通常是从轻度到中度疲劳状态。

随着身体功能继续受损，它将会变得越来越糟。身体逐渐变得越来越难控制微妙的体内平衡，因此正常的平衡丧失。身体进入一个活性失衡阶段，其反映为严重疲劳。

随着身体的关键激素比如皮质醇，低于维持正常功能所需要的最低水平和输出失败，身体也许会下调需要量以维持最重要的身体功能。这种近乎衰竭的状态很严重，需要引起专业上的重视，这是身体试图维持生存的一种极端低能量状态。在正常情况下补充有益的营养素也许会减轻此症状，也许会与人体内部产生矛盾而产生相反结果。在这个阶段通常大部分时间患者都是卧病在床，正常的琐事都需要外界帮助。传统的宏观营养方法也许会有所帮助，但是如果身体持续代偿失调，随着时间的推移，临床结果往往不会太好，也许会失效。这种情况则需要仔细制订一个滴定微营养计划来促进平衡的恢复。

4.衰竭

最后，肾上腺完全衰竭，当肾上腺疲劳综合征发展到了这个阶段时，它和临床上的原发性慢性肾上腺皮质功能减退症之间的界限就分不清楚了。开始出现原发性慢性肾上腺皮质功能减退症的典型症状，如极端疲劳，并伴随着体重减轻、肌无力、食欲缺乏、恶心、呕吐、低血糖、头痛、出汗、月经不调、抑郁、直立性低血压、脱水和电解质失衡。身体似乎失去或打破了正常的动态平衡。如果不进行改善，任由这种情况自然发展下去是致命的。

5.功能营养素干预建议

镁：每天 500～1 500 μg。辅酶 Q10：每天 100～200 mg。脱氢表雄酮：每天 15～75 mg。左旋肉碱：每天 2 100 mg。维生素 B_1：每天 100 mg。维生素 B_2：每

变慢、痴呆。

亚临床甲状腺功能减退，通常是一种诊断不足的甲状腺疾病，表现为促甲状腺激素升高、三碘甲状腺原氨酸和四碘甲状腺原氨酸水平正常。亚临床甲状腺功能减退的个体发展成临床上的甲状腺功能减退的风险很大。

甲状腺激素补充：如果必须补充激素，请和有经验的医师找到最适合的激素补充剂。以下物质可能会支持甲状腺激素产生。

(1)碘：每天最高 1 150 μg。机体摄入超过这个量，也可以耐受。正确的剂量应该通过甲状腺功能测试，由医师确定。

(2)硒：每天 200～400 μg。

(3)锌：每天 30～80 mg。

(4)铜：每天 1～2 mg。

(5)姜黄色素：每天 400～800 mg。

(6)维生素 C：每天 1 000～2 000 mg。

(7)铁：检查是否缺乏，如果低于正常值就要纠正。

(三)下丘脑-垂体-性腺轴失衡

1.女性激素

下丘脑对女性生殖系统的激素调节过程起重要作用，而主要的调节器为促性腺激素释放激素。大脑刺激和各种来源介质的作用可对促性腺激素释放激素的生成和分泌产生影响。促性腺激素释放激素生成和分泌的众多影响包括氨基酸(谷氨酸和 γ-氨基丁酸)、生物胺(多巴胺、血清素、肾上腺素和去甲肾上腺素)、激素(催乳素和抑制素)、类阿片(内啡肽)、多肽类(促肾上腺皮质激素释放激素、促甲状腺激素释放激素、促甲状腺激素、神经肽 Y、抗利尿激素、催产素和促性腺激素释放激素)。还有胃、肠、脑之间的联系可能会影响下丘脑。一些胃肠激素和多肽类会影响大脑中的神经肽 Y 受体，在胃肠和生殖功能之间建立联系。

日常饮食可以通过多种途径影响性激素。其中最明显的例子就是饮食会对雌激素产生重大影响，并由此而引发雌激素/孕激素失衡，导致激素癌症、子宫内膜异位症、经前综合征、子宫纤维瘤、乳房纤维瘤、非典型宫颈增生及不孕不育。人们可以通过在饮食中增加纤维、减少脂肪、增加植物雌激素含量等营养手段及适当减肥、增强锻炼的健康生活方式来改善机体的激素平衡。某些特定的营养素和植物营养素(如大豆异黄酮、必需脂肪酸、吲哚-3-甲醇、B 族维生素、镁、柠檬酸和抗氧化剂)可以改善雌激素代谢和解毒的具体途径。然而，饮食亦可以通过抑制机体的激素分泌而导致疾病，如神经性厌食症。这里的重点是通过饮食来

(四)下丘脑-胰岛素轴

在讨论2型糖尿病的治疗前,要了解常规治疗的逻辑并弄明白为什么这个逻辑是有缺陷的是非常重要的。2型糖尿病患者经常被告知需要提高胰岛素水平,这将有助于推动血液中的葡萄糖进入细胞从而降低血糖水平。不幸的是,这种假设违背常识。在2型糖尿病的早期阶段,胰岛素的水平就已经升高(高胰岛素血症)。这是因为问题不在于胰岛素的分泌,而是在于胰岛素利用的缺陷。糖尿病患者细胞膜上的胰岛素受体对胰岛素的反应没有无2型糖尿病的人的受体敏感,这意味着从血液中吸收的葡萄糖量会比正常情况下少并且血糖水平缓慢上升。

升高的葡萄糖水平扰乱了身体的自然平衡,促使胰腺分泌大量的胰岛素使血糖水平正常化。这种短期的生物修复成功使葡萄糖进入细胞,从而降低血糖水平,但它也加速了疾病的进展。最终,脆弱的胰岛素受体变得不敏感(胰岛素抵抗),这意味着胰腺必须分泌更多的胰岛素来清除血液中的葡萄糖。在疾病的后期阶段,胰腺垮掉了,不能产生足够的胰岛素。胰岛素水平下降到远低于正常的水平,使血糖升得更高,造成更大的损害。不幸的是,许多早期糖尿病患者的处方药物(如磺脲类药物)旨在促进胰岛素水平。考虑到胰岛素的水平已经很高,这种策略会产生相反的效果,可能进一步耗尽细胞膜上胰岛素受体而加快疾病的进程。同时,胰岛素本身是一个功能强大的激素,高水平的胰岛素可以对身体造成其他伤害。有证据表明,高水平的胰岛素可抑制生长激素的合成并且可能大多出现在肥胖和超重的人群中(该类人容易出现高胰岛素血症)。也有证据表明,胰岛素水平的增高有助于大肠癌细胞的增殖,这表明高胰岛素水平可能是大肠癌发生、发展的一个因素。

关于高胰岛素血症与胰岛素抵抗,主要有以下症状。“吃完东西后会感觉到很累”“感觉饿的时候,会去买一瓶苏打水或其他刺激饮料,喝后几分钟后就会感觉好多了”“餐后3小时到下一餐前,患者感觉困乏,有时情绪焦躁”“入睡后几小时清醒,很难再入睡”“喜吃甜食”“餐前急躁”,这其实是现代人很常见的症状,主要是胰岛素抵抗,出现低血糖的表现,换句话说,激素调节已经严重失去了平衡。由于体内出现太多的胰岛素,机体控制糖类的代谢能力大大减弱,因此血糖水平就会失去平衡,忽高忽低,从而导致了以上所有的症状;又因为这些原因,接下来将引起很多疾病,例如高血压、心脏病、肥胖症、癌症、早衰、痴呆等现在流行的慢性疾病和代谢综合征。

而在现今的快节奏社会,这种情况却很普遍,3亿人正在忍受这个疾病的煎

任何急慢性疾病都与氧化应激有关。在人体内，这个过程受到内源性和外源性因素或者氧化剂和抗氧化剂的调节，而饮食、环境甚至是心理因素都可能影响氧化还原的过程。

（一）氧化应激导致的常见临床症状

1.神经系统

焦虑、抑郁、易怒、头痛、较差的心理功能和认知能力。

2.免疫系统

过敏、对感染的抵抗力较弱。

3.消化系统

消化系统有问题。

4.肌肉关节

肌肉和关节疼痛、肌无力。

5.其他

头晕、疲劳、低血糖、对多种化学物质的敏感性增强。

（二）造成氧化应激和线粒体损伤的饮食来源

碳烤食品和多环芳香烃；过量的果糖、葡萄糖、精致的碳水化合物、精细加工食品；过量饮酒、香烟等导致细胞因子增加的因素；暴饮暴食导致机体囤积多余热量；饮食中的腐败脂肪；大量摄入饱和动物脂肪；营养不足和营养缺乏。

（三）评估机体氧化应激状态和线粒体功能的部分功能检测

（1）抗氧化酶的测定：超氧化物歧化酶、谷胱甘肽过氧化物酶以及过氧化氢酶等酶的测定。

（2）全血细胞内谷胱甘肽和还原型谷胱甘肽水平的测定。

（3）铁超负荷的评估：转铁蛋白饱和度、铁蛋白、血清铁，以及总铁结合力。

（4）抗氧化剂的评估（血药浓度）：比如维生素 A、维生素 E、辅酶 Q10，以及β-胡萝卜素等，在某些时候是有帮助的。

（5）尿液或血清中的过氧化的脂质的测定：尿液 8-羟基-2-脱氧鸟苷的测定。

（6）尿液羟标记：在摄入阿司匹林和乙酰氨基酚之后对邻苯二酚和 2,3-二羟基苯进行测量。

（四）减少氧化应激、增加线粒体功能的功能医学干预方案

1.生活方式干预

（1）减少生活方式中的不利因素，尽量减少环境毒素的暴露；尽可能不接触

表 1-1　改善线粒体功能的营养素

支持基础线粒体功能的营养素	增强线粒体功能的营养素
氨基酸:精氨酸、天门冬氨酸、半胱氨酸	乙酰-*L*-肉碱 500～4 000 mg/d
ω-3 脂肪酸	α-硫辛酸 100～600 mg/d
生物素 1 000～2 000 μg/d	辅酶 Q10 50～1 200 mg/d
钙 800～1 200 mg/d	肌酸 2～4 g/d
镁 400～600 mg/d	N-乙酰半胱氨酸 500～2 000 mg/d
锌 20～50 mg/d	还原型辅酶Ⅰ 5～20 mg/d
维生素 B_5 50～500 mg/d	还原型谷胱甘肽 300～600 mg/d
核黄素 10～100 mg/d	
硫氨酸 10～100 mg/d	

六、循环运输失衡

(一)血脂异常的因素及机制

如果一个患者有血脂异常的问题,那么功能医师要思考的是什么原因导致的血脂异常,找出这些原因,清除这些原因。祛除病因,大部分患者会康复,但由遗传因素造成血脂异常的患者除外。引起血脂异常最常见的潜在诱因:①慢性感染,包括细菌、病毒、真菌、肺结核及寄生虫等所有病原微生物。②长期的炎性饮食。③长期处于毒素(生物异源物质与重金属)暴露过多的环境,造成患者身体氧化应激。

1.慢性感染导致血脂异常

脂蛋白能够对抗革兰阴性菌的感染,是固有免疫的一个重要组成。细菌内毒素是革兰阴性菌细胞壁特有结构的主要成分,其化学成分为脂多糖,是由 O-特异性多糖、核心多糖及类脂 A 三部分组成。脂多糖是炎症反应的关键介质。当细菌死亡溶解或用人工方法破坏细菌细胞壁后,内毒素才能被释放出来。在革兰阴性菌感染过程中,细菌内毒素进入血液,机体的第一个反应就是用低密度脂蛋白和高密度脂蛋白去结合,两者均能绑定内毒素,形成内毒素-低密度脂蛋白/高密度脂蛋白,从而阻止内毒素引起的单核细胞、巨噬细胞和促炎性细胞因子的激活。在这里,脂蛋白起到解毒的作用,是对抗病原微生物的一个合理的防御机制。循环中的脂蛋白能够帮助清理血液中的内毒素,促进胆汁排泄,限制免疫与炎症反应的发生。所有的脂质和脂蛋白都是抗感染的,都能够结合内毒素并中和内毒素的毒性反应,并且对内毒素和炎症引起的血管损伤具有保护作用。

性疾病发生的原因。

饮食不良、炎性饮食会导致肠道菌群失衡，有害菌增多，从而增加肠道内毒素的水平，相应地使血液内毒素水平增加。饱和脂肪酸与高精致胆固醇能够增加肠道中革兰阴性菌的浓度，使内毒素浓度增加 70%。相反，纤维和益生菌能够减少肠道中革兰阴性菌的浓度；高脂肪饮食会减少关于肠道屏障功能的基因表达，即紧密连接蛋白与闭合蛋白基因的表达，使微生物群产生的内毒素容易进入体循环；一些饱和脂肪酸像豆蔻酸与肉桂酸是内毒素中脂质 A 的一部分（是分子模拟/交叉反应，多不饱和脂肪酸能够代替脂多糖脂质 A 的饱和脂肪酸）；多不饱和脂肪酸、ω-3 脂肪酸、益生菌与益生元能够降低内毒素渗透率与代谢性内毒素血症。ω-3 脂肪酸能够抑制细菌和受体的结合，并能稳定细胞膜，使细胞膜更健康。

3.毒素（生物异源物质与重金属）暴露过多

生物异源物质的亲脂性特点使得其更易存在于脂质胆固醇中，汞和其他重金属将会增加低密度脂蛋白、甘油三酯水平，并且降低高密度脂蛋白水平（特别是汞），引发代谢综合征（特别是镉），能够降低总抗氧化能力，能够使线粒体中毒，最终会导致心脏功能异常和心梗，甚至癌症的发生。

高密度脂蛋白中的生物异源物质与心血管疾病有更多联系，而低密度脂蛋白与超低密度脂蛋白中的生物异源物质与癌症有更多联系。对氧磷酶 1 活性与多氯联苯的总量呈负相关，研究发现芳香基酯酶活性的下降、多氯联苯浓度的增加与癌症有着共变关系。（共变原理：如一场比赛取胜或失利之后，做内在归因还是外在归因，除了双方的胜负之外，还取决于第三者的情形。当成绩与别人的一致或共变时，倾向于做外在归因；当成绩与别人的不一致时，倾向于做内在归因。这种现象称为共变原理。）多氯联苯的暴露会伴随着对氧磷酶 1 活性的降低，从而损害高密度脂蛋白的抗氧化功能。

炎症性饮食、感染、毒素均可增加氧化型低密度脂蛋白、载脂蛋白 B、低密度脂蛋白颗粒数量，减小低密度脂蛋白的颗粒直径，增加或减少高密度脂蛋白与载脂蛋白 AⅠ数量，减小高密度脂蛋白的颗粒直径，引发高密度脂蛋白功能紊乱。

（二）血脂异常引起血管损伤的机制

引起血管异常反应、血管内皮损伤的 3 个生理机制：感染、免疫紊乱/炎症、氧化应激，这是由血管系统的正常的保护性预防机制失衡所导致。这 3 个生理失衡机制适用于心血管疾病的所有方面，同样包括血脂异常导致的血管损伤。

成血管损伤的原因，而是低密度脂蛋白和高密度脂蛋白的改变激发了一系列的变化，导致了血管的3个反应，最终导致血管的损伤。

（三）对于高密度脂蛋白和低密度脂蛋白的新认识

1.高密度脂蛋白

(1)高密度脂蛋白的抗动脉粥样硬化作用：①高密度脂蛋白对血管组织中的胆固醇进行逆转运，包括动脉壁内的胆固醇和动脉粥样硬化斑块。②高密度脂蛋白具有降低细胞黏附分子的作用。③高密度脂蛋白具有抗氧化作用，能够减少低密度脂蛋白氧化，运载对氧磷酶、谷胱甘肽过氧化物酶等抗氧化酶和血小板激活因子，支持甲硫氨酸氧化还原反应。④高密度脂蛋白的抗炎、抗感染作用，能够包裹细菌和病毒，清理重金属和其他废物，把它们输送到肝脏，有血管清道夫的功能。⑤高密度脂蛋白具有抗血栓形成的作用，能够溶解纤维蛋白，降低血小板活动。⑥高密度脂蛋白具有抗细胞凋亡的作用。⑦高密度脂蛋白具有固有免疫的作用，能够降低T细胞活化。⑧高密度脂蛋白具有增加内皮型一氧化氮合酶和一氧化氮的作用。⑨高密度脂蛋白能够促进受损内皮细胞的修复。

(2)高密度脂蛋白功能紊乱：正常的高密度脂蛋白有高含量的抗氧化蛋白质、酶类，具有抗氧化及抗炎作用，会减少冠心病的风险；促炎的高密度脂蛋白有高含量的促氧化性分子，能够阻止高密度脂蛋白运输、消除代谢废物，或增加冠心病的风险。高密度脂蛋白功能紊乱会导致低密度脂蛋白不能被清除、水平升高，低密度脂蛋白就会更多地进入血管内皮，导致粥样硬化、斑块形成，导致心血管疾病的发生；高密度脂蛋白功能紊乱会阻止胰岛β细胞的胰岛素胞外分泌，在胰岛素抵抗存在时，可能会增加肥胖病的风险。

(3)导致高密度脂蛋白功能紊乱的因素：①炎症条件下，高密度脂蛋白会被氧化，或结合细菌内毒素、病毒后变性，成为无功能的高密度脂蛋白，导致高密度脂蛋白功能紊乱，此时高密度脂蛋白数量会减少或增多、颗粒直径减小。②炎症条件下，髓过氧化物酶分泌增多，损害高密度脂蛋白，使其功能紊乱。髓过氧化物酶是由中性粒细胞、单核细胞分泌的血红素蛋白酶，是中性粒细胞的功能被激活的标志，其主要功能是在吞噬细胞内杀灭微生物，利用过氧化氢和氯离子产生次氯酸盐，并形成具有氧化能力的自由基。杀菌过程中，髓过氧化物酶会和高密度脂蛋白发生交叉反应，损害高密度脂蛋白，使其失活；髓过氧化物酶会氧化低密度脂蛋白，会使得动脉中斑块崩溃，会损伤细胞膜，使细胞膜通透性增大，或者打开一些细胞膜通道，例如钙离子通道，使得钙离子进入细胞，导致细胞死亡。髓过氧化物酶量越高，氧化应激反应就越高。③动脉粥样硬化斑块中，高含量的

减少。

3.高密度脂蛋白与低密度脂蛋白

在感染、炎症、毒素与代谢性内毒素血症中的几种改变:①高密度脂蛋白数量减少、颗粒直径减小、功能失调或者变成促炎性高密度脂蛋白,使得总高密度脂蛋白水平可能会相对增加或减少,但高密度脂蛋白的胆固醇逆转运能力降低,从而降低胆固醇流通能力。②过氧化物酶与血清淀粉样蛋白增加,导致功能紊乱、结构改变的、被氧化的或者促炎性的高密度脂蛋白增多,高密度脂蛋白的胆固醇逆转运能力降低,从而降低胆固醇流通能力。③低密度脂蛋白颗粒数量增加,颗粒直径减小。④当对保护和修复做出反应时,更多的低密度脂蛋白会进入组织细胞内。

4.功能医学的"高级脂质分析"

高级脂质分析是对于脂质组成部分的更详细的分析,它测的是每种脂质不同颗粒直径的数量。高密度脂蛋白是在肝脏合成,被转运到血液中,承担清道夫的角色,清除血液中的垃圾。通常认为高密度脂蛋白是保护性的脂质,水平越高越好,其实不然。当有细菌、病毒入侵机体,就会诱导高密度脂蛋白分泌增加,使血浆中高密度脂蛋白水平升高。现在研究表明,高水平的高密度脂蛋白提示了高密度脂蛋白的功能紊乱,不能正常运行,使胆固醇逆转运能力降低,从而降低胆固醇流通能力。高密度脂蛋白水平越高,尤其是女性血液中高密度脂蛋白水平,心脏病风险越高。需要测量不同颗粒直径的低密度脂蛋白的数量,大的低密度脂蛋白和小的低密度脂蛋白各有多少,而不是仅仅测量低密度脂蛋白的总量。研究发现,50%～70%的心梗患者低密度脂蛋白总量是正常的,但这并不是说组成低密度脂蛋白总量的不同低密度脂蛋白数量都是正常的,如果测量低密度脂蛋白的不同颗粒直径及其数量,就会发现低密度脂蛋白颗粒直径大小和心脏病的相关性。小的低密度脂蛋白颗粒增加伴高甘油三酯,低密度脂蛋白是冠心病的高风险因素。

变性的低密度脂蛋白以两种形式存在于血液中,一个是氧化的低密度脂蛋白,一个是糖基化的低密度脂蛋白。二者都和心脏病直接相关。因为每天摄入的糖分、碳水化合物等,会糖化低密度脂蛋白,所以糖基化的低密度脂蛋白在人体内存在的量比氧化的低密度脂蛋白的量要高很多,危害更大。功能医学实验室会测量这 2 种形式的低密度脂蛋白。

3.调节血脂,有益于心血管健康的营养素

(1)红曲,是用红曲霉属真菌接种于大米上经发酵制备而成。因其含有人体合成胆固醇的关键酶的特异性抑制剂,而能够阻断合成胆固醇的通路。大量研究发现它具有非常强大的降低总胆固醇、低密度脂蛋白胆固醇、血清甘油三酯、动脉粥样硬化指数,升高高密度脂蛋白胆固醇的综合疗效,且服用安全性高、不良反应小,并能有效地治疗冠心病、中风等心脑血管疾病及与高血脂相关的疾病,如糖尿病、肾病综合征及脂肪肝,被认为是当前最有前途的降脂物质。

(2)ω-3 脂肪酸研究发现,4 g 混合二十碳五烯酸与二十二碳六烯酸的脂肪酸对血脂具有如下的作用:①能够减少所有致动脉硬化的粒子浓度,包括非高密度脂蛋白胆固醇、载体蛋白 B 和低密度脂蛋白粒子数量。②能够把颗粒直径小的低密度脂蛋白转换成大的低密度脂蛋白。③能够增加总的高密度脂蛋白,并提高高密度脂蛋白水平与增加高密度脂蛋白颗粒直径大小。④能够提高胰岛素敏感性,使胰岛素水平增加 18%～27%,空腹血糖减少或不变。⑤能够减少与脂蛋白相关的磷脂酶 A_2 的水平,具有抗炎、抗血栓形成作用。

(3)植物固醇(也叫植物甾醇)是类固醇的一种。植物固醇是以游离状态或与脂肪酸、糖等结合的状态存在的一种功能性活性成分,广泛存在于植物的根、茎、叶、果实和种子中,主要成分为β-谷固醇、豆固醇、菜籽固醇等,总称为植物固醇。植物固醇的功效:以利于改善脂质,对高血脂患者有很好的降脂效果,能够降低总胆固醇和低密度脂蛋白,高密度脂蛋白与甘油三酯不变。

(4)小檗碱是从黄连、黄柏、三颗针等植物根部、根茎或茎皮中提取的生物碱,具有显著的抑菌作用,常用的是盐酸小檗碱。小檗碱在临床中一直作为非处方药用于治疗腹泻,但是现代药理学研究证实其具有显著的抗心力衰竭、抗心律失常、降低胆固醇、抗血管平滑肌增殖、改善胰岛素抵抗、抗血小板凝集、抗炎等作用,因而在心血管系统和神经系统疾病方面将可能有广泛、重要的应用前景,日益受到重视。小檗碱的功能:能够刺激蛋白激酶,减少胰岛素抵抗,减少脂肪酸合成,增加脂肪酸氧化,延迟脂肪细胞分化,减轻体重,减少胃肠道的胆固醇吸收,增加胆汁的低密度脂蛋白排泄,改变胃肠道菌群,使脂多糖转运受阻,增加血管内皮祖细胞,增加内皮细胞的一氧化氮合酶与一氧化氮,降低血压,减少循环内皮细胞,减少细胞膜微粒,降低核因子 κB 与辅助 T 细胞的细胞因子,增加超氧化物歧化酶,降低活性氧类与血管紧张素转化酶,降低还原型辅酶Ⅱ的氧化。

(5)泛硫乙胺是泛酸衍生物,是维生素 B_5 的生物活性形式,属维生素类。泛硫乙胺是泛酰巯基乙胺稳定的二硫化物前体,泛酰巯基乙胺是构成辅酶 A 的重

顺式构型存在，所以细胞膜通常使用的是顺式结构的脂肪酸，如果大量异常的反式脂肪酸在血液和间质液体中存在，它们可能会取代顺氏脂肪酸而被细胞膜利用。顺式脂肪酸的空间构象呈弯曲状，而反式脂肪酸的空间构象呈线性、排列紧密，会减少细胞膜的流动性。大多数进入身体的反式脂肪酸都来自油炸或大批量生产的食品。

目前公认的是脂肪酸成分（正常的必需脂肪酸相对浓度和可用性）的变化对于细胞的影响不仅仅是更换细胞膜，它不仅会导致细胞膜组成的改变，更重要的是其影响扩大到核受体所结合的脂肪酸和随后的基因转录的变化。

如果细胞膜结构受损，就会导致其功能受损，最重要的影响就是信息的传递会发生改变，导致整个细胞的功能受损。当这些脂肪酸发生变化时，细胞可能会拥有很多特性不同的膜。细胞膜受体可能被抑制或细胞膜受体缺失，导致神经递质或激素传递受阻；细胞膜的通透性和载体介导的物质交换过程可能会被扰乱，造成细胞内的营养缺乏和蛋白质的形成与分泌减少。这些分子水平上的结构性变化对于健康和疾病的产生具有广泛的影响。例如，细胞膜结构改变，使胰岛素受体的功能降低，导致代谢综合征和 2 型糖尿病的潜在患病风险增加。作为功能医师，面对患者时，一定要想到维持细胞膜的健康状态，使其具有完整性和流动性。

2.宏观水平的结构性失衡

临床医师会发现，在一些患者身上，“结构性失衡”或“结构性障碍”很典型，而且往往与他们的初级卫生情况密切相关。例如，有些风湿性关节炎的患者有长期潮湿寒冷环境生活史，而有些患者的结构性失衡与其临床情况之间的关系没有那么明显，甚至因为没有出现临床明显的症状被患者忽视，而没有被医师发现，但结构性失衡给患者的健康带来潜在的隐患。功能医学是从器官与生化、生理、神经控制、营养等关系入手，在宏观和微观两个层面来理解结构性失衡，随着功能医学七大生理失衡理论的不断完善发展，人们越来越清晰地认识到所有骨骼肌肉的健康情况是和机体各方面的生理平衡密切相关的。

（二）骨骼肌肉系统疾病的发病原因

1.结构失衡与胃肠道状态

在微观水平，最基础、最重要的结构完整性就是肠黏膜的完整性。肠黏膜结构遭到破坏产生肠漏，会导致局部及全身的免疫功能紊乱，产生大量的免疫复合物，引起组织黏膜的炎症反应，甚至导致自身免疫性疾病的发生。同样肠漏也能够产生或加剧骨骼肌肉系统的炎症反应，因此肠道的状态直接影响骨骼肌肉系

衡;受损的骨骼肌肉组织会引发伴有疼痛的免疫源性炎症,随后引发神经源性炎症,神经源性炎症又进一步加剧已经存在的免疫源性炎症。对于神经内分泌系统影响骨骼系统的讨论,神经源性炎症是一个必须予以强调的关键因素,它是导致关节炎症和软骨退化的主要原因之一,感觉神经会通过直接释放炎症和变性诱导信号,包括细胞因子和前列腺素,来加剧局部组织的分解代谢。骨骼肌肉系统疾病发生时会伴有多种激素失衡:患者出现炎症反应或风湿性症状时,其体内的雌激素水平会绝对或相对过量,而睾酮、皮质醇和脱氢表雄酮则会呈现分泌不足状态;纠正甲状腺自体免疫状态可能会减轻炎性骨骼肌肉疾病,如粘连性关节囊炎;糖尿病是一种内分泌疾病,能导致腕管综合征和粘连性关节囊炎的发生。

6.结构失衡与环境作用因素

"环境作用因素"包括饮食、营养、毒素、运动和创伤等因素,在人类健康和疾病的历程中起到重要的作用,同样其在机体结构失衡中也起到至关重要的作用。美国标准饮食的特征是含过量的亚油酸和花生四烯酸、很高的血糖负荷指标、缺乏植物营养素。由于含有亚油酸和花生四烯酸且高糖的食物是促炎的,所以美国饮食又被称为"促炎饮食"。这种促炎饮食导致很多美国人受骨骼肌肉疼痛困扰。因此,给患骨骼肌肉系统炎症性疾病的患者提供的治疗项目必须包括抗炎饮食,以调整他们机体结构的生理平衡,使之远离炎症和分解代谢,向合成代谢正常和内环境稳态发展。

7.结构失衡与精神情绪心理因素

结构失衡、骨骼肌肉系统疼痛和炎症会导致至少 3 种不同类型的继发性抑郁的发生。首先,退行性组织和系统性炎症释放的炎症介质有影响心理状态的作用,可导致疲劳、嗜睡、焦虑、抑郁、痴呆和精神错乱等症状;其次,患急性或慢性骨骼肌肉疾病的患者是处在疾病的痛苦状态中,通常不能从事会给他们带来快乐的业余爱好和活动;最后,患急性或慢性骨骼肌肉疾病的患者运动受限,其社交活动减少,因而产生社会孤立感,易导致精神和情绪上的抑郁。改善骨骼肌肉系统的治疗方法也有改善情绪、精神和社会心理健康方面的疗效。运动能够减轻抑郁,集体运动是促进社交联系的重要方法,因而集体运动能够进一步促进社会心理健康;体内维生素 D 含量充足,也能够减轻抑郁症的严重程度,优化情绪、社交能力和整体幸福感;蛋白水解酶、菠萝蛋白酶有抗炎的效果,并且有助于减轻关节炎的疼痛感,提高整体幸福感。同样,鱼油中的二十碳五烯酸和二十二碳六烯酸可以缓解关节疼痛和炎症,同时有抗抑郁的作用;全身软组织按摩疗法已经被证明有促进"神经内分泌"效果,能够提高多巴胺和血清素水平,可以帮助

有机酸是体内许多代谢路径的中间产物,来自如细胞线粒体能量制造中心、解毒系统、代谢转化过程、神经传导物质受阻碍或是肠道微生物菌群失衡现象。尿液中特殊有机酸的累积往往是显示代谢抑制或是代谢受阻的指标。代谢失调的因素可能来自营养素缺乏、遗传性代谢酶缺陷、毒性物质干扰或是药物效应,需对胃肠道细菌或真菌的不平衡做深入分析。

图 1-1 说明正常进行的代谢途径。A 分子会经由 AB 酶转化成 B 分子,B 分子会经由 BC 酶转化成 C 分子,整个代谢途径就是以这样的方式进行的。很多酶需要营养素,如特定维生素和矿物质,才能发挥作用,将一个分子转化成另一个。

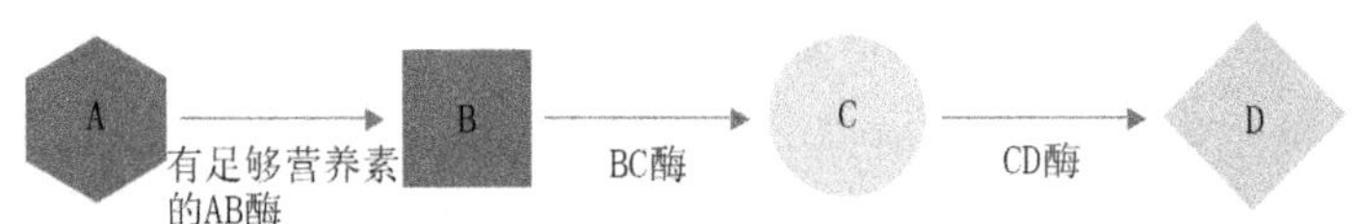

图 1-1　正常代谢途径

图 1-2 显示如果营养素不足,AB 酶无法有效作用时会出现什么情况。只有少量的 A 分子转化成 B 分子,剩下的则堆积起来,然后流失到尿液中。可以看出来 C 分子到 D 分子的转化也受到影响。

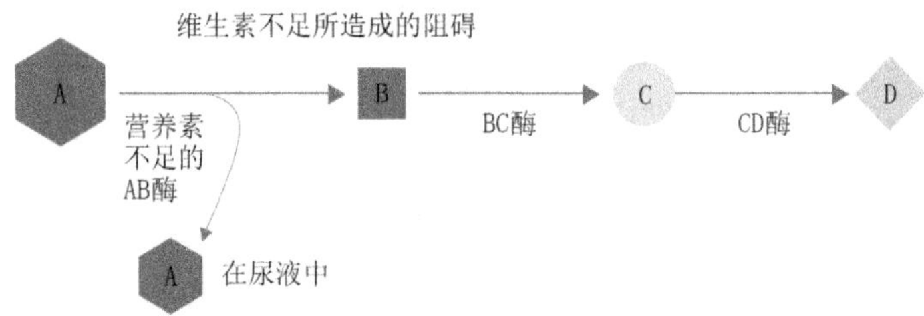

图 1-2　营养素不足

全套代谢功能分析可评估多种症状:疲劳、睡眠异常、情绪变化、血糖调节障碍、体重增加、恶心、多重化学物质敏感、忧郁、焦虑、癌症、炎症、头痛、衰老提前、关节疼痛、腹胀、胃酸反流、自身免疫性疾病、皮炎。

分析项目:①细胞代谢和营养指标。②神经传导物质代谢指标。③神经传导物质代谢物。④毒性物质与解毒功能。⑤解毒功能指标。⑥肠道吸收不良和菌群失衡标记。

(二)营养元素检测

矿物质是构成人体组织和维持正常生理功能必需的各种元素的总称,其中

或抗氧化酶如超氧化物歧化酶、谷胱甘肽过氧化物酶皆可保护身体免于自由基的破坏。当活性氧与抗氧化物间微妙的平衡被打破时即会倾向氧化(自由基)状态即所谓的氧化应激。氧化应激与早衰、心脏病、神经系统疾病和慢性疲劳综合征有关。抗氧化维生素分析可有效评估氧化压力与抗氧化保护间的平衡。

氧化应激与多种疾病有关:类风湿关节炎、哮喘、癌症、黄斑变性、神经退化性疾病(如阿尔茨海默病、帕金森病)、关节炎、糖尿病、动脉粥样硬化、慢性疲劳综合征、环境敏感度、炎性肠道疾病。

分析项目:维生素 A、番茄红素、α-胡萝卜素、β-胡萝卜素、叶黄素、δ-维生素 E、γ-维生素 E、α-维生素 E、辅酶 Q10、维生素 C。

(四)氨基酸平衡性分析

在人体中,氨基酸几乎在所有的功能中发挥核心作用。蛋白质的合成需要 20 种必需氨基酸,其中有 9 种人体不能合成,必须来自日常饮食补充。细胞精密的基因表达机制使氨基酸合成上千种特定蛋白质去组成身体结构和催化生命所需的代谢反应。除了合成蛋白质,人体的氨基酸会进入产生激素和神经递质的通路,解除体内有毒化学品的毒性,提供抗氧化剂,被消化后用于合成胆汁酸。

尽管氨基酸在生命活动中被广泛需要,但是体内游离的氨基酸含量非常低,大多数存在于循环血液。当机体需要氨基酸的量增加时,就必须通过饮食补充或者是通过机体的蛋白质转化。这样就意味着氨基酸的来源是高度动态化的,氨基酸通过许多代谢途径不断发生变化,以响应多种生理信号的调节。在灌注的肝脏中,从灌注液中移除氨基酸会导致水解蛋白瞬间急剧升高,因为许多过程会受到氨基酸影响,所以知道何时及如何实现氨基酸治疗具有重要的临床价值。要实现营养、激素和排毒疗法全部的临床潜能必须确保为组织修复提供充足的氨基酸。

当患者患有慢性病时,靶器官的识别受到限制就可能导致功能处于次优状态的器官氨基酸储备减少,所以对氨基酸状态的评估具有特别重要的意义。

(五)脂肪酸平衡性分析

脂肪酸一度曾被认为仅只是热量来源,如今却已证明它们是人体内健康细胞膜与局部激素讯息传达的组成要素。它们不仅是机体所必需的,而且人的是一生健康不可或缺的因子。胚胎需要必需脂肪酸以形成健康的神经细胞,老年人需要必需脂肪酸以防止神经细胞退化,在人类的一生当中,也需要它维持适当的神经讯号与功能。不同的脂肪家族(ω-3 脂肪酸、ω-6 脂肪酸、ω-9 脂肪酸、饱和

出现的时间较慢且不具特异性，较不易自行察觉，临床亦较难判断。因此可借此分析测出个人饮食习惯的偏差，并协助以食物轮替方式和恢复肠黏膜健康以改善各项过敏症状。

食物变应原会对身体产生广泛性的影响，症状表现可从轻微症状到严重不适等，包括青春痘、湿疹、荨麻疹、干癣、注意障碍/注意缺陷多动障碍、自闭症、疲劳、肌纤维酸痛、焦虑、忧郁、偏头痛、关节炎、中耳炎、鼻窦炎、腹胀、肠道炎症、肠易激综合征。分析项目共90种慢性食物变应原：①奶蛋类(牛奶、羊奶、奶酪、酸奶、蛋白、蛋黄)。②肉类(牛肉、鸡肉、羊肉、猪肉、鸭肉)。③海产类(鲍鱼/九孔、鳕鱼、蟹、蛤、鱿鱼、鳗鱼、海带、牡蛎、鲑鱼、鱼翅、虾)。④坚果/谷类(麦胶蛋白、麦麸、玉米、大米、燕麦、小麦、薏仁、花豆、绿豆、黄豆/毛豆、葵花子、杏仁、核桃、芝麻、可可豆、花生)。⑤蔬菜类(芦笋、竹笋、西蓝花、包心菜、红萝卜、花椰菜、芹菜、小黄花、茄子、青葱、韭菜、莴苣、洋葱、豌豆、青椒、彩椒、马铃薯、菠菜、四季豆、番薯、芋头、番茄、蘑菇)。⑥水果类(苹果、香蕉、葡萄、葡萄柚、番石榴、猕猴桃、柠檬、桂圆、芒果、橄榄、柑橘类、木瓜、桃子、梨子、菠萝、李子、梅子、草莓、西瓜、椰子)。⑦其他(辣椒、大蒜、生姜、胡椒、酵母、蜂蜜、香草、咖啡、茶)。

(二)环境激素检测

环境激素亦称环境内分泌干扰物，指环境中能对机体健康产生不利影响或使其后代内分泌功能发生改变的外源性化学物质。因其是从环境中进入人体，对生殖器官等产生类似激素作用的，习惯称其为环境激素。它并不直接作为有毒物质给生物体带来任何异常影响，而是通过影响体内天然激素的合成、分泌、转运、代谢或清除，与相应的受体结合并在细胞内产生效应，模拟或干扰天然激素的生理、生化作用，可能影响到包括人类在内的各种生物的生殖功能、生殖器肿瘤、免疫系统和神经系统。

环境激素的概念最早出现20世纪30年代，至今已经有近80多年的历史。最初的环境激素是采用人工合成的方法生产的，它是作为医药品的雌性激素。伴随工业生产的发展，新的环境激素物质不断被合成，环境激素在给人类带来便利的同时，也出现了意想不到的负面影响。由于环境激素产生的毒性作用剂量少、潜伏期长，其危害常常表现为对物种和生态环境产生灾难性的影响。环境激素被大量释放到环境中，又被生物体吸收并存体内浓缩，发挥和生物体内正常分泌才产生的激素同样的作用，使很多野生动物和人体出现了一系列生理异常现象，所以认清楚环境激素的产生和危害在人们日益关心环境问题的今天有重要意义。如今，环境激素的研究既是环境科学中的一个前沿课题，也是生命科学中

被普遍应用于塑料玩具、食品包装材料、医用血袋和胶管、乙烯地板和壁纸、清洁剂、润滑油、个人护理用品(如指甲油、头发喷雾剂、香皂和洗发液)等数百种产品中。邻苯二甲酸酯在体内的代谢至少经历2个步骤。

(1)邻苯二甲酸酯被水解为初级代谢物,即邻苯二甲酸单酯。长链的邻苯二甲酸酯不但可能产生单酯,还可发生羟基化和氧化反应。

(2)邻苯二甲酸单酯、羟基化产物和氧化产物在尿苷5'-二磷酸葡萄糖醛酸基转移酶的催化作用下生成亲水的葡萄糖苷酸结合物。

邻苯二甲酸酯急性毒性不大,但在大剂量情况下,有致畸和致突变的作用,显示其较强的内分泌干扰性。邻苯二甲酸酯可通过呼吸、饮食和皮肤接触进入人和动物体内,它与血液中的血小板有很强的亲和力,可相互结合形成微小的凝聚体,从而引起血栓(在活体心血管内流动着的血液凝固或某些成分凝集形成的固体块)。急性吸入邻苯二甲酸酯蒸汽后,可出现呼吸道和眼黏膜刺激症状。皮肤长期接触邻苯二甲酸酯会出现致敏作用。

在化妆品中,指甲油的邻苯二甲酸酯含量最高,很多化妆品的芳香成分也含有该物质。化妆品中的这种物质会通过女性的呼吸系统和皮肤进入体内,如果过多使用,会增加女性患乳腺癌的概率,还会危害到她们未来生育的婴儿的生殖系统。

有研究发现,含有邻苯二甲酸酯的软塑料玩具及儿童用品有可能被小孩放进口中,如果放置的时间足够长,就会导致邻苯二甲酸酯的溶出量超过安全水平,会危害儿童的肝脏和肾脏,也可引起儿童性早熟。

2.对羟基苯甲酸酯

对羟基苯甲酸酯又名尼泊金酯,常温条件下为无色晶体或结晶性粉末,包括了甲酯、乙酯、丙酯、丁酯、异丙酯、异丁酯等,其对真菌的抑菌效果很强,多用作抑菌防腐剂,在我国广泛应用于液体制剂、半固体制剂、食品及化妆品的防腐。通常来说,随着其烷基碳链的增大,其毒性降低,抗菌作用增强。羟基苯甲酸酯水溶性较差,可以通过合成其钠盐来提高其水溶性。

羟基苯甲酸酯钠应用于食品,涉及肉制品、乳制品、水产品、调味品、腌制品、饮料、糖果、啤酒等诸多食品,也被广泛应用于药品、化妆品和卫浴用品、婴儿用品。但是,有时候食品防腐剂也是一把“双刃剑”,也有可能给人们的健康带来一定的威胁。在我国,目前食品生产中使用的防腐剂绝大多数都是人工合成的,使用不当会有一定的不良反应;有些防腐剂甚至含有微量毒素,长期过量摄入会对人体健康造成一定的损害,甚至可能有致癌作用。

发现相关作用。

重金属主要通过皮肤被吸收。另一个重要来源是母亲在怀孕期间通过胎盘传给胎儿。一旦被吸收，重金属就会进入血液，身体试图摆脱它们，会通过正常通道来排出，如肾脏、胆汁和皮肤。无法及时排出的重金属则储存在脂肪组织、头发中以减少重金属的危害。

每一种重金属都对特殊的器官和组织具有亲密关系，这些器官被称为靶器官。例如，汞主要蓄积在肾脏和大脑，而镉沉淀在动脉、肾脏及骨膜。

当重要矿物质不足时，重金属的影响会被放大。重金属可以在关键酶系统中替代重要的矿物质，就像"更换零部件"。这样虽然可以暂时保持身体功能，但长久危害更大。这个过程被称为首选矿物的原则。身体更喜欢重要的矿物质，但如果不提供至关重要的矿物质，则会使用有毒金属。例如，锌对于动脉弹性和完整度来说是重要的，饮食中锌缺乏，重金属镉可以取代动脉中的锌；这可以让一个人暂时继续生存。但镉会导致动脉变脆，并与动脉硬化、高血压和更严重的心血管疾病相关。治疗心血管疾病，必须包括把动脉中的镉替换为矿物质锌。这是营养平衡科学的一个重要方面。

2.重金属的检测

血液、尿液和头发通常用来检测有毒金属。没有一个单一的测试可以检测身体内所有的有毒金属。

(1)血液检测：如果在过去几天或者几周内发生重金属中毒，最好采用血液检测。然而，重金属可以迅速从血液中清除。因此，对于慢性重金属显露在血液检测中是没有用的。

(2)尿液检测：尿液检测只有在螯合检测时才是最先考虑的，如二巯基丁二酸汞，这反映身体的真实水平。螯合剂抓住血液中的许多矿物质，包括有毒金属，并使它们在尿液中被排出体外。这个测试只会检测血液中的重金属和动脉壁中的重金属。但它不能检测到被深埋在器官和组织中的有毒金属。

(3)头发检测：美国环境保护局和原子能委员会的研究证实了头发分析的价值，可用于检测慢性毒性金属接触，这是最常用的方法。

(四)氧化压力检测

氧化压力是体内自由基过多与抗氧化物不足所产生的结果。现代人由于工作压力大、情绪紧张、饮食不当及环境污染等因素，经常会让身体处于高氧化压力状态。85%的慢性疾病，如癌症、心血管疾病、糖尿病、阿尔茨海默病、类风湿关节炎、慢性疲劳综合征、眼睛黄斑部退化等都与氧化压力有关。评估身体氧化压力状态

全且易于排出体外的物质。但如有肠漏综合征或重复暴露于食物中的化学毒素、环境污染物质、内毒素及其他会破坏解毒功能的毒素,都会造成此防御系统的损伤。肝脏解毒功能分析是利用小剂量的物质来刺激肝脏解毒作用,分析肝脏两个阶段(phaseⅠ和 phaseⅡ)的解毒功能是否正常。

肝脏解毒机制:是身体主要的自我防卫机制,可中和或转换代谢产物与毒性元素成为可溶性、安全、易于代谢的副产物,经由尿液或胆汁排出。外来毒素可经由皮肤、呼吸道和肠道等方式进入体内。肠道黏膜是防止食物性毒性物质与未消化完全的大分子食物进入体内的主要屏障。当肠道免疫功能或肠道屏障不正常时,例如肠漏综合征,都可能导致毒性物质进入体内,经由肝脏解毒系统代谢与清除。如果摄取过量的毒性元素或是肝脏解毒所需的营养素供应不足,肝脏解毒将无法正常运作,这些化学物质会停留于体内会助长疾病的产生。

肝脏解毒功能失调可能导致的疾病:慢性疲劳综合征、多重化学物质敏感、药物不良反应、帕金森病、多发性硬化症、肌萎缩侧索硬化症、吉尔伯特综合征。

分析项目:咖啡因清除率、谷胱甘肽结合作用、甘氨酸结合作用、硫化反应、醛糖酸化反应等。

(二)全套男性激素检测

全面评估下丘脑-垂体-肾上腺皮质-睾丸调节轴内分泌系统。测量脑下垂体激素、肾上腺皮质激素、性腺激素和完整类固醇激素代谢等 20 种激素。这些激素的分泌量与平衡关系与男性的生育能力、心血管健康、认知与情绪、秃发、前列腺健康等皆息息相关。借由这些分析可更精确地帮助面临健康挑战的男性,使其恢复激素平衡,增强男性性功能和抗衰老。

全套男性激素健康评估有助于预防和治疗与激素不平衡相关的疾病和症状;可监测激素替代疗法的疗效与作为个性化健康管理的参考;激素不平衡相关疾病风险的评估,包括评估前列腺癌。

全套男性激素健康评估可评估下丘脑-垂体-肾上腺皮质-睾丸调节轴代谢平衡、雄性激素和代谢物、雌性激素和代谢物、肾上腺皮质压力激素与抗压激素间的代谢平衡、类固醇激素代谢平衡、肾上腺激素与代谢物。

分析项目:黄体刺激素、滤泡刺激素、孕烯醇酮、孕酮、去氧皮脂酮、皮脂酮、醛固酮、17-羟孕烯醇酮、17-羟孕酮、11-去氧皮脂酮、皮脂醇、脱氢异雄酮、脱氢异雄酮硫酸盐、雄烯二酮、睾酮、双氢睾酮、雌酮、雌二醇、雌三醇、活性睾酮、性激素结合球蛋白。

(2)药物滥用:抗生素、类固醇、非甾体抗炎药。

(3)不良的饮食:过量饮酒、粗粮食用过少。

(4)环境毒素:农药、防腐剂、重金属。

(5)生活方式不佳:长期熬夜、压力过大、长期抽烟。

(6)其他:食物过敏、肥胖等。

3.小肠渗透力相关疾病

小肠渗透力的失衡导致肠道通透性出现的异常,已经被证明在人类多种疾病中起着非常重要的作用,包括慢性食物过敏、强直性脊髓炎、糖尿病、克罗恩病、乳糜泻、特应性皮炎、炎症性肠病、肠道肉芽肿性的病变,甚至全身性炎症病变、肠易激综合征等。

(五)肾上腺皮质压力检测

压力是现代生活中很难避免的一环,压力的来源有环境、精神、情绪、生理等因素。此项检测能反映出身体下丘脑-垂体-肾上腺皮质轴中枢神经内分泌系统,即中医所指任、督两脉的阴阳平衡系统,可作为身体处理焦虑、沮丧、恐惧、慢性疲劳综合征、肥胖、性功能减退、不孕、经前综合征、更年期综合征、骨质疏松症、神经性厌食症、睡眠不稳、糖尿病、心血管疾病等现代人疾病的指标。

在肾脏的上方连接的 2 个小型腺体,称为肾上腺,它们对生命有不可或缺的重要性:当感觉身体或心理有压力时,这些腺体便释放出天然化学物质,如肾上腺皮质醇、脱氢异雄酮,释放这些肾上腺激素到血液当中。

促肾上腺皮质激素的分泌与下丘脑-垂体-肾上腺皮质轴中枢神经内分泌系统有密切的关系。各种不同类型的压力,如环境、精神、情绪、生理等因素,均会透过大脑皮质反应,促使下丘脑分泌促肾上腺皮质激素释放激素及血管收缩素刺激垂体分泌促肾上腺皮质激素。促肾上腺皮质激素刺激肾上腺皮质制造并释放肾上腺类固醇,肾上腺皮质醇、脱氢异雄酮、醛固酮。一旦血液循环中的肾上腺皮质醇增多,则会抑制促肾上腺皮质激素的分泌;反之,肾上腺皮质醇的数量减低,则会刺激促肾上腺皮质激素的分泌。此种负反馈平衡机制无时无刻不在体内保持动态平衡状态。

肾上腺皮质醇在身体内具有多种重要功能,包括蛋白质、糖类、脂肪的代谢与利用,生理或心理上压力的调节,抗炎功能,血压的维持,免疫功能的调节等,肾上腺皮质醇分泌量若过低或过高,以及 24 小时分泌节律若被扰乱,则会造成许多疾病。

皮质醇:血液中皮质醇大多数都与携带的蛋白质结合,并不具有真正的生理

评估缺乏哪些营养素。最理想的情况是提供40种必需和条件必需营养素状态加上调节营养需求因素的信息然后进行评估。干预措施可以在支持优化能量代谢、解毒、氧化还原状态及其他组织功能的营养不足的功能医学失衡方面进行。为接近这个理想评估,多个角度的测试可以提供足够的数据为临床重点领域评估提供合理决策的信息。

第三节 功能医学与中医学的关系

一、功能医学与中医学

功能医学是从遗传、环境、心理、生活方式和生理的联动关系入手,通过研究人体由生理功能下降到病理改变的发病过程,来判断功能变化程度、疾病的发展进程,找出功能下降和疾病产生的原因,做到早期发现疾病及预防未来疾病的发生。中医学以人-自然环境-社会(心理)为医学模式,强调"以人为本",不仅注重人的生物属性,尤为重视人的心理特征和社会属性,主张顺应自然,主动适应自然和社会环境,中医学和功能医学在医学思维模式有惊人的相似,这些特征使中医学和功能医学如同两只并蒂莲花,相顾生色,相映生辉。

总结功能医学和中医学理论上的密切联系,并在功能医学的实践中总结如何结合中医、中药综合治疗。

(一)基础理论上的共同性和相似性

1.两者在理论上都认为人体是一个有机的整体

功能医学强调整体统一的原则。首先,功能医师认为患者的生理、心理和精神是一个内外动态平衡的有机整体,机体都是在不断地动态平衡中实现自我的稳定状态。而功能医学的主旨就是如何帮助患者从整体的角度恢复机体的动态平衡。同时,功能医学认为人体内部是一个互联网,连接着各个生理要素,功能医学也摒弃临床医学把疾病按系统分类,更多的研究机体的功能平衡,分析疾病产生的根本原因,把疾病的产生原因归结为生理功能的七大失衡,各生理失衡之间互相联系,互为因果。而中医学认为人体的生理功能是脏、腑、体、窍、经络相互联系,相互制约,共同维持的一个统一的整体。如《黄帝内经》提出心合小肠主血脉,开窍于舌;肺合大肠主皮毛,开窍于鼻;脾合胃,主肌肉、四肢,其荣在唇;肝

是未病先防，即所谓的"上医治未病，中医治已病，下医治大病，不治已病治未病"，这就是中医的预防医学理论。功能医学认为平时要加强机体的功能储备，使机体处于一个健康运行的状态，防止功能紊乱的发生；对机体已经出现功能下降，要让机体功能迅速恢复平衡；对于机体平衡被打破，发展到严重的症状或者疾病状态的，要寻找疾病产生的根源，纠正生理失衡，阻止疾病的进一步发展。

(二)对疾病的病因、病机分析和治疗原则的共通性

1.对乳腺结节、子宫肌瘤的分析与治疗

中医学认为，乳腺结节、子宫肌瘤是气滞、痰凝、血瘀三者郁结相合为患而形成。肝主调畅全身气机，气能载津、载血，气机一旦郁结，血、津、液也会随之成为瘀滞，积滞阻塞经络，久而会形成结块，而肝经的循行路线经过女性的乳房、子宫，肝气郁结，痰凝血瘀常导致乳腺结节和子宫肌瘤发生。在临床中会观察到这部分患者的体质多属于痰湿体质、气郁体质，患者往往会出现"情绪抑郁不舒畅，肋部胀痛，胸闷，咽部有异物感，腹部胀满，消化不良"等肝气郁滞证的表现，或者"头痛或头晕，耳鸣，面红目赤，急躁易怒，口干口苦，大便干结"等肝郁化火证的表现。所以对于乳腺结节、子宫肌瘤，中医治疗原则也是以疏肝理气，化痰、散结、消瘀为主。

这些患者从功能医学分析也与肝脏功能紊乱密切相关。功能医学认为女性乳腺结节、子宫肌瘤发生的主要原因为雌激素优势，而造成雌激素优势的主要因素之一就是雌激素代谢障碍，雌激素代谢能否正常进行则与肝脏解毒功能密切相关。功能医学治疗乳腺结节、子宫肌瘤等雌激素代谢障碍相关疾病，支持肝脏解毒是主要干预手段。

2.对慢性疲劳综合征的分析与治疗

中医治疗慢性疲劳综合征主要从虚实来辨证，虚证多为肾阳不足证，实证多为湿浊内阻证。功能医学主要从消化系统功能失衡，线粒体功能失衡，下丘脑-垂体-肾上腺轴、下丘脑-垂体-甲状腺轴失衡，免疫系统失衡干预慢性疲劳综合征。

慢性疲劳综合征肾阳不足证的表现：严重的疲倦乏力，嗜睡（体力下降、认知能力下降的表现）；腰部和膝关节酸软乏力（肌肉质量和强度下降、骨质疏松和骨性关节炎的表现）；阳痿、早泄、滑精（性欲减退、性功能失调、勃起障碍表现）；畏寒肢冷、面色皖白、尿少、肢体水肿（蛋白质缺乏或甲状腺功能减退表现）；小便清长、夜尿增多（前列腺肥大的表现）。应用温补肾阳的治法，方药可选用金

增加。

(二)案例特点

1.特点一:长期压力干扰内分泌系统

本例患者长期工作压力大,皮质醇分泌水平受到影响,往往会影响到甲状腺素的分泌,促甲状腺激素反复升高,长期反复刺激甲状腺可出现甲状腺结节。在皮质醇和甲状腺素的交替变化中,患者体重逐渐增加,胰岛素抵抗状况加重(图 1-3)。

2.特点二:糖脂代谢紊乱

患者糖脂代谢紊乱,血糖升高,血脂升高,与消耗小于摄入有关,游离脂肪和内脏脂肪超标,进一步加重胰岛素抵抗(图 1-4)。

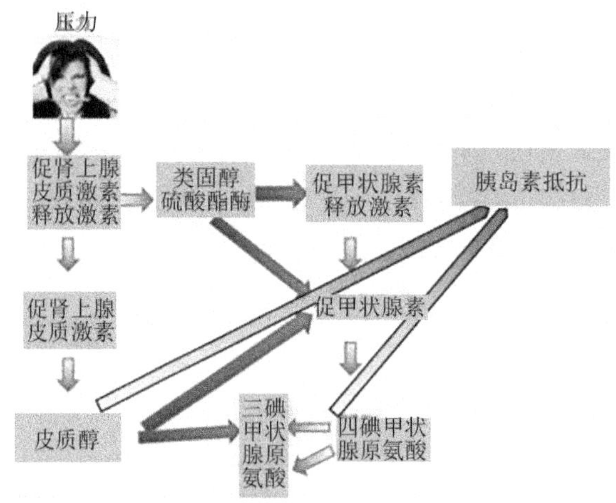

图 1-3 压力干扰内分泌系统

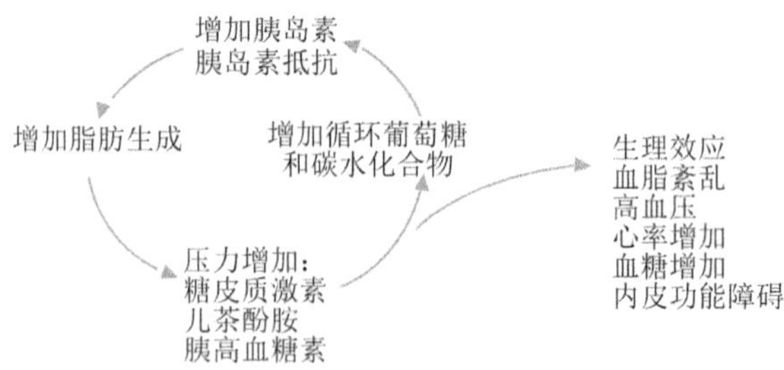

图 1-4 内分泌紊乱与糖脂代谢异常机制

3.特点三:肠道菌群紊乱及肝脏生物转化受损

患者每天下午自觉心烦,睡眠不佳多梦,一方面考虑为皮质醇分泌节律波

的调控。糖尿病患者对于血糖的调节功能受损，胰岛素敏感性下降，而身体里的降血糖的激素只有胰岛素，升血糖的激素众多，比较密切的有胰高血糖素、皮质醇、甲状腺素等。当升血糖的激素作用大过胰岛素的作用的时候，血糖就会升高。可以说，在控制血糖的问题上，胰岛素是四面楚歌。当睡眠障碍时，有可能会诱发血糖异常；当患者存在睡眠呼吸暂停综合征的时候，会诱发血糖升高；当患者存在慢性压力的时候，可能诱发血糖异常，包括高血糖和低血糖，患者肝脏解毒功能不佳，容易出现情绪波动，诱发血糖波动。患者患精神情绪疾病，可能诱发血糖异常，患者大量进食慢性过敏的食物，可能会导致血糖异常。

患者长期的工作、生活压力一直困扰着他，本身性格与工作内容有冲突，又难免日常应酬饮酒情绪、压力管理不良，激素代谢一定有问题。油脂分泌过旺与压力、睾酮分泌失衡、肝脏代谢失衡有关，加上每天进食热量较高，运动不足，内脏脂肪超标，胰岛素抵抗情况逐年加重，最终导致血糖升高。所以中医的治疗都在调整情绪和睡眠，后续的治疗中施今墨对药证实有降糖的作用，结合调整情绪和睡眠，帮助控制血糖。给予 B 族维生素，一方面考虑患者膳食结构不合理；另一方面 B 族维生素可以改善三羧酸循环，还可以改善肝脏代谢，减轻疲劳感，有助于稳定血糖。

2.以点带面的思路

(1)“点基因”:基因干预还需要有以点带面的思路。在基因的网络里,某些基因会对多个基因产生较大影响,暂称其为“点基因”。基因干预可以通过对点基因的支持实现对多个基因的支持。

例如,核因子 E2 相关因子 2(nuclear factor erythroid 2-related factor 2,Nrf2)基因是人体内重要的基因之一。Nrf2 支持谷胱甘肽的合成、利用和再回收过程,支持还原型烟酰胺腺嘌呤二核苷酸磷酸(reduced nicotinamide adenine dinucleotide phosphate,NADPH)的生成,支持铁固存、醌排毒、哺乳动物西罗莫司靶蛋白(mammalian target of rapamycin,mTOR)的生成,同时也支持细胞自噬。乳腺癌 1 号基因和抑癌基因也是通过支持 Nrf2 的活性来体现抗癌效果。因此,对 Nrf2 基因的支持可以达到以点带面的支持作用。

(2)“点营养素”:除“点基因”外,某些营养素也具备同时对多个基因支持的功能,暂称其为“点营养素”。同样用以点带面的思路,可以利用姜黄素抑制磷脂酶 A_2,环氧合酶(cyclooxygenase,COX),NADPH 氧化酶,白细胞介素-6,肿瘤坏死因子,核因子 κB,mTOR 等因子的基因的活性。

3.全面考虑症状、检测报告、基因变异

功能基因分析为功能医学的循证提供了证据。为每一对变异基因找到表达的根据,需要通过症状和其他检测报告寻找基因表达的结果。基因变异或致病基因若不表达则不会对健康造成影响,原则上不干预不表达的基因,即通过症状及相应检测报告结果来干预表达的变异/致病基因,而不是根据基因检测结果干预未表达的基因,不可本末倒置。例如,亚甲基四氢叶酸还原酶变异和叶酸受体变异情况,可通过有机酸或血检查看叶酸水平后,再考虑干预该基因的方案。

(二)心血管疾病主要基因支持的营养素

1.脂质代谢主要基因的营养支持

(1)磷脂酶 A_2 的激活可产生花生四烯酸,从而通过一系列反应激活血小板,造成凝血或血管粥样硬化。因此对磷脂酶 A_2 的抑制和防止其激活是心血管疾病的功能基因营养干预手段之一。临床中常用抑制磷脂酶 A_2 的药物:阿司匹林、COX 抑制剂(罗非昔布及塞来昔布)、非甾体抗炎药、美洛昔康等。营养干预则可通过 CDP-胆碱、积雪草、姜黄素、银杏、类固醇、甘草等抑制磷脂酶 A_2。其中 CDP-胆碱可同时抑制磷脂酶 A_2 及 COX-2 两种酶。在临床中,CDP-胆碱还可作为止痛剂使用。另一方面,激活磷脂酶 A_2 的因素:电磁波的接触、抽烟、过氧

力。黄芩根提取物：具有抗炎潜力。黄酮类化合物：抗炎和抗氧化活性，包括柚皮苷提取物、草莓浓缩提取物，抑制诱导型一氧化氮合酶，支持内皮型一氧化氮合酶。营养支持体内循环：减少血液黏稠度，营养主动脉组织，如覆盆子、银杏、山楂、心脏组织、蚓激酶、纳豆激酶等。

其中，柚皮苷通过减少核因子 κB 的途径减少分泌调节因子生成；啤酒花的苦酸抑制核因子 κB，减少分泌调节因子生成；草莓浓缩提取物抑制花生四烯酸，减少血小板凝聚，有效减少可溶性白细胞分化抗原、分泌调节因子水平。

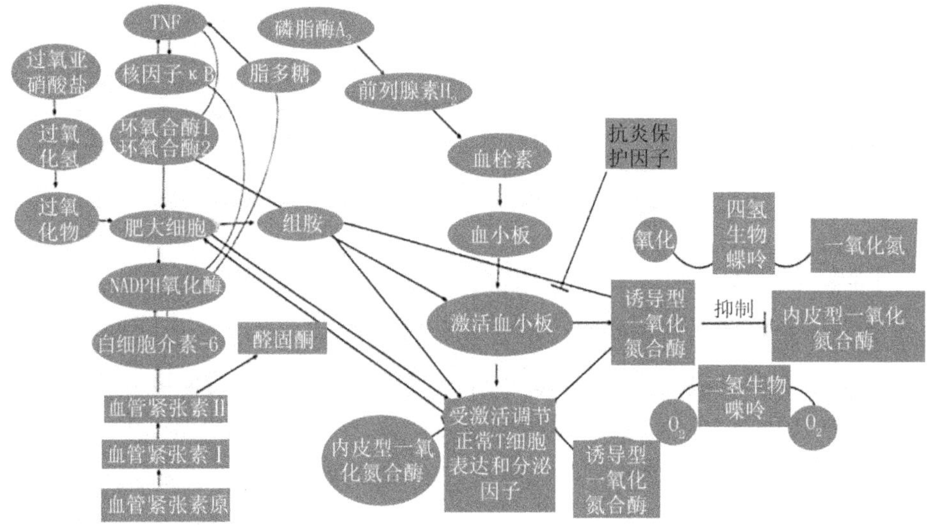

图 2-1　血栓素和分泌调节因子的营养支持

3.一氧化氮的营养支持

支持一氧化氮合酶-1 及内皮型一氧化氮合酶-3：阿朱那、甜菜根提取物、芒果、山楂浆果提取物、*L*-瓜氨酸、锰（作为甘氨酸锰）、核黄素（作为核黄素-5-磷酸盐）、五味子浆果提取物、硒（作为 *L*-硒代蛋氨酸）、硫胺素（作为硫胺素一硝酸盐）、维生素 C、*L*-5-甲基四氢叶酸、钾（柠檬酸钾）、牛磺酸镁、苹果酸镁、低气压、大蒜素、卡姆果等。

抑制诱导型一氧化氮合酶：齿叶乳香树提取物、绿茶叶提取物、*L*-赖氨酸、穿心莲提取物、姜黄提取物等。谨慎使用精氨酸：在没有确认四氢生物蝶呤、NADPH、一氧化氮合酶-1 是否正常的情况下，应避免使用精氨酸，以免造成一氧化氮脱偶联，mTOR 过度刺激，产生过多过氧亚硝酸盐，引起新的氧化应激和炎症，抑制细胞自噬。近期多项研究表明，不建议大剂量、长期使用精氨酸。

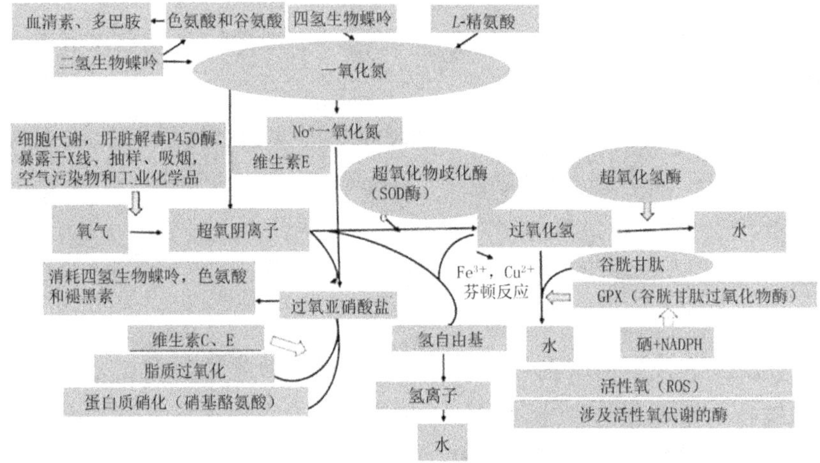

图 2-2　内源性抗氧化剂的代谢通路

(3)谷胱甘肽的营养支持：谷胱甘肽通常被称为人体主要的抗氧化剂。谷胱甘肽由 3 种氨基酸组成：半胱氨酸、甘氨酸及谷氨酸。3 种氨基酸几乎存在于人体的每个细胞中。最高浓度的谷胱甘肽存在于肝脏和皮肤中，使其在身体解毒过程中至关重要。

谷胱甘肽除本身具有抗氧化、支持肝脏解毒的功能外，还能够还原某些外源性维生素，如维生素 C、维生素 E。当维生素 C、维生素 E 等抗氧化剂将电子捐给自由基时，本身会成为促氧化剂并可能造成损害。而谷胱甘肽可以“补充”此类外源性抗氧化剂，将其恢复到还原形式，使其可以再次恢复作用，完成自由基的清除活动。当谷胱甘肽系统有效运作时，抗氧化剂的使用可最大限度地提高控制氧化应激水平。从 20 岁开始，人体内谷胱甘肽水平每年下降约 1%；到了 60 岁，人体内的平均谷胱甘肽水平仅为 20 岁时的 40%。

对谷胱甘肽的支持需要注意：关注与谷胱甘肽生成、利用、回收有关的基因和谷胱甘肽水平；关注支持谷胱甘肽的基因，如 Nrf2；建议谷胱甘肽的直接性补充限制在三个月内，长期大剂量的谷胱甘肽补给会导致人体谷氨酸和半胱氨酸过高，产生新的氧化应激和炎症；短时间谷胱甘肽补给后，应关注基因对谷胱甘肽的利用和回收的支持；支持 Nrf2 基因，人体中有 250 多个 2 期基因被称为促进生命基因，主要的作用是细胞抗氧化反应，且都需要 Nrf2 的调节，Nrf2 支持谷胱甘肽的合成、利用和回收。坚持促进合成，减少补给才是长期保证谷胱甘肽水平的根本方法。

直接补充谷胱甘肽：*L*-还原型谷胱甘肽吸收率低，胃肠道破坏性强，不建议

支持 NADPH 的天然中药营养素：苯磷硫胺、螺旋藻、姜黄素、钼、牛磺酸、荨麻根提取物、厚朴提取物、甲基磺酰甲烷、生物类黄酮复合物、银杏叶提取物、小檗碱提取物、欧芹叶粉、木樨草素、橄榄叶提取物等。支持 NADPH 的功能营养素：NADPH protect。

7.四氢生物蝶呤的营养支持

四氢生物蝶呤是一氧化氮偶联过程中的关键酶之一。支持 NADPH，减少氧化应激，减少过氧亚硝酸盐的产生，可增加四氢生物蝶呤在其与二氢生物蝶呤的循环中的主导作用，解除一氧化氮脱偶联的恶性循环。四氢生物蝶呤可因高水平的氨(来自生物毒素、胱硫醚-β-合成酶基因突变、硫处理异常)、氧化应激、重金属毒性、缺乏多巴胺前体或 NADPH，以及常见的遗传多态性而耗竭。

四氢生物蝶呤的其他营养支持：叶酸(亚叶酸和 L-5-甲基四氢叶酸)和多巴胺前体，蜂王浆是天然的四氢生物蝶呤补充剂。在临床研究中已注意到微量元素锂可增加四氢生物蝶呤水平。功能营养素支持：BH4 assist。

以上是作为心血管疾病的基础性治疗，因多数人的心血管疾病都由氧化应激引起。因此首先解决氧化应激问题才能为进一步的治疗打好基础。

(三)甲基化基因的评估和营养支持

1.甲基化状态确定(不足/过多)

甲基化平衡属于动态平衡。甲基化状态确定对营养支持至关重要，是蛋氨酸循环基因突变的净效应，不应着重于单个单核苷酸多态性。例如，多数具有亚甲基四氢叶酸还原酶 C677T 单苷酸多态性基因的个体甲基化不足，但仍有部分个体过度甲基化。

全血组胺或多巴胺前体/S-腺苷高半胱氨酸比率：升高的血液组胺表明甲基化不足，低组胺则表明过度甲基化。抗组胺治疗可人为降低血液组胺，应在取样前几天避免使用抗组胺剂。

烟酸测试法：空腹服用 50 mg 烟酸，如面部发红，可能表明低甲基化/高组胺；空腹服用 100 mg 烟酸，如面部轻微潮红，可能表明平衡的甲基化/组胺；空腹服用 150 mg 烟酸，如面部未发红，可能表明过度甲基化。

2.甲基化的营养支持

在甲基化路径 4 中，蛋氨酸腺苷转移酶催化蛋氨酸生成 S-腺苷甲硫氨酸。其中蛋氨酸腺苷转移酶基因受自由基和氧化应激影响，活性波动较大。当个体氧化应激水平较低时，蛋氨酸腺苷转移酶功能较活跃，反之蛋氨酸腺苷转移酶活性受抑制。

防止斑块不稳定的最有效药物，斑块是急性心肌梗死和猝死的主要原因。低剂量的西罗莫司因其抑制 mTOR 的有效性，已经广泛用于抗衰老的治疗中。

（二）mTOR 抑制和细胞自噬的营养支持

（1）抑制 mTOR 和支持细胞自噬：禁食，禁食可支持细胞自噬。支持细胞自噬的天然营养素：绞股蓝、姜黄素、小檗碱提取物、紫檀芪、柳树皮干提取物、厚朴提取物。支持细胞自噬的功能营养素：autophagy support。

（2）减少激活 mTOR 的因素：血糖和胰岛素、过多的 S-腺苷甲硫氨酸、甲基叶酸、维生素 B_{12}、谷氨酸、胰岛素生长因子-1、激素、氨基酸（蛋白粉）、环境激素、过量的铁、杀虫剂、高果糖玉米糖浆等。

（3）支持 AMP 依赖的蛋白激酶，支持 Nrf2。

（4）减少电磁波暴露。

三、病例分析

（一）相关检测及基因检测

女，58 岁，失眠、便秘、疲劳、疫苗接种后血压难控制，出现多次胸痛的症状。

（1）血栓素：如图 2-3 所示，患者血栓素检测值为 878，服用阿司匹林的正常区间应在 141～421，未服用时应在 100～150，因此，患者血栓素明显偏高。

检测名称	检测值
慢性炎症检测 11-脱氢血栓烷B2	878

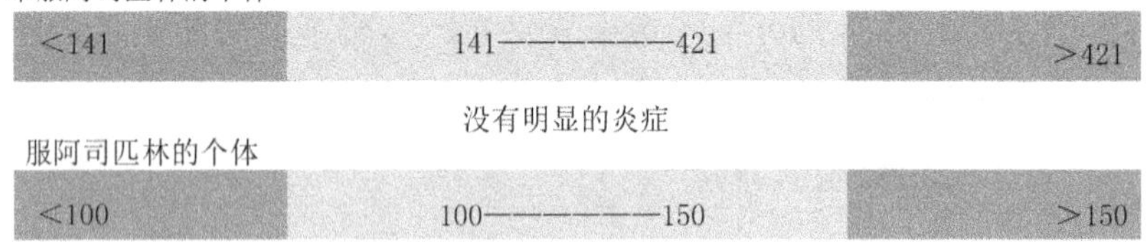

图 2-3　血栓素指标

（2）有机酸代谢：肠道霉菌和艰难梭菌超标；线粒体功能不佳；脑神经递质偏低且喹啉酸过高；甲基化排毒水平低；谷胱甘肽不足；叶酸、维生素 B_{12}、维生素 B_6、维生素 B_5、维生素 C 缺乏。

（3）脂肪酸代谢：ω-6∶ω-3＝11∶1（正常区间为 3∶1～5∶1）。花生四烯酸∶二十碳五烯酸＝20∶1（正常区间为 2.5∶1～11∶1）。

制 NADPH 氧化酶);fatty acid assist(支持脂质代谢)。

(四)效果跟踪

患者便秘、睡眠改善,血压稳定,从干预第 3 个月开始,胸痛消失。

计划:6 个月后继续跟踪做 ω-3 脂肪酸检测、血栓素检测、有机酸检测,再做进一步的基因支持,包括甲基化支持、组胺、肥大细胞等。以上处方中未做甲基化支持的原因是患者谷胱甘肽较低,氧化应激水平较高,此时如果做甲基化支持,患者的睡眠得不到改善,且可能造成焦虑。

第二节 功能医学干预高血压

《中国心血管健康与疾病报告 2021》推算出我国高血压患病人数已达 2.45 亿。贯彻“以基层为重点,以预防为主”的国家方针。基层医疗卫生机构是高血压管理的“主战场”。社区家庭医师是高血压防治的“主力军”。

一、高血压诊治现状及瓶颈

不断更新的高血压指南为目前的原发性高血压治疗提供了成熟的临床诊断治疗方案和流程,患者越来越认识到控制血压的重要性。但患者仍常经历处方中药物数量不断增加,血压却未达标的情况。

(一)高血压的病理生理学

(1)遗传学、表观遗传学和环境基因组的相互作用。

(2)血管功能异常:内皮功能障碍、血管平滑肌功能障碍。

(3)血管和肾脏炎症:高敏 C 反应蛋白、白细胞、中性粒细胞计数升高,淋巴细胞计数下降,增加肾素-血管紧张素-醛固酮系统的活性。

(4)氧化应激:活性氧和活性氮的增加降低了动脉和肾脏氧化防御。

(5)血管和肾脏的自身免疫功能失调:增加白细胞计数,参与 $CD4^+$(辅助 T 细胞)的参与和 $CD8^+$(细胞毒性 T 细胞)。

(二)营养可以调控基因表达

高血压的发生有 30%由遗传因素决定。

1.血管紧张素转化酶抑制剂基因突变

血管紧张素转化酶抑制剂(angiotensin converting enzyme inhibitor,ACEI)

内中膜增厚 1.3 mm，未见斑块。心电图：未见明显异常。心超：射血分数 63.9%，室间隔稍增厚，左心室舒张功能减退，轻度三尖瓣、二尖瓣、主动脉瓣反流。

（三）问题评估

主要诊断：高血压；2 型糖尿病；中心型肥胖；高同型半胱氨酸血症。

存在的健康问题：危险因素为中年女性，中心型肥胖，不健康膳食，身体活动不足；双联降压药作用下，血压尚未达标；颈动脉内中膜增厚，高同型半胱氨酸血症，应积极控制危险因素，延缓疾病进展，避免冠心病、心梗、心功能不全、猝死、脑卒中等疾病发生；患者情绪紧张，稍有焦虑。

并发症：血糖已从糖尿病前期转为糖尿病，按临床诊疗规范，需要起始降糖药物治疗。

患者本人：能听从医务人员指导，依从性较好。家庭和睦，夫妻关系良好。

（四）处理计划

药物治疗：氨氯地平片 5 mg/d；厄贝沙坦片 150 mg/d。

非药物治疗：指导健康的生活方式和合理的饮食结构。

其他：纳入社区慢性病规范化管理。

患者忧虑：高血压控制不理想，需要加药；糖尿病开始服药后无法轻易停药。

患者期望：减少降压药，可不服用降糖药，控制血压血糖。

三、功能医学干预策略

（一）限盐

51%的高血压患者是“盐敏感”（即限盐可受益）；33%对盐有“抵抗力”；每天增加 1 000 mg 钠摄入量，全因死亡率增加 20%；高钠摄入消除了血管紧张素 2 受体介导的血管舒张作用；限盐得舒饮食的高血压患者平均降低1.5/0.7 kPa（11.5/5.5 mmHg）。

治疗建议：将钠摄入量减少至 1 500～2 000 mg/d。

（二）减脂

减肥＋运动＝降低血压的最有效手段之一。其他非药物治疗和药物治疗干预，降低心血管疾病风险。中等强度运动，每次 30 分钟，每周 5～7 次，抗阻力训练 40 分钟，降低血压和降低心血管疾病风险。

（四）得舒饮食

得舒饮食是美国国立卫生研究院附属心肺血液研究所研发的大众健康新型饮食。得舒饮食强调高钙高镁高钾、低钠少糖、丰富的膳食纤维和不饱和脂肪酸。《美国医学会杂志》上的研究表明，得舒饮食与收缩压和舒张压的降低有关。8 周得舒膳食干预使高血压患者的收缩压和舒张压分别降低 1.5 kPa（11.4 mmHg）和0.7 kPa（5.5 mmHg）。

（1）减少炎症标志物 C 反应蛋白的饮食、营养及生活方式。

（2）饮食：地中海饮食。

（3）营养：葡萄籽提取物、水果和蔬菜占比高的饮食、生姜、ω-3 脂肪酸和单不饱和脂肪酸、槲皮素、植物甾醇、迷迭香、硫辛酸、镁、纤维素、硒、辅酶 Q10、姜黄素、乳香、纳豆激酶、黑巧克力、黄酮、菠萝蛋白酶、冷水鱼、维生素 A、B 族维生素、维生素 C、维生素 E。

（4）生活方式：减少体重和脂肪（内脏）；降低胰岛素抵抗；戒烟；减轻压力；运动和睡眠。

通过为期 2 个月的体重管理，患者腰围减小 3.5 cm，体重下降 6.3 kg，体脂率下降 5%，蛋白质上升 2.8%，皮下脂肪下降 3.3%，基础代谢提高 267 kJ。

患者的血压在干预 2 周后开始达标，停服降压药后，血压仍达标。血糖也在干预 2 周后出现平稳下降至糖尿病前期的状态，1 个月后血糖值、空腹及餐后 2 小时和糖化血红蛋白，都在正常范围。

在本案例中，高血压合并糖尿病患者通过 2 个月生活方式干预，教会患者科学饮食，给予膳食营养补充剂，选择合适的运动方式，体重减轻 6.3 kg，血压达标，停服两联降压药。血糖达标不需要服用降糖药，达到预期。

本次干预达到减缓疾病的发展、减少并发症的发生、降低医保支出、减轻家庭和国家的经济负担的项目预期。

四、功能医学干预的重要因素

功能医学在美国已被临床医师应用于慢病的干预，马克·休斯顿博士（范德比尔特大学医学院临床医学教授，纳什维尔圣托马斯医院，高血压及血管生物学研究所，医学部主任）在多年的临床实践中有着丰富的经验以及完善的营养干预方案，现简单整理了休斯顿博士关于高血压的干预方案及要点以供参考，东西方人群存在致病因素的差异，干预方案也不尽相同，希望我国的功能医学医师在临床工作中不断实践，结合中医、中药总结出适合国人的慢病干预方案。

非勺型血压患者的钠排出量减少(对利尿剂有响应),血小板体积增加,与心血管疾病、左心室肥厚、慢性心力衰竭、慢性肾衰竭、颈动脉内膜增厚等密切相关,多病灶脑白质病和无症状性脑梗死。非勺型血压更常见于钠敏感患者和非裔美国人。

(七)中央血压

中央血压为升主动脉血压,表示对心脏和脑的压力,比肱动脉血压更能预测心血管疾病及其死亡率,全因死亡率和左心室肥厚等。用钙通道阻滞剂、ACEI、血管紧张素受体拮抗剂和α受体阻滞剂降低中央血压。治疗:β受体阻滞剂和利尿剂使中央血压增加或不变。既往中央血压测量需要一个心脏导管测量,目前可以使用无创方法准确估算中央血压。

(八)高血压前期风险

高血压前期:血压从16.0/10.7 kPa(120/80 mmHg)上升到18.5/11.9 kPa(139/89 mmHg),再加上升高的高敏C反应蛋白,脑卒中风险增加。降低心血管疾病风险:减重。减肥加运动是降低血压的最有效手段之一。其他非药理和药物治疗干预。运动:5～7天/周,间隔20分钟,抗阻力训练40分钟,降低血压和降低心血管疾病风险。

(九)限盐:针对“某些”患者,不是全部

51%的高血压患者是“盐敏感”(即限盐可受益);33%的患者对盐有“抵抗力”。高钠摄入消除了血管紧张素-2受体介导的血管舒张作用。得舒饮食:限盐的高血压患者平均降低1.5/0.9 kPa(11.5/6.8 mmHg)。治疗建议:将钠摄入量减少至1 500～2 000 mg/d。每天增加1 000 mg钠摄入量,全因死亡率增加20%。

(十)饮食中的钾

将膳食钾摄入量提高到每天5 g(通过水果和蔬菜)。将钠摄入量减少至1 500～2 000 mg/d,使得钾/钠比为2.5～3.3/1。

(十一)镁

诊断:检测红细胞内的镁。

干预:摄入500～1 000 mg/d的螯合镁(即苹果酸镁)。

替代方法:牛奶(含Mg^{2+},K^{+},Ca^{2+})降低血压优于单独Mg^{2+}。

(十二)大蒜

10个临床对照试验中发现大蒜的降压作用是剂量依赖性的,可降低血压

桃、花生等。牛磺酸:临床用于高血压、高脂血症、心律失常、冠心病、慢性心力衰竭、充血性心力衰竭,动脉硬化性心血管疾病。

牛磺酸:6 g/d 牛磺酸短期应用使血压降低 1.2/0.5 kPa(9/4 mmHg)。

(二十一)碧萝芷

碧萝芷是从海洋松树树皮中提取的植物提取物。碧萝芷 200 mg,每天 1 次使血压降低 0.9/0.3 kPa(7/2 mmHg)。

(二十二)绿原酸

绿原酸 36～185 mg/d,(平均每天 140 mg)降低血压0.7/0.5 kPa(5.6/3.9 mmHg)。

(二十三)葡萄籽提取物

150～300 mg 葡萄籽提取物在 4 周内降低血压 1.5/1.1 kPa(11/8 mmHg)。

(二十四)石榴汁

石榴汁是天然 ACEI,将人体收缩压降低 5%～12%。一年内将颈动脉中膜增厚降低 30%,减少氧化低密度脂蛋白 60%～90%。

(二十五)褪黑激素

所有临床试验:夜间服用褪黑激素 3～5 mg,平均降低血压 0.8/0.4 kPa(6/3 mmHg)。

(二十六)营养素与药物联合应用

芝麻与 β-阻滞剂、利尿剂、硝苯地平;碧萝芷与 ACEI;番茄红素与各种抗高血压药;硫辛酸与 ACEI;维生素 C 与钙通道阻滞剂;N-乙酰半胱氨酸与精氨酸;大蒜与 ACEI;利尿剂和 β 受体阻滞剂;辅酶 Q10 与 ACEI、钙通道阻滞剂等联合应用。

(二十七)药物消耗的营养素

利尿剂降低钾、镁、磷、钠、氯、叶酸、维生素 B_6、锌、碘和辅酶 Q10,升高同型半胱氨酸、钙、葡萄糖、胰岛素抵抗、2 型糖尿病和肌酐,将 10 年肾功能不全的发病率提高超过 35%。β 受体阻滞剂降低辅酶 Q10。ACEI 和血管紧张素受体阻断剂降低锌含量。

(二十八)关键概念:血浆肾素活性

低肾素性高血压:血管内容积增加(体积依赖),血浆肾素活性 $<0.65\ \mu g/(mL \cdot h^{-1})$;占高血压患者的 30%。

三，通过案例也给予临床医师许多启发，要不断探讨，不断深入研究，未来还需要大量的科学佐证来支持应用，希望这些转化医学的成果，可以在未来能惠及更多这样的慢性病患者群。

一、案例分析

患者基本信息：王某，汉族，53 岁，本科学历，退休兼职金融工作，流产3 次，至今未育，家庭责任感强。

首次就诊时间：2021 年 6 月 25 日。

主诉：间断左胸背疼痛 3 年，加重 6 个月。

现病史：3 年前(2018 年 9 月 15 日)因“左胸痛半个月”入住某医院心内科。住院前半月无明显诱因出现胸部胀痛，向肩背部放射，怕冷明显增强，夏天薄毛衣不离身，恐惧，焦虑，失眠，无胸闷，无心悸，无大汗淋漓、无意识丧失，持续 1 小时缓解，自述服用速效救心丸胸痛缓解，半月来胸痛发作次数逐渐增多，疼痛程度加剧。

既往史：1996 年在其他医院诊断患者为“乙肝携带者”，2010 年在其他医院诊断患者为“神经性皮炎”。反复根尖周炎、牙龈炎发作，乳腺结节 3 类，停经 5 年，子宫肌瘤，胆囊息肉，肝血管瘤，甲状腺结节，腔隙性脑梗，慢性胃炎。

个人史：有伴侣且未婚，流产 3 次，至今未育。

家族史：母亲患胰腺癌、肝癌，已故；父亲患糖尿病、乙肝小三阳；兄弟姐妹健康。

查体：体形消瘦，无贫血貌，舌苔白腻，颈部皮疹大小为左侧 4 cm×6 cm、右侧6 cm×8 cm，咽部无充血，甲状腺未触及肿大，左侧第二肋串珠肋，双肺呼吸音清，两肺未闻及干湿性啰音，心率 78 次/分钟，律齐，各瓣膜区未闻及病理性杂音，腹部平坦，腹部无压痛及反跳痛及腹肌紧张。

入院检查：心肌标志物中肌酸激酶同工酶 5.76 μg/mL 及肌钙蛋白 T 19.9 μg/L，均轻度升高。尿素钠 370 μg/mL，冠脉 CT 造影未见明显狭窄。患者平时有劳累性呼吸困难，心前区不适，晕倒，乏力。反复发作的心前区不适症状，症状多在劳累、熬夜等后发作。反复住院诊治为“低血压、电解质紊乱”。

间断在其他医院检测心肌标志物：肌酸激酶同工酶 3.95～4.74 μg/mL 及肌钙蛋白 T 21.6～22.3 μg/L，均持续阳性，尿素钠 379 pg/mL。心脏超声：左心室壁肥厚。动态心电图、动态血压、胸部 X 线检查未见明显异常。

其他医院诊断：左心室肥厚的原因不明确。6 个月及 2 个月前因“反复胸

2007 年 11 月 13 日：血管瘤；钙化斑；胆囊壁欠光滑，胆囊息肉样改变；子宫肌瘤。

2008 年 03 月 24 日：肝脏实质性团块（血管瘤？）；胆囊壁赘生物。

2009 年 08 月 28 日：双侧乳腺增生。

2012 年 07 月 13 日：直肠及结肠未见异常（CA724：17.33 μg/L↑。CA125：45.86 kU/L↑）。

2014 年 05 月 07 日。肝实质性结节：（血管瘤？）胆囊壁隆起样改变。左乳实性结节：（纤维腺瘤？）甲状腺右侧结节样伴钙化（甲状腺右侧叶中下份查见大小约 5 mm×2.5 mm 的囊实混合回声结节，边界欠清楚，形态欠规则，其内查见点状强回声，内未见确切血流信号）。甲状腺右侧叶肿物针吸及活检，倾向为良性病变甲状腺右侧叶肿物针吸及活检，倾向为良性病变。

2014 年 05 月 13 日：慢性浅表性胃炎伴糜烂。

2015 年 1 月 09 日：双侧乳腺小叶增生；子宫肌瘤。

2015 年 06 月 06 日：甲状腺双侧叶结节。肝实质性改变：（血管瘤？）胆囊息肉样变。双侧乳腺增生，考虑 BI-RADS 3 类，左乳实性结节（BI-RADS 3 类）。多发性子宫肌瘤。宫颈纳氏囊肿。

2017 年 06 月 23 日：双侧乳腺弱回声结节；肝血管瘤；胆囊息肉；子宫肌瘤、宫颈纳氏囊肿。

2020 年 10 月 14～11 月 03 日：肝实质性结节，血管瘤？ 胆囊息肉样病变。宫壁实性结节，考虑肌瘤。甲状腺双侧叶结节（TI-RADS 3 类）。

2021 年 01 月 25 日：左乳散在针尖样钙化（BI-RADS 2 类），右乳散在圆点及蛋壳样钙化（BI-RADS 2 类）。

2021 年 04 月 25 日：双侧颈部查见淋巴结，内膜欠光滑，部分皮髓质欠清。

2021 年 04 月 13 日：左掌皮肤皮下实性结节。

2021 年 07 月 27 日：甲状腺实质回声均匀，左侧叶下份查见大小约 6 mm×4 mm×2 mm 的无回声结节，右侧叶中份查见大小约 2 mm 的弱回声结节，边界清晰，形态规则，未见明显血流信号。右乳腺实性结节多为良性（BI-RADS 3 类）。

2021 年 08 月 20 日：肝内多发实性结节，（血管瘤？）胆囊壁息肉样病变。

2021 年 05 月 23 日：免疫与肿筛报告。

免疫检查报告：NK 细胞计数，234%↓。粒细胞计数：2 198×10^6/L↓。总 T 淋巴细胞计数：1 120%。总 B 淋巴细胞计数：133%↓。

肿瘤筛查报告：铁蛋白，150.22 μg/L↑。唾液酸：446 mg/L↓。CA724 及

2.吖啶黄

吖啶黄抗炎并提高免疫细胞的活跃度。

3.增强肝脏代谢

细胞优化肽属于细胞生物产品，富含小分子活性肽干细胞因子群及多种细胞营养，对人体的干细胞分化增殖有极高的激发作用，对人因生活习惯、代谢或饮食等因素所造成的发炎、氧化、糖化、甲基化以及环境因素造成 DNA 不同程度损伤等身体问题有一定的修复作用。

4.间充质干细胞

间充质干细胞具有多向分化潜能，免疫调节，组织修复等功能。

(1)在组织修复中，经过改造的干细胞可通过表达神经营养因子、抗炎细胞因子或血管生成因子，从而促进组织的愈合和恢复。

(2)在遗传性病治疗中，通过改造的干细胞用于作为长期的酶替代物，以纠正或消除致病突变的影响。

(3)通过产生抑制性细胞因子或诱导调节性 T 细胞发育，在减少炎症方面发挥免疫调节作用。

(4)间充质干细胞可以进入受损的心脏及血管，并在体内分化成心肌细胞样细胞及血管内皮细胞样细胞。

(5)可分泌高水平的生长因子，通过旁分泌作用，促进正常心肌细胞增殖。

三、功能医学干预

(1)保护胃黏膜、促进消化、改善肠道菌群 5R 疗法。

移除敏感食物，鉴于患者无中重度食物不敏感，轻度敏感食物 1 周 1 次食用，每周轮换，每次食用量不超过总食量的 3/4，3 个月恢复到正常饮食，具体方案见表 2-1。

表 2-1　肠道菌群 5R 治疗方案

营养素	剂量	服用方式	次数	持续时间
维生素 D_3	5 000 U	口服	1 天 1 次	3 个月
补充益生菌：乳酸菌家族	1 袋	空腹	1 天 2 次	3 个月
酵素	1 袋	空腹	1 天 2 次	3 个月
消化酶胶囊	2 粒	空腹	1 天 3 次	3 个月

(2)加强锻炼，如瑜伽、跑步。

(3)冥想，舒缓紧张情绪。

强调患者的主动参与。

睡眠和放松	运动和体力活动	营养和水分	压力	社会关系和人际交往
睡眠不足	缺乏锻炼	高糖负荷	缓压技巧	孤独
睡眠呼吸暂停	肌肉关节痛	过度加工食品	经济压力	悲伤
浅呼吸	久坐	高钠、反式脂肪酸	焦虑/抑郁	没有宠物
心率变异性HRV降低	疲劳，缺乏动力	ω-3脂肪酸缺乏	酒精过度使用	不受关照
非勺形血压		微量元素镁、钾不足	吸烟/药物滥用	

图 2-4　可改变的生活方式

(一)预防和治疗心血管疾病的生活干预

预防和治疗心血管疾病的生活方式干预主要包括饮食结构调整、规律的运动,压力的管理。另外,戒除不良的生活习惯,例如吸烟、大量饮酒、熬夜等。最终目的是控制慢性炎症和改善胰岛素的抵抗(图 2-5)。

预防和治疗心血管疾病的生活方式干预:

- 地中海饮食
- 规律运动
- 压力管理
- 停止吸烟

控制慢性炎症和胰岛素抵抗

图 2-5　预防和治疗心血管疾病的生活干预

(二)饮食模式

针对心血管,饮食模式可参考改良的地中海饮食模式,其主要原则如图 2-6 所述。另外,每次进食,肠道都会引起一次相对小的炎症,这种炎症的大小与进食种类及肠道状况有关。提倡轻断食,或固定时间进食的方式,是一种可很好地减轻全身慢性炎症的饮食模式。

人体必需的营养物质。素食饮食中，完全杜绝摄入蛋类、奶制品类等，可能会导致蛋白质缺乏。因此建议素食者补充摄入，例如蛋白粉、氨基酸奶粉等，避免蛋白质营养不良的发生。

(1)特级初榨橄榄油：地中海饮食模式中较推崇的油类是橄榄油，尤其是特级初榨橄榄油。橄榄油(n-9 油酸)防止低密度脂蛋白氧化，促进高密度脂蛋白颗粒增大；每天 10～30 mL(2～6 汤匙)富含多酚的橄榄油已显示对收缩压和舒张压、内皮功能、炎症和氧化应激产生积极影响；未精致加工的特级初榨橄榄油中被发现含量更高的多酚，所以有特殊的苦味和涩味，但具有更强的抗炎抗氧化作用。

(2)椰子油：椰子油也是比较推荐的较健康的油类之一。椰子油主要成分月桂酸和肉豆蔻酸(中链脂肪酸)；月桂酸增加总胆固醇，但其大部分作用是增高高密度脂蛋白，因此椰子油可以降低总胆固醇/高密度脂蛋白比值；椰子油是饱和脂肪，不容易氧化，有很强的抗自由基、抗氧化功能；对增加胰岛素敏感性、降低血压、减少心脏病风险有益。

(3)饱和脂肪：有相当一段时间中，人们对饱和脂肪避之唯恐不及，认为饱和脂肪是导致动脉硬化、高脂血症的罪魁祸首。但 2010 年发表在《美国临床营养学杂志》一篇荟萃分析结果发现：没有明显证据支持饱和脂肪增加心脏病患病风险。饱和脂肪的作用：帮助脂溶性维生素(A/D/K)吸收；支持健康免疫系统；有助于胎儿、幼儿生长发育；皮肤/毛发/大脑；调节胆汁分泌；增加饱腹感；激素平衡；有助于情绪、骨骼、肠道健康。

饱和脂肪增加的低密度脂蛋白分型主要是导致动脉硬化程度较低的、大而漂浮的低密度脂蛋白，而少脂肪多碳水的饮食会增加小而密的低密度脂蛋白。

(4)反式脂肪酸：降低高密度脂蛋白 2～3%；升高总胆固醇 8%；升高低密度脂蛋白胆固醇、甘油三酯及极低密度脂蛋白 9%；升高总胆固醇/高密度脂蛋白比例。反式脂肪酸是通过将植物油氢化改变脂肪的性状后，使常温的液体油变为固体或半固体的油脂，不仅易保存、不易变质，而且用于烘焙和油炸食物时色泽更诱人、口感更好。但后来的研究发现，反式脂肪酸会增加多种慢性炎症，导致肥胖、糖尿病、心血管疾病，甚至还会影响生殖系统的健康，影响精子、卵子的质量、影响婴儿的生长发育。例如植物奶油、起酥油、人造黄油、人造奶油、植脂末、麦淇淋等，其实都属于反式脂肪酸。购买时仔细阅读配料表，注意辨别，尽量减少反式脂肪酸的摄入。

(5)坚果：大量人群研究和临床试验的有力证据支持食用坚果有益于心血管

头晕、头痛，尤其是同时摄入乙醇时。所以服药时应避免饮酒，从小剂量开始建立耐受，再逐渐增加剂量。

(3)维生素 B_5：维生素 B_5 是辅酶 A 的前体，而辅酶 A 是脂肪和碳水进入三羧酸循环代谢产生能量最重要的中间环节，保护心脏，改善血脂，大剂量的维生素 B_5、维生素 B_6 还可帮助减缓压力、支持肾上腺。(图 2-8)

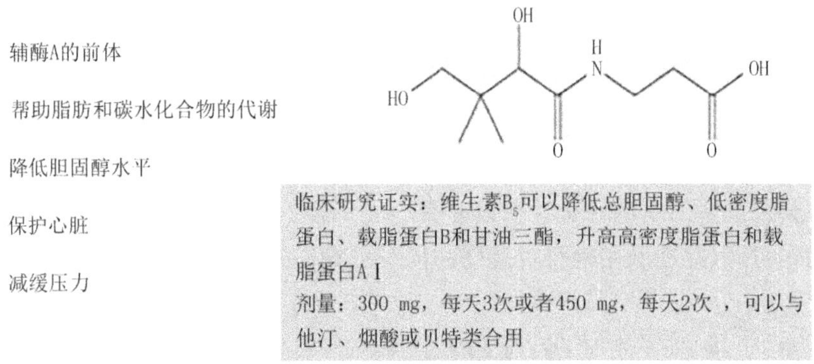

辅酶A的前体

帮助脂肪和碳水化合物的代谢

降低胆固醇水平

保护心脏

减缓压力

临床研究证实：维生素B_5可以降低总胆固醇、低密度脂蛋白、载脂蛋白B和甘油三酯，升高高密度脂蛋白和载脂蛋白A I
剂量：300 mg，每天3次或者450 mg，每天2次 ，可以与他汀、烟酸或贝特类合用

图 2-8　维生素 B_5 的作用

(4)红曲米是真菌发酵的产物，也是常用的调节血脂的营养素之一，其作用类似他汀类药物，但肌肉病变发病率低于他汀类药物。通过真菌(红曲霉)发酵大米产生莫纳可林 K 和其他莫纳可林，莫纳可林 K 与洛伐他汀类似，抑制羟甲基戊二酰辅酶 A 还原酶的活性和胆固醇的合成；红曲米降低总胆固醇和低密度脂蛋白胆固醇的作用，与他汀类药物类似；红曲米对甘油三酯和高密度脂蛋白没有明显的影响；红曲米的肌肉病变发病率低于他汀类药物，但目前尚不清楚差异的原因；服用红曲米时切忌饮酒，否则可能增加肝脏损伤风险。

(5)姜黄含有称为姜黄素的活性多酚，具有较强的抗炎能力，降低氧化应激，稳定细胞膜，抑制血小板活化，抑制血管平滑肌增殖和动脉狭窄。

姜黄抗炎机制：下调核因子 κB、COX、LOX 的活性。上调 Nrf2(抗炎信号通路)。抑制促炎细胞因子的产生：肿瘤坏死因子-α，白细胞介素-1，白细胞介素-2，白细胞介素-6，白细胞介素-8，白细胞介素-12 和趋化因子。抑制诱导型一氧化氮合酶和基质金属蛋白酶。增加高密度脂蛋白，降低甘油三酯。

(6)绿茶：绿茶中的茶多酚改善血脂、降低纤维蛋白原；抑制羟甲基戊二酰辅酶 A 还原酶；降低胆固醇吸收；降低总胆固醇和低密度脂蛋白胆固醇。绿茶可较有效的改善血脂、抗氧化、抗炎，帮助清除自由基、抗肿瘤、抗衰老，但是从中医

(四)他汀类

他汀类减少辅酶 Q10、硒、ω-3 脂肪酸、维生素 E、维生素 A、维生素 D、肉碱、游离三碘甲状腺原氨酸。

因此在临床应用药物时，需要注意补充消耗的营养元素，避免营养失衡的加重，减少药物的不良反应。

功能医学干预动脉硬化的思维模式关注 2 个核心问题："该有的要有，不该有的要没有"。寻找导致疾病的 5 个环境因素，包括毒素、变应原、微生物、营养、压力，纠正七大系统的生理失衡。通过详细的问诊、全面的评估寻找导致个体生理失衡/疾病发生的个体化因素，去除疾病发生的内环境，还原生理失衡，达到预防疾病、辅助治疗临床疾病并促进康复的目的。

第五节　功能医学干预代谢综合征与恶性肿瘤

一、功能医学的评估

(一)临床评估胰岛素抵抗

(1)腰围、腰臀比：腰围≥85 cm(女)/90 cm(男)。

(2)空腹血糖及空腹胰岛素：胰岛素抵抗指数＝空腹血糖×空腹胰岛素÷22.5。当数值＞2.69，被认为是胰岛素抵抗。

(3)口服葡萄糖耐量试验及胰岛素释放试验。

(4)糖化血红蛋白。

(二)功能医学检测

1.功能医学评估主要营养素及微量元素

如图 2-9 所示，维生素 B_3 与铬元素的复合物称为糖耐量因子，参与促进胰岛素与细胞表面受体的结合。因此，均衡的营养可以优化胰岛素受体功能。而功能医学检测可检测出主要营养素及微量元素是否缺乏，例如铬元素、硒元素等在体内的含量。

态。在节律分析图示中，绿色区域为合理区域。若超出或低于绿色区域，说明人体压力及代谢出现失衡，导致其状态及临床特征出现异常。皮质醇长期处于高张状态、昼夜节律消失，引起免疫力下降，导致人体无法适应环境变化。

有研究显示，昼夜节律曲线趋平的乳腺癌患者，其生存时间明显低于具有正常节律的患者。

二、代谢异常与肿瘤的关系及相关机制

(一)高胰岛素与肿瘤的关系

与同一组织的良性细胞相比，大多数(如果不是全部)肿瘤细胞对葡萄糖的需求较高，即使在有氧的情况下也能进行糖酵解(Warburg 效应)。许多癌细胞表达胰岛素受体，并表现出胰岛素生长因子 1R-胰岛素受体通路的高激活。

有证据证明，长期升高的血糖、胰岛素和胰岛素生长因子-1 水平有助于肿瘤的发生并恶化癌症患者的预后。

(二)胰岛素抵抗与性激素代谢异常

在年轻女性中，胰岛素抵抗的另一极端是不断增长的内脏型肥胖和(或)2 型糖尿病导致的高乳腺癌风险，归因于随之而来的高胰岛素血症、雄激素过多症、芳香化酶活性异常、雌激素代谢异常导致的高乳腺癌风险。简言之，人体形成胰岛素抵抗后，高胰岛素血症等引起的肥胖、大量脂肪的堆积使芳香化酶升高，雌激素代谢异常，会导致患癌风险加大。

1.乳腺癌与肥胖、炎症、胰岛素抵抗的相互作用

绝经后肥胖妇女患乳腺癌的风险增加。肥胖都与生物侵袭性乳腺癌有关。2 型糖尿病与乳腺癌的风险和结果有着复杂的关系，同时存在的肥胖可能是主要因素之一。胰岛素本身诱导脂肪芳香化酶活性和雌激素产生，也直接刺激乳腺癌细胞的生长及入侵。

如图 2-11 所示，以胰岛素抵抗为中心的相互关系。胰岛素抵抗会增加芳香化酶，增加雌激素，诱发癌症。同时增加胰岛素样生长因子使癌症进展或加重。有文章总结，有糖尿病的乳腺癌患者比没有糖尿病的乳腺癌患者更容易出现晚期乳腺癌。其研究结果表明，糖尿病可能导致更具攻击性的乳腺癌，可能是导致其更高癌症死亡率的原因之一，即乳腺癌的高死亡率与糖尿病相关，且该类乳腺癌通常具有侵袭性，或是更趋于晚期的类型，且发现后的进展较一般患者更快。

(三)糖耐量受损与肿瘤的关系

糖耐量受损易导致细胞突变及突变的积累。大量相关研究报道指出,空腹血糖水平与胰腺癌、肝癌及肾癌患病相关。调查研究指出,空腹血糖水平增高,诱发胰腺癌,男性肝癌关联性增高。长期高血糖环境与肿瘤:诱发细胞呼吸功能性障碍,导致无氧呼吸增强,机体细胞长期处于低氧环境下易诱发正常细胞突变,促使正常细胞转变为恶性肿瘤细胞。高血糖还促使机体产生大量自由基,进一步增加正常细胞发生突变的风险,诱发恶性增殖细胞产生。高血糖直接促使高胰岛素血症。

肿瘤细胞糖酵解代谢活跃形成肿瘤微环境如图 2-13。首先,肿瘤组织由于其快速生长的特点,且血管结构异常导致供血减少,因此缺氧是肿瘤细胞普遍存在的状态。其次,肿瘤细胞的糖酵解能力是正常细胞的 20～30 倍,糖酵解强度与肿瘤生长速度和侵袭性密切相关。肿瘤中多至 50%的 ATP 来源于糖酵解途径。例如,结肠癌肿瘤组织较外周组织糖摄取能力增加 30 倍,乳酸释放增加 40 倍,导致乳酸堆积,造成环境中 pH 下降,从而影响免疫细胞的活性,使局部免疫受损,甚至导致免疫细胞的死亡,如图 2-14 所示。

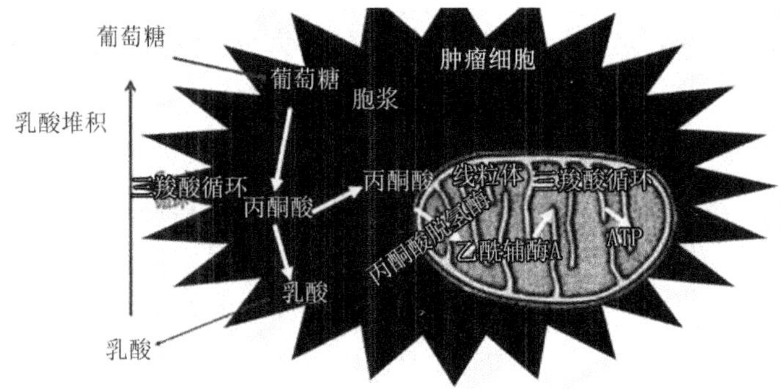

图 2-13　肿瘤细胞糖酵解代谢活跃形成肿瘤微环境

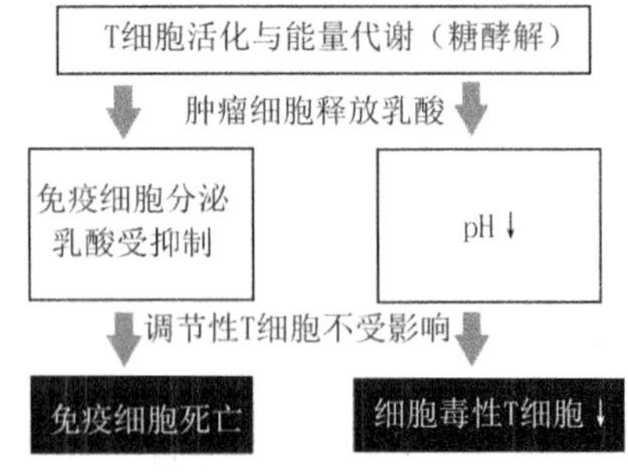

图 2-14　T 细胞活化与能量代谢(糖酵解)

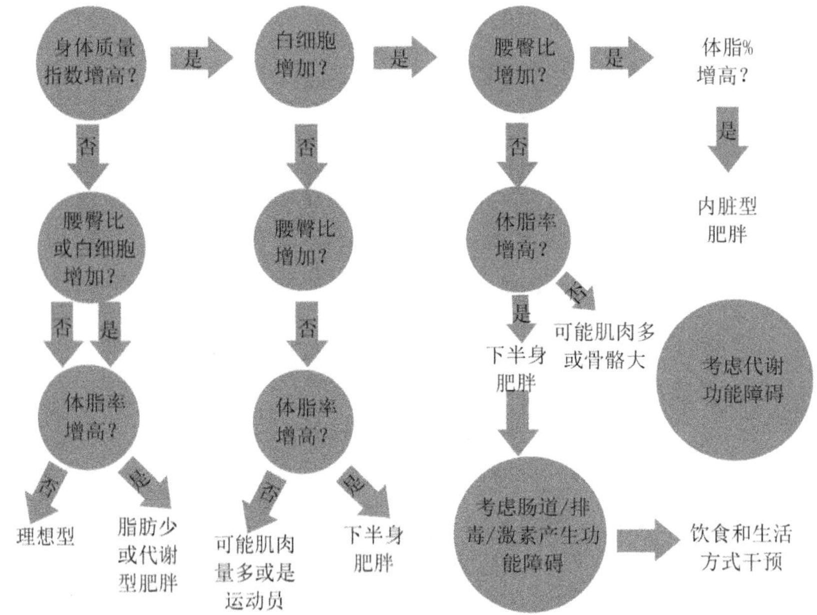

图 2-16　功能医学营养评估

2.术后恢复补充额外的营养素

在临床中,术后的患者会比平时需要更多的营养素来支持伤口愈合、代谢、保证心肺功能等。在正常饮食外,还需要另外补充某些关键营养素。得到营养素补充的患者,从食欲、精神状态及体能恢复或伤口愈合等方面相较未得到补充的患者恢复得更快、更好。

3.限制碳水饮食

上述讨论了肿瘤的生长方式,高糖因素可能会导致肿瘤的进展。因此在很多情况下,对碳水化合物的摄入需要限制,增加优质蛋白的摄入,增加低升糖指数的食物摄入,多样化的主食搭配,有利于减少肿瘤细胞对葡萄糖的过分摄取。高血糖促进某些肿瘤的增殖(启动子)。胰岛素是主要的生长因子和细胞增殖的驱动因素,胰岛素使葡萄糖被利用。肿瘤大小及生长与血浆胰岛素水平、血浆乳酸水平有关。低碳水饮食导致血浆胰岛素和乳酸下降。低碳水饮食可减少胰岛素介导的葡萄糖摄取进入肿瘤细胞。低碳水化合物、高蛋白饮食减缓肿瘤生长,防止癌症发生。肿瘤细胞比正常细胞更依赖糖酵解。通过抗血管生成、抗炎和促凋亡机制,生酮饮食(脂肪∶碳水+蛋白=4∶1)已被证明能抑制多种癌症的肿瘤生长,如图 2-17 所示。10%～20%低碳水、高蛋白饮食与生酮饮食一样,能有效减缓肿瘤生长。降低血清葡萄糖、胰岛素和糖酵解,减缓肿瘤生长,降低肿

碱可通过提高胰岛素的敏感性，促进胰岛分泌、减少葡萄糖吸收，尤其对肠道菌群的调节有效。

(3)小檗碱对2型糖尿病的作用：提高胰岛素敏感性；促进胰岛素分泌；通过调节肝脏葡萄糖和脂肪代谢；调控过氧化物酶体增殖物激活受体γ蛋白的表达；减少肠道葡萄糖吸收；抗氧化保护；减少糖尿病并发症；调节肠道微生物群的组成(富集有益微生物群并抑制有害微生物群)。

(4)姜黄素类化合物通过降低血清游离脂肪酸对2型糖尿病有作用。姜黄素是天然食物添加剂/色素之一。功能医师会用姜黄素进行抗炎、抗氧化。一项双盲安慰剂对照试验，姜黄素每天口服300 mg，连续3个月可显著降低空腹血糖、糖化血红蛋白、胰岛素抵抗指数、血清总游离脂肪酸、甘油三酯。

(5)姜黄素与肥胖及代谢综合征：降低空腹血糖水平；提高胰岛β细胞功能；提高脂联素水平；降低甘油三酯水平；减少脂肪生成；瘦素减少，防止脂肪肝的肝纤维化；降低脂肪细胞的炎症；提高胰岛素敏感性。

(6)白藜芦醇的炎症调节作用：白藜芦醇同样可以通过调节多种炎症因子，以达到抗炎、抗氧化的作用。葡萄白藜芦醇提高血清脂联素，1 000～5 000 mg/d。下调炎症基因：显著降低炎症因子高敏C反应蛋白、肿瘤坏死因子-α、纤溶酶原激活物抑制剂1型、白细胞介素-6/白细胞介素-10比值，降低空腹血糖、胰岛素、糖化血红蛋白和胰岛素抵抗。增加抗炎白细胞介素-10和脂联素。

(7)白藜芦醇对肿瘤的抑制作用：如图2-18所示，白藜芦醇对致癌基因有抑制作用，及对抑癌基因有保护性作用。

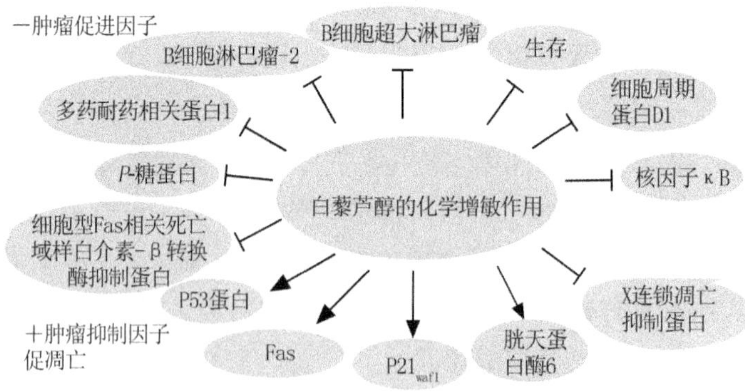

图2-18 白藜芦醇的化学增敏作用

(8)绿茶的儿茶素：绿茶是所有茶中唯一具有抗癌作用的品种，归因于其含有的儿茶素。如图2-19所示，每天补充3 g儿茶素，可有效改善胰岛素抵抗状

程中经常失眠、腹胀、大便不成形，试想通过预防、再生医学途径改变目前身体情况。

既往史：失眠、甲状腺结节、反复皮疹、血脂高。

个人史：生于原籍，无吸烟及饮酒史。

家族史：儿子甲状腺功能亢进，目前口服药物指标控制良好。

药物过敏史：磺胺过敏。

体格检查：体型微胖、对答如流、腼腆、口腔汞牙、面色正常、舌苔白腻、指甲竖纹，双上肢皮肤可见抓痕。

临床检测及临床免疫检查见表 2-2、表 2-3。

表 2-2　2021 年 6 月临床检测

临床检测	检测项目	2021 年 6 月 15 日
血常规	红细胞计数	3.94×10^{12}/L↓
	血红蛋白	110 g/L↓
	红细胞压积	33.7%↓
	平均红细胞体积	27.9 pg↓
	平均红细胞血红蛋白浓度	326.0 g/L↓
	红细胞分布宽度变异系数	16.6%↑
	红细胞分布宽度	52.2 fL↑
血脂	胆固醇	6.53 mmol/L↑
	甘油三酯	6.2 mmol/L↑
	高密度脂蛋白胆固醇	1.25 mmol/L
	低密度脂蛋白胆固醇	2.48 mmol/L
	三碘甲状原氨酸	1.45 nmol/L
	甲状腺素	98.42 nmol/L
甲状腺功能	游离三碘甲状原氨酸	4.15 pmol/L
	游离甲状腺素	16.04 pmol/L
	促甲状腺激素	2.068 mU/L
	抗甲状腺球蛋白抗体	5.93×10^{3} U/L↑
	抗甲状腺过氧化物酶抗体	357.02×10^{3} U/L↑
甲状腺超声		甲状腺回声次均匀，多发囊肿(6 mm)

蠕动、改善便秘;促进益生菌繁殖,抑止有害菌;分解糖类等剩余能量,促进消化,有效预防肥胖;产生酵素和B族维生素,解毒养肝、抗氧化。

3.增强肝胆代谢功能

(1)细胞优化肽动能×3次:本品属于细胞生物制品,富含小分子活性肽因子群及多种细胞营养物质,对人体的肝脏代谢功能有较高的促进作用,对人因生活习惯、代谢或饮食等因素所造成的发炎、氧化、糖化、甲基化,以及环境因素造成肝脏不同损伤等身体问题有一定的修复作用。细胞优化肽动能版功效:①为肝脏提供营养和有利于改善修复肝脏内环境。②具有超强抗氧化功效,可以中和清除体内自由基。③可以保护肝脏和增强自身解毒功能。④调节肝脏及全身免疫炎症反应,从而减轻肝脏损伤。

(2)活力泉×5次:活力泉属于生物蛋白制品,富含生物活性蛋白分子及多种细胞所需营养物质,如核酸、氨基酸、天然免疫蛋白、维生素C、B族维生素、微量元素等,对因生活习惯、代谢或饮食等因素导致所造成的慢性炎症和改善性免疫调节具有辅助改善功效。活力泉功效:①促进机体营养吸收功能。②调节生理功能,催化代谢过程。③改善内环境,提升机体代谢功能。④有利于体内有机毒素及重金属离子的清除。⑤辅助增强机体的免疫能力及改善营养。

4.提高并平衡机体免疫功能

PCT×2组:(NK细胞1组+细胞因子诱导的杀伤细胞1组)。细胞因子诱导的杀伤细胞因子诱导的杀伤细胞。细胞因子诱导的杀伤细胞是通过选用多种细胞因子(白细胞介素-2,白细胞介素-1、干扰素-γ,抗CD3单克隆抗体等)在体外培养优化的特异性T淋巴细胞,同时兼具有T淋巴细胞强大的活性和NK细胞的非主要组织相容性复合体限制性杀瘤优点,故被称为NK细胞样淋巴T淋巴细胞,属于特异性免疫细胞(获得性免疫细胞)。以CD3、CD56细胞为主,能识别多种肿瘤细胞和病毒感染的细胞,通过与靶细胞直接接触、杀伤或分泌干扰素-γ、肿瘤坏死因子-α,白细胞介素-6等多种抗肿瘤和抗病毒的细胞因子,抑制杀伤肿瘤细胞和病毒的复制。细胞因子诱导的杀伤细胞分泌的细胞因子能有效调节机体的免疫功能。

细胞因子诱导的杀伤细胞是免疫细胞中的"机械化步兵",它能分泌多种细胞因子,改善组织器官内部微环境,增强免疫细胞杀伤活性,具有增殖能力强、细胞毒作用强、一定的免疫特性等特点。细胞因子诱导的杀伤细胞增殖速度快,抗肿瘤活性高,具有广谱抗肿瘤和病毒的作用,对多重耐药肿瘤细胞敏感。现在主流的细胞因子诱导的杀伤细胞疗法一般是自体疗法,因此免疫反应较小,具有较

续表

名称	2021年8月23日	2022年1月4日	2022年6月22日
高密度脂蛋白胆固醇	1.25 mmol/L	1.3 mmol/L	1.4 mmol/L
低密度脂蛋白胆固醇	2.48 mmol/L	2.5 mmol/L	2.0 mmol/L

表 2-5　免疫检查及甲状腺超声结果对比

名称	2020年9月23日	2021年12月10日	2022年5月12日
抑制/细胞毒性T细胞计数	381%↓	516%	510%
NK细胞计数	342%↓	367%	400%
辅助性T细胞计数	488%↓	1 275%	1 275%
粒细胞计数	2.629×10^9/L↓	2.503×10^9/L	2.605×10^9/L
总B淋巴细胞计数	267%↓	196%↓	300%
总T淋巴细胞计数	1 954%	2 026%	2 026%
干细胞计数	1.71×10^9/L	1.65×10^9/L	1.65×10^9/L
红细胞计数	4.43×10^{12}/L	4.12×10^{12}/L	4.30×10^{12}/L
白细胞计数	5.45×10^9/L	5.71×10^9/L	4.71×10^9/L
血小板计数	196×10^9/L	194×10^9/L	204×10^9/L
甲状腺超声	甲状腺回声欠均匀，多发小囊肿(6 mm)	甲状腺回声欠均匀，多发小囊肿(5 mm)	甲状腺回声均匀，多发小囊肿(5 mm)

二、中药药植提取物及处方级功能性营养的分类应用

(一)功能医学慢病干预中的重要环节——医疗级营养素

功能医学诊疗过程环环相扣，问诊-检测-评估-干预-随访，缺一不可，而干预产品的有效性，又是决定整个治疗环节成败的重要因素。由于目前市场的过度开发以及功能性营养素相关管理制度并不健全，使得患者并不十分了解功能医学医疗级功能性营养素与大众保健品之间的差异，并难以做出选择。干预处方产品的有效性，是决定整个治疗环节成败的重要因素。

干预中的几个方面：①肠道调整——益生菌、胃酸替代物、杀菌产品。②提升肝脏解毒功能——谷胱甘肽、N-乙酰半胱氨酸、同型半胱氨酸代谢支持的产品。③甲状腺支持的产品。④维生素 D_3。⑤情绪和睡眠调节——南非醉茄、磷脂酰丝氨酸、茶氨酸。

就是这样的一组产品，患者使用两个月后睡眠开始改善，9个月后甲状腺抗体转阴。

B_3 100 mg、维生素 B_6 100 mg、叶酸 400 μg、维生素 B_{12} 100 μg，另外还有生物素、维生素 B_5 等。经过左右对比，可以很清晰的看到，不光种类，含量也是有着非常大的差距的。

在药店里可以买到的维生素 C 片含量是 100 mg 的，而常用的是 1 000 mg 的。在实际干预中维生素 C 的用量是非常大的。药店里也有 1 000 mg 的维生素 C，可以酌情应用。

肠道调整经常会用到的谷氨酰胺药物是 0.67 克/袋，但是这个剂量远远不够，所以经常会选择营养素的谷氨酰胺粉剂，每天的建议量是 7 g，换算过来相当于每天需要吃 10 袋或者是十几粒的胶囊。另外，也会选用临床上常用的谷氨酰胺注射液。

功能医学里面有非常好的一款营养素——硫辛酸，这个产品在美国是营养素，但是在我国和欧洲归于药品，现在临床上也有硫辛酸胶囊和硫辛酸注射液。常见的硫辛酸胶囊都是 100 mg 的，营养素在剂量和配方上面就更丰富些，有 100 mg、200 mg、300 mg 或更高剂量产品，成分搭配上也有多种选择。对于医师来说，临床上硫辛酸胶囊和注射用针剂都是非常不错的选择。

关于维生素 D_3 的产品，有一款便宜又好用的针剂受到了广大功能医学医师的认可和喜欢，既解决问题又节省费用，但目前这款针剂因为价格过于低廉已经停产。在营养素的范畴里，维生素 D_3 的选择实际上更大，从婴儿用的 400～800 U，到成人用的 1 000～5 000 U，甚至 10 000 U 的维生素 D_3 都有丰富的产品可供选择，剂型上也是多种多样的，液体、胶囊、锭剂，能够满足各种需求。

在肠道干预方面，5R 当中的第一个 R——remove，移除肠道坏菌，所用的杀菌剂和抑菌剂，功能医学营养素会应用很多草本的提取物，用这种混合植物精油起到广谱杀菌的作用，大蒜提取物能够起到抑制杂菌生长的作用。如果患者没有那么高的经济能力，每天 9 粒的小檗碱(黄连素)，也是很好的选择。还有对肝肾功能损伤特别小，但是对真菌有非常好作用的制霉菌素，也是功能医学医师经常使用的。

另外，用来提升免疫的产品，功能医学营养素中有一个黄芪提取物。黄芪，是广泛使用的一种中药成分。到底给患者用什么形式的产品，医师会根据实际情况来选择。

以上列举了几种营养素和药物的对比，到底是选营养素还是选药物，医师应该根据患者的实际情况来选择，并没有营养素一定优于药物，或者药物就一定强过营养素这样的说法。还有，在营养素和药物对比上，营养素的使用并不是百无

的要求就没那么高了。在原料方面，医疗级营养素更加关注原料的安全，往往很多食品级营养素为了降低成本会使用廉价的原料。另外，在整个生产过程当中，医疗级营养素遵循着良好的药品生产质量管理规范，而食品级就不一定能够严格遵守药品生产质量管理规范了；医疗级营养素定期会由第三方实验室做纯度和效力的测定，食品级不一定有第三方测试；医疗级营养素是以循证医学为数据支持来设计产品，配方的提出都是有科学基础的，同时必须由专业人士持牌销售。

总而言之，医疗级营养素的设计，通过提供营养支持达到身体功能的最佳水平，让身体的代谢和器官功能保持该状态。医疗级营养素和普通营养补充剂的差别，就像拨号上网和光纤上网之间的区别，虽然相同的信息可以被发送，但差异足以改变生活。

医疗级营养素和食品级营养素的差别是目前行业里大部分存在的现状，但也并不是完全绝对。所以就如同选择药物还是选择营养素一样，医师在医疗级营养素和食品级营养素的选择方面，应该根据患者实际情况进行选择。整体上医疗级营养素的水平，还是要明显优于普通营养素的。而作为医师去选择，考虑的因素就同前面所讲，还是要看效果，从患者的实际情况出发，选择最适合的营养素。

医疗级营养素产品的配方也很重要，是经过循证医学论证的，也是充分考虑了机体的生理代谢过程。其目的是通过综合营养补充，达到身体功能的最优化，让器官功能保持最佳状态，而不是缺什么补什么。

(二)药植提取物及处方级功能性营养的分类

以护肝片配方为例(图 2-20)。

中医理论—去邪扶正
去邪：肝脏毒素、结石、寄生虫、消化不良、炎症
扶正：修复肝脏、提升谷胱甘肽水平、消化酶支持、维生素B_{12}支持

配伍思路——君臣佐使
君：谷胱甘肽（隐藏人物）
臣：*L*-蛋氨酸（补充）、*L*-半胱氨酸（补充）、水飞蓟（修复）、朝鲜蓟（去除）、姜黄（去除）、蒲公英提取物、熊果叶、紫苞泽兰、苦楝树叶提取物、绣球花提取物（去除）铬、肌醇（去除）
佐：磷酸钙、锌（修复）
使：维生素B_{12}（补充）

图 2-20 护肝片的中医理论基础以及功能医学分析

叶树皂苷、七叶树皂苷、人参皂苷、白牡丹根提取物-芍药苷(自然平衡免疫系统)、南非醉茄提取物(糖苷)(下丘脑-垂体-肾上腺轴)、假马齿苋皂苷(谷氨酸、铝、β淀粉样蛋白、一氧化氮清除)、白柳皮提取物、鬼爪草(根)提取物(钩果草苷)、淫羊藿苷、柚皮苷、橘皮苷、番泻叶苷、蒲公英苷、熊果苷。

(3)有机酸:圣罗勒提取物(叶)(乌索酸)、牛至油(迷迭香酸)、迷迭香提取物(鼠尾草酸、迷迭香酸、乌索酸)、巴拿巴提取物(科罗索酸)、匙羹藤提取物(叶)(匙羹藤酸)、藤黄果提取物(羟基柠檬酸)、咖啡奎宁酸(大茴香、朝鲜蓟)、绿原酸、阿魏酸、氨基酸、蒜氨酸(大蒜干重的0.6%~2%)。蒜氨酸是大蒜独具的成分,当它进入血液时便成为大蒜素,这种大蒜素即使稀释10万倍、仍能在瞬间杀死伤寒杆菌、痢疾杆菌流感病毒等;茶氨酸、5-羟色胺(加纳籽提取物)。

(4)油脂类。①ω-6类:α-亚麻酸(胆固醇代谢和抗血栓,皮肤、头发、指甲营养、湿疹、牛皮癣抗炎)。②GLA:醇类、烷类(^{13}C)。③亲脂复合物:五味子素。④酯类(当归根提取物)、川芎内酯、穿心莲内酯、银杏内酯、睡茄内酯。⑤挥发油:薄荷油、茴香油、葛楼子油、柠檬香油、牛至油。

(5)萜类:苦楝树叶提取物(印度苦楝树)、灵芝提取物(5%的灵芝多囊、6%的三萜)、雷公根提取物(积雪草)(叶)(三萜类)、黑升麻提取物(三萜类)、福考素(二萜类)。

(6)树脂:印度乳香提取物、乳香酸。

(7)生物碱:蜂斗菜素(肌肉松弛剂,有很强的解痉作用,强度是罂粟碱的14倍)、胡黄连提取物、烷基酰胺(紫锥菊,免疫促进)、甜菜碱、咖啡因(巴拉圭茶提取物)、小檗碱、胡椒碱。

(8)糖类:4-羟甲基苯基-β-D-吡喃葡萄糖苷、天麻素、罗汉果糖苷、*L*-阿拉伯糖、葡甘露聚糖(魔芋)、壳聚糖、木糖醇、葡萄糖酸钙、黑升麻提取物、香菇多糖、黄芪多糖、黄芩多糖。

(9)甾体:塞润榈果实β-谷甾醇(二氢睾酮干扰剂)、蒲公英甾醇、甘蔗原素(植物固醇)。

(10)黏液和胶:果胶(葡萄柚果胶、苹果果胶、柑、橘果胶)。药蜀葵:4∶1提取物粉(根)生药服药,剂量是6 g,包括11%的黏液、11%的果酸、37%的淀粉、榆树皮粉。

(11)植物干粉:玫瑰茄(类黄酮、桑布双糖苷,和花青素、蔓越莓)。整株草药:蔓越莓、圣洁莓(桉叶素生物碱、黄酮类、紫花牡荆素)、小球藻。

8.神经内分泌

5-羟基色氨酸、γ-氨基丁酸、脱氢表雄甾酮、薯蓣皂苷(脱氢表雄甾酮前体)、褪黑素、孕烯醇酮、雌二醇、雌三醇。

三、干扰与调节类补充剂、靶点、属性

(一)慢病调治中药植提取物干扰作用靶点及属性

1.基因靶点

具体靶点和补充剂见表2-8。

表2-8　基因靶点与补充剂

靶点	补充剂
成骨细胞基因表达	蛇麻草
胰岛素受体基因	肉桂
过氧化物酶体增殖物激活受体γ共激活因子-1	槲皮素
烟酰胺腺嘌呤二核苷酸	烟酰胺核苷
葡萄糖激酶基因	芦荟提取物
丙酮酸脱氢酶激酶4	芦荟提取物
体液PH基因	壳聚糖
叉头框蛋白1刺激剂(长寿基因)	红茶茶黄素、紫檀芪(蓝莓提取物)
SIRT1热量限制基因	白藜芦醇
4-硝基喹啉-1-氧化物	薄壁小球藻
N-羟基trp-p-2	薄壁小球藻
DNA	叶绿素

2.信号靶点

具体信号作用部位和药物见表2-9。

表2-9　具体信号作用部位和代表天然药物

作用位点	代表天然药物
前列腺癌细胞凋亡信号	锯棕榈
γ-氨基丁酸信号调制	南非醉茄、西番莲、缬草
核因子κB抑制剂	穿心莲内脂、红茶茶黄素
热量限制基因	黄酮类非瑟酮、白藜芦醇
人结肠癌细胞凋亡	β胡萝卜素、异硫氰酸酯、姜黄素、丁酸
结直肠癌细胞凋亡	维生素E、水杨酸、丁酸
原发癌细胞株细胞程序性死亡	二十二碳六烯酸

续表

作用位点	代表天然药物
胰岛素受体	牛磺酸(加速糖酵解)
糖基化	葛根素
胰岛素信号蛋白受体	绿原酸
毒草碱受体(舒缓)	柠檬香油
谷氨酸受体阻断剂	左旋焦谷氨酸(提升 γ-氨基丁酸)

4.酶靶点

酶靶点和代表天然药物,以及药物的目的见表 2-11。

表 2-11　酶靶点和代表天然药物作用目的

靶点	代表天然药物	目的
磷酸二酯酶抑制剂	淫羊藿苷(抑制-去除属性)	环磷酸鸟苷(增加-支持)
腺苷酸环化酶	锦紫苏(刺激-支持属性)	环腺苷酸(增加-支持)
芳香酶抑制剂	槲皮素、生物类黄酮白杨黄素(抑制-去除属性)	雄性激素(增加-支持)　雌二醇(降低-去除)　雌酮(降低-去
5α 还原酶	锯棕榈(抑制-去除属性) 臀果木 异黄酮	睾酮(增加-支持)　二羟睾酮(降低-去除)　痤疮(减少-去除)　头发(增加-支持)
环氧合酶-2	白柳皮提取物(水杨苷) 鬼爪草(根)提取物(钩果草苷)	
5-脂氧合酶	印度乳香、芝麻木酚素(20-羟二十烷四烯酸)	
P38 酶抑制剂	韩当归提取物(抑制-去除属性)	白细胞介素-1(降低去除属性)
羟甲基戊二酰辅酶 A 还原酶	红曲米提取物、橘皮苷(抑制-去除属性)	胆固醇(减少-去除)
ATP 柠檬酸裂解酶	羟基柠檬酸(竞争-去除)	脂肪肝(减轻-去除)

表 2-12　P450 抑制剂和激动剂的代表天然药物

作用位点	代表天然药物
P450 抑制剂	类黄酮 柚皮素染料木素 木质素异黄酮 茶黄素 大蒜中的硫磺 苯甲基异硫氰酸 胡萝卜素 叶绿酸
P450 激动剂	绿茶单宁、D-苧烯(来自柠檬油)

表 2-13　肝脏第二阶段解毒及生物转化的作用位点与代表药物

作用位点	代表天然药物
谷胱甘肽 S-甲基转移酶激动剂	萝卜硫素(异硫氰酸酯之一) 吲哚-3-甲醇和二吲哚甲烷(异硫氰酸酯之一)、叶绿酸
尿苷二磷酸葡萄糖醛酸激动剂	绿茶单宁 异硫氰酸盐如萝卜硫素和吲哚如吲哚-3-甲醇、D-苧烯(来自柠檬油)
磺酸基转移酶激动剂	绿茶单宁、异硫氰酸盐如萝卜硫素和吲哚如吲哚-3-甲醇、D-苧烯(来自柠檬油)
谷氨酸-半胱氨酸连接酶激动剂	异硫氰酸盐如萝卜硫素和吲哚如吲哚-3-甲醇

表 2-14　肝脏第三阶段结合作用位点与代表药物

作用位点	代表天然药物
β-葡萄糖醛酸酶	钙-d-葡萄糖酸(抑制-去除)

表 2-15　运载蛋白靶点作用位点与代表药物

作用位点	代表天然药物	
钠-葡萄糖协同转运蛋白 2 抑制剂(限制转入) 葡萄糖半乳糖吸收障碍综合征(腹泻)	根皮苷(限制转入)	
葡萄糖转运蛋白 4 激动剂(刺激转入)	桑叶提取物	苦瓜提取物、维生素 D

续表

代表天然药物	作用机制
葫芦巴籽粉、匙羹藤提取物(叶)、巴拿巴叶提取、N-乙酰半胱氨酸(调节-增加)	植物胰岛素
白芸豆提取物	缩胆囊素
亚麻籽(抑制)、干草根(抑制)、N-乙酰半胱氨酸(抑制)	雄激素
西番莲、缬草	甲状腺功能平衡
银杏、茶氨酸(容易穿越血脑屏障)	多巴胺
圣约翰草(贯叶连翘)(抑制再吸收)	去甲状腺素
姜黄素(下调)	肿瘤细胞分泌促肾上腺皮质激素
吲哚-3-甲醇(抑制 16α)染料木黄酮、大豆黄素、葡萄糖二酸钙(促进 2-羟雌甾酮产生)	16-α-羟雌甾酮占比
亚麻籽、干草根	N-乙酰半胱氨酸、雄激素抑制

(二)直接祛除微生物药植物提取物

具体微生物及活性成分见表 2-17。

表 2-17　病毒或细菌的活性成分

病毒/细菌	活性成分
肝炎病毒 B	β-葡聚糖 1-3,1-6
人类免疫缺陷病毒	β-葡聚糖 1-3,1-6
单纯疱疹病毒	β-葡聚糖 1-3,1-6
巨细胞病毒	β-葡聚糖 1-3,1-6
流感病毒	β-葡聚糖 1-3,1-6
囊状胃炎病毒	β-葡聚糖 1-3,1-6
劳斯肉瘤病毒	β-葡聚糖 1-3,1-6
白喉杆菌	大黄、黄芪根粉
伤寒和副伤寒沙门菌	大黄、蒜素
肺炎链球菌	大黄
痢疾志贺菌	大黄、蒜素(强)
枯草杆菌	大黄、三萜类化合物组合:迷迭香酸、乌索酸、齐墩果酸
结核分枝杆菌	猫爪草提取物
驱虫剂	苦楝树叶提取物(印度苦楝树)、绣球花 4∶1 提取物(乔木绣球)(根)

续应用免疫抑制剂。2 个月前又一次发热，复查磁共振显示关节基本无发展，无关节炎症状。

既往史：反复呼吸道感染，应用抗生素；食欲好，大便不成形，间断出现口腔溃疡；反复湿疹。

家族史：无遗传性疾病及免疫性疾病家族史。

孩子刚确诊不久，家长接触到了一些热爱功能医学的营养师，以及一起讨论病情并寻找方法的患者，通过获得的消息，家长选择了一系列功能医学检测，也开始进行功能医学指导下的饮食和功能性营养素干预。

(一)发病初期功能医学检查结果及干预方案

1.检查结果

慢性食物敏感：存在多种食物敏感。

甲基化功能：亚甲基四氢叶酸还原酶基因 *C677T* 纯合子突变，甲硫氨酸合酶还原酶 *A66G* 杂合子突变。

25-OH 维生素 D：26.01 μg/mL。

重金属(头发)：银、钛超标。

营养元素：镁、铁水平正常偏低。

2.干预

移除饮食：戒断奶蛋面及慢性敏感食物。临床药物治疗：甲氨蝶呤、白芍。依据功能医学检测给予的功能性营养素干预方案。

3.在干预过程中的问题

身高不长，体重有所下降，症状不断反复，患儿家长来医院就医，将孩子的临床检测报告进行归纳，问题如下表 2-18。

表 2-18 患者检测报告

项目	7月18日	8月21日	8月30日	10月8日	10月24日	11月23日	11月25日	1月7日	3月19日	5月14日	单位	参考值
肌酐		50.8	37	42.6			41↓	39↓		35.6↓	μmol/L	45～104
γ谷氨酰基转移酶	13		12	<10.00↓	<10.00↓		9	10	12(7～45)		U/L	11～50
血小板计数			262	319		271		339↑			$\times 10^9$/L	101～320

肌酐下降，谷氨酰基转移酶下降，血小板计数升高。干预前，功能医学干预后铁蛋白升高，提示存在铁超标的可能。

饮食基本为低碳高脂，按照酸甜苦辣咸和五颜六色原则来吃蔬菜，水果以牛油果、蓝莓为主。

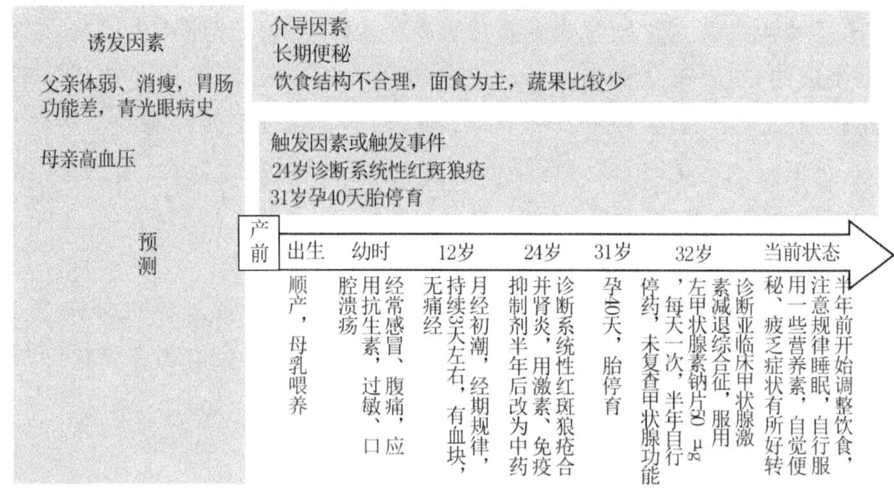

图 2-21　患者的发病时间线

家族史：父亲自感体弱；母亲高血压。

月经：孕 1 产 0，40 天胎停育，流产后继续西药治疗半年，自感水肿，增重 20 斤。12 岁初潮，15 岁左右开始痛经。

既往史：念珠菌感染导致阴道溃疡，有豆腐渣状白色分泌物。

功能医学指标：叶酸代谢基因，亚甲基四氢叶酸还原酶基因 *C677T* 纯合子突变。

25-OH 维生素 D：34.46 μg/mL。

干预：西医治疗，后停药；间断中医治疗；进行移除饮食及生酮饮食干预，自行功能医学调理。

临床检测结果见表 2-19。

表 2-19　临床检测结果

项目名称	结果	参考区间	单位
谷丙转氨酶	15.00	7～40	U/L
谷草转氨酶	19.00	13～35	U/L
谷草转氨酶/谷丙转氨酶	1.27↑	<1	
γ-谷氨酰转肽酶	15.00	7～45	U/L
总蛋白	89.20↑	60.0～85.0	g/L
白蛋白	46.90	35.0～55.0	g/L

者交流中告诉患者，在疾病进展期，药物治疗对目前的过度免疫获益最多，在此基础上，功能医学干预再帮助祛除疾病的内环境，减少药物不良反应，因此，临床药物治疗与功能医学干预不但不矛盾，而且是“一加一，效果大于二”。

患者在功能医学干预过程中，把学习到的理论基础知识，全部应用于自身，累积了过多的营养元素，但实质上没有针对机体的个性化靶点。

只注重营养素的补充，没有就肠道杀菌、重金属超标等作针对性的干预。

功能医学下一步干预方向：建立良好生活节律；寻找生活中的环境毒素；肝肠修复后，重金属螯合。

三、从桥本甲状腺炎到类风湿关节炎——“如果成功有捷径，一定是那条最慢的路”

女性，37 岁，2018 年因桥本甲状腺炎就诊。

主诉：严重失眠半年。

一般情况：便秘，从小便秘很严重，最长一周。胃动力不足，浅表性胃炎，腹胀，偶发口腔溃疡。

睡眠：2016 年开始出现失眠，中药调理后好转。2017 年再次出现失眠，半夜 12 点到早上 9 点，晨起疲劳。

过敏：严重荨麻疹。

临床指标如表 2-20。

表 2-20 患者 2018 年临床指标

检验项目	结果	参考范围	单位
三碘甲状腺原氨酸	0.66↓	0.87～1.78	ng/mL
甲状腺素(T_4)	88.6	60.9～122.3	ng/mL
促甲状腺激素	5.83↑	0.34～5.6	μU/mL
游离三碘甲状腺原氨酸	2.8	2.5～3.9	pg/mL
游离四碘甲状腺原氨酸	0.95	0.61～1.12	ng/dL
抗甲状腺球蛋白抗体	>1 000.00↑	<4.11	U/mL
抗甲状腺微粒体抗体	66.79↑	<5.61	U/mL

功能医学指标(2018 年)：存在多种食物敏感。亚甲基四氢叶酸还原酶基因：*C677T* 阴性；甲硫氨酸合酶还原酶 *A66G* 阴性。25-OH 维生素 D：11.4 μg/mL。血液中营养元素：镁、铁、锰正常偏低。重金属：钡偏高。肾上腺节律分泌紊乱。

第三章　心血管疾病中医治疗基础

第一节　病因、病机

一、病因

(一)外因

风寒暑湿变化异常,或太过,或不及,或非时而至,或过于急骤,或恰逢正气欠亏,即侵入为害。六淫为外感致病因素,常概称外邪,因其与气候、时令有十分密切的关系,故六淫致病往往具有明显的季节性、地域性。六淫既可单独为患,又可与数种邪气相兼致病,如风、寒、湿三气杂至合而为痹,其他诸如风热、湿热、风寒、风湿者,皆可兼夹致病。

1.风邪

风邪致病多发生在春季,但四季均有风邪,故又不限于春季。凡机体受病时与风邪有关,或其临床症状符合风邪致病的特点,均属于风邪致病。风为百病之长,善行而数变,风性易动,摇摆不定,其性轻扬上浮,属阳邪范畴,浮越开泄,其伤人多自皮毛而入。若逢人体气血亏损、脉络空虚、卫外不固,风邪即乘虚而中,或中于经,或中于络,或中于脏,或中于腑。

2.寒邪

寒邪致病以冬季为主,若春季气候反常,应温反寒,亦可见寒邪为患。凡气候寒冷或素虚之人保暖不够,外寒极易乘虚而入,寒邪伤人有浅深之别,浅者伤肌腠、郁遏卫阳,深者伤脏腑、损伤阳气。寒邪致病有 3 个特点,其一是伤阳,寒为阴邪,阴胜则阳病,寒邪内侵,最易损伤心肾之阳,阳气受损则失温煦、推动、气化之功,而致胸阳不振、血行凝滞;其二是凝滞,即凝结阻滞之意,人体气血运行不休,通畅无阻,津液输布周体、气化不息,全赖一身之阳,一旦阴寒偏盛,阳气受

(二)内因

1.禀赋不足

先天之精,禀受于父母,其对后天之精的盛衰强弱,有着十分重要的意义。若父母年迈体弱,先天不充;或怀孕期间患者患病,邪气伤妊;或恣服药物,损伤胎元;或不守禁忌,遗患胎儿,皆可导致不足,禀赋薄弱,元阴、元阳亏虚;或因真阴、真阳不足,心阴、心阳虚弱,自幼发病,或因素体正气亏损,抗病能力低下,为外邪侵袭造成可乘之机。

2.情志失调

凡突然强烈或长期持久的情志刺激,超过了人体正常活动范围,造成情志过度兴奋或抑制,皆可导致人体阴阳失调、气血不和、经脉阻塞、脏腑功能紊乱而发病。七情致病,主要是妨碍气血的正常运行和影响心主血脉、藏神的功能活动。《素问·举痛论》:"余知百病生于气也,怒则气上,喜则气缓,悲则气消,恐则气下,寒则气收,炅则气泄,惊则气乱,劳则气耗,思则气结。"说明不同的情志变化,对人体气机的运行皆可产生不良的影响,在七情妨碍气机运行所产生的诸多病症中,尤以肝气郁结较为突出和常见,凡是气机郁滞日久不愈,其结果或气病及血、或郁而生热、积津为痰、气郁化火,而成气滞、血瘀、痰凝、火逆等证。情志致病,亦可直接损伤五脏,而各种情志刺激都可能伤及心脏,心神受损又可影响其他脏腑,如思虑过度、暗耗心血,大喜过度、耗伤心气等。异常的情志刺激,既是心系疾病的致病因素之一,可直接导致疾病的发生,又是疾病的加重因素,可加重疾病的症状,促进病情的发展,如高血压患者,每因大怒,肝阳暴涨,气血逆乱,血压骤升而致中风。冠心病患者每因大悲、大怒、大喜等异常情志活动而诱发心绞痛。

3.其他因素

(1)饮食不节:饮食能提供能量,维持脏腑、组织、器官正常的功能活动,是人体赖以生存的必要条件。但饮食失宜,则又是导致疾病发生的重要因素。宋代严用和《济生方·宿食门》对此进行了详尽的论述:"善摄生者,谨于和调,使一饮一食,入于胃中,随消随化。则无滞留之患。若禀受怯弱,饥饱失时,或过餐五味、鱼腥、乳酪,强食生冷果菜,停蓄胃脘,遂结宿滞。轻则吞酸呕恶,胸满噎噫,或泄或痢,久则积聚,结为症瘕,面黄羸瘦,此皆宿食不消而主病焉。"可见饮食应以适量、调和、清洁、不偏食为宜。

饮食不节致病有四:其一是饮食过少,供能不足,气血化生无源,一方面可导致心脏气血阴阳虚弱,另一方面又可因气血亏损、机体抵抗力降低,易致外邪乘虚

正气不足，抗病能力减退，易感受外邪为患，这亦是老年人群心血管疾病发病率明显高于青壮年人群的重要因素之一。

(6)外伤：枪弹、金刃、跌打损伤、持重努伤、手术器械伤等，一方面可直接损伤经络、筋骨、内脏，阻碍气血运行；另一方面又因出血，血溢于脉外则血虚，甚或气随血脱，或血液离经之后又未及时排出体外，又可形成瘀血，成为继发性致病因素，如此皆可继发心系疾病。

(7)药误：临证之时，诊断不详，辨证不精，用药失误，“以热益热”“以寒增寒”犯“虚泻实补”的错误，不仅不能治愈其原发病，而且还能损伤正气，引邪深入，变证蜂起，遗患无穷。如治热以热，火上浇油，助长邪势，化燥伤阴，耗伤阴血；如治寒以寒，徒伤阳气，轻者阳气更衰，重则亡阳厥脱。如虚者泻之，则气血阴阳更耗；如实者补之，则邪气更盛。可见，错误的治疗，不仅无益于病，且有害于正气，或使邪气更虚。

二、病机

(一)正虚

1.心气虚证

心气虚证是以心脏为主的全身功能活动减弱所表现的一类证候，因心脏的主要生理功能是主血脉、藏神，所以心气虚的病理变化以气血运行和精神活动异常为主要表现。

2.心阳虚证

心阳虚证多是心气虚失治、误治，病情进一步发展的结果，气阳同类，气虚日久，气损及阳，心阳亦伤，其临床证候除心气虚之心悸、怔忡、胸闷、气短等见证外，还因阳气受损，不能温煦肢体、肌肤。

3.心阳暴脱证

心阳暴脱证是心阳虚之重症、危证，乃在心阳虚基础上出现亡阳厥脱之象，心阳衰亡，暴脱于外，腠理不固，津随阳泄，则冷汗淋漓，肢体失于温煦即四肢逆冷，心阳衰亡，宗气外泄，不能助肺行呼吸，故呼吸微弱。

4.心血虚证

心血是心脏功能活动的物质基础，心有赖于心血的滋养。心血虚证是指心血不足，不能濡养心脏而表现的一系列证候，多因久病耗损阴血，或失血过多，或阴血生成不足。

5.心阴虚证

心阴虚证乃心血虚失治、误治，迁延日久，缠绵不愈所致，因阴血同类，血虚

12.肝肾阴虚

肝藏血，主疏泄，肝阴亏虚导致心系疾病主要有3种情况：一是肝阴不足，肝血亏耗，使心血亦虚、心失所养，发为心悸、不寐、健忘；二是肝阴不足，肝阳上亢，肝火内炽而致心神被扰，表现为心悸、不寐。三是肝肾同源，肝阳不足常可导致肾阳不足，肾水亏损亦可形成肝阴亏损，而肾阴亏虚、肾水不足，不能上济心火，又可致心肾不交，水火不济。

(二)邪实

1.气滞

气是人体内不断运动着、具有很强活力的物质，气不断地升降出入，通达内外，推动血液的运行，促进津液的布化，气机调畅对于维持心血管系统的正常功能活动具有十分重要的意义。一般气滞发生的原因，或因外感六淫，邪郁不解，壅而气滞；或因内伤七情，情志不遂，郁而气滞；或因伤于饮食，食积不化，停而气滞。气滞的结果除直接阻碍气机的畅达外，还主要影响与气机运行关系密切的血液和水津的分布、代谢，导致水液积蓄和血行障碍。此外，气滞还能化火。气滞在临床上分别表现为气滞痰凝、气滞水停、气滞血瘀、气滞化火。

2.血瘀

血液运行于经脉之中，循环不止，周流不休。若寒热之邪客于脉中，致血寒血热；或气滞，血行失推动之力；或痰湿水饮阻滞；或外伤血脉，皆可导致瘀血阻滞。瘀者，淤也，其引起的种种病象，都与阻滞、不通的病理变化有关，因血脉流畅受阻，不通则痛。故血瘀之证多见疼痛，且以痛处固定不移，如针如锥，久而不愈，伴舌质紫黯、有瘀点为特征。血液瘀阻、神机失灵，则健忘、怔忡、半身不遂；瘀血内阻、血不归经则出血；营卫流通受阻则发热；脉络瘀阻则腹部青筋暴涨。除此之外，血瘀还可引起气滞、水停等继发性病理演变。

3.痰证

凡是水液凝结、质地黏稠，停积于脏腑、经络、组织之间，导致其功能异常所产生的病症，皆属于痰证范畴。按其形成的原因不同，又可分为痰湿和痰热2种，即痰湿内阻和痰热结聚。

4.饮证

饮是指水饮，质地清稀、流动性较强，或停积于脏腑组织，或泛溢于肌肤四肢。饮证多由脏腑功能衰退或障碍引起。

5.火盛

火盛即火热之邪炽盛，或感受外邪，郁而化火；或情志不遂，五志化火；或阴

3.气虚血瘀

气虚血瘀是气虚运血无力,血液运行瘀滞所产生的一种本虚标实证候,常因患者久患咳喘,肺气先亏,或脾胃素虚,宗气不足,无力鼓动血脉,日久渐致血行缓慢、涩滞瘀阻,本证虚中挟实,先虚且后实,因虚致实。气虚则面色苍白、身倦乏力、少气懒言;血瘀则胸胁刺痛,痛处固定,按之痛剧,亦可因痹阻心脉而发心痛、怔忡、心悸。

4.血虚肝旺

血虚是指心肝阴血亏损,多因脾肾亏虚,生化之源不足;或久病劳损,耗伤心肝阴血;或失血过多,未及补偿;或思虑太过,暗耗阴血,终致心肝阴血不充。此证一方面因心肝血亏,清窍失荣,心神失养而眩晕、失眠、健忘、多梦;另一方面又因心肝阴血不足,阴阳失去平衡,水不涵木,肝阳偏盛,亢逆无制,气血随肝阳上冲而眩晕、耳鸣、面红目赤。

5.阳虚水泛

此证因心、脾、肾三脏阳气亏虚,不能运化水湿,肾虚不能升清降浊,则水液代谢障碍,停积体内,上下泛滥。上逆心肺,则心悸、怔忡、气喘;外溢肌肤,则四肢水肿,按之凹陷,因水性趋下,故下肢肿甚;下阻膀胱则气化失司,小便短少。除上述这些水湿停聚的证候外,还一定具有心、脾、肾三脏阳虚之证,如神疲畏寒、四肢不温、腰膝冷痛。

6.津亏血瘀

血液与津液都来源于水谷精微,由水谷精气所化,故有"津血同源"之说,津液渗注于血脉中即成为血液的组成部分。在病理情况下,两者之间亦相互影响,如失血过多、血液亏虚,脉外之津液可渗注脉中,以补偿脉中血液容量的不足;反之,在津液大量耗损时,不仅渗入脉中津液减少,甚至脉内的津液亦渗出脉外,形成血脉空虚,津枯血燥,其结果则往往因血中津液减少,血容量不足,血液黏稠,运行不畅,血行瘀滞,而津亏血瘀,表现为津液不足与血液瘀阻同时并见。此证可见于脾胃素亏,津血无源;热血炽盛,津血俱伤;或大汗、大吐、大泻等导致患者津液严重耗损的后期。

(一)症见

心悸,怔忡,头晕眼花,失眠,健忘,面色淡白或萎黄,唇、舌色淡,脉细弱。

(二)证候浅析

本证多由于久病、劳神过度耗伤阴血,或失血过多,或久病伤及营血等引起;也可由于脾失健运或肾精亏损,导致生化之源不足而得;也可由于情志不遂,气郁化火耗伤阴血所致。血液不足,心失所养,心动不安,故患者怔忡;血虚心神失养,神不守舍,故患者失眠、健忘;血虚不能上荣于头、面,故患者头晕眼花、面色淡白或萎黄,唇、甲、舌色淡;血虚脉道失于充盈,故患者脉象细弱无力。

(三)辨证要点

以心悸、失眠兼血虚证为辨证要点。

三、心阴虚证

心阴虚证指由于心阴亏虚,虚热内扰所表现的证候。

(一)症见

心悸心烦,失眠多梦,手足心热,潮热盗汗,两颧潮红,咽干口燥,舌红、少苔、少津,脉细数。

(二)证候浅析

本证多由于思虑劳神太过,暗耗心阴,或因热邪、火邪,耗伤阴液;或由于肝肾阴虚,累及于心所致。心阴不足,心失濡养,心动失常,故患者有心系疾病的表现;心神失养、虚火扰神,而心神不安、神不守舍,则患者心烦不宁、失眠多梦;阴虚不能制阳,虚热内生,故患者口燥咽干,形体消瘦;五心烦热,午后潮热,盗汗,颧红,舌红、少苔、少津,脉细数等,均为阴虚内热之象。

(三)辨证要点

以心悸、心烦不宁、失眠多梦及阴虚内热为辨证要点。

心阴虚证与心血虚证均有心失濡养的病理改变,二者在临床表现上均有心悸、失眠、多梦等症,但前者是因心阴亏损,而后者是由于心血不足,故临床症状多伴随阴虚证和血虚证的特点。

四、心阳虚证

心阳虚证指由于心阳虚衰,温运鼓动无力,虚寒内生所表现的证候。

象者为心阳虚；更兼亡阳证者为心阳虚脱，不得混淆。

六、心火亢盛证

心火亢盛证指由于心火内炽，热扰心神所表现的实热证候。

(一)症见

心烦失眠，面赤口渴，身热，便秘尿黄，甚或狂躁，神昏谵语，舌尖红，苔黄，脉数有力。

(二)证候浅析

本证多由于火热之邪内侵，或由情志抑郁化火，或过食辛辣刺激、温补之品，久蕴化火，内炽于心所致。心火炽盛，内扰于心神，神不守舍，则为发热，心烦失眠；甚者热扰心神或热闭心神，表现为狂躁谵语，神识不清；火邪伤津，故口渴，便秘，尿黄；火热炎上，则面赤，舌尖红绛；气血运行加速，则脉数有力。

(三)辨证要点

以神志狂躁症状及里实热证为辨证要点。

七、心脉痹阻证

心脉痹阻证指由于瘀血、痰浊、寒凝、气滞等因素阻痹心脉，而出现以心悸、怔忡、胸闷心痛为主症的一类证候。

(一)症见

心胸闷痛，膻中或心前区憋闷作痛，甚者痛引肩背，时作时止。或痛如针刺，舌暗或有青紫斑点，脉细涩或结代。患者常伴有心悸、气短、自汗；或伴体胖痰多，身重困倦，舌苔白腻，脉沉滑或沉涩；或遇寒痛增，得温痛减，形寒肢冷，舌淡苔白，脉沉迟或沉紧。

(二)证候浅析

本证多因正气亏虚，而致气滞、血瘀、痰浊、阴寒等邪气内侵，进而使胸阳不振，血脉失于温煦，心脉痹阻。心阳不振，失于温运，或瘀血内阻，心脏搏动失常，故见心悸、怔忡。阳气不宣，血行无力，心脉阻滞不通，故心胸憋闷、疼痛。血瘀所致的心脉的疼痛，多以刺痛为特点，痛处固定不移，伴见舌黯，或有瘀斑；痰阻心脉的疼痛，以闷痛为特点，多伴体胖痰多，身重困倦，苔腻，脉弦滑或弦数等痰浊内盛的症状；寒凝心脏的疼痛，以病势剧烈，突然发作，遇寒加剧，得温痛减为特点，伴见形寒肢冷，舌淡苔白，脉沉迟或沉紧等寒邪内盛的症状；气滞心脉的疼

可见于内伤杂病。在外感热病中，由于邪热内炽，里热蒸腾，则见发热，面红目赤，呼吸气粗；热盛伤津，故便秘尿黄；痰火扰乱心神，可见烦躁不宁，谵语狂躁，痰阻气道可见胸闷，痰黄。内伤杂病中，由于精神刺激，痰火内盛，扰乱心神，轻则心烦失眠，重则神志狂乱而见胡言乱语，哭笑无常，狂躁妄动，打人毁物，不避亲疏；舌红，苔黄腻，脉滑数，均为痰火内盛之象。

(三)辨证要点

以神志异常和痰火内盛之症为辨证要点。

第三节 治则治法

一、治疗原则

治则是指治疗疾病的基本原则。它是基于中医整体观念和辨证论治理论形成的治疗疾病的准绳，指导着临床确立治法和处方施治。作为指导疾病具体治法的总原则，治则并非直接针对某种具体病症，而是具有普遍性和抽象性。相比之下，治法则更为具体和灵活。它从属于一定的治则，往往是多种治则综合指导的结果，并由临床实际病症所确立，能够直接指导处方用药。通过以治则统领治法，以治法丰富治则，中医治疗就可执简驭繁，灵活变通。

(一)急则治标，缓则治本

“急则治标，缓则治本”是治疗心病的一般法则。心病起病急骤，症状较重，需急以治标，控制症状，待症状缓解后，为求其根治，需找出心病之根本所在，长期用药，缓治其本，去除病根，防止再发。

治病求本，是治疗疾病最基本原则。强调治疗要抓住疾病的根本，而避免头痛医头，脚痛医脚。在临床上主要是分析病症的主次先后，轻重缓急，用来确定治疗步骤。本与标是一个相对概念，一般情况下，标根于本，病本能除，则标也随之而解。一般情况下，应采取急则治其标、缓则治其本的法则，先治其标，后治其本；若标本并重，则应标本兼治。若本重于标，不从本治，会蔓延滋生出许多“标”，故医师应灵活掌握“急则治其标、缓则治其本”原则。

总之，心病在急性发作时以本虚标实多见，虽有本虚的见症，但常以“风火上

为要。心血管疾病运用先攻后补者多见于病情虚实夹杂，病势急重，以邪实为主者。例如，阴虚水肿，水肿严重而阴虚不甚者，当先利水消肿以攻邪，待水肿消减后再据阴伤程度予以养阴善后。

(2)先补后攻：即先扶正后祛邪。适用于正虚邪实，以正虚为主要矛盾。因正虚不耐攻伐，若先攻其邪则伤正气，故而必须先扶正气，增强其承受能力，而后再予祛邪之法。运用先补后攻治疗心血管疾病多见于病久缠绵难愈、反复发作，或者病情危急者。例如，急性心力衰竭者心阳不足，当以回阳救逆为法，待机体生命体征稳定之后，再根据具体邪气而分别予以相应治法。值得注意的是，西医治疗心血管急危重症有独特的优势，能立竿见影，因此采用中西医结合的方法能获得更好的临床疗效。

(3)攻补兼施：即扶正与祛邪同时运用，适用于正虚邪实，但两者均不重的病症。临床运用时需区分虚实偏重与主次，若以正虚为主要矛盾，当以扶正为主，辅以祛邪，否则正虚之体不耐攻伐，且攻邪易于伤正。若以邪实为主要矛盾，则以祛邪为主，兼以扶正，否则纯补容易恋邪。运用攻补兼施治疗的心血管疾病常为慢性心力衰竭、高血压、冠心病及心房颤动等慢性病。例如，心房颤动者心肾不交证，肾阴虚与心火盛同时存在，故而治疗时当滋阴与清火同用。而临证时又当根据阴虚与火热之偏重，厘定补虚与泻实的偏重。

(三)调整阴阳、注重整体

疾病的发生，从根本上说即是阴阳的相对平衡遭到破坏，出现了偏盛偏衰的结果，因此调整阴阳、恢复阴阳的相对平衡，乃是临床治疗的根本法则之一。中医心病的病理变化特征之一，就是阴阳平衡失调。以调整阴阳，使失去平衡的阴阳重新恢复和建立起来，保持心的阴阳相对平衡，是治疗心病的重要法则。调整阴阳作为治疗原则来看，不外去其有余，补其不足两方面。去其有余，即去其阴阳之偏盛；补其不足，即补其阴阳之偏衰。只有坚持调整阴阳，才能使之恢复新的平衡，以去除病根，使心病彻底治愈。

1.调整阴阳

中医理论整体观念认为阴阳一体，无论病理变化多么复杂的疾病，从总体上均可归属为“阴阳失调”。当人体正气不足，邪气入体，正邪斗争打破体内阴阳平衡，导致阴阳偏盛或偏衰，从而致使疾病的产生。采用“损其有余”或“补其不足”的方法纠正阴阳的偏颇，以恢复人体阴阳的相对平衡，使之“阴平阳秘，精神乃治”。

(1)损其有余是损其人体阴或阳中任何一方偏盛的治则。阴或阳任何一方

际上是一身之气的突然大量脱失，故治疗都应兼以峻剂补气，常用大剂量人参、山茱萸等药。心血管出现阴阳亡失者，多见于急性心力衰竭、急性心肌梗死和高血压危象等急危重症，治疗时当急救其阴阳，并充分结合西医治疗方法，从而提高临床疗效。

2.调理

精、气、血、津液是脏腑活动的物质基础，精、气、血、津液不足或功能异常，以及相互作用的关系失调都可诱发心血管疾病的发生。因此，调理精、气、血、津液是整体论治的重要治则之一。

(1)调精，分为填精和固精。①填精：填精亦称补精，精是人体生命活动的基本物质，包含先天之精和后天水谷之精，指的是具有生殖、化气、生血、养神等功能的广义概念的精。精的化生与肾、脾两脏关系密切，临床上脾肾亏虚，常常导致精的化生不足，宜采用补肾填精和健脾益气以生精的治法。②固精：固精又称摄精，肾为封藏之本，主藏精，肾气若虚，封藏失司，导致滑精、遗精、早泄等精脱之证。精气久泄，则无以化生气血以养心神。因此，临床治疗时常采用补益肾气、固摄精气的方法。

(2)调理气机：气有不断运动的特点，气机失调是气的升降出入运动异常所致，常见的气机失调病变主要有气滞、气逆、气陷、气闭和气脱等。气贵乎流通，故治疗时要注意两点：其一，调理气机失调的病理状态，气滞者应行气，气逆者宜降气，气闭者应开窍通闭，气陷者宜益气举陷，气脱者宜固脱；其二，顺应脏腑气机的升降规律，如肝气疏泄升发，常宜畅其升发之性；胃气主通降，肺气主肃降，多宜顺其下降之性。

(3)调理血液运行：血液正常的运行状态是在人体脉管内不断进行循环往复的运动。血液运行失常的病变主要有血瘀、出血、血寒和血热等，血寒是血瘀的主要病机，血热、气虚和瘀血是出血的主要病机。治疗时，调理血液运行的原则：血瘀证，在活血祛瘀的基础上，根据不同的病因配以补气、理气、温经清热等疗法；出血病症，针对出血不同的病因施以清热、补气、活血等不同治疗方法，如祛瘀止血、温经止血、滋阴止血、益气摄血等，血寒证宜用温药，血热宜用凉药。

(4)调津液分为滋补津液和祛除水湿痰饮。①滋补津液：用于治疗津液不足之证。原因是实热伤津，宜清热生津，所以治宜滋阴生津、滋补阴液、敛液救阴，同时尚可对造成津液亏虚的原因采取相应的治法。②祛除水湿痰饮：用于治疗水湿痰饮内停之证。其因水液代谢障碍，其中湿盛者宜祛湿、化湿或利湿；水肿或水臌者，宜利水消肿；痰饮为患者，宜化痰逐饮。水湿多由肺、脾、肾、肝产生，

阳气的温煦推动,因而治疗心病要注意顾及心阳和血脉的通利。此外,“心恶热”在临床上还表现为心对火热邪气、暑邪等有着特殊的易感性,因而在治疗时应注意清心泻火、清暑安神。

(2)调理脏腑之间的关系。①根据五行生克制化规律调节:根据五行相生规律制订的治则主要为“虚则补其母”和“实则泻其子”。心在五行中属火,心血亏虚常从其母而补肝;心火亢盛则常泻其胃热。根据五行相克规律制订的治则主要为“抑强”和“扶弱”,例如,心火偏盛、肾水不足之心肾不交证,宜采用泻南补北法,以泻心火补肾水。②根据五脏生理特点调节:心为君主之官,为五脏六腑之大主。其主血脉而藏神,主宰其他脏腑正常的生理活动,并通过调节血液运行和脉管舒缩,辅助肺的呼吸功能;而心血之源,由脾胃化生的水谷精微充养,肝贮而藏之,因此心血亏虚多与脾胃和肝相关。此外,肝主疏泄,助气血运行,促进心主血脉的功能。③根据脏腑相合关系调节:人体脏与腑的配合,体现了阴阳表里的关系。脏行气于腑,腑输精于脏。生理上彼此协调,病理上又相互影响、互相传变。因此,治疗脏腑病变,除了直接治疗本脏、本腑之外,还可以根据脏腑相合理论,或脏病治腑,或腑病疗脏,或脏腑同治。例如,心合小肠,心火上炎之证,可以直泻心火,而通利小肠,导心经之热从下而出,则心火自降。

(四)三因制宜

人与自然界是一个整体,相互之间存在着密切的关系。“人以天地之气生”指的是认识自然界的产物,自然界天地阴阳之气的运动变化与人体是息息相关的。因此人的生理活动、病理变化、疾病治疗都要考虑季节气候、地域环境,以及人的体质、年龄等不同因素,针对个体的不同特征予以相应治疗,将此称作“三因制宜”,即因时、因地、因人制宜。

1.因时制宜

自然界阴阳之气消长的周期变化形成了春夏秋冬四时气候的变化,不同物候特点对人体的生理功能、病理变化均能产生不同的影响。因此,根据不同季节气候的特点考虑治疗用药的原则,称作因时制宜。一年四季,有寒热温凉的变迁,所以治病时,要考虑当时的气候条件。心主血脉,喜通而恶滞,秋冬之季气候寒冷,阴气渐长,阳气渐衰,人体气血运行缓慢,血脉凝滞,故而常常诱发心血管疾病的发作或加重。医师用药时当兼顾人体阳气,避免用大苦大寒的药物伤害患者的阳气。此外,根据心血管疾病的好发季节,可适当采取防护措施,以预防疾病的发作。

(1)寒者热之是指寒性病症出现寒象，用温热方药来治疗，即以热治寒。如寒凝心脉之胸痹，当用温阳散寒、通脉止痛法。

(2)热者寒之是指热性病症出现热象，要用寒凉的药物治疗，即以寒治热。如心火炽盛之心悸，当用清心泻火、安神定悸法。

(3)虚者补之是指虚损性病症见虚象，用具有补益作用的药物来补其虚，即以补益药治虚证。如心阳虚证用温补心阳法，心阴虚证用滋补心阴法，心气虚证用补益心气法，心血虚证用补养心肝之血的方法等。

(4)实者泻之是指实性病症见实象，用攻逐泻实的方药来治疗，即以攻逐泻实药治实证。如心血瘀阻之胸痹，用活血化瘀、通痹止痛法。

2.反治

反治是顺从疾病假象而治的一种治疗原则，即采用方药或措施的性质顺从疾病的假象，与疾病的假象相一致，故又称“从治”。究其实质，是以治病求本为指导，针对疾病的本质而进行治疗的方法，它适用于疾病的征象与本质不完全一致的病症。临床上反治主要包括热因热用、寒因寒用、塞因塞用和通因通用等不同情况。

(1)热因热用即以热治热，指用热性药物治疗具有假热症状的病症。此法适用于阴盛格阳的真寒、假热证，即阴寒内盛，格阳于外，形成里真寒、外假热的证候。治疗时针对疾病的本质，用热性药物治其真寒，真寒一去，假热也就随之消失。例如，心血管急危重症心阳暴脱而表现出两颧泛红的戴阳证，当以温热之药以回阳救逆，治用参附汤或四逆汤。

(2)寒因寒用即以寒治寒，是指用寒性药物治疗具有假寒症状的病症。此法适用于阳盛格阴的真热假寒证，即阳盛于内，格阴于外，形成里真热、外假寒的证候。例如，热毒内盛而出现四肢厥冷之假候，但恶热、口渴、便燥、尿赤等热证是疾病的本质，故用寒凉药治其真热，假寒自然就消失。

(3)塞因塞用即以补开塞，是用补益的药物治疗具有闭塞不通症状的虚证。此法适用于因体质虚弱、脏腑精气功能减退而致闭塞不通的真虚假实证。例如，心阳亏虚，温煦不足，鼓动无力，血液运行迟缓，血脉凝滞，故治疗当温补阳气以活血，以补为通。

(4)通因通用即以通治通，是用通利的药物治疗具有实性通泄症状的实证。此法适用于因邪实所致通利外泄症状的真实假虚之证。例如，急性心肌梗死合并上消化道出血的心血管重症，多因瘀血所致出血，故治以活血化瘀以止血，辅以收敛止血之药。

(2)防止病邪的侵袭:邪气是导致疾病发生的重要原因,故未病先防除了养生以增强正气提高抵抗力之外,还要注意避免病邪的入侵。临床上常见的病邪包括六淫、疫疠、外伤、虫蛇咬伤,以及环境、水源和食物污染等致病因素,针对这些病邪积极采取相应预防措施能有效避免疾病的发生。此外,采用药物预防及人工免疫的方法,提前使用某些药物可以提高机体的免疫功能,能防止病邪的侵袭,从而起到预防疾病的作用。

2.既病防变

既病防变是指在疾病发生以后,应早期诊断、早期治疗,以防止疾病的发展与传变。

(1)早期诊断:疾病初期,病情轻浅,正气未衰,所以比较易治。倘若不及时治疗,病邪就会由表入里,病情加重,正气受到严重耗损,以致病情危重。因此既病之后,就要争取时间及早诊治,防止疾病由小到大,由轻到重,由局部到整体,防微杜渐,这是防治疾病的重要原则。

(2)防止传变:传变亦称传化,是指脏腑组织病变的转移变化。中医防止疾病传变的方法主要有 2 种。①阻截传变途径:在疾病防治工作中,掌握疾病发生、发展规律及其传变途径,才能防止疾病的传变。中医常见传变规律包括六经传变、卫气营血传变、三焦传变、经络传变、表里传变及内伤杂病的五行生克制化规律传变等,其中前 3 种传变方式多见于外感疾病,而后者则可用于指导内伤疾病或某些慢性病的防治。例如,女子长期月经不调,月事过多,肝血不足,无以养心,日久可致心血亏虚之心悸、不寐,故治疗当补养心肝之血,以定悸安神。②先安未受邪之地:根据五脏相克理论,一脏之病可传其所克之脏,故当先安未受邪之脏。例如,心血瘀阻,气血运行不畅,阻碍肺络,导致肺气瘀阻,因此治疗当兼顾调理肺之气血,以安肺脏,防止受邪。

3.愈后防复

愈后防复是指疾病初愈时应采取适当的调养方法及善后治疗,防止因过度劳累或者用药不当等因素而复发。慢性心力衰竭、高血压、冠心病等为心血管常见慢性病,病情控制稳定后,多因饮食、情志或居处不慎而诱发疾病发作或加重,因此临床上应注意避免这些诱因,积极采取心脏康复的措施。①防止复感新邪:疾病稳定期,心之气血阴阳虽恢复平衡状态,但其本已伤,心体受损,故而应注意病后生活起居调理,避免风寒,防止疾病复发,尤其对于慢性心力衰竭患者,外感因素常常诱发疾病反复发作和加重。②防止过劳:患慢性心血管疾病的患者由于心体受损,主血脉功能异常,常常难以承受过度的体力和脑力劳动,因此防止

2.益气养血法

“心主血”“气为血之帅”，所以益气养血也是心病治法。益气用补中益气汤，养血用四物汤，其中主药是生黄芪和当归，也就是常用的“当归补血汤”。气虚，苔薄白，舌质淡，脉沉细，主症为气短。血虚，苔薄白或薄黄，舌质淡或淡红，脉沉细数，主症为心悸。气虚血亏还可见心烦失眠，面㿠乏力，健忘，食欲缺乏。补中益气汤以补气健脾为立法，可用生黄芪、党参、炒白术。另外，补气的还有扁豆衣、仙鹤草和灵芝。气和阴相关，略佐养阴以利于补气，最适合的药是黄精，既可健脾补气，又能养阴助气，还可用麦冬，既可养心阴，又补心气。脾和肾同本，略佐补肾以利于健脾，最适合的药为生杜仲、桑寄生、淮山药、蛇床子、菟丝子。气和血相生，略佐养血以利于补气，最适合的药为全当归、生地黄、阿胶。四物汤是用养血柔肝的方法，可用生地黄、当归，加白芍以柔肝，肝藏血，柔肝可以藏血，加川芎引入心经，引经增加益血。养血力专者还有桑椹、大枣、龙眼肉、何首乌。气阴同源，略佐养阴以利于养血，可选枸杞子、山茱萸。气血相生，略佐补气以利于养血，可选党参、白术。肝肾相滋，略佐滋肾以柔肝生血，可选女贞子、墨旱莲。

3.温心宁神法

心阳不振是心病的重要病机之一。临证可见苔薄白，舌质淡胖，脉沉细而缓，主症是心悸形寒，遇寒加重，怔忡肢冷。为了振奋心阳，一般常用肉桂、附子。肉桂、附子温燥，虽能温阳，但易伤阴，使肾之阴阳失去平衡，故改用“二仙汤”。二仙汤妙在用知母、黄柏降相火而滋阴保津，用二仙(仙茅、淫羊藿)温阳散寒，但仙茅也属温燥，当去之，需控制淫羊藿的用量，5 g 以内可用。配补骨脂温润，当归和血，起到调肾阴而治心病的心阳不振证类。二仙汤旨在调肾，要温心的话需要有 3 个辅佐：一是引入心经，选加远志、薤白、柏子仁；二是重镇宁神，选加生龙骨、磁石、琥珀；三是养血安神，选加炒酸枣仁、夜交藤、龙眼肉。心阳不振的患者常见四肢不温，食纳不振，表明与脾阳不足密切相关，应当佐以温中健脾药，可选用肉桂、川椒、高良姜、砂仁、白蔻仁。心阳不振的患者常见心悸、怔忡，表明与神不守舍密切相关，除重镇安神外，应当佐加川芎、石韦、生黄芪、丹参、苦参、羌活。

4.交通心肾法

心主火，肾主水，肾水上济于心，心火下降于肾，水火相成，心神可宁。如果肾水不足，难以上济，则心火独亢，出现舌红苔黄、脉象细数、尺脉沉弱、心烦潮热、失眠多梦、腰酸腿软等表现。可以采用交通心肾法，即补肾水、清心火。其主方是交泰丸，由黄连、肉桂 2 味组成，配比为 3∶1，临床上常用黄连 10 g，肉桂 3 g。黄连为清心火效药，肉桂引火归原，引心火下归于肾而宁。交通心肾法要

难以奏效，关键之二是在中医理论指导下巧配活用。

（二）外治法

中医手段多种多样，在心血管疾病的治疗方面，除最为大众熟知的中药治疗外，还有针灸、推拿、拔罐、敷贴、药浴、药枕等一系列外治法；此外，功法、太极等练功疗法亦可起到一定作用。正确运用这些治疗方法，对于心脏神经症、风湿性心脏病、冠状动脉粥样硬化性心脏病等疾病的防治、轻症及术后康复均可起到良好的作用，延长心血管疾病患者的寿命、改善其生活质量。

1.针法

在中医经络学说的理论指导下，针刺疗法可起到疏通经络、调和阴阳、扶正祛邪的治疗作用。

(1)具体操作：心血管疾病所表现出的胸痹心痛或者心悸等症状，在临床上常取手少阴心经和手厥阴心包经的经穴及心之俞穴、募穴。常用针刺穴位有内关、郄门、阴郄、心俞、巨阙、神门、膻中穴等。内关穴为心包络经穴及八脉交会穴之一，通于阴维脉，可调理心气、活血通络，为治疗心悸心痛的特效穴；郄门、阴郄穴分别为心包经与心经郄穴，有活血止痛之功，可治疗心血不畅引起的胸痹心痛；心俞、巨阙穴分别为心之俞穴与募穴，俞募相配，有养心安神、镇静定悸之效；神门穴为心经原穴，可调理心经气血，兼有镇心安神之作用；膻中穴为气会，为心胸部局部取穴，可起到宽胸理气、振奋心阳之功效。操作方法为多用毫针针刺以上诸穴，虚证多以补法，实证多用泻法。

(2)注意事项：针刺法治疗尤其在缓解胸痹心痛的症状方面有较好的疗效，但如出现胸痛剧烈、痛如刀绞、肢冷汗出等危急病情，应及时寻求综合治疗。古代医家治疗心绞痛多用泻法，病缓之时用补法。

2.灸法

胸痹心痛的病机离不开正虚与邪实两个方面，心阳虚则生内寒，寒凝血脉，痰饮内生，此为阴邪，故在治疗上应以温通心阳为大法。艾草有调血理气，逐寒祛湿之效，将其制成艾炷/艾条，燃灸经穴，便可借助火力的温热作用，加强其温阳散寒之功。

(1)具体操作：在心悸、心绞痛等疾病的治疗上，选穴多选取手少阴心经、手厥阴心包经、手太阴肺经、任脉、督脉经穴及背俞穴。临床上常用温和灸来治疗：嘱患者取平卧位，充分暴露相应穴位；点燃艾条一端，先施灸一侧内关穴，灸火距皮肤 2～3 cm，采用温和悬灸法，使患者局部有温热感而无灼热感为宜，灸 5 分钟，以局部皮肤呈红晕为度，再以同样方法施灸另一侧内关、膻中穴与两侧

体表特定的经络腧穴上。由于罐体的吸附与牵拉，局部毛细血管扩张充血，含有内毒素的血液从瘀滞的毛细血管中被负压吸拔出来，渗透至皮肤与肌肉之间，这就是起罐后常见的不同颜色的痧斑。中医理论认为，风、寒、湿等外邪可从打开的腠理中出来，从而使经络通畅。

(1)具体操作：拔罐疗法对于高血压、冠心病等心血管疾病可起到良好的辅助治疗作用。对于高血压患者，可取其大椎、血压点、肺俞、心俞、肾俞、曲池、内关、足三里、丰隆、涌泉等穴，每穴留罐 10～20 分钟，或取大椎至腰俞的两侧夹脊穴，涂抹刮痧油等介质，进行走罐 10 分钟后留罐，再在曲池、足三里、风市等穴留罐，频率为罐印消退后进行再次拔罐。对于冠心病患者而言，可配伍心经的俞穴、募穴及局部穴位进行治疗，处方如下：取大椎、至阳、厥阴俞、心俞、小肠俞、天突、膻中、间使、内关等穴，若有阴虚可加上三阴交穴，留罐 10～15 分钟，频率为隔天一次。

(2)注意事项：面对高血压及冠心病患者，可建议其行拔罐、刮痧等物理疗法，但应意识到这只能起到辅助作用，务必告知患者严格遵医嘱，坚持服药。

5.气功疗法

气功疗法多以身体放松、气机下沉、精神安宁为特征，用于治疗心血管疾病时，可参考古代文献中“心悸”“胸痹心痛”的治疗方法。在治疗病位在上焦的胸痹之病时，所有的动作导引术都应遵循的原则是以动作引气上越或以动作使邪气聚于上焦，然后引导真气祛邪外出。

(1)具体操作：高血压多以平肝潜阳、息风化痰为大法，主选“降压功”来化痰降浊，分为气贯手足、疏导冲任、通畅督脉和带脉、运行脊柱与收功五大步骤，若兼有阴虚阳亢，可在此基础上辅以“保健功”。患者应每天自行练习“降压功”全套功法 1～2 次，循序渐进，动作缓慢轻柔，意念要松静。呼时有意，要细长；呼时无意，可略短，需将调心、调身与调息三者紧密结合起来。对于肝阳上亢明显者，可在收功后加直擦脚底涌泉穴，左右交替，各 100～200 次，配合推拿一并使用。冠心病主选“冠心功”来调养，亦分为预备式、存想导气、下肢行气、上肢行气与收功五步，每天练 2 次，早晚各 1 次，每次 30～60 分钟，并坚持练到 100 天。对于胸阳痹阻型可辅以“八段锦”，选择其中“攒拳怒目增气力”“双手托天理三焦”“五劳七伤往后瞧”“双手攀足固肾腰”4 节，每节 3 遍；对于阳气虚衰型还可辅以“保健功”，行叩齿、搅海、漱口、咽津等节。

(2)注意事项：如发生心肌梗死或出现心力衰竭时，应尽早采取其他措施加以抢救，不可单纯依靠气功方法治疗，以免延误病情。在急性心肌梗死发作期间不可练功，如病前已熟练掌握练功方法，可轻度练习“放松功”。

表 4-1　血压水平分类和定义

分类	收缩压(mmHg)	舒张压(mmHg)
正常血压	<120	<80
正常高值	120～139	80～89
高血压	<140	<90
1 级高血压(轻度)	140～159	90～99
2 级高血压(中度)	160～179	100～109
3 级高血压(重度)	>180	>110
单纯收缩期高血压	>140	<90

四、分层

虽然高血压是影响心血管事件发生和预后的独立危险因素，但是并非唯一决定因素，大部分高血压患者还有血压升高以外的心血管危险因素。因此，高血压患者的诊断和治疗不能只根据血压水平，必须对患者进行心血管综合风险的评估并分层。高血压患者的心血管综合风险分层，有利于确定启动降压治疗的时机，优化降压治疗方案，确立更合适的血压控制目标和进行患者的综合管理。

将高血压患者按心血管风险水平分为低危、中危、高危和很高危 4 个层次。根据以往我国高血压防治指南实施情况和有关研究进展，对风险分层的内容作了部分修改(表 4-2)，增加 17.3～18.5/11.3～11.9 kPa(130～140/85～89 mmHg)范围；将心血管危险因素中高同型半胱氨酸血症的诊断标准改为≥15 μmol/L；将心房颤动列入伴发的临床疾病；将糖尿病分为新诊断与已治疗但未控制两种情况，分别根据血糖(空腹与餐后)与糖化血红蛋白的水平诊断。

表 4-2　血压升高患者心血管风险水平分层

其他心血管危险疾病因素和疾病史	血压(mmHg)			
	收缩压 130～139 和(或)舒张压 85～89	收缩压 140～159 和(或)舒张压 90～99	收缩压 160～179 和(或)舒张压 100～109	收缩压≥180 和(或)舒张压≥110
无		低危	中危	高危
1～2 个其他危险因素	低危	中危	中/高危	很高危
≥3 个其他危险因素，靶器官损害，或慢性肾脏病 3 期，无并发症的糖尿病	中/高危	高危	高危	很高危

(7 mmHg)。高血压发病与年龄有一定的关系。高血压发病的年龄高峰为40～49岁。中医认为人体的生长发育过程和先天之精有密切的关系,40岁以后人体肾气渐衰,肾精渐亏,肝肾不足,肝阳容易亢盛,所以容易患高血压。

(二)七情因素

在高血压的发病因素中,情志因素位居第二。中医历来重视情志和发病的关系,人的情志变化过于激烈,超过人体脏腑的调节能力时就会发病。例如,人在盛怒之下,肝气上逆,血随气升,就会导致高血压。又如大喜、过度悲伤、极度忧愁、受到惊恐等,也会引起人体脏腑功能失调,心、肝、胆等脏腑功能受扰最甚。肝脏受扰、肝气郁结、肝气上逆、肝火上炎、肝阳上亢等情况会导致高血压。心脏受扰也可见心肝火盛、心火亢盛、心肾不调等引发高血压。因此七情内伤影响心、肝、胆的阴阳气血失调,会导致高血压,以青年人及身体壮实者为多见。精神长期高度紧张,心、肝两脏受累,也会引起高血压。

(三)劳逸适度

人的生活规律的改变或人体调理,同样可以引起内在脏腑气血阴阳的变化,也会导致高血压。劳逸失度会引发高血压。过度劳作损伤人体正气,尤其是脾、肝、肾之气血阴阳失调,容易出现脾虚生痰湿,风痰上扰,肝肾不足,肝阳上亢,引发高血压。中医还认为中年以后,肾精渐亏,应当节制房事,保养精液。例如,房事无度,耗损肾精,阴亏阳亢,也会发生高血压。生活过度安逸,缺乏运动,气血滞涩不畅,脾气不运,也会发生高血压。

二、病机

中医典籍中无高血压病名记载,而是以辨证的方法,根据患者主诉症状,分析它的原因以定病名。通过大量临床实践,根据临床症状、病程演变,结合辨证论治的经验比较,认为古代文献中记载的“中风”“头痛”“眩晕”“肝风”“肝阳”“心悸”等症,与高血压颇为相当。其中以“眩晕”论述最多,《素问·至真要大论》中已有记载:“诸风掉眩,皆属于肝。”而肝主藏血,营养五脏六腑,肾主藏精,主骨生髓通于脑,因此肝肾亏虚、精血不足可导致头痛、眩晕。《素问·阴阳应象大论》曰:“年四十而阴气自半也。”

张仲景对眩晕一证虽未有专论,但有“眩”“目眩”“身为振振摇”等描述,与高血压部分症状表现较为接近。所载方剂中小半夏加茯苓汤、泽苓桂术甘汤、真武汤等为临床治疗高血压痰浊中阻证、脾肾阳虚证所常用。隋代巢元方在《诸病源候论》一书中专设“风头眩候”篇,提出“风头眩者,由血气虚,风邪入脑,而引目系

一方面波及肝阴和肾阴成为肝肾阴虚，而肝肾阴虚又更促使肝阳上亢，因而形成阴虚阳亢；另一方面，肝阴不足也会波及心阴及冲任，形成心火亢盛和冲任不调。当阴阳不平衡始于肾经时，虽然一般可形成肾阴不足和肾阳亏损2种现象，但对本病来说，应该是肾虚先遭损害而后波及肾阳，故当肾阴不足时既波及肝阴、心阴、冲任，形成阴虚阳亢、心火上盛和冲任不调，也会波及肾阳而形成阴阳两虚。清代张伯龙在前人经验和论述的基础上，把治疗原则总结为“潜阳滋降”“镇摄肝肾”。

第三节　发病机制

高血压的病因为多因素，尤其是环境因素和遗传因素交互作用，在高血压发生、发展中有着举足轻重的地位。迄今为止，高血压的发病机制有不少假说得到了一些实验室和临床材料的支持，但至今尚无完整统一认识。原因如下：首先，高血压的个体性很强，不同个体之间不是同质性疾病，不同个体间的病因也不尽相同；其次，高血压程长、进展慢，在整个疾病过程中，不同危险因素充当着不同的角色。故高血压现被称为多环节、多因素、多阶段、个体差异性较大的一种疾病。目前本病较为主流的发病学说为多种后天危险因素加上一定的遗传因素综合作用的结果，涉及神经-体液、肾和血管等系统在内的多种机制。

一、遗传因素在高血压中的作用

有研究表明，遗传因素可以解释30%～50%的血压变异，遗传亲缘关系越近，血压的相似性越大。对于遗传相似性100%的单卵双胞胎而言，收缩压相关系数为0.5～0.8；对于双卵双胞胎而言，该系数为0.19～0.46，而对于遗传相似性大约50%的非孪生同胞而言，收缩压相关系数平均为0.23。生物学子女中血压值的相关性也比收养的子女好。

考虑到多个神经、激素、肾和血管机制参与血压调节的复杂性，确定能够解释大部分血压变化的突变基因是比较困难的。此外，血压遗传变异并不仅仅是由单个基因变异所造成(迄今为止，发现的增加肾钠重吸收及提高血压的单基因疾病仅占高血压患者的不到1%)，而且遗传差异的多态性、基因之间复杂的相互作用，以及遗传与环境因素之间的相互作用也会造成血压的遗传变异，这使得问题变得更加复杂化。大规模的全基因组关联研究对数十万常见遗传变异进行

血管紧张素Ⅱ在肥胖者血压调节中发挥重要作用。③交感系统激活及肾交感神经活性的升高:在动物和人体中进行的研究均提示交感系统活性增加能够造成肥胖性高血压。研究表明,给予肾上腺素能阻滞药或可乐定能够阻止大部分肥胖动物出现由肥胖造成的血压升高。同时,肾上腺素能受体阻断降低肥胖高血压患者动态血压的幅度显著高于对消瘦的高血压患者的作用幅度。此外,肾动脉去交感神经后可显著减轻存在难治性高血压的肥胖动物和肥胖患者的钠潴留、高血压。

(三)盐敏感性

由于摄入过多的盐会增加高血压的风险,因此限制盐的摄入是预防心血管和肾病的一个重要策略。年龄的增加或各种可能导致肾功能不全的病理生理状况均可造成盐敏感性的增加。此外,一些可以促进肾小管钠重吸收的基因突变或神经激素变化也可增加血压的盐敏感性。尽管盐敏感性存在多种诱因,但是所有存在盐摄入过多诱发的长期血压升高的个体均表现出肾的压力性尿钠排泄作用受影响的特点,同时以升高血压为代价来维持盐的平衡。动物实验和临床研究均表明,有几种类型的肾疾病能够增加血压的盐敏感性:①能够造成功能性肾单位丢失或肾小球毛细血管滤过系数降低的肾损伤。②肾小球阻力的不均匀增加。③无法适当调节肾素-血管紧张素-醛固酮系统。④能够直接或间接增加肾对 NaCl 的重吸收(尤其是在远曲小管和集合管)的获得性或遗传性疾病。

1.肾单位丢失和肾损伤增加盐敏感性

尽管一般通过手术去除多达 70%的肾质量不会造成显著的高血压,但却会大幅促进血压的盐敏感性。部分肾梗死、小管间质性炎症、肾免疫细胞浸润、免疫球蛋白 A(IgA)肾病、肾积水及其他多种类型的肾损伤也可以增加血压的盐敏感性。在慢性肾病患者中,血压的盐敏感性会随着肌酐清除率的降低而成倍增加。因此,与衰老、糖尿病、高血压相关的获得性肾损伤和各种类型的急、慢性肾损伤通常也会增加血压的盐敏感性。

2.内皮素与盐敏感性

内皮素-1 的肾活性尤其是在集合管中的作用对于血压的长期调节和盐敏感性而言非常重要。盐/容量负荷能够刺激集合管合成内皮素-1,而局部释放的内皮素-1 会激活其受体并抑制钠的重吸收。此外,集合管中内皮素 B 型受体的特异性缺失也会增加血压的盐敏感性。尽管内皮素-1 是一种强效的缩血管物质,而且可能会刺激交感系统活性并调节血管外的钠储存,但是尚不清楚这些作用

和集合管内的多种离子转运蛋白以增加钠的重吸收。2 型受体与1 型受体的功能相反，可抑制细胞增殖、促进细胞分化并造成血管舒张和尿钠增多。

2.醛固酮的作用

醛固酮主要在细胞外血管紧张素Ⅱ和钾浓度升高时分泌，但是其他几个与体液容量变化和应激相关的因素也可以影响醛固酮分泌。在人体中，大约 90％的盐皮质激素来自醛固酮。醛固酮刺激远曲小管、皮质集合小管和集合管内主细胞的盐皮质激素受体以增加钠的重吸收及钾的排泄。醛固酮对肾排泄钠的作用的影响与血管紧张素Ⅱ是相似的。当摄盐量减少时，醛固酮会被释放以增加肾钠重吸收，由此减少钠丢失并防止血压大幅度降低。摄入高盐时，醛固酮会被抑制，减少钠潴留并降低升高的血压。过多的醛固酮通过刺激肾钠重吸收而降低压力利钠作用并使得血压对盐更加敏感。

(五)交感神经系统

交感神经系统尤其肾交感神经在血压的长期控制及高血压的发病中发挥了关键的作用。肾血管、球旁器及肾小管都接受广泛的神经支配，这些神经的过度激活可以促进钠潴留、肾素分泌增多。在大部分高血压类型中，交感神经系统激活通常都不足以减少肾血流和肾小球滤过率，但是即便是轻度的交感神经系统激活也可以增加肾素释放并增强肾单位各部位(包括近曲小管、髓袢、远曲小管和集合管)对钠的重吸收。因此，肾神经能够解释交感神经系统与体液量控制和长期血压调节之间的关联。研究表明，过度的交感神经神经激活在许多高血压患者的发病中发挥了关键的作用，尤其是那些内脏性肥胖者。除了肥胖之外，许多其他因素也被认为可以造成高血压患者的交感神经系统激活，如压力感受器功能障碍和化学感受器对交感神经系统的激活。

1.动脉压力感受器

动脉压力反射系统在短期血压调节中的作用已经非常清楚，但其在长期血压控制中的重要性仍有争议。然而，动物研究表明，压力感受器去神经支配则会加重由长期高盐饮食所引起的血压升高。其他研究也表明，高血压患者的压力感受器并不是完全重新设定，因此会对血压的升高产生缓冲作用。此外，有证据表明，与压力反射受损相关的较大血压波动最终会造成肾损伤，而且会加重其他高血压危险因素对血压的影响。例如，压力感受器去神经支配的动物存在显著的肾小球损伤及心脏肥大。因此，动脉压力感受器很有可能在防止心脏、血管和肾在血压波动较大时发生损伤中发挥了重要的作用。

(七)氧化应激

活性氧与抗氧化剂之间的不平衡而造成的氧化应激是心血管疾病的一个危险因素。实验证据表明,活性氧在高血压中发挥了重要的作用。常见的活性氧包括超氧化物、过氧化氢和过氧硝酸盐等。尽管这些自由基对于维持正常细胞信号转导和内环境稳定而言有重要作用,但是当活性氧浓度超过人体的抗氧化能力时会对细胞和组织产生损伤。

实验性研究已经证实了氧化应激在高血压病病理生理中的作用。例如,血管紧张素Ⅱ介导的高血压会伴随有血管超氧化物合成增多及舒张功能受损。活性氧还可以调节多种血管转录因子和其他血管信号转导通路。这些通路能够调节细胞生长、迁移和炎症。此外,活性氧还参与调节血管平滑肌细胞内钙浓度和血管收缩。

尽管活性氧合成增加被认为会促进高血压的发生,但是针对长期抗氧化剂治疗的临床研究未能证实该理论。大部分针对长期抗氧化治疗(维生素 E 和维生素 C 补充)的人体研究均发现其对血压的影响不大或者没有影响。一些降压药,如肾素-血管紧张素-醛固酮系统阻断剂(血管紧张素转换酶抑制剂或血管紧张素Ⅱ受体拮抗剂)或β受体阻滞剂的有益作用可能在部分程度上是通过减少活性氧的合成而表现出来的,已有研究证实卡维地洛和坎地沙坦具有抗氧化作用。

第四节 诊断与鉴别诊断

一、诊断要点

血压≥18.7/12.0 kPa(140/90 mmHg),就可以诊断为高血压。但是不能只凭一次血压测量,就诊断高血压。在普查时,规定必须连续不同日 2 次血压达到高血压标准,才可以诊断为高血压。如果 1 次达到高血压标准,另 1 次没有达到高血压标准,就需要进行第 3 次测量。3 次测量的血压中,2 次达到高血压标准,就诊断为高血压。如果只有 1 次达到高血压标准,就不能诊断为高血压。在平时的医院门诊中,也应遵循这个原则,但是不要太死板,要灵活运用。应在不同天,多测量血压几次,如果血压多次或持续达到高血压的标准,就可以诊断为高

夜间(睡眠)收缩压和舒张压平均值。

(三)家庭血压监测

由被测量者自我测量,也可由家庭成员协助完成,又称自测血压或家庭血压测量。家庭血压监测可用于评估数天、数周、数月,甚至数年的降压治疗效果和血压长时变异,有助于增强患者健康参与意识,改善患者治疗依从性,适合患者长期血压监测。随着血压遥测技术和设备的进展,基于互联网的家庭血压远程监测和管理可望成为未来血压管理新模式,但还需要更多的研究提供有效性和费效比证据。

家庭血压监测用于一般高血压患者的血压监测,以便鉴别白大衣高血压、隐蔽性高血压和难治性高血压,评价血压长时变异,辅助评价降压疗效,预测心血管风险及预后等。家庭血压监测需要选择合适的血压测量仪器,并对患者进行血压自我测量知识、技能和方案的指导。

(1)使用经过国际标准方案认证的上臂式家用自动电子血压计,不推荐腕式血压计、手指血压计、水银柱血压计进行家庭血压监测。电子血压计使用期间应定期校准,每年至少 1 次。

(2)测量方案:对初诊高血压患者或血压不稳定高血压患者,建议每天早晨和晚上测量血压,每次测 2～3 遍,取平均值;建议连续测量家庭血压 7 天,取后 6 天血压平均值。血压控制平稳且达标者,可每周自测 1～2 天血压,早晚各 1 次;最好在早上起床后,服降压药和吃早餐前,排尿后,固定时间自测坐位血压。

(3)详细记录每次测量血压的日期、时间,以及所有血压读数,而不是只记录平均值。应尽可能向医师提供完整的血压记录。

(4)精神高度焦虑患者,不建议使用家庭血压监测。

三、鉴别诊断

(一)肾实质性高血压

导致血压升高的肾实质性疾病主要包括慢性肾小球肾炎/肾盂肾炎、糖尿病肾病、多囊肾等;高血压症状常不典型,高血压发现、诊断常较晚。患者多可通过尿常规、肾功能检查、影像学检查、肾脏穿刺活检得以诊断。其治疗应在治疗原发疾病的基础上,积极进行药物和非药物(限盐等)降压治疗,尽可能将血压控制在17.3/10.7 kPa(130/80 mmHg)以下;对 24 小时尿蛋白排泄量＞19 的患者,应尽可能将血压控制在 16.7/10.0 kPa(125/75 mmHg)以下。有蛋白尿、中/重度

3.库欣综合征

库欣综合征是以皮质醇分泌过多引起的疾病的总称，根据病因可分为促肾上腺皮质激素依赖性、非依赖性库欣综合征。前者包括垂体的促肾上腺皮质激素瘤或促肾上腺皮质激素细胞增生、分泌促肾上腺皮质激素的垂体外肿瘤（异位促肾上腺皮质激素综合征）；后者包括自主分泌皮质醇的肾上腺腺瘤、腺癌、大结节样增生。本征表现包括高血压、向心性肥胖、满月脸、紫纹、多血质、糖代谢异常、骨质疏松等。怀疑库欣综合征者，可检查尿游离皮质醇（至少测定 2 次）、午夜唾液皮质醇（至少测定 2 次），可进行 1 mg 过夜地塞米松抑制试验、小剂量地塞米松抑制试验等筛查。在进行生化检查前，应详细了解有无糖皮质激素服用史，以排除外源性库欣综合征。

促肾上腺皮质激素依赖性皮质醇增多症，以经蝶窦微腺瘤摘除术为首选治疗方法，手术失败或不能手术者，应进行蝶窦微腺瘤放射治疗，或双侧肾上腺次全切除术。治疗肾上腺皮质腺瘤首选肿瘤摘除术；肾上腺皮质腺癌手术疗效不佳，放疗及化疗无效，内科治疗首选米托坦。米托坦结构与杀虫药相似，可使肾上腺皮质坏死，可使皮质激素水平下降，可用于肾上腺皮质腺癌或肾上腺增生引起的皮质醇增多症。

米托坦口服后约 40% 由胃肠道吸收，其余 60% 以原型随粪便排出。每天 5～10 g，血药水平可达 10～90 μg/mL，代谢物水平为 30～50 μg/mL。停药 6～9 周后，血浆中仍可测到代谢物。米托坦脂溶性较高，主要储存于脂肪中；从尿中排出的水溶性代谢物约占给药量的 25%。适应证：无法手术的、功能性和非功能性肾上腺皮质腺癌、肾上腺皮质增生及肿瘤所致的皮质醇增多症。

剂量：对 18 岁以下的儿童，米托坦的疗效、安全性尚在研究中，医师会视患者体重、体表面积决定每天服用量；成人每天 1～6 g（可分 3 至 4 次服），然后可逐步递增至每天 8～10 g；每天最高剂量为 18 g。对米托坦有变态反应者不宜服用。

用药注意：对轻至中等程度肝肾受损患者，剂量可能需相应下调。严重肝肾受损患者不建议服用。接触药物时最好佩戴手套，避免由孕妇处理药物；饭后服药可增加药物吸收率。

常见不良反应：米托坦可抑制中枢神经系统，引起嗜睡、眩晕等，故服药期间尽量避免驾驶等行为。服药期间可能出肾上腺皮质功能不全，有时个别患者需要补充皮质激素。它可引发中枢神经系统抑制、眩晕、嗜睡、皮肤出疹、食欲缺乏、恶心、呕吐、腹泻、头痛、高血压、直立性低血压。

(四)加减

若兼心火旺盛，见心胸烦热，口舌生疮者，可加黄连 3～6 g，莲子心 3～6 g，茯苓 10～15 g；头目眩晕胀痛者，加珍珠母 30 g，石决明 25 g，川牛膝 15 g，玄参 15 g 以镇肝潜阳；痛甚者，加全蝎 6 g 或蜈蚣 2 条以加强止痛；兼湿热重，见舌红苔黄腻者，可加清热祛湿之品，如薏苡仁 15～20 g，滑石 15～20 g；大便秘结者，可加大黄 10～15 g，玄参 15～30 g 以泻火通便。高血压患者保持大便通畅十分重要，许多患者在保持大便通畅后，血压平稳下降。

二、肝阳上亢证

(一)证候

平素见头晕头痛，耳鸣目眩，烦躁不安，颜面潮红，目涩，少寐多梦，或腰膝酸软，甚则仆倒，震颤，舌红苔黄，脉弦数。

(二)治法

平肝潜阳。

(三)代表方

天麻钩藤饮加减。天麻 10 g，钩藤 10～30 g，川牛膝 10～15 g，桑寄生 15～30 g，茯苓 15～30 g，牡蛎 20～30 g，生地黄 15～30 g，菊花 10 g，山茱萸 10 g，石决明 30 g(先煎)。

(四)加减

肢体麻木者加豨莶草、络石藤各 15～30 g；头晕甚者加女贞子、旱莲草各 20 g；双下肢酸软无力者，加杜仲、熟地黄、续断各 20～30 g；胸闷痛者加丹参 15 g，川芎、红花各 10 g；颈项不适者加葛根 10 g。

三、痰浊中阻证

(一)证候

头重，眩晕或昏蒙，耳鸣，胸闷恶心，食欲缺乏，食少多寐，困倦乏力，肢体困重，手足麻木，呕吐痰涎，舌淡苔腻，脉弦滑。

(二)治法

燥湿祛痰。

(三)代表方

半夏白术天麻汤或温胆汤加减。法半夏 10 g，白术 15 g，天麻 15 g，陈皮

(四)加减

若腰膝酸软,畏寒怕冷,肾阳虚衰甚者,加鹿角胶、杜仲;手足心热,舌红少苔,肾阴亏虚甚者,加枸杞子、女贞子、龟板;若眩晕,畏寒肢冷,全身水肿,面色㿠白,舌淡红,苔白滑,脉沉细等阳虚水泛者,金匮肾气丸合真武汤(制附子、茯苓、白术、白芍、生姜)加减。

第六节　预 防 保 健

高血压的三级预防,是指预防高血压的3个层次。其中,二级、三级预防是对已患病者防止疾病复发、加重、产生并发症和死亡,相当于《黄帝内经》中的"中医治已病",而更应该做到的是"上医治未病",也就是一级预防。

一、预防

(一)一级预防

高血压的一级预防,就是发病前期的预防,即对已有高血压危险因素存在,但尚未发生高血压的个体或人群的预防,这是最积极的预防。当疾病尚未发生,或处于亚临床阶段时则采取预防措施,控制或减少疾病的危险因素,以减少个体的发病概率和群体发病率,这才是从根本上扼制高血压对人类健康危害的一项战略措施。

(二)二级预防

高血压的二级预防,就是指对高血压的早期发现、早期诊断和早期治疗。高血压临床前期预防,是指对患病的个体或群体采取措施,防止疾病复发或加重,包括一级预防的措施、合理药物治疗及病后咨询等。高血压二级预防的主要措施有以下几方面。

(1)要坚持高血压的一级预防措施,即对已有高血压危险因素存在,但尚未发生高血压的个体或人群进行必要的预防。

(2)对已发生高血压者进行系统正规的抗高血压治疗。①通过降压治疗使血压降至正常范围内。那么,高血压患者的血压究竟控制到何种程度适宜呢?一般认为,对已有心脑并发症的患者,血压不宜降得过低,舒张压以11.5～

二、保健

(一)饮食

1.饮食原则

(1)节制饮食:避免进餐过饱,减少甜食,把体重控制在正常范围内。对老年高血压患者,应依据本人工作及生活情况按标准算出摄入热量的值,再减少15%～20%。

(2)避免进食高热量、高脂肪、高胆固醇的“三高”饮食。适当限制饮食中的蛋白质供应量,每天每千克体重蛋白质的供应量应在 1 g 以内。可以常吃豆制品、如豆腐、豆芽,瘦肉、鱼肉、鸡肉等食物,如果无高脂血症,每天可吃 1 个鸡蛋。

(3)食用油宜选择植物油如豆油、菜籽油,以及玉米油等,这些植物油对预防高血压及脑血管的硬化和破裂有一定好处。荤油和油脂类食品要尽量少吃。

(4)饮食宜清淡。多吃维生素含量丰富及膳食纤维多的新鲜蔬菜和水果;平时饮茶宜清淡,忌浓茶、浓咖啡,辛辣调味品少吃。

(5)忌烟限酒。戒烟可以降低高血压患者心脑血管并发症的风险因素;严格控制饮酒,如若少量饮用,每周酒精摄入量不超过 100 g,要绝对禁止酗酒。

(6)降低摄盐量(防止钠的过多摄入)。摄入过多的盐对老年人心血管和血液黏度十分不利,对高血压更是一个致病因子。患者一般每天摄盐量应限制在 6 g 以内,不要大于此限值,老年人每天摄盐量应限制在 4 g 左右,对降低及稳定血压大有裨益。高血压患者每天摄盐量应在 2 g 以下。

(7)补充机体可吸收的钙:高钙饮食是控制高血压的有效措施之一。钙有“除钠”作用,可保持血压稳定。高血压患者每天补充 1 000 mg 钙,连补 8 周,就可以使血压明显下降。

(8)主食中宜多吃粗粮、杂粮,多吃糙米、玉米等,少吃精制米、精制面粉;在烹饪中宜选用红糖、蜜糖,少用或不用绵白糖、白砂糖。这样可不断补充机体缺乏的镉,并改善和提高锌/镉比值,阻止动脉粥样硬化及减少镉的积聚,对高血压的防治十分有益。

(9)改善膳食中的钾/钠比(即“K 因子”)。良好的 K 因子应≥3,只有 K 因子保持在 3 以上,才能够使身体各器官、组织发挥良好的功能。研究报告表明,当 K 因子降低到 3 以下,甚至到达 1～1.5 时,高血压的患病率就大大增加。一般植物的钾/钠比均在 20 以上,K 因子≥10 的食物对高血压都有较好的防治作用。适当增加膳食中钾的摄入,或者在烹调时用钾盐代替钠盐,以及适当增加新

定、血压缓缓下降的现象。吃芹菜预防高血压以焯水后凉拌效果最好，不宜长时间烹煮，以免降低效果。

(5)萝卜：品种极多，有绿皮、红皮和白皮的，有长的也有圆的。萝卜的主要成分有蛋白质、糖类、B族维生素和大量的维生素C，以及铁、钙、磷、纤维、芥子油、淀粉酶。据测定，萝卜的维生素C含量比苹果、梨等水果高近10倍。萝卜性凉，味辛、甘，具有消积滞、化痰清热、下气宽中、解毒的功效，是地道的保健食品，民间流传“冬吃萝卜夏吃姜，不用大夫开药方”之说，还有一个俗语表现了萝卜的益处“吃着萝卜喝着茶，气得大夫满街爬”。萝卜能促进新陈代谢、增进食欲、帮助消化，可以化积滞，用于食积胀满、痰咳失声、吐血、消渴、痢疾、头痛、排尿不利等；常吃萝卜可降低血脂、软化血管、稳定血压，可预防冠心病、动脉硬化、胆石症等疾病。

(6)大蒜：性温，味辛、平，入脾、胃、肺经。大蒜营养丰富，每100 g大蒜含水分69.8 g，蛋白质4.4 g，脂肪0.2 g，碳水化合物23.6 g，钙5 mg，磷44 mg，铁0.4 mg，维生素C 3 mg。此外，还含有维生素B_1、维生素B_2、烟酸、蒜素、柠檬醛，以及硒和锗等微量元素。大蒜含挥发油约0.2%，油中主要成分为大蒜辣素，是大蒜中所含的蒜氨酸受大蒜酶的作用水解产生的。大蒜还含有多种烯丙基、丙基和甲基组成的硫醚化合物等。大蒜可防止心脑血管中的脂肪沉积，诱导组织内部脂肪代谢，显著增加纤维蛋白溶解活性，降低胆固醇，抑制血小板聚集，降低血浆浓度，增加微动脉的扩张度，促使血管舒张，调节血压，增加血管通透性，从而抑制血栓的形成和预防动脉硬化。每天吃2～3瓣大蒜，是辅助降压的一种简易办法。

(二)运动

1.步行

步行运动是世界上最好的运动，对血压、胆固醇及体重的下降都很有帮助。

(1)步行的好处：①高血压患者由于身体素质较差，因此不适宜进行剧烈的运动。而散步的运动强度较低，可以使高血压患者避免因运动过度而引发并发症，特别适合伴有心、脑、肾并发症的高血压患者。②增加血液循环和大脑的供氧量，使紧张的情绪和肌肉得到放松，促进全身气血流通，减轻心、脑负担，对平稳血压具有积极的作用。

(2)步行方式：①慢速(每分钟60～70步)与中速(每分钟80～90步)步行，每次半小时到1小时，适用于血压较高患者。②快速步行，即每小时步行5～7 km，每次半小时至1小时。适用于血压中度增高及肥胖患者。③定量步行，又

第五章 心律失常

第一节 概 述

一、定义

心律失常是由于窦房结激动异常或激动产生于窦房结以外，激动的传导缓慢、阻滞或经异常通道传导，即心脏活动的起源和（或）传导障碍导致心脏搏动的频率和（或）节律异常。

心律失常是心血管疾病中重要的一组疾病。它可单独发病，亦可与其他心血管疾病伴发。其预后与心律失常的病因、诱因、演变趋势、是否导致严重血流动力障碍有关，可突然发作而致猝死，亦可持续累及心脏而致其衰竭。心律失常属于中医“心悸”“怔忡”“惊悸”“胸痹”“心痛”等范畴，多由于脏腑气血阴阳虚损、内伤七情、气滞血瘀、湿热痰阻等交互作用致心失所养、心脉失畅而引起。

二、分类

心律失常是指心脏冲动的频率、节律、起源部位、传导速度或激动次序的异常。心律失常的分类有基本分类、按发生原理分类、按心律失常时心率的快慢分类等。

(一)基本分类

按其发生原理，分为冲动（激动）形成异常和冲动（激动）传导异常两大类。

1.冲动（激动）形成异常

(1)窦性心律失常：①窦性心动过速；②窦性心动过缓；③窦性心律不齐；④窦性停搏。

(2)被动性异位心律：①逸搏（房性、房室交界区性、室性）。②逸搏心律（房

和，心神失养，发为心；或感受风寒湿邪，痹阻血脉，日久内舍于心，心脉不畅，发为心悸。正如叶天士所说："温邪上受，首先犯肺，逆传心包"。《素问·痹论》所云："脉痹不已，复感于邪，内舍于心"。

二、情志所伤

思虑过度，劳伤心脾，心血暗耗，化源不足，心失所养，发为心悸；怒则伤肝，肝气郁结，久之气滞血瘀，心脉不畅，发为心悸；或气郁化火，炼液成痰，痰火上扰，心神不宁，发为心悸；素体心虚胆怯，暴受惊恐，致心失神、肾失志，心气逆乱，发为惊悸，日久则稍惊即悸，或无惊亦悸。正如《素问·举痛论》所云："惊则心无所倚，神无所归，虑无所定，故气乱矣"。

三、饮食不节

嗜食肥甘厚味，煎炸炙煿之品，或嗜酒过度，皆可蕴热化火生痰，痰火扰心，心神不宁，发为心悸；或饮食不节，损伤脾胃，脾运呆滞，痰浊内生，心脉不畅，而发为心悸。正如唐容川《血证论》所云："心中有痰者，痰入心中，阻其心气，是以心跳动不安"。

四、体质虚弱

先天心体禀赋不足，阴阳失调，气血失和，心脉不畅，发为心悸；或素体脾胃虚弱，化源不足，或年老体衰，久病失养，劳欲过度，致气血阴阳亏虚，阴阳失调，气血失和，心失所养，而发为心悸。

五、药物所伤

用药不当，或药物毒性较强，损及于心，而致心悸。

综上所述，心悸病因不外外感与内伤，其病机则不外气血、阴阳亏虚，心失濡养；或邪毒、痰饮、瘀血阻滞心脉，心脉不畅，心神不宁。其病机关键：阴阳失调，气血失和，心神失养。其病位在心，但与肺、脾、肝、肾密切相关。

本证以虚证居多，或因虚致实，虚实夹杂。虚者以气血亏虚，气阴两虚，心阳不振，心阳虚脱，心神不宁为常见；实者则以邪毒侵心，痰火扰心，心血瘀阻，水饮凌心为常见。虚实可相互转化，如脾失健运，则痰浊内生；脾肾阳虚，则水饮内停；气虚则血瘀；阴虚常兼火旺，或夹痰热；实者日久，可致正气亏耗；久病则阴损及阳，阳损及阴，形成阴阳两虚等复杂证候。

1.窦房结的自律性改变

窦房结细胞是生理性自律细胞之一，自律性最强，形成冲动的频率为60～100次/分钟。当交感神经兴奋、血液中儿茶酚胺水平增高，促进Ca^{2+}内流，舒张期除极速度加快，加之最大舒张期除极电位上升（负值变小），便可形成>100次/分钟的激动，即窦性心动过速；反之则出现窦性心动过缓。窦房结自律细胞在病理条件下可转为快反应细胞，激动形成频率明显变慢，属于一种缓慢的自主心律，可能是病态窦房结综合征的原因。

2.交界区自律性改变

房室结细胞在生理条件下本身也具有自律性，频率为45～60次/分钟，正常情况下被窦性心律所抑制。在病理因素作用下可出现自律性增强，理论上可能形成超过其固有频率的激动，但在高位节律点（窦房结）传来激动的抑制下不表现出来。只有在高位节律点传来的激动频率较低时方可发生交界性逸搏心律、非阵发性和阵发性交界性心动过速；在特殊情况下可以出现交界性心动过缓（≤45次/分钟）。

3.其他自律性细胞

如浦肯野细胞在病理因素作用下可由快反应细胞转为慢反应细胞，自动除极的能力大大增强；属于快反应细胞的非自律性细胞，即心房、心室工作细胞，在病理条件下也可转化为可自动除极的慢反应细胞，出现自律性细胞的电生理特性，在动作电位4期出现缓慢的内向电流，电位逐渐升高（负值变小）导致较快而有节律地自动除极。浦肯野细胞、心房和心室工作细胞变为慢反应细胞，这种有节律地自动除极所产生的激动独立于主宰整个心脏节律的窦房结自律性激动之外，而称自主性激动。非阵发性自律性增强性心动过速和并行性心动过速可能是这种机制造成的。

(二)触发活动

触发活动本质上是“自律性异常”，发生触发活动时，冲动的形成是由于紧接着一个动作电位后的膜电位震荡引起的除极化，即所谓的后除极所造成的。根据其出现在动作电位的时相将其分为早期后除极和延迟后除极。后除极是指当局部出现儿茶酚胺浓度增高、低钾血症、高钙血症及洋地黄中毒时，心房、心室与希氏束-浦肯野组织在动作电位后产生的除极活动。并非所有的后除极都能达到阈电位，若后除极的振幅增大达到阈电位，便可触发另一次后除极，从而触发期前收缩，引起反复激动。激发活动与自律性不完全相同，但亦可导致持续性快速心律失常。

在浦肯野细胞和中层心肌 M 细胞。M 细胞存在于心室外膜下层到心内膜之间，电生理特性介于普通心肌细胞和浦肯野细胞之间，I_{Ks}电流较心外膜弱，无自动除极能力。当心肌损伤、肥厚，抗心律失常药物作用时，动作电位时程较心外膜明显延长，心率变慢时出现早期后除极；而洋地黄过量、交感神经兴奋时，是在心率变快的情况下出现延迟后除极。上述诱发因素可致浦肯野细胞和 M 细胞发生后除极，但不使普通心肌细胞发生后除极。

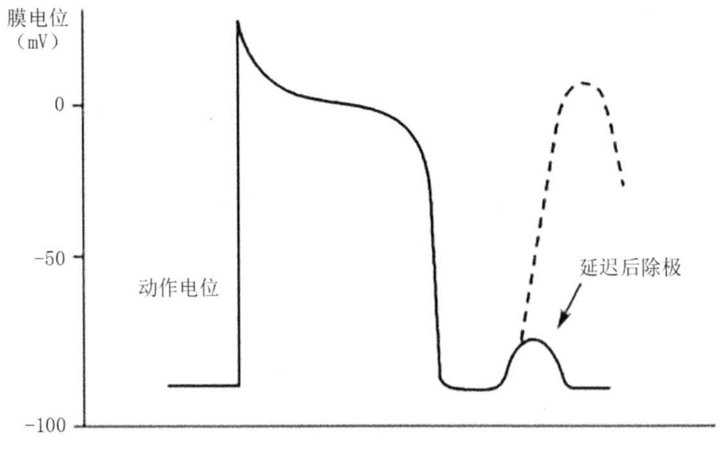

图 5-2　延长后除极触发活动

4.延迟复极

正常情况下，在心房或心室范围内各个心肌细胞之间的动作电位虽不完全同步，但邻近细胞间相差也不过几毫秒，这种生理性不同步调最多会导致使心电图上 ST 段与基线有所偏离。在心肌局部发生病理变化的条件下，这种不同步现象增大，病变较重的部分心肌动作电位 3 期向后拖延，产生高于病变较轻或正常的先复极的邻近心肌的电位，形成激动电流，亦称临界电流，导致异位搏动或异位心律。

二、冲动传导异常

冲动的传导异常主要包括传导障碍、超常传导、传导途径异常，以及折返激动。冲动的传导异常能引起心动过缓或心动过速，前者发生于传导阻滞引起的停搏或逸搏心律，而后者见于传导延迟和阻滞产生的折返激动。

(一)传导障碍

冲动传导至某心肌处，如恰逢生理不应期，可形成生理性传导延缓或阻滞或干扰现象。传导障碍若并非由于生理不应期所致，则称为病理性阻滞，主要表现

径，可发生“串联式的”生理性的递减性传导，也可发生“并联式的”生理性的不均匀性传导。在病理情况下，并行的传导纤维受到的损害和抑制程度不等，激动传导中产生的传导递减程度也不一致，必将造成该损伤区域内激动传导的不均匀。例如，房室交界区一侧前向传导功能丧失，而后向传导功能尚存在，另一侧的传导速度减慢，是结性或室性反复心律的发生基础。

4.隐匿性传导

冲动传入某组织后，由于该组织生理或病理的特征，冲动不能走完全程而传出。又因为冲动转入该组织在心电图上没有直接显示的波动，它的活动需从其造成的影响分析推测，称为隐匿性传导。通常表现：影响其后的冲动传导，如连续两个房性期前收缩不能下传心室，是由于第一个房性期前收缩的冲动传入房室交界区，但未传出，造成了房室交界区新的不应期，第二个房性期前收缩遇到这个新的不应期，遂不能下传；影响其后冲动的形成，如干扰性房室分离时，某个兴奋冲动传入房室交界区，未传出，重新安排了房室交界区的自律周期，下一个房室交界区的冲动就要推迟释放，表面上看起来，这段间隔比房室交界区固有的自律周期长。

5.单向传导或单向阻滞

心肌的传导是双向的，上述 3 种传导障碍只讲传导速度不含传导方向的概念。单向阻滞是强调上述障碍发生在一个方向上，另一个方向的传导则是相对完好的。引起单向阻滞的机制有两种解释，一是激动的综合现象。例如，激动在由“总束”分为数个分支的一段心肌组织传导时，由于激动的分散传导，使传导强度减弱，传导发生阻滞。来自数个分支的激动向“总束”方向传导，由于激动的综合强度加大，便可顺利通过，于是呈现单向阻滞；另一种解释是由于心肌病变不均匀，如果激动从损伤严重的一端进入，此时电势强盛可通过该段，尽管在继续传导中振幅和速度逐渐有所衰减，但进入病变轻的一段，尚足以顺利通过，如果激动从病变轻的一端进入，传导中由于振幅和速度逐渐衰减，传到病变重的一端时则无法通过，于是出现单向阻滞。实验证明，某种强度的激动从较小的心室细胞传向较大的心室细胞与从较大的心室细胞传向较小心室细胞相比，前者存在传导阻滞。浦肯野细胞同与之相连接的心室肌细胞间存在单向阻滞。不管单向阻滞机制如何，这个概念的引入可以解释“折返激动”的形成机制。

6.传导的各向异性

心肌细胞之间由缝隙连接传递离子电流，沿心肌纤维的长轴方向，缝隙连接的密度高、阻力小、传导速度快；沿着心肌细胞的横轴方向，缝隙连接的密度低、

的一侧先施加一个较强的刺激，使阻滞区甚至附近区域应激阈值暂时降低，产生一段较长时间的传导增强，使从同侧而来的阈刺激甚至阈下刺激能够通过，这种现象被称为韦金斯基现象。来自一侧的较强刺激，虽不能通过阻滞区，但阻滞区的应激阈值仍会降低，使随后从另一侧传来的阈下刺激能够通过，这种现象被称为韦金斯基易化作用。韦金斯基现象用以解释在高度或Ⅲ度阻滞的心电图上，发生一次室性逸搏后房室传导功能改善，窦性激动也能下传的现象。高度或Ⅲ度房室传导阻滞的患者安装人工起搏器后，可见有房室传导阻滞暂时改善、窦性传导持续下传的现象，这就是韦金斯基效应的例证。

3.不应性回剥

快反应性心肌细胞的不应期长短与其激动周期长短呈正相关，长周期后的不应期长，短周期后的不应期短。在短周期后的心肌应激传导性改善，类似于传导的超常现象。

(三)传导途径异常

正常情况下，心房和心室之间仅能通过房室结-希氏束-浦肯野纤维进行房室或室房传导。各种类型的传导途径异常(旁路)，其解剖分布和传导特点与房室结-希氏束-浦肯野纤维系统迥然不同，冲动经此途径传导时可引起组织的激动时间和顺序发生异常，进而形成不同类型的异常心律。

(四)折返激动

折返激动是指冲动在传导过程中，途经解剖性或功能性分离的两条或两条以上径路时，在一定条件下中冲动循环往复，形成折返激动。环形运动则是连续发生的或者途径较大的折返激动的另一个名称。折返激动是心律失常的重要发生机制，尤其在快速异位心律失常的发生中占有非常重要的地位。

三、冲动形成和传导异常并存

当异位起搏点周围既有传入阻滞，又有传出阻滞时，窦房结主导的节律冲动不能传入异位起搏点，同时异位起搏点亦不能将冲动传导出去激动心肌细胞收缩，故异位起搏点保持独立的激动，形成并行心律。异常冲动形成与传导相互影响可改变异常冲动的传入或传出阻滞程度，使异常冲动发生加速、减速、拖带或完全抑制，在临床上表现为快慢不等的各种心律失常。

四、折返性心律失常

产生折返机制必须有 3 个基本条件(图 5-3)：必须有两条功能上或解剖上互

(二)房性心动过速

心房内折返是引起房性心动过速的机制之一,折返的环路可以局限在一个心房内也可以跨越两个心房。

(三)阵发性房室结(内)折返性心动过速

阵发性房室结(内)折返性心动过速,亦称房室结双径路折返性心动过速,是很常见的阵发性室上性心动过速。这是因为房室交界区内传导纤维构成复杂的网状,在生理条件下即存在传导速度、不应期的差别,存在结构上和功能上纵向分离的两种传导路径:一条是传导速度快、不应期长的快路径或称 β 径路;另一条是传导速度慢、不应期短的慢路径或称 α 径路,两条径路在心房端和心室端分别连接于一条共同通道上。一般传导均按优势法则进行,在正常情况下的窦性冲动在房室结内沿快径路(β 径路)下传的,当它到达房室结时快径路处于应激期,激动顺利下传,心电图上出现一系列的正常的 QRS 波群;在正常窦性激动顺畅下传的背景上,如出现一次较早的房性异位搏动,下传到房室结时快径路尚未脱离其不应期,激动则沿慢径路以较慢的速度下传,激动到达房室结远端的共同通路时,快径路已经脱离不应期,又可沿着快径路回传到心房,形成单个心房回波;如果激动再次沿慢径路下传,快径路回传,形成连续折返,诱发折返性房室结内折返性心动过速。每次激动返回到心房端时,心房也已经脱离不应期,会被返回激动所激动,出现心房内逆传 P 波,与心室的 QRS 波群发生融合或在 QRS 波群之后。这种由慢径路下传、快径路逆传的心动过速称为慢快型房室结内折返性心动过速,是最常见的类型;如果由快径路下传、慢径路逆传形成的心动过速则称为快慢型房室结内折返性心动过速。

(四)房室折返性心动过速

房室折返性心动过速在常规体表心电图上属于阵发性室上性心动过速。心动过速发生时激动通过一条额外的传导路径(称为房室旁路)折返于心房与心室之间,激动从房室结下传,从旁路逆传,或者逆向,心房、心室均参与折返环,因此称为房室折返性心动过速。因为有房室旁路存在,如为显性房室旁路,在非发作期心电图表现为预激综合征,如为隐匿性房室旁路,体表心电图 QRS 波图形正常。

(五)阵发性室性心动过速

多数阵发性室性心动过速发生机制是折返,或由折返性室性期前收缩引发,进而由折返机制维持。室性心动过速多发生在器质性心脏病的患者,如扩张型

间较长。症状多继发于发热、焦虑、运动、血容量不足、低钾血症后出现，严重者可诱发心绞痛、心力衰竭等症状。

(2)非阵发性室上性心动过速：表现为心悸、乏力，甚至心前区不适、头晕等，症状是逐渐开始和终止的，运动后症状常加重，可伴有原发病症状。发作时间较长时可出现晕厥、心绞痛、心力衰竭等症状。

(3)阵发性室上性心动过速：突然发作，可持续数秒、数小时或数天，发作时有心悸、乏力、紧张、心前区不适，甚至诱发心绞痛、心源性休克等症状。

(4)阵发性室性心动过速：突然发作、突然消失，发作时表现为心悸、头晕、头颈部发胀、心前区不适、乏力、出汗、多尿、呕吐、四肢发麻等，严重者可出现心绞痛、心源性休克、阿-斯综合征等。

(5)期前收缩：可无症状，或有心悸、心前区不适，自觉心律不规则，有心搏增强或心跳停歇感。期前收缩连续发生或较频繁时，症状明显，可出现头晕、乏力、心绞痛，甚至昏厥、阿-斯综合征等。

(6)心房扑动与颤动：心室率不快时可无自觉症状；心室率较快或阵发性发作时，有心悸、气促、乏力、头晕、心前区不适感，严重者可出现恶心、呕吐、晕厥，甚至诱发心绞痛、心力衰竭、心源性休克等。

2.缓慢性心律失常

(1)窦性心动过缓：一般无特殊症状，但心率减慢显著，尤其是伴有器质性心脏病患者，可有头昏、乏力、心前区不适，甚至昏厥；窦性心动过缓可诱发心绞痛、阿-斯综合征等。

(2)病态窦房结综合征：轻者表现为心悸、乏力、头晕、记忆力减退等；重者表现为晕厥、少尿、心绞痛、心力衰竭，甚至出现阿-斯综合征及重要脏器供血不足等。

(3)房室传导阻滞：一度房室传导阻滞除原发疾病的临床表现外，可无症状。二度房室传导阻滞在心率较慢时有心悸、头晕、乏力、劳动后气急等不适。三度房室传导阻滞和高度房室传导阻滞常有心悸、气短、眩晕、心前区不适，甚至昏厥、抽搐，出现心绞痛、心力衰竭或阿-斯综合征等。

(二)体征

1.快速性心律失常

(1)窦性心动过速：心率增快，听诊心率＞100次/分钟，常逐渐增快和逐渐减慢，病因未消除时持续时间较长；心尖搏动和颈部血管搏动增强，心音响亮，有时可在心尖部听到收缩期杂音。

图，可以从心脏的立体结构方面来判断心律失常的性质和部位。然而12导联心电图由于记录时间短，不容易描记到短暂心律失常的图形。所以临床上常常采用P波清楚的导联（Ⅱ、Ⅲ、aVF、V_1导联）进行较长时间的描记，以便于捕捉心律失常。注意P波和QRS波形态、P-QRS关系、PP间期、PR间期与RR间期，判断基本心律是窦性还是异位。房室独立活动时，找出P波与QRS波群的起源（选择Ⅱ、aVF、aVR、V_1、V_5、V_6导联）。P波不明显时，可尝试加大电压或加快纸速，作P波较明显的导联的长记录。

2.食管心电图

食管心电图可以清晰描记P波，对12导联心电图P波记录不清楚的患者，很容易获得P波信息，有助于正确诊断。

3.心电图监测

心电图监测为克服心电图描记时间短，捕捉心律失常困难的缺点，临床常采用心电图监测的方法诊断心律失常。主要方法：①床边有线心电图监测适用于危重患者。②无线心电图监测便于捕捉患者活动后的心律失常。③动态心电图，连续记录24小时或更长时间的心电图。它的出现解决了普通心电图无法诊断的心律失常问题。通过24小时连续心电图记录可记录到心律失常的发作，自主神经系统对自发心律失常的影响，自觉症状与心律失常的关系，并评估治疗效果。然而难以记录到不经常发作的心律失常。④电话传输心电图将心电图经过电话的途径传输到医院或监控中心，有助于了解患者工作和生活时的心律失常情况。

4.体表His电图

采用心电的滤波和叠加等方法记录到的His电图，能帮助分析心房、希氏束和心室电图的相互关系和顺序，可辅助诊断复杂的心律失常。

5.体表心电图标测

采用数十个体表电极同时记录心脏不同部位的心电图，便于分析心律失常的起源点及传导顺序和速度的异常，尤其对异常通道的诊断有价值。

6.信号平均心电图

信号平均心电图又称高分辨体表心电图，可能在体表记录到标志着心室肌传导延缓所致局部心肌延迟除极的心室晚电位。心室晚电位的存在为折返形成提供了有利基础，因而记录到心室晚电位的患者，其室性心动过速、心室颤动和猝死发生的危险性相应增高。

电图有典型改变;心肌炎常在发热、感冒后出现,心电图有 ST-T 改变;心肌病有心脏普遍增大的体征和心脏超声表现;风湿性心脏病可闻及典型的心脏收缩与舒张期杂音等。

6.甲状腺功能亢进症

患者除有心悸、心率加快外,还有神经过敏、情绪激动、消瘦、低热、出汗等症状。发病时有甲状腺肿大、突眼、高代谢综合征的典型临床表现。

(二)缓慢性心律失常

1.病态窦房结综合征与心动过缓

病态窦房结综合征与心动过缓患者的症状缺乏特异性,诊断主要依靠心电图表现。患者应做阿托品试验:阿托品 0.03 mg/kg 溶于 2～5mL 生理盐水中,静脉注射后心率不超过 90 次/分钟,窦房结功能检查结果为不正常,即可做出诊断。

2.房室传导阻滞

除与病因相关的表现外,一度房室传导阻滞常无症状,二度Ⅰ型和Ⅱ型房室传导阻滞常有心悸、乏力等不适,高度和三度房室传导阻滞的症状取决于发病原因和心室率快慢,患者常有心悸、乏力、晕厥,甚至心功能不全、心绞痛,发生阿-斯综合征或猝死。体检时,一度房室传导阻滞常有第一心音减弱,二度房室传导阻滞常有心搏脱漏,三度房室传导阻滞常有第一心音强弱不一,听诊闻及响亮清晰的大炮音,为心房心室几乎同时收缩所致。

第五节 辨证论治

一、心虚胆怯证

(一)证候

心悸不安,善惊易恐,坐卧不安,食少纳呆,苔薄白,脉细略数或细弦。

(二)治法

镇惊定志,养心安神。

(三)代表方

安神定志丸加减。

(四)方解

桂枝、附子温振心阳,人参、黄芪益气助阳;麦冬、枸杞子滋阴,取“阳得阴助而生化无穷”之意,炙甘草益气养心;龙骨、牡蛎重镇安神。

(五)加减

若呕吐涎沫,或少腹痛者,可加盐炒吴茱萸,温胃暖肝,下气止呕;泄泻不止者,可加升麻、黄芪等益气升阳止泻;呕吐不止者,可加姜汁温胃止呕。

四、心脉瘀阻证

(一)证候

心悸不安,胸闷不舒,心前区刺痛,入夜尤甚,或见唇甲青紫,舌质紫黯或有瘀斑、瘀点,脉涩。

(二)治法

活血化瘀,理气通络。

(三)代表方

桃仁红花煎加减。

(四)方解

桃仁、红花、丹参、赤芍、川芎活血化瘀;延胡索、香附、青皮理气通脉止痛;生地黄、当归养血活血。

(五)加减

瘀重而痛甚者,加三七或酌加乳香、没药等增强活血祛瘀,消肿止痛之功;气滞重而痛甚者,可加郁金、川楝子等以增强行气止痛之力;若瘀痛入络,可加全蝎、穿山甲、地龙、三棱、莪术等以破血通络止痛。

五、阴虚火旺证

(一)证候

心悸易惊,心烦少寐,头晕目眩,手足心热,耳鸣,舌质红,少苔,脉细数。

(二)治法

滋阴清火,养心安神。

(三)代表方

天王补心丹加减。

础疾病的因素外，还要注意患者有无存在各种致心律失常的诱因，如电解质紊乱、感染、不良的生活方式(大量吸烟、饮酒、喝浓茶或咖啡、过度疲劳等)、不良的精神心理因素、药物性因素等。积极干预和控制这些诱因均有助于减少心律失常的发作。

1.纠正电解质紊乱

电解质紊乱是引起心律失常的重要原因之一。在临床工作中，如果忽视了电解质紊乱引起心律失常的可能性，不注意纠正电解质紊乱而单纯以抗心律失常药物来纠正心律失常，可能引发更为严重的心律失常，甚至引发致命性的心律失常。

心肌细胞跨膜电位的形成和转换其实是 K^+、Na^+、Cl^-、Ca^{2+} 的相互对流而形成，而 Mg^{2+} 能激活 ATP 酶系统，对心肌细胞的传导及节律起到稳定作用。一旦心肌细胞的电解质平衡被打破，就会影响心脏组织的自律性、兴奋性、传导性和收缩性。

临床上以血钾紊乱引起的心律失常较为常见。低钾血症主要影响心肌动作电位 3 期、4 期速率及膜电位变化，影响心肌兴奋性及自律性，主要包括阵发性室性或室上性心动过速、房性或室性期前收缩、房室传导阻滞及窦性心动过缓等缓慢性心律失常，严重低钾血症可造成尖端扭转性室性心动过速、心室颤动等恶性心律失常，进而危及患者生命。高钾血症时，静息电位负值变小，心肌细胞膜对钾的通透性增高，钾外流加速，Ca^{2+} 内流受抑制，引起心肌的兴奋性先升高后降低、传导性降低、自律性降低、收缩性减弱，患者可出现心跳缓慢，重者可心搏骤停。

目前临床上常采用静脉滴注氯化钾溶液行补钾治疗，一般氯化钾剂量以 0.5～1.0 g/h 为宜，其中儿童不宜超过 12 滴/分钟，成人不宜超过 60 滴/分钟，如患者伴有呼吸肌麻痹及心律异常，可行快速静脉滴注治疗，禁止直接静脉推注氯化钾溶液。及时监测患者红细胞内钾浓度及血清钾浓度，并且根据红细胞内实时钾浓度及血清钾浓度计算补钾总量，有助于及时、科学补充钾浓度。严重低钾血症患者需打破常规治疗，应以 15～40 mmol/h 的速度及时补充浓度为 214～447 mmol/L 的钾，取锁骨下静脉或股静脉滴注应采用输液泵。由于限制性补钾无循证医学证据及理论基础，故补钾治疗应采用个体化治疗方案，如大剂量补钾通过中心静脉、外周静脉可选用葡萄糖作为溶剂，同时在葡萄糖溶液中加入镁剂，进而减轻患者疼痛感，提高补钾的安全性。治疗低钾血症致心律失常的关键是及时发现，科学补钾，同时积极治疗引起低钾血症的原发病，促进血清钾浓度

血管疾病的患者尤为重要。睡眠是人和高等动物普遍存在的生理节律现象，以维护机体健康及中枢神经系统的正常功能。由于熬夜等原因引起的睡眠不足可诱发心律失常。研究发现，健康人群在发生睡眠剥夺后，其心率变异性的昼夜变化节律消失。另有研究指出，当健康人群发生急性睡眠不足时，其体表心电图P波时限及P波离散度均较正常睡眠时增加，心房电机械延迟也明显变长，而这些指标变化均被认为与心房颤动的发生密切相关。熬夜可通过兴奋交感神经，促进肾上腺素等激素分泌，引起神经体液反应，影响心脏电活动，并且造成血管收缩异常，对于本身就患有心脏基础疾病的患者来说，熬夜无形中给心脏加重负荷，可引发严重的心血管事件。

(2)戒烟：许多流行病学研究发现，吸烟者的心律失常发生率是不吸烟者的3倍。吸烟诱发心律失常可发生于初次或大剂量吸烟者，也可能是长期吸烟者。吸烟诱发的心律失常中尤以窦性心动过速、房性期前收缩、房性心动过速、心房颤动、室性期前收缩更为常见。吸烟引起心律失常的可能机制：①尼古丁可直接使心肌应激性增高，减慢传导速度，易形成微折返而诱发心律失常。②烟草中主要的有害物质尼古丁在人体内达到一定浓度时，可直接作用于心脏的离子通道，主要抑制心肌中的3种钾通道功能，使心肌细胞除极化和动作电位时程缩短，从而产生心律失常。③烟草中的尼古丁、多芳香胺类化合物和一氧化碳等，尤其是尼古丁，与N型乙酰胆碱受体结合，引起肾上腺髓质释放儿茶酚胺等血管活性物质，兴奋交感神经和副交感神经，致使心率加快或异位起搏点自律性增强而出现各种期前收缩和心动过速。④对心血管系统的病理性损害。尼古丁使血清游离脂肪酸增加，促进了甘油三酯和低密度胆固醇的合成，使高密度脂蛋白下降而发生动脉硬化，导致吸烟者冠心病、高血压发病率增加。预防吸烟引起的心律失常，戒烟是根本办法。

(3)保持大便通畅：大便干燥对心律失常患者来说非常不利。用力排便时心室负荷的改变，影响心内膜区域的除极，从而促使患者发生心律失常。对于心动过缓者，屏气用力的动作，可使迷走神经兴奋而加重心动过缓。对于有基础心脏疾病的患者，用力排便可以使腹压增高，大量血液回流心脏，造成心脏负担过重，还可使血压增高，增加心肌耗氧量，从而加重心律失常、心肌缺血，诱发心力衰竭。对于有冠心病的患者，用力排便还可诱发心绞痛，甚至急性心肌梗死、心脏破裂，从而导致死亡。因此，保持大便通畅，避免用力排便对心律失常患者非常重要。

(二)积极防治引起心律失常的基础疾病

一般情况下,心律失常并非是一种独立的疾病,而是一种心电学的异常表现。除器质性心脏病和高血压患者可合并各种各样的心律失常外,其他系统疾病,如慢性阻塞性肺病、甲状腺功能亢进、糖尿病、急性脑血管病、胸心外科的围手术期等均可能并发心律失常,并且可导致患者出现临床症状而需要治疗。对心律失常患者的治疗应为综合治疗,其中病因治疗是基础。如果过分强调心律失常本身的治疗而忽略基础疾病的治疗,不论采用药物或非药物治疗方式均不能使患者从治疗中获得最好的治疗效果,有时甚至可能给患者带来危害。目前药物治疗仍是心律失常患者治疗的基本方式。患者首先对自己所患的基础疾病必须予以重视,并遵照医嘱按时服药。定期复诊和调整用药种类和剂量,但切不可擅自停药、改药或减少药物剂量,以防基础疾病的反复或加重而诱发心律失常的发生。

二、保健

(一)饮食

1.饮食原则

(1)食物多样,谷类为主。平衡膳食模式是最大程度上保障人体营养需要和健康的基础,食物多样是平衡膳食模式的基本原则。每天的膳食应包括谷薯类、蔬菜水果类、畜禽鱼蛋奶类、大豆坚果类等。建议平均每天摄入 12 种以上食物,每周 25 种以上。谷类为主是平衡膳食模式的重要特征,每天摄入谷类食物 200～300 g,其中全谷物和杂豆类占 50～150 g;另外,薯类占 50～100 g;膳食中碳水化合物提供的能量应占总能量的 50%以上。

(2)吃动平衡,健康体重。体重是评价人体营养和健康状况的重要指标,吃和动是保持健康体重的关键。各个年龄段的人群都应该坚持天天运动、维持能量平衡、保持健康体重。体重过低和过高均易增加疾病的发生风险。推荐每周应至少进行 5 天中等强度的身体活动,累计 150 分钟以上;坚持日常身体活动,平均每天主动散步 6 000 步;尽量减少久坐时间,每小时起来动一动,动则有益。

(3)多吃蔬果、奶类、大豆。蔬菜、水果、奶类、大豆及其制品是平衡膳食的重要组成部分,坚果是膳食的有益补充。蔬菜和水果是维生素、矿物质、膳食纤维和植物化合物的重要来源,奶类和大豆类富含钙、优质蛋白质和 B 族维生素,对降低慢性病的发病风险具有重要作用。提倡餐餐有蔬菜,推荐每天摄入 300～500 g 蔬菜,深色蔬菜应占 1/2。天天吃水果,推荐每天摄入 200～350 g 的新鲜

1.运动类型的选择

不同的有氧运动类型和强度适合于不同人群。心脏病患者在选择运动方式时,应该注意以下问题:选择患者本人喜欢的运动,而且能长期坚持;最好是有氧运动,即下肢和上臂大肌肉群的运动,如步行、慢跑等;至少能持续10分钟或更长时间,而不会感到不适。老年人宜进行一些轻松愉快又不会增加心脏负担的全身性活动,如交谊舞、广播操、气功、太极拳等,这样既能促进新陈代谢,又不至于增加心脏负担。步行是心脏病患者最好的运动方式,几乎适合所有人,其可以随时、随地进行,并可随时调整速度,也不需要什么成本。无论是患者,还是健康人,每天走6 000步,是很好的锻炼方式。

运动锻炼宜全身而忌局部。一些心脏病患者在做全身性活动时心脏病不易发作,而在做局部性肌肉活动时,尽管没有全身性活动量大,反而容易诱发心脏病,这是由于机体供血方式的改变而引起的血压变化。进行全身性活动时,血压在运动开始后有轻微的升高,随着全身性肌肉血管舒张而恢复至正常水平。这样的活动既没有加重心脏负担,又达到了锻炼目的。局部肌肉活动(如上肢或下肢的运动)时,活动部位的肌肉血管舒张,大部分不活动的肌肉血管收缩,引起血压显著升高,加重了心脏负担。

2.运动强度

心脏病患者的运动必须适量,量力而行,不勉强运动或运动过量。判断运动量可以根据患者运动过程中的自我感觉来判断。运动后如果感到轻快,食欲、睡眠较好,表示运动量适宜;运动中因呼吸急促而不能自由交谈,大汗,面色苍白,不能坚持运动,运动中心率减慢,心悸,动后出现头晕,胸闷,心跳不适,明显疲劳,睡眠不佳,说明运动量过大。运动时建议戴上脉搏仪,用运动的靶心率控制运动强度最简单易行。建议以最大心率的70%～85%作为靶心率。

3.运动的时间和频度

要取得运动效果并得以维持和积累,建议至少维持30分钟(最好60分钟)的中等强度有氧运动,5天/周(最好每天进行);或者20分钟的高强度有氧运动,3天/周;或者中高强度运动联合进行。有些活动,如散步、健身气功等可以每天练习。一般要求每次运动持续45～60分钟,其中包括15～20分钟的热身活动(如伸展活动、关节活动等)和5～10分钟的整理活动。真正的锻炼时间为20～30分钟,至少20分钟,但也应灵活掌握。

4.运动时间的选择

“闻鸡起舞”是大多数老年人的健身习惯,但对于患有心脏病的患者来说,这

第六章 病毒性心肌炎

第一节 概 述

一、定义

病毒性心肌炎是人体受病毒感染后，引起局灶性或弥漫性心肌细胞的变性或坏死，间质炎性渗出，导致心功能障碍和出现相对应的临床症状的疾病。各种病毒都可引起心肌炎，其中以引起肠道和上呼吸道感染的各种病毒感染最多见。

本病以心肌病变为主，多以左心室受累为主，一部分并发心包炎，少数伴心内膜局限性炎症。本病多见于小儿，成人则以年轻人较多，1%～5%的猝死者为病毒性心肌炎。目前，病原学诊断尚不能普遍开展，治疗尚缺乏特效疗法。

二、分型

根据发病情况、临床经过和转归，可将病毒性心肌炎分为以下 7 种类型。

(一)无症状型

病毒感染后无自觉症状，体检的心电图发现轻度 ST-T 改变，心律不齐，房性、室性期前收缩，数周之后，这些改变自行消失或遗留心律失常。心肌酶学或肌钙蛋白检测可发现心肌损伤，一旦患者再次感冒，以上症状又可出现。

(二)轻症自限型

此型患者常有上呼吸道感染，发病前 1～3 周因胸闷、胸痛、乏力就诊，心电图有心动过速、ST-T 改变伴各种期前收缩或不同程度的房室传导阻滞，多呈一过性。心尖部第一心音减弱，无心脏扩大、心力衰竭或阿-斯综合征，超声心动图、胸部 X 线检查均正常，肌酸激酶同工酶和心脏肌钙蛋白 T 或 I 升高。经卧床休息及适当治疗 1～3 个月可完全恢复，不留后遗症。

衰竭或心源性休克与猝死。实验室检查可见白细胞增高，血清心肌酶谱增高；心内膜心肌活检显示心肌内炎症损伤呈局灶性或弥漫性病变，以急性心肌细胞损伤（坏死或溶解）为特征，伴有间质水肿及大量炎性细胞浸润。

（二）恢复期

病程一般为6～12个月，临床症状有所好转，但仍可有心电图改变，实验室检查多无病情活动的变化。心内膜心肌活检显示心肌内急性炎症损伤减轻，纤维肉芽组织逐渐替代坏死、溶解的心肌细胞。

（三）痊愈期

病程一般＞12个月，临床上可无任何症状或遗留心律失常，心功能完全正常，心电图无ST-T改变。心内膜心肌活检发现心肌内急性炎症病变完全消退，无异常改变，或仅有轻度间质纤维化与局灶性纤维化，无任何临床表现者为康复型；仅有轻度心肌纤维化及出现心律失常（如室性或房性期前收缩、房室及束支传导阻滞）者为后遗症型。

（四）慢性期

病程多在12个月以上。在临床上反复或持续出现心功能不全、心律失常及心电图ST-T改变，并有心脏扩大。心内膜心肌活检发现心肌内有反复或持续的心肌细胞炎性损伤，伴间质纤维化、心肌细胞变性、间质水肿与炎性细胞浸润等。这可能是由于病毒或病毒感染后诱发的免疫反应反复或持续性地破坏心肌细胞所致。

第二节　病因、病机

根据病毒性心肌炎的发病特点，可归属于中医学的“温病”范畴，根据其临床表现又可属于“心悸”“怔忡”“胸痹”“虚劳”等病的范畴。国家标准《中医临床诊疗术语》中将其命名为“心痹”，以心悸、胸闷、气短、心脏严重杂音、颧颊紫红等为主要临床表现。

一、感受毒邪

起居不慎，感受风热、热毒、湿热邪毒，内舍于心而发本病。隋代的巢元方的《诸病源候论》曰：“风惊悸者，由体虚、心气不足，为风邪所乘也。心藏神而主血

一、病毒直接作用

在急性病毒血症期，嗜心肌细胞如柯萨奇病毒B，通过受体介导的细胞内摄作用进入心肌细胞内并直接翻译合成病毒蛋白质。病毒基因组通过重组双链DNA导致心肌细胞功能障碍（通过分开的营养障碍基因或真核起始因子），下一阶段以炎症细胞浸润为特征，包括自然杀伤细胞和巨噬细胞。它们后来表达为致炎细胞因子，特别是白细胞介素-1、白细胞介素-2、肿瘤坏死因子和干扰素-γ，肿瘤坏死因子活化内皮细胞，吸引炎症细胞，更进一步增强细胞因子的合成，并且具有直接的负性肌力作用。

在心肌细胞内，细胞因子同样能诱导合成一氧化氮，体内一氧化氮在心肌炎发生、发展中的作用是复杂的，它能够抑制病毒的复制，并且过氧化亚硝酸盐的生成具有强大的抗病毒效应。一氧化氮不足的实验鼠具有更高的病毒滴定浓度、更多的病毒mRNA量和更广泛的心肌坏死。相反，在试验性肌球蛋白诱导的自身免疫性心肌炎中，心肌细胞和巨噬细胞中一氧化氮合酶的表达与强烈的炎症反应相关。反之，一氧化氮合酶的抑制剂能降低心肌炎的严重程度。细胞介导的免疫反应在病毒清除中扮演了一个重要的角色，$CD8^+$（细胞毒性T细胞）T细胞识别退化的病毒蛋白碎片，在心肌细胞表面由主要组织相容性复合体Ⅰ呈递抗原。

二、免疫反应

急性期的免疫应答是心肌炎恢复所必需的，宿主体内病毒特异的免疫应答可以溶解感染的心肌细胞。来自美国的一项研究指出，抗心脏的IgG滴度与心肌炎的预后密切相关，抗体对于控制肠道病毒具有重要作用。病毒衣壳的糖蛋白分子结构与心肌细胞膜的糖蛋白相似，故感染后机体所产生的激活补体的抗体及中和病毒的抗体既针对病毒，亦针对心肌细胞。

用心脏的肌球蛋白去感染实验小鼠，小鼠可以被诱发心肌炎，柯萨奇B组病毒的单克隆抗体可以识别小鼠心脏的肌球蛋白表位，说明心脏的肌球蛋白与感染的病原体之间有交叉反应的表位。病毒特异的T细胞可使受感染的心肌细胞溶解，$CD8^+$ T细胞、NK细胞和巨噬细胞的炎性浸润可以清除病毒，使患者康复，同时也可以加剧心肌的损伤。去除$CD8^+$ T细胞可以减轻心肌炎，但同时使心脏中病毒的滴度提高。

在心肌炎的研究进展中，细胞因子可以促进感染的恢复，也可加重细胞损伤，注入针对细胞因子的抗体可以降低疾病的严重性。肿瘤坏死因子-α是心肌

现心力衰竭、心源性休克。

（二）体征

心脏扩大：轻者心脏可不扩大，一般有暂时性扩大，不久即可恢复。心脏扩大显著反映心肌炎广泛而严重。心率改变：心率增快，与体温不相称，或心率异常缓慢，均为病毒性心肌炎的可疑征象。心音改变：心尖区第一音减弱或分裂，心音呈胎心样。心包摩擦音的出现表示存在心包炎。杂音：心尖区可能有收缩期吹风样杂音或舒张期杂音，杂音强度都不超过3级，心肌炎好转后消失。心律失常：极常见，各种心律失常都可出现，以房性或室性期前收缩常见，其次为房室传导阻滞，心律失常是造成猝死的原因之一。心力衰竭：重症弥漫性心肌炎患者可出现急性心力衰竭，属于心肌泵血功能衰竭，左右心同时发生衰竭，引起心排血量过低。心源性休克：危重病例出现面色灰白、大汗淋漓、四肢湿冷、脉搏细速、血压下降等心源性休克表现。

二、辅助检查

（一）一般检查

血中的白细胞计数升高，红细胞沉降率可增快。部分患者血清谷草转氨酶、乳酸脱氢酶、肌酸磷酸激酶及其同工酶升高，其中尤以肌酸磷酸激酶升高的意义较大。

（二）心电图检查

最常见的是非特异性的ST段移位，T波平坦、双相或倒置。可出现各种心律失常，以过早搏动、传导阻滞多见，也可有心室肥大、Q-T间期延长、低电压等。

（三）X线检查

局灶性心肌炎者心影可无改变，病变广泛者可见心影增大、搏动减弱。

（四）超声心动图检查

患者并发渗出性心包炎可有心包腔积液的表现。

（五）病毒学检查

1.病毒分离

早期可以通过咽拭子、尿、粪、心包液、胸腔积液或心肌活检而分离病毒。

2.血清病毒中和抗体测定

急性病例应在发病1周内，取双份血清测定病毒抗体滴度，之后在第2～

如有双份血清病毒抗体升高4倍，外周血或心肌中检测到病毒DNA或RNA，则对诊断帮助更大。

(五)甲状腺功能亢进症

甲状腺功能亢进症可出现窦性心动过速、期前收缩、阵发性室上性心动过速、心房颤动或心房扑动及房室传导阻滞等心律失常，需与病毒性心肌炎相鉴别。但前者一般在静息及睡眠时心率均增快，多有怕热、多汗、易激动、胃纳亢进、消瘦等代谢亢进的表现，甲状腺功能试验等都有助于甲状腺功能亢进症的诊断。

(六)狼疮性心肌炎

全身性红斑狼疮表现为心肌炎改变时称狼疮性心肌炎或狼疮性心肌病。一般都伴有心包炎，以纤维蛋白性心包炎多见，也可有积液。心肌炎时可出现心悸、气短、心前区痛、心动过速、心律不齐、心音减弱、奔马律，以致心脏扩大、心力衰竭等表现，心电图可出现房室或束支传导阻滞、各型心律失常、ST-T改变等，需与病毒性心肌炎鉴别。前者常有不规则的长期低热、特征性皮损、肾脏受累等。

(七)原发性扩张性心肌病

急性病毒性心肌炎患者可出现心脏扩大、充血性心力衰竭而表现为扩张性心肌病样改变，在慢性期随访中也有演变为扩张性心肌病的心脏表现；在部分扩张性心肌病患者心肌中用分子杂交或多聚酶联反应可检测到肠道病毒核酸或巨细胞病毒脱氧核糖核酸，提示某些原发性扩张性心肌病由病毒性心肌炎演变而来。放射性核素^{67}Ga扫描对扩张性心肌病是否合并心肌炎有一定意义，心肌炎患者扫描常为阳性，而扩张性心肌病常呈阴性。放射性核素^{111}In单克隆抗肌凝蛋白抗体显影阳性者，可提示患者有心肌坏死而有助于心肌炎的诊断。

(八)中毒性心肌炎

化学毒物，如砷、乙醇、汞、铅、一氧化碳、氰化物，以及药物如依米丁、锑剂、多柔比星等，都可引起心肌炎，患者出现心悸、胸闷、乏力、恶心、呕吐、头痛、晕厥等症状，心电图可出现各种心律失常、ST-T异常改变等。但中毒性心肌炎尚有心脏以外的临床表现，仔细询问病史也有助于鉴别。

安，舌质淡苔白，脉微欲绝。

2.治法

回阳救逆，益气固脱。

3.代表方

参附龙牡汤加减。人参 15 g，熟附子 10 g，龙骨 10 g，牡蛎 10 g，甘草 12 g，茯苓 12 g。此型为重症，可及时加用西药急救。

二、恢复期或慢性期

(一)气阴两虚，虚火扰心

1.证候

心悸，气短，胸闷，动则汗出，神疲乏力，反复感冒，舌质红，舌尖有红点，苔薄白或无苔，脉沉细数或结代。

2.治法

益气养阴，宁心安神。

3.代表方

生脉散加味。太子参 15 g，麦冬 12 g，五味子 15 g，当归 12 g，生百合 12 g，茯苓 15 g，苦参 9 g，莲子心 3 g，丹参 30 g，生龙骨 12 g，甘草 6 g。阴虚火旺者，加黄连、生地黄；腹胀、便秘者，加枳壳、大黄；伴慢性咽炎、咽中不适者，选加玄参、板蓝根、牛蒡子、连翘等。

(二)心脾亏虚、心神不宁

1.证候

心悸，怔忡，偶或心前区疼痛，唇甲发绀，乏力，头晕，自汗气短，面色苍白或萎黄，舌质淡或紫黯或有瘀斑瘀点，苔薄，脉细涩或结代。

2.治法

益气养血，佐以活血通络。

3.代表方

炙甘草汤合丹参饮加减。炙甘草 10 g，生地黄、熟地黄各 12 g，麦冬 12 g，阿胶12 g，当归 12 g，苦参 6 g，桂枝 6 g，丹参 30 g，檀香 12 g，茯苓 15 g，砂仁 12 g，山楂 15 g。兼阳虚者，加淫羊藿，重用桂枝；兼食滞者，加焦三仙、枳壳。

(三)心气亏虚，心脉瘀阻

1.证候

面色暗滞，口唇发青，胸中刺痛，心悸，怔忡，乏力盗汗，胸闷气短，舌质暗或

第六节 预防保健

一、预防

(一)未病先防

(1)受寒、过劳、营养不良、酗酒、细菌感染等是病毒性心肌炎的诱发因素。因此要培养良好的生活习惯,起居有常,调情志,适寒温,节酒色。

(2)对于体虚易感冒者,可服用玉屏风散、黄芪桂枝汤等益气固表,减少感冒发作的次数和程度,亦可中西医药合用以及时预防和治疗上呼吸道及肠道感染。

(二)既病防变

(1)畅情志,调饮食,保持适度的体力活动,提高机体抵御病邪的能力。

(2)药物防变,一旦被确诊为本病即应采取确实的中西医药结合治疗,避免病情进一步发展。

(3)积极配合使用各种非药物疗法。

二、保健

(一)劳逸结合

长时间的过度劳累,包括体力劳动、脑力劳动及房劳过度,能够使旧病复发,或者病情加重。《素问·举痛论》曰:“劳则气耗。”心肌炎患者的慢性期以气阴两虚较多见,过度劳累可耗气伤阴,加重病情。思虑劳神过度,则耗伤心血,损伤脾气,也易旧病复发,或者病情加重,出现心悸、失眠、多梦等心神失养证候。要适当休息,急性期一般应卧床休息2～4周,急性期后仍应休息2～3个月。严重心肌炎伴心界扩大者,应休息6～12个月,直到症状消失,心脏恢复正常。有心肌炎后遗症的患者,可尽量与正常人一样生活工作,但不宜长时间看书、工作甚至熬夜。

(二)合理膳食

古语有云:“安身之本,必资于食。”饮食要有营养易消化。病毒性心肌炎患者应调补气血,饮食宜清淡易消化,宜食低脂肪高蛋白的食品,并且须少食多餐,不宜过饱,以免增加心肌负担。要多吃富含各种维生素的食物,多吃新鲜蔬菜水

第七章 冠状动脉粥样硬化性心脏病

第一节 概 述

一、定义

冠状动脉粥样硬化性心脏病，简称冠心病，指由于冠状动脉粥样硬化致管腔狭窄或阻塞，引起冠状动脉血流和心肌需求之间的不平衡，导致心肌缺血缺氧性损害的心脏病。心绞痛是冠状动脉供血不足，引起剧烈的、暂时性心肌缺血缺氧而出现以发作性胸痛为主要特征的临床综合征。本病多见于40岁以上男性与绝经期后的女性。其临床表现主要为心绞痛，多呈阵发性胸骨后(膻中)的压榨感、闷胀感，可放射至心前区、左臂内侧达无名指和小指，或放射至颈、咽或下颌部和后背部，也可放射到右臂。冠心病常发生于劳累或情绪激动时，持续时间为3～5分钟，休息或用硝酸酯制剂后上述症状迅速消失。

二、分类

根据冠状动脉病变的部位、范围、血管阻塞程度和心肌供血不足的发展速度、程度和范围的不同，将冠心病分为以下5种临床类型。

(一)隐匿型冠心病

隐匿型冠心病(又称无症状型冠心病)是指确有心肌缺血的客观原因，但是又缺乏胸痛或与心肌缺血相关的主要症状。隐匿型冠心病没有主观症状，但是检查可发现，有心肌缺血的心电图改变或放射性核素心肌显像示灌注不足的改变，而心肌多没有组织形态的改变。

由于隐匿型冠心病无临床症状，不容易发现，往往会被患者及其家属，甚至医务人员忽视，致使不能采取应有的预防和治疗措施。所以从某种意义上讲，隐

部坏死。急性心肌梗死属于冠心病的严重类型，其基本病因是冠状动脉粥样硬化造成一支或多支血管管腔狭窄和心肌血供不足，而侧支循环未充分建立，在此基础上，一旦血供急剧减少或中断，使心肌严重而持久地急性缺血达 1 小时以上，即可发生心肌梗死。急性心肌梗死的临床表现有持久的胸骨后剧烈疼痛、发热、白细胞计数和血清心肌坏死标记物增高，以及心电图进行性改变，并可出现心律失常、休克或心力衰竭，其发病急、病情重、变化快、死亡率高，应引起高度重视，积极进行抢救治疗。

(四)缺血性心肌病型冠心病

缺血性心肌病型冠心病也称心力衰竭和心律失常型冠心病，它是冠状动脉粥样硬化病变使心肌的血液供应长期不足，心肌组织发生营养萎缩和障碍，或者是因为局部反复坏死和愈合，导致心肌纤维组织增生或者硬化，导致心律失常或心力衰竭。缺血性心肌病以心脏扩大、心律失常和心力衰竭为主要临床表现。患者有心绞痛或心肌梗死的病史，心脏逐渐增大，以左心室扩大为主，后期则心脏两侧均扩大，部分患者可无明显的心绞痛或心肌梗死史。心力衰竭多逐渐发生，大多先呈现左心衰竭，然后继以右心衰竭，出现相应的症状。患者可出现各种心律失常，这些心律失常一旦出现将持续存在，其中以期前收缩(室性或房性)、心房颤动、病态窦房结综合征、房室传导阻滞和束支传导阻滞多见，阵发性心动过速亦时有发生，有些患者在心脏还未明显增大前已发生心律失常。

(五)猝死型冠心病

猝死型冠心病是指由冠心病引起的不可预测的突然死亡，在急性症状出现后 6 小时内发生的心搏骤停所致。主要是由于缺血造成心肌细胞电生理活动异常，而发生严重心律失常。

第二节　病因、病机

一、病因

(一)外邪内侵

《黄帝内经》认为胸痹心痛与寒邪、热邪等外邪侵犯心脉有很大关系。寒主

虚知在上焦，所以胸痹、心痛者，以其阴弦故也。"其中，寸口脉微即“阳微”，多指上焦阳气不足，胸阳不振；尺脉弦即“阴弦”，指下焦阴寒内盛，水饮内停。故胸痹的病机是胸阳不振，阴寒上乘。若上焦胸阳不振，寒邪易于客犯，寒凝则血行不畅，心脉瘀阻，致心脉拘急。本虚标实为其主要特点，本虚为气虚、阳虚、气阴两虚，标实为血瘀、痰浊、寒凝气滞。本病好发于肾气渐衰，肾阳虚衰难以温煦心阳的老年人，但随现代生活节奏的加快，工作压力及环境污染的影响，气阳不足、痰浊内生的中青年人群也成了冠心病的标靶。现在主要通过证候要素来对冠心病病因、病机进行描述。证候要素作为中医证候诊断的最小单元，可与疾病的生理、病理相关联。目前冠心病常见证候要素：气虚、血瘀、阴虚、阳虚、痰浊、气滞、热蕴、寒凝8种，证候要素间可相互组合，如气虚血瘀、气虚痰浊、阳虚血瘀等。该病病位在心，但与其他脏腑密切相关，主要涉及肝、肾、脾、肺、胃等。与心相关的证候要素由多到少依次为血瘀、气虚、热蕴、痰浊、气滞、阳虚、阴虚、寒凝；与肾相关的证候要素为气虚、阴阳两虚；与肝相关的证候要素主要是阴虚、火旺、阳亢；与肺相关的证候要素主要是痰浊、气逆；与脾相关的证候要素主要是气虚；与胃相关的证候要素主要是气滞。主证中，气虚和血瘀最多，因此，气虚和血瘀是冠心病心绞痛的基本病机；兼证中，肾气虚最多，其他依次为肝阴虚、肝火旺、肺痰浊，上述证候与冠心病心绞痛的发生、发展密切相关。

第三节　发病机制

冠心病的发病机制主要是多因素的作用，其中动脉粥样硬化是冠心病的基础病变。

一、动脉粥样硬化

对于动脉粥样硬化形成的机制，曾有多种学说从不同角度来阐述，目前许多学者支持1973年提出的损伤-反应学说，该学说认为各种危险因素（如高血压、血脂异常、糖尿病等）损伤动脉内皮，动脉对内皮损伤做出的炎症-纤维增生性反应导致粥样斑块的形成。其中包括脂质浸润、平滑肌细胞迁移增殖、血小板聚集和血栓形成等多种学说的论点。另外，近年来提出的炎症学说也得到了广大学者的认可，该学说认为动脉粥样硬化是一种慢性炎症性疾病，具有炎症典型的变

穿全程。动脉粥样硬化的各种危险因素如高血压、糖尿病、吸烟等通过炎症反应促进粥样硬化的形成发展。动脉粥样硬化早期，多种病原体（如肺原衣原体、疱疹病毒、幽门螺杆菌等）感染可引起动脉血管壁炎症，增加血管内膜通透性，有利于脂质渗入，并通过释放内毒素、热休克蛋白等物质，刺激机体产生抗体，激活补体，导致内膜损伤；渗入内膜下的脂质（以氧化型低密度脂蛋白为主）有较强的致炎作用，可促进各种细胞因子、黏附分子、趋化因子的分泌和表达，参与局部炎症发展，加快动脉粥样硬化进程。在粥样硬化进展期，血管壁会出现增生性炎症，在炎症细胞因子和生长因子作用下，平滑肌细胞迁移增殖，引起血管壁增厚、硬化，并形成由平滑肌细胞、T 细胞、巨噬细胞、胶原纤维、弹力纤维、糖蛋白、脂质和坏死细胞碎屑组成的斑块纤维帽。在粥样硬化后期，局部炎症、T 细胞、巨噬细胞可促使斑块内细胞加速凋亡，增加斑块的不稳定性，同时斑块内炎症细胞可分泌生长因子和细胞因子，使得斑块内胶原酶增多，细胞外基质中的胶原纤维被降解，导致纤维帽变薄、粥样斑块破裂出血及继发性的血栓形成。

动脉粥样硬化病理进程分为 4 期。①第 1 期（脂纹脂斑期）：单核细胞黏附在内皮细胞表面，并迁移到内皮下吞噬脂质变成巨噬细胞（泡沫细胞），在内皮细胞下聚集形成脂纹。肉眼可见动脉内膜有黄色斑点、条纹。②第 2 期（纤维斑块期）：平滑肌细胞由中膜迁移入内膜并增殖，大量胶原纤维、平滑肌细胞，少数弹力纤维和蛋白聚糖形成纤维帽。肉眼可见动脉内膜散在不规则隆起的淡黄色或黄色斑块，渐变成瓷白色。③第 3 期（粥样斑块期）是动脉粥样硬化的典型病变。纤维斑块深层的组织坏死，形成大量无定型的坏死崩解产物、钙盐和胆固醇结晶沉积。肉眼可见内膜表面隆起的灰黄色斑块，深层为黄色粥样坏死物质。④第 4 期（复合病变期）：在纤维斑块和粥样斑块基础上继发的病变，可表现为斑块内出血、斑块破裂、血栓形成、钙化、动脉瘤形成等，导致动脉管腔完全或不完全堵塞。

当粥样硬化斑块已开始形成，但管腔狭窄不明显，不影响组织或器官的供血时，亦无临床表现，属于临床的无症状期或隐匿期。当因动脉粥样硬化斑块导致管腔狭窄明显、可伴组织或器官缺血时，其中短暂的急性心肌缺血主要表现为各种类型的心绞痛，属于临床的缺血期。当因动脉粥样硬化的复合病变导致急性管腔完全堵塞而致心肌组织缺血坏死，则表现为急性心肌梗死，属于临床的坏死期。

二、慢性心肌缺血

在冠状动脉粥样硬化的基础上，出现心肌的慢性缺血缺氧，临床主要表现为

核吸引血小板黏附、聚集并形成血栓，同时血小板释放缩血管物质（5-羟色胺、血栓素 A_2等），导致冠状动脉狭窄程度的急剧变化，甚至完全阻塞而引起急性心肌梗死。斑块破溃易受外因的影响，如剧烈活动、情绪激动或寒冷刺激等，而且与血压、心率、血浆肾上腺素和皮质激素水平的昼夜节律变化一致，易高发于每天6～11 时。

如果冠状动脉内形成的血栓是富含血小板的白色血栓，主要引起管腔内径狭窄或不全闭塞，血流呈急剧减少或间断性中断，临床上就表现为不稳定型心绞痛和非 ST 段抬高型心肌梗死；若心肌缺血时间较短，尚未导致心肌细胞坏死，血清中心肌损伤标志物未升高，心电图表现为暂时性心肌缺血，则诊断为不稳定型心绞痛；若心肌缺血时间较长，已经导致心肌细胞坏死，血清中心肌损伤标志物异常升高，心电图表现为持续性心肌缺血改变但无 ST 段抬高和异常 Q 波出现，则诊断为非 ST 段抬高型心肌梗死。如果冠状动脉内形成的血栓是富含红细胞和纤维蛋白的红色血栓，则使管腔完全闭塞，血流持续中断，闭塞动脉所供区域的心肌透壁性坏死，临床上表现为典型的 ST 段抬高型心肌梗死。急性心肌梗死发生 8 周以上，坏死的心肌纤维逐渐溶解，肉芽组织增生形成瘢痕组织，没有心肌梗死的临床表现，血清中未见心肌损伤标志物异常升高，心电图遗留异常 Q 波，ST-T 可正常，临床上称为陈旧性或愈合性心肌梗死。

第四节　诊断与鉴别诊断

一、隐匿性冠心病

（一）诊断要点

（1）患者多有高血压、糖尿病、抽烟等心血管危险因素。

（2）患者年龄多在中年以上，临床无心肌缺血的症状。

（3）心电图检查、动态心电图、运动负荷心电图平板或踏车运动试验可发现 ST 段压低或动态压低≥0.1 mV。超声心动图、负荷核素心肌显像检查发现心肌缺血征象。冠状动脉造影发现冠状动脉轻中度狭窄。

二、稳定性心绞痛

(一)诊断要点

根据典型的发作特点和体征,含用硝酸甘油后缓解,结合年龄和存在冠心病危险因素,排除其他原因所致的心绞痛,一般即可建立诊断。发作时心电图检查可见以R波为主的导联中,ST段压低,T波平坦或倒置,发作过后数分钟内逐渐恢复。心电图无改变的患者可考虑做心电图运动负荷试验。发作不典型者,诊断要依靠观察硝酸甘油的疗效和发作时心电图的改变;如仍不能确诊,可多次复查心电图或心电图运动负荷试验,或做24小时的动态心电图连续监测,如心电图出现阳性变化或运动负荷试验诱致心绞痛发作时亦可确诊。诊断有困难者可考虑行选择性冠状动脉造影。

(二)辅助检查

1.心脏X线检查

患者可无异常发现,如已伴发缺血性心肌病可见心影增大、肺充血等。

2.心电图检查

心电图检查是发现心肌缺血、诊断心绞痛最常用的检查方法。

(1)静息时心电图:约半数患者的心电图正常,也可能有陈旧性心肌梗死的改变或非特异性ST段和T波异常,有时出现房室或束支传导阻滞或室性、房性期前收缩等心律失常。

(2)心绞痛发作时心电图:绝大多数患者可出现暂时性心肌缺血引起的ST段移位。因心内膜下心肌更容易缺血,故常见反映为心内膜下心肌缺血的ST段压低(≥0.1 mV)发作缓解后恢复。有时出现T波倒置。平时有T波持续倒置的患者,发作时可变为直立(所谓T波正常化)。T波改变虽然对反映心肌缺血的特异性不如ST段,但如与平时心电图比较有明显差别,也有助于诊断。

(3)心电图负荷试验:最常用的是运动负荷试验,运动可增加心脏负荷以激发心肌缺血。运动方式主要为分级活动平板或踏车,其运动强度可逐步分期升级,以前者较为常用,让受检查者迎着转动的平板就地踏步。目前国内外常用的是以达到按年龄预计可达到的最大心率或亚极量心率(85%～90%的最大心率)为负荷目标,前者称为极量运动试验,后者称为亚极量运动试验。运动中应持续监测心电改变,每当运动前、运动中的运动负荷量增加1次均应记录心电图,运动终止后即刻及此后每2分钟均应重复心电图记录直至心率恢复至运动前水平。进行心电图记录时应同步测定血压。在运动中出现典型心绞痛时,心电图

高)、心律异常或持续的收缩压下降。

(4)心电图连续监测:常用方法是让患者佩戴慢速转动的记录装置,以2个双极胸导联连续记录并自动分析24小时心电图(动态心电图),然后在荧光屏上快速播放并可进行人机对话选段记录,最后打印出综合报告。可从中发现心电图ST-T改变和各种心律失常,出现时间可与患者的活动和症状相对照。胸痛发作的相应时间的心电图记录显示缺血性ST-T改变,这有助于心绞痛的诊断。

3.放射性核素检查

(1)心肌灌注显像或兼做负荷试验:放射性核素铊随冠状血流很快被正常心肌细胞所摄取,休息时铊显像所示灌注缺损主要见于心肌梗死后瘢痕部位。在冠状动脉供血不足部位的心肌,则明显的灌注缺损仅见于运动后缺血区。不能运动的患者可做双嘧达莫试验,静脉注射双嘧达莫使正常或较正常的冠状动脉扩张,引起“冠状动脉窃血”,产生局部心肌缺血,可取得与运动试验相似的效果。近年还用腺苷或多巴酚丁胺做负荷试验。变异型心绞痛发作时心肌急性缺血区常显示特别明显的灌注缺损。

(2)放射性核素心腔造影:静脉内注射焦磷酸亚锡被细胞吸附后,再注射^{99m}Tc,即可使红细胞被标记上放射性核素,得到心腔内血池显影,可测定左心室射血分数及显示室壁局部运动障碍。

(3)正电子发射断层心肌显像:利用发射正电子的核素示踪剂进行心肌显像。除可判断心肌的血流灌注情况外,尚可了解心肌的代谢情况。通过对心肌血流灌注和代谢显像匹配分析可准确评估心肌的活力。

(4)冠状动脉造影是冠心病诊断的“金标准”。

(5)其他检查:二维超声心动图可探测到缺血性心室壁的运动异常,心肌超声造影可了解心肌血流灌注。此外,多排探测器螺旋X线计算机断层显像冠状动脉三维重建,磁共振冠状动脉造影等,也已用于冠状动脉病变的诊断。血管镜检查、冠状动脉内超声显像及多普勒检查有助于指导冠心病介入治疗时采取更恰当的治疗措施。

(三)鉴别诊断

1.急性心肌梗死

急性心肌梗死的疼痛部位与心绞痛相仿,但性质更剧烈,持续时间多超过30分钟,可长达数小时,常伴有心律失常、心力衰竭和(或)休克,含硝酸甘油时症状不能缓解。心电图中面向梗死部位的导联ST段抬高,并有异常Q波。实验室检查示白细胞计数、红细胞沉降率增大,心肌坏死标志物(肌红蛋白、肌钙蛋

波倒置不能完全恢复，是预后不良的标志。伴随症状产生的 ST 段、T 波改变持续超过 12 小时者可能提示非 ST 段抬高心肌梗死。此外临床表现拟诊为不稳定型心绞痛的患者，胸导联 T 波呈明显对称性倒置（≥0.2 mV），高度提示急性心肌缺血，可能是由前降支严重狭窄所致。胸痛患者心电图正常也不能患者有排除不稳定型心绞痛可能。若发作时倒置的 T 波呈伪性改变（假正常化），发作后 T 波恢复原倒置状态；或以前心电图正常者近期内出现心前区多导联 T 波深倒，在排除非 Q 波性心肌梗死后结合临床时，也应考虑不稳定型心绞痛的诊断。不稳定型心绞痛患者中有 75%～88%的一过性 ST 段改变不伴有相关症状，为无痛性心肌缺血。动态心电图检查不仅有助于检出上述心肌缺血的动态变化，还可用于不稳定型心绞痛患者常规抗心绞痛药物治疗的评估，以及是否需要进行冠状动脉造影和血管重建术的参考指标。

2.心脏生化标记物

心肌肌钙蛋白：肌钙蛋白复合物包括 3 个亚单位，即肌钙蛋白 T、肌钙蛋白 I 和肌钙蛋白 C，目前只有肌钙蛋白 T 和肌钙蛋白 I 应用于临床。约有 35%的不稳定型心绞痛患者显示血清肌钙蛋白 T 水平增高，但其增高的幅度与持续的时间与急性心肌梗死有差别。急性心肌梗死患者肌钙蛋白 T＞0.3 μg/L 为临界值者占 88%，非 Q 波心肌梗死中仅占 17%，不稳定型心绞痛中没有肌钙蛋白 T＞0.3μg/L者。因此，肌钙蛋白 T 升高的幅度和持续时间可作为不稳定型心绞痛与急性心肌梗死的鉴别诊断的参考。不稳定型心绞痛患者中肌钙蛋白 T 和肌钙蛋白 I 升高者较正常者预后差。临床怀疑不稳定型心绞痛者肌钙蛋白 T 定性试验为阳性结果者表明有心肌损伤（相当于肌钙蛋白T＞0.05 μg/L），但如为阴性结果并不能排除不稳定型心绞痛的可能性。

3.冠状动脉造影

目前冠状动脉造影仍是诊断冠心病的金标准。在长期稳定型心绞痛的基础上出现的不稳定型心绞痛常提示为多支冠脉病变，而新发的静息心绞痛可能为单支冠脉病变。冠脉造影结果正常提示可能是由冠脉痉挛、冠脉内血栓自发性溶解、微循环系统异常等原因导致，或冠脉造影病变漏诊。

不稳定型心绞痛有以下情况时应视为冠脉造影适应证：①近期内心绞痛反复发作，胸痛持续时间较长，药物治疗效果不满意者可考虑及时行冠状动脉造影，以决定是否急诊介入性治疗或行急诊冠状动脉旁路移植术。②原有劳力性心绞痛近期内突然出现休息时频繁发作者。③近期活动耐量明显减低，特别是低于 BruceⅡ级或低于 4 个代谢当量者。④梗死后心绞痛。⑤原有陈旧性心肌

部分心肌梗死患者心电图不表现ST段抬高，而表现为其他非诊断性心电图改变，常见于老年人及有心肌梗死病史的患者，因此血清心肌标志物浓度的测定对诊断心肌梗死有重要价值。在应用心电图诊断急性心肌梗死时应注意到超急性期T波改变、后壁心肌梗死、右心室梗死及非典型心肌梗死的心电图表现，伴有左束支传导阻滞时，心电图诊断心肌梗死有困难，需进一步检查确立诊断。急性心肌梗死诊断时常规采用的血清心肌标志物及其检测时间见表7-1。

表7-1 急性心肌梗死的血清心肌标志物及其检测时间

项目	肌红蛋白	心脏肌钙蛋白		肌酸激酶	肌酸激酶同工酶	* 天门冬氨酸氨基转移酶
		肌钙蛋白 I	肌钙蛋白 T			
出现时间(h)	1～2	2～4	2～4	6	3～4	6～12
100%敏感时间(h)	4～8	8～12	8～12		8～12	
峰值时间(h)	4～8	10～24	10～24	24	10～24	24～48
持续时间(d)	0.5～1	5～10	5～14	3～4	2～4	3～5

注：* 应同时测定丙氨酸氨基转移酶，只有天门冬氨酸氨基转移酶>丙氨酸氨基转移酶方有意义。

心电图表现可诊断急性心肌梗死，在血清标志物检测结果报告前即可开始紧急处理。如果心电图表现无决定性诊断意义，早期血液化验结果为阴性，但临床表现高度可疑，则应以血清心肌标志物监测急性心肌梗死。推荐于入院即刻、2～4小时、6～9小时、12～24小时采血，要求尽早报告结果。如临床疑有再发心肌梗死，则应连续测定存在时间短的血清心肌标志物，例如肌红蛋白、肌酸激酶同工酶及其他心肌标志物，以确定再梗死的诊断和发生时间。

(二)辅助检查

1.心电图

(1)特征性改变：①在面向心肌坏死区的导联上出现宽而深的Q波。②在面向坏死区周围心肌损伤区的导联上出现ST段抬高呈弓背向上型。③在面向损伤区周围心肌缺血区的导联上出现T波倒置，心内膜下心肌梗死无病理性Q波。

(2)动态性改变：①超急性期在发病数小时内，可出现异常高大两肢不对称的T波。②急性期：数小时后，ST段明显抬高，弓背向上，与直立的T波连接，形成单向曲线，1～2天内出现病理性Q波，同时R波减低，病理性Q波或QS波常持久不退。③亚急性期：ST段抬高持续数天至2周左右，逐渐回到基线水平，T波变为平坦或倒置。④恢复期：数周至数月后，T波呈V形对称性倒置，此可

2.心电图

缺血性胸痛患者心电图ST段抬高诊断急性心肌梗死特异性为91%，敏感性为46%。患者初始18导联心电图可用以确定立即处理方针。

ST段抬高或新发左束支传导阻滞的患者，应迅速评价溶栓禁忌证，开始抗缺血治疗，并尽快开始再灌注治疗(30分钟内开始溶栓或90分钟内开始球囊扩张)。入院时对患者进行常规血液检查，包括血脂、血糖、凝血时间和电解质等。

对非ST段抬高，但心电图高度怀疑缺血(ST段下移、T波倒置)或有左束支传导阻滞，病史高度提示心肌缺血的患者，应入院进行抗缺血治疗，做心肌标志物及常规血液检查。

对心电图正常或呈非特征性心电图改变的患者，应在急诊科继续对病情进行评价和治疗，并进行床旁监测，包括心电监护、迅速测定血清心肌标志物浓度及二维超声心动图检查等。二维超声心动图可在缺血性损伤数分钟内发现节段性室壁运动异常，有助于急性心肌梗死的早期诊断，对怀疑为主动脉夹层、心包炎和肺动脉栓塞的鉴别诊断具有特殊价值。床旁监测应一直持续到获得一系列血清标志物浓度结果，最后评估有无缺血或梗死证据，再决定继续观察或入院治疗。

3.急性缺血性胸痛及疑诊为急性心肌梗死的患者危险性的评估

对到达急诊科的急性缺血性胸痛及疑诊为急性心肌梗死的患者，临床上常用初始的18导联心电图来评估其危险性。患者病死率随ST段抬高的心电图导联数的增加而增高。如患者伴有以下任何一项：女性、高龄(＞70岁)、既往梗死史、心房颤动、前壁心肌梗死、肺部啰音、低血压、窦性心动过速、糖尿病，则属于高危患者。非ST段抬高的急性冠状动脉综合征反映了从慢性稳定型心绞痛到ST段抬高的急性心肌梗死的一个连续病理过程。缺血性胸痛表现为非ST段抬高者，包括非Q波心肌梗死和不稳定型心绞痛，后者亦可发展为ST段抬高心肌梗死，心电图正常或无法诊断者，需要对其病因重新评价，疼痛发作时的心电图及其动态变化有助于诊断。

血清心肌标志物对评估危险性可提供有价值的信息，血清心肌标志物浓度与心肌损害范围正相关。非ST段抬高的稳定型心绞痛患者约有30%的可能性有肌钙蛋白I或肌钙蛋白T升高，可能为非Q波心肌梗死但属高危患者，即使肌酸激酶同工酶正常，死亡危险也增加。肌钙蛋白水平越高，预测的危险越大。肌酸激酶峰值和肌钙蛋白I、肌钙蛋白T浓度可粗略估计梗死面积和患者预后。

②不稳定型心绞痛频繁发作伴 ST 段压低＞2 mm 者。③器质性心脏病心室增大，心功能减退伴有晕厥者。④器质性心脏病伴低钾、低镁者。⑤环境因素的改变如过度烟酒、过度劳累、情绪激动、突发应激等。这些情况都可使心肌缺血加重，儿茶酚胺释放增多，使心室颤动阈值降低而诱发猝死。对于这类患者，应采取积极的预防治疗措施。

对于有以下检查结果，也应视为高度危险者，应给予及时治疗。①心电图提示频发多源的室性期前收缩，且有以下特点者：室性期前收缩 QRS 波幅＜1.0 mV；室性期前收缩 QRS 波群时间＞0.16 秒；室性期前收缩 QRS、T 波与 QRS 主波方向相同，且 T 波高尖对称；室性并行心律；高度房室传导阻滞、高度室内传导阻滞。②心室晚电位阳性可作为恶性心律失常的筛选指标。③心率变异性分析异常能评价心脏自主神经系统的功能，正常人心脏受交感神经和迷走神经的支配，心肌的电稳定性依赖于二者的平衡。急性心肌梗死患者由于心肌的坏死而使支配心脏的交感和迷走神经受损，尤其对迷走神经损害更为严重，使交感神经活动相对增强，导致心电不稳定性增加和心室颤动阈值降低，易发生心室颤动而致猝死。心脏性猝死中 90％是冠心病所致，但对于冠心病猝死的规律，认识还不很充分。

(二)鉴别诊断

心搏骤停时，常出现喘息性呼吸或呼吸停止，但有时呼吸仍正常。在心搏骤停的过程中，如复苏迅速有效，自主呼吸可以一直保持良好。心搏骤停时，常出现皮肤和黏膜苍白和发绀，但在灯光下易忽略。在心搏骤停前如有严重的窒息或缺氧，则发绀常很明显。心搏骤停因可引起突然意识丧失，应与许多疾病，如昏厥、癫痫、脑血管疾病、大出血、肺栓塞等进行鉴别。

第五节　辨 证 论 治

一、心血瘀阻证

(一)证候

心胸疼痛，如刺如绞，痛有定处，入夜为甚，甚则心痛彻背，背痛彻心，或痛引

之作用；气郁日久化热、心烦易怒、口干便秘、舌红苔黄、脉弦数者，用丹栀逍遥散，以疏肝清热；便秘严重者，加当归龙荟丸，以泻郁火。

三、痰浊闭阻证

（一）证候

胸闷重而心痛微，痰多气短，肢体沉重，形体肥胖，遇阴雨天而易发作或加重，伴有倦怠乏力，纳呆便溏，咯吐痰涎，舌体胖大边有齿痕，苔浊腻或白滑，脉滑。

（二）治法

通阳泄浊，豁痰宣痹。

（三）代表方

瓜蒌薤白半夏汤合涤痰汤加减。两方均能温通豁痰，前方偏于通阳行气，用于痰阻气滞、胸阳痹阻者；后方偏于健脾益气，豁痰开窍，用于脾虚失运、痰阻心窍者。瓜蒌、薤白化痰通阳，行气止痛；半夏、胆南星、竹茹清化痰热；人参、茯苓、甘草健脾益气；石菖蒲、陈皮、枳实理气宽胸。

（四）加减

痰浊郁而化热者，用黄连温胆汤加郁金，以清化痰热而理气活血。如痰热兼有郁火者，加海浮石、海蛤壳、黑山栀、天竺黄、竹沥化痰火之胶结，大便干结加桃仁、大黄。痰浊与瘀血往往同时并见，因此通阳豁痰和活血化瘀法亦经常并用，但必须根据两者的偏重而有所侧重。

四、寒凝心脉证

（一）证候

猝然心痛如绞，心痛彻背，喘不得卧，多因气候骤冷或骤感风寒而发病或加重，伴形寒，甚则手足不温，冷汗自出，胸闷气短，心悸，面色苍白，苔薄白，脉沉紧或沉细。

（二）治法

辛温散寒，宣通心阳。

（三）代表方

枳实薤白桂枝汤合当归四逆汤加减。两方皆能辛温散寒，助阳通脉。前方重在通阳理气，用于胸痹阴寒证，见心中痞满、胸闷气短者；后方以温经散寒为

(三)代表方

天王补心丹合炙甘草汤加减。两方均为滋阴养心之剂。天王补心丹以养心安神为主,治疗心肾两虚、阴虚血少者;炙甘草汤以养阴复脉见长,主要用于气阴两虚、心悸、脉结代之症。生地黄、玄参、天冬、麦冬滋水养阴,以降虚火;人参、炙甘草、茯苓益助心气;柏子仁、酸枣仁、五味子、远志交通心肾,养心安神;丹参、当归身、芍药、阿胶滋养心血而通心脉。

(四)加减

阴不敛阳,虚火内扰心神,虚烦不寐,舌尖红少津者,可用酸枣仁汤,清热除烦以养血安神;若兼见风阳上扰,加用珍珠母、灵磁石、石决明、琥珀等重镇潜阳之品。若效果不好,再予黄连阿胶汤,滋阴清火,宁心安神。若心肾阴虚,兼见头晕目眩,腰酸膝软,遗精盗汗,心悸不宁,口燥咽干,用左归饮以滋阴补肾,填精益髓,补而无泻之剂。

七、心肾阳虚证

(一)证候

心悸而痛,胸闷气短,动则更甚,自汗,面色㿠白,神倦怯寒,四肢欠温或肿胀,舌质淡胖,边有齿痕,苔白或腻,脉沉细迟。

(二)治法

温补阳气,振奋心阳。

(三)代表方

参附汤合右归饮加减。两方均能补益阳气,前方大补元气,温补心阳;后方温肾助阳,补益精气。人参大补元气,附子温补真阳,肉桂振奋心阳,炙甘草益气复脉,熟地黄、山茱萸、淫羊藿、补骨脂温养肾气。

(四)加减

伴有寒凝血瘀标实症状者适当兼顾。若肾阳虚衰,不能制水,水饮上凌心肺,症见水肿、喘促、心悸,用真武汤加黄芪、汉防己、猪苓、车前子温肾阳而化水饮。若阳虚欲脱厥逆者,用四逆加人参汤,温阳益气,回阳救逆;或参附注射液40～60 mL加入5%葡萄糖注射液250～500 mL中静脉点滴,可增强疗效。

(<75 mg/d)替代治疗;行经皮冠状动脉介入治疗的患者,应联合应用阿司匹林和氯吡格雷至少12个月;氯吡格雷不能耐受或有明确抵抗证据者,采用替格瑞洛或普拉格雷替代治疗。

欧洲心脏病学会发布的冠心病患者双联抗血小板治疗指南对冠心病患者双联抗血小板治疗做了更全面更详尽的推荐:①强调双联抗血小板治疗的获益与风险。冠心病患者获益最大化的措施不仅是患者是否植入支架或植入支架类型,重要的是双联抗血小板治疗的对象是患者,故必须对患者进行全面缺血风险及出血风险的评估,以决定抗栓和抗血小板治疗策略,包括双联抗血小板治疗时程及P2Y12受体拮抗剂的选择。②对P2Y12受体拮抗剂作了更细致的推荐,根据疾病类型及缺血风险、出血风险进行个体化治疗策略,以期让患者最大程度地获益。对经皮冠状动脉介入治疗后冠心病稳定下来的患者、需要抗凝的患者及禁用替格瑞洛或普拉格雷的急性冠状动脉综合征患者,指南推荐的P2Y12受体拮抗剂是氯吡格雷;急性冠状动脉综合征患者推荐替格瑞洛或普拉格雷,除非患者有禁忌证;冠心病患者联合应用口服抗凝药物时,推荐的P2Y12受体拮抗剂仅有氯吡格雷。

(2)血管紧张素转换酶抑制剂和血管紧张素Ⅱ受体拮抗剂:绝大多数慢性冠心病患者均在长期使用血管紧张素转换酶抑制剂的治疗中获益,但获益程度与患者危险程度有关,建议若无禁忌证,冠心病患者应长期服用血管紧张素转换酶抑制剂;具有适应证但不能耐受血管紧张素转换酶抑制剂治疗者可服用血管紧张素Ⅱ受体拮抗剂。

(3)β受体阻滞剂具有抗缺血及改善预后的双重作用。尽管目前对于无心肌梗死或急性冠状动脉综合征病史且左心室功能正常的冠心病患者,推荐应用β受体阻滞剂是趋于保守的,但仍建议若无禁忌证,冠心病患者均应长期应用β受体阻滞剂。

(4)他汀类药物除能有效降低总胆固醇和低密度脂蛋白胆固醇水平外,他汀类药物还具有延缓斑块进展、稳定斑块及抗炎等作用。如无禁忌证,长期使用他汀类药物,使低密度脂蛋白胆固醇降至<1.8 mmol/L,这是合理的。

2.抗心肌缺血的药物

(1)硝酸酯类舌下含服或喷雾用硝酸甘油仅作为心绞痛发作时缓解症状的药物,也可在运动前数分钟使用,以减少或避免心绞痛发作;长效硝酸酯制剂用于降低心绞痛发作频率及减轻心绞痛发作程度,并可能增加运动耐量;硝酸酯类药联合β受体阻滞剂可有效增强抗心肌缺血能力,并抵消心率增快等不良反应。

物“多样”性，其建议指标为谷类、薯类、杂豆类的食物品种数为平均每天 3 种以上，每周 5 种以上；蔬菜、菌菇和水果类的食物品种数为平均每天有 4 种以上，每周 10 种以上；鱼、蛋、禽肉、畜肉类的食物品种数为平均每天 3 种以上，每周 5 种以上；奶、大豆、坚果类的食物品种数为平均每天有 2 种以上，每周 5 种以上。按照一日三餐食物品种数的分配，早餐至少摄入 4～5 个品种，午餐摄入 5～6 个食物品种，晚餐摄入 4～5 个食物品种，加上零食 1～2 个品种。所谓谷类为主，就是谷类食物所提供的能量要占膳食总能量的一半以上；谷类为主，也是中国人平衡膳食模式的重要特征，是平衡膳食的基础，一日三餐都要摄入充足的谷类食物。在家吃饭，每餐都应该有米饭、馒头、面条等主食类食物，各餐主食可选不同种类的谷类食材。采用各种烹调加工方法将谷物制作成不同口味、风味的主食，可丰富谷类食物的选择，易于实现谷物为主的膳食模式。在外就餐，特别是聚餐时，容易忽视主食。点餐时，宜先点主食或蔬菜类，不能只点肉菜或酒水；就餐时，主食和菜肴同时上桌，不要在用餐结束时才把主食端上桌，从而导致主食吃得很少或不吃主食的情况。

(3)推荐选择全谷物，是指未经精细化加工或虽经碾磨、粉碎、压片等处理仍保留了完整谷粒所具备的胚乳、胚芽、麸皮及其天然营养成分的谷物。在中国传统饮食习惯中，作为主食的稻米、小麦、大麦、燕麦、黑麦、黑米、玉米、裸麦、高粱、青稞、黄米、小米、粟米、荞麦、薏米等，如果加工得当均可作为全谷物的良好来源。杂豆指除了大豆之外的红豆、绿豆、黑豆、花豆。薯类有马铃薯(土豆)、甘薯(红薯)、芋薯(芋头、山药)和木薯，目前，中国居民常将马铃薯和芋薯作为蔬菜食用。薯类中碳水化合物含量为 25%左右，蛋白质、脂肪含量较低；马铃薯中钾的含量也非常丰富；薯类中的维生素 C 含量较谷类高；甘薯中的胡萝卜素含量比谷类高，甘薯中还含有丰富的纤维素、半纤维素和果胶等，可促进肠道蠕动，预防便秘。与精制谷物相比，全谷物及杂豆类可提供更多的 B 族维生素、矿物质、膳食纤维等营养成分及有益健康的植物化合物，全谷物、薯类和杂豆的血糖生成指数远低于精制米面。

2.常见保健食物

(1)红薯：现代研究表明，红薯含营养素种类较多，每 100 g 红薯中含蛋白质 15 g，糖类 25 g，钙 18 mg，膳食纤维 13 g，其维生素 A 及维生素 B_1、维生素 B_2 的含量比大米和面粉还高。红薯中糖类的主要成分是淀粉，易被人体消化吸收和利用。红薯可提供给机体大量的胶体和黏多糖类物质，能保护黏膜，提高机体免疫力，促进胆固醇的排泄，保持血管壁的弹性，避免过度肥胖，降低血脂、血压，防

马上寻求医师的帮助，评估锻炼的成效、利弊，以便调整。根据情况，一般推荐步行、慢跑和强度较小的运动，如高尔夫球、乒乓球、太极拳、登山等。

(2)把握运动锻炼的强度：运动锻炼的强度与健身的成效有关，要把握好这个度，需要根据心脏功能的强度来把握。应该从较轻强度开始，以不造成心跳过速、气喘、闷气为度，在此基础上，追求出现周身暖意，甚至微有汗出；切忌引起心肌缺血、缺氧，甚至大汗淋漓。另外，要随身携带救急药物如速效救心丸、硝酸甘油制剂(片或气雾剂)，预防运动不善引发的冠心病发作。

(3)掌握科学的运动健身方法：做到循序渐进、持之以恒；运动前要热身，运动后防风寒；避免竞技比赛运动。

(4)推荐健身运动：太极拳。太极拳要求轻而不浮、重而不滞、松而不懈，在全身松透的基础上慢慢练出柔和的身体、平和的心态，激发内在潜能，达到健康体魄的目的。太极拳不仅能够修身养性，还是真正的有氧运动，其动作快慢相间、轻灵柔和，呼吸深长，对人体运动系统、循环系统、神经系统有良好的作用，使人体能够适应自然、平衡阴阳、树立正气、邪不侵身，自然能起到延年益寿的功效。

2.运动方法

(1)散步是一种简单而有效的锻炼方式，也是一种不受环境条件限制、人人可行的保健运动。散步运动几乎适合所有的冠心病患者，对于稳定性冠心病患者，坚持散步有助于增强体质，增强心肌收缩力，改善心功能。运动要求：①散步容易做到，但坚持下来却不容易，也需要掌握要领。②患者应注意循序渐进、持之以恒。③散步前应使身体自然放松，适当活动肢体，调匀呼吸，然后再从容展步。④散步时背要直，肩要平，精神饱满，抬头挺胸，目视前方，步履轻松，犹如闲庭信步，随着步伐的节奏，两臂自然而有规律地摆动，在不知不觉中起到舒筋活络、行气活血、安神宁心、祛病强身的效果。⑤冠心病患者应根据个人的体力情况确定散步速度的快慢和时间的长短，原则是宜缓不宜急，宜顺其自然，而不宜强求，以身体发热、微出汗为宜。⑥散步的方法有普通散步法、快速散步法以及反臂背向散步法等多种。⑦冠心病患者一般可采用普通散步法，即以每分钟60～90步的速度，每次散步15～40分钟，每天散步1～2次。

(2)骑自行车、跑步、游泳，这些运动都一样，是一种能改善人们心肺功能的有氧耐力性锻炼。在日常生活中，冠心病患者除了应该要积极配合医师接受治疗之外，还可以通过一些简单的运动来改善自身症状，比如骑自行车就是很好的运动方式。运动要求：①运动时应将车座高度和车把弯度调好，行车中保持上身

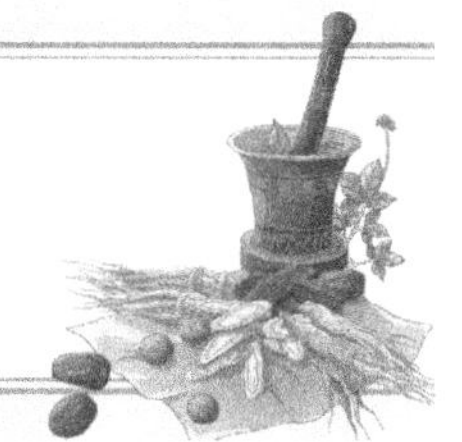

第八章 心力衰竭

第一节 概 述

一、定义

心力衰竭是指由于心脏的收缩功能和(或)舒张功能发生障碍,不能将静脉回心血量充分排出心脏,导致静脉系统血液瘀积,动脉系统血液灌注不足,从而引起心脏循环障碍综合征,此种障碍综合征集中表现为肺瘀血、腔静脉瘀血。心力衰竭并不是一个独立的疾病,而是心脏疾病发展的终末阶段。心力衰竭具有发病率和病死率高的特点,是临床上极为常见的危重症。据统计,世界范围内有1%～2%的人群患有心力衰竭,全世界共有超过2 300万患者。心力衰竭患者4年生存率与恶性肿瘤相当,严重者1年内病死率高达50%,是全世界一个重要的公共卫生问题。

中医学无“心力衰竭”的病名,但从临床表现、病因、病机等方面分析,“心悸”“喘证”“怔忡”“心胀”“心水”“支饮”“积聚”等都与心力衰竭的临床表现相似。心力衰竭作为一个综合征,有其特有的病理机制,上述中医的这些有关病症,只是心力衰竭某一症状的相应体现,往往不能代表心力衰竭的整个病机,因此最重要的是应用中医的有关理论透彻地分析心力衰竭的病机,才能抓住疾病的本质,以指导治疗,取得更好的疗效。

二、分类

临床上,心力衰竭的分类有多种方式,现简要概述如下。

(一)根据心脏的受损部位分类

1.*左心衰竭*

左心衰竭主要是左心室搏出功能障碍,多见于冠状动脉粥样硬化性心脏病、

(四)根据心力衰竭病情程度分类

1.轻度心力衰竭

安静或轻体力活动时可不出现心力衰竭的症状和体征。

2.中度心力衰竭

轻体力活动时出现心力衰竭的症状和体征。

3.重度心力衰竭

安静情况下即可出现心力衰竭的症状和体征。

(五)根据心肌收缩与舒张功能障碍分类

通常舒张功能障碍发生在先,进而发生收缩功能障碍。收缩性心力衰竭的特点是心脏增大,收缩末期心室容积增加和射血分数下降,也是临床上常见的心力衰竭。舒张性心力衰竭是由于心室松弛性降低,僵硬度增加,使心室舒张期充盈受限,心室舒张末期压力升高和心搏出量减少,心肌常显著肥厚,心脏大小正常,射血分数无明显减少,患者心力衰竭症状也不太明显,可见于高血压、冠心病的某一阶段,严重者见于原发性限制型心肌病、原发性梗阻性肥厚型心肌病。

(六)按症状有无分类

1.无症状性心力衰竭

无症状性心力衰竭指左心室已有功能不全,射血分数降至正常以下(<50%)而尚无心力衰竭症状的阶段。此阶段可历时数月至数年。此时已伴有神经内分泌的激活和心肌肥厚,心功能得以代偿。

2.充血性心力衰竭

充血性心力衰竭是指心脏不能搏出同静脉回流及身体组织代谢所需相称的血液供应。往往由各种疾病引起心肌收缩能力减弱,从而使心脏的血液输出量减少,不足以满足机体的需要,并由此产生一系列症状和体征。心瓣膜疾病、冠状动脉硬化、高血压、内分泌疾病、细菌毒素、急性肺梗死、肺气肿或其他慢性肺脏疾病等均可引起心脏病而产生心力衰竭的表现。妊娠、劳累、静脉内迅速大量补液等均可加重患病心脏的负担,而诱发心肌衰竭。

损伤脾胃,致使中气虚衰,中轴升降无力,引起水谷精微不能奉养于心主。元气不能上充于心,则心气内乏,鼓动无力,血瘀在心,日久心体胀大,或津血不足,心体失养,体用俱损,发为心衰。

(二)诱因

1.外感

多由外感六淫之邪,袭卫束表,内迫于肺,肺失宣降,痰浊内蕴,影响辅心以治节功能,使心不主血脉,加重心力衰竭。

2.过劳

劳则气耗,心气受损,发为心力衰竭。

3.药物

某些药物如过于苦寒,过于辛温,或输液过速等均导致心气耗散,诱发心衰。

二、病机

(一)发病

多以起病缓慢,逐渐加重为特点。初起见劳累后心悸、气短、疲乏无力,休息后可缓解,逐渐发展为休息时仍觉心悸不宁,喘促难卧,尿少,水肿,口唇爪甲青紫等。少数发病急,突然气急,端坐呼吸,不得卧,面色苍白,汗出如雨,口唇青黑,阵咳,咯吐粉红色泡沫样痰,脉多疾数。

(二)病位

病位在心,为心之体用俱病,与肺、脾、肝、肾密切相关。

(三)病性

病性为本虚标实。虚者,以气虚、阳虚为本。病初多为气虚,病久则见阳虚,根据患者体质及原发疾病不同,少数患者可见血虚或阴虚。病变过程中,逐渐形成病理产物,为饮、为痰、为瘀、为浊,阻滞气机,发展为气滞血瘀水结之标实之疾。最终为心肾阳虚,肺肝血瘀,虚实夹杂。

(四)病势

缓慢发病者,初起时症状较轻,仅见劳累后心悸、气短、乏力,休息后症状可减轻或消失。随病情加重,出现休息状态下仍觉心悸不宁,喘促难卧,腹胀尿少,水肿,甚至神昏等。发病急骤者,突然气急呈端坐呼吸,面色苍白,汗出如雨,咯吐血色泡沫痰,唇青肢冷,救治及时,尚可转安,稍有延误,则昏厥死亡。

统的激活在心力衰竭早期可增强心肌收缩和血管张力，有利于维持动脉血压，以保证心、脑等重要脏器循环的正常灌注压。在低血容量时这些因素可使血容量得以恢复和保持，在心力衰竭时则使血容量增加。上述系统的激活在心力衰竭的早期以及低血容量性休克时有代偿作用，但持续激活对慢性心力衰竭有严重的不良作用。

一、交感神经-肾上腺素系统激活

交感神经活性，是由动脉牵张受体所介导。正常时，此类受体向中枢神经系统发出冲动，抑制交感神经系统的激活和血管升压素的释放。心力衰竭时由于心排血量减少、血压下降、传入的冲动减少、中枢神经系统的抑制减弱，使交感神经激活、神经内分泌激素释放、交感神经活动代偿性加强。同时，去甲肾上腺素的清除降低，可能也有助于去甲肾上腺素的升高。交感神经激活在急性心力衰竭或心力衰竭的早期是有益的，起到一定程度的代偿作用，因血管收缩、心肌收缩力增强，使心率加快，可代偿性地使心排血量增加和维持动脉压力。但对慢性心力衰竭来说这是有害的。因交感-肾上腺素系统持续激活一方面可激活肾素-血管紧张素-醛固酮系统而产生肾素-血管紧张素-醛固酮系统激活所带来的一系列不良后果，另一方面其本身也可引起外周阻力增高、心室后负荷增加、心率加快和心肌能量消耗增加，同时还可引起心肌肥大、心肌缺血、快速性心律失常、钙超载、心肌细胞凋亡，促进心室重构的发生等。

心力衰竭患者血循环中去甲肾上腺素升高，并与心力衰竭的严重程度呈正比，而心肌内去甲肾上腺素含量却降低(心力衰竭时 β1 受体密度、与 β1 受体和 β2 受体耦联的 G 蛋白、腺苷酸环化酶及胞内 cAMP 浓度均降低)，这是因为心肌去甲肾上腺素释放过多和重摄取减少所致。心肌释放去甲肾上腺素过多和循环血中去甲肾上腺素浓度增高，使心肌持续暴露于对心肌有毒性的去甲肾上腺素的刺激之中。去甲肾上腺素对 β 肾上腺素受体的慢性刺激能诱发致炎细胞因子、肿瘤坏死因子-α、白细胞介素-1 和白细胞介素-6 的表达增加，引起钙超负荷；引起肾血管收缩，激活肾素-血管紧张素-醛固酮系统，引起心肌细胞坏死和凋亡，加重水钠潴留，增加心脏前后负荷，降低工作效率，导致心力衰竭恶化。另外，β 受体的基因多态性亦可能与心力衰竭的快速进展有关。

二、肾素-血管紧张素-醛固酮系统激活

心力衰竭时肾素-血管紧张素-醛固酮系统激活。心力衰竭患者血浆和心脏中血管紧张素Ⅱ的浓度升高，血浆和肾脏的肾素、肾素前体及心脏中血管紧张素

心力衰竭时增高的细胞因子形成网络，其活性受各种细胞因子调节剂和抗炎症的细胞因子的影响，错综复杂的网络调节紊乱，参与了心力衰竭的发生与发展。而肿瘤坏死因子-α是细胞因子网络的关键部分。此外，细胞因子与神经体液系统之间的交互作用，也共存于心力衰竭的发生与发展的全过程。

(一)肿瘤坏死因子

正常心脏不表达肿瘤坏死因子或表达量极少，而心肌梗死后心肌组织缺氧、血流动力学改变、室壁张力增加及神经内分泌异常均可促使心肌组织合成肿瘤坏死因子。有学者建立心肌表达肿瘤坏死因子-α转基因小鼠心力衰竭模型，在排除了其他干扰因素后，结果发现心肌产生的肿瘤坏死因子-α足以引起心肌炎、心肌纤维化、心功能失调、心力衰竭等严重心脏疾病，从而支持肿瘤坏死因子-α是多种心脏疾病的发病因素之一。有研究发现，梗死后心脏组织非梗死区中的肿瘤坏死因子-α可增加血管紧张素Ⅱ受体1的敏感性，可能是由于促进成纤维细胞增殖及胶原分泌，从而导致心室重构。近年注意到，心力衰竭时肿瘤坏死因子的受体系统亦有明显变化。心功能越差，肿瘤坏死因子的受体系统水平越高，心力衰竭进行治疗后好转得越快，肿瘤坏死因子的受体系统水平也明显下降，提示肿瘤坏死因子的受体系统可反映心力衰竭的严重程度，是判定心功能及其观察疗效的一项有价值的指标。

(二)转化生长因子

在胚胎发育期，转化生长因子-β家族参与了早期心前体细胞特化、环状心形成、心内膜表皮向间充质转化、心外膜表皮向间充质转化等过程。应用免疫荧光和原位杂交技术发现，在超压力负荷大鼠左心室的冷冻切片中，转化生长因子-β1表达增加且染色从胞质及肌纤维膜转移到胞核，转化生长因子-β2表达无明显变化，转化生长因子-β3在T管、胞质、胞核中的表达显著下降。在左心室肥厚发展过程中，转化生长因子-β1和转化生长因子-β3的重新表达及转化生长因子-β1、转化生长因子-β2、转化生长因子-β3在胞质的不同分布，推测转化生长因子-β3对心脏存在着不同的调控作用：转化生长因子-β1促进左心室肥厚发展；转化生长因子-β3抑制左心室肥厚。转化生长因子-β1广泛参与各种病理生理过程，影响细胞的增殖和分化，并在此过程中与局部肾素-血管紧张素系统改变有关。心脏受超压力负荷刺激，产生血管紧张素Ⅱ，通过促进转化生长因子-β1在心肌细胞表达。

键性作用。通常认为,发生充血性心力衰竭时,内皮素-1促进血流动力学的紊乱,破坏血管结构,导致病情进一步恶化。

(二)一氧化氮

有研究表明,一氧化氮能够通过增加右心室收缩能力而改善肺血流动力学和提高肺血流量。有研究在有无*L*-精氨酸的条件下,乙酰胆碱和硝酸甘油对充血性心力衰竭患者小冠状动脉的扩张能力时表明一氧化氮对冠状动脉微血管起着重要的调控作用。还有研究发现心力衰竭患者随着代谢需求的增加,一氧化氮反射性地调节冠状动脉血流。研究抗氧化剂(钛制剂)对搏动过速性心力衰竭患者冠状动脉血流的保护作用时发现,钛制剂能够通过增加心力衰竭患者一氧化氮的生物活性而改善冠状动脉血流。

五、炎性反应

近年来,越来越多的研究证明炎性反应是充血性心力衰竭病理、生理的重要机制之一,各种各样的炎性细胞通过释放多种炎性因子导致充血性心力衰竭进展和恶化。充血性心力衰竭过程中的炎性反应激活的原因尚不明确,但研究认为血流动力学因素,氧化应激、微生物、神经激素的激活,内毒素等可能是炎性反应激活的原因。

充血性心力衰竭时机械负荷过重和应切力可以诱导多种细胞因子的表达,如单核细胞趋化蛋白-1、白细胞介素-8等。缺氧、缺血是炎性细胞因子,如肿瘤坏死因子、白细胞介素-1、白细胞介素-6等强有力的诱导者。在充血性心力衰竭过程中各种微生物及微生物抗体的产生促进炎性反应的发生,可能通过分子模拟诱导心肌损伤,任何病因的再发感染,尤其是肺部,可能加剧充血性心力衰竭系统的炎性反应。交感神经系统、肾素-血管紧张素-醛固酮系统的过度激活是慢性充血性心力衰竭的特征和病理生理机制,这些神经激素的激活可以通过促进炎性反应而导致充血性心力衰竭的进展。研究表明,血管紧张素Ⅱ本身是一种强大的促炎因子,可以激活白细胞、合成黏附分子、合成趋化因子等,并且参与白细胞黏附到活化的内皮细胞上,醛固酮同样可以导致淋巴细胞、单核细胞、内皮细胞的激活,诱导黏附分子和趋化因子的产出,直接参与炎性反应。此外,各种淋巴细胞及单核细胞均有表达β肾上腺素能受体,β肾上腺素也可以调节细胞因子的产生。

近年来脂联素作为一种有益的炎性因子越来越受到人们的关注。脂联素是一种脂肪细胞分泌的血浆蛋白,其基因定位于染色体3q27,大小为17kb,由3个外显

心肌细胞中连接肌节及肌纤维膜，对维持正常心肌功能起重要作用。有研究表明，被剔除抗肌萎缩蛋白基因的小鼠很快就出现心肌坏死、纤维化和广泛的营养不良性钙化等表现，从而认为其在心功能不全及充血性心力衰竭中起重要作用。

(一)心肌细胞凋亡

心肌细胞凋亡是心室重构重要微观机制，是导致各种心血管疾病晚期心功能不全的重要因素之一。在心力衰竭发生过程中，心肌细胞凋亡起了重要作用。在慢性心力衰竭发生、发展过程中出现的许多病理因素如氧化应激、压力或容量负荷过重、肾上腺素、血管紧张素Ⅱ、致炎细胞因子、缺血、缺氧等均可诱导心肌细胞凋亡。大量研究证实，活性氧物质的积聚和氧化应激在心肌细胞凋亡的发生中起重要作用。心肌细胞凋亡的发生、发展受多种基因调控，其中促凋亡基因 *bax* 和抗凋亡基因 *bcl-2* 被认为与细胞凋亡密切相关。肿瘤坏死因子是一种主要由单核巨噬细胞分泌的具有多种生物学效应的细胞因子，可以使 caspase-8 活性升高，线粒体的细胞色素 C 释放到胞质，而线粒体跨膜电位降低可诱导凋亡，caspase-8 活性抑制剂能够破坏肿瘤坏死因子导致的线粒体释放细胞色素 C、跨膜电位降低和凋亡。细胞外死亡信号如肿瘤坏死因子、肿瘤坏死因子相关凋亡诱导配体等与和它们同源的细胞表面受体相结合介导形成的外部通路，线粒体和内质网内部通路均在缺血/再灌注损伤中起重要作用，而慢性心力衰竭过程中具体的信号凋亡通路还需进一步研究。

另外，心肌细胞自噬是一种独立于凋亡的程序性细胞死亡方式，有研究报道心肌细胞中的自噬程度总是保持在一个稳定的水平，自噬增加或者减轻都对心肌有不良的影响，如可造成心力衰竭或心肌肥大等。但文献报道心肌细胞自噬参与心力衰竭的发病作用尚不一致，其确切的作用有待进一步明确。

(二)心脏间质纤维化

心脏间质纤维化是心室重构另一重要微观机制。在心肌重塑的发生、发展过程中，肾素-血管紧张素系统起着关键性作用，血管紧张素Ⅱ及其受体起了核心的作用。其中 1 型受体主要分布在人体的血管、心脏、肾脏、脑等部位，主要功能有缩血管、钠潴留、抑制肾素分泌、激活交感神经系统等，与心肌肥大、纤维化及心律失常等有关，即有对于心血管、肾脏和中枢神经系统的作用，在心力衰竭的发生、发展中起重要作用。治疗心力衰竭已由过去单纯的“强心、利尿、扩血管”来改善血流动力学紊乱向阻断心肌重塑、修复衰竭心肌的方向转变，刺激纤维化形成的因子，如血管紧张素转化酶、血管紧张素Ⅱ受体、醛固酮等则成为研

肌梗死后脑钠尿肽水平持续增高可能是心室重构的佐证。血脑钠尿肽检测还可以用于评估心力衰竭的疗效和预后。以脑钠尿肽浓度变化指导治疗组治疗后的血浆脑钠尿肽水平、心率、所需心力衰竭治疗药物剂量均明显低于对照组。慢性心力衰竭的血脑钠尿肽水平与死亡率、再住院率密切相关,发生死亡和再住院事件的患者,其脑钠尿肽浓度明显高于其他患者。

(二)精氨酸加压素

精氨酸加压素是一种脑垂体激素,对水和血浆渗透压的调节起重要作用。心力衰竭时,精氨酸加压素释放增加可能与颈动脉压力感受器有关。不少心力衰竭患者精氨酸加压素升高,甚至在血浆渗透压纠正后,仍然升高。在相关研究中,无症状心力衰竭患者的精氨酸加压素浓度特别高,提示精氨酸加压素在心力衰竭发病中也起一定的作用。精氨酸加压素与精氨酸加压素 V1 受体相结合,而引起全身血管收缩,加重心脏负荷,使心力衰竭恶化。心力衰竭患者的水潴留可多于钠潴留,从而导致低钠血症,部分是使非渗透性精氨酸加压素释放,作用于肾脏,减少水清除引起。低钠血症是心力衰竭预后不良的指标。

(三)生长激素

生长激素是胚胎及儿时心脏发育及成年后维持心脏形态和功能的必不可少的激素,具有促进心肌组织生长的作用。心力衰竭的早期,生长激素的分泌是增高的,晚期合成和分泌减少,血浆中浓度减低。生长激素主要通过改变室壁厚度来调节心脏几何构形,增加其室壁厚度,并对室壁张力产生影响。降低室壁张力可能是生长激素改善心力衰竭患者心功能的主要机制。生长激素和胰岛素样生长因子可能通过抑制 K^+ 的外流,使动作电位延长,Ca^{2+} 内流增加,增强 Ca^{2+} 与心肌纤维蛋白的亲和力,以增加心肌收缩力。生长激素治疗后心脏做功增加,而心肌耗氧量及能量产生较小,这对能量储备已降低的心力衰竭尤为有益。生长激素可降低室壁张力,从而减少心肌细胞凋亡发生,防止心功能进一步恶化。生长激素可扩张血管,其效应是内皮细胞依赖性的,可能与其促进内皮细胞合成一氧化氮有关。有个别报道用生长激素治疗扩张性心肌病引起的顽固性心力衰竭,治疗后患者的营养状态及心功能明显改善。

(四)甲状腺激素

甲状腺激素可以直接或间接地刺激心肌蛋白的合成,增加心肌收缩力,增加心脏和血管对肾上腺素的反应性,使心肌 β 受体密度上调,降低循环中去甲肾上腺素的浓度,降低周围血管阻力。据临床观察,短期内应用甲状腺激素,可改善

（心电图、胸部 X 线检查、超声心动图和脑钠尿肽/N 末端 B 型钠尿肽前体）作出急性心力衰竭的诊断，并做临床评估包括病情的分级、严重程度和预后。

（二）辅助检查

1.胸部 X 线检查

胸部 X 线检查是诊断急性心力衰竭非常重要的辅助检查之一，通常表现为肺静脉淤血、胸腔积液、肺水肿及心影增大，但是有 20%左右的患者胸部 X 线可以完全正常。卧位胸部 X 线检查对于急性心力衰竭的诊断价值有限。胸部 X 线检查还有助于排除其他的疾病如肺炎。

2.心电图

急性心力衰竭患者心电图几乎都有异常，对于发现心力衰竭的病因及诱因很有帮助，如心房颤动伴快速心室率、急性心肌梗死等。

3.超声心动图

对于血流动力学不稳定，尤其是合并心源性休克、存在危及生命的心脏结构和功能异常的急性心力衰竭患者，应行急诊超声心动图，其余应在 48 小时以内尽早完成。

（三）鉴别诊断

1.急性左心衰竭的鉴别

急性左心衰应与可引起明显呼吸困难的疾病，如支气管哮喘发作和哮喘持续状态、急性肺栓塞、肺炎、严重的慢性阻塞性肺病尤其伴感染等相鉴别，还应与其他原因所致的非心源性肺水肿（如急性呼吸窘迫综合征）以及非心源性休克等疾病相鉴别。

2.急性右心衰竭的鉴别

急性右心衰竭的诊断需根据病因。急性右心衰竭临床上应注意与急性心肌梗死、肺不张、急性呼吸窘迫综合征、主动脉夹层、心包压塞、心包缩窄等疾病相鉴别。

二、慢性心力衰竭

（一）诊断要点

《2018 中国心力衰竭诊断和治疗指南》指出，心力衰竭的诊断和评估依赖于病史、体格检查、实验室检查、心脏影像学检查和心功能检查。首先，根据病史、体格检查、心电图、胸部 X 线检查判断有无心力衰竭的可能性，然后通过钠尿肽

腔积液及是否合并感染等情况。

5.放射性核素造影术

应用放射性核素进行心血池动态显像测定左右心室功能，包括心室容量、射血分数、高峰充盈率等。

6.心脏磁共振检查

应用心脏磁共振可检测心腔容量、心肌质量和室壁运动，其准确性和可重复性，被认为是金标准。同时对检出炎症性、浸润性病变及预测有这类病变患者的预后，特别有价值。该检查为复杂性先天性心脏病患者的首选成像方法。

（三）鉴别诊断

心力衰竭主要应与以下疾病相鉴别。

1.支气管哮喘

严重左心衰竭患者常出现心源性哮喘，应与支气管哮喘相鉴别。前者多见于器质性心脏病患者，发作时必须坐起，重症者肺部有干、湿性啰音，甚至咳粉红色泡沫痰；后者多见于青少年有过敏史者，发作时双肺可闻及典型哮鸣音，咳出白色黏痰后呼吸困难常可缓解。测定血浆脑钠尿肽水平对鉴别心源性和支气管性哮喘有较大的参考价值。

2.心包积液、缩窄性心包炎

由于腔静脉回流受阻同样可以引起颈静脉怒张、肝大、下肢水肿等表现，应根据病史、心脏及周围血管体征进行鉴别，超声心动图、心血管磁共振成像可确诊。

3.肝硬化腹水伴下肢水肿

肝硬化应与慢性右心衰竭鉴别，除基础心脏病体征有助于鉴别外，非心源性肝硬化不会出现颈静脉怒张等上腔静脉回流受阻的体征。

第五节　辨证论治

一、急性心力衰竭

（一）阳虚水泛证

1.证候

憋喘，呼吸困难，端坐呼吸，不能平卧或夜间发作性呼吸困难，咯吐白色或粉

块，或下肢轻度水肿，唇甲不华或青紫，发色不泽，心悸少寐，颜面青黑，舌淡黯或淡紫，苔薄白，脉涩或细涩。

2.治法

益气活血养心。

3.代表方

强心合剂或补阳还五汤加减。黄芪 50 g，生晒参 6 g，肉桂 8 g，红花 15 g，桃仁 12 g，炒白术 15 g，当归 15 g，黄精 10 g，益母草 20 g，地龙 20 g，茯苓 20 g，葛根 20 g。

(三)气阴两虚、心血瘀阻证

1.证候

劳累性呼吸困难，心悸气短，气短乏力，活动后尤甚，形体消瘦，口干不欲饮，五心烦热，两颧黯红，舌淡红或舌尖红，苔少或无苔，脉细数或疾或促，或结或代。

2.治法

益气养阴，活血强心。

3.代表方

方用生脉散或炙甘草汤加减。或选用参麦注射液或生脉注射液。黄芪 30 g，生晒参 6 g，生地黄 15 g，麦冬 15 g，黄精 15 g，炙甘草 10 g，当归 15 g，白芍 15 g，五味子 15 g，地龙 20 g，阿胶烊化 20 g，红花 15 g。

(四)阳虚血瘀证

1.证候

呼吸困难，稍动即喘甚，甚则不能平卧，心悸、怔忡，疲倦乏力，畏寒肢冷，面色青灰或晦暗，腹胀纳呆，肢体水肿，舌淡黯或有瘀斑，体胖，苔白腻或白滑，脉沉细或结或代。

2.治法

益气温阳，活血强心。

3.代表方

方用参附汤合济生肾气丸加减。制附子 8 g，桂枝8 g，红参 10 g，黄芪 30 g，白芍 15 g，麦冬 15 g，泽泻 20 g，牡丹皮 15 g，淫羊藿15 g，益母草 20 g，当归 15 g，茯苓 15 g，车前子包 15 g，红花 15 g。

竭，主要因为心室重构，心脏收缩功能失调（包括局部收缩减弱、不收缩和收缩不同步等）而引起左心衰竭，约占心肌梗死的60%。此外，乳头肌功能失调，即乳头肌梗死断裂或附着处心肌梗死，可引起左心室、右心室或全心心力衰竭。因此及早防治心室重构是降低心梗后心力衰竭发生的关键，常用的阻止或逆转心室重构的药物包括血管紧张素转换酶抑制剂与血管紧张素受体Ⅱ阻滞剂、β受体阻滞剂等。糖尿病除可引起大血管、微血管病变以外，还可引起心肌结构和功能的改变，胰岛素抵抗及高胰岛素血症可促使心脏和血管壁增厚，从而加速心力衰竭进展，特别是造成单纯舒张功能减退。故糖尿病患者应积极治疗原发疾病和合并症，预防心力衰竭的发生。

(二)既病防变

心力衰竭的既病防变，主要针对阶段C的患者，即有心脏器质性病变，以往或目前有心力衰竭的症状和（或）体征。这一阶段包括纽约心脏协会分级的Ⅱ级、Ⅲ级和部分Ⅳ级心功能患者。主要是防止心肌损伤后的功能恶化，在心力衰竭基本病因不变的前提下，控制急性加重的诱因，可延缓心力衰竭进程，降低住院率。体液潴留是心力衰竭的临床表现，但也是其加重的因素。多数患者临床上先有体液潴留，体重增加，致心脏前负荷加重，而后才逐渐出现心力衰竭失代偿发作。因此严格控制患者每天进水量及钠盐摄入量，可避免慢性心力衰竭急性发作。每天监测体重是及早发现心力衰竭加重的重要措施。

感染尤其是呼吸道感染，占第二位诱因。但国内对心力衰竭诱因的研究表明，感染在老年心力衰竭患者中多占第一位。预防感染可降低心力衰竭的发生概率。肺部感染后，发热、咳嗽、心跳加快等症状都会加重心脏的负担，而且感染后产生的儿茶酚胺等物质增多也会直接损伤心肌，因此极易导致患者在原发心血管疾病的基础上出现心力衰竭的症状。因此在寒暖交替或是流感高发时节，心血管疾病患者要十分注意，尽量避免感冒或流感的发生，以防引发肺部感染。

药物使用不当包括停服或漏服抗心力衰竭药物；降压药选择不当，如应用二氢吡啶类钙通道阻滞剂只能选择无负性肌力的氨氯地平和非洛地平，不能应用硝苯地平。应用有负性肌力作用的抗心律失常药、血压未得到有效控制、应用心脏毒性药物等均可加快心力衰竭的进展。

心律失常尤其是心房颤动可诱发或加重心力衰竭，甚至导致心力衰竭患者猝死。因此适当使用抗心律失常药物可减少持续性和非持续性快速心律失常的发生，从而降低心力衰竭患者的猝死率。规范使用治疗心力衰竭的药物（利尿

2.常见保健食物

(1)谷类薯类及杂豆,包括米、面、杂粮,薯类包括马铃薯、甘薯、木薯等,主要提供碳水化合物、蛋白质、膳食纤维及B族维生素。日常饮食应坚持以谷类为主,一般建议每天应摄入250～400 g,其中应包括50～100 g的粗粮,例如玉米、小米、小麦、大麦、高粱、荞麦、燕麦、薏米、红小豆、绿豆、芸豆等。建议适当增加薯类的摄入,每周吃5次左右,每次摄入50～100 g。薯类最好用蒸、煮、烤的方式,可以保留较多的营养素。

(2)蔬菜及菌藻类:蔬菜是提供胡萝卜素、维生素B_2、维生素C、叶酸、钙、磷、钾、铁等微量营养素、膳食纤维和天然抗氧化物的重要来源。建议蔬菜每天摄入300～500 g,最好深色蔬菜占一半。

(3)水果类:新鲜水果含水分85%～90%,是膳食中纤维素(维生素C、胡萝卜素以及B族维生素)、矿物质(钾、镁、钙)和膳食纤维(纤维素、半纤维素和果胶)的重要来源,建议每天食用水果200～400 g。

(二)运动

(1)避免剧烈的运动项目。要选择缓慢不过分用力的运动,如步行、慢跑、气功、太极拳等,对长期卧床的患者,要经常做深呼吸运动,并帮助和鼓励患者做肢体活动,特别是下肢活动,以防肌肉萎缩,体育锻炼之前最好经医师全面体检,了解情况,以便合理选择运动项目和掌握适度的运动量。

(2)锻炼要循序渐进,随时调整运动量。开始运动量要小,适应后逐步增加强度,要量力而行。运动过程中,应了解自已的心率情况,根据个人特点及运动中出现的问题(如胸闷、呼吸困难等),控制运动量的大小,并随时调整。

(3)集中注意力,认真锻炼,按时锻炼,持之以恒。

(4)保持轻松和舒畅。老年人易感疲劳,在活动中应有张有弛,注意使气氛轻松,活动后精神愉快、心情舒畅。

出现了其他建议标准，如 1999 年欧洲胰岛素抵抗研究组，2002 年美国国家胆固醇教育计划成人治疗组第三次报告，2003 年美国内分泌医师协会，中华医学会糖尿病分会也于 2004 年提出了适合于中国人的诊断标准。各种诊断标准与建议，引起了又一轮的学术讨论和热议。不难发现，各标准中至少在以下两方面是一致的。首先，肥胖是诊断标准中的核心成分，是引起血脂异常、高血压和血糖升高的重要和始动因素，是病理机制之中的基础环节。其次，诊断标准的确立基础和准确性判断都是以对心血管疾病的发生和死亡率的影响为指针。当然，出自不同学术机构的诊断标准存在差别实属正常，因为站在各自专业的角度上看待问题，看得深、看得透彻，就会产生差别。仔细分析糖尿病专家、心血管疾病专家和内分泌专家分别提出的标准，就不难看出这一点。诊断标准的不同是各领域专家意见不一致、内容不够完美的体现，也说明看待问题存在专业领域的片面性、不完整性。

2005 年国际糖尿病联盟适时制定了新的标准，包含了糖尿病、心血管疾病等主要学科领域专家的意见和建议。这是一个新定义，也是多学科专家的共识。国际糖尿病联盟标准内容具体，可操作性强。此外，国际糖尿病联盟共识制定小组还确定了供科学研究的白金标准，纳入了同代谢综合征相关的其他一些指标，如总体脂分布、微量白蛋白尿、超敏 C 反应蛋白等指标，用于以后的科学研究，补充和完善新定义的内容。

关于肥胖的定义和在诊断中的必要性上存在争议。肥胖曾经被一些诊断标准定为必要条件。2009 年由国际糖尿病联盟和美国心脏协会/美国国立卫生研究院/美国心肺血研究所联合发布的代谢综合征的诊断标准使世界范围内对代谢综合征的定义达成了新的共识，即腹部肥胖不作为诊断的必要条件及不同种族或国家人群采用各自的腹部肥胖的标准。2007 年卫生部发布的《中国成人血脂异常防治指南》中关于代谢综合征的诊断标准与这一新标准基本相同。

第二节　病因、病机

代谢综合征虽然为近年来被人们所重视，但《黄帝内经》中早已有相关论述。其病因、病机具体如下。

头痛，甚至发为中风；严重者可因阴竭阳亡，出现昏迷、四肢厥逆、脉微欲绝等危象。因此，早期防治尤为重要。

第三节 发病机制

肥胖和胰岛素抵抗是代谢综合征的核心病理环节。肥胖会导致高血压、高低密度脂蛋白胆固醇、低高密度脂蛋白胆固醇、高血糖，并与患心血管疾病危险性增加有关。胰岛素抵抗表现在机体器官、组织，如肝脏、肌肉和脂肪组织对胰岛素敏感性降低，甚至抵抗，血液循环中需要高胰岛素浓度保持血糖稳定。胰岛素抵抗损害β细胞分泌胰岛素，引起血糖升高，甚至糖尿病。肥胖指机体脂肪总含量过多和(或)局部堆积过多(分布异常)，是遗传因素和环境因素共同作用的结果。肥胖容易发生胰岛素抵抗，然而，同样肥胖的个体胰岛素抵抗水平可能差别较大。肥胖包含中心性肥胖和周围性肥胖。前者指腹壁肥胖和内脏性肥胖。腹壁组织有脂肪组织堆积，即腹壁肥胖；内脏性肥胖指脂肪组织分布在腹膜腔内脏器官周围或邻近组织，如肠道、网膜组织、系膜区和腹膜后区域。腹腔内脂肪组织，如网膜和系膜部分的组织血液循环回流至肝脏门静脉。周围性肥胖指脂肪组织分布在四肢或远端组织，也称为臀部-大腿肥胖。中心性肥胖，尤其是内脏性肥胖与胰岛素抵抗独立相关，抵抗水平显著高于周围型肥胖。女性身体脂肪组织较多，但只要内脏脂肪组织少，胰岛素敏感性基本上在正常水平范围。中心性肥胖更多见于男性，有学者称为“男性型肥胖”，周围型肥胖多见于女性，称为“女性型肥胖”。这种差异是性激素主导的，男性的雄激素，女性的雌激素，其他如皮质醇、生长激素等也是重要的调节激素。因此，腰围和腰臀比测量能更好地反映体脂分布情况。脂肪氧化分解是胰岛素抵抗的重要诱因。中心性肥胖者下丘脑-垂体-肾上腺轴活跃，结合肾上腺分泌的皮质醇和雄激素水平增加等因素，促进内脏脂肪氧化分解，拮抗胰岛素抑制脂肪分解的作用，血浆游离脂肪酸水平升高，肌肉组织和细胞中血浆游离脂肪酸水平含量增加，胰岛素敏感性显著降低，胰岛素抵抗。

脂肪组织、细胞还能够表达、分泌多种细胞因子。影响胰岛素敏感性的脂肪细胞因子包括肿瘤坏死因子-α、瘦素、抵抗素、脂联素和内脏脂肪素。作用机制

①肥胖标准：中心型肥胖，男性腰围＞102 cm、女性腰围＞88 cm。②血脂：甘油三酯≥1.69 mmol/L（150 mg/dL）；高密度脂蛋白胆固醇，男性＜1.04 mmol/L(40 mg/dL)、女性1.29 mmol/L(＜50 mg/dL)。③血糖：空腹血糖≥6.1 mmol/L(110 mg/dL)、餐后两小时血糖≥7.8 mmol/L(140 mg/dL)，＜200 mg/dL(11.1 mmol/L)。④血压：≥17.3/11.3 kPa(130/85 mmHg)。

(2)糖尿病、空腹血糖受损、糖耐量减低或胰岛素抵抗指数法示胰岛素抵抗，并符合下列2条或2条以上。①腰臀比：男性＞0.90、女性＞0.85，和(或)体质指数＞30 kg/m^2。②血脂：高甘油三酯≥1.69 mmol/L(150 mg/dL)；或低高密度脂蛋白胆固醇，男性＜0.9 mmol/L(35 mg/dL)、女性＜1.0 mmol/L(39 mg/dL)。③尿白蛋白：尿白蛋白排泄率≥20 mg/min，或白蛋白/肌酐≥30 mg/g。④血压：≥18.7/12 kPa(140/90 mmHg)。

(3)美国内分泌学会胰岛素抵抗综合征标准，凡具备以下1个或1个以上表现者可确诊为胰岛素抵抗综合征：①心血管疾病、高血压、多囊卵巢综合征、非乙醇性脂肪性肝病或黑棘皮病。②2型糖尿病、高血压或心血管疾病的家族史。③有妊娠期糖尿病或糖尿病前期史。④非高加索人种。⑤久坐的生活方式。⑥体质指数＞25 kg/m^2和(或)男性腰围＞101.6 cm(女性腰围＞88.9 cm)。⑦年龄＞40岁。⑧总胆固醇＞8.3 mmol/L(150 mg/dL)。⑨高密度脂蛋白胆固醇：男性＜1.04 mmol/L(40 mg/dL)、女性＜1.29 mmol/L(50 mg/dL)。⑩空腹血糖6.1～7.0 mmol/L(110～125 mg/dL)或餐后2小时血糖峰值7.8～11.1 mmol/L(140～200 mg/dL)。⑪血压：≥17.3/11.3 kPa(130/85 mmHg)。

(4)胰岛素抵抗综合征欧洲研究组标准，空腹高胰岛素血症(＞75百分位数)并符合以下2条以上的标准。①空腹血糖：≥6.1 mmol/L，但不是糖尿病。②血压：≥18.7/12.0 kPa(140/90 mmHg)或治疗中的高血压。③总胆固醇＞2 mmol/L、高密度脂蛋白胆固醇＜1 mmol/L或治疗中的高脂血症。④腰围：男性≥94 cm、女性≥80 cm。

(5)中华医学会糖尿病分会，建议胰岛素抵抗综合征诊断标准凡具备以下4项中的3项或全部者。①超体重或肥胖：体质指数＞25.0 kg/m^2。②高血糖：空腹血糖≥6.1 mmol/L(110 mg/dL)和(或)餐后两小时血糖≥7.8 mmol/L(140 mg/dL)和(或)已确定糖尿病并进行治疗者。③高血压：≥18.7/12.0 kPa(140/90 mmHg)和(或)已确定高血压并进行治疗者。④血脂紊乱：空腹血胆固醇≥1.7 mmol/L(150 mg/dL)；空腹血高密度脂蛋白胆固醇，男＜0.9 mmol/L(35 mg/dL)、女

郁化火者，加牡丹皮、栀子以清热凉血。

二、痰湿蕴结

（一）证候

咳嗽痰多，色白易咯，恶心呕吐，胸膈痞闷，肢体困重，或头眩心悸，舌苔白滑或腻，脉滑。

（二）治法

燥湿化痰，理气和胃。

（三）代表方

二陈汤加减。

（四）方解

方中半夏辛温性燥，善燥湿化痰，且又和胃降逆，为君药。陈皮为臣，既可理气行滞，又能燥湿化痰。君臣相配，寓意有二：一为等量合用，不仅相辅相成，增强燥湿化痰之力，而且体现治痰先理气，气顺则痰消之意；二为半夏、陈皮皆以陈久者良，而无过燥之弊，故方名“二陈”。此为本方燥湿化痰的基本结构。佐以茯苓、白术健脾渗湿，以助化痰之力。炙甘草温中健脾，调和诸药。

（五）加减

治湿痰，可加苍术、厚朴以增燥湿化痰之力；治热痰，可加胆星、瓜蒌以清热化痰；治寒痰，可加干姜、细辛以温化寒痰；治风痰眩晕，可加天麻、僵蚕以化痰息风等。

三、肝郁化火，邪热犯胃

（一）证候

胁痛胀满，烦热吐衄，胃脘灼痛，苔黄舌红，脉弦或数。

（二）治法

清肝泻热。

（三）代表方

化肝煎加减。

（四）方解

本方重在治肝，用白芍护肝阴，青皮、陈皮疏肝气，牡丹皮、栀子清肝火，宜于肝脏气火内郁的胸胁满痛，或气火上逆犯肺的咳吐痰血等证。因气火能使痰湿

几点。

(1)通过健康教育和知识宣讲普及等手段,提高全人群对疾病危害的认识。

(2)加强体育锻炼,提倡健康规律的生活方式。

(3)提倡膳食平衡。注意蛋白质、脂肪及碳水化合物的摄入比例,多食蔬菜水果,限盐,防止能量的过度摄入,戒烟限酒。平衡膳食是防治代谢综合征经济有效的途径。

(4)预防肥胖,控制血脂、血压,特别是血脂、血压不正常的人更应该注意控制体重,积极控制血压,改善血脂异常。

(5)保持良好心态,戒焦戒怒,促进心理健康。随着生物-心理-社会医学模式的提出,人们开始重视心理、社会因素在疾病产生过程中所产生的消极影响,心理健康也成为健康的重要内容。

(二)二级预防

针对高危人群,定期监测各项诊断指标以达到早发现、早诊断和综合防治的目的,并以胰岛素抵抗为靶点,通过饮食治疗、运动治疗及纠正不健康生活方式等进行干预,同时对患者辅助积极的药物治疗。

(三)三级预防

对已确诊代谢综合征的患者进行管理监测,除监测体重、血压、血脂及血糖指数等指标外,还应控制其他心血管危险因素。通过健康教育使患者提高对代谢综合征的认识。另外,应对肥胖、高血压、血脂异常和高血糖等进行合理的对症治疗手段,如调血脂、降血压、改善胰岛素抵抗等,并进行指标的自我监测,预防其他并发症的发生和病情恶化,防止伤残和加强康复,提高患者生命质量。

二、保健

(一)饮食

(1)限制总热量摄入:2型糖尿病尤其肥胖性患者降低热量摄入使体重逐渐下降至标准体重;调整糖、脂肪、蛋白质的比例;维持饱和脂肪、单不饱和脂肪、多不饱和脂肪的比例(1∶1∶1)。

(2)提倡复合糖:糖以复合淀粉的形式提供,减少单糖、双糖,尤其是蔗糖摄入。增加食物中可溶性纤维:总膳食纤维每天27～40 g,其中可溶性纤维22～25 g。

(3)合理饮食结构:世界卫生组织提出“人群营养素目标”推荐“四低二高一平衡”的膳食结构,其中包括高膳食纤维、高维生素、低碳水化合物、低糖、低脂

参考文献

[1] 罗俊.心血管疾病诊疗[M].武汉:湖北科学技术出版社,2022.

[2] 张红梅,刘娜,李翔,等.心血管疾病与心电图检查[M].哈尔滨:黑龙江科学技术出版社,2022.

[3] 崔振双.临床常见心血管内科疾病救治精要[M].开封:河南大学出版社,2021.

[4] 王均强.心血管内科疾病诊疗[M].北京:中医古籍出版社,2022.

[5] 朱珍妮.心血管疾病膳食指导[M].北京:人民卫生出版社,2022.

[6] 程晓静,杨延民,吴新宇,等.实用心血管病诊断与治疗[M].北京:科学出版社,2021.

[7] 王林霞.临床常见病的防治与护理[M].北京:中国纺织出版社,2020.

[8] 张晓春,王永军,尚杰,等.临床心血管疾病诊疗精要[M].北京:科学技术文献出版社,2021.

[9] 杨德业,王宏宇,曲鹏.心血管内科实践[M].北京:科学出版社,2022.

[10] 蔡晓倩,郭希伟,苗强,等.心血管病学基础与临床[M].青岛:中国海洋大学出版社,2021.

[11] 袁鹏.常见心血管内科疾病的诊断与防治[M].开封:河南大学出版社,2021.

[12] 李向平,许丹焰.心血管疾病防治康复护理全书[M].长沙:湖南科学技术出版社,2020.

[13] 吕志达.临床中医心血管疾病诊疗思维[M].长春:吉林科学技术出版社,2020.

[14] 曹剑.高血压国内外新诊断治疗学[M].郑州:河南科学技术出版社,2020.

[15] 肖长江.中医谈养心护心[M].北京:科学技术文献出版社,2021.

[16] 冯伟,董印宏,杨阳.中西医结合心血管内科基础与临床[M].北京:科学技术文献出版社,2021.